THE
GENRAL ANNALS OF CONFUCIANISM IN
THE 20TH CENTURY
ACADEMICS II

20世纪

儒学通志

庞 朴 主编

学 案 卷

（下）

浙江大学出版社 | 全国百佳图书出版单位

陈荣捷儒学学案

陈荣捷(1901—1994),广东开平人。现代哲学史家、朱子学专家,美籍华裔学者。

陈荣捷幼入私塾,习读"四书五经"。1916 年春,考入香港拔萃书院,同年秋考入广州岭南学堂。1917 年,进入岭南中学,五四运动时积极参加学生运动,被选为广州学生联合会部长。1924 年,于岭南学院(后改名为岭南大学)毕业,赴美留学,先后入哈佛大学英语系、哲学系学习。1929 年,获哈佛大学博士学位。1930 年,任岭南大学教务长。1932—1934 年,兼任中山大学教授。1935 年秋,赴夏威夷大学任教。1939 年,与哲学界知名人士发起创设"东西方哲学家会议"。1940 年,兼任夏威夷大学哲学系主任。1942 年,任新罕布尔什州达特默尔学院比较文学系访问教授。1951 年,任达特默尔学院人文学院院长。1978 年,被选为台湾"中央研究院"院士。1980 年,被选为美国"亚洲及比较哲学学会"会长。1986 年,任北美华裔学人协会副会长。1994 年 8 月 12 日病逝。

陈荣捷是 20 世纪后半期国际汉学界公认的新儒学与朱熹研究的权威,在中国哲学尤其是新儒学研究及向西方世界传播儒学方面均有重要贡献。40—50 年代,其哲学研究主要集中在对中国哲学等的总体性论述方面,在此期间有英文著作《现代中国的宗教趋势》、《中国哲学历史图表》、《中国哲学大纲及附注参考书目》等。60 年代,为《大英百科全书》等撰写有关中国哲学包括儒家等思想家的文章和条目,一时被欧美学术界誉为把中国哲学最完备地介绍到西方的大儒。60 年代以

1

后,其学术研究逐渐转向新儒学领域,并越来越专注于朱熹的研究。1963 年,出版英文译著《王阳明的传习录及其他著述》。1967 年,出版英译《近思录》。1982 年,出版了两部朱熹研究的中文著作——《朱子门人》和《朱学论集》。1988 年,出版《朱子新探索》一书,所论多为学者历来所不及论者,涉及朱熹生平、思想、事迹及其有关的历史人物,发掘了大量以往不被注意的新材料,大大细化和深化了朱熹研究。1990 年,出版《朱熹》。1992 年,出版《近思录详注集评》。除此之外,陈荣捷还有英文朱子学论著《〈近思录〉——新儒学文选》、《新儒学词释:〈北溪字义〉》、《朱熹的生活和思想》、《朱子新研究》等。

（法　帅）

朱熹集新儒学之大成①

  陈荣捷先生原著：CHU HSI'S COMPLETION OF NEO-CONFUCIANISM，为法国巴黎大学华学大师 E. Balazs 纪念论文集而作，载于《宋学》（SUNG STUDIES）一志中。陈先生著作等身。现任美国 Chatham College 退休荣誉教授。在美国普林斯顿、哈佛、加州、哥伦比亚等著名大学宣扬中国思想并翻译儒佛经籍，在当代实无出其右。《六祖坛经》《近思录》《传习录》，俱有英译本。其论著散见国内外杂志。承陈先生邮赠本译文英文原著，谨译出藉酬奖掖后学之盛情。道远难以请益，当自负谬误之责。附注中有仅引书名卷页数而未引出原文者极多，兹特引录原文原句。此虽使篇幅增繁，然一以便省读者之翻阅，二以使读者得进窥陈先生于新儒学寝馈之深与治学方法之密。自信费时固多，功不唐捐。又陈先生文中亦有摘译诸儒原文，而未加引号者，译者特于诸儒文集中察出原文，仍保持原句为译文。此不仅意在存真，且使读者多能远契先儒论学论道之本来面目与精神耳。

——译 者

  治中国思想者，咸知朱熹为将新儒学导致最高发展最伟大之新儒家，但其贡献之在哲学上重要性，则殊少论及。②《宋史》引述朱熹高足黄榦（1152—1221）语，"道之正统，由孔……孟而后，周、程、张子继其

---

  ① 本文由万先法译。
  ② 钱穆在《思想与时代》1947 年 9 月号第 13—17 页，曾略述其贡献。

绝，至先生而始著"①。但《宋史》于朱子之如何有功于儒学亦未予阐述。黄榦于其《朱子行状》中谓其师于周、程、张、邵四先生之书，为之衰集发明，但勉斋亦未有所阐发。② 自来学者固多觉察朱子之重要贡献，但若非概括之论述，徒谓朱子集新儒学之大成，即仅简述朱子学术之一二点，几无一能外乎此者。吾人应特别认识朱子于儒学之基本改变以及其改变之哲学上的重要性。

"集大成"一词乃孟子用以赞述孔子，犹之作乐者集众音之小成而为一大成。推孟子之意，伯夷圣之清者也，伊尹圣之任者也，③柳下惠圣之和者也，孔子乃圣之时者也。④ 依朱子之释，三子为一小成，而孔子则合众小成而为一大成。⑤ 当其训释孔子之际，朱子或未遑以大成自居，但若就新儒学而论，朱子之所成就者，亦正如孔子集前圣之成就。

朱子之集大成，约有三端，即新儒家哲学之发展与完成，新儒学传受道统之建立，以及《论》、《孟》、《学》、《庸》之集合为四子书。凡此俱关涉儒家哲学、儒家传统以及儒家资料与方法。而此一集大成，姑无论仅为一种综合，一种重建，或为一种创造，俱属仁智互见。⑥ 朱子固未运用任何儒学新资料或创造任何新名词，但朱子所予新儒学之新特质与新面貌，此实无可否定。其支配于中国、韩国以及日本思想者，达数百年之久。自未能视为一历史上偶然事件也。

一　新儒家哲学之完成

朱子于新儒家哲学之完成，诚有多端。兹从四方面论述之：

---

① 《宋史》卷四二九、《朱熹传》，第 19—20 页。

② 《勉斋集》卷三十六，第 43 页。

③ 据传统所述，伯夷忠于商。商为周灭，耻食周粟以至饿死。伊尹事汤建国。柳下惠在孔子以前，曾为鲁吏，以诚实与清廉著称。见《论语·卫灵公第十五》，第十三章。

④ 《孟子·万章第五下》，第一章。

⑤ 《孟子集注·万章下》，见"孔子之谓集大成"句下朱注。

⑥ 如周予同《朱熹》（上海商务印书馆 1935 年版）第 21 页有云："朱熹之本体论，实混合周程之说而又与周程各异，朱熹之所以集宋学大成者在此，而朱熹之所以无创见者亦在此。"以及常盘大定：《支那に于ける佛と教儒教道教》，东京东洋文库 1930 年版，第 336 页。两人俱不以朱熹为开创者。

(一)确定新儒家之方向

新儒家在第 11 世纪之兴起,固由于儒学攻击汉代经典版本注疏之学以及唐代文学之研求。而佛学发展之挑战与夫宋代建国以来,社会与政治改革之迫切,其势俱需要在观念研讨上,有所转移。因之,经籍中之《春秋》与《易经》在当时蔚为钻研兴趣之热潮。所谓宋学三先生胡瑗(993—1059)、孙复(992—1027)与石介(1005—1045),均孜孜于《春秋》。胡瑗、司马光(1014—1085)、王安石(1021—1086)辈则致力于《易经》讲授与撰注。前者探讨政府治平之原理,后者示人以待人接物之方与实务。就儒学历史言,此一运动之创新,实由于在各方面均已远离汉唐儒家之学风。因而成为新儒学。但其学术兴趣,基本上仍是传统,亦即仍在个人修养、社会秩序与世界和平。如实言之,学者如司马光、王安石终乃经世之士。但至 11 世纪末,新儒学有较高之发展,使儒学进入一新境域。所谓北宋五先生周敦颐、程颢、程颐、张载与邵雍,固不仅有志于经世之务,抑且更进而寻求了解事物之理与性。整个运动由此而推动而发展,名之为性理之学。

但若以五先生所趋之方向全同,或共同凑集于理之观念,是亦不然。周敦颐以所著《通书》及《太极图说》见称。前者之基本观念为诚,后者所强调者为静,[①]《图说》简言之谓"无极而太极"。又谓"太极动而生阳……阴,两气交感,而化生万物,惟人得其秀而最灵"。又谓圣人"立人之道,曰仁曰义,而主静为本"。周子得太极图于道家穆伯长,伯长传自陈抟(906—989)。《太极图说》虽在探讨上是唯理,而其含有道家气味则显而易见。理字固见于《通书》[②],但在书中并非重要。

理字常见于张载与邵雍著述之中。但此亦不过《易经》之"穷理尽性以至于命"[③]学说之重述,尚非一种哲学系统之主旨。

在张载,存在之基本要素为气。张子认气与太极为一,阴阳为其两面。就体言,当其发散而未凝聚,气为太虚。就用言,当其动静,其聚散,气为太和。在其持久凝聚与发散之过程中,有若干基本法则之运行。如

---

① 参见陈译:《中国哲学资料》,普林斯顿大学出版部 1963 年版,第 463—465 页。(以后所引,简称陈译《中哲资料》。)

② 《通书·理性命第二十二》。并见陈译《中哲资料》,第 474 页。

③ 《易经·说卦》,第一章。

谓物必有对,无物可以孤立。抑且,依理言,物有始终,有聚散。因之,理自有其重要之地位,但根本要素仍为气。① 在邵雍,存在之基本要素为数。良以宇宙之运行或变动由于神。神则数,数则象,象则器,而数生于理。② 理虽重要,但仍属背境。能使理之观念为其哲学体系之基石者,唯两程子为然。事实上,使理之观念居于中国哲学史最关键之地位,以两程子为先河。理之观念初不为早期儒家所重,亦每为汉唐时代所忽视。但在佛教之冲击下,尤在华严宗事理圆融观之哲学,发展至顶峰情况之下,早期新儒家亦唯有亦步亦趋,寻摘上述《易经》语,以为支援。二程兄弟不仅有如其他新儒学所为,只仅发挥上述《易经》语之观念,而继而使此理之观念,为其整个哲学之中心。③ 依二程言,理同于人之性,物之性。程颐云,"天下物皆可以理照,有物必有则④,一物须有一理"。程颢亦云,"有物有则,万物皆有理。顺之则易,逆之则难"⑤。

吾人可知 11 世纪末,新儒学中,约言之,有四种趋势,一为虽唯理而带有道家气息,一为集中于气,一为数,一为理。苟朱子所偏好于张邵之哲学,或周敦颐道家之倾向,则新儒学在近七百五十年来之往程,必将全异其涂辙。但朱子采择二程兄弟唯理哲学,尤以程颐思想为甚。驯致其结果,整个新儒学运动,至今称之为理学或程朱学派。

在朱子抉择中,使新儒学免沦为道家之厄。吾人前已指陈周敦颐思想著述中之道家成分,当时对于《易经》之广泛兴趣,诚易使新儒家为道家哲学所吸引。《易经》一书在前数世纪,固大半用为道家之占卜也。新儒家一(理或气)生二(阴阳),与二生万物之基本宇宙论,有如《太极图说》所显示,亦可于老子书中寻其端绪。⑥ 佛学无论在理之观念上与心性之学上,俱有莫大之影响。新儒家固极反佛与反道⑦,但佛道两家

① 《正蒙·太和篇第一》。并见陈译《中哲资料》,第 500—507 页。

② 《皇极经世书》卷七下,第 19 页。并见陈译《中哲资料》,第 490 页。

③ 参见英文陈著《新儒学理之思想演进》一文,载《清华学报》新 4 卷第 2 期(1964 年),第 123—149 页。并见万先法译文,《人生》第 31 卷第 6 期(1966 年 10 月),第 18—25 页;第 7 期(1966 年 11 月),第 12—20 页。

④ 《诗经》第 260 篇,《烝民》,"天生烝民,有物有则"。

⑤ 《遗书》卷十八,第 9 页,及卷十一,第 5 页。并见陈译《中哲资料》第 62 节,第 540 页,及第 48 节,第 563 页。

⑥ 《老子》第四十二章有云:"道生一,一生二,二生三,三生万物。万物负阴而抱阳。"

⑦ 见陈译《中哲资料》,第 543—546、695、700、714—715 页。

学说凌驾儒学之危机曾如是之大而真实。

如何扬抑于佛老之学,朱子之地位实居关键,而朱子抑之。其于周敦颐,吾人可知朱子费尽心力,在其注周子《太极图说》中,以儒家思想解释道家极显明之无极观念。因而将周敦颐道家思想洗涤荡尽。其于邵子则简直弃之而不顾。其最佳例证莫于其摒弃邵雍于其所辑《近思录》之外。在淳熙二年(1175),朱子与吕祖谦两人,于周敦颐、二程兄弟与张载四儒著述之中,选辑六百二十二条,以代表新儒家之全部教义。此一部《近思录》,实是第一部新儒学之专集,并作为以后《性理大全》一书之范本。此部《性理大全》,自永乐十三年(1415)以至光绪三十一年(1905)以来用作国家考试取士之资。其影响并笼络中国思想者达五百年之久。此辑录并为自朱子以至 19 世纪以来,儒家之无数辑录之鼓舞与垂范。[①]

邵雍完全摒弃于《近思录》之外。并未自其集中直接征引一节,仅程颢引述其语一次而已。[②] 邵雍之所以全然摒弃,乃由于邵子于孔门谈论仁义之基本教义,几至未予论述。但尤为重要者为邵子哲学在本质上道家气味过重。邵雍象数之学得自于道家李之才,[③] 而李则由陈抟所传授。[④] 朱子避而不录邵子者,乃使新儒学远离于道家之轨道。

朱子之远离道家之嫌,即在细节上亦然。此于《近思录》中朱子曾更改一段,可作明证。在程颐《颜子所好何学论》原作中,原句有谓"故曰性其情",又谓"故曰情其性"。朱子将此两句俱予删除。良以前一句来自王弼(226—249)之注《易》,[⑤] 在其《易》注中正反映汉儒性善而情

---

① 此类《近思录》后继解题,详见陈译《近思录》(纽约哥伦比亚大学出版社 1967 年版)序言,第 35 页,附注 113。

② 《近思录》卷五,第十五条,有"尧夫解他山之石,可以攻玉"一段。并见陈译《近思录》,第 162 页,附注 34。

③ 《宋史》卷四二七,《邵雍传》。"北海李之才,摄共城令,闻雍好学,尝造其庐,谓曰:'子亦闻物理性命之学乎?'雍对曰:'幸受教。'乃事之。才受河图洛书宓羲八卦六十四卦图像,之才之传,远有端绪……"

④ 《宋史》卷四三一,《李之才传》。"时苏舜钦辈亦从(穆)修学易,其未接受者惟之才乎。修之易,受之秋放,放受之陈抟。源流最远,其图书象数变通之妙,秦汉以来,鲜有知者。"

⑤ 《乾卦》,王弼注。"利贞者性情也。"又云:"……不性其情,何能久行其正。"

恶之共同信念，而此一信念最受道家之影响。①

至若张载，朱子虽予盛赞，但其以气为终极实体之基本哲学，殊不为朱子所愿接受。依朱子意，气一于性，但必须依附于理。朱子谓横渠之于二程，犹伊尹伯夷之于孔子，②伊尹事太甲，伯夷宁饥死而不事武王。孟子虽谓伯夷伊尹之于孔子，其圣一也，但伯夷之成德，为"非其君不事"，伊尹之成德，为"何事非君"。惟吾孔子，"可以处而处，可以仕而仕"③。易言之，张子气之哲学，得其一偏，而二程理之哲学，则圆融焉。

朱子之宗二程，其为一哲学性选择之结果，至为显然。姑不论自觉或非自觉，朱子乃引导新儒学，出于唯物论（如张载）或道家之自然主义（如周敦颐与邵雍）之樊笼，而环绕学理之路线迈进。

（二）理与气关系之厘清

吾人经已说明二程兄弟以理作为其哲学之骨干。朱熹以前，二程已将理之观念发展至最高峰。依二程意，理为自明，为自足，为无所不在，并且主宰万物。理不增不损。万理归于一理，盖定理亦理而已。理即心、真实、宇宙秩序、自然法则与宇宙创造之理。理与人物之性为一。同时又是善之长。④ 但二程兄弟于理气关系并无清晰之阐述。于此方向，其名句为"论性不论气不备，论气不论性不明。二之则不是"⑤。程

---

① 《近思录》卷二，第三条。载《伊川颜子所好何学论》一文。此文亦见《伊川文集》卷四，第1—2页。并见陈译《中哲资料》，第546—551页，全译文。

② 《语类》卷九十三，第八十七"横渠"条，第3751页（第13）。译者按：朱子此意，不仅《语类》上有说，在"语孟集义序"中亦谓"若张公之于先生，论其所至，窃意其犹伯夷伊尹之于孔子"。《朱子文集》卷七十五，第20页。

③ 《孟子·万章第五下》，第一章。

④ 《遗书》，"天地生物，各无不足之理"（卷一，第2页）。"理则天下只是一个理"（卷二上，第19页）。"故有物必有则，民之秉彝也"（卷十一，第5页）。"天者理也，神者妙万物而为言者也"（卷十一，第11页）。"物则事也，凡事上穷极其理，则无不通"（卷十五，第1页）。"物我一理，才明彼，即晓此，合内外之道也……一草一木皆是理"（卷十八，第8—9页）。"在天为命，在人为性，论其所主为心，其实只是一个道"，"在天为命，在义为理，在人为性，主于身为心。其实一也"（卷十八，第17页）。"凡眼前无非是物，物皆有理"（卷十九，第1页）。"性即理也"（卷二十二上，第11页）（并见陈译《中哲资料》，第三十一章，第3、23、62、70各节。第三十二章，第17、47—48、58、62、66各节），以及《伊川易传》，"天下之理一也……虽物有万殊，事有万变，统之以一，则无能违也"（卷三，第3页）。"往来变化，生成万物，亦以得天，故常久不已……天地常久之理，非知道者孰能识之"（卷三，第6页）。"在物为理"（卷四，第20页）（并见陈译《中哲资料》，第三十二章，第75—77节）。

⑤ 《遗书》卷六，第2页。并见陈译《中哲资料》，第536页，第36节，及第552页，第12节。

颢谓"气外无神，神外无气"。程颐亦谓"离了阴阳更无道"①。程颐并将形而上之道与形而下之器予以细分。② 吾人似可说程颢重在理气之合，而程颐则重在理气之殊。但为此区分二程，则未免过于简单。盖适所引程子之名句，乃兄弟两人之语也。其主要关键，则在二程兄弟于理气关系之阐述，终嫌笼统。理与气两者间究相同乎？抑相异乎？孰为主从？孰为先后？朱子及其门人于此问题则反复辩难，讨论极多。③

亦如二程兄弟，朱子谓"天下未有无理之气，亦未有无气之理"④。但又谓"所谓理与气，此决是二物。但在物上看，则二物浑沦，不可分开，各在一处。然不害二物之各为一物也"⑤。朱子将理与气予以坚强之判分。在朱子，理必须用以阐释事物之本质与普遍性。理为形而上，为一，为永恒与不变，为一致，为事物本质之构成，为不灭，为创造之因以及常为至善。在另一方面，气则必须用以阐释形而下，个别性，以及事物之变化。气为器，为多，为暂时与多变，为众殊，为事物结构之构成，为可灭，为创造之具与资料以及具有善与恶。朱子谓"理也者，形而上之道也，生物之本也。气也者，形而下之器也，生物之具也"⑥。吾人或可说，在此理气之判分下，朱子在基本上宗程颐。但理气之景象，至朱子则益显明确。

二程子并不关心理气如何依存与孰为先后诸问题。关于前者，朱子之答复，为理气未尝相离。气未尝离乎理而独立，甚为显然，良以气依傍理而行。但理可否离乎气而独立？朱子之答复亦为否定。依朱子意，及此气之聚，则理亦在焉。理非仅为意度或抽象。有存在之理，因而理必存在，而存在则需气。朱子谓无是气，则是理亦无挂搭处。亦惟有是气，则理方有安顿处。理与气固相离，但因互相依存，故亦相即。

---

① 《遗书》卷十一，第4页。并见陈译《中哲资料》，第540页，第58节。又卷十五，第14—15页。"离了阴阳更无道。所以阴阳者道也。阴阳，气也。气是形而下者。道是形而上者。形而上者则是密也。"并见陈译《中哲资料》，第558页，第36节。

② 《遗书》卷十五，第14—15页。"离了阴阳更无道。所以阴阳者道也。阴阳，气也。气是形而下者。道是形而上者。形而上者则是密也。"并见陈译《中哲资料》，第558页，第36节。

③ 《语类》卷九十四，第3755—3794页，专论周子之《太极图说》。可见篇幅之多。

④ 《语类》卷一，第六"天下"条，第2页。并见陈译《中哲资料》，第634页，第100节。

⑤ 《朱子文集》卷四十六，《答刘叔书文书》，第24页。并见陈译《中哲资料》，第637页，第110节。

⑥ 《朱子文集》卷五十八，《答黄道夫》，第4页。并见陈译《中哲资料》，第636页，第109节。

故就理于气之关系言，理不能仅谓为内在或超越，理实两者俱有。①

至若理气孰先之问题，朱熹一再谓未有此事，先有此理。由于理为形而上，气为形而下，气自较理为后。甚至在天地未判时，却有此理。但朱子又谓此理是超时间性。朱子谓吾人不能说今日有是理，明日有是气。朱子似力辩，依逻辑言，气须依理运行，故必先有此理，但实际上两者不能孰为先后。此或即朱子所谓此本无先后可言，然必欲推其所从来，则须说先有是理。但朱子自认此皆不可得而推究。②

（三）太极观念之发展

理气之另一关系则涉及太极观念。于朱子以前，太极观念并不重要。二程兄弟从不提及太极。③ 张载、邵雍亦少论及，有之亦偶然。吾人已知周敦颐著有《太极图说》，但周子初本以《通书》见称。《太极图说》远与《通书》不类，因之有人怀疑周子未有《图说》之作。④ 朱熹于周子著作中特表扬《图说》，并予重要地位，使之成为新儒学哲学之基石。自朱子以来，《太极图说》已为新儒家形而上学讨论之起点。《图说》已成新儒学之辑录如《近思录》、《性理大全》诸书之首章。《图说》由之亦引起论辩达数百年之久。诚然，《宋元学案》为减少争论，特将《通书》置于《太极图说》之前。⑤ 但其争论在哲学性本身，并不比在太极图真伪及其解说之多。在争论期中，《太极图说》仍为新儒家哲学之基石。朱子之塑造新儒家哲学，仍以此《图说》为主要基础。朱子之所为，非仅只综合诸儒之不同概念。此非仅为一结构上之重组或综合，有如吾人所

---

① 《语类》卷一，第十五"徐问"条十四"问有"条，第 2—5 页。并见陈译《中哲资料》，第 634—638 页，第 110—113 节。译者按：卷一，论理气，朱子有谓"理未尝离乎气"。又谓"但有此气，则理便在其中"。又谓"气依傍这理行"。"此本无先后之可言。"故理亦内在，亦超越，皆蕴此义。

② 《语类》卷一，第十五"徐问"条十四"问有"条，第 2—5 页。并见陈译《中哲资料》，第 634—638 页，第 110—113 节。译者按：卷一，论理气，朱子有谓"理未尝离乎气"。又谓"但有此气，则理便在其中"。又谓"气依傍这理行"。"此本无先后之可言。"故理亦内在，亦超越，皆蕴此义。

③ 《伊川易传·易序》中，固提及太极，如谓"易有太极……太极者道也"。但此序系伪作。

④ 陆象山：《象山全集》卷二，《与朱元晦第一书》，第 5 页。

⑤ 《宋元学案》卷十一《濂溪学案》有云："百家谨案：《通书》传道之书也，朱子释之详矣……《性理》首《太极图说》，兹首《通书》者，以《太极图说》，后儒有尊之者、亦有议之者，不若《通书》之纯粹无疵也。"

尝称者。朱子学说实为一有机之重建。此是朱子新儒学独造之论。若谓为朱子一家之言,则益为确切。

朱子之取资于太极,须经一番大奋斗。有如前所指陈,太极图渊源于道家。朱子之学虽与道家不契,但朱子亦必收敛其矜持而取资于太极图。此图亦含"无"之观念,而此一观念绝非儒家所能接受。不仅此也,朱子还须阐明二程兄弟为何于太极图全然缄默,此为吾人以后将提及者。朱子虽遭遇此类困难,仍须利用此一太极观念,实以一种具有逻辑性、综合性、有机性之新儒家哲学系统,不能无此观念也。

形而上与形而下之分为两橛,每易趋于两元论或导致孰为主从。于二程学说中尚未见显明。而于朱子,此种两橛渐较显著,因而两难之困局,亦至迫切。朱子为免于此一困局,乃转而求之于太极观念。有如朱子所释,极者至极也,因而太极为事事物物之极致。更明确言之,太极是理之极致。因之,朱子以太极即理。

极亦意指中。此中非为每一事物之形体之中,乃为其品性之适中,为其质地之无过与不及,为其体性之内在。所以太极实指谓每一事物之最高理则。

太极即理,更确定朱子导引新儒学步入理之路向。设朱子随顺张载或邵雍对太极之解说,朱子惟有归结于气或道家之自然主义。正因张载以太极,基本上为一气之流行。在张载太虚、太和为一体,其中便含阴阳二气。[①] 邵雍虽谓太极是心,其卒也,太极是数。[②] 周敦颐未视太极同于理。如实言之,周子于太极与理气间可能关系未作任何提示。唯有朱子始创明太极即理。此一创明,乃朱子本人以新儒学为理学之发展所必需。太极同于理之思想,正用以阐释形而上与形而下之关系,或一与多之关系以及创造之过程。

依朱熹,太极乃一普遍之一理。总天地万物之理便是太极。但此太极,非可视为静止形态。有如朱子所说,理无穷尽。有一物即有一理。太极亦非意谓有一定之尽头。毋宁意谓为无限潜力之储能。因之,新事物不仅可能,抑且为不可避免。太极是理,亦意谓非虚理而为

---

① 《正蒙·太和篇第一》,参见陈译《中哲资料》,第505页,第12—13节。
② 《皇极经世书》卷八下,第23、25页。

实理。朱子尝以太极或理之极致含阴阳,化生万物。朱子于太极同于佛家之空,空为不着一物之说,径予抨击。

于此更有一点带予朱子更多之困扰。周敦颐在其《太极图说》开宗明义既谓"无极而太极",则道家气息自为显然,诚以无极一词实来自老子。① 朱子与其主要学敌陆象山,辩太极无极,书札往复,争论再三。陆子坚持主无极是道家,不能容许于新儒学中有任何地位。② 朱子据以力争,谓无极仅意谓太极是"无声无臭",上天之运行,正如《中庸》上所描述。③ 朱子谓"太极无方所,无形体。无地位可顿放"④。苟属如此,则周子不以儒家原有名词以形容太极,而另以道家名词,徒滋误解,又何也? 在朱子之意,周子恐人以太极为实物而思以示人以太极为无形体。⑤ 周子有此意,亦未见周子有何说明。真实之缘由,则在太极观念,对于朱子塑造新儒学实不可少。因而虽有《太极图说》开章第一句"无极而太极"之争辩,朱子亦不能不对《图说》善加利用。

至若一事一物与宇宙全体之关系,宇宙普遍之一理与万物分殊众理之关系,太极观念提供一程式,对诸关系予以调和。程颐主张理一分殊。颐谓"天下之志万殊,理则一也"⑥。张载在其名著《西铭》中,示人以民胞吾与之爱,但同时在分殊上,亲其亲,长其长,各有特殊道德之分。程颐及诸儒俱盛赞《西铭》理一而分殊,亦即爱之理一,而施于人伦关系则分殊。⑦ 此类思虑,尚偏在伦理。朱子以其说推之于形而上学之领域,则从两方面阐发一与多之关系。一、为理一用殊。合天地万物皆有同一之理,理是一。但各物复各有其特殊之理,理是多。二、为太极既为理之极致而各物亦自有其理,此即为物物有一太极。因之,太极统万物而为一,同时一物各具一太极。天地一大宇宙也,物物一小宇宙

---

① 《老子》,第二十八章,有"复归于无极"一语。
② 详见《象山全集》卷二,《与朱元晦第一书》(第5—6页)与《第二书》(第9—10页)。
③ 《中庸》第三十三章有云:"上天之载,无声无臭。"
④ 《语类》卷九十四,第十九"太极"条,第3762页(第5页)。
⑤ 《语类》卷九十四,第十"问无极"条,第3756页(第1—2页)。
⑥ 《伊川易传》卷一,第84页。又谓"天下之理一也。涂虽殊而其归则同……",卷三,第3页。
⑦ 参见《张子全书》卷一,《西铭》(并见陈译《中哲资料》,第497—500页);程颐:《伊川文集》卷五,第12页,《答杨时论〈西铭〉书》云"《西铭》理一而分殊"。参见陈译《近思录》卷二,第八十九条(即"订顽篇")。

也。朱子云，"本只是一太极。而万物各有禀受，又自各全具一太极尔。如月在天只一而已。及散在江湖间随处可见，不可谓月已分也"①。月影之譬，使联想佛家大海众沤之喻，众沤出于海而入于海，海为一，众沤为多，一多互摄。朱子之受佛家影响，毋庸置疑。但朱子亦受张载与程颐理一分殊说之激发。亦或受周敦颐此类语式之暗示，如谓"是万为一，一实万分。一万各正，大小有定"②。但有关一与多之关系，直至朱子始有逻辑性之阐述。

《太极图说》中，周敦颐阐释变化过程，为太极动而生阳，静而生阴。阴阳互继，因而宇宙开展。二气交感，化生万物。③

于张载为阴阳之气相推。④ 于程颐，有谓"动静无端，阴阳无始"⑤。在张载与程颐，固谓阴阳两端，循环不已，而于新事物之创生问题，则置而不论。在周敦颐，有如前述，固直谓不断创造之根在静，而亦置动之本身而不问。朱子关于动静之答复则谓气之动静，必有其所以动静之理。有动之理便能动而生阳，有静之理便能静而生阴。朱子此说既未如张载之说太极是动或静，亦未如周敦颐之说太极能动能静。但因太极具有动静之理，而阴阳之气赋焉。如此朱子将其理学带至逻辑之结论，并以其理学阐解存在本身及其变化之过程。⑥

朱子之阐发，更为生生不已之观念所加强。此一观念程颐曾发挥尽致。颐之论点源于《易》，大《易》有云，"天地之大德曰生"⑦。程颐便谓"天地以生物为心"⑧。又谓"天只是以生为道"⑨。又谓"人气之生，

---

① 《语类》卷九十四，第二〇三"问理"条，第 3824 页（第 41—42 页）。并见陈译《中哲资料》，第 638—639 页。

② 《通书·理性命第二十二》。

③ 《太极图说》，载《周子全书》卷一。并见陈译《中哲资料》，第 643—644 页。

④ 《正蒙·太和篇第一》。

⑤ 《经说》卷一，第 1—2 页。

⑥ 《语类》卷九十四，第三十七"问太极"条，第 3769 页，云："有这动之理，便能动而生阳。有这静之理，便能静而生阴。既动则理又在动之中。既静则理又在静之中。"《朱子文集》卷五六，《答郑子上第十四书》，第 33 页，云："理有动静，故气有动静。若理无动静，则气何自而有动静乎？"又朱子《太极图说解》，载《周子全书》，第一章。

⑦ 《易经·系辞下》，第一章。

⑧ 《外书》卷三，第 1 页。

⑨ 《遗书》卷二上，第 13 页。

生于真元。天之气亦自然生生不穷"①。朱子于此进而谓有创造之理，故有生生不已之几。② 理之观念于此又被确认为最终之诠释。

(四)仁之观念发展之极致

在儒家传统，创造之几或生生不已，不仅为自然性抑且为至善。在此方面俱可以仁来阐释。仁字在孔门师生中，虽为一主要课题，但发展至哲学性层次不多。孔子以仁自仁慈意义上专有之德，衍而为仁爱普遍性之德。在原始儒学思想中，仁为人之主要品性。孟子谓仁人心也。汉儒训仁为爱，韩愈(768—824)释仁为博爱。③ 但综此观念之演进，仍止息于伦理之层次。仁之观念之发展，至二程兄弟乃有一大跃进，尤以小程子为然。程颐给仁字的新阐释，仁犹种也。④ 仁之诸义之一，为种子。程颐即在此基础上，以仁为生生之性。于是仁之传统观念始有一形而上学之涵义。仁或爱之为宇宙之德之源泉，乃以其具有创生，生生不已与造化之性。因而谓之为天地之性。程颐云"天地之大德曰生……元者善之长也。此之谓仁"⑤。人于体认天命之性所赋予人者在己之际，则已与天合一。⑥

综上观念，俱已为朱子所反复阐述。在朱子与门弟子谈话以及与师友书札往来中，其于仁为生生与天合一之义三致意焉。朱子有《仁说》一专篇。⑦ 依朱子之言，天地生物之象即显诸仁。仁为生生不已。仁为乾元，握创造之几。人之为仁，乃由天地之心之生物。万物形成一

① 《遗书》卷十五，第 4 页。并见陈译《中哲资料》，第 553 页，第 21 节。
② 有关生生不已之观念可参见陈英文著《新儒学对罪的问题之抉择》，《中央研究院历史语言研究所集刊》第 28 期"胡适先生六十五诞辰纪念专号"，1957 年，第 773—791 页。
③ 可参见陈英文著《儒家仁的观念之演进》，《东西哲学》第 4 期，1955 年，第 295—319 页。
④ 程颐：《粹言》卷一，第 4 页，如谓"心犹种焉，其生之德，是为仁也"。
⑤ 《遗书》卷十一，第 3 页。并见陈译《中哲资料》，第 539 页，第 51 节。
⑥ 《遗书》，如谓"仁者以天地万物为一体，莫非己也"，卷二，第 2 页。"学者须先识仁。仁者，浑然与物同体"，卷二，第 3 页。"若夫至仁，则天地为一身"，卷四，第 5 页。"大人者与天地合其德"，卷十一，第 3 页。
⑦ 《语类》卷六，第四十七至一四三条，第 167—196 页；卷二十，第七十至一二七条，第 742—767 页；卷二十五，第十至二十七条，第 973—980 页；卷五十一，第六至八条，第 1932—1934 页；卷六十一，第七至十五条，第 2315—2317 页；卷六十八，第三七至四十条，第 2688—2690 页；卷九十五，第四至十五条，第 3834—3840 页；第三十三至三十四条，第 3848—3850 页。《朱子文集》卷六十七，第 20—21 页，即"仁说"。并见陈译《中哲资料》，第 593—597 页，又第 632—633 页。(译者按：《朱子语类》，言仁处甚多，实不及繁引原句，故仍仅注明页数，如究其详，可看原书。)

体,由仁也。①

朱子在强调仁之创造性一点上,乃严守程颐之说。仁,朱子又训为"心之德,爱之理"②。朱子深知此理即天地之心以生万物之理。③ 易言之,朱子复将程颐以生生释仁之义,置于理之基础上。惟有由于天地以生物为心之理,始能生爱。此一结论为儒家伦理予以形而上学之根据。此为最重要之一步,使儒学成为新儒学,同时此亦为最重要之一步,使新儒学得以完成。

综上所述,朱子之受益于周、张、二程颇多,其中尤以程颐殊为显明。但朱子亦非严守传统,述而不作。实则朱子有述有作,重造儒学。此于朱子于儒家正统传受系统之处理,更属晓然可见。

二　道统观念之完成

朱子之确定道统之传受系列之事实,为学者所共知,但其哲学性质,则从未阐发。道统观念溯自孟子。孟子谓圣人之道由尧、舜、禹、汤、文、武,至于孔子。④ 千年以后,韩愈重申其绪,并于文、武之外增列周公⑤,且谓其道统之传,轲之死,不得其传焉。并删除荀子与扬雄(前53—18)⑥,以此二子或"择焉而不精",或"语焉而不明",不足以继道统之任。⑦ 李翱(壮年798)继韩愈,亦谓孔子以其道统传于颜子、子思⑧。再传至于孟轲⑨。数百年后,程颐谓程颢于圣人之传,中绝于千四百年之后,得不传之学于遗经。⑩ 又谓孟子没,而圣学不传,其兄颢以兴起

---

① 参见前页注⑦。
② 《论语集注》卷一,第2页。
③ 《语类》卷六,第七十八"今是"条,第179页。
④ 《孟子·尽心第七下》,第三十八章。尧与舜为公元前3000年传说中之皇帝;大禹为夏朝开国之君,约公元前2183—2175年。汤为商朝开国之君,约公元前1751—1739年。文王为周朝开国之君,约公元前1171—1122年。
⑤ 周公(公元前1094年)为文王之子。
⑥ 著有《法言》。
⑦ 《韩昌黎全集》(四部备要本)卷十一,《原道》,第4页。
⑧ 颜子为孔门德行最高弟子。子思(公元前492—431年)为孔子之孙,据传作《中庸》。
⑨ 李翱:《李文公集》(四部丛刊本)卷二,《复性书上》,第7页。
⑩ 《伊川文集》卷七,《明道先生墓表》,第7页。

斯文为己任。① 朱子踵武前贤,有谓道统之传,溯自伏羲、黄帝,而孟子,而周敦颐,以至二程兄弟。② 朱子已一再确定此道统之传承。

朱子亦如孟子、韩愈,其以直承道统自任,殆无疑义。③ 朱子曾隐然自谓幸能私淑于两程夫子而与闻圣学之传。④ 且明谓及其晚岁(1194,年65),亲逢有道。⑤ 姑无论朱子有无自觉身肩斯任,以后朱子学侣、门人,及新儒家,固皆视自孔孟而周敦颐而二程子以至朱子之一系列,乃为正统之学脉。

此正统传受图除有轻微变动外,有如下表:

伏羲——神农——黄帝——尧——舜——禹——汤——

文
　　——周公——孔子——⟨颜子／曾子⟩——子思——孟子——周
武

子——二程子——朱子⑥

朱子门人黄榦撰《朱子行状》,谓"道之正统,待人而后传。自周以来,得统之正,任传道之责者不过数人,而使斯道章章较著者一二人而止耳。由孔子而后,曾子子思继其微,至孟子而始著。由孟子而后,周

---

① 《伊川文集》卷七,《明道先生行状》,第6页。

② 《中庸章句序》;《朱子文集》卷八十六,《沧洲精舍告先圣文》,第12页,"恭维道统,远自羲轩。集厥大成,允属元圣……逮思与舆,益以光大……周程授受,万理一原"。

③ 《孟子·滕文公第三下》,第九章,如孟子自谓"我亦欲正人心、息邪说,距诐行,放淫辞,以承三圣也"。韩愈亦自谓"斯道也……尧以是传之舜,舜以是传之禹、汤、文、武、周公、孔子、孟轲。轲之死,不得其传焉"。

④ 朱熹:《大学章句序》,如谓"于是河南程氏两夫子出,而有以接乎孟子之传……虽以熹之不敏,亦幸私淑而与有闻焉"。

⑤ 《朱子文集》卷八十六,《沧洲精舍告先圣文》,第12页,"口耳失真,千有余年,乃曰有健,周程传受"。译者按:朱子《论语要义目录序》亦谓"而先君弃诸孤,中间历访师友,以为未足……晚亲有道,窃有所闻"。见文集卷七十五。钱穆先生谓有道指李延平。见所著《朱子新学案》,第四册,《朱子之四书学》,第181—183页。

⑥ 李元纲:《圣门事业图·第一图》,《传道正统图》,著于1172年。为尧、舜、禹、汤、文、武、周公、孔子、⟨曾子／颜子⟩子思—孟子—⟨明道／伊川⟩,见《百川学海》(1927年本),第1001页。

程张子继其绝,至先生而始著"①。黄榦之言,为《宋史》②与极多数新儒家所肯认。③

朱子晚岁,于道统传受,深致惓惓。朱子实为新儒学创用道统一词之第一人。④ 其在朱子,道统之说,固甚严谨。但若如人所说,以为朱子道统之建立,仅在为新儒学寻取历史上之权威,或仿佛家祖师传灯之例,则俱为大谬。果真如是,则朱子所从事者仅须顺依程颐之路,绵延其脉,止于其自身足矣。但朱子未有尽依程颐之脉络,且引入若干新因素。朱子如此所为,并非由于树立历史上之权威,或仿效任何佛门祖师宗派之所需,实由其所领导之新儒学,自宋以来学风所趋,其哲学性之发展,急需一道统相承之新观念。此一新观念,亦即基于理为新儒学之中心观念。此于吾人论及朱子如何建立道统时,将更可了解。

第一,朱子排除汉唐诸儒于传受正统之列。此不尽是顺依程颐之溯道统于孟子。稍前于程颐,石介谓圣人之道自孟子而扬雄、王通(584—617)以至韩愈,⑤孙复亦纳董仲舒(前176—前104)入道统之列,⑥因之在11世纪道统授受有两说。一为由孟子直传程颐,另一则为由孟子分经汉唐诸儒以至韩愈。朱子之抉择至为明确,置石介与孙

① 《勉斋集》卷三十六,《行状》,第48页。又谓"尧舜禹汤文武周公生,而道始行。孔子孟子生,而道始明。孔子之道,周程张子继之。周程张子之道,文公朱先生又继之。此道统之传,历万世而可考也",卷十九,《徽州朱文公堂记》,第19页。"以原学之所自传,则濂溪周先生实倡其始……新安朱先生实成其终",卷二十,《汉阳州学五先生祠堂记》,第10页。"新安朱先生禀资高明,厉志刚毅,深潜默识,笃信力行,体用一源,显微无间之旨,超然独悟……周程之道,是是而始著焉",卷二十,《鄂州州学四贤堂记》,第4页。"先生出,而自周以来圣贤相传之道豁然如大明中天,昭晰呈露",卷三十六,第48页。

② 《宋史》卷四二七,周敦颐、二程、张载诸儒传,俱显示此意,不繁引。

③ 如张伯行(1651—1725),最崇敬朱子,著有《道统录》(正谊堂全书本),第4—6页。严守朱子所立之道统传授。

④ 《中庸章句序》,如谓"既皆以此而接夫道统之传"。

⑤ 《徂徕集》卷十三,第1页。集中此类意见甚多,如卷十二,《上赵先生书》,第12页,"五百年一贤人生,孔子至孟子、孟子至扬子、扬子至文中子,文中子至吏部(指韩愈)……"《上张兵部书》,第16页,"……今斯文也,剥且三百年矣,剥之将尽,其终必有复……孔子之道始剥于杨墨,中剥于庄韩,又剥于秦莽,又剥于晋宋隋梁陈五代,终剥于佛老。天授之孟轲、荀卿、扬雄、王通、韩愈……无孟轲、荀卿、扬雄、文中子、吏部之力,不能复斯文"。卷十三,《上蔡副枢书》,第1页,"杨墨塞路,儒几病矣。孟子作十四篇……扬雄作准易、法言……文中子续经……释老之害,甚于杨墨,吏部独力以排之"。《上孔中丞书》,第7页,"夫子之道不行于当年……汉高祖、唐太宗能得之于上,以之有天下三百年,孟轲扬雄文中子韩愈能得之于下,以之有其名亿万世"。

⑥ 《宋元学案》卷二,《泰山学案》,第18页。

复所主张之传受道统一线于不顾,并断然摒弃汉唐诸儒于道统正传之外。朱子之意,大有异于程颐。程颐主要之意,乃在其兄颢求孔孟之道,返求六经而后得。程颐亦如新儒家力主学贵"自得"①。程颢曾谓"天理两字,却是自家体贴出来"②。故两程兄弟是否自觉负有历史上道统传受之使命,殊属疑问。程颢于道统上溯孟子,乃是侧重自得。当然无须经过汉唐诸儒。但朱子之排除诸儒,则自有其哲学上之衡虑。朱子以为汉唐诸儒实不解孔孟中心思想。③ 故谓秦汉以还,文字所传糟粕而已。④ 易言之,汉唐诸儒其于新儒家哲学之内涵,殊无贡献。

第二,朱子于新儒家中特尊二程。在 11 世纪,新儒家中之显赫者颇不乏人,二程兄弟自非唯一之杰出者。邵雍、张载、司马光,及其他新儒家各代表不同之思想路线,亦各有其影响力。但朱子选择二程以代表正统传受之主要脉络,张载次之,而其他诸儒则摒弃之。

朱子之所以选择二程,亦自易于了解。良以二程思想亦正朱子所依以建立其自身哲学之源泉。此即是朱子之选择,实质上为哲学性。由于同一哲学性之缘由,朱子乃以其他新儒家为附属,为旁枝。张邵长于二程,张载且为二程之表叔。论理,论序,张、邵两子俱应列于二程之前。但朱子于辑录二程哲学之发展及影响时,尝置两子于二程之后。⑤诚如吾人所知,邵子之数象哲学,过于道家气息,实难容许于新儒学中,具有重要地位。张子之哲学颇相契合,但其气之哲学,其与朱子所发展之新儒家哲学,亦属过于一偏。朱子谓邵张以及司马光途虽同归,而学则殊辙。⑥朱子深信二程为承继正统之人。每谓二程先生独得孟子不

---

① 《遗书》卷十一,第 4 页,"大抵学不言而自得者乃自得也,有安排布置者皆非自得也"。卷二十二上,第 14 页,"学者要自得,六经浩渺,年来难尽晓"。

② 《外书》卷十二,第 4 页。

③ 《朱子文集》卷七十五,《语孟集义序》,第 20 页,"论孟之书,学者所以求道之至要。古今为之说者,盖已百有余家。然自秦汉以来,儒者类皆不足以与闻斯道之传。其溺于卑近者,既得其言,而不得其意;其骛于高远者,则又支离踳驳,或乃并其言失之,学者益以病焉"。

④ 《朱子文集》卷八十六,《谒修道州三先生祠文》,第 11 页。

⑤ 参见朱子之《伊洛渊源录》。

⑥ 《朱子文集》卷八十六,《沧洲精舍成告先圣文》,第 12 页,谓"周程传授,万理一原。曰邵曰张,爰及司马。学虽殊辙,道则同归"。

传之学。① 又谓吾少读程氏书，早已知先之。②

朱子亦并其师李侗（1093—1163）而弃之，此诚颇堪指陈。弟子不仅应尊其师，且李侗学于杨时（1053—1135），而二程为时之师。故李侗实私淑二程之新儒学，则朱子之增列李侗，应为事理之自然。但李侗思想旨趣，在方法上。李教学者于静中看喜怒哀乐未发之气象。③ 李侗于理学实无所阐发。苟朱子仅志在建立历史上渊源道统，则以李侗衔接，自属顺理成章。但朱子则必直返二程，以朱子学趣，主要固在哲学性故也。

第三，朱子特择周敦颐，且列于二程之前。周子之被选以及列于孟子与二程之间，实具有哲学性之确切缘故。朱子此一抉择，至为艰难，但亦不能不如此者。程颐虽力谓其兄颢求圣人之道，得孟子后不传之学，但朱子屡谓周子承继斯道之传④并以之授二程先生。⑤ 朱子且特予指明周子传太极图于二程。⑥ 又谓二程得其学于《通书》，《通书》乃阐《易》之书，太极思想即为《易》所摄有。⑦ 此一指明，疑辩者众。即朱子

---

① 《朱子文集》卷七十五，《论语要义目录序》，第6页，谓"河南二程先生独得孟子不传之学于遗经"。《语孟集义序》，第19页，谓"河洛之间，有二程先生者出，然后斯道之传有继，其于孔子孟子之心，盖异世而同符也"。

② 《朱子文集》卷七十八，《建仓府学明道先生祠记》，第6页。

③ 《李延平集》（正谊堂全书本）卷二，第16页；卷三，第16页。

④ 《朱子文集》卷七十八，《江州重建濂溪先生书堂记》，第12页，谓"若濂溪先生者，其天之所畀，而得乎斯道之传者欤！不然，何其绝之久，而续之易，晦之甚，而明之亟也？有程氏者，遂扩大而推明之"；《隆兴府学濂溪先生祠记》，第19页，"及先生之世，始发明之，以传于程氏，而其流遂及于天下"。卷八十，《邵州州学濂溪先生祠记》，第11页，"惟念先生之学，实续孔孟不传之绪，以授河南二程先生而道以大明"。卷八十五，《濂溪先生画像赞》，第9页，"道丧千载，圣言日湮，不有先觉，孰开吾人"。

⑤ 《朱子文集》卷七十八，《隆兴府学濂溪先生祠记》，第12页（同上注所引）。卷七十八，《隆兴府学濂溪先生祠记》，第18页，"先生之呼，自程氏得其传以行于世"。卷七十九，《邵州州学濂溪先生祠记》，第10页，"有濂溪先生者作，然后天理明，而道学之传复续。盖有以阐夫太极阴阳五行之与，而天下之为中正仁义者，得以知其所自来……其所以上接洙泗千岁之统，下启河洛百世之传者，脉络分明而规摹远矣"。卷八十，《黄州州学二程先生祠记》，第7页，"颢字伯淳……颐字正叔，其后十有余年，当庆历丙戌丁亥之间，摄贰南安，乃得狱掾春陵周公，敦颐而与之游，于是两子因受学焉，而慨然如有求道之志。既乃得孔孟以来不传之绪于遗经，遂以其学，为诸儒倡"。卷八十六，《奉安濂溪先生祠文》，第4页，"惟先生道学渊懿，得传于天，上继孔颜，下启程氏"。

⑥ 《朱子文集》卷七十九，《徽州婺源县学三先生祠记》，第3页，"诸君独不观诸濂溪之图与其书乎？其大指则不过语诸学者讲学致思，以穷天地万物之理……而程子传之"。

⑦ 《语类》卷九十三，第五十二"汪端明"条，第3743页，"今观《通书》，皆是发明太极……二程益得其传，但二程之业广耳"。

友人亦有非之者。① 全祖望(1705—1755)曾谓朱子乃以二程之学源于濂溪之第一人,但疑者亦踵相接。② 二程兄弟于庆历六年(1046)至七年(1047)从周子游。事无可疑,其事载于二程《遗书》③。而疑者则因二程从未赞誉周子,且直称其字而不称先生,④甚者谓为“穷禅客”⑤。穷禅之称,诚为一问题,但弟子只称其师之字号,亦非无先例。二程尝就学于胡瑗,亦直称而不称先生“安定”⑥。然无论如何,绝无实据足以反证二程之盖尝受学于周子。所最感困惑者,即朱子称周子授太极图于二程。盖二程于太极图从未提及,更少论及也。程颐谓其兄直返于孟子以得其道,而朱子亦首肯其说。此则与所谓二程受其学于周子,殊难自圆其说矣。辩者亦可谓周子乃一桥梁,容易为人所忽略。但二程果真受其学于周子,则其兄弟全不理会太极图。此事实难索解。朱子试图排解其纷难,乃谓程子疑未有能受之者,故秘而不传。然此说亦难令人信服!⑦

此一矛盾,纵难解决,但或解释为,其间乃历史性关联与哲学性关联之区别。就历史上言,有如程颢谓天理一字乃自家体认而来。此种道德真实,乃是直返孔孟。此即所谓继孟子以后已绝之传。但就哲学性言,在二程兄弟与孟子之间终有一大缺隙。诚如朱子所知,周子其

---

① 《语类》卷九十三,第五十二“汪端明”条,第3743页,“汪端明尝言两程之学,非全资于周先生者”。《朱子文集》卷三十,《答汪尚书第四书》,第8页,“受学之语,见于吕与叔所记二先生语。中云昔受学于周茂叔,故据以为说”。卷三十一,《答张敬夫书第十九书》,第9页,“太极图立象尽意,剖析幽微,周子盖不得已而作也。观其手授之意,盖以为唯程子为能受之。程子之秘而不示,疑亦未有能受之者尔”。

② 《宋元学案》卷十一,《濂溪学案》,第1页,“祖望谨案。濂溪之门,二程子少尝游焉。其后伊洛所得,实不由于濂溪。是在高弟荥阳吕公已明言之……晦翁南轩始确然以为二程子所自出。自是后世宗之而疑者。亦踵相接焉”。

③ 《遗书》卷二上,第2页,如谓“昔受学于周茂叔,每令寻颜子、仲尼乐处,所乐何事”。卷三,第1页,“诗可以兴。某自再见茂叔后,吟风弄月以归,有吾与点也之意”。又《伊川文集》卷七,《明道先生行状》,第6页,“先生之学,自十五六时闻汝南周茂叔论道,遂厌科举之业”。

④ 《遗书》卷二上,第2页,卷三,第1页(皆同上注)。卷六,第4页,《周茂叔穷禅客》。卷七,第1页,“猎自谓今无此好,周茂叔曰,何言之易也?”卷二十三上,第1页,“尝见李初平问周茂叔……茂叔曰……”,“王拱辰君贶初见周茂叔”。又《外书》卷二,第4页,“周茂叔谓荀子元不识诚”。卷十,第4页,“周茂叔谓一部法华经,只消一个艮卦可了”。

⑤ 《遗书》卷六,第4页。参见上注。

⑥ 《遗书》卷二上,第4页,“胡安定在湖州置治道斋,学也欲明治道者讲之于中”。卷四,第3页,“安定之门人,往往知稽古、爱民,则为为政也何有?”

⑦ 《朱子文集》卷三十一,第9页,可参见《答张敬夫书第十九书》。

人,正为弥补其缺隙。在此一哲学性意义上,二程实乃自周子继其已绝之绪。诚如黄百家(壮年 1695)所示,汉儒止有传经之学。性道微言之绝久矣。元公(即周子)崛起,阐发心性义理之精微。① 诚、性、命、心、太极诸观念,确俱源于太极图及《通书》②。微周子之贡献,新儒学将有不少之缺隙。微太极图之观念,新儒学亦殊缺乏其基础。此朱子之所以苦心孤诣,以周子为道统中重要之一环,初无论其哲学含有道家气味也。

欲知道统之哲学性质之另一途径,当在检讨新儒家之视道统为何。当朱子于淳熙十六年(1189)第一次采用道统一词之时,曾引述《书经》语以描述道统。《书经》云:"人心惟危,道心惟微,惟精惟一,允执厥中。"③此或为偶然之引述。但黄榦在专论道统之文,则言之详确,说明道统授受之哲学性发展之特性。依黄榦意,万物肇自太极,藉阴阳以运行。允执厥中之中,尧得之于天,舜得之于尧。舜命禹,则曰:"人心惟危,道心惟微,惟精惟一,允执厥中。"此人心、道心、精、一,四者乃禹得之于舜。文、武、周公又得礼、敬、义诸德之教于禹。孔子则得其统于文、武、周公,并以之传于颜子而为博文约礼之学。再传而至曾子而为大学所教格物等等之学。子思受曾子诚意之学以传孟子。孟子则教人收放心与集义。周子则于诚意之说有发展。二程于居敬与格物之学,益为弘扬。凡此道统中诸义,俱可寻之于朱子所倡之四书之中,而为入道之方,与道统之广泛纲领也。④

此一纲领,固较为武断,且不足以尽诸儒之学旨或新儒学整个之发展。但亦能略举其要点。即道统之绪,在基本上乃为哲学性之统系而非历史性或经籍上之系列。进一步言之,即道统之观念,乃起自新儒学发展之哲学性内在需要。于此吾人可知新儒学之整个观念,乃建立在理之观念上。程颐建基其本人哲学在理之上,朱子则致力奠定其整个新儒学系统在理之上。汉唐诸儒于理学,殊无贡献。即邵张诸儒之于此,亦仅有一隅之见。因之二程乃被认为道统传授之主要血脉。但尚

---

① 《宋元学案》卷十一,《濂溪学案》,第 2 页,"百家谨案……元公崛起,阐发心性义理之精微,端数元公之破暗也"。参见《勉斋集》卷二十,第 4 页。

② 《通书》,第一章至第四章,第七章,第十一章,第二十二章。并见陈译《中哲资料》,第二十八章。

③ 《大禹谟》。

④ 《勉斋集》卷三,《圣贤道统传授总叙说》,第 17 页。

有一儒者，其涵义乃以理为其整个哲学系统之泉源，周敦颐即其人也。职是之故，朱子苦心所寄，以周子列于孟子与二程之间。其师李侗，则予以明确之摒弃，以其师于理学无所阐发。

综上所述，若谓新儒学道统之观念与佛门祖师传灯，有任何相似，显全为皮相之见。有以为新儒家之道统乃仿效佛门。[①] 在第 8、9 世纪佛家祖师传灯之争，诚重要一时，诚为非常动听之故事。但至 11 世纪，尤其至朱子之时，此风已歇。景德（1004—1007）《传灯录》直至西元 1004 年始予辑录，而佛门此一争端久已湮息。禅宗为传授系统之最重要宗派，亦已分裂数宗。假若犹谓佛门传灯之事，在朱子心中随时尚具份量，实属甚有可疑。朱子从未讨论此一问题。朱子诚有数次谈及禅师，但均与传灯无关。[②] 朱子不信印度廿八祖能作写作为他等所作之中文押韵诗。[③] 亦不信达摩（壮年 460—534）死后只履西归与禅宗一叶五花之传说。[④] 朱子虽盛赞许多禅师之伟大，但颇致疑于《传灯录》中许多祖师几人能得尧舜文武孔子之成就。[⑤] 朱子对宗门祖师，殊无兴趣，更乏热诚。决不至仿效之也。不仅此也，佛家传受，必有传受之象征或信物如传衣，而所传之经尤为重要。至于高度神秘经验传受之需要，此尚不言。但在儒家传受道统中，则毫无是类因素之存在。至若谓道统乃效法天台五时八教与华严五时，就时间与观念两者言，[⑥]每一宗派均自认为宗门发展之最高峰。但吾人可谓佛门之分宗别派，在性质言，乃为各宗派之融合或类并，而新儒学之发展，则为一逻辑之进展。此非为不同宗派之解纷与镕合，而乃为一单一系统之演进。简言之，朱子于道统传受之序列，表面上似基于权威，而实为一重要哲学性之实质。朱子于处理儒学典籍上，亦属如此。

---

① 如大田锦城（1765—1825），《疑问录》（天保二年辛卯，1831 年末）卷下，第 17 页。

② 《语类》卷一二六，第一"孟子"条，第 4817 页；第六十八"佛书"条，第 4847 页；第一〇六"德粹"条，第 4861 页。

③ 《语类》卷一二六，第一"孟子"条，第 4817 页；第六十八"佛书"条，第 4847 页。

④ 《朱子文集》，《别集》卷八，《释氏论下》，第 3 页。

⑤ 《朱子文集》卷四十三，《答李伯谏》，第 11—12 页。

⑥ 清水信良：《中国思想史》，东京，1950 年版，第 199 页。

三 《大学》、《论语》、《孟子》与《中庸》合为《四书》

在绍熙元年(1190)朱子刊行《论》《孟》《学》《庸》而成为四子书问世。自皇庆二年(1313)以至光绪三十一年(1905),四子书已成为国家策试取士与学校教育基本之书籍。朱子平日心力瘁于《四书》,几近三十年。于隆兴元年(1163),时年三十四,撰述《论语要义》。于乾道八年(1172),朱子不满意《要义》之作,复著《论语正义》。五年后,朱子撰成《论语集注》与《孟子集注》,其中选录有成就之新儒家诸说并参以己意。此外,朱子为阐释其《论》《孟》诸书集注并为其自注作辩解,复著有《论语或问》与《孟子或问》。于淳熙十六年(1189),时年六十,朱子完成《大学章句》与《中庸章句》。自其表面言之,"或问"、"章句"之作或仅是篇节与章句之重订,益之以若干评释。但如实言之,亦如朱子早年之注《论语》与《孟子》,实以其集注发挥自家之哲学思想。稍晚,朱子复著《大学或问》与《中庸或问》。易箦三日前,尤改订《大学》第六章诚意篇之自注。朱子之于四子书,真可谓穷毕生之役,其重要甚为显然。

论者有谓《四书》之纂注,朱子不过维持传统儒家,依赖经籍而已。朱子亦不过如其他儒家之徒,从经书中寻求权威而已。朱子强调《四书》,盖以狭隘新儒家思想之源泉,而非予以开拓也。但谨严之检讨,殊为不然。此正将表明朱子之所以予《四书》之地位,实有其哲学上深远之理由。《四书》之刊行,容或偶然。但其哲学意蕴,则至为重大,以其含有:一、脱离五经[①]权威地位之羁绊。二、直探孔孟基本义理之教。三、引介合理之治学(治经)方法。

在十一世纪,新儒学之兴起时,五经权威已渐失其势力。前此唐代时五经之钦定义疏[②]已不再为人所接受。新儒家倾向于本人之注释。正由于孕育于此一新精神之下,孙复与石介研讨《春秋》,司马光、王安石、张载与程颐各为《易经》作注,整个之主旨为"自得",因而有"新义"

---

① 《诗》、《书》、《易》、《礼》及《春秋》。原有六经,包括《乐经》在内。若真有其书,亦散佚于第三世纪以前。自宋以来,为《周礼》所替代。

② 《五经正义》,孔颖达(574—648)等奉钦命编纂。用王弼及韩康伯(332—380)注《易》,郑玄(127—200)注《诗》及《礼记》,孔安国注《尚书》,杜预(222—284)注《春秋》。孔颖达等于各家之注加疏。

运动之兴起。此一运动发轫于孙复之《春秋尊王发微》，王安石为《诗》《书》《礼》三经作注疏而达于最高峰。王安石之影响之大，其注疏被称为"新学"。

程颐《易传》则尤迈前一步。程颐直是用《易传》来合他道理，有时且与本经无涉，甚或有悖于本经。诚如朱子所言，《易传》乃自成书，伊川用以说道理。① 在程颐，乃至后来新儒家，五经只是载道之文。② 伊川之意，学之要务，贵在自得。③

与此一发展平流并进者，为群起而对五经之怀疑。自天圣三年（1025）至元符三年（1100），此七十五年间，怀疑之风，极为盛行。疑之者甚众，而欧阳修（1007—1072）尤为首出。欧阳修疑《春秋》三传（《左传》、《穀梁传》与《公羊传》或三传作者已跻于经之地位）、《诗序》以及《易经》所谓"十翼"为伪。五经在中国思想之权威基础，显已大为动摇。不过，虽在此种独立与怀疑精神之下，五经在早期新儒家之地位，仍是威势犹存。纵五经仅为载道之具，而诸儒在其撰述中仍孜孜于此。直至朱熹始将五经权威完全移除。

此亦非谓朱子即不致力于五经。朱子曾为五经中之四经作注，④ 但其对于五经之态度则大异。首先朱子继续怀疑精神，甚至全然推翻以往数百年已经建立之权威。朱子疑《诗序》为非原作。⑤ 在朱子，《诗

---

① 《语类》卷六十七，第二十四"问易"条，第 2626 页，"程易不说易文义，只说这理极处，好看"；第二十五"伊川"条，第 2628 页，"伊川只将一部易来作譬喻说了"；第三十"问先"条，第 2630 页，伊川得个大道理，"却将经来合他这道理，不是解易"；卷一〇五，第三十二"因论"条，第 4180 页，"易传已自成书"；卷一一九，第二十一"陈光"条，第 4592 页，"因言易传自是成书"。

② 《遗书》卷二，第 4 页，"诗书载道之文"；卷六，第 10 页，"经，所以载道也"。

③ 《遗书》卷二上，第 1 页，谓"有德者既有诸己，所用莫非中理。知巧之士，虽不自得，然才知稍高，亦能窥见其一二"。卷一，第 2 页，"当栽培深厚，涵泳于其间，然后可以自得"；卷二十二上，第 14 页，"学者要自得"。

④ 《周易本义》十二卷，《易学启蒙》四卷，《易传》十二卷，《书说》三十卷；命其门弟子编纂《诗集传》八卷，以及《仪礼经传通解》三十七卷。

⑤ 《朱子文集》卷八十二，第 20 页，"后汉卫宏传，明言宏作毛诗序，则序岂得为与经并出，而分于毛公之手哉？""书临漳所刊四经后"，《语类》卷八十，第三十六"诗序"条与第三十七"诗小"条，第 3294—3295 页，"诗"。译者按：朱子谓诗小序，全不可信。在此卷中所述此意甚多，谨略增引于下：如谓"因论诗诗，归言小序无义理，皆是后人杜撰，先后增益凑合而成"。"诗序实不足信……后来仔细看一两篇，同质之史记、周语，然后知诗序之果不足信"。"诗序多是后人妄意推想诗人之美刺，古人之所作也"。"某自廿龄时读诗，便觉小序无意义……后到卅岁，断然知小序之出于汉儒所作，甚为缪戾不可胜究"。

序》乃后期作者之作品。此辈作者读诗误解其意,遂以其中不少男女抒爱或淫佚之诗误为寓有美刺道德教诲。① 朱子之勇猛步调,更为前人所不敢为者,朱子以三百五篇中之廿四篇,乃纯为男女情爱之作。② 朱子推翻自来以古文尚书为真之说,指明今之书序细腻,不类西汉之文。孔安国(壮年前130)注,乃魏晋人文字,其文体不类前汉。③ 此不啻为17、18世纪以来争论未休古今文尚书真伪以及其他古本真伪运动,辟其途径。朱子信《礼记》乃秦汉以下诸儒用以解释仪礼之书。④ 朱子未以《易经》为伪,但一再直认《易》原为卜筮之书,非哲理之作。⑤ 至若《春秋》,于本经虽未致疑,但于三传无所采取。朱子谓三家皆非亲见圣人。⑥ 五经之外,于其他经籍亦多致疑。朱子诉谓天下多少是伪书,开眼看得透,自无多书可读。⑦ 朱子推翻群经之真伪与权威,其范围之广,古今实罕与其匹。

朱子对五经态度之激烈,尚可由其随意更订经文见之。程颢、程颐俱重订《大学》章次。⑧ 朱子不仅重定章句,且为第五章致知本章补格物传,谓格致之义,古有而今亡。王通续经,儒者斥其僭妄,⑨朱子且谓文中子之续经,犹小儿竖瓦屋。⑩ 但朱子宁受此类责难,虽其责难未见,诚以朱子不仅需要格物之观念,以成就其哲学体系;且朱子亦殊不欲再拘束于五经传统权威之下。朱子亦将《孝经》分章分注,并删去二百三十三字。

---

① 《语类》卷八十,第三十七"诗小"条,第3295页;第四十一"诗序"条,第3300—3302页。

② 在《诗集传》,第42、48、64、72、74、76、81、83—95、137、139、140、143各篇。

③ 《语类》卷七十八,第二十五"书序"条与第二十六"汉人"条,第3153页。

④ 《语类》卷八十四,第二十八"问闻"条,第3469页,"《仪礼》,礼之根本。而《礼记》乃其枝叶。《礼记》乃秦汉以下诸儒解释仪礼之书"。

⑤ 《语类》卷六十六,第一"易本"条,第2575页;第十"易所"至十四"易本"条,第2586—2587页;卷六十七,第五十四"人自"条,第2638页;第六十一"易最"条,第2643页;《朱子文集》卷八十二,第20页,"《易》本卜筮之书","《易》只是个卜筮之书","盖《易》本为卜筮作","如《易》,某便说道圣人只是为卜筮"。译者按:《语类》卷六十六至六十八,三卷俱是论《易》。上述之意甚多,不及细引。读者欲知其详,并可参见钱穆著《朱子新学案》,第四册,"朱子之易学"。

⑥ 《语类》卷八十三,第三十八"春秋"条,第3413页。

⑦ 《语类》卷八十四,第二十九"问礼"条,第3470页。

⑧ 程颐:《经说》卷五,《伊川先生改正大学》,第3—5页。

⑨ 见王阳明《传习录》。并见陈译《传习录》(纽约哥伦比亚大学出版社1963年版)第11节。

⑩ 《语类》卷一三七,第五十一"文中子"条,第5252页。

　　然而朱子最激烈之观念,犹在朱子谓经书非绝对之必要。朱子云:"借经以通乎理耳。理得则无俟乎经。"① 又云:"若晓得理,则经虽无亦可。"② 陆象山亦曾宣称六经为我注脚。③ 朱子甚至并注脚而弃之。五经在国家取士与学校教育中仍占极重要之地位,儒学亦仍以五经为社会道德之准绳。但在新儒家思想之发展中,经典权威,则经已丧失。在新儒家哲学发展中,朱子转以《四书》作替代。

　　《四书》之成为重要,有待于新儒家,尤有待于二程兄弟。《论语》在汉代仅为小学所必修。《孟子》于宋以前,并无一经之地位。韩愈乃首谓读孟子书,然后知孔子之尊。并以为求观圣人之道,必自《孟子》始。④ 《大学》与《中庸》,俱为《礼记》中之一篇。就哲学性言,《中庸》并无地位,直至李翱始根据《中庸》之意,以撰其复性三篇。⑤ 新儒家中,范仲淹(989—1052)乃为以《中庸》为至德要道之第一人。但仍须待二程兄弟始将《四书》,尤其《论》《孟》,达致显赫之地位。二程谓吾人须先治《论》《孟》,及其法之精,则五经可不治而明。⑥ 当二程基本上仍重五经之时,朱子则仅重在《四书》。

　　自朱子哲学性观念而论,五经与《四书》间至少其重要之差异有三。其一,最要者,《论》《孟》乃直记孔孟之言而五经为间接资料。朱子尝说《诗》《书》是隔一重两重,说《易》《春秋》是隔三重四重。⑦ 今欲直得圣人本意不差,先须于《论语》《孟子》中专意。《书》《诗》则一以写史实,一以抒情意。⑧ 其二,《四书》乃理之观念之源泉,如性、心、仁、义,俱是。朱子云:"《大学》《中庸》《论》《孟》四书道理粲然……何理不可究?何事

---

　　① 《语类》卷十一,第一〇九"经之有"条,第 305 页。

　　② 《语类》卷一〇三,第四十七"南轩"条,第 4144 页。

　　③ 《象山全集》卷三十四,第 1 页。

　　④ 《韩昌黎全集》卷二十,第 9 页,"故求观圣人之道,必自《孟子》始","送王秀才(损)序"。

　　⑤ 《李文公集》卷二,《复性书上》,第 5—8 页,"遭秦焚书,《中庸》之不焚者,一篇存焉……性命之源,则我弗能知其所传矣。道之极于剥也复。吾岂复之时邪?"

　　⑥ 《遗书》卷十八,第 18 页,"学者须先读《论》《孟》。穷得《论》《孟》,自有个要约处。以此观他经甚省力"。卷二五,第 5 页,"学者当以《论语》《孟子》为本。《论语》《孟子》既治,则六经可不治而明矣"。

　　⑦ 《语类》卷一〇四,第十二"问近"条,第 4156 页。

　　⑧ 《语类》卷十四,第九十一"为学"条,第 298 页;第一三一"先看"条,第 309 页。

不可处?"①在他方面,《易》以致精微而不及实事与道德原理,《春秋》则品评历史,而不指示修养。② 其三,《四书》示吾人以系统治学(治经)方法。朱子于《四书》之次序:《大学》、《论语》、《孟子》、《中庸》。朱子释之曰:"先读《大学》以定其规模,次读《论语》以言其根本,次读《孟子》以观其发越,次读《中庸》以求古人之微妙。"③

直探孔孟与着重实践及道德原则,并非源自朱子。但朱子力主《四书》为义理之源泉。朱子于《四书》较重要之贡献乃在引介新方法,称之为格物。朱子置《大学》为首,甚至列于圣门最源头之书《论语》之前。其主因即在朱子以《大学》中有修身治学之模式。《大学》经文云:"物有本末,事有终始。"据于《大学》,治学修身全部历程之开端即在格物。物格而后致知、诚意、正心、修身、齐家、治国与平天下,俱可循序获致。朱子以格物为先,特为格物致知。是以作补传如下:

> 所谓致知在格物者,言欲致吾之知,在即物而穷其理也。盖人心之灵,莫不有知,而天下之物,莫不有理。惟于理有未穷,故其知有不尽也。是以大学始教,必使学者即凡天下之物,莫不因其已知之理而益穷之,以求至乎其极。至于用力之久,而一旦豁然贯通焉,则众物之表里精粗无不到,而吾心之全体大用,无不明矣。

在此极其重要之一段中,其间多数义蕴,实得之于程颐。④ 但朱子与程颐实质上之差异有二。其一,程颐仅以格物为修身方法之一,而在朱子则视为根本之道。其二,程颐以穷理亦多端,或论古今人物别其是

---

① 《语类》第二"读书"条,第397页。
② 《语类》卷六十七,第五十三"易只"条,第2638页,"易只是空说个道理"。卷八十三,第五"问春秋"条,第3399页,"问春秋。曰:此是圣人据鲁史以书其事。使人自观之,以为鉴戒尔"。
③ 《语类》卷十四,第三"某要"条,第397页,"学问须以《大学》为先,次《论语》,次《孟子》,次《中庸》"。
④ 《遗书》卷十五,第1页,"物则事也。凡事上穷极其理,则无不通";第11页,"格物穷理,非是要尽穷天下之物,但一事上穷尽,其他可以类推";卷十八,第5页,"方得未致知,便欲诚意,是躐等也";第8—9页,"物我一理。才明彼,即晓此,合内外之道也……至一物之所以然,学者皆当理会。又问致知……曰……一草一木皆有理,须是察"。卷十九,第1页,"凡眼前无非是物,物皆有理。如火之所以热,水之所以寒"(参见陈译《中哲资料》卷三十一,第14、16、17、31、44、47、62各节)。

非,或应事接物而处其当。① 朱子当亦未忘及此。但格物穷理仍为首要。程颐以《大学》为"初入德之门"②。而在朱子,则以穷理为学次第之首。自朱子以来,致知先须格物穷理,已为儒者所共认,吾人颇堪玩味者,王阳明虽沿朱子主要学敌陆象山之心即理,而其反对朱子,亦不反对其格物之说,但另训格物为正心。③ 阳明认心即理,朱子则认在物为理,两者固正若相反,而致知之序则同,亦即在穷理。故就阳明同意格物为基本之序,以及就阳明如何穷理之不同解释两者而论,俱强调一事实,即朱子已建立新儒学之整个建构于坚固基础上。在此一意义上,朱子实"集"新儒学整个系统之大成。

〔录自陈荣捷:《朱学论集》,台湾学生书局 1988 年版。英文原载 Francoise Aubin 主编之 *Etude Song-Sung Studies Immemoriam Balazas*(Balazas 纪念宋学研究),第二辑,第 1 期,1973 年。中文译文载《中华文化复兴》月刊,第七卷,第 12 期,1974 年 12 月。〕

---

① 《遗书》卷十八,第 5 页。
② 《遗书》卷二十二上,第 1 页,"入德之门,无如《大学》"。
③ 《传习录》,第七条,"先生又曰,格物如孟子,大人格君心之格,是去其心之不正,以全其本体之正"。第八十五条,"答罗整庵少宰书","格者,正也。正其不正,以归于正也"。第一七四条,"夫正心诚意致知格物,皆所以修身。而格物者,其所用力可见之地。故格物者,格其心之物也"。

李镜池儒学学案

　　李镜池(1902—1975)，字圣东，广东开平人。中国现代易学研究专家、古史辨派重要学者。

　　李镜池早年就读于广州协和神学院，毕业后进入燕京大学国学研究所，师从陈垣，亦从许地山、顾颉刚等学"道教史"、"古史研究"等课程。1931年，南迁，后辗转在广州、香港、台山、曲江等地任教。1935—1936年，曾回燕京大学任教。抗战结束后，受聘于广州岭南大学，历任副教授、教授等职。1953年，转至华南师范学院(现华南师范大学)，任中文系教授，至1965年退休。1975年病逝。

　　李镜池早期以古史辨派学术观点进行易学研究，从社会发展史观点推勘典籍史料，通过语言学以及《周易》与殷商甲骨卜辞之比较，在《〈周易〉筮辞考》、《〈左传〉、〈国语〉中易筮之研究》、《易传探源》等论著中提出许多新见解。他认为著占先于卦画存在，卦画本无名目，其意义为后人之附会。他对"文王重卦"之说提出质疑，认为六十四卦的发明者是周王族的一个无名作家，或许是一个卜官。卦爻辞是卜史的卜筮记录，因而同一卦爻辞中往往有数次记录的合并，形成不相连属的词句。《易传》成于战国末、秦汉间。《周易》先后经历了三次变迁：第一次是将著的筮辞分配在六十四卦三百八十四爻之下而成为卦爻辞；第二次是战国末、秦汉间的儒生以义理附会卦爻，这便是《易传》的著作；第三次是随着著草功用的衰微而由金钱占的代兴。用"九"、"六"名称指谓阳爻和阴爻，是第二次变迁中的前期现象，《易传》作者为便于应用而创作；"互体"是汉儒用以附会卦象而释占的一种巧妙方法；现在的卦、爻辞样式,也可能在第二次变迁中经过了重新的编纂。他还认为《周易》只反映出文化粗浅的初民时代的社会情况,并无高深的道理存乎其中;几篇《易传》是秦汉人的思想,象数、纳甲、应世、游魂等是汉代阴阳家、谶纬家弄的把戏;王弼的《易注》是老庄流为清谈的思想;先天图、后天图是道教徒的无聊玩意儿;程颐的《易传》、朱熹的《周易本义》是混合三教的新儒学思想。20 世纪 60 年代初,连续撰写了《关于〈周易〉的性质和它的哲学思想》、《〈周易〉的编纂和编者的思想》、《易传思想的历史发展》等文章,主张从详尽分析各卦卦爻辞和全面组织结构来理解《周易》内容与思想,认为《周易》的作者难以确指,伏羲等人的名字只代表时代,意味着八卦的来源很古远。他认为《易经》对自然和社会的反映都蒙上了迷信的外衣,但也反映出客观世界的一些必然联系。

(徐庆文)

《周易》筮辞考(节选)①

我们相信《周易》是卜筮之书:其起源是在于卜筮;其施用亦在于卜筮。证据有的是,我们用不着向别处找,在《周易》的本身,卦、爻辞中,就可以给我们证明。这里就是要把《周易》卦、爻辞作一回分析的研究。

三 卦爻辞中的故事

顾颉刚先生有这样的一篇文章:《周易卦爻辞中的故事》(载于《燕京学报》第六期)。他从卦、爻辞所载的故事推定《周易》的著作年代。这是很有力的一个印证,故这里节选了顾先生的话来做我的论据。

(1)王亥丧牛羊于有易的故事。《大壮·六五》,"丧羊于易,无悔"。《旅·上九》,"鸟焚其巢,旅人先笑后号咷,丧牛于易,凶"。王国维从甲骨卜辞中研究出商的先祖有个王亥,并从《楚辞》、《山海经》、《竹书纪年》三书中找出他的事迹来。《竹书纪年》载"殷王子亥宾于有易而淫焉,有易之君绵臣杀而放之"。《大荒东经》载"有易杀王亥,取仆牛"。《天问》里用疑问的话对于王亥(《天问》作"该")的事迹说得更详细,说他在有扈("有易"之误)过着快活的日子,后来被害。这与《周易》"旅人先笑后号咷,丧牛于易"的话是相同的。可见《周易》那两节爻辞说的是王亥的故事。王国维还说:"盖夏初奚仲作车,或尚以人挽之。至相土作乘马,王亥作服牛,而车之用益广。古之有天下者,其先皆有大功德于天下……然则王亥祀典之隆,亦以其为制作之圣人,非徒以其为先祖。"王亥是作服牛的人物,有功于人,他的事迹为人所注意,故卦、爻辞作者亦采述之,而且凡两见。

---

① 这里节选的是该文第三、四、五、六、八部分及结论。

（2）高宗伐鬼方的故事。《既济·九三》，"高宗伐鬼方，三年克之。小人勿用"。《未济·九四》，"震用伐鬼方，三年有赏于大国"。"《诗·商颂·殷武篇》说，'昔有成汤，自彼氏羌，莫敢不来享，莫敢不来王'。可见，商的势力早已远被西北民族。到高宗时，伐鬼方至三年之久而后克之，可称是古代的大规模的战争，所以作爻辞的人用为成功的象征。"（有引号的是节引原文，无引号的是摘述。）

（3）帝乙归妹的故事。《泰·六五》，"帝乙归妹，以祉，元吉"。《归妹·六五》，"帝乙归妹，其君之袂不如其娣之袂良，月几望，吉"。从《诗·大明篇》"文王嘉止，大邦有子。大邦有子，俔天之妹。文定厥祥，亲迎于渭"的话，及帝乙与文王同时这两方面看来，《周易》记的是帝乙嫁女于文王的故事。"帝乙为什么要归妹与周文王呢？这是就当时的情势可以推知的。自从太王'居岐之阳，实始翦商'（《鲁颂·闳宫》）以来，商日受周的威胁，不得不用和亲之策以为缓和之计，像汉之与匈奴一般。所以王季的妻就从殷商嫁来，虽不是商的王族，也是商畿内的诸侯之女。至帝乙归妹，《诗》称'俔天之妹'，当是王族之女了。后来续娶的莘国之女，也是出于商王畿内的侯国的……周本是专与姜姓通婚姻的，而在这一段'翦商'期间，却常娶东方民族的女子了。这在商是不得已的亲善，而在周则以西夷高攀诸夏，正是他们民族沾沾自喜的举动呢。"所以这件事就两见于爻辞。

（4）箕子明夷的故事。《明夷·六五》，"箕子之明夷，利贞"。"箕子为殷末的仁人，他不忍见殷之亡，致有'为奴'（《论语》）及'佯狂'（《楚辞》）的痛苦。""明夷"是一种成语，其义已不可知，《象传》里把箕子与文王对举，可见《明夷·六五》说的"箕子"，很早是当作殷之仁人的箕子说的。

（5）康侯用锡马蕃庶的故事。《晋·卦辞》，"康侯用锡马蕃庶，昼日三接"。"康侯即卫康叔：因为他封于康，故曰'康侯'……又因为他是武王之弟，故曰'康叔'……康侯用锡马蕃庶的故事久已失传。就本文看，当是封国之时，王有锡马，康侯善于畜牧，用以蕃庶。"

除了以上几事约略可以考定以外，还有几条爻辞也是向来说成文王的故事的：

（1）《升·六四》云："王用亨于岐山，吉，无咎。"

（2）《随·上六》云："拘系之，乃从维之，王用亨于西山。"

（3）《既济·九五》云："东邻杀牛，不如西邻之禴祭实受其福。"

虽然这些话说的未必一定是文王的故事，但总是有个故事隐藏在里面。此外还有许多爻辞似乎在称说故事的，例如：

> 伏戎于莽，升其高陵，三岁不兴。（《同人·九三》）
>
> 系用徽纆，置于丛棘，三岁不得，凶。（《坎·上六》）
>
> 明夷于南狩，得其大首，不可疾贞。（《明夷·九三》）
>
> 震来厉，亿丧贝，跻于九陵，勿逐，七日得。（《震·六二》）
>
> 睽孤，见豕负涂，载鬼一车；先张之弧，后说之弧。匪寇，婚媾；往遇雨则吉。（《睽·上九》）
>
> 或锡之鞶带，终朝三褫之。（《讼·上九》）
>
> 日昃之离，不鼓缶而歌，则大耋之嗟，凶。（《离·九三》）
>
> 田有禽，利执言，无咎。长子帅师，弟子舆尸，贞凶。（《师·六五》）
>
> 密云不雨，自我西郊；公弋取彼在穴。（《小过·六五》）
>
> 中行，告公从，利用为依迁国。（《益·六四》）
>
> 丰其蔀，日中见斗，遇其夷主，吉。（《丰·九四》）
>
> 显比，王用三驱，失前禽，邑人不诫，吉。（《比·九五》）

"这些话也许只就卦爻的象作为系辞，也许用了与卦爻的象相合的故事作为系辞；只为我们现在习熟于口耳间的故事唯有战国、秦、汉以来所传说的，而西周人所传说的则早已亡佚，故无从判别。"

"作卦、爻辞时流行的几件大故事是后来消失了的，作《易传》时流行的几件大故事是作卦、爻辞时所想不到的：从这些故事的有与没有上，可以约略地推定卦、爻辞的著作时代。它里边提起的故事，两件是商的，三件是商末周初的，我们可以说，它的著作时代当在西周的初叶。著作人无考，当出于那时掌卜筮的官。著作地点当在西周的都邑中，一来是卜筮之官所在，二来因其言'岐山'言'缶'，都是西方的色彩。"

顾先生的结论所定卦、爻辞的著作时代、著作人及著作地点，我认为很对的。不过这里还要补充一下，卦、爻辞的材料，大部分是周民族还在从游牧到农业时代的记录，西周初叶的材料比较的少。从甲骨卜辞上"黍年""有年""其雨"等话看,殷民族已进到农业时代。卦、爻辞所说的农业,也还是开始经营,材料的年代颇早。这是说,卦、爻辞的大部的材料来源是在西周之前。然而《周易》之成功为《周易》,是经过一次编纂而成的(这一点在上面讲卦、爻辞著作体例时已说过,在下面讲卦、爻辞中的比兴诗歌时还要论及),这编纂的时期是在西周初叶。

四 《周易》中的比兴诗歌

"兴"是诗歌中的一种体裁,是"因所见闻,托物起兴,而以事继其声"(朱子《诗集传》)的一种作法。例如《诗经·秦风·黄鸟篇》,"交交黄鸟,止于棘。谁从穆公?子车仲行……"以黄鸟来"兴"起所要说的话。黄鸟与诗中的意义是没有关系的,不过是"托物起兴";其关联的地方,在它的脚韵,所谓"以事继其'声'"是也。要解释这类的诗,是"不可以事类推,不可以理义求"(郑樵《六经奥论》卷首)的。

"兴"体之外,还有所谓"比"。如《周南·关雎篇》,"关关雎鸠,在河之洲。窈窕淑女,君子好逑"。这可以解作借雎鸠之鸣叫求偶以比拟君子之求淑女,即所谓"比而兴也"。

"比"与"兴"这两种诗体,在《诗经》中是很多的,说诗的人自会依体解释。但《周易》中也有这类的诗歌,却从来没有人知道,更没有以说《诗》之法说《易》了。现在我们不特从《周易》中看出诗歌;且可从这些诗歌来推考《周易》的著作年代。

我们且先看《周易》中的两首比兴诗歌:

(一)

明夷于飞,垂其翼。

君子于行,三日不食。(《明夷·初九》)

(二)

鸣鹤在阴,其子和之。

我有好爵,吾与尔靡之。(《中孚·九二》)

我们试把这两首诗吟诵一番,看它像不像诗?然后把它跟《诗经》的诗比较一下,看它相类不相类?

在我看来,这就是两首诗歌,两首很美很有诗意的诗歌。你若没读过《周易》，你敢说这是《周易》的筮辞吗？

论它的韵，"翼""食"同在今韵二十四职，古诗以"翼""食"相叶的常见，如《唐风·鸨羽》二章，《小雅·楚茨》一章，《信南山》三章，其叶韵固不用说；"和"与"爵""靡"，古音亦相叶的。"爵"，王肃读为"呼报反"（《释文》引）。"靡"，"亡池反；又亡波反"（据宋本《释文》）。顾炎武谓"靡，古音摩，见《诗》黍离"（《易音》一）。

再论它的意义。第二首较为明显，先论它：

"鸣鹤在阴，其子和之。""在阴"，类于《诗》"鹤鸣于九皋，声闻于天"之言。"其子"，一定不是雏鹤，雏鹤大概不懂得怎样"和"；这定然是指一雌一雄的鹤。你听，一对鹤儿在"阴"地里藏着很和谐地一唱一和。这是多么有意思呵，尤其是听在情人们的耳朵里。于是乎豪兴勃发，说，"我有好爵，吾与尔靡之"。翻成现代语是："我有很好的陈酒，咱们共醉一场罢！"——爵是酒杯，代表酒。靡者共也（《释文》引《韩诗》）。"吾与尔"，我们很可以想象出一对青年男女来。

这一节诗，若放在《诗经》里面，朱夫子看了，一定摇笔写道，"兴而比也"。但在易学家的有色眼镜之下，可就大变其颜色了。易学大师虞翻说：

> 《震》为鸣。《讼离》为鹤。《坎》为阴夜。鹤知夜半，故"鹤鸣在阴"。二动成《坤》，体《益》，五《艮》为"子"。《震》《巽》同声者相应，故"其子和之"。《坤》为身，故称"我"。"吾"谓五也。《离》为"爵"，爵位也。《坤》为邦国。五在《艮》，阍寺庭阙之象，故称"好爵"。五利二变之正应，以故"吾与尔靡之"矣。
> （李鼎祚《集解》引）

说得太委曲了。但《九二》明明是阳爻，有什么理由要强迫它变为阴爻以成《坤》？更有什么理由说"《坤》为身"（《说卦》没有这个象）？身又未必就是"我"？《坤》又何尝是"邦国"？《离》又何尝是"爵位"？这一些都不见于《说卦传》，都是杜撰。"阍寺庭阙之象"，就使果如所说，便足以说明"好爵"之义了吗？不通！

我们再来看看另外一派的说法又是如何？王弼是汉末易学之独树一帜的，孔颖达推其注为"独冠古今"（《周易正义》序）。他是怎样说的？他说：

> 处内而居重阴之下,而履不失中,不徇于外,任其真者也。
> 立诚笃至,虽在暗昧,物亦应焉,故曰"鸣鹤在阴,其子和之"
> 也。不私权利,唯德是与,诚之至也,故曰"我有好爵,与物散
> 之"。

这个注解,不禁令人惊骇。"任真""立诚"的奥论,从哪里钻研出来?"不私""唯德"的思想,原来在这里隐藏着!"吾与尔靡之"一句话,即是"与物散之"的意思。妙哉妙哉! 是之谓"独冠古今"。

本来是很浅显很好的一首诗,经他们这样一说,便索然无味,莫名其妙。

至于第一首诗,更要费点工夫来讨论,因为这里面有两个字的意义沉埋已久,我们要把它捞掘起来。——这就是这首诗的头两个字:"明夷"。

这两个字,王弼没有解释;他根本上连"于飞,垂其翼"两句话没有看懂,望文生训,刻意求深。他说:

> "明夷"之主,在于"上六","上六"为至暗者也。"初"处卦
> 之始,最远于难也。远难过甚,"明夷"远遁,绝迹匿形,不由轨
> 路,故曰"明夷于飞"。怀惧而行,行不敢显,故曰"垂其翼"也。

他的毛病是在推求一卦之主,把《上六》的"不明,晦",牵连到"初"爻上去,于是附会出"远难"、"远遁"、"绝迹匿形"、"行不敢显"一套话来。实则"于飞"未必是"远遁","垂翼"未必是"匿形"也。

荀爽还说得有点意思,他说:

> 火性炎上,《离》为飞鸟,故曰"于飞"。为《坤》所抑,故曰
> "垂其翼"。

他固然不明白"明夷"究竟是什么,但他毕竟聪明,他从"于飞"二字想出个"飞鸟"来。至于他解"垂其翼"从卦画上去推求,以为是"为《坤》所抑",仍然囿于汉儒卦象之见,未得其解。

自我们观之,"于飞"指的是鸟,"垂其翼"说的也是鸟;"飞"是鸟飞,"垂翼"也是鸟之"垂翼"。两句话合成说明一种鸟的动作的过程。这种

鸟,就是"明夷"之"夷"。但在未说明"夷"是什么鸟之前,我们且先证明"于飞""垂翼"是指鸟说的。

我们在《诗经》里看到有下列几种有"于飞"二字的诗句:

(一)

黄鸟于飞,集于灌木,其鸣喈喈。(《周南·葛覃》)

(二)

燕燕于飞,差池其羽。

之子于归,远送于野。……

燕燕于飞,颉之颃之。

之子于归,远于将之。……

燕燕于飞,下上其音。

之子于归,远送于南。……(《邶风·燕燕》)

(三)

雄雉于飞,泄泄其羽。

我之怀矣,自诒伊阻。……

雄雉于飞,下上其音。

展矣君子,实劳我心。……(《邶风·雄雉》)

(四)

仓庚于飞,熠耀其羽。

之子于归,皇驳其马。……(《豳风·东山》)

(五)

鸿雁于飞,肃肃其羽。

之子于征,劬劳于野。……

鸿雁于飞,集于中泽。

之子于垣,百堵皆作。……

鸿雁于飞,哀鸣嗷嗷。

维此哲人,谓我劬劳。……(《小雅·鸿雁》)

(六)

鸳鸯于飞,毕之罗之。……

鸳鸯在梁,戢其左翼。……(《小雅·鸳鸯》)

(七)

凤皇于飞,翙翙其羽,亦集爰止。……(《大雅·卷阿》)

(八)

振鹭于飞,于彼西雍。

我客戾止,亦有斯容。……(《周颂·振鹭》)

从上面所举的八例看来,我们可以知道几件事:

(1)"于飞"二字之上,均为鸟名;黄鸟,燕,雉,仓庚,鸿雁,鸳鸯,凤皇,鹭,哪一个不是鸟?可见"于飞"二字,是指"鸟"说的,再无疑义。

(2)讲鸟之飞,往往说到它的"羽""翼";所谓"差池其羽","泄泄其羽","熠耀其羽","肃肃其羽","翙翙其羽",以及"戢其左翼",在八例之中,有了六例是"飞"与"羽""翼"相连而叙,可见这是一种很普通的说法。"明夷于飞,垂其翼"之言,当亦与此同类。

(3)因与《诗》文比较,我们更明白了"垂其翼"是什么意思。《诗》中一方面说"飞",一方面说"集""止"。如"黄鸟于飞,集于灌木","鸿雁于飞,集于中泽","凤皇于飞……亦集爰止","振鹭于飞,于彼西雍";而"鸳鸯在梁,戢其左翼",更与"垂其翼"句相近。我们可以推知"垂其翼"是"集""止"的意思。

(4)我们读这些诗,更清楚地看出诗歌中的"起兴"或"比兴"的体裁。"黄鸟于飞"或"仓庚于飞",与"之子于归"有什么关联呢?"雄雉于飞"与"我之怀矣,自诒伊阻",及"展矣君子,实劳我心",又怎能把它的意义牵连在一起?其中最与《易·明夷·初九》的话相类的是《小雅·鸿雁篇》的头一节,兹录其文以比较之,不特足以证明《明夷·初九》爻辞之为诗歌,且可以证明了爻辞的意义。

《明夷·初九》	《鸿雁篇》
明夷于飞, 垂其翼。 君子于行, 三日不食。	鸿雁于飞, 肃肃其羽。 之子于征, 劬劳于野。

由以上的种种比较,我们可以下个结论:

(1)"明夷于飞,垂其翼",是指鸟说的。

（2）《明夷·初九》爻辞，是一首起兴式的诗歌。

然而这究竟是什么鸟呢？

在未解释这个之先，我们要谈谈六书"假借"的例，才容易明白。为方便起见，引焦循一段话来做说明：

> 六书有假借：本无此字，假借同声之字以充之，则不复更造此字。如许氏所举，"令""长"二字，"令"之本训为"发号"，"长"之本训为"久远"，借为"官吏"之称；而官吏之称，但为"令"为"长"，别无本字。推之"而"字训"面毛"，借为"而乃"之"而"；"为"字训"母猴"，借为"作为"之"为"；无可疑者也。又有从省文为假借者，如省"狎"为"甲"，省"旁"为"方"，省"杜"为"土"，省"虞"为"吴"……古者命名辨物，近其声即通其义。如"天"之为"颠"，"日"之为"实"（《说文》）……"礼"之为"体"（《礼器》），"富"之为"福"（《郊特牲》），"踟蹰"之为"蜘蛛"（《啸赋》），"汍澜"之为"芄兰"（息夫躬《绝命辞》）：无不以声之通而为字形之借。（《易话下·周易用假借论》）

古字之假借通训，实在是一种惯例。要解释它，非得从假借上去想不可。虽然这个方法未必一定可靠，但你不懂得这个方法，那你便无从解释。就拿《周易》来说吧，《革·初九》"巩用黄牛之革"，与《六二》"巳日乃革之"，两个"革"字就不同，一个是名词，一个乃动词。若偏执一义，能够通吗？

我们对于"明夷"两个字，也要从假借上去解释它。"明夷"二字，在《明夷》一卦中凡六见，而"明"字"夷"字分言亦有。但"明夷"究竟是什么意思，始终难得其解，找不出一个通义来。只有"明夷于飞"这一节话，我们因为"于飞""垂翼"的关联，尚能用比较法推出它的意义来；至于其余诸爻的"明夷"，我们就不敢专执一义以绳其他了。

"明夷"的意思，依我想，就是"鸣鹈"二字的假借。

"明"与"鸣"，声同而义通。《广雅·释诂》三："鸣，名也。"《春秋繁露·深察名号篇》："古之圣人，鸣而命施谓之名；名之为言，鸣与命也。""鸣"与"名"，声训同。而"名"又与"明"通，《释名·释言语》："名，明也；名实使分明也。"（毕沅《释名疏证注》："《庄子》，《释文》引作'鸣也'。"）

《诗·齐风·猗嗟》,"猗嗟名兮",笺谓"名明古通用。《檀弓》'子夏丧其子而丧其明',《冀州从事郭君碑》作'丧子失名'"。用几何例证法 a＝b,b＝c,∴a＝c;可知"名""明""鸣"三字,古代是同声通义的。

"夷",即"鵕"。鵕,据《说文》,"鵕胡,污泽也。从鸟、夷声"。又:"鵜、鵕或从弟"。是鵕又即鵜。"夷"与"弟",形类声近,《易》"夷于左股"之"夷","子夏作'睇',郑陆同。京作'眱'"(《释文》)。鵕即鵜,即《诗·曹风·候人》"维鵜在梁,不濡其羽"之鵜。鵜这种鸟,据《尔雅·释鸟》,"鵜,鴮鸅"。郭璞注谓:

> 今之鹈鹕也。好群飞,沉水食鱼,故名"洿泽"。俗呼之为淘河。

邢疏引陆机疏《诗·候人》云:

> 鹈,水鸟。形如鸮而极大,喙长尺余,直而广,口中正赤,颔下胡大如数斗囊。若小泽中有鱼,便群共抒水,满其胡而弃之,令水竭尽,鱼在陆地,乃共食之,故曰"淘河"。

《庄子·外物篇》:

> 鱼不畏网而畏鹈鹕。

鵜这种水鸟是很喜欢食鱼的。若果把"鸳鸯在梁"换了个鸟名说,"维鵜在梁,戢其左翼",岂不与"明夷于飞,垂其翼"很相像吗?"鸣鵜于飞",岂不是与"鸣鹤在阴"的句法又是一路吗?"明夷"之所以"垂其翼",并不奇怪,那不过是"亦集爰止",或如鸳鸯之在梁,戢其左翼以嬉戏,或者是"淘河"觅食而已。这里面并没有什么意义教训隐藏在内,只是诗歌的一种"起兴"。我们用不着刻意求深说它为什么"所抑",也不必去推演引申说它是有所"不敢"。极其量也只能说它是"比兴"诗歌,说明夷垂翼以求食,君子则"三日不食","食"与"不食"相对待。过此以言《易》,我敢说他一定是附会穿凿。

以上把"明夷于飞,垂其翼"表过了,以下我们再来谈"君子于行,三日不食"。

这两句话是很明显的,就是说,在外行旅是很辛苦的,常常是忍饥捱饿。"三日"之"三",是代表众数说,不一定就是实实在在的"三天"。古人视行旅为最辛苦最可怕的事,我们只要看看卜辞中卜"出入"的次数之多(据罗氏《殷虚书考释》已有百二十八条,虽然比五三八条的祭祀,一九七条的渔猎为少,但这数已不少了),《易》卦、爻辞中常说"往"、"行"、"涉川"等就可以知道。上面我们已比较过《诗·鸿雁篇》的话,"之子于征,劬劳于野";这里我可以再引两节诗来与《易》文比较,其义更明了了。

君子于行, 三日不食。	君子于役, 苟无饥渴! (《王风·君子于役》)	父曰:"嗟,予子行役,夙夜无已!……" 母曰:"嗟,予季行役,夙夜无寐!……" (《魏风·陟岵》)

《易·明夷·初九》爻辞,就是这么一首咏行役之苦的诗歌。我很怀疑卦、爻辞编者是把这首流行于民间的歌谣采入《易》筮辞中,然后把筮辞"有攸往,主人有言"补上。即不然,这节诗歌就出于他的写作。

总结上面所讨论的,我们有两点应注意:

(1)卦、爻辞中有的是用假借的字,我们解释时要用六书假借法来解释它。

(2)《周易》中也有比兴式的诗歌,我们解释时也要用着诗歌的眼光来看它。

或许有人要问,《周易》并不是《诗经》,以《诗》解《易》,不见得对;而且你所举的不过寥寥两节文字,未足为例证吧?

我说,例证的多少,并不要紧,只要我们用客观的态度加以研究分析,看得清楚,虽然例证仅仅是一两条,而这一两条的真面目已经得到,也就可喜了。我想,《周易》的卦、爻辞,因为是卜筮之辞,以记叙为主,质而不文,所以这种诗歌式的词句很少,这个并不足怪。我们不因为这类的例证少而疑它不是诗歌,反而因为它在质朴的筮辞中夹杂这类的诗句,看出它的时代性及卦、爻辞编者的作风来。

在《周易》之前,有甲骨卜辞,那是一种很简单的散文。把占卜之事老老实实地记下来,一点也不雕饰。一方面,这是文化开始的现象;一方面是写作的内容限定了它。但到了《诗经》时代,文化就进步了,光说这种"韵文"的艺术,就令人惊叹不置。若果你要划分古代文化的时期,你很可以用这两种著作来做代表,分为"卜辞时期"、"《诗经》时期"。但在这两个时期之间,却成功了一种著作——这就是《周易》卦、爻辞。

卦、爻辞的大部分,是西周以前的筮辞;有一部分是殷周间的事情,如所记"帝乙归妹","康侯用锡马蕃庶","箕子之明夷"等故事;又一部分,就卦、爻辞编纂者的文章,他或者将旧材料加以润色安排,或者另铸新词,即兴写作,用蓍草筮与龟甲卜所得的占词,大概是相近的。他们的时代背景与生活状况是相同的,他们的占词的体例也没有什么大别。我比较甲骨卜辞与《易》卦、爻辞,知道两者的著作体例,其同者是筮辞的原型,其异者乃编纂时的并合(详前《筮占与卦爻辞著作体例》条)。至于卦、爻辞之由编纂者铸词,除上举的两首诗歌外,我们还见到不少的这类的句子。例如:

> 屯如邅如,乘马班如。(《屯·六二》)
>
> 乘马班如,泣血涟如。(《屯·上六》)
>
> 复自道,何其咎。(《小畜·初九》)
>
> 其亡其亡,系于苞桑。(《否·九五》)
>
> 贲如皤如,白马翰如。(《贲·六四》)
>
> 枯杨生稊,老夫得其女妻。(《大过·九二》)
>
> 枯杨生华,老妇得其士夫。(《大过·九五》)
>
> 来之坎坎,险且枕,入于坎窞。(《坎·六三》)
>
> 日昃之离,不鼓缶而歌,则大耋之嗟。(《离·九三》)
>
> 睽孤,见豕负涂,载鬼一车。先张之弧,后说之弧。

(《睽·上九》)

> 困于石,据于蒺藜。入于其宫,不见其妻。(《困·六三》)
>
> 艮其背,不获其身;行其庭,不见其人。(《艮》)
>
> 鸿渐于干,小子厉,有言,无咎。(《渐·初六》)
>
> 鸿渐于磐,饮食衎衎。(《渐·六二》)
>
> 鸿渐于陆,夫征不复,妇孕不育。(《渐·九三》)
>
> 鸿渐于木,或得其桷。(《渐·六四》)
>
> 鸿渐于陵,妇三岁不孕,终莫之胜。(《渐·九五》)
>
> 鸿渐于阿,其羽可用为仪。(《渐·上九》)
>
> 女承筐无实;士刲羊无血。(《归妹·上六》)

我们读这些话,仿佛是在读《诗经》了。卦、爻辞,本来是编纂而成的;但这些诗歌式的句子,我们不能不说是有个作者在。前人把它归之于两位圣人的主名之下,说文王作卦辞,周公作爻辞。我们知道那不过是一种偶像的崇拜,不过是一种"箭垛式"的把戏。然而这种传说却暗示我们一个意思,就是卦、爻辞有一个或一个以上的作者。这个作者,我以为即编纂卦、爻辞的那一位。这位编纂者,一方面是编集旧有的筮辞,一方面是有意为文。你看他不用"何咎"(《随·九四》、《睽·六五》二处用)而用"何其咎",以与"复自道"作整齐的句法;"枯杨生稊"与"枯杨生华"互相对照;"艮其背,不获其身;行其庭,不见其人";及"女承筐无实,士刲羊无血",成对偶之文;《渐卦》诸爻辞,整套为韵文,而以"鸿渐于"起,简直就是《诗经》中的诗歌格式。在以记叙为主的筮辞中而有这类诗歌句子,我们很可以看出卦、爻辞编纂者的著作痕迹,亦可以看出编纂卦、爻辞时的艺术背景。卦、爻辞的编著者之所以能够写成这样的诗歌,喜欢运用这样的韵文,一定不是他个人能够这样特创。《诗经》的"雅""颂"中,很有些是西周初叶的作品,那时候的诗歌,是在一个颇为流行、极力发展的时代。卦、爻辞的编纂者,就在这样的时代潮流之中,受诗歌的影响,作成同样的文章。

因此,我们可以得到三个结论:

(1)卦、爻辞中有两种体制不同的文字——散体的筮辞与韵文的诗歌,可以看出《周易》是编纂而成的。

(2)卦、爻辞之编纂,有大部分是编录旧有的筮辞,有小部分是编者的著作。

(3)卦、爻辞的编纂年代,当在西周初叶。

五 卦爻辞中的格言

《周易》中有故事,《周易》中有诗歌,《周易》中还有格言。

我所谓格言,不是前人所谓义理教训。前儒以为《周易》是圣人设教之书。一字一画都有大道理存乎其中:不是教人进德,就是劝人悔过;不是说君子如何如何地好,就是小人怎样怎样地坏。《彖传》《象传》作者倡之,后儒从之,已经说了两千多年了。但我们看《周易》不过只是卜筮之辞,它大部分是记载了周民族还在奴隶时代的一些经历,一些生活。编著者的目的,也只是供人卜筮知所趋吉避凶而已;此外别无教训在。我所谓格言，是说他们从生活经验中发生的观念，从这观念所形成的至理名言。是哲学思想，而不是伦理教训。

动物尚能在屡次的错误试验（try and err）中得到一种概念似的习惯，人是有思想的能观察的，他在种种经验中得到一种综合的观念是很自然的。这种观念形于言语就是格言。这类的格言，在没有文字之前就有，口耳相传，以至书之竹帛。这种格言，很可以做他们生活的指导，正如后儒以孔孟之言行为模范一样。这类格言之传布，有如英雄故事那样的普遍为人所记诵。古书里所谓"先民有言"或"人之言曰"，就是这类口耳相传的格言。可惜我们的古先没有把这类格言收集拢来做个总集，像古希伯来人之有《箴言书》（*Proverbs* 基督教《旧约书》中一部）；若果有的话，这才是真正十足讲哲理的"经典"呢。

《周易》中有两节话可以算是格言：

（1）无平不陂；无往不复。（《泰·九三》）

（2）三人行则损一人；一人行则得其友。（《损·六三》）

这两节话跟别的卦、爻辞不同。别的叙述事件，就是诗歌式的筮辞也是叙述事件的；但这两节却是写概念。第一节说的是变化循环的哲学，第二节说的是旅途结交的经验。

"无平不陂"，意思是说，平的亦会变陂，陂的亦会变平，即所谓"桑田变沧海，沧海变桑田"的道理。

"无往不复"，意思是往而又复，复而又往，往复回旋，循环不绝之物理也。

这种变化循环的道理，多半是从自然界的现象观察出来的，如日月之升降，晦明之交代，晴雨之不时，冬夏之来往，许多许多的自然事物都是如此，所以他们体验出这种变化循环之理。这两句话就是表示出这个概念。

"三人行则损一人；一人行则得其友。"这两句话，是从行旅中经验出来的。"三"是一个奇数，是一个不好分配的数目。事情常常是这样的，两个人是亲亲密密的过着平和的生活，一有第三者侵入，就不免把两人的团结破坏了；不是引起纠纷，就是彼此猜忌。三角式的生活是牵强的，是不能专一的。所以三人行则损其一人，这两人才舒服。至于一个人呢，一个人在旅途间是很孤独的，不特没人帮忙，要找个人谈谈也没有,这是多么寂寞啊。一个人在寂寞无聊的时候是要寻求朋友的。所以"一人行则得其友"。

这两节话,是两种概念,不是筮辞。其所以收入《周易》中者,第二节是因为个"损"字故入《损》卦,第一节说的是否极泰来的道理。

六 卦名与卦爻辞之编纂

卦名有三种样式:

(1)单词独立的——如"《乾》"、"《坤》"、"《屯》"、"《蒙》"、"《小畜》"、"《大有》"之类。

(2)连于他文的——如"履虎尾","否之匪人","同人于野","艮其背"是。"观"与"中孚"则为连文中之独立的。

(3)省称的——如"《坎》",本为"《习坎》",省称"《坎》"。("《无妄》",《象传》谓"物与无妄",似亦因省称而有脱文。)

卦名与卦、爻辞之关系:

(1)卦名与卦、爻辞意义上全有关系的——如《师卦》,卦名与卦辞爻辞完全是说师旅之事的;只有《六五》"田有禽利执言"句是说田猎,然古者田猎也是讲武习兵的,所以也可说是有关系。《履卦》,说的是践履行为之事;只有《六三》"武人为于大君"一句似乎不同,然而其意盖以为"武人"实现为大君的希望也。《同人》,说的都是战争。《颐卦》说的是饮食之事。

(2)大部分言一事,只有小部分不同,然而与卦名也有意义的关联的——如《复卦》,都是说往而能"复"的,这往复是指行旅说;但《上六》末后附有一节讲"行师"而"大败"的,虽然大败,其意盖以为败而能"复"也,而"行旅"与"行师"却是两事。《鼎卦》,说的都是饮食之事,然而其中又说"得妾以其子",也是因为与"鼎"有关系。《归妹》,说的是嫁娶之事,然而又说"女承筐无实,士刲羊无血",这是从嫁女讲到她夫妇俩的生活;其中又说"征"说"幽人",也当因归妹而连类及之的。《旅卦》,说的是商旅之事;然而又讲"射雉",讲"丧牛于易",这是因商旅而涉及一个"旅人"的故事。

(3)只小部分或一半与卦名的意义或字音有关连——如《随》,只有《六二》、《六三》、《九四》与"随"有意义之关联,余爻似无关。《噬嗑》,一半言噬，一半言刑狱。《无妄》，《六二》、《九四》爻辞不言"无妄"，似与"无妄"无关。《解》，只《九四》、《六五》言"解"。《姤》，只《上九》一爻言"姤"。前人对于这些卦爻的解释，往往牵合附会，多所未通。

（4）卦中说的不是一事，因为卦名有数义，或以同字或以假借而聚拢在一块的。——例如《需卦》，"需"或为"濡"之假借，如"需于沙"、"需于泥"、"需于郊"是；需又或为濡染濡溺之假借，如"需于酒食"是；又或为畏嬬之意，《需·上六》所说"有不速之客三人来，敬之，终吉"，当含此义。蛊，事也。凡"蛊"与"事"在一卦。"贲"，义或为奔，或为斑，或为獱。"过"，义或为过经，或为经过。"离"，义为离别，亦为罹。"壮"，义为壮强，亦为伤创。"明夷"有多义，或为明灭，或为鸣鴺，或为夷伤，或为地域方国名。"革"为改革，亦为皮革。"震"为雷震，亦为震惊。"艮"为很视，亦为艰难。此类颇多。这里告诉我们不能专执一义来做解释。

（5）卦名与卦、爻辞无关联的。——如《乾》，《乾卦》据说是指"天"说的，然"乾"不训"天"，《乾卦》卦、爻辞亦不说天。《坤》为地、为顺，然《坤卦》卦、爻辞亦不言顺。《小畜》诸爻不言畜。《夬》，只言"夬夬"而不言"夬"。这些卦名与筮辞不关联的缘故，我们已很难知道编者的本意的所在了，虽然他当时或许是有意义的。

（6）《渐卦》是特别的一类，与上面五种都不同。——"渐"，说的是鸿之渐，与所言之事没关联的，甚至简直不言事，只言鸿。"鸿渐于干"、"鸿渐于磐"、"鸿渐于陆"等，不过是起兴诗歌式的话，与所言"小子厉有言"，"饮食衎衎"，及"夫征不复，妇孕不育"等有什么相干呢？"鸿渐于陆，其羽可用为仪"，更是只从鸿想到它的羽，末尾只系个"吉"字，跟《恒·九二》只曰"悔亡"，《大壮·九二》只曰"贞吉"，《解·初六》只曰"无咎"，《萃·九四》只曰"大吉无咎"相类；或与《乾·初九》"潜龙，勿用"，《乾·九四》"或跃在渊，无咎"，《上九》"亢龙，有悔"，及《贲·上九》"白贲，无咎"，《离·六二》"黄离，元吉"，相像而已。"渐"与《渐卦》卦、爻辞是没有关联的，虽然他用了个"渐"字来连贯了每条卦、爻辞。

以上这六种方式是卦名与卦、爻辞的关系。此外我们还应该提及的有三件事：

甲、一卦中有意排列的词句，表列如下：

䷞咸	䷳艮其背，不获其身……
《初六》：咸其拇。	《初六》：艮其趾，无咎。
《六二》：咸其腓，凶。	《六二》：艮其腓，不拯其随，其心不快。
《九三》：咸其股，执其随。	《九三》：艮其限，列其夤，厉薰心。
《九四》：贞吉，悔亡。	《六四》：艮其身，无咎。
《九五》：咸其脢，无悔。	《六五》：艮其辅，言有序，悔亡。
《上六》：咸其辅颊舌。	《上九》：敦艮，吉。
䷾既济	䷿未济，亨。小狐汔济，濡其尾。
《初九》：曳其轮，濡其尾，无咎。	《初六》：濡其尾，吝。
	《九二》：曳其轮，贞吉。
《上六》：濡其首，厉。	《上九》：有孚于饮酒，无咎。濡其首，有孚失是。

这些话，颇为明显的是《易》编著者的有意之作。他是以卦比拟于人或动物，下为趾，为尾，为足，上为首，为顶，为角。除上举四卦外，尚有《遁·初六》曰"遁尾"，《大壮·初九》曰"壮于趾"，《夬·初九》曰"壮于前趾"，《晋·上九》曰"晋其角"，《姤·上九》曰"姤其角"，也是有意的安排。因为有这些话，所以《易》学家就起意推求爻位的关系以及八卦的取象来。实则这种安排不一定，如《解·九四》说"解而拇"；《噬嗑·初九》曰"屦校灭趾"，而《六二》即曰"噬肤灭鼻"，《上九》又曰"何校灭耳"；《贲·初九》曰"贲其趾"，《六二》又曰"贲其须（鬓）"；《夬·初九》曰"壮于前趾"，而《九三》即曰"壮于頄"；《鼎·初六》曰"鼎颠趾"，《九三》曰"鼎耳革"，《九四》又曰"鼎折足"，《六五》又曰"鼎黄耳"。都是很无定的。自然，要附会也未尝不可，汉儒要把八卦来包罗宇宙万象呢，还有什么不可附会的。

乙、两卦相同的句子，这些句子也有的是编著者有意安排。

(1)密云不雨，自我西郊。(《小畜》;《小过·六五》)

(2)拔茅茹，以其汇。(《泰·初九》;《否·初六》)

(3)或益之，十朋之龟，弗克违。(《损·六五》;《益·六二》)

(4)臀无肤，其行次且。(《夬·九四》;《姤·九三》)

(5)王假有庙。(《萃》;《涣》)

(6)孚乃利用禴。(《萃·六二》;《升·九二》)

(7)眇能视，跛能履。(《履·六三》;《归妹·初九》、《九二》)

(8)丰其蔀，日中见斗。(《丰·六二》、《九四》)

(9)有孚挛如。(《小畜·九五》;《中孚·九五》)

(10)曳其轮,濡其尾。(《既济·初九》;《未济·九二》、《初六》)

(11)濡其首。(《既济·上六》;《未济·上九》)

丙、句法相类的句子。

(1)潜龙勿用。(《乾·初九》)

　　亢龙有悔。(《乾·上九》)

　　鸣谦贞吉。(《谦·六二》)

　　鸣豫凶。(《豫·初六》)

　　白贲无咎。(《贲·上九》)

　　黄离元吉。(《离·六二》)

　　飞鸟以凶。(《小过·初六》)

(2)括囊,无咎无誉。(《坤·六四》)

　　黄裳,元吉。(《坤·六五》)

　　包蒙,吉。(《蒙·九二》)

　　困蒙,吝。(《蒙·六四》)

　　夬履,贞厉。(《履·九五》)

(3)童蒙,吉。(《蒙·六五》)

　　栋桡,凶。(《大过·九三》)

　　栋隆,吉。(《大过·九四》)

　　井甃,无咎。(《井·六四》)

　　鼎黄耳金铉,利贞。(《鼎·六五》)

　　鼎玉铉,大吉,无不利。(《鼎·上九》)

(4)或跃在渊,无咎。(《乾·九四》)

　　龙战于野,其血玄黄。(《坤·上六》)

　　拔茅茹,以其汇,贞吉亨。(《否·初六》)

　　童牛之牿,元吉。(《大畜·六四》)

　　豮豕之牙,吉。(《大畜·六五》)

　　虎视眈眈,其欲逐逐,无咎。(《颐·六四》)

　　不明,晦,初登于天,后入于地。(《明夷·上六》)

　　鸿渐于陆,其羽可用为仪,吉。(《渐·上九》)

　　翰音登于天,贞凶。(《中孚·上九》)

　　小狐汔济,濡其尾,无攸利。(《未济》)

（5）见龙在田，利见大人。（《乾·九二》）

　　飞龙在天，利见大人。（《乾·九五》）

　　拔茅茹，以其汇，征吉。（《泰·初九》）

　　鸣谦，利用行师征邑国。（《谦·上六》）

　　贯鱼，以宫人宠，无不利。（《剥·六五》）

　　枯杨生稊，老夫得其女妻，无不利。（《大过·九二》）

　　枯杨生华，老妇得其士夫，无咎无誉。（《大过·九五》）

　　鸿渐于干，小子厉，有言，无咎。（《渐·初六》）

　　鸿渐于磐，饮食衎衎，吉。（《渐·六二》）

　　鸿渐于陆，夫征不复，妇孕不育，凶。（《渐·九三》）

　　鸿渐于木，或得其桷，无咎。（《渐·六四》）

　　鸿渐于陵，妇三岁不孕，终莫之胜，吉。（《渐·九五》）

　　鸟焚其巢，旅人先笑后号咷，丧牛于易，凶。（《渐·上九》）

　　弗遇，过之，飞鸟离之，凶，是谓灾眚。（《小过·上六》）

以上把句法相类的带着一种所谓"象"的句子列举出来。这些话是从前《易》学家们所特别讲究的。他们从这些话说出许多"象""位"的议论，真是精微博大，天衣无缝。但我却未敢相信那是周初人的思想；那时候他们只有六十四卦这样一副图案。"象""位"说到汉儒手上才讲究，正如图书说要到宋儒才有一样。这些话的根苗，是比兴的诗歌。我们不必对诗歌的比兴推求什么大道理，至多说比是比拟而已，兴更不用去管它。

八　卦爻辞的佚文错简

《汉书·艺文志》说：

> 秦燔书，而《易》为筮卜之事，传者不绝。

这话似乎是说，别的典籍经秦火一烧，都"书缺简脱"（亦《艺文志》语），独有《周易》一书，以筮卜而传，没有残缺。实则这话也不过是一种比较的话，考其究竟，《易》在秦火之前，难保没有遗佚；《易》在汉兴以后，抑或稍有脱略：不过在大较上，《易》比他书为完整耳。

　　我们读《左传》所载的筮辞，知道了三宗事情：

　　第一，《左传》所载的繇辞，与今《易》略有不同，如《归妹》之《睽》：

"史苏占之曰:不吉,其繇曰:'士刲羊,亦无盍也;女承筐,亦无贶也。'"(僖十五年)今《易·归妹·上六》是:"女承筐无实;士刲羊无血。无攸利。"虽然所差甚微,但其有不同的地方可知也。

第二,《左传》所载的繇辞与今《易》完全不同。如:"秦伯伐晋,卜徒父筮之……其卦遇《蛊》,曰:'千乘三去;三去之余,获其雄狐。'"(僖十五年)今《易·蛊卦》卦辞为:"元亨,利涉大川。先甲三日,后甲三日。"又:"晋侯将伐郑……筮之,史曰:吉,其卦遇《复》,曰:'南国蹙,射其元王中厥目。'"(成十六年)今《易·复卦》卦辞为:"复,亨。出入无疾;朋来无咎,反复其道,七日来复。利有攸往。"观《左传》所载,我们又不能不承认它是一种繇辞。但它与今《易》完全两样。前人对于这个问题,无法解答,只可含糊地说,是"卜筮书杂辞"(杜注);是"杂占之辞"(僖十五《正义》引刘炫语)。若果我们把"现存的《周易》是完全无缺的"这个观念这种成见除去,我们就很可以承认那些繇辞就是《周易》里的卦辞的一部分。古书有残缺,原不足奇。我们何必厚爱于《周易》,替他保持白璧无瑕的光彩。《周易》是编纂而成的,其卦、爻辞亦必很复杂。现存的样式,难保不是经过第二次的编纂。我们看《左》《国》筮辞无"九""六"的名目,而今《易》则有。说他是经过第二次的编纂是很可能的事情,即不然,它也难保没有遗漏。

第三,《左传》所载,还有卜官筮时临时撰辞。如:"成季之将生也,桓公使卜楚丘之父卜之……又筮之,遇《大有》之《乾》,曰:'同复于父,敬如君所。'"(闵二年)又如:"穆子之生也,庄叔以《周易》筮之,遇《明夷》之《谦》,以示卜楚丘,曰:'是将行而归为子祀,以谗人入。其名曰牛。卒以馁死。'"(昭五年)这些话很与卦、爻辞有相近的地方。其实卦、爻辞的原始也不过就是卜史作的与此相类的文章。我们虽不敢说《易》卦、爻辞有后加的材料,而它总有阑入的可能;只是我们研究卦、爻辞,还是保存很古的色彩,可以不必作这样的怀疑。

以上说明卦、爻辞在秦火以前有遗佚,以下要说卦、爻辞在汉兴以后亦有脱略。

《汉书·艺文志》说:

> 汉兴,田何传之。讫于宣、元,有施、孟、梁丘、京氏列于学

官。而民间有费、高二家之说。刘向以中古文《易经》校施、
孟、梁丘经，或脱去"无咎""悔亡"；唯费氏经与古文同。

据《儒林传》，费直之学是没有师承的；又未立于学官，西汉易学家最有
名的，即所谓"施、孟、梁丘之学"。三家受自王孙；王孙受自丁宽；丁宽
又受自田何。田何又是学有渊源的，"要言《易》者本之田何"（《儒林传》
语）。这一脉相承的易学大师，这立于学官的三家之学，其可尊信的程
度可知。然而他们所传的经，却是"脱去'无咎''悔亡'"，则《易》之有脱
佚又可知矣。由此类推，则《易》之在秦火后之又有脱佚亦可知矣。

又案《剥·六三》，"剥之无咎"，汉石经作"剥无咎"，虽无关宏旨，而
《易》文之有增减，亦可知矣。惜汉石残缺，无从比对。至汉以前之真面
目，则更难说了。（《周易》异文颇多，参看《释文》。）

《归妹·初九》，"归妹以娣"，与"跛能履"句，似不连属。若以《履·
六三》"眇能视，跛能履"之文视之，疑"跛能履"为《归妹·九二》"眇能
视"下之错简也。（俞樾《古书疑义举例》）

此外如《困·上六》，"困于葛藟，于臲卼"，"臲卼"为形容词，与"葛
藟"不相类，汉石作"劓刖"，与《九五》之"劓刖，困于赤绂"，京作"劓劊"
（《释文》）相类，这里面有无错简或佚文，也是很可疑的。

《无妄》的《象传》，"天下雷行，物与无妄"，若按照《象传》的释卦之
例，先叙卦象，即出卦名，则"物与无妄"四字当为卦名。后人为方便起
见，把"物与"二字省去，如"习坎"之简称"坎"一样，也未可知。

总之，《周易》之传，多靠口耳，虽云未遭秦火，而其中之有佚文错
简，在所不免。前人对于《周易》太崇信了，只有附会，不敢怀疑。这是
"易学"之所以不昌明的原因。

结 论

从上面所讨论的，我们归结为几点：

（1）从卦、爻辞中筮占贞问等字，可以证明《易》是卜筮之书：由卜筮
而成，为卜筮而作。

（2）从卦、爻辞的著作体例及其中的格言及诗歌式的句子，可以看
出《周易》是编纂而成的。

(3)从《易》辞中所表现的时地性,及文王演《易》的传说的时地背景,可以看出《周易》是周民族的占书。

(4)从《易》辞中所表现的时代性及所叙的历史故事,可以看出《周易》的编纂年代约在西周初叶。

(5)卦的发明及卦与蓍的关系,我们假定,是蓍先于卦,卦由蓍作。

(6)关于卦与辞的关系,我的假定,其初是没有关系,后人才从这方面推求。

(7)关于爻之称"九""六",我以为是后起的名称。

(8)现存的卦、爻辞,是有佚文错简的,并不完全。

1930 年 12 月 12 日初稿

〔录自李镜池:《周易探源》,中华书局 1978 年版。原载顾颉刚编著:《古史辨》(第三册),朴社 1931 年版。〕

金景芳儒学学案

金景芳(1902—2001),字晓村,辽宁义县人。中国现代历史学家、文献学家、易学研究专家。

金景芳生于一个贫苦的农民家庭,自小爱好《周易》,上学期间及教书之余遍读前人各家对《周易》的著述。1939 年,任东北中学教务主任,期间偶读列宁的《谈谈辩证法问题》一文,立觉以前读《周易》所遇到的一些难题涣然冰释,于是便写就《易通》一书,用辩证法的观点对《周易》一书的基本思想进行了阐述。1940 年 9 月,入马一浮主讲的复性书院学习。1941 年,撰成《春秋释要》一文,颇受马一浮褒奖,熊十力亦称该文"于先儒之说取舍颇为不苟"。1941 年,受聘于流亡在四川三台的东北大学中文系。新中国成立后,任东北文物管理处研究员、东北图书馆研究员兼研究组组长。1954 年 1 月,调到东北人民大学(后更名为吉林大学)历史系工作,先后任历史系教授、图书馆馆长、历史系主任、社会科学学术委员会副主任委员、古籍研究所教授等。

金景芳在《东北人民大学人文科学学报》1957 年第 4 期上发表《论孔子思想》一文,认为孔子思想是"开明的保守主义",指出孔子"是伟大的哲学家、史学家、教育家和人道主义的首倡者,他在历史文化遗产的继承、整理和传播上有卓越的贡献、巨大的功绩"。他提出研究孔子思想当以"六经"、《论语》为主要材料,尤其是《易》、《春秋》和《论语》最为重要。在《关于孔子研究的方法论问题》(1979)、《孔子思想述略》(1981)、《孔子与六经》(1986)等文章中指出,研究孔子时所据资料除《论语》外,"六经"也同样重要,论孔子而与"六经"隔断,则孔夫子成"空夫子"。其一生对《易》情有独钟,"弱龄学易,壮岁有成,晚年钻之弥深,讽见精卓"。治《易》继承了孔子《易传》开创的探求义理的学风,形成了自己系统的观点和学术风格。他发表于1955年的论文《易论》回答了卜筮既是一种原始宗教为什么又会产生哲学的问题,同时也论述了《周易》中包含的对立统一规律和量变质变规律的思想,指出"易以道阴阳"之所谓阴阳,讲的就是矛盾,"生生之谓易",讲的就是发展。

(徐庆文)

《易》论（节选）①

论《易》的起源和发展

《周易》是历史的产物，是人类认识在具体历史条件下长期发展的结果。论其形式，不可否认，是陈旧的、落后的卜筮形式，而其内容在当时却是新生的、先进的哲学内容。这个具有旧的卜筮形式与新的哲学内容的矛盾的统一体，就是《周易》一书的本质特点。

《周易》哲学思想的形式，无疑是依赖于社会实践，它是那个时代的生产水平与认识水平的反映。但从意识形态发展的相对独立性来说，它又与其先行的思想体系密切联系着。也可以说它是卜筮本身所产生的对立物。它暂时虽然还保留着这个旧的卜筮外壳，但是，不久它必然找到新的、符合于内容的形式而抛弃了这个外壳成为独立的、崭新的哲学，这由后来周秦诸子的著述得到证明。《周易》的内容与其形式的这一矛盾，指明这个哲学的未成熟性，它标志着认识的历史正发展到一个新的阶段——由卜筮向哲学过渡的阶段。哲学出现了，卜筮虽然不能即终止其流行，而且还要在很长时间内流行；但是，它已丧失了统治地位，仅以残余的形态存在着，它降为社会里多余的废物，它全是反动的东西，毫无积极意义可言。

谈到这里，可能有人要提出下列三个问题：一、卜筮能否产生哲学？二、卜筮有什么积极意义可言？三、你在这里已肯定《周易》是未成熟的哲学，后面又说其中有矛盾统一的原则，有数变、质变的原则，有自低级到高级的螺旋式的发展，几乎辩证法的原则全都有了，实际把《周易》讲

---

① 这里节选的是该文上半部分。

成了成熟的哲学，岂不是前后自相矛盾？是不是前面讲对了，后面所讲的则未免牵强附会呢？兹逐一回答如下：

首先说第一个问题。卜筮能产生哲学，这一命题，并不是出于我的杜撰，客观事实原来如此。这个道理，可引用马克思的话来解释。马克思说："刚从意识之宗教形态中挣扎出来的哲学，它一方面消灭宗教之所以为宗教，另方面它还只是积极活动于这个理想化的、溶解为思想的宗教领域之内。"①马克思所说的，正是哲学刚从意识之宗教中挣扎出来的情况。这种情况与《周易》哲学还带着卜筮外壳的情况十分相似。如果没有人否认卜筮是意识之宗教形态的话，那么，为什么不可以指着这个具体的事实说《周易》哲学是从卜筮母胎里产生出来的呢？马克思说："宗教的贫困，一方面是现实贫困的表现，一方面又是对现实贫困的反抗。宗教是苦难者的呻吟，是毫无心肝的世界的情操，是缺乏精神的状态的精神，它是人民的鸦片烟。"②我认为我们也可以应用这个公式说，卜筮的愚昧无知，一方面是认识愚昧无知的表现，一方面又是对愚昧无知的反抗。卜筮是缺乏科学时代的科学，这个道理，恩格斯曾有如下说明。即"至于说到那浮悬在更高的空中的意识形态领域，如宗教、哲学等，那么，这些东西还有着一种史前的、从历史的时代中出现和继承下来的储藏，一种在今天的我们会要说它是愚想的储藏。这各种各样的关于自然、关于人类性质、关于精灵、魔力等等的虚伪的表象，大都是消极地有着经济的基础；史前时代的低度的经济发展，把那关于自然的虚伪的表象当做了补充，有时也当做了条件，甚至当做原因……科学的历史，就是这种愚想渐渐被排除的历史，是那新的比较不大荒诞的愚想来把它代替了的历史"。③可见，卜筮在今天，我们固然只能说"它是愚想的储藏"，但在史前时代它却曾是社会生活中一个重要部分，这是为那个时代的低度经济发展所决定的。我们如果责备那个时代的人们为什么这样不科学呢？这与晋惠帝闻言百姓饿死，说"何不食肉糜"同样可笑。"科学的历史，就是这种愚想渐渐被排除的历史。"今天的科学，原来是从那个不科学的认识阶段发展而来的。卜筮的兴起，已意味

---

① 原载《剩余价值学说史》(卷一)，兹自《马克思恩格斯论宗教》第一章第十五节转引。
② 原载《黑格尔法律哲学批判》，兹自《马克思恩格斯论宗教》转引。
③ 《马恩通信集》中恩格斯给史密特的信。

着人们不但关心眼前的事情,而且还关心未来的事情。因为,假如对未来的事情,也能够像眼前的事情一样看得分明,那么,就有可能预先采取适当的办法与步骤,以使收获增多,损失减少,不逢灾害,永远过着幸福的生活。事实证明,人类从这时起,已努力寻求能够预知未来的东西(如事物发展的规律),结果仅仅找到了卜筮这个虚伪的表象。但是,随着劳动生产力的逐渐提高,和物质生活品生产过程中人与人及人与自然间的相应的关系的逐渐扩大,必然反映到人们的意识中,使卜筮的内容不断改变,逐渐地减少了极荒诞、极不合理的成分,而补充以不大荒诞,比较合理的成分。卜筮的发展,一方面是遵循上述规律——恩格斯对这一规律曾有如下经典式的说明,即"任何思想体系一经出现之后,便结合着现有表象材料发展起来,并继续改造这些表象材料"①。一方面也由于不这样,就不能满足不断地发展的历史的要求。综观卜筮发展,曾经过长远的历史路程,至《周易》出现而达到了根本转变点。即这时卜筮的量变将转化为质变,以前是卜筮发展阶段,以后将由哲学发展来代替。事实证明,《周易》而后,伟大思想家如老子、孔子、墨子以及其他周秦诸子,所有精义妙理,都直写胸臆,不假卜筮形式。后世虽有《太玄》、《元包》、《潜虚》、《洞极》诸作,只如癖嗜殷周古董者仿制一些钟鼎彝器,无论如何精美,依旧是古董家的玩意儿,毫无现实意义可言。以上,就是由卜筮发展到哲学的简单情况。自习用形而上学思想方法看来,也许还认为是矛盾的,不可理解的,但是,这个辩证的发展,却正是客观世界的本来面目,已由铁一般的事实证明了它,不是任何主观见解所能改变的。

其次,谈卜筮有无积极意义问题。这个问题,实际已在上文解答了。即在《周易》出现以前,是卜筮的发展阶段,这时卜筮是有积极意义的。《周易》的历史任务完成而后,哲学出现了,则卜筮变成完全反动的东西,毫无积极意义可言。这个道理原是"马克思主义的一个大家知道的原则,就是同一思想在不同的具体历史条件下,可能有不同的性质,在某一种条件下是进步的,另一种条件下是反动的"②。斯大林说过:

---

① 原载《费尔巴哈与德国古典哲学的终结》(四),兹据《马克思恩格斯论宗教》译文转引。
② 日丹诺夫在关于亚历山大著《西欧哲学史》一书讨论会上的发言。

"奴隶制度，就现代的条件来看，是很荒谬的现象，反常的荒诞事情，而奴隶制度在瓦解着的原始公社制度条件下，却是完全可以了解并且合于规律的现象，因为它和原始公社制度相比是前进一步。"①由此可见，这个问题实已不成为问题，不须更费话来解释。

最后，回答第三个问题。我认为，提出这一问题，是只从一般概念出发，忘记了列宁一句名言"具体地分析具体情况"。请看，《周易》的外貌，不是完全保持着卜筮的形式吗？我们说它是哲学，只是从其思想实质而言。其实，这个哲学，还牢固地被卜筮的狭小框子所束缚，它只能在卜筮的形式所许可的范围内，通过弯曲的道路，译成卜筮的语言，隐约地表达出来，而不能独立地、自由地、直截了当地、明白地、系统地为哲学的叙述。这就是我们所以说《周易》不是成熟的哲学的确实根据。如果有人看到了"不成熟"三字，便以为这意味着浅薄、平凡，那就完全错了。实在，我所说的"不成熟"三字概念，仅仅限于上述内容，并不指其思想实质。如果论其思想实质，则《周易》的哲学思想，不但不能说是浅薄、平凡，毋宁说是深刻、卓越。在当时的历史条件下，它这哲学思想实创造了最高峰。它在哲学上的成就，如与古代希腊哲学家相比，正像赫拉克利特。恩格斯就赫拉克利特哲学思想的产生及其思想的正确性和不够的地方，深刻地加以分析。他说："如果我们留意地考察自然、人类历史或我们自己的精神活动，那么我们首先见到种种联系及交互作用之无限错综的图画，在这中间，没有任何东西，保持原来的性质、场所及状态，万物皆动皆变、皆生皆灭。这个原始的、朴素的但实质上是正确的宇宙观，正是古代希腊哲学的世界观，它最初由赫拉克利特明白地发表出来：万物存在着，同时又不存在着，因为万物皆在流动，万物皆在永恒的变更中，皆在不断产生与消灭的过程中。这种见解，无论怎样地正确抓住了现象的整个的图画的一般性质，可是要解释整个现象所由构成的个别部分，则它实是不够的，但若我们不能知道这些，那么整个现象，也是不能明白的。"②恩格斯这一科学分析，可以完全适用于《周易》。如果有人担心要是说《周易》中蓍卦的组成与应用，实质上贯穿着

———————

① 《联共党史》第四章。
② 《反杜林论·引论》。

辩证法几个基本原则,就会造成中国在西周时已有马克思主义这样荒谬的结论,就会闹出笑话。我认为这个担心是多余的,并且是不适当的。其所以不适当,是因为,这个担心是从主观愿望出发,不是从客观实际出发,是光在一般概念上兜圈子,未曾"具体地分析具体情况"。假如是从客观实际出发,曾具体地分析具体情况,那就一会定发现《周易》的哲学思想和赫拉克利特一样,有其正确性,也有其历史局限性,那就一定不会把《周易》原始的、朴素的辩证法看成与科学的、客观的、以彻底的唯物主义世界观为基础的马克思主义辩证法是等同的东西。显然,《周易》哲学,第一,它还笼罩着一层神秘的外衣。这点,赫拉克利特也不免。他"没有完全从宗教解脱出来,他也谈神说鬼"①。"他的叙述形式,有的使人想到扶乩的文字。"②第二,它的政治观点是拥护严别贵贱尊卑的等级制度的。这方面赫拉克利特表现得更严重些,他竟是"一个贵族奴主的支持者,他轻蔑漠视人民和'群众'"③。第三,它的辩证法和赫拉克利特一样,都是没有科学的臆测,正如恩格斯所指出的,"无论怎样正确地抓住现象的整个图画的一般性质,可是要解释整个现象所由构成的个别部分,则它实是不够的"。这就是说,它的宇宙观尽管是正确的,但还是笼统、含糊、缺乏科学性、精确性,因此,它是原始的、朴素的辩证法,不是科学的辩证法。总之,它的思想是受当时的客观条件制约的。如果确曾具体地分析过它,就断不会错误地认为它的思想就是马克思主义的思想。但是,尽管这样,并不因此而稍损《周易》在哲学发展的长途中所有的天才的发现与光辉的成就。

有人说:现今哲学上有关辩证法的种种名词概念,毫无疑义古人是不知道的,今天硬加在《周易》身上,岂不是牵强附会、违反了严格的历史性吗? 我认为,硬加当然是不对的,问题在于到底是硬加呢,还是它本身确实具有这些东西呢? 比如,我们说周天有三百六十度,这算不算硬加呢? 这不算硬加。尽管天空没有刻着这样痕记,但是,历家这样划分是有科学根据的,是符合客观实际的。又如,我们说美国是帝国主义,这算不算硬加呢? 也不算硬加。尽管美国没有悬挂这种牌额,但

---

① 见王子野译,薛格洛夫主编:《西洋哲学史简编》。

② 见艾思奇、郑易里合译,米定、拉里察维基等著:《新哲学大纲》。

③ 见王子野译,薛格洛夫主编:《西洋哲学史简编》。

是，马克思列宁主义这样肯定是科学的，是符合客观实际的。同样，我们说《周易》有辩证法种种原则，这是不是硬加，也要看《周易》的思想实质怎样，而不应看它有没有这样的词句。关于这一问题，后面还要占用很多的篇幅来详细阐述，在这里仅先简单地提出几点谈谈。

第一，《周易》是讲什么的？很早在《庄子·天下》篇里就已明白地回答了这个问题，它说："《易》以道阴阳。"这"道阴阳"，如果用今天大家都懂的话来说，就是讲矛盾。当然不能这样说，毛泽东同志的《矛盾论》，《周易》已经讲过了。但是，可以这样说，《周易》的矛盾论是低级的、原始的矛盾论，而毛泽东同志的矛盾论则是高级的、科学的矛盾论。因为所讲的原理原则，的确有某些地方相同。阴阳又叫做"两仪"，是表明矛盾的两个方面。这个阴阳（亦即矛盾），从卦来说，它贯穿在八卦、六十四卦中；从蓍来说，它贯穿在小衍之数（指天一地二至天九地十）、大衍之数（天地之数五十有五）中。而蓍和卦本身又是《周易》构成的两部分，"蓍……以知来"，"卦……以藏往"，这也是阴阳，即也是矛盾。再从全《易》六十四卦的结构来考察，六十四卦从首到尾，两两相反相对，秩然有序，分成三十二个环节。每一个环节中包括两个六画卦（反对卦），每一个六画卦中包括两个三画卦（内外卦），每一个三画卦不消说是由两个基础细胞"--""—"发展而来的。而六画卦，又是"因而重之"，"兼三才而两之"，有"分阴分阳，迭用柔刚"之义。显然，都是贯穿着矛盾。这个明明是有严整的规律性的东西，为什么偏认为是糊涂账？这个明明是辩证法，为什么用辩证法来解释偏持反对意见？

第二，《易传》说："生生之谓易。"又说："《易》有太极，是生两仪，两仪生四象，四象生八卦。"生生的意思，实际就是发展。初由太极发展为八卦，继又由八卦发展为六十四卦，八卦叫做"小成"，六十四卦当然是大成了。小成是完成了简单的机体，大成是完成了复杂的结构。六十四卦是八卦发展的继续，而其发展的方式，则是"因而重之"，"引而伸之"，与前此不同。我们把八卦叫做低级的组织，把六十四卦叫做高级的组织，有何不可？如果说这是偶然与辩证法的原则巧合，那么为什么蓍的组织，也是这样巧合？即它在发展过程中也有与八卦相当的小衍之数（指十）及与六十四卦相当的大衍之数。又，就《易》六十四卦考察，每卦六画，有初有上。初包括下，上包括终。例如乾卦：初九，"潜龙勿用,下也"。上九,"亢龙有悔,穷之灾也"。坤卦:初六,"履霜,阴始凝也"。上六,"龙战于野,其道穷也"。都表明由初至上是发展过程中一个独立的阶段。又每卦包括两个三画卦,《易纬·乾凿度》说:"物有始有壮有究,故三画而成乾。"乾卦《文言》说,九四"或跃在渊,乾道乃革"。"乃革"表明过渡,即内卦始、壮、究发展完结,向外卦三画过渡。《尚书·洪范》:"曰贞,曰悔。"郑玄说:"内卦曰贞,贞正也;外卦曰悔,悔之言晦也,晦犹终也。"这是六十四卦的通例。又,六十四卦全局,由乾、坤开始至既济、未济结束,是一个完整的发展过程。除了《序卦》一篇是专为说明这个问题而作,此外,如《系辞传》说:"在天成象,在地成形,变化见矣。是故刚柔相摩,八卦相荡……"又说:"乾坤成列而《易》立乎其中矣……"又说:"乾坤其《易》之门邪……"又说:"乾之策二百一十有六,坤之策百四十有四,凡三百有六十,当期之日。二篇之策万有一千五百二十,当万物之数也。"《乾卦·彖传》说"大哉乾元,万物资始……"《坤卦·彖传》说,"至哉坤元,万物资生……"都是由多方面反覆地阐发这个问题。而且其发展还有严整的规律性,每两卦都是相反或相对,自成一环节,《杂卦》一篇基本上是为阐明这个反对的意义而作的。又,《易》由乾坤运动开始,乾纯阳,坤纯阴,运动的动力,在阴阳相摩,即在于内在的矛盾。至既济而矛盾解决,六爻当位,阴阳均停,《杂卦》所谓"既济定也"。然同时新的矛盾已产生,即未济,阴阳相错,六爻皆不当位,《序卦》所谓"物不可穷也,故受之以未济终焉"。综上所述,皆证验明白,确然可据。为什么不可以应用辩证法诸原则来说明呢?

容或又有人说:"你所引据的,杂有《易传》,不全是《易经》。《易传》是战国人作的;或更晚,出于秦汉之间;或更晚……总之,《易传》是后人附会之书,不足据。"关于《易传》著述时代问题,尽管我不同意这样说法,但是,因牵涉问题较多,在此不准备多谈,仅提出一般性的两点意见如下:

一、我认为历史有继承性,前人遗说可以在后人之书里保存。如,《易经》爻皆称九六,九六的意义,只有《易传》所记筮法能给以完整的、具体的说明,证明筮法就是在后人著述里所保存的前人遗说。

二、说之可据与否,决定于所说的是不是符合客观真理,而不决定于说的时间早晚。如,王弼《易略例》虽是魏人之作,不妨定为学《易》入门必读之书;《左传》、《国语》中很多卜筮的言论,其人皆生于春秋时代,然大部分却是庸俗巫史的胡说,对《易》实无所知,尽可置之不论不议之列。

仅仅根据上述两点理由,我认为《易传》已可以引据,而况《易传》与《易经》的关系还不只这样简单,那么,为什么不可以引据?

马克思说:"人体解剖对于猴体解剖是一把钥匙,在下等动物身上所透露的高等动物的征象,反而只有在认识了高等动物之后才能理解。资本主义经济为古代经济等等提供了钥匙。但是决不是抹煞一切历史差别而把一切社会形态都看成是资本主义形态的那些经济学家的作法。"①我们依据马克思所确定的这条原则,只要是不抹煞历史差别,就有充分理由来用马克思主义科学的辩证法,作为理解《周易》这个原始的、素朴的辩证法的一把钥匙。这既不是牵强附会,也不是违反严格的历史性,而是唯一的正确的方法。只有应用这个方法,才有可能解决《周易》中若干不能解决之谜,而使历史上这部奇书,重新为人所了解。

关于三个问题的解答,至此为止。以下更进一步谈谈由卜筮到《周易》发生、发展的历史。

卜筮是人类在原始时期为满足生活要求而创造的一种认识方式——极其荒诞、不合理的方式。它的产生是以原始人的极低的生产发展水平为条件。这时人们对于自然的现象、自然的性质、自然的规律性、人和自然的关系,都无所知,但觉得这自然的力量强大得可怕,因此,遂引起误解,认为万物有灵。在生活中碰到危难、疑惑不能解决的时候,幻想这有灵之物能给以启示,于是产生了卜筮。

卜筮之分:卜重在占物之象,筮重在占物之数。但在初期,由于所用之物,没有一定,或以草木,或以金石,鸡骨牛蹄,无一不可;方法也极为简单灵活,人人可以任意而为,没有定型;所以通叫做卜,没有筮名。其共通点,仅所取客体必须具备两种相反的特点,在应用时变化结果又必须只显现其中的一种特点。大抵,占得正特点时叫做吉。吉,认为是可行、胜利、幸运等等的征兆。占得反特点叫做凶。凶,认为与吉相反,是不可行、失败、灾害等等的征兆。卜筮类似猜谜,而这个谜又好像只让猜"是"与"不是",显然,就有百分之五十的机会可以猜中。卜筮由于

---

① 《政治经济批判导言》。

这个道理常常有验,人们不知,却以为真有灵应,益坚其迷信之心;另方面又由于这时没有也不可能有较合理的认识方式可以代替它;因此,卜筮遂广泛地被人重视,渐渐在生活中取得重要地位,顺利地发展起来。

随着社会进展,卜逐渐完善其形式,充实其内容。其发展的步骤,大概是这样:所用以卜的器物,初时,毫无限制,也不固定,很多东西都可用,且多是即用现成的东西,不加工;由此,渐渐进到有一定的限制、固定地只用几种东西并进行粗略的加工;最后则固定地只用一种东西,有精细的加工。方法,则由没有定型,进到有定型,由简单进到复杂,由没有附加什么仪式,进到有繁缛的仪式;由不学而能,进到须向专门从事卜的职业者求教。内容,则由空虚无物,进而用诡秘的方式,暗中把自己的思想、语言输入,托为所幻想的灵物的思想、语言,造作繇辞、占书,并继续加以改造,使其充实起来,丰富起来。根据确实材料,知道商代是卜发展最盛时期。这时的卜,虽然龟甲兽骨并用,但龟特被重视,已骎骎有被龟独占的趋势。自周以后,卜专用龟。龟得专用而其他可以用以卜之物统归淘汰。其故,当如《白虎通义·蓍龟》《论衡·卜筮》诸书所说:龟是天地之间寿考之物,龟之为言久也,旧也,明狐疑之事当问耆旧也。但是,应该指出,这个说法,只回答了卜独用龟的问题,如用以说明卜时所问的对象,则这个说法还嫌不够。因为,后期的卜,已经不是仅仅认为龟有灵而问于龟,更重要的是认为祖先有灵而问于祖先。最显著的例子,如《尚书·金縢》:"卜三龟";《史记》以为"即三王而卜"(三王指太王、王季、文王。见《史记·鲁周公世家》);《礼记·郊特牲》:"卜郊,作龟于祢宫";《仪礼·士冠礼》:"筮于庙门";凌廷堪《礼经释例》:"凡卜筮皆于庙门,唯将葬于兆南";等等,都证明卜的用意主要是认为祖先有灵而问于祖先,卜龟不过是因为祖先的意志不能直接告语,想借龟的显兆以传达而已。为什么定要在问龟之上又增多了问祖先这样一层周折呢?这是因为这时社会已经向前发展,人的认识水平已经提高,从前万物有灵的思想已经失去统治地位而为祖先崇拜的思想所代替,如果不补充以这个新的意义,卜将失去其存在的理论基础。(当然,这时也必然这样做,因为社会发展到一定阶段,年老的祖父是生产过程的指挥者,是幼辈的领导者、教育者,到了这些年老的长辈死亡以后,他们的灵魂——从幼辈来说——仍然要担负这些任务的。)

　　此外,还有两点应该指出:第一,商代是卜发展最盛时期。这时,巫在社会中占有特殊重要的地位。这时的巫不仅是卜的职业家,而且还担当继承、传播与促进文化的责任。其中有不少人具有极为广博的知识。自今天看来,他们都是宗教家,同时也是哲学家,又是文学艺术家、自然科学家,而且还活动于政治舞台。实际他们是拥有没有分化的全部科学知识。我们由《楚语》观射父所述,知道远古的巫是智、圣、明、聪,由他来"制神之处位次主而为之牲器时服",并有祝、宗作副手。商代的巫,在历史上虽然缺乏详细记载,但是,我们由《墨子·非乐》:"汤之官刑有之曰:'其恒舞于宫,是谓巫风。'"知道巫是能舞。这个巫风,如果用《汉书·地理志》:"大姬妇人尊贵,好祭祀,用史巫,故其俗巫鬼。《陈诗》曰:'坎其击鼓,宛丘之下,无冬无夏,值其鹭羽。'又曰:'东门之枌,宛丘之栩,子仲之子,婆娑其下。'"一段文字作为旁证(因为大姬是周武王长女,可能沾染商人旧俗),加以解释,实包含有音乐、舞蹈、诗歌三种因素,此其一;又,《吕氏春秋·勿躬》:"巫彭作医"与"巫咸作筮"相次,知巫彭是商代人,证明商代的巫兼诊疗疾病、通晓医药,此其二;又,《史记·天官书》:"昔之传天数者,高辛之前,重、黎;于唐虞,羲、和;有夏,昆吾;殷商,巫咸;周室,史佚、苌弘。"证明商代的巫兼通天文学、数学,此其三;又,古时巫史没有分化,巫史多连称。如《楚语》:"夫人作享,家为巫史。"《易》巽卦九二:"巽在床下,用史巫纷若。"及上文所引"好祭祀,用史巫"等,皆是。春秋时史苏、史赵、史墨、史龟、史嚚等人,虽通得史称,而《左传》所记,只言占卜之事,证明春秋时巫史分化过程还未完结,知商代的巫也是兼搞历史的,此其四;又,《尚书·君奭》说:"在大戊时……巫咸乂王家;在祖乙时,则有若巫贤。"由巫咸、巫贤,知道商代的巫实活动于政治舞台,此其五。正由于商代的巫其知识是包罗万象、百科全书式的知识,加以当时农业、畜牧业的发展,要求天文学、数学有更突出的进步(殷墟甲骨卜辞有十三月,证明商代已确知置闰。巫咸在天文学方面当有重大成就,可惜已不可考)这就给筮的产生、《易》的产生,也可以说,给辩证法的产生,准备了条件。

　　第二,卜到了周代,已发展至最后阶段,即衰亡阶段。当然,主要原因由于社会又向前发展了,它已不能适应新的时代要求,但是就其本身来说,实也是卜暴露了不可克服的缺点,使它不能继续发展下去。因为，卜经过充分发展之后，遂使方法过于繁难，仪式过于隆重，例如《周礼》所记，《春官·宗伯》之属，职掌卜事的，就有太卜、卜师、卜人、龟人、菙氏、占人等六官四十二人，府、史、胥、徒之数还不在内。卜书三兆：玉兆、瓦兆、原兆，其颂皆千有二百。所用之龟，亦不简单。龟人掌六龟，《尔雅》又有十龟之名（《释鱼》），《春秋》《公羊传》释宝为"龟青纯"，何休注："千岁之龟，青髯，明于吉凶"等等，非有专门知识不能辨别，非有力者也不能取得合格可用之龟，而且"取龟"、"攻龟"、"衅龟"、"命龟"，礼文尤极烦琐。这样，就限制了卜的使用范围，使其不能继续扩大而只能逐渐衰亡。事实上，如《礼记·礼器》说"家不宝龟"（家指大夫，古时大夫曰家），《仪礼·特牲馈食礼》与《少牢馈食礼》都用筮不用卜（特牲馈食，士祭礼；少牢馈食，大夫祭礼），证明周制对大夫、士以下用卜已有限制。又，《礼记·表记》："卜筮不相袭也。"注："大事则卜，小事则筮。"《周礼·筮人》："凡国之大事，先筮而后卜。"疏："筮轻龟重，贱者先即事。"证明周制对用卜的事类，也加限制。所有这些限制，都不是只凭主观，而是为客观所决定的。因为，就当时情况而论，大夫、士以下及小事皆卜，事实上有莫大的困难。正由于这样，就给筮的发展造成了便利条件。

筮的产生与发展，是为具体历史条件所决定的。《世本·作篇》："巫咸作筮"，这条记载之所以可信，不但因为有《吕氏春秋·勿躬》"巫咸作筮"和《周礼·筮人》"九筮之名……二曰巫咸"可作明证，更重要的是有上述历史条件作为证明。另一方面即就造字而言，筮，从竹巫，已指明它与巫有密切关系。《周礼》说："筮人掌三易以辨九筮之名。九筮之名：一曰巫更，二曰巫咸，三曰巫式，四曰巫目，五曰巫易，六曰巫比，七曰巫祠，八曰巫参，九曰巫环，以辨吉凶。"孙诒让《正义》说："郑意巫皆筮之坏字，刘敞、陈祥道、薛季宣并读九巫如字，谓'巫更等为古精筮者九人，巫咸即《世本》作筮之巫咸。巫易，易当为易，即《楚辞·招魂》之巫阳'。庄存与说同。其说与郑异而略有根据。"我认为，刘敞读九巫如字是对的；至于说巫更等为古精筮者九人，则不如说巫更等为九种筮法较为合理。九筮之名，实即用造筮者九人之名而名之，九筮是九种不同之筮，正如三易是三种不同之易。筮有多种，同时行用，所以筮人须辨；如说为古精筮者九人，则筮人辨它干什么？义不可通了。筮有九种，同出于巫，巫咸之名，显列第二，这说明什么呢？第一，说明了筮的产生时代,可由巫咸的时代来确定,至迟不应到周(因为到周,巫已退居到不重要地位),至早不应到夏(因为巫咸前只有巫更一人,且其时条件未成熟),最可靠的说法,是正当商代卜发展最盛时期;第二,说明了筮的产生,归根到底是客观的条件所决定的,不是某一个人的脑子里偶然想出来的。世传巫咸作筮,不过以巫咸之名特著,用他作创造筮法的代表人物而已。

现在更就筮的本身来考察,《周礼》所称九筮,久已不传,今日存者唯有《易传》所述筮法一种,不知原为何筮,或即巫咸所传。巫咸确是古代历史上一个了不起的人物。他的名字见于《尚书·君奭》、《周礼·筮人》、《庄子·天运》、《韩非子·说林下》、《楚辞·离骚》、《史记·封禅书》、《天官书》、《汉书·郊祀志》及《山海经·海外西经》、《大荒西经》;至秦《诅楚文》且尊为"丕显大神",他在古人意识里所留下的影响,该是多么广泛、悠久而且深刻!他是半人半神的人物,综合后人对他所描述的印象,是既卓越,又神秘;这个人物,无疑是符合当时历史发展情况的。他这个半人半神的人物,在筮里得到了鲜明的反映,因为筮正是神物而具有人性的。筮在组织形式上是与当时的天文学、数学的水平直接联系着的,其思想内容是与当时的认识水平直接联系着的。筮字从竹,竹是什么呢?竹就是策,也叫做算,也叫做筹,也叫做马,今日通呼为筹码。用著草做策以筮,当与用龟以卜之意相同,这乃是后来演变的结果。请看,古龟著连用多称龟筴,例如《礼记·曲礼》:"龟筴不入公门";"龟筴敝则埋之"。亦作龟策,例如《楚辞·卜居》:"端策拂龟。"《史记》有《龟策列传》。单称策的,如《易传》:"乾之策二百一十有六,坤之策百四十有四……二篇之策万有一千五百二十。"筴、策实是一字。又,《仪礼·既夕礼》注:"古文'筴'皆为'筴'。"《说文·竹部》:"筭长六寸,所以计历数者。"筭通作算,《汉书·律历志》:"其算法用竹径一分,长六寸;二百七十一枚而成六觚为一握。"筭也叫做筹,《仪礼·乡射礼》:"箭筹八十。"注:"筹,筭也。"又叫做马,《礼记·投壶》:"请为胜者立马。"注:"马,胜筭也。"综上所述可见,筴(策),筭(算),筹,马,名虽不同,其实一物,都是指着计算时所用以代表数目的东西而言。其物用竹或用著实际没有两样。用著,不过是又加上一层神秘气氛而已。《论衡·卜筮》所谓"盖取其名也:夫著之为言者也,龟之为言旧也,明狐疑之事当问著旧也",

正是说明这个意思。由上所述更可见，筮用策，只由这个用策的本身就说明了它与数学的关系。毫无疑义，如果没有用策的数学作前提，用策的筮是不可能产生的。我们知道数学运算是一种思维过程。思维的材料是抽象的概念而不是直觉的表象。例如，三加五这个简单的运算，三和五只是量的规定，不包括质的规定，即只表明某种单位的数量而不表明质是什么东西、什么颜色乃至好坏等等，因此，在运算时，三和五只是一般的概念，不是个别的映象。至于策呢？它较之使用数字更具有概括性、灵活性。因为，它不限于代表某一个数，而是可以代表任何数，同时，也可以任何数都不代表。另方面，由于它本身是个实物，它又具有新的性质，即，能使抽象的概念具体化。作筮者就是利用策的这些性质，在占卜的外衣里边，阐述自己的世界观。在筮法中所说的"象两"、"象三"、"象四时"、"象闰"，这个象，就是用策来象。"象两"、"象三"等等，跟所谓"卧算为年，立算为日"（《易纬·乾凿度》）道理一样，原是利用策的固有性质，不过稍变通些。《易传》说："神无方而《易》无体。"又说："《易》无思也，无为也，寂然不动，感而遂通天下之故。"这个既是无方，又是无体，既是寂然不动，又能感而遂通的《易》，实在也就是把策的固有特性拿来利用，因为，策正是既可以说代表任何东西，同时也可以说任何东西都不代表。至于在筮法中提到四时，提到闰，不消说这是与当时的天文历算知识直接联系着的。筮法的思想内容，即其世界观，则可由当时未分化的包罗万象的知识找到说明。恩格斯说："当着我们深思地观察自然、人类历史或我们自己的精神活动时，那么，在我们面前首先出现的是种种联系及交互作用的无限错综的图画。其中，没有任何东西是不动的和不变的，一切都运动着、变化着、产生着和消失着。这样，我们首先看到一般的图画，在这图画中各个个别部分暂时多少是隐蔽着的，我们对于运动、过渡与联系，比较对于什么东西在运动、过渡与发生联系更加注意得多。这个原始的、朴素的但实质上是正确的宇宙观，是古代希腊哲学所固有的。"我认为恩格斯所揭示的实是客观的一般发展规律，不单是古代希腊哲学所固有的，同样，也是古代中国哲学所固有的，这点恰可用筮的思想实质及其产生的历史条件来证明。总之，筮的产生，是由具体历史条件决定的，这是不可争辩的事实，无可怀疑的。

请再就文献上所记载的有关史料来考察，《左传》僖公四年："卜人曰：'筮短龟长。'"马融说："筮史短，龟史长。"（《周礼·占人》疏）我认为马融的解释是正确的。因为，筮产生在商代，其时卜的发展已达到顶点临近没落时期，由春秋初期说来，巫的历史如从商大戊算起，至多不到一千年，而卜的历史则应从人类原始时期算起，不知有几千年之久，所以说筮的历史短、卜的历史长（古人说龟与卜同意）。又，僖公十五年韩简说："龟，象也；筮，数也。物生而后有象，象而后有滋，滋而后有数。"也与前说符合。卜人但据史实为说，韩简又作理论补充，两说互证，事益明确。筮的产生，实以卜的充分发展为前提，筮的方法简易，正是改革了卜的方法烦难的缺点；筮的卦爻辞的形成，则是继承了卜辞的经验与成就；筮的思想内容，与卜比较，确是新生的、先进的东西，所以它一定战胜落后的卜，而取得统治的地位。

普通说筮，实际已包括卦。若分开来讲，则筮乃专指筮法而言。因为筮法用策，一般又叫做策，《易传》则叫做蓍。那么，卦是什么时候产生的呢？它与筮的关系怎样？

我认为，筮产生了，筮的变化结果，要求用一种相适应的东西表示出来，于是产生了卦。卦与筮的关系如影与形的关系。没有形体的影子，那是不可想象的。因此，说在巫咸作筮以前，包牺氏已经"作八卦，以通神明之德，以类万物之情"，那是不可想象的。包牺氏作八卦，《易传》虽有明文可据，但是《易传》这段文字，所说某事取诸某卦，实皆可疑。或系好事者所为，编者误收。谈筮和卦产生先后及其相互关系问题，当以《说卦传》之说为准。《说卦传》说："昔者圣人之作《易》也，幽赞于神明而生蓍，参天两地而倚数，观变于阴阳而立卦，发挥于刚柔而生爻，和顺于道德而理于义，穷理尽性以至于命。"这段话，本末完具，简明扼要，实全面地把《易》的构成部分，和各部分相互间的联系与关系及其重要意义揭示出来。《易》的构成实包括三个主要部分：一、蓍；二、卦；三、辞。这三个部分有机地联系着。有时但言蓍、卦，如"蓍之德圆而神，卦之德方以智"，因为，言卦可包括辞；有时但言蓍，如"莫大乎蓍龟"，因为，言蓍可包括卦和辞。总之，必三者兼举而后备。后世言《易》，多片面地只看重卦和辞而忽视蓍，认为蓍小道不足讲；或者糟糕得很！讲蓍者竟以五行、图书之说乱之。不知蓍正是卦之所从出，在

《易》里它和卦的地位同等重要，不明白蓍就不明白卦，因而整个《易》也不明白了。兹就引《说卦传》一段文字，略为分析如下：首先说，蓍是什么？蓍就是策，因为它用来反映宇宙变化发展规律（当然，只是就其思想实质说，很明显，它还未抛弃神秘的形式；另方面，它的反映还是原始的、素朴的，不能与科学的反映混为一谈），所以叫做"幽赞于神明"。这个"神明"二字的含义，必须与《易传》其他地方，如"以体天地之撰，以通神明之德"；"知变化之道者，其知神之所为乎"；"成变化而行鬼神"；"阴阳不测之谓神"；"精气为物，游魂为变，是故知鬼神之情状"等，一切带有"神明"、"神"、"鬼神"等字样的词句，互相参证，细心体会，加以总结，才能看出它与一般用法在意义上有哪些相同，哪些不同，而得出一个确切的、不可移易的解释。大略说，这里用"神明"二字和一般用法在意义上有相同的地方，就是都承认神明是一种看不见的东西，它在支配着宇宙变化发展。但是，对这种看不见的东西怎样解释？这一点却大不相同了。依一般的见解，神明是超越物质的东西，它在宇宙以外；而这里所用的"神明"其真实意义，是指着宇宙本身所固有的东西而言，即所谓"变化之道"。换一句今天的话来说，就是变化发展的规律、法则。这个差别，是哲学上唯物论与唯心论不同的根本关键所在，非常重要，也最容易混淆，不可不辨。其次，"参天两地而倚数"，这个"数"是什么？就是大衍之数。蓍的应用首先在建立大衍之数。（《汉书·律历志》注："倚，立也。"）"参天两地"，是说明大衍之数是怎样建立的。这个极简单的一句话，实包括《易传》所述筮法"天一地二"至"凡天地之数五十有五"一整段文字。参两字连用，例见《周礼·疾医》："两之以九窍之变，参之以九藏之动。"及《周书·常训》："疑义以两，平两以参。"在这里不同的，仅是两参作参两而已。参两是古语，它已经由实数"三""二"的原义引申，另成一新义，自不能用"三""二"原意作解。后世通用"参加"、"参考"、"参观"等，还保留着参两连用的参字古义，至如两字的用法，后世则极罕见。因此，参两连用古义，后人已不能言。韩注"参，奇也；两，耦也"，固是误解；朱子《本义》用"天圆地方，圆者一而围三，方者一而围四"来说明，尤穿凿可笑。其实，"参天两地"只是说，把天数、地数合拢在一起而组成大衍之数，即《易传》所谓"参伍以变，错综其数"。"参两"、"参伍"、"错综"三词，实一义。我们不能用实数的三二来解释参两，也同不能用实数的三五来解释参伍一样。读古书不求明古人词例而单从单个字的意义上转圈子，是无法读通的。再次，"观变于阴阳而立卦"，是说明卦对于蓍的依赖性。卦不是凭空造作出来的，它是依蓍的变化而创立的。卦有阴阳，由于蓍有阴阳；卦有变化，由于蓍有变化。卦是蓍的摹本，因而卦也具有体天地之撰、通神明之德的作用，即同蓍一样也是宇宙变化发展的摹本。蓍是策，策本无定指，卦亦无定象；蓍有小衍之数（指天一至地十），卦亦有八卦与之相当；蓍有大衍之数，卦亦有六十四卦与之相当，两两对照，符验灼然。当然，这不是说它们完全等同没有区别，而只是说在其意义上，在所依据的原理原则上是一致的。就是根据这个理由，所以我说卦与筮的关系是影与形的关系，没有筮而先产生了卦，那是不可想象的。又次，言"发挥于刚柔而生爻"，则是由卦又说到爻，爻是卦的细目，是卦的单位细胞，《易》到爻方是发挥尽致了，但是爻的刚柔也与蓍的变化密切联系着。至于和顺于道德以下，则最后说到辞。《易》有辞而后完备，而后切于实用。综观所述圣人作《易》，共分五层，层层相因。五层，也可说是三层，因为，蓍可包数，卦可包爻。又可说是两个主要部分，即蓍和卦，因为辞只是卦的说明而已。可见，卦的产生，实因于筮。筮、卦虽或同出一人一时所造，但论其先后，则筮定在前，卦绝无于筮前产生之理。

筮、卦、《易》是一个有机整体，在商代可能同时产生，或时间相去极近。其故，一则由于这时已经具备了一切条件，一则由于有史实可作证明。关于其产生的条件已如上述。关于史实的证明：一、由《周礼·太卜》职所掌，我们知道有"三易之法：一曰《连山》；二曰《归藏》；三曰《周易》。其经卦皆八，其别皆六十有四"。二、由《左传》襄公九年言"遇艮之八"先用一书占之，而后又说"是于《周易》……"，及《国语·晋语》言"得贞屯悔豫皆八"，也是先用一书占之，而后又说"是在《周易》……"我们知道《周易》之外，还有《易》在；并且知道这些《易》都是占七八不占九六，卦爻辞也与《周易》不同。三、由《礼记·礼运》言："我欲观殷道，是故之宋……吾得《坤乾》焉。"又说："《坤乾》之义……吾以是观之。"我们知道商代有一种《易》名《坤乾》，其六十四卦的顺序是坤在乾前，并且知道由这个《坤乾》之义可以看出商代的社会特点。四、先儒说《连山》以艮为首，《归藏》（先儒谓，即《坤乾》）以坤为首。我读《说卦》一篇，觉其义训丛杂,而皆非无据,疑兼存三易之说。其言,"坤以藏之",疑即《归藏》之义。又,从"帝出乎震"至"然后能变化既成万物也",与《周易》义全不相符。最突出的,是特别强调艮的重要性。如说:"艮,东北之卦也,万物之所成终而所成始也。故曰'成言乎艮'。""终万物始万物者,莫盛乎艮。"等都是。疑是《连山》旧说。

总之,在《周易》出现以前,我们知道至少已有《连山》、《归藏》二易行世。《连山》易给我们留下的痕迹很少,仅仅知道它是经卦八,其别六十有四,占用七八及六十四卦的结构以艮为首而已。到底首艮有什么意义,与当时社会有没有关系或有什么关系,我们已无从征考,不能说明。至《归藏》易(《坤乾》)虽然给我们留下的东西不见得比《连山》易多,但是,孔子曾明白指出:可用《坤乾》之义观殷道,证明《坤乾》确不是一般卜筮之书,它已赋有哲学内容,能比较正确地反映社会思想、理论、观点和政治制度。当然,也反映社会物质生活条件。这一点极为珍贵。另方面,我们知道《周易》是周初的作品。(近人对《周易》的看法,有很大分歧:有的说它具有朴素的辩证法思想;有的说它没有哲学思想,卦辞爻辞和现在的签诗一般。至于它的产生时代,则异说很少,只有康有为、皮锡瑞等认为卦辞爻辞是孔子所作,然影响不大。因此,我在这里直肯定它为周初作品,不加考辨,以省篇幅。)从意识形态发展的相对独立性来说,它定是《坤乾》发展的直接产物;从意识形态与政治、法权上层建筑及其基础的关系来说,它也必然反映当时的社会政治制度,归根到底是反映当时社会物质生活条件。由此可见,我们如果把《坤乾》、《周易》二书的基本观点研究清楚,可能对研究商周两代社会有帮助;另方面,我们如果对商周二代史料多留意,也可能使《坤乾》、《周易》二书的基本观点容易明了。因此,我认为在论述《坤乾》、《周易》二书基本观点这个问题上,多征引一些史料,多占用一些篇幅,是有益的。

由上述各节,我们知道《坤乾》与《周易》不同,首先,在于六十四卦的结构。《坤乾》是以坤为首,乾居坤后;而《周易》则相反,以乾为首,坤在乾后。其次,在于占法。《坤乾》用七八不变爻,《周易》用九六变爻。最末,在于繇辞。因《坤乾》旧辞不传,关于最末一点无法说明,兹仅就前两点分析如下:

坤乾、乾坤,顺序颠倒,是不是纯出主观随意,偶然为之,与客观存在无关？我认为不是！其所以不是,是因为有大量史实可作证明。商周两代社会不同,实集中地、突出地表现在继承制上。古人很早就认识了这个问题的重要性,曾把商周二代继承制不同的根本特点各用二个字来概括,即"殷道亲亲,周道尊尊"。这个"殷道亲亲,周道尊尊"简直成了古人解释商周二代社会的一把钥匙,古人凡碰着有关二代的一切社会、政治、思想等等问题,就都用这把钥匙来解决,果然,如散钱得串,无不通贯。为什么只是继承制,竟有这样重大的意义呢？要知道继承制的不同,乃是社会经济发展水平不同的表现。当社会经济发展水平极低的时代,不可能产生继承的问题。继承问题的出现,是社会生产力已经提高、生产品有了剩余的标志。但是,最初的继承制,只传弟传姊妹之子而不传子。因为,与当时的经济结构相适应的是母系社会,这时氏族是社会经济单位。随着社会经济发展,母系社会为父系社会所代替,原来氏族是社会经济单位,这时变为家庭是社会经济单位,继承制的传弟或传姊妹之子的制度遂为传子制所代替。所以夏启传子不应看作简单的、没有什么意义的事情,而应看作是社会的重大变革,它是经济发展水平已达到一定高度的反映。但是,历史上某一种制度往往不是一下子就能完成的,而是经过长期的、反复的斗争才能完成的。例如,周行分封制,到秦废除了分封制而代替以郡县制,到汉又恢复了分封制。是不是历史走回头路呢？不是的！这只是前进途中的曲折。因为,秦朝所创立的郡县制度,不是一下子就能完成的,而是要经过长期的、反复的斗争才能完成的。同样,夏代的继承制已开始传子,到商代又立传弟之法,表面上好像是复回到夏代以前,实际传子是主要的,传弟是前进中的曲折。至周代传子制才最后确立,达到完成阶段。古人把传弟制叫做"亲亲",传子制叫做"尊尊",是因为传弟重母统,传子重父统。《礼记·表记》,说:"母,亲而不尊;父,尊而不亲。"是其证。重母统,亲亲,是原始社会的孑遗;重父统,尊尊,是阶级社会的初制。亲亲,反映血缘关系。这时,夫对妻、父对子、嫡对庶、宗子对族人、有土之君对他的臣民等等的特权,还没有产生,或已经产生还未成熟。确切点说,是阶级统治的关系还未产生,或产生了还未成熟。前者(各种特权还未产生),是夏代以前的情况;后者(各种特权产生了还未成熟),是商代的情况。尊尊,反映政治关系,血缘关系已退居次要地位,但还与政治关系密切地纠缠着。这时,夫对妻、父对子、宗子对族人、有土之君对他的臣民等等的特权,已经萌芽,或达到成熟。前者(各种特权已萌芽)是夏代的情况,后者(各种特权已达到成熟)是周代的情况。所有上述情况,都是它们的经济关系所决定的。因为,必经济获得发展,然后才能产生剥削与被剥削的关系,从而也相应地产生了维持、巩固这个经济关系的政治关系。以下就征引一些必要的史料,加以证明。

《史记·梁孝王世家》(褚少孙补)说:"梁王西入朝谒窦太后。燕见,与景帝俱侍坐于太后前,语言私说。太后谓帝曰:'吾闻殷道亲亲,周道尊尊,其义一也,安车大驾,用梁孝王为寄!'景帝跪席举身曰:'诺!'罢酒,出。帝召袁盎诸大臣通经术者,曰:'太后言如是,何谓也?'皆对曰:'太后意欲立梁王为帝太子。'帝问其状,袁盎等曰:'殷道亲亲者,立弟。周道尊尊者,立子。殷道质,质者法天,亲其所亲,故立弟;周道文,文者法地,尊者敬也,敬其本始,故立长子。周道,太子死立适(嫡)孙。殷道,太子死,立其弟。'"

又,《春秋》隐公七年:"齐侯使其弟年来聘。"《公羊传》:"其称弟何?母弟称弟,母兄称兄。"何注:"分别同母者,《春秋》变周之文,从殷之质,质家亲亲,明当厚异于群公子也。"

又,《春秋繁露·三代改制质文》说:"王者以制,一商一夏,一质一文,商质者主天,夏文者主地。"又说:"主天法商而王,其道佚阳,亲亲而多仁朴,故立嗣与子,笃母弟,妾以子贵……主地法夏而王,其道进阴,尊尊而多义节,故立嗣与孙,笃世子,妾不以子称贵号。"

以上引用有关夏、商、周三代制度的三部分材料,所述内容,基本相同。除了中间夹杂一些无谓的天地阴阳之说,乃是用他们的唯心观点所作出来的陋妄的解释,完全是糟粕,应当剔除以外,其余都有丰富的史实作根据,是经过若干历史学者研究分析,所发现的其中的基本特点与最本质的东西。这个特点与本质的东西,鲜明地表现在不同的继承制上。古人把这个特点与本质的东西用两个字来概括,即所谓"亲亲"和"尊尊",用一个字来概括,即所谓"质"和"文"。质的含义是质野,因为血缘是生物所共有,重视血缘是原始余迹,所以叫做"质";文的含义是文明,因为政治是人类所独有,重视政治是进步的表现,所以叫做"文"。郭沫若同志说:"商人气质倾向艺术,彝器之作,精绝千古,而好

饮酒,好田猎,好崇祀鬼神,均其超现实之证。周人气质则偏重现实,与
古人所谓'殷尚质,周尚文'者适得其反。"郭沫若同志但据重现实与否
来辨商、周质文,遂得出相反的结论,显然与古人用质文的原意不相符
合。其实,商人超现实,表现有原始性,也是质;周人重现实,表现有进
步性,也是文。郭沫若同志所据事例,与古人所谓质文原意也并不是抵
触的。亲亲多仁朴,尊尊多义节,这也是可以理解的。因为,亲亲重血
缘关系,兄弟古称"天伦",血缘关系有自然之爱,是人道的起点,即"仁"
的起点。《中庸》说:"仁者人也,亲亲为大。"《论语》说:"孝悌也者,其为
仁之本与?"就是阐明这个意思。正由于重视自然之爱,相对的就不大
重视虚文末节,所以多"朴"。"多朴"是略于礼节的意思。尊尊,重政治
关系,君臣古称"义合",这是新产生的关系,它是符合于当时的客观实
际情况的。《中庸》说:"义者宜也,尊贤为大。"《丧服四制》说:"贵贵,尊
尊,义之大者也。"就是阐明这个意思。正由于"义"是出于人为,不像
"仁"有自然之爱作基础,所以需要用礼法来限制,所以多"节"。多
"节",是详于礼制的意思。多仁朴,多义节,正是尚质尚文的具体表现。
关于继承制,以《史记》袁盎等所说最为具体,以《春秋繁露》所说最为完
备,参证《公羊传》及何注之说,知亲亲确是重母统,无可疑者。《春秋繁
露》所说的也是周制,不是夏制。因为夏代初立传子之制,不可能规定
这样详密。《春秋繁露》所以这样说,是用一质一文的公式例推的。它
认为,一质一文是循环的,不变的,所以可以上推多少代,也可以下推多
少代,这是唯心的、形而上学的观点,是错误的,应该批判的;是糟粕,应
该剔除的。但是,它看到夏传子与周相同,因用尊尊概括,则是正确的,
因为这是符合客观实际情况、符合辩证发展规律的。亲亲,重母统,故
长子死,传同母弟,不传孙。也正由于重母统,故妾子为天子,妾得称
后,妾子为君,妾得称夫人,这叫做"妾以子贵"。尊尊,重父统,故长子
死,传嫡孙,不传余子。也正由于重父统,相对的就不重母统而严别尊
卑,故妾子为天子为君,妾仍旧称,不称后,不称夫人,这叫做"妾不以子
称贵号"。在这里必须指出,所谓亲亲传弟,必长子死然后传弟,长子不
死,则仍传子不传弟。纵然,事实上未必完全恪守此原则,总之,并未取
消传子之法。所以这种传弟之制,与原始氏族社会的传弟毕竟不同,这
一点必须辨清。王国维说:"商之继统法以弟继为主而以子继辅之,无

弟然后传子。"①举"自成汤至于帝辛三十帝中,以弟继兄者凡十四帝,其以子继父者亦非兄之子而多为弟之子"②为证。范文澜同志说:"商朝继统法是以子继为主,以弟继为辅。"③其证据是"夏帝和商先公都是父子相继"。结论说:"周代传子制度应是承袭商制而更加严格。"④我认为,王、范二人之说都不若旧说为确。王说缺点,在但看到商继统法的特点,不知这只是表面现象,历史的主流是传子。商代不能废除传子之制,也同汉代不能废止郡县之制一样。范说缺点,在抹煞了商继统法的特点,不知"殷变夏,周变殷"(《淮南子·泛论训》)是辩证发展的过程,不是简单增长的过程。

《礼记·檀弓》:"公仪仲子之丧,檀弓免焉。仲子舍其孙而立其子。檀弓曰:'何居!我未之前闻也。'趋而就子服伯子于门右。曰:'仲子舍其孙而立其子,何也?'伯子曰:'仲子亦犹行古之道也。昔者,文王舍伯邑考而立武王,微子舍其孙腯而立衍也。夫仲子,亦犹行古之道也。'子游问诸孔子,孔子曰:'否!立孙。'"

以上这段故事,正是在同一事实上,有两种不同的看法:有的说立其子对,有的说立孙对。其实这是由于他们所依据的尺度不同,说立其子对的是依据殷道,说立孙对的是依据周道。仲子周人,自然应行周道。因此,孔子说的对,伯子说的不对。伯子之说不过是勉强地找个理由为仲子作辩护罢了。春秋时像这样的例子,还不止此,如:

《左传》襄公三十一年:"己亥,孟孝伯卒。立敬归之娣齐归之子,公子裯。穆叔不欲,曰:'太子死,有母弟则立之,无则长立,年钧择贤,义钧则卜,古之道也。非适(嫡)嗣,何必娣之子?且是人也,居丧而不哀,在戚而有嘉容,是谓不度。不度之人鲜不为患,若果立之,必为季氏忧。'武子不听,卒立之。"

又,昭公二十六年:"昔先王之命曰:'王后无适,则择立长,年钧以德,德钧以卜,王不立爱,公卿无私,古之制也。'"

《国语·晋语》:"公(晋献公)曰:'非子之所知也。寡人闻之,立太

---

① 《观堂集林·殷周制度论》。

② 《观堂集林·殷周制度论》。

③ 《中国通史简编》(修订本),第一编《殷制度与文化思想》。

④ 《中国通史简编》(修订本),第一编《殷制度与文化思想》。

子之道三:身钧以年,年同以爱,爱疑决之以卜筮。'"

以上三条,与《檀弓》所记子服伯子之语略同,都是借遵行古制为名,而干的是破坏现行制度的勾当。实际,穆叔是不欲立公子裯,王子朝是为争王位,晋献公是要废太子申生,哪一个人也不是真正拥护古之制者。(当然,古制也没有必要拥护。)当时现行的是周制。所谓"古之制",跟子服伯子所说的一样,不是别的,就是殷制。晋献公虽未明言古制,而所说与前二者的话大致相符,知也是殷制。由这几条记载,我们又知道:商代继承,不但有传弟之法,又有"以年"、"以德"、"以卜"之法;同样周代继承,不但有立孙之法,又应如《公羊传》所说的是:"立适以长不以贤,立子以贵不以长。"(隐公元年)必这样做,才能通其变,济其穷,且不违背"亲亲"、"尊尊"的原则。大抵商代继承制,亲亲传弟外,还保存有原始社会选举遗意。其优点,常得长君、贤君,政权巩固有力量。缺点,位不素定,易启争端。《史记·殷本纪》说:"自中丁以来,废适而更立诸弟子,弟子或争相代立,比九世乱。"及《宋微子世家》说:"《春秋》讥宋之乱,自宣公废太子而立弟,国以不宁者十世。"就是这个制度缺点的最好证明。周代继承制,鉴于商代继承制的缺点,乃改行"尊尊"之制。尊尊实质上就是严格的等级制度。《礼记·丧服四制》说:"天无二日,土无二王,国无二君,家无二尊,以一治之也。故父在为母齐衰期者,见无二尊也。"(天无二日数语,亦略见同书《曾子问》、《坊记》。)尊尊的基本原则,就是"以一治之"。为什么必以一治之呢?其意义当如《荀子·致士》所说:"君者,国之隆也;父者,家之隆也。隆一而治,二而乱,自古及今,未有二隆争重而能长久者。"及同书《王制》所说:"夫两贵之不能相事,两贱之不能相使,是天数也。势位齐而欲恶同,物不能赡则必争,争则必乱,乱则穷矣。先王恶其乱也,故制礼义以分之,使有贫富贵贱之等,足以相兼临者,是养天下之本也。"又,《礼记·仲尼燕居》有一段文字阐发"以一治之"的道理,最为明畅,即:"礼之所兴,众之所治也;礼之所废,众之所乱也。目巧之室则有奥阼,席则有上下,车则有左右,行则有随,立则有序,古之义也。室而无奥阼,则乱于堂室也。席而无上下,则乱于席上也。车则无左右,则乱于车也。行而无随,则乱于涂也。立而无序,则乱于位也。昔圣帝明王诸侯辨贵贱、长幼、远近、男女、外内,莫敢相逾越,皆由此涂出也。""立适以长不以贤,立子以贵不以长",正含有"以一治之"的精神。因为立嫡子只论长幼不论贤否,立妾子只论贵贱(贵妾贱妾)不论长幼,这样君位候补人同时就只有一个,不会有两个,而且事先就已确定,所以能消弭争端,杜绝乱源。《左传》闵公二年:"昔辛伯谂周桓公云:'内宠并后,外宠二政,嬖子配适,大都耦国,乱之本也。'"尊尊,正是从这"乱之本"下手,事先预防。齐桓公葵丘之会,"初命曰:'诛不孝,无易树子,无以妾为妻。'"(《孟子·告子下》)这个初命全文,也是加强尊尊制度,防止争乱的。

周代所以实行尊尊制度,不但是吸取前代的经验教训,也是当时有这个需要,尤其是已经具备了实行这样制度的条件。大抵,夏道尊尊,开辟了传子制度,这意味着父权制将代替母权制,家庭将代替氏族,私人所有制将代替公共所有制,阶级社会将代替无阶级社会而展开激烈的斗争。殷道亲亲,在继承制上兼立传弟法。传弟法是重母统的特征。传子与传弟并存,是由氏族社会向国家过渡中,家庭与氏族并存,私人所有制与公共所有制并存的反映。周道尊尊,建立了严格的传子法——无嫡子者,传嫡孙,不传弟。从而产生了完密的宗法制度,确立"以一治之"的基本原则,贯穿到一切礼仪法度中。这时,国家已发展完成。正如王国维所说:"由是天子之尊,非复诸侯之长,而为诸侯之君。"(《观堂集林·殷周制度论》)氏族制度完全崩溃。先前,若干土地为氏族公社或共产制家庭公社所有。至是,除了林麓川泽仍由公共使用外,其余土地一般都用井田制方式分配给各个家庭使用。这样,从公共耕地过渡到土地每年重新分配的个体耕作,是个很大的进步[①],为农民所乐于接受;另方面,大小封君也乐于这样做,因为,土地由封君分配,土地权实际已归封君所有,给他们提供了剥削的条件。这就是周代奴隶制度所赖以建立起来的真实基础。由此可见,周道尊尊,不但是吸取前代的经验教训,也是有这个需要。因为,经济发展,剥削也随之发展,就需要一个强有力的能保证剥削的机构。当然,最根本的、有决定意义的,是由于有经济发展这一条件。

在这里有三个问题,还有必要补充说明:

一、商代社会是否存在氏族制度的问题。关于这一问题,我们可由

① 用恩格斯语,见《家庭、私有制和国家的起源》,第136页。

保存到现在的周社会制度的遗骸——儒家所讲的礼里找到一些线索。

第一,儒家所讲的礼把"男女有别"提到头等重要地位,他们认为,男女有别是礼的根本,是人与禽兽的界标。如《仪礼·丧服传》:"禽兽知母而不知父。"《礼记·曲礼》:"夫唯禽兽无礼,故父子聚麀。是故圣人作为礼以教人,使人以有礼知自别于禽兽。"又,《郊特牲》:"男女有别然后父子亲,父子亲然后义生,义生然后礼作,礼作然后万物安。无别无义,禽兽之道也。"又,《昏义》:"男女有别而后夫妇有义,夫妇有义而后父子有亲,父子有亲而后君臣有正,故曰:'昏礼者,礼之本也。'"《孟子·滕文公下》:"杨氏为我是无君也,墨氏兼爱是无父也,无父无君是禽兽也。"所有上述各条,本质上都说明一个问题——即"真正的人"应从"男女有别"那一天开始,亦即从"知父"那一天开始,至人类知母而不知父那个很长一段历史时期,统统划入禽兽范围。周人为什么这样露骨地强调男女有别呢?强调知父的重要性呢?显然,是有政治意义的。不难想象,这正是周初社会、家族战胜氏族、父权战胜母权的精神武器。后来虽时过境迁,但这理论已深入人心,故还受到大多数人的拥护和支持。假如,商代社会中氏族制已不存在,那么,周人这个理论岂不是无的放矢,不可理解吗?

第二,从《仪礼·丧服》中可以看到"普那路亚"家庭痕迹。如,夫之昆弟无服;为舅服缌麻而为从母服小功;父之昆弟有父称,父之姊妹无母称特称姑;相对的"谓吾姑者,吾谓之侄",即对姑,无子称特称侄;母姊妹有母称,母之昆弟无父称特称舅;相对的"谓吾舅者,吾谓之甥",即对舅无子称特称甥等等皆是。后人对这些问题,认为是不可理解。如《新唐书·礼乐志第十》:"初,太宗尝以同爨缌而嫂叔乃无服,舅与从母亲等而异服,诏侍中魏征、礼部侍郎令狐德棻等议:'舅为母族,姨乃外戚它姓,舅固为重而服止一时,姨乃五月,古人未达者也。'"即其证。今天,我们在马克思主义经典著作《家庭、私有制和国家的起源》中却找到了完满的解答。即:为什么姑无母称、舅无父称呢?是因为在"普那路亚"家庭时代,已经限制姊妹和兄弟间的性的关系的缘故。为什么姨得母称,服重于舅呢?是因为在"普那路亚"家庭时代,母跟母的姊妹曾经是父跟父的兄弟的共同之妻的缘故。为什么夫兄跟弟妇、嫂跟叔相互无服?是因为在"普那路亚"家庭时代,他们和她们曾经是共同之夫和共同之妻的缘故。《丧服传》说:"夫之昆弟何以无服也? 其夫属乎父道者,妻皆母道也;其夫属乎子道者,妻皆妇道也。谓弟之妻'妇'者,是嫂亦可谓之'母'乎? 故名者人治之大者也,可无慎乎?"(亦见《礼记·大传》)我们仔细体会这段文字,同样,可以发现有如上面所说的情况。《礼记·大传》说:"异姓主名治际会,名著而男女有别。"我们依据这个主名原则来考察:弟之妻不得名妇,由于其夫没有子道,嫂不得名母,由于其夫没有父道,那么,可以设想,父道、子道中间是什么道? 当然是夫道了! 其夫属乎夫道,妻当然是妻道了! 先前,不讲男女有别,这个妻道是可以公开承认的,因为事实上的确如此。至是,男女有别了,这个妻道首在严禁之例,绝对不容再有,而新的关系又没有适当的名字可用,索性遂不制名,不相为服。《礼记·檀弓》:"丧服:兄弟之子犹子也,盖引而进之也;嫂叔之无服也,盖推而远之也。"所说"引而进之"还不够恰当,因为先前兄弟之子也是己之子;所说"推而远之"则是正确的,因为先前嫂叔曾是夫妻。周人对嫂叔的关系限制特严。《礼记·曲礼》:"嫂叔不通问。"又,《杂记》:"嫂不抚叔,叔不抚嫂。"《孟子·离娄》篇淳于髡言礼男女授受不亲,举嫂溺援之以手为例,皆其证。由后人看来,嫂叔实不应无服,相互间种种限制,尤无必要,而周人之所以有必要的,除了解释为力矫前此之氏族制度,将不能说明。

第三,《礼记·大传》说:"系之以姓而弗别,缀之以食而弗殊,虽百世而婚姻不通者,周道然也。"证明周人是禁止同姓通婚的,因而使宗族制度的壁垒,特为严整。另方面也证明殷人同姓通婚是可以允许的。殷人同姓不禁通婚这一事实,也说明是曾经存在氏族制度。恩格斯在他的经典著作之一——《家庭、私有制和国家的起源》第四章《希腊人的氏族》说:"希腊人的氏族已经不是易洛魁人的那种古老的氏族了,群婚的痕迹开始显著地消失着。母权制已让位给父权制,随父权制而发生的私有财富,在氏族制度上打开了头一个缺口。而第二个缺口乃是第一个缺口的天然后果;在实行父权制后,富有的女继承人的财产,当她出嫁时,既归于她的丈夫,从而归于别一个氏族,所以,这便摧毁了一切氏族法则的基础;并且为了把少女的财产保存在自己的氏族以内,不惟容许少女在氏族内出嫁,而且使得非这样做不可了。"恩格斯所说的"不惟容许少女在氏族内出嫁,而且使得非这样做不可"正是殷人同姓允许通婚的道理，从而知道殷人是曾经实行过这种形式的氏族制度的。

　　二、周是否有井田制问题。我认为，井田制是从共同耕地过渡到土地之完全私有的中间环节。井田之制不仅明白地见述于《孟子》、《周礼》、《穀梁传》，如《诗经·小雅·信南山》："畇畇原隰，曾孙田之，我疆我理，南东其亩。""疆场翼翼，黍稷彧彧"，"中田有庐，疆场有瓜"。《左传》襄公二十五年："町原防，牧隰皋，井衍沃。"又，襄公三十年："田有封洫，庐井有伍。"等等，也都证明这个制度确实存在过。而且"为田开阡陌封疆"见于《史记·商君列传》。又，《蔡泽列传》也说："商君决裂阡陌。"是井田制在什么时候实行，什么时候破坏，踪迹显然，事无可疑。当然，井田制不能理解为所有土地都必须分成"豆腐干块"，也同周人禁止同姓通婚，并不排除有鲁昭公"取于吴为同姓，谓之吴孟子"（《论语·述而》）。晋平公"内实有四姬焉"的事；周人"易树子"和"以妾为妻"，都在禁列（见《公羊传》僖公三年和《孟子·告子》下），并不排除事实上有很多人违反这个禁列；周制原是"天子之地一圻，列国一同，自是以衰"（《左传》襄公二十五年），并不排除事实上各国的领土多不合制度。诸如此类，都应该把一般的制度和个别的事实区别开来认识。如果不把一般与特殊的关系弄清楚，而从绝对意义上理解，不但这一问题搞不通，任何问题都将不能得到正确解决，结果只有走上胡适派反动的道路，对祖国历史文化遗产一切加以否定而已。

　　三、殷社会是否为奴隶制问题。我认为，殷社会是奴隶制，但不是古代的劳动奴隶制而是东方的家庭奴隶制。其社会的决定性的生产部门的生产工作承担者不是古代罗马那样的奴隶，而是如马克思所说的"普遍奴隶"[1]。近来有人认为，殷人词汇中的众、庶、民、庶人、万民等等，就是从事农业生产的大批奴隶。我认为，这样说法是从公式出发，先肯定了商代是古代的劳动奴隶制，然后硬派他们做古代罗马的奴隶，相反，倒能说明他们不是奴隶而是农村公社的成员。商代的奴隶，上等的如伊尹、傅说作相；中等的作宰、小臣、牧臣、耤臣；下等的作奚、奴、童、妾。总之，都是特权者的帮凶、爪牙，至多有充任手工业生产者，其生产品，主要也是供特权者享用，而都不是决定性生产部门——农业生

---

　　①　《资本主义生产以前各形态》，人民出版社 1956 年版，第 33 页。

产工作的承担者。因此,我认为商朝是奴隶社会,但不是古代的劳动奴隶制,而是东方的家庭奴隶制。

关于三个问题补充说明到此完结。

综观上述,我们可以相信殷道亲亲是残存的旧的氏族社会意识的反映,其表现于哲学思想则为首坤次乾的《坤乾》;周道尊尊是全盛时期的奴隶社会意识的反映,其表现于哲学思想则为首乾次坤的《周易》。(八卦取象:乾为天、为君、为父、为夫、为男;坤为地、为臣、为母、为妻、为女。)《周易》这个特点,《系辞传》在开头第一句即用极沉重的语言明白指出说:"天尊地卑,乾坤定矣。"天尊地卑实际就是周道尊尊思想的公式化、教条化,其内容包括君尊臣卑、父尊子卑、夫尊妻卑、男尊女卑等等许多具体事实。我们试就全部《周易》考察,将看到,阴阳、刚柔、大小、消息、贵贱、君子小人等等上面都有尊尊思想的印记。特别是《家人卦》说:"家人,利女贞。"《彖传》解释说:"家人,女正位乎内,男正位乎外,男女正,天地之大义也。家人有严君焉,父母之谓也。父父、子子、兄兄、弟弟、夫夫、妇妇而家道正,正家而天下定矣。"在这里暴露男尊女卑的思想,尤为明显。又,《坤·六三》:"含章可贞,或从王事,无成有终。"《文言》说:"阴虽有美含之,以从王事,弗敢成也,地道也,妻道也,臣道也,地道无成而代有终也。"这条大意说:"地道、妻道、臣道",三者一致,就是,尽管你自己有本领,还要听从尊上的命令去办事,办出成绩来,这成绩要记在尊上的账上。这是中国奴隶社会最典型的道德,是尊尊思想的具体表现。《坤乾》首坤次乾,其特点与《周易》相反,即亲亲重母统。《坤乾》书久亡,其详细内容如何已不可知。或疑以母系为中心的思想体系的建立是否可能?我认为,这样思想体系的建立不但可能,而且有具体例子可为借照。这个具体例子就是《老子》。《老子》一书,言母、雌、牝、始、根等地方极多,且极力称赞,简直认为这是人生行动的最高准则。最显著的如说:"万物之母","为天下母","而贵食母","有国之母","既得其母以知其子,既知其子复守其母"。说:"能为雌乎","知其雄,守其雌"。说:"是为玄牝","牝常以静胜牡"。说:"天地之始","能知古始,是谓道纪","天下有始以为天下母","天地根","各归其根","重为轻根"。又说:"坚强者死之徒,柔弱者生之徒。"又说:"我有三宝:一曰慈……慈故能勇。"又说:"圣人之在天下,歙歙焉为天下浑其心,百姓皆注其耳目,圣人皆孩之。"特别是说:"慈故能勇","圣人皆孩之",把母性敦笃祥和的面目描绘得极为逼真,充分证明他是如何推尊母性,崇尚阴柔！实与《周易》思想背道而驰,而和《坤乾》思想同一体系,那么,我们借《老子》推想《坤乾》,就比较容易理解了。

其次,《坤乾》占七八不变爻,《周易》占九六变爻。这占不变爻与占变爻,实代表两种思想方法。这两种思想方法具体表现如何,可借老子与孔子为例说明之。

老子说:"反者道之动。"又说:"祸兮福之所倚,福兮祸之所伏。"又说:"曲则全,枉则直,洼则盈,敝则新。"是老子已确切认识到宇宙是变动的,并认识到这个变动是遵循着正反两面互相转化的规律进行——即辩证的规律进行。但是,他处理问题的方法,却是"抱一","抱朴","执古之道以御今之有",即是不变的。《汉书·艺文志》叙道家说:"秉要执本,清虚以自守,卑弱以自持。"正是见到这一点。这个抱、执、秉、守、持等等,无疑是形而上学思想方法的表现,这说明了他的思想上的不彻底性。另方面,老子还重无为、自然。这一思想,跟他崇尚阴柔的思想联系着。就是,人只能消极地顺应自然,而不能积极地改造自然,取消了人在历史上的积极作用。这也是他的缺点。《坤乾》占七八不变爻,其意义大概是这样。

《周易》占九六变爻,是认为事物是变动的,处理事物的方法也应是变动的。把这个方法应用于实践,则为"趋时"、"化裁"。《系辞传》说:"吉凶悔吝者,生乎动者也。刚柔者,立本者也。变通者,趣(趋)时者也。"又说:"化而裁之谓之变,推而行之谓之通,举而错之天下之民谓之事业。"怎样叫做"吉凶悔吝生乎动"？这是说,事情的得失成败,是人的行动正确或错误所产生的结果。那么,自然应当在行动上着眼,这是阐明占变卦的道理。"刚柔立本",是指出事变的根据。"变通趣时",是说明处理事变的方法。"刚柔",具体事物之象,脱离具体事物不能谈变,所以说"刚柔立本","本",就是根据。"趣时",是依据具体情况而为适当必要的措置,显然与"抱一"、"抱朴"无共同之处。这个适当必要的措置,叫做"变通",分开来讲是,"化而裁之"叫做变,"推而行之"叫做通。"化",谓客观事物发展规律;"裁"谓人的主观能动性、创造性。"化而裁之",不是完全随顺自然,取消人的积极作用,相反的是承认人的积极作用以利用自然、改造自然。这点,当然也与"无为"、"自然"的客观主义思想无共同之处。所谓"变",它的精神实质就是这样。"推而行之"是把"化而裁之"的"变"应用到具体实践,这就叫做"通"。总起来说,叫做"变通"。把这一变通原则,应用到社会来为人民谋福利,就叫做"事业"。以上就是《系辞传》所阐述的关于《周易》占变爻的意义。王弼《易略例》说:"卦者时也,爻者适时之变者也。"意亦略同。

趣时之义,在《周易》中实认为是行动最高原则。综计《彖传》、《象传》、《文言》中用"大矣哉"赞叹"时义"者六,赞叹"时用"及"时"者各三,其余言"与时偕行"者三,言"与时行"者二,言"与时消息"者一,言"时止则止,时行则行,动静不失其时"者一,言"承天而时行"、"应乎天而时行"者各一。孔子读《易》韦编三绝,盖深有得于此,故不惮烦从多方面予以阐发。孟子说:"孔子,圣之时者也。"(《孟子·万章下》)确能指出孔子思想的特点。孔子自述说:"我则异于是,无可无不可。"(《论语·微子》)孟子说:"可以速则速,可以久则久,可以处则处,可以仕则仕,孔子也。"(《孟子·万章下》)这"无可无不可"和"可以速则速"数语,正是时字注脚。《周易》占变爻本已具有变通趋时之义,但是,经孔子阐述以后,更发展了它,丰富了它,使它遂达到更高的境地。故《周易》到了孔子之手才最后抵于完成,任何割裂的看法都是错误的。

总之,《周易》是人类认识在具体历史条件下长期发展的结果。其形式,虽然还未脱离老旧的、落后的卜筮的形式,而其内容却反映了原始的、素朴的但实质上是正确的宇宙观。

(录自金景芳:《古史论集》,齐鲁书社 1981 年版。原载《东北人民大学人文科学学报》1955 年第 2 期。)

贺麟儒学学案

贺麟(1902—1992)，字自昭，四川金堂人。中国近现代哲学家、哲学史家、黑格尔研究专家、教育家、翻译家，现代新儒家代表人物之一。

贺麟生于四川省金堂县五凤乡一个耕读之家。8 岁入私塾启蒙识字，13 岁读完小学，17 岁考入四川省立成都联中——石室中学。1919 年，考入北京清华学堂(清华大学前身)。1926 年，于清华毕业后到美国深造，先在奥柏林大学学习，后转入哈佛大学攻读硕士学位。1930 年，以优异成绩毕业，获硕士学位。之后，进入德国柏林大学深造。"九一八"事变后，提前结束留学生涯回国。回国后，任北京大学哲学系讲师，1936 年升任教授。先后开设西方现代哲学、西方哲学史、黑格尔哲学、斯宾诺莎哲学等课程。1937 年，抗战爆发，随北大南迁。在此期间，北大、清华、南开合并成为西南联合大学，任西南联大教授。同时当选为中国哲学会常务理事，兼任中国哲学会西洋哲学名著编译委员会主任委员，组织专家学者翻译西方哲学名著。他自己还翻译了美国鲁一士的《黑格尔学述》、英国开尔德的《黑格尔》和斯宾诺莎的《致知篇》。抗战胜利后，随北大回到北平，继续任北大哲学教授。国民党政府退守台湾前夕，曾几次接一些著名教授南下，贺麟也在其中，但他却坚持留在了北平。1956 年，由北大调入中国科学院哲学所，先后担任西方哲学史研究组组长、研究室主任、哲学所学术委员会副主任、全国外国哲学史学会名誉会长、《黑格尔》编辑委员会名誉主编等职。1992 年，于北京逝世。

贺麟在学术上，主要以西方哲学史为研究方向，是国内著名的现代西方哲学尤其是黑格尔研究专家,并致力于西方名著的翻译工作。其主要著作有《近代唯心论简释》、《文化与人生》、《哲学与哲学史论文集》、《五十年来的中国哲学》;译著有黑格尔的《小逻辑》、《哲学史讲演录》(合译)、《精神现象学》(合译),斯宾诺莎的《伦理学》等。

(法　帅)

儒家思想的新开展

在思想和文化的范围里，现代决不可与古代脱节。任何一个现代的新思想，如果与过去的文化完全没有关系，便有如无源之水、无本之木，绝不能源远流长、根深蒂固。文化或历史虽然不免经外族的入侵和内部的分崩瓦解，但也总必有或应有其连续性。

儒家思想，就其为中国过去的传统思想而言，乃是自尧舜禹汤文武成康周公孔子以来最古最旧的思想；就其在现代及今后的新发展而言，就其在变迁中、发展中、改造中以适应新的精神需要与文化环境的有机体而言，也可以说是最新的新思想。在儒家思想的新开展里，我们可以得到现代与古代的交融，最新与最旧的统一。

根据对于中国现代的文化动向和思想趋势的观察，我敢断言，广义的新儒家思想的发展或儒家思想的新开展，就是中国现代思潮的主潮。我确切看到，无论政治、社会、学术、文化各方面的努力，大家都在那里争取建设新儒家思想，争取发挥新儒家思想。在生活方面，为人处世的态度，立身行己的准则，大家也莫不在那里争取完成一个新儒者的人格。大多数的人，具有儒家思想而不自知，不能自觉地发挥出来。有许多人，表面上好像在反对儒家思想，而骨子正代表了儒家思想，实际上反促进了儒家思想。自觉地、正式地发挥新儒家思想，蔚成新儒学运动，只是时间早迟、学力充分不充分的问题。

中国当前的时代，是一个民族复兴的时代。民族复兴不仅是争抗战的胜利，不仅是争中华民族在国际政治中的自由、独立和平等，民族复兴本质上应该是民族文化的复兴。民族文化的复兴，其主要的潮流、根本的成分就是儒家思想的复兴，儒家文化的复兴。假如儒家思想没有新的前途、新的开展，则中华民族以及民族文化也就不会有新的前途、新的开展。换言之,儒家思想的命运,是与民族的前途命运、盛衰消长同一而不可分的。

中国近百年来的危机,根本上是一个文化的危机。文化上有失调整,就不能应付新的文化局势。中国近代政治军事上的国耻,也许可以说是起于鸦片战争,中国学术文化上的国耻,却早在鸦片战争之前。儒家思想之正式被中国青年们猛烈地反对,虽说是起于新文化运动,但儒家思想的消沉、僵化、无生气,失掉孔孟的真精神和应付新文化需要的无能,却早腐蚀在五四运动以前。儒家思想在中国文化生活上失掉了自主权,丧失了新生命,才是中华民族的最大危机。

五四时代的新文化运动,可以说是促进儒家思想新发展的一个大转机。表面上,新文化运动是一个打倒孔家店、推翻儒家思想的大运动。但实际上,其促进儒家思想新发展的功绩与重要性,乃远远超过前一时期曾国藩、张之洞等人对儒家思想的提倡。曾国藩等人对儒学的倡导与实行,只是旧儒家思想的回光返照,是其最后的表现与挣扎,对于新儒家思想的开展,却殊少直接的贡献,反而是五四运动所要批判打倒的对象。

新文化运动的最大贡献在于破坏和扫除儒家的僵化部分的躯壳的形式末节,及束缚个性的传统腐化部分。它并没有打倒孔孟的真精神、真意思、真学术,反而因其洗刷扫除的工夫,使得孔孟程朱的真面目更是显露出来。新文化运动的领袖人物,以打倒孔家店相号召的胡适先生,他打倒孔家店的战略,据他英文本《先秦名学史》的宣言,约有两要点:第一,解除传统道德的束缚;第二,提倡一切非儒家的思想,亦即提倡诸子之学。但推翻传统的旧道德,实为建设新儒家的新道德做预备工夫。提倡诸子哲学,正是改造儒家哲学的先驱。用诸子来发挥孔孟,发挥孔孟以吸取诸子的长处,因而形成新的儒家思想。假如儒家思想经不起诸子百家的攻击、竞争、比赛,那也就不成其为儒家思想了。愈反对儒家思想,儒家思想愈是大放光明。

西洋文化学术大规模的无选择的输入,又是使儒家思想得到新发展的一大动力。表面上,西洋文化的输入,好像是代替儒家,推翻儒家,使之趋于没落消沉的运动。但一如印度文化的输入,在历史上曾展开了一个新儒家运动一样,西洋文化的输入,无疑亦将大大地促进儒家思想的新开展。西洋文化的输入,给了儒家思想一个考验,一个生死存亡的大考验、大关头。假如儒家思想能够把握、吸收、融会、转化西洋文化,以充实自身、发展自身,儒家思想则生存、复活而有新的发展。如不能经过此考验,度过此关头,它就会消亡、沉沦而永不能翻身。

所以儒家思想是否能够有新开展的问题,就成为儒家思想是否能够翻身、能够复兴的问题,也就是中国文化能否翻身、能否复兴的问题。儒家思想是否复兴的问题,亦即儒化西洋文化是否可能,以儒家思想为体、以西洋文化为用是否可能的问题。中国文化能否复兴的问题,亦即华化、中国化西洋文化是否可能,以民族精神为体、以西洋文化为用是否可能的问题。

就个人言,如一个人能自由自主,有理性、有精神,他便能以自己的人格为主体,以中外古今的文化为用具,以发挥其本性,扩展其人格。就民族言,如中华民族是自由自主、有理性有精神的民族,是能够继承先人遗产,应付文化危机的民族,则儒化西洋文化,华化西洋文化也是可能的。如果中华民族不能以儒家思想或民族精神为主体去儒化或华化西洋文化,则中国将失掉文化上的自主权,而陷于文化上的殖民地。让五花八门的思想,不同国别、不同民族的文化,漫无标准地输入到中国,各自寻找其倾销场,各自施展其征服力,而我们却不归本于儒家思想而对各种外来思想加以陶熔统贯,我们又如何能对治这些纷歧庞杂的思想,而达到殊途同归、共同合作以担负建设新国家新文化的责任呢?

这个问题的关键,在于中国人是否能够真正彻底、原原本本地了解并把握西洋文化。因为认识就是超越,理解就是征服。真正认识了西洋文化便能超越西洋文化。能够理解西洋文化,自能吸收、转化、利用、陶熔西洋文化,以形成新的儒家思想、新的民族文化。儒家思想的新开展,不是建立在排斥西洋文化上面,而是建立在彻底把握西洋文化上面。儒家思想的新开展,是在西洋文化大规模的输入后,要求一自主的文化,文化的自主,也就是要求收复文化上的失地,争取文化上的独立与自主。

根据上面所说,道德传统的解放,非儒家思想的提倡,西洋文化的输入与把握,皆足以促进儒家思想的新开展。兹请进而研讨儒家思想新开展所须取的途径。

不用说,欲求儒家思想的新开展,在于融会吸收西洋文化的精华与长处。西洋文化的特殊贡献是科学,但我们既不必求儒化的科学,也无须科学化儒家思想。因科学以研究自然界的法则为目的,有其独立的领域。没有基督教的科学,更不会有佛化或儒化的科学。一个科学家在精神生活方面,也许信仰基督教,也许皈依佛法,也许尊崇孔孟,但他所发明的科学,乃属于独立的公共的科学范围,无所谓基督教化的科学,或儒化、佛化的科学。反之,儒家思想也有其指导人生、提高精神生活、发扬道德价值的特殊效准和独立领域,亦无须求其科学化。换言之,即无须附会科学原则以发挥儒家思想。一个崇奉孔孟的人,尽可精通自然科学,他所了解的孔孟精神与科学精神,尽可毫不冲突,但他用不着附会科学原则以曲解孔孟的学说,把孔孟解释成一个自然科学家。譬如,有人根据优生学的道理,认为儒家所主张的早婚是合乎科学的。或又根据心理学的事实,以证明纳妾制度也有心理学根据。甚或根据经济学以辩护大家庭制符合经济学原理。亦复有应用物理学、化学的概念,以解释《易经》的太极阴阳之说的。诸如此类假借自然科学以为儒家辩护的办法,结果会陷于非科学、非儒学。这都是与新儒家思想的真正发展无关的。我们要能看出儒家思想与科学的息息相关处,但又要能看到两者的分界处。我们要能从哲学、宗教、艺术各方面以发挥儒家思想,使儒家精神中包含有科学精神,使儒家思想足以培植、孕育科学思想,而不致与科学思想混淆不清。

简言之,我们不必采取时髦的办法去科学化儒家思想。欲充实并发挥儒家思想,似须另辟途径。因儒家思想本来包含有三方面:有理学以格物穷理,寻求智慧。有礼教以磨炼意志,规范行为。有诗教以陶养性灵,美化生活。故求儒家思想的新开展,第一,必须以西洋的哲学发挥儒家的理学。儒家的理学为中国的正宗哲学,亦应以西洋的正宗哲学发挥中国的正宗哲学。因东圣西圣,心同理同。苏格拉底、柏拉图、亚里士多德、康德、黑格尔的哲学与中国孔孟、老庄、程朱、陆王的哲学会合融贯,而能产生发扬民族精神的新哲学,解除民族文化的新危机,是即新儒家思想发展所必循的途径。使儒家的哲学内容更为丰富,体系更为严谨,条理更为清楚,不仅可作道德可能的理论基础,且可奠定科学可能的理论基础。

第二,须吸收基督教的精华以充实儒家的礼教。儒家的礼教本富于宗教的仪式与精神,而究竟以人伦道德为中心。宗教则为道德之注以热情、鼓以勇气者。宗教有精诚信仰、坚贞不二的精神;宗教有博爱慈悲、服务人类的精神;宗教有襟怀广大、超脱尘世的精神。基督教文明实为西方文明的骨干。其支配西洋人的精神生活,实深刻而周至,但每为浅见者所忽视。若非宗教的知"天"与科学的知"物"合力并进,若非宗教精神为体,物质文明为用,绝不会产生如此伟大灿烂的近代西洋文化。我敢断言,如中国人不能接受基督教的精华而去其糟粕,则决不会有强有力的新儒家思想产生出来。

第三,须领略西洋的艺术以发扬儒家的诗教。诗歌与音乐为艺术的最高者。儒家特别注重诗教、乐教,确具深识远见。惟凡各种艺术者皆所以表示本体界的义蕴,皆精神生活洋溢的具体表现,不过微有等差而已。建筑、雕刻、绘画、小说、戏剧,皆所以发扬无尽藏的美的价值,与诗歌、音乐亦皆系同一民族精神及时代精神的表现,似无须轩轾于其间。过去儒家因乐经佚失,乐教中衰,诗教亦式微。对其他艺术,亦殊少注重与发扬,几为道家所独占。故今后新儒家的兴起,与新诗教、新乐教、新艺术的兴起,应该是联合并进而不分离的。

儒学是合诗教、礼教、理学三者为一体的学养,也即艺术、宗教、哲学三者的谐合体。因此,新儒家思想的开展,大约将循艺术化、宗教化、哲学化的途径迈进。有许多人,拾起"文人无行"、"玩物丧志"等语,误认为儒家轻蔑艺术。或只从表面去解释孔子"敬鬼神而远之","未知生,焉知死","未能事人,焉能事鬼"等语的意义,而否认孔子有宗教思想和宗教精神。或误解"性与天道不可得而闻"一语,而谓孔子不探究哲学。凡此种种说法,皆所以企图将儒家偏狭化、浅薄化、孤隘化,不惟有失儒家的真精神,使儒家内容贫乏狭隘,且将使儒家思想无法吸收西洋的艺术、宗教、哲学以充实其自身,因而亦将不能应付现代的新文化局势。

譬如,仁乃儒家思想的中心概念。固不仅是"相人偶为仁"的文字学名词,如从诗教或艺术方面看来,仁即温柔敦厚的诗教,仁亦诗三百篇之宗旨,所谓"思无邪"是也。"思无邪"或"无邪思",即纯爱真情,乃诗教的泉源,亦即是仁。仁即天真纯朴之情,自然流露之情,一往情深、人我合一之情。矫揉虚伪之情,邪僻淫亵之思,均非诗之旨,亦非仁之德也(复性书院之主讲马一浮先生近著《四书大义》,即以仁言诗教,可参考)。纯爱真情,天真无邪之思,如受桎梏不得自由发抒,则诗教扫地,而艺术亦丧失其精髓。从宗教观点来看,则仁即是救世济物、民胞物与的宗教热诚。《约翰福音》有"上帝即是爱"之语,质言之,上帝即是仁。"求仁"不仅是待人接物的道德修养,抑亦知天事天的宗教工夫。儒家以仁为"天德",耶教以至仁或无上的爱为上帝的本性。足见仁之富于宗教意义,是可以从宗教方面大加发挥的。从哲学看来,仁乃仁体。仁为天地之心,仁为天地生生不已之生机,仁为自然万物的本性。仁为万物一体、生意一般的有机关系和神契境界。简言之,哲学上可以说是有仁的宇宙观,仁的本体论。离仁而言本体,离仁而言宇宙,非陷于死气沉沉的机械论,即流于漆黑一团的虚无论。

以上仅简略提示儒家所谓仁,可以从艺术化、宗教化、哲学化三方面加以发挥,而得新的开展。今试再以"诚"字为例。儒家所谓仁,道德意味比较多,而所谓诚,则哲学意味比较多。《论语》多言仁,而《中庸》则多言诚。所谓诚,亦不仅是诚恳、诚实、诚信的道德意义。在儒家思想中,诚的主要意思是指真实无妄之理或道而言。所谓诚,即是指实理、实体、实在或本体而言。《中庸》所谓"不诚无物",孟子所谓"万物皆备于我矣,反身而诚",皆寓有极深的哲学意蕴。诚不仅是说话不欺,复包含有真实无妄、行健不息之意。"逝者如斯夫,不舍昼夜",就是孔子借川流之不息以指出宇宙之行健不息的诚,也就是指出道体的流行。其次,诚亦是儒家思想中最富于宗教意味的字眼。诚即是宗教上的信仰。所谓至诚可以动天地泣鬼神。精诚所至,金石亦开。至诚可以通神,至诚可以前知。诚不仅可以感动人,而且可以感动物,可以祀神,乃是贯通天人物的宗教精神。就艺术方面言,思无邪或无邪思的诗教即是诚。诚亦即是诚挚纯真的感情。艺术天才无他长,即能保持其诚、发挥其诚而已。艺术家之忠于艺术而不外骛亦是诚。总之,诚亦是儒家诗教、礼教、理学中的基本概念,亦可从艺术、宗教、哲学三方面加以发挥之。今后儒家思想的新开展,大抵必向此方向努力,可以断言也。儒家思想循艺术化、宗教化、哲学化的方向开展,则狭义的人伦道德方面的思想,均可扩充提高而深刻化。从艺术的陶养中去求具体美化的道德,所谓兴于诗,游于艺,成于乐是也。从宗教的精诚信仰中去充实道德实践的勇气与力量,由知人进而知天,由希贤、希圣进而希天,亦即是由道德进而为宗教,由宗教以充实道德。在哲学的探讨中,以为道德行为奠定理论基础,即所谓由学问思辨而笃行,由格物致知而诚正、修齐是也。而且经过艺术化、宗教化、哲学化的新儒家思想不惟可以减少狭义道德意义的束缚,且反可以提高科学兴趣,而奠定新科学思想的精神基础。

以上是就文化学术方面,指出新儒家思想所须取的途径。就生活修养而言,则新儒家思想目的在于使每个中国人都具有典型的中国人气味,都能代表一点纯粹的中国文化,也就是希望每个人都有一点儒者气象,不仅军人皆有"儒将"的风度,医生皆有"儒医"的风度,亦不仅须有儒者的政治家(昔时叫做"儒臣"),亦须有儒者的农人(昔时所谓耕读传家之"儒农")。在此趋向于工业化的社会中,所最需要者尤为具有儒者气象的"儒工"、"儒商"和有儒者风度的技术人员。若无多数重忠孝仁爱信义和平的道德修养的儒商、儒工出,以树立工商的新人格模范,商者凭借其经济地位以剥削人,工者凭借其优越技能以欺凌人、傲慢人,则社会秩序将无法安定,而中国亦殊难走上健康的工业化的途径。

何谓"儒者"? 何谓"儒者气象"? 须识者自己去体会,殊难确切下一定义,其实也不必呆板说定。最概括简单地说,凡有学问技能而又具有道德修养的人,即是儒者。儒者就是品学兼优的人。我们说,在工业化的社会中,须有多数的儒商、儒工以作柱石,就是希望今后新社会中的工人、商人,皆成为品学兼优之士。亦希望品学兼优之士,参加工商业的建设,使商人和工人的道德水准和知识水平皆大加提高,庶可进而造成现代化、工业化的新文明社会。儒者固需品学兼优,但因限于资质,无才能知识而卓有品德的人亦可谓为儒者,所谓"虽曰未学,我必谓之学矣"。唯有有学无品,有才无品,只有知识技能而无道德,甚或假借其知识技能以作恶者,方不得称为儒者,且为儒家所深恶痛绝之人。

又就意味或气象来讲,则凡具有诗礼风度者,皆可谓之有儒者气象。凡趣味低下,志在名利肉欲,不知美的欣赏,即是缺乏诗意。凡粗暴鲁莽,扰乱秩序,内无和悦的心情,外无整齐的品节,即是缺乏礼意。

无诗意是丑俗，无礼意是暴乱。三四十年前，辜鸿铭站在儒家立场，以攻击西洋近代文明，其所持标准，即是诗礼二字。彼认为西洋近代文明的各种现象，如工商业的发展，君主的推翻，民主政治的建立，均是日趋于丑俗暴乱，无诗之美，无礼之和。故彼指斥不遗余力，颇引起西方学者的注意。又印度诗人泰戈尔，来游中国时，一到上海，即痛斥上海为"丑俗之大魔"。因上海为工商业化的东方大都市，充斥了流氓、市侩、买办以及一切殖民地城市的罪恶，不唯无东方静穆纯朴之诗味，亦绝无儒家诗教礼教之遗风。泰戈尔痛斥上海，实不为无因。但辜鸿铭指斥西洋近代工商业文明的民主政治，却陷于偏见与成见。彼只知道中古贵族式的诗礼，而不知道近代民主化的诗礼。试观近代英美民主政治的实施，竞争选举，国会辩论，政治家的出入进退，举莫不有礼。数百万居民聚处于大都市中，交通集会亦莫不有序。其工人、商人大都有音乐、戏剧可观赏，有公园可资休息，有展览会、博物馆可游览。每逢星期，或入礼拜堂听讲，或游山林以接近自然。工余之暇，唱歌跳舞，自得其乐。其生活亦未尝不可谓为相当美化而富于诗意。总之，以诗礼表达儒者气象是甚为切当的。如谓工商化、民主化的近代社会缺乏诗礼意味，无有儒者气象，则未免把儒家的诗教礼教看得太呆板、太狭隘了。

就做事的态度言，每做一事，皆须求其合理性、合时代、合人情，即可谓为儒家的态度。合人情即求其"反诸吾心而安"，合理性即所谓"揆诸天理而顺"，合时代就是审时度势、因应得宜。孔子为圣之时，礼以时为大。合时代不是漫无主宰，随波逐流。只求合时代而不合理性，是为时髦。合时代包含有"时中"之意，有"权变"之意，亦有合理之意。只重抽象的理性而不近人情，合时代即陷于"以理杀人"，以主义杀人，或近人所谓以自由平等的口号杀人。只求合人性而不合理性及时代，即流为"妇人之仁"、"感情用事"或主观的直觉。合人情不仅求己心之独安，亦所以设身处地，求人心之共安。凡事皆能精研详究，以求合理、合时、合情，便可谓为"曲践乎仁义"，"从容乎中道"，足以代表儒家的态度了。

儒家思想的新开展，基于学者对于每一时代问题，无论政治、社会、文化、学术等各方面的问题，皆能本典型的中国人的态度，站在儒家的立场，予以合理、合情、合时的新解答，而得其中道。哲学上的问题，无论宇宙观、人生观、历史观与夫本体论、认识论等，皆须于研究中外各家学说之后，而求得一契合中国人精神与态度的新解答。哲学问题本文暂置勿论，试就现在正烦扰着国人的政治问题为例，而指出如何从儒家的立场给予解答的途径。

譬如，就中国现在须厉行法治而言，便须知有所谓法家的法治，亦有所谓儒家的法治。前者即申韩式的法治，主张由政府或统治者颁布苛虐的法令，厉行严刑峻法，以满足霸王武力征服的野心。它是刻薄寡恩、急功好利、无情无义的。现代法西斯主义的独裁，即是基于申韩式的法治。这只能满足霸王一时的武力征服，绝不足以谋国家的长治久安和人民的真正幸福。而儒家的法治，亦即我所谓诸葛亮式的法治（参看下面《法治的类型》一文），则与之不同。它是法治与礼治、法律与道德、法律与人情相辅而行、兼顾共包的。法律是实现道德的工具，是人的自由本性的发挥，绝不是违反道德、桎梏自由的。西洋古代如柏拉图，近代如黑格尔所提倡的法治，以及现代民主政治中的法治，都可以说是与儒家精神相近，而与申韩式法家精神相远的。以为儒家反法治，以为提倡法治即须反对儒家，皆是不知儒家的真精神、真意义的说法。故今后欲整饬纪纲，走上新法治国家的大道，不在于片面地提倡申韩之术，而在于得到西洋正宗哲学家法治思想的真意，而发挥出儒家思想的法治。

试再就民主主义为例，亦有所谓儒家的民主主义与非儒家的民主主义。如有所谓放任政治，政府对人民取不干涉态度，认为政府管事愈少愈好，政府权力愈小愈好。一切事业，政府让人民自由竞争，听其自然淘汰，强者吞并弱者，几乎有无政府的趋势。这是欧洲十七至十八世纪盛行的消极的民主政治，在某种意义上，颇有中国道家的自然主义色彩。这种民主政治的起源，是基于启蒙运动之反对君主专制，争人民的自由平等和天赋人权。其末流便是个人主义的抬头和资本主义的兴起。这当然不是契合儒家精神的民主主义。假如只认儒家思想是为专制帝王作辩护谋利益的工具，则是根本违反民主主义的。这不但失掉了儒家"天视民视、天听民听"和"民贵君轻"等说的真精神，而且也忽略了西洋另有一派足以代表儒家精神的民主思想。这一派注重比较有积极性、建设性的民主，其代表人物为理性主义的政治思想家。他们认国家为一有机体，人民在此有机体中各有其特殊的位分与职责。国家不是建筑在武力上或任何物质条件上,而是建筑在人民公意或道德意志上。人民忠爱国家,正所以实现其真我,发挥其道德意志,确认主权在民的原则。尊重民意,实现民意(但民意不一定指林林总总的群众投票举手所表现的偶然意见,或许是出于大政治家的真知灼见,对于国家需要、人们真意之深识远见),满足人民的真正需要,为人民兴利除弊,甚或根据全体的福利,以干涉违反全体人福利的少数人的活动。政府有积极地教育人民、训练人民、组织人民、亦可谓为"强迫人民自由"的职责,以达到一种道德理想。这种政治思想就多少代表我所谓儒家式的民主主义。例如美国罗斯福总统的许多言论,就代表我所谓儒家式的民主政治。试看他逐渐教育民众,改变舆论,感化孤立派,容纳异党,集中权力等种种措施,均与普通的民主政治,特别与16、18世纪的消极民主政治不同。然而他的措施的确仍是一种民主政治,他反对因利图便、玩弄权术的现实政治,而提高人类共同生活的道德理想。但他的政策,并不是不切实际。他站在人民之前,领导人民,集中权力,但并不是独裁。所以我们可以称罗斯福为有儒者气象的大政治家(外国人可以有儒者气象,一如中国人可以有耶稣式的品格。其实美国的大政治家中如华盛顿、富兰克林、林肯皆有儒者气象,美国政治特别注重道德理想,比较最契合儒家所谓王道)。

至于在中国,孙中山先生则无疑是有儒者气象而又具耶稣式品格的先行者。今后新儒家思想的发挥,自必尊仰之为理想人格,一如孔子之推崇周公。他的民权主义,即可以说是最能代表儒家精神的民主政治思想。三民主义中的民生主义最根本,于将来最关重要。以民族主义于抗战建国,推翻异族,打倒帝国主义,影响最大。以民权主义体系最完整,思想最精颖,表现其生平学问经验与见解最多。他对于权与能的分别,对于自由平等的真意义的注释,皆一扫西洋消极的民主主义和道家的自由放任的自然主义的弊病,而建立了符合儒家精神,足以为开国建国大法的民权主义。而且,他在创立主义、实行革命原则中,亦以合理性、合人情、合时代为标准,处处皆代表典型中国人的精神,符合儒家的规范。在《孙文学说》"有志竟成"一章,他说:"夫事有顺乎天理,应乎人情,适乎世界之潮流,合乎人群之需要,而先知先觉者所决志行之,则断无不成者也。此古今之革命维新、兴邦建国之事业是也。""顺乎天理"即是合理性,"应乎人情"即是合人情,"适乎世界潮流,合乎人群需要"即是合时代。足见他革命建国的事业,是符合儒家合理、合情、合时的态度的,而他所创立的主义亦是能站在儒家的立场而作出的能应付民族需要和世界局势的新解答。

以上就政治上的法治与民主问题,而指出以能符合儒家精神的解答为最适当。兹试再就男女问题为例而讨论之。男女问题可以说是中国现代许多解放运动的发端。许多反家庭、反礼教、反儒家思想的运动均肇端于男女关系。许多新思想家皆以不能解决新时代的男女问题为儒家思想发展的一大礁石。但我们认为,男女问题不求得一合理、合情、合时、符合真正儒家精神的答案,是决不能得到圆满解决的。须知"父母之命、媒妁之言"的旧式婚姻,男女授受不亲的社交隔阂,三从四德的旧箴言,纳妾出妻的旧制度,已是残遗的旧躯壳,不能代表真正儒家合情、合理、合时的新态度。反之,酒食征逐、肉欲放纵、追求个人享乐的婚姻,发疯、自杀、决斗的热情恋爱乃是青年男女的堕落,社会、国家的病态,更是识者所引为痛心的。假如男女问题能循有诗意、合礼仪、负社会国家的道德责任的途径以求解答,便可算得契合儒家的规范了。所谓有诗意,即男女关系基于爱慕与相思,而无淫猥亵渎之邪思,如关关雎鸠式的爱慕,辗转反侧式的相思,便有诗意了。所谓合礼仪,即男女交际。有内心之裁制,有社交之礼仪。其结合亦须得家庭、社会、法律之承认。所谓须负社会、国家的道德责任,即男女结合非纯为个人享受,亦非仅解决个人性欲问题,乃有极深的道德意义,于家庭、社会、民族皆有其责任。男女之正当结合,于社会、国家皆有裨益,且亦是社会、国家所赞许嘉勉的。男女关系须受新诗教、新礼教的陶冶,且须对社会、国家负道德责任,这就是儒家思想新开展中所指示的途径。现在中国许多美满的新家庭生活已于无意间遵循着、实现着、代表着此种新儒家的理想了。

所以,在我们看来,只要能对儒家思想加以善意同情的理解,得其真精神与真意义所在,许多现代生活上,政治上、文化上的重要问题,均不难得到合理、合情、合时的解答。此所谓"言孔孟所未言,而默契孔孟所欲言之意;行孔孟所未行,而吻合孔孟必为之事"(明吕新吾《呻吟语》)。须将儒家思想认作不断生长发展的有机体,而非呆板机械的死信条。如是我们可以相信,中国许多问题,必达到契合儒家精神的解决,方算得达到至中至正、最合理而无流弊的解决。如果无论政治、社会、文化、学术上各项问题的解决,都能契合儒家精神,都能代表中国人的真意思、真态度,同时又能善于吸收西洋文化的精华,从哲学、科学、宗教、道德、艺术、技术各方面加以发扬和改进,我们相信,儒家思想的前途是光明的,中国文化的前途也是光明的。

(录自贺麟:《文化与人生》,商务印书馆 2006 年版。原载《思想与时代》1941 年第 1 期。)

徐复观儒学学案

徐复观(1903—1982),原名秉常,字佛观,后改名为复观,湖北浠水人。中国现代思想史家,现代新儒家代表人物之一。

徐复观生于一个贫苦的农家。8 岁发蒙读书,23 岁考入湖北省立武昌国学馆,28 岁留学日本,先后就读于明治大学经济系和陆军士官学校步兵科。30 岁在广西初任军职。之后跟随黄绍竑为其幕僚,抗战期间,随黄赴山西参与娘子关等战役。后得到蒋介石器重,开始成为蒋的高级幕僚。1943 年,在北碚金刚碑的勉仁书院拜谒熊十力。1946年,以陆军少将志愿退役。1947 年,创办学术性刊物《学原》。1949 年,在香港创办《民主评论》。1952 年,在台中省立农学院任教。1955 年,到东海大学任教,任中文系教授兼主任,直到 1969 年退休离校。1958年,与牟宗三、张君劢联、唐君毅名发表现代新儒家的纲领性宣言《为中国文化敬告世界人士宣言》。1970 年,到香港中文大学新亚书院任教。1974 年,与钱穆等人成立独立的新亚研究所,工作至去世。

徐复观在 1949 年流寓港台之后,才真正开始其学术人生。其主要学术工作是对中国传统思想作现代的疏释,其中又主要是对儒家义理的现代疏释,包括儒家的人性论、儒家伦理思想、儒家政治思想、中国艺术精神、两汉思想史等,并由此涉及中国知识分子、古代文学等问题。在儒家义理的疏释方面,他认为中国传统文化始于殷周之际,以人性论为主干,孔、孟、老、庄及宋明理学家的人性论形成了中国人性论的主体。在儒家政治思想研究方面,他揭示出中国历史上的二重政治主体的问题,因而存在专制政治与民本政治的对立和冲突,只有将儒家政治思想和现代民主政治结合起来,才能真正解决这一问题。基于此,他又对中国传统作了深入分析,认为中国历朝历代一直贯穿着体现人文精神的圣人之道,与表现为无限制的君主专制的矛盾和冲突,这是"中国历史的死结"。中国知识分子的问题也在这里。虽然士大夫始终坚持道尊于势,但是中国数千年政治社会的严酷事实却是势远远强于道,知识分子在这种道与势的紧张冲突中,形成了精神上的重负和奴才性格,变成君主专制的工具。只有引进民主与科学,中国历史上知识分子的问题才能得以解决。其主要著作有《学术与政治之间》(甲乙两集)、《中国思想史论集》、《中国人性论史》(先秦篇)等。

(法　帅)

儒家精神的基本性格及其限定与新生(节选)①

二 儒家精神的基本性格

今日要论定中国文化在世界文化中之地位,与其从和西方文化有相同的地方去看,不如从其不相同的地方去看。我认为中国文化与西方文化,在发轫之初,其动机已不相同,其发展遂分为人性的两个方面,而各形成一完全不同性格。当然,在很长的历史中,文化总不会完全作单线的发展。但在人类未自觉其本身缺憾以前,其活动总会无形的受此一基本性格之局限。于是西方中的带有东方精神者,总得不到好好的发育,如泛神论及斯多噶学派。而中国历史上之带有西方精神者,也常归于夭折,如战国时的名家。文化的基本精神性格不同,即在字句名词乃至某一部分的看法上纵有相同,亦系不相干之事。昔谢显道历举佛说与儒同处问伊川先生。先生曰:"恁地同处虽多,只是本领不是,一齐差却。"正是此意。以下试略加申述。

近代西方文化,虽有希腊和希伯来两大来源。但形成其学 Scientia 的性格,因而也是形成其近代文化的主要性格的,却是希腊的产物。此一学的性格,自始即受其初期的"自然哲学"的限定,乃系人的知性,向自然的追求剖析。这种向自然追求剖析的目的,并不一定是在自然,而只是希腊人在闲暇中对于知性活动的喜爱,所以"学校"一词之语源即为闲暇。在闲暇中作冥想的知性的活动,以求认识真理,希腊人认这是最高的幸福。知性活动,一定要在外面有对象,于是希腊人的精神首先便落到自然,而愿意为"自然之子"。及由宇宙论转入人性论时代,虽然

---

① 这里节选的是该文第二、三、四部分。

仅仅"为知识而知识"的好奇心,不能不随内忧外患的纷至沓来而有了曲折,但依然是以"智识者"为最有能最有用最成功的人物。所以哲学(Philosophieren)是对于知的喜爱,是希腊人教养的根源,则系始终一致的。索福克利斯(Sophokles)说:"思考是万事幸福最初之本。"亚里士多德在《形而上学》的开头便说:"一切的人,是生而希望能知的。人对于感官知觉的喜爱,即其证据。盖感觉是与实用无关,纯以其自身而被喜爱的。"在希腊人,知即是美,即是善。希腊人谈人生,也是把知识对外界的构画,反射到人生身上来。正如文德邦(Windelband)在其《一般哲学史》上所说:"18 世纪之哲学,和往时希腊人一样,就事物之关系,以启发人生。并且由此等知见,以规正个人与社会之生活,认定这是他的权利与义务。"(见日译本卷一,第 14 页。)

总之,希腊学问的主要对象是自然,是在人之外的事物;而其基本用力处则为知识。此为近代欧洲文化的传承所自。但希腊人是把这种学问当作教养,而近代则是将其用作权力的追求。培根(Francis Bacon)说"知识即权力"。这一句话,道破了西方近代文化精神的中核。教养是一种向上,而追求权力则是一种向前。西班牙正活跃于海洋探险时候,其货币上刻着"远在对方"(Plus ultra)之文,此即近代精神的标志。于是希腊文化一至近代,更不是对人的本身负责,而是对人的获取权力负责。人与自然的关系,也由"自然之子"而要一天一天的变为其征服者。人与人的关系,恰是通过征服自然过程中所建立的机具而互相连结进来,并不是作为共同的人性而互相连结起来的。近代西方文化,并不是完全不谈道德,但大体上是把道德的基础放在知识上面。巴斯卡尔(Blaise Pascal)说:"人类的尊严,仅在于其有思考力的这一点上面。所以应该努力于严正的思考。严正的思考,才是道德之根本的原理。"美国历史学会会长伯卡(L. Becker)在其《自由与责任》中认为"知"是近代的冲动。作为知识的知性,是近代生活之原理。除了知识以外,当然还须要"廉直与善意",但是也要依存于知性。真正说起来,近代西方道德的根源,是要在宗教中去求。在其所谓"学"中,对道德所负的责任很轻,乃至可以不负责任。而一般人的存在价值,大体不在于其生活之本身,而在其向物追求的坚执之情,与其在物的研究上所得的成就。人的价值,是通过物的价值而表达出来的。西方文化的成就在此，其问题亦即在此。

中国文化的精神，亦即儒家的精神，和上所述的恰成一相反的对照。

希腊求知的动机为闲暇中对自然界之惊异而追问究竟，这样便成为其哲学中之宇宙论。由宇宙法则之发现而落实下来便成为科学。中国之学术思想，起源于人生之忧患，此点言之已多，殆成定论。《易传》说"作《易》者其有忧患乎"，此非仅作《易》者是如此。忧患是追求学问的动机与推动力。至于学的内容，则西方主要是对于自然的知解，而儒家主要为自己行为的规范。《论语》："哀公问弟子孰为好学？孔子对曰，有颜回者好学。不迁怒，不贰过。""子曰，君子食无求饱，居无求安，敏于事而慎于言，就有道而正焉，可谓好学也已。""子曰，弟子入则孝，出则弟，谨而信，泛爱众，而亲仁。行有余力则以学文。""子夏曰，贤贤易色，事父母能竭其力，事君能致其身。与朋友交，言而有信。虽曰未学，吾必谓之学矣。"上面所引的简单几条，这是洙泗的学风，形成战国儒学的主要内容与性格，二千年来未有大变。朱子白鹿洞书院学规，及王阳明教条示龙场诸生，一守此种成规而不失。此与柏拉图之学园，以及近代之大学，其精神与对象之各不相同，最为明白。

盖儒家之基本用心，可概略之以二。一为由性善的道德内在说，以把人和一般动物分开，把人建立为圆满无缺的圣人或仁人，对世界负责。（《论语》："若圣与仁，则吾岂敢。"）一为将内在的道德，客观化于人伦日用之间，由践伦而敦"锡类之爱"，使人与人的关系，人与物的关系，皆成为一个"仁"的关系。性善的道德内在，即人心之仁。而践伦乃仁之发用。所以二者是内外合一（合内外之道）、本末一致而不可分的。

性善说虽明出自孟子，但这是中国"人性论"的正统，并非孟子所始创。性善，性恶，性无善恶，有善有恶，在孟子时代为一大争论。孟子就"人皆有不忍人之心"的这一点上，就人皆有恻隐、羞恶、辞让、是非之心以见仁义礼智之"非由外铄我也，我固有之也"的这一点上，以断定人之性善，因而认为"人皆可以为尧舜"，人皆可不凭"他力"而都能堂堂正正地站得起来。我们只要稍稍了解世界各大宗教之欲以他力，欲以神与上帝之力，使人从外铄中站起来之艰辛，即可知儒家此一"自本自根"之教义的伟大。但在孟子并未尝否定人的动物性的一面。他说"人之所以异于禽兽者几希"，可见有许多地方人是与禽兽无异的。但欲稳定人之所以为人的地位,则非首先从几希的地方去肯定人性不可。推孟子之意,人有与动物相同之性,有与动物不同之性。与动物相同者,因其系与动物相同,故不能指此一部分为人之特质,为人之性。而须从与动物不同的地方,从为人所独有的地方,才表现其为人之特质。此特质是善的,并且是人心所同然的,因而肯定其为性善。故曰"乃若其情,则可以为善矣,乃所谓善也"。可是要人由几希之善,扩而充之,使不致为与动物相同的部分所障蔽吞没,以另一语句说,不使人心危及道心,则须作一番"克己复礼"的工夫。而"克己复礼"的工夫后面,究竟须有一"作主"者。此作主者儒家认为是心。每一人之心,便会为每一个人作主。于是儒家在这一方面的工夫便是要"正心"、"养心"、"求放心"、"操存此心"(操之则存),使此心"常在腔子里",使心常为一身之主,以"先立乎其大者",使与动物相同的五官百体之欲,都听命于心;于是不仅心为义理之心,而五官百体亦为具义理之五官百体,此之谓"践形"。(《孟子》:"惟圣人惟能践形。")但对于心之操存涵养,在不与物相接的时候容易。可是心必与物相接。与物相接,即不能不有喜怒哀乐好恶欲之情,人的行为是从情转出来的。情受气质的影响(即生理的作用,如内分泌等作用),容易有过不及之偏,则心将随情转,而心之体亦不可见。所以求放心之功,要见之于变化气质上面。孔子说:"志于道,据于德,依于仁,游于艺。"又说:"兴于诗,立于礼,成于乐。"游于艺,成于乐,都是所以调和性情以变化气质的。孔子对门人言志,独赞叹曾点,只是由曾点所说,表现得一副好性情。儒家不主张断情禁欲,不使生理之人与义理之人分而为二,以免与现实生活起隔离之感;而是要以学问来变化气质,率情以顺性,使生理之人完全成为义理之人,现实之生活,亦即理性的生活,成为名副其实的理性动物。所以程明道说"学至气质变方是有功",正系此意。这种向内在的道德性之沉潜陶铸的工夫,下开宋明的理学心学,以形成中国"道德性的人文主义"的基点。至于西方的人文主义,则虽一方面由神的中心降落而以人为中心;一方面也是要把人从一般动物中区别出来,以站稳人之所以为人的地位;但他们主要是以智能为基点的人文主义。所以文艺复兴的人文大师的典型,多半要从他个人多方面的才能表现出来。而在中国方面,虽然并不轻视才能,但其基本精神,决非通过才能以表达的。故《论语》:"太宰问于子贡曰:'夫子圣者与？何其多能也？'子贡曰：'固天纵之将圣，又多能也。'子闻之曰：'太宰知我乎？吾少也贱，故多能鄙事。君子多乎哉？不多也。'"这种地方，更可以看出一种显明的对照。

内在的道德性，若不客观化到外面来，即没有真正的实践。所以儒家从始即不采取"观照"的态度，而一切要归之于"笃行"的。《中庸》上说："博学之，审问之，慎思之，明辨之，笃行之。"五种治学方法，并不是平列的项目，而是一种前进的程序。笃行是前四项目的归结。要笃行，即须将内在的道德性客观化出来。于是儒家特注重"人伦"、"日用"。人伦是人与人的正常关系；日用是日常的生活行为。每一个人，在其自然或不得不然的所加入的人与人之关系中，及其日常生活中，都有其应尽的一番道理；而这些道理，都是人性所固有。只有尽伦、敬事（《论语》："敬事而信。"又云："执事敬。"），才是内在的道德之实践，才可称之为"尽性"。而尽伦即可以摄敬事，故人伦尤为重要。父子兄弟的关系，是人伦的基点，是人性的自然的见端。于是孝弟又为人伦之本。《论语》："有子曰：'君子务本，本立而道生。孝弟也者，其为仁之本与。'""子曰：'弟子入则孝，出则弟，谨而信，泛爱众，而亲仁。'"孟子则正式标明"人伦"二字。如"学则三代共之，皆所以明人伦也"；"圣人，人伦之至也"；"舜明于庶物，察于人伦"等皆是。孟子所说的人伦，亦以孝弟为本。其曰："孩提之童，无不知爱其亲也。及其长也，无不知敬其兄也。"即系从孝弟上指点人性之善。又曰："仁之实，事亲是也。义之实，从兄是也。智之实，知斯二者弗去是也。礼之实，节文斯二者是也。乐之实，乐斯二者是也。"又曰："作为庠序学校以教之，申之孝弟之义。"由此可知孝弟乃儒家学说之总持。盖以仁为中核之人性，内蕴而不可见，可见者乃不期然而然的爱亲敬兄之情。在此等处看得紧，把得牢，于是人性之仁乃有其着落，有其根据，而可以向人类扩充得去。"于其所厚者薄，于其所薄者厚，鲜矣"，这是一种铁的事实。《诗经》说："孝子不匮，永锡尔类"，可知，"老吾老，以及人之老；幼吾幼，以及人之幼"，亦是人性中仁德自然之推。所以孝弟是人类爱的起点，也是人类爱的源泉。"人人亲其亲，长其长"，此乃各就其现成而当下的人与人的关系，皆成为以仁相与的关系。这种社会都是由仁德和温情所构成的，这自然会"天下平"了。伊川为明道作《行状》有云："尽性至命，必本于孝弟。"后来有人问他:"不识孝弟何以能尽性至命也?"曰:"后人便将性命别作一般事说了。性命孝弟,只是一统的事。就孝弟中便可尽性至命。如洒扫应对,与尽性至命,亦是一统的事,无有本末,无有精粗,却被后人言性命者别作一般高远说。故举孝弟,是于人切近者言之。然今时非无孝弟之人,而不能尽性至命者,由之而不知也。"按:所谓"于人切近者言之"的另一意思,即是言孝弟而实不仅于孝弟。乃五四运动,两派人士在"非孝"的这一点上,仅有程度之分,并无本质之别,这才是打到中国文化的最后长城,亦是攻到人之所以为人的最后防线……①

由上可知儒家内在的道德实践,总是归结于人伦。而落到现实上的成就,大体是从三个方面发展,一为家庭,二为政治(国家),三为"教化"(社会)。

儒家所提出的五伦,有三伦是家庭的范围,所以"尽伦"是要首先把家庭变为一个道德实践的自然团体。儒家思想,因其系以仁为中核,而仁的性格,多趋于凝重安笃而少变。孔子说,"仁者乐山","仁者静",大体是这种意思。因此,儒家精神,不重在"改作",却注重在已有的东西间去发掘其有意义的内涵,从而附与新的价值,使其渐变而不自觉。这种努力的方式,有其成功,也有其失败,在此暂置不论。在这里所应注意的,家庭本是人类自然的结合;儒家就在这种自然结合中,贯注以道德实践的新生命,即上文所说的"孝弟之义"。在家庭中的孝弟之义,以另一语句说,即《大学》所说的"一家仁,一国兴仁;一家让,一国兴让"之"仁"与"让"。每人各在其家庭中尽其人生之义务,得其人生之价值,即是每人因其有家庭,而生命占一价值之时间与空间。由现实之家庭纵而推之,则"本支百世";人的生命由此而得到时间上无限的安顿。同时,因现实之家庭横而广之,则"睦宗收族",以至"四海之内皆兄弟也",人的生命由此而得到空间上之无限的安顿。儒家精神所贯注的家庭,其本身即是一圆满无缺之宗教;故不须另有宗教。而落实下来,只是孝弟二字,出自人心之自然流露,行之皆人情之所安。故自西汉起,儒家精神通过家庭以浸透于社会,其功效最为广大,最为深厚。民间有一幅流行对联说:"西京明训,孝弟力田。"这八个字,很符合西汉二百年的政

---

① 此处有删节。

治大方针，也正是儒家基本精神之所在。经过西汉的一番倡导，儒家精神生根于家庭之中，于是家庭成为中国社会的生产与文化合一的坚强据点。中华民族，至此乃有其深厚的凝集力与延续力，而完成其特有之厚重坚韧的民族性格。所以现在以汉之代名为华族永久之名，决非无故。自后两千年中，历史上遇着四次的外族大侵陵，遇着无数次内部的大屠杀，但一经短时期的休养生息，即可恢复旧观。而不像西方民族之一经大的灾祸，常即归于绝灭。盖因中国社会，遇有重大灾害威胁的时候，大家可以退保于家庭，再环绕着一宗族，以形成灾害的最后防御线。等到灾害减轻，即可由家庭宗族中伸出来，恢复其生产与文化的社会完整性。并且当世衰道微，士大夫成为文化罪人的时候，中国文化的真正的精神，反常常透出于愚夫愚妇之中，赖其"守死善道"的一念之诚，以维族命于不绝，此种情形迄晚近而未改。这也可见儒家精神通过家庭而向下浸透之深且厚。五四运动以来，只看到家庭的流弊，而不了解中国家庭之基本精神与其在民族保持延续中所尽的责任，觉得只要破坏家庭，则国家观念与夫社会精神即可以立致。今日的情形正值得重新加以彻底反省的。美国哈佛大学社会学系主任索罗肯（P. A. Sorekin）氏在其 1948 年出版之《人性之再造》一书中，主张西方文化与社会须加以改造。而社会改造，首先要有一个合理的家庭，以为新社会之起点。他深以西方缺少道德性的安定家庭为一大危机之所在。又有人认为英国之所以能在安定中进步，因为英国人系以家庭为生活之堡垒，故不至如其他国家之因缺少合理之家庭生活，以至社会浮动无根，动辄发生革命。这都可提供我们反省之资料。

儒家既对人伦负责，当然要对政治负责。但因历史条件的限制，儒家的政治思想，尽管有其精纯的理论；可是，这种理论，总是站在统治者的立场去求实施，而缺少站在被统治者的立场去争取实现，因之，政治的主体性始终没有建立起来，未能由民本而走向民主，所以只有减轻统治者毒素的作用，而没有根本解决统治者毒素的作用，反尝易为僭主所假借，此已见《儒家政治思想之构造及其转进》一文中（《民主评论》三卷一期），此处不再详论。惟此处应补充者，则旧儒家一面须对政治负责，而一面未能把握政治的主动，于是儒家思想，尝在政治中受其委曲，受其摧残，因而常常影响到儒家思想的正常发展，不断地产生许多出卖灵魂的盗窃之徒,这真可以说是文化历史中的大不幸。最显著的如东汉末年、唐代末年、明代末年,少数宦竖,觉得一般对政治主持风节清议的书生(即今日之所谓舆论),与他们"口含天宪"者脾胃不合,杀戮之酷,只有今日极权主义者才可比拟。因有党锢之祸,遂使聪明才智之士,逃于玄,逃于佛,而中原沦为夷狄。有浊流之祸,遂产生冯道这一类的典型,而五代生人之道绝,而造成满清入关,二百余年之统治,使中国文化精神,进入睡眠状态……①所以今日真正的儒家,一定要在政治民主化的这一点上致力。至于有人怀疑儒家思想是否与民主政治相容,这全系不了解儒家,且不了解民主之论。凡在思想上立足于价值内在论者的,即决不承认外在的权威。今日欧洲的民主主义,系奠基于 18 世纪之启蒙运动。而启蒙运动之思想骨干系自然法。自然法思想导源于罗马,罗马之此一思想渊源则来自希腊末期之斯托噶派。继自然法思想而起之功利主义,乃资本主义与民主主义在英国结合之特殊产物;但并非非有此一结合不可。美国哲斐逊们的民主运动,即仅受自然法之影响而未受功利主义之影响。故美国之民主主义,更富于理想性。在 18 世纪以前,由马丁·路德之宗教改革而来的良心之自由,其对近代民主之影响,无人可加以否认。而路德实受有德国神秘主义之启示(亦称泛神论)。德国之神秘主义,固系价值内在论者。儒家之为道德的价值内在论,已如前述。儒家"自本自根"之精神,既可不需要外在之上帝,则在政治上岂能承认由外在权威而来的强制作用。我特于此引《传习录》上王阳明的一段话,以相印证:

> 爱问,"在亲民",朱子谓当作"新民",后章作新民之文,似亦有据。先生以为宜从旧本作亲民,亦有所据否? 先生曰,作新民之新,是自新之民,与在新民之新不同。此岂足为据。作字却与亲字相对,然非亲字义。下面治国平天下处,皆于亲字无发明。如云君子贤其贤而亲其亲,小人乐其乐而利其利,如保赤子,民之所好好之,民之所恶恶之,此之谓民之父母之类,皆是亲字意……

---

① 此处有删节。

按:阳明把"作新民"解为"是自新之民"。所谓自新,是老百姓每人都自己站起来。"在新民"之"在"字,则有由政治力量去代老百姓去新的意思;用现在的话说,即是训政与改造运动的意思。这都与儒家的内在论不合,亦即为儒家的政治思想所不许。儒家之所以贵王而贱霸,贵德而贱力,皆系由此而来。儒家的政治思想必归结于民主政治,而民主政治之应以儒家思想为其精神之根据。凡态度客观的好学深思之士,必不会以此为附会之谈。

其实,儒家对人类负责的精神,除了上述二端外,还有其为人所忽视,而实系最伟大的一面,即其"教化精神"的一面。许多人说孔子是中国最早的教育家。"教育家"三字,说得未尝不对,但亦说得未尝尽对。孔子之精神,实系伟大宗教家之教化精神。毫无凭借,一本其悲悯之念,对人类承担一切责任,而思有以教之化之。此系立于社会之平面,以精诚理性相感召,这与政治之设施全异其趣。世界伟大宗教之得以建立,其教义必须通过此一教化精神以具象化之,乃能唤起人类之心灵而与其融铸在一起。否则任何教义,只作一番话说,与人究无多干涉。儒家之所以能代替宗教,不仅在其自本自根之道德内在论,可以使人不须要宗教;亦因孔子之教化精神,实与伟大宗教之创立者同样的将其学说具象化于中国民族之中,故非普通一家之言可比。孔子当然希望用世。"如有用我者,吾其为东周乎。"政治是实现理想的捷路。但政治须有所待而后行,而教化则系一心之发,当下即可尽力。故孔子对于现实政治,皆采取一种可进可退之随缘态度,如曰:"用之则行,舍之则藏";"邦有道则现,邦无道则隐"。但一谈到教人的这一方面,则"教不倦"常与"学不厌"并称,与"学不厌"同其分量。"有教无类"的对于人类的信心,对于人类的宏愿,真可含融一切有生而与其同登圣域。《论语》说:"自行束脩以上,吾未尝无诲焉。""互乡难与言。童子见,门人惑。子曰:'与其进也,不与其退也,唯何甚。人洁己以进,与其洁也,不保其往也。'"从这种站在社会上来对人类负责的精神,才真显出"人伦"观念之基本用心与其含弘光大。

宋明性理之学,不仅是儒家精神的复兴,而且也是儒家教化精神的复活。宋明儒之"讲学"即是一种教化精神,用现代的话说,即是一种社会的思想运动。因为此一精神而可以浮出一社会的对象,形成一社会的势力，在朝廷以外，另树立一人类的标准与归趋。而专制之夫，与夫宦竖嬖佞之臣，也无不以讲学为大禁。这都是古今在事实上所能按验的。伊川曾说：

> 贤者在下，岂可自进以求于君？苟自求之，必无能用之理。古人之所以必待人君致敬尽礼而后往者，非欲自为尊大，盖其尊德乐道之心不如是，不足与有为也。

又：

> 伊川先生在讲筵，不为妻求封。范纯甫问其故。先生曰，某当时起身草莱，三辞然后受命，岂有今日乃为妻求封之理。问今人陈乞恩例，又当然否？人皆以为本分，不为害。先生曰，只为而今士大夫道得个"乞"字惯，却动不动是乞也。

此乃讲理学者对政府的一共同态度。此一态度之另一面，即是以讲学向社会负责。邹守益《阳明先生文录序》有一段说：

> 当时有称先师者曰，古之名世，或以文章，或以政事，或以气节，或以勋烈，而公克兼之。独除讲学一节，即全人矣。先师笑曰，某愿从事讲学一节，尽除四者，亦无愧全人。

阳明这种以讲学重于政治勋业之精神，亦宋明讲学者之共同精神。此一精神之影响，为在政治之外，在朝廷之外，使社会另有一理性的趋向，而形成一理性的力量，这便使专制之主与宦竖嬖佞之徒所视为芒刺在背，非假借各种名义以禁锢绝灭之不可。如元祐党禁、南宋伪学之禁、明末东林之禁，当时主持其事者，当然也有他的一套说法。但由历史观之，这群人的卑贱丑恶，实连猪狗之不如，此种事实，我希望其能成为历史上永久的大戒。同时，中国今后如要能在世界上求生活，必须除了政府以外，有站得起来的社会势力，以与政治立于对等之关连，因而亦与政治划有一定之限界。如此，则国家始有其内容，始能发生力量。而在产业落后的情况下，只有先有社会的自由讲学，以激发人心，树立风气，形成社会之文化力量，以推动社会的其他各方面，乃社会能够站起来的先决条件。今后中国文化之出路在此，中国智识分子之出路在此，中国政府之是否系"大桀小桀"的试金石亦在此。所以我不觉对这一点言之蔓衍了。

儒家人伦的思想,即从内在的道德性客观化出来,以对人类负责的,始于孝弟,而极于民胞物与,极于以"天地万物为一体"。从孝弟到民胞物与,到天地万物为一体,只是仁心之发用,一气贯通下来的。此中毫无间隔。吾于此,谨引王阳明《大学问》的一段话以作印证:

> 大人者,以天地万物为一体者也。其视天下犹一家,中国犹一人焉。若夫间形骸而分尔我者,小人矣。大人之能以天地万物为一体也,非意之也,其心之仁本若是,其与天地万物为一也。岂惟大人,虽小人之心亦莫不然。彼愿自小之耳。是故见孺子之入井,而必有怵惕恻隐之心焉,是其仁之与孺子而为一体也。孺子犹同类者也。见鸟兽哀鸣觳觫,而必有不忍之心焉,是其仁之与鸟兽而为一体也。鸟兽犹有知觉者也。见草木之摧折而必有悯惜之心焉,是其仁之与草木而为一体也。草木犹有生意者也。见瓦石之毁坏而必有悯恤之心焉,是其仁之与瓦石而为一体也。是其一体之仁也,虽小人之心亦必有之。是乃根于天命之性,而自然灵昭不昧者也。

还有,五伦思想,为儒家精神落实下来的一种局格。凡精神一落入局格之中,一方面因可以由此而现实化,但一方面亦将因此而渐成僵化,不能适时顺变。五伦思想形成于二千年之前,其不能完全适应于今日,且发生若干流弊,而须加以批判,这是当然的。并且人伦思想,虽至汉而落实,而其精神亦至汉而渐离。忠孝之在孔孟,乃系人之一种德性。至于人与人的关系,则常相对以为言,如"君君,臣臣,父父,子子"之类。此其中,并无从外在的关系上分高低主从之意。汉儒为应大一统之政治要求,《白虎通》中创为"三纲之说",将人性中德性之事,无形中一变而为外在关系中权利义务之事。于是渐失人伦之本意而有时成为人性抑压之具,这是首先值得提出来研究的。但这也要原始于五伦思想之基本精神,了解其真正用心之所在,则在批判之中,即收新生扩充之效。这一点是应该有人用力的。

三　成就中的限定

如上所述，儒家系从仁性、道德性方面去阐发人性的，此乃人性之一面。在这一面中，不能成就科学。科学是要靠"为智识而智识"的人性中另一面"知性"的发展。投入于为知识的知性之中的对象，知性对之除了只问把握的真不真以外，可以说是采取无善无恶的态度。因之知性的发展，是顺着对象自身的法则性而推演下去，知性即在对象的法则性之把握中而得到满足。所以知性所看见的自然，是与知性的主体无关的，即是纯客观的自然；而知性的任务，是只向对象追根到底的思索。对于思索所得的成果，并不发生思索的主体负责去实践的问题，因此，思索便能解除了实践意志所无形加在他身上的限制，而可以一步一步地推解下去，这是西方文化的骨干，也是成就科学的基底。什米格勒（Schwegler）的《西洋哲学史》，一开头所下的哲学定义是："所谓哲学者，乃追考之事，乃由思维以考察事物之事。"仅以此作为哲学的定义，当然还须加以补充。可是若以此作西方的所谓"学"的说明，则是一种简单明了的概括性说明。儒家并没有轻视知性，孔孟常是仁智并称，而《中庸》称智、仁、勇为三达德。然儒家所称的智，都是站在道德方面，站在道德实践方面而立言，因之，儒家的智，是心的灵明向内在的道德主体的烛照。推而广之，亦止于人伦上之用心。其主要任务，不是向外去把握与实践无关的对象，分解与实践无关的对象。所以儒家的智，与西方之所谓智，有其基本性格上之区别。孔子说："仁者安仁，智者利仁。"孟子曰："智之实，知斯二者（按：系事亲从兄）弗去是也。"智、仁、勇之三达德，皆以仁为中心，并非三者平列。《论语》："子曰：'吾尝终日不食，终夜不寝，以思，无益，不如学也。'"这里之所谓无益，只就道德观点而言。在西方则不问其有益无益的思下去。所以儒家之智，只成就道德，成就道德实现的事功，并非直接成就科学。程子解释格物为"格物而至于物"。又谓"凡一物上有一理，须是穷致其理"。朱子取得此意以补《大学》格物致知之义曰：

> 所谓致知在格物者，言欲致吾之知，在即物而穷其理也。
> 盖人心之灵，莫不有知。而天下之物，莫不有理。惟于理有未

穷,故其知有不尽也。是以《大学》始教,必使学者,即凡天下
之物,莫不因其已知之理而益穷之,以求至乎其极。至于用力
之久,而一旦豁然贯通焉,则众物之表里精粗无不到,而吾心
之全体大用无不明矣。

照程朱格物致知,须分"主宾"之意,则理已成客观而在外的东西,由此
路下去,有构成西方知识论之可能,亦即由此转出科学之可能,且他们
也作过这种尝试。故熊师十力之《读经示要》,独于致知格物,采程朱之
说,意欲由此以转出科学,其用心甚苦。但于此有不容含混者,即程朱
之所谓物,主要上仍系指人伦而非指自然。而格物穷理之目的,仍是为
了道德上之实践。所以朱子《答林谦之书》有云:"因践履之宾,以致其
知。"可见程朱虽有与西方智识论接近之处,但知性毕竟未从道德中解
放出来。所以朱子之所谓穷理,终逃不出读书范围。其《上孝宗疏》有
云:"为学之道,莫先于穷理。穷理之要,必在于读书。"此与牛顿见苹果
落地而发明万有引力,瓦特见水沸上冲壶盖而发明蒸汽机,以至培根为
试验寒气到底能否防止腐烂,因而自己买火鸡,亲手杀死后填雪于其体
内,因此受寒而死,其研究的动机与对象,完全不同,是很容易明白的。
因而王阳明所谓朱子"于事事物物上求至善,却是义外也"。这站在儒
家的基本精神上说,我觉得王阳明倒是对的。《论语》:"子夏曰:'虽小
道,必有可观者焉。致远恐泥,是以君子不为也。'"朱注:"小道,如农圃
医卜之属。"西方学术的骨干,在中国看来是小道。而中国圣人之用心,
在西方看来不离于常识。文化开端所走的方向不同,遂终相远而不能
相喻。此正为今日有心文化者所应用心的。

今人常谓中国之不能成就科学,系由于缺乏方法论,如逻辑。此种
说法,亦近含混。儒家的基本精神既已如上述,则中国之无逻辑,并非
谓中国思想尚在幼稚阶段,不能产生逻辑;而系儒家精神所需要之方
法,乃另有所在而不在逻辑。儒家论为学之初步方法,如博学审问等,
此乃一般性的。由儒家精神逼进之特殊方法,我认为"体认"两字可以
作代表。主静、主敬、存养、省察,都是归于体认。程子曰:"吾学虽有所
受,而天理二字,却是自家体认得来。"体认是向内沉潜反照的认识。他
不是以主体去把握客体,更不是从分解中去把握客体的法则性,而是以

主体去把握主体,把道德的主体性,从人欲的"拟主体性"中显露出来,而加以肯定,加以推扩。另一方面,是把与物与事相接的情念,内照于心之明觉,以证验其在道德主体性前之安与不安,以求外与内合。因此,体认的过程,即是道德实践的过程。所以宋明儒不称这为方法,而常称之为"工夫"。工夫是有一番真实的气力在作用着的。朱子临死时特拈出"艰苦"二字。而王阳明亦说:"某于良知之说,从百死千难中得来,非是容易见得到此。此本是学者究竟话头(按:即天路历程之最后一程之意),可惜此理,沦埋已久,学者苦于闻见障蔽,无入头处,不得已,与人一口说尽。但恐学者得之容易,只把作一种光景玩弄,孤负此知耳。"在道德的沉潜实践中,我想敷设不了逻辑。

儒家对于自然是很亲切的。但既不同于西方浪漫主义者之对自然寄托其向无限所发生之憧憬;更不同于科学者,对于自然之作冷静客观的剖析。儒家心目中的自然,只是自己的感情、德性的客观化。《诗》三百的草木鸟兽之名,只是诗人的感情德性,而决不能构成动植物学。民间最流行的松竹梅的分类,梅兰竹菊的分类,这只是人的感情德性所反映出来的分类,谁也不能说这是植物学的分类,并且谁也不能说因其非植物学之分类而即无意义。因其意义乃另有所在。下面的故事,最可说明中国文化对自然之态度:"明道先生曰:'周茂叔窗前草不除去,问之,云与自家意思一般。'问:'周子取其生生自得之意耶?抑于生物中欲观天理流行处耶?'朱子曰:'此不要解。得那田地,自理会得。须看自家意思,与那草的意思,如何是一般。'"所以"致中和,天地位焉,万物育焉",只是感情德性之至境。自然之价值,不在自然之本身,而在提出自然者所反映出来的价值。西方科学,把人也演化于自然之中;而儒家精神,则把自然演化于人之中。可以说因文化之根底不同而自然之性格亦因之不同了。

由上所述,我们应该干脆承认在儒家精神中缺乏科学,也同于在希伯来精神中之没有科学一样。但儒家精神中,绝没存在着反科学的成分在内。大家都知道近世的科学,是经过文艺复兴与宗教改革而转出来的。宗教改革所及于近世科学的影响,约有三点:一为尊重现世,给尊重现世的思想以宗教上的根据。二为促进合理的思索。三为以职业为神授的课业,给学者技术家以专门之业的思想的根据。这三点,尤以第一点为重要,而第一点乃来自德国神秘主义之"在现世已可看见彼岸"的思想,这对于基督教是一大转折。但儒家自开始即系尊重现世,尊重合理思索,尊重日用职业的。儒家精神中之所以没有科学,只是由道德实践性限制了思索的自由发展;由道德的主体之重视不知不觉地减轻了事与物的客观性之重视。但是这种限制与减轻,并非出于道德本身之必然性,而只是由开端时精神所向之重点不同,遂由人性一面发展之偏而来的,不自觉科学的成就,是人性另一方面的成就。则中国尽可由现代科学的刺激而益可见人性之全,不仅科学的迎头赶上为必要;且由尽物之性,由成物之功,使人性中之道德性,益可客观化到物的上面来,落实到物的上面来,而更能收道德性在人伦日用中的功效,与道德性以不断地充实。儒家的精神,其所以不同于宗教,因为他本是要道德不离开物与事,落在物与事上面,从物与事上面来完成人格的。此自孔孟以至程朱陆王,皆无二致,随处皆可加以复按。但儒家为道德实践而落在事与物上,无形中即以事与物之价值,不在事与物之本身,而在其与道德生活之关系,这样便不能"格物而至于物"以尽物之性。而中国的问题,正因为物与事不足以支持道德上的要求。孔子对于博施济众,而叹其"何止于仁,必也圣乎?尧舜其犹病诸"。由知性的发展以成就科学,因此而可以满足博施济众之要求,亦即所谓道德上的要求。且由科学技术之进步而大大提高对物的创造能力,不仅不致像王阳明样格庭前之竹,格了三天格不通,会因此而致病;并且连宇宙的奥秘,如原子量子等,皆可呈现于吾人之理解之前,以引发道德上新的问题,构造新的努力、新的成就,这将是孔孟程朱陆王所欢欣鼓舞去学不厌诲不倦的。其所不同于西方者,将只是勉励大家以仁心来提撕科学,使无善无恶的科学,只在完成人的道德上发生作用,而不致利用为反道德的工具。于是科学在儒家精神中亦可看出其新的生命与价值,而益增加其应当自由发展之信念。仁性与知性,只是人性之两面。只须有此一觉,即可相得益彰。在向两个方向的努力上,其共同的起点,将为孔子的"毋意,毋必,毋固,毋我"。其共同的终点,将为孟子云"万物皆备于我矣"。一个人在实验室中,在各种专精的工作中,其完全将自我没入于对象之中的精神状态,正与在道德实践中,人欲去尽的无我的精神状态,同其伟大。即退一层说,朱子《答孙仁甫书》有云:"古人设教,自洒扫应对进退之节,礼乐射御书数之文,必皆使之抑心下首以从事于其间,而不敢忽,然后可以消磨其飞扬倔强之气,而为入德之阶。今既皆无此矣,则唯有读书一事,尚可以为摄伏身心之助。"果尔,则研究科学与技术之可以摄伏身心,不更好过洒扫应对吗?所以对科学的研究,同时亦可为道德的实践。西方大多数科学家都有对宗教的虔诚。则中国的科学家,当然也可以有道德的陶铸。所以我的结论是儒家精神中没有科学,但决不是反科学。今后的儒家之需要科学,不仅系补其人性在中国文化发展过程中所缺的一面,并且也可辅助我们文化已经发展了的一面,即仁性的一面。仁性与知性,道德与科学,不仅看不出不能相携并进的理由,而且是合之双美、离之两伤的人性的整体。

其次,有许多人爱将儒家思想,说成西方的形而上学的东西,因而常常拿去与西方的哲学相比附,如唯心唯物、事素之类。依我的看法,这种比附多系曲说,有没却儒家真正精神的危险。

人生而是形而上的动物,因为他总要追问到根源上去。儒家当然要追问一个根源。但儒家道德之教所指示的根源,只是要人自己验之于人人皆有恻隐、是非、辞让、羞耻之心,只是要人各从其自心上去找根源。这是从人的本身来解答人的道德根源,亦即人之所以为人的根源的办法。至于从心推而上之,心的根源是什么,宇宙的根源是什么,儒家当然承认有此一问题,孔孟程朱陆王,当然也曾去思索这一问题,如提出的天、天命等等,但总是采"引而不发"的态度。因为站在儒家的立场,道德即是实践。道德的层次,道德的境界,是要各人在实践中去领会。而圣贤教人,只是从实践上去指点。若仅凭言语文字,将道德根源的本体构画出来,这对于道德而言,纵使所构画者,系出于实践之真实无妄;但人之接受此种说法,亦只是知解上的东西。从知解上去领会道德的本体,即有所见,用朱子的话说,亦"只是从外面见得个影子",且易使道德的根基走样。《论语》上孔子对门人问仁,从不曾把仁描写系如何如何的东西。而只是按着大家所能开始实践的层次与方面,加以指点。颜渊的层次最高,所以答的层次也最高(克己复礼)。宋代周、程、张诸儒,要把中国文化从佛教中拯救起来,为了对治佛的宗教上的说法,于是把形而上这一方面的东西,比较多说了一些。但由道德发展上去的形而上学,与西方由知性推演上去的形而上学,虽有相同的语言,而决不是相同的性格。冯友兰之流,从这种地方与西方相比附,以为此即中国的理学道学,此乃隔靴搔痒,其毛病即出在这里。所以《朱子语类》:

> 圣人言语甚实。且即吾身日用常行之间可见……不必求之太高也。今如所论,却只于渺渺茫茫处,想见一物悬空在,更无捉摸处……何缘得有诸己……只为汉儒一向寻求训诂,更不看圣贤意思。所以二程先生不得不发明道理,开示学者,使激昂向上,求圣贤用心处,放得稍高。不期今日学者舍近求远,处下窥高,一向悬空说了,扛得两脚都不着地。

又《答廖子晦》云:

> 详来谕,正为日用之间,别有一物,光辉闪烁,动荡流转,是即所谓无极之真,所谓谷神不死……学者合下便要识得此物,而后将心想像照管,要得常在目前,乃为根本工夫……然若果是如此,则圣人设教,首先便合痛下言语,直指此物……而却都无此说,但只教人格物致知,克己复礼……《论》、《孟》之言,平易明白,固无此等玄妙之谈。虽以子思周子,吃紧为人,特著《中庸》、《太极》之书,以明道体之极致;而其所以用工夫处,只说择善固执,学问思辨而笃行之。只说定之以中正仁义而主静,君子修之吉而已,未尝使人日用之间,必求见此天命之性,无极之真,而固守之也。盖原此理之所自来,虽极微妙,然其实,只是人心之中,许多合当做的道理而已。

陆王重在先立乎其大者,与程朱稍有异同。然所谓"大者",决非西方形而上学的悬空的东西。如王阳明说:"我此间讲学,却只说个必有事焉。"又曰:"然欲致其良知,亦岂影响恍惚而悬空无事之谓乎,是必实有其事矣。"儒家之学,当然以究体为归。但儒家之所谓体,多系道德之心。道德之心乃存在于人的躯体之内而显现于体认实践之中,由体认实践之浅深而始能把握此心之层次。体认实践之过程,即克己复礼之过程,实乃一辩证法的迫进,而心实非一僵化之死局。故黄梨洲谓:"心无本体。工夫所至,即其本体。"此非否定体之存在,乃说明"觌体承当",非由知解上层层上推之事,而系实践中层层迫进之事。此与西方由知识外推而成之形而上学,自大异其趣。西方形而上学之体,多在心之外。而儒家决不外心以言体,儒家之所谓心,与唯心论之心,实渺不相涉,不容比附。

至唯心唯物之论,其内容有二。一为宇宙论的,一为知识论的。儒家之基本用心,不在宇宙之来源问题。儒家对于宇宙,只从道德的观点加以肯定。儒家言心,只是主张道德的主动性和感通性。王阳明谓无心外之理,此理亦是克就道德上而言,故不能称为宇宙论之唯心论。儒家为知识而知识之知性并未发达。"心之官则思","知是心之本体",大体只说到此种程度,很难因此附会为认识的唯心论或唯物论。王阳明游南镇答花树之问,只一时兴到之谈,禅家气息甚重。儒家最重体用合一,然不可因此而附会为形而上学的"心物一元"等架空之谈。李延平答其友罗博文书云:"初讲学时(按:系指朱子),颇为道理所缚。今渐能融释于日用处,一意下工夫。若如此渐熟,而体用合矣。"凡宋明儒谈体用合一,皆应作实践去理会,作工夫去理会。近儒马一浮先生在其《尔雅台答问》中,答人书有云:

> 示所论著,征引甚详。然意在辨章先儒之说,以近人治哲学之方法及批评态度出之。中土先哲,本其体验以为说,初无宇宙论与心论之名目也。尽心知性,穷神知化,皆实有事在,非徒欲说其义而止也……好以义理之言,比附西洋哲学,似未免贤智之过。

马先生之言,正与今日喜欢摭拾语言,不求甚解,以比附为事者,以当头一棒。

总之,儒家也可以有其形而上学。但儒家的形而上学,须由儒家的基本性格上做工夫去建立的。以马一浮先生的另一话说,应从"实理"上做工夫,而不能仅在"玄谈"上做工夫。更不好如冯友兰之徒,硬拿着一种西方形而上学的架子,套在儒家身上,如"新理学"等说法,这便把儒家道德实践的命脉断送了。

四 时代的新生

如上所述,从人类整个的文化看,儒家的成就,是受有历史的限定,而绝非无所不包,无所不备的。不过,试盱衡今日西方文化所面临的危机,及中国目前艰危的形势,则儒家精神,正在为度过灾难而反省、而奋斗的人们心灵之深处跃动,仿佛呼之欲出。真正说起来,这将是儒家精神新生的时代。

西方文化的危机,言之者已非一人一日。其危机所在,正和中国者相反。中国文化所遗留的问题,是在物的方面。因物的问题未得到解决,反撞将来,致令人的问题也没有得到解决。西方文化今日面前所摆的问题是在人的方面。因人的方面未得到解决,反映转来,致令本是为人所成就的物,结果反常成为人的桎梏、人的威胁;所以才有欧洲的衰微,才面临过去希腊罗马所同样经过的存亡绝续的大试验。前面曾经提过的索罗肯的《人性之再建》,主要系指出欧洲近代"官能的文化","感性的文化",对人的本身所制造出的"伪似科学",把人仅认作"欲动"的,"权力"的,乃至纯生理、纯物理的东西,因而把人导向濒于死灭之边缘,不得不呼吁人性的再建。此已另有介绍。今再将得过 1912 年诺贝尔科学奖金的卡来(Alexin Carrel)博士在其《人,此一未知者》中的结论,摘引一二段。以相印证。

卡来博士在详细叙述了近代各种科学对于人的研究与成就,而感到失望之后,他说:

> 我们今日因以苦恼的谬误,在于曲解了伽利略的天才思想。伽利略把事物能够测度的广度、重量、形状、颜色、臭味等,称为物之第一次的性质,和不能够测量的第二次性质,加以区别。毕竟是把量的东西从质的东西分开,所以由数学的用语所表示之量的东西编出科学,而把质的东西忽略了。抽出事物的一次的性质,这是正当的。但因此而忘记了二次的性质,则系严重的错误。我们因此而受到严重的后果。何以故?对于人来说,不能测度的东西,较之能测度的东西,更为重要……然而这种质的东西之与量的东西之分离,到笛卡尔

建立身体与心灵的二元论而更甚。即从那时以来,精神上的现象,不能加以说明,而物质决然与精神分开了。并且认为肉体之有机的构造,与生理的机能,较之精神之苦乐美丑,远为重大。由此种错误,我们的文明,遂被诱入于把科学导向胜利,把人却导向颓废的路上。"(1951年樱泽如一译决定版,第356—357页。)

……我们应将给予热力学之同等重要性,给予于人之情意的研究之上。我们的思想,不能不拥抱一切实在之方面。(同上,第358页。)

但是要拔弃三百年以上支配着文明人之头脑的学说,当然很困难,学者之大部分,都以普遍名词为实在,相信量的东西之专擅存在权利,相信物质的优越,精神与身体之分立,和精神的从属的位置。他们决不容易放弃这些信念。因为放弃这些东西后所发生的变化,会成为教育学、医学、卫生学、心理学、社会学等的根底之动摇。现时由各个学者所愉快耕种的小块田地,将变为未开垦之大森林。若是科学文明,离开文艺复兴以来所走的路线,而回到具体东西的幼稚观察,则各种奇异的事态会产生出来。物质失去其优越。心之活动与生理之活动,成为同位的东西。对于精神之机能,美意识及宗教意识等活动的研究,会和数学、物理学、化学之研究,视为同样不可缺的东西。现在的教育方法,将视为不合理。各科学校与大学,不能不变更教授科目。(同上,第358—359页。)

卡来博士的成就,是从分析和显微镜中得来的。但他发现分析和显微镜的效角,皆有其限度;而由分析与显微镜所得的成果,也不是人类生存所需要的全部的成果。卡来博士还说:"若是牛顿或拉发西埃(Lavoisier)把那样的努力,如我们加之于精神的方面,或者人和人的研究的方面,我们或者成为无比的幸福……"我们的先圣先贤,岂非正是在牛顿们所走的另一条路上作这一番努力吗?

西方的社会科学,也有其辉煌的成就。但因为对于人的本身的根源,没有建立起来,所以也一样的面临着空前的试验。经济学中的自由主义,解决不了贫富的对立。而计划经济、统制经济,又大有陷入极权统治的可能。经济学家们在二者之间所作的技术性的努力,并未能予此问题以解决。至就政治而论,则可引前面曾经提到的伯卡教授的看法作代表。伯卡教授在其 1940 年出版的《现代民主主义论》中,再三指出民主主义的危机,是来自经济方面的矛盾。但经济之所以成为问题,并不是物的关系。现在的技术,可以解决人对物的要求。民主主义之能否不被极权主义者推翻,端在处于经济利害对立的人们,在利害切身的关头,能否以民主的方式解决其矛盾。若不能发挥理性作用,在民主方式之内解决问题,结果,只有促成暴力革命。说来说去,民主政治的危机,经济的矛盾,其解决之键,还不是在人的本身吗? 所以欧洲文化的死活,要看是否能回转头来在建立"人之所以异于禽兽者"的这一点上的努力。

我从另一角度看出欧洲文化的难题,是在个体与全体的冲突上面。而儒家在这一点上,却提供出了一条可走之路。当然,这不是已经完成之路。

欧洲中世纪,大家生活在基督的统一教义之中。基督教义,是以人的原罪,面对着上帝而展开的,这可以驯柔骄妄的罗马人和横暴的蛮族,提撕其精神而使之向上。然基督教的理念,完全为一超越而外在的精神。个人对之,除信仰外,完全没有自主的主动力量。这便容易埋没人的个性,在现实上促成权威的统治。所以近代的开始,乃开始于个性的自觉、个体的自觉。这即一般人所说的个人主义。不过,任何人,在事实上,都要生存于一有秩序之统一体中,没有真正单独的个人可以存在。因此,在文化上,个人主义未曾打倒宗教;而合理主义更演进为近代的理性主义,以把人连结于理性之统一体中。但欧洲的理性主义,在超越而外在的这一点上,大概与宗教同具性格。例如黑格尔历史哲学的三个契机,系神——国家——个人。神是目的,国家是材料,而个人则无形的成为神之手段,亦即历史目的之手段。所以黑格尔之历史哲学,被其反对者称为傀儡说。因为个人虽可以国家为材料而上通于神,因而个体也是神之一类现;但无形的,人是被认作次级的存在。既是次级的存在,便不能不成为高一级的手段。这落在现实上,便不能说没有成为极权的全体主义之可能。于是另一派人士,即所谓经验主义的人士，为了保存个人自由，遂不肯承认理性主义；以为一谈到理性主义，便会助长全体主义。这站在西方的立场看，并不是完全没有理由。但问题是在于彻底的经验主义，彻底的个人主义，在观念中可以存在，在现实的人生生活中并不能存在。在现实生活中坚持这种观念上的东西，结果，只是由怀疑而虚无，而一无所肯定，无所成就，其反面总是助成了极权的全体主义之得势。其实，与全体主义的关连，只是纯外在的理性主义之过，而非理性主义之过。因为理性主义并非必然是纯外在的。儒家精神，是超越而内在的理性主义。在其内在的方面肯定了个体；在其超越的方面肯定了全体。全体表现于个体之中，无另一悬空的全体。每一个体涵融全体而圆满俱足，无所亏欠，所以个体之本身即是目的，而非以另一东西为目的。落在现实上，儒家的人伦观念，每一人虽都为对方尽义务，但这只是完成自己，而并非作对方之手段。所以义务之尺度是在自己，而不在对方。"以道事君，不可则止。"臣岂是君之手段，如今日世界大小极权主义者之所想象。"一花一世界，一叶一如来"，佛家这两句话差可作儒家精神的比拟。但佛家只是悬空的说，他依然是要离开此岸以求彼岸，离开现世以求来世，这仍是将一与多、个与全，隔而为二。儒家则从人伦日用中之道德实践上立论，以圆满之个人成就全体，以合理之现在开辟未来。个体之对于全体，现在之对于未来，乃"当下即是"，绝无阻隔。此种个体与全体之统一，可以打开西方个体与全体对立而互相翻压之局。有人疑儒家精神，亦系东方之一种全体主义者，试引下面一段话以供大家玩味：

> 赵师夏跋《延平答问》："文公先生（按：朱子）尝谓师夏曰，余之始学，亦务伭侗宏阔之论，好同而恶异，喜大而耻于小，于延平之言，则以为何为多事若是，心疑而不服。同安官余，反复思之，始知其不我欺矣。盖延平之言曰，吾儒之学，思以异于异端者，理一分殊也。理不患其不一，所难者分殊耳。"

儒家思想，17世纪在德国颇有理解。尤以来布尼兹（Leibniz）、佛尔夫（Wolff），对孔子推崇备至。佛尔夫且以此而丧失其哈兹勒大学副总长之职。来布尼兹认西欧在理论的哲学知识方面占优势，而中国在实践哲学方面占优势。其言颇中肯綮。19世纪后，西方对中国之研究日多,而对中国精神之了解反日退。盖西方既日益为自然主义、唯物主义所压倒,故愈不易了解儒家(按:此与西方殖民主义于 19 世纪向中国疯狂的进攻有直接关系,1979 年 4 月 18 日补注)。而中国能与西方相接触之名士,一面凭中国资料以换饭吃,一面以打倒儒家为名高。于是儒家精神,不能有贡献于西方文化正欲寻一转机之时,此固中国之耻,亦世界文化之不幸。

……①

我们的基本困难,不仅在于我们文化中缺少了知性的一面,而更在于连儒家所成就的仁性之一面,也并未能保持。所以我才提出儒家精神的新生来,为现代的人"先立其大本"。但仅立其大本并不算完事,这里须要我们作一面新生、一面转进的双重努力,即仁智双成的努力。西方文化,因其成就了知性,并且保持了知性,所以西方文化今日的转进,是要"摄智归仁",以仁来衡断智的成就,运用智的成就。中国今后的文化,是在一面恢复仁性,同时即"转仁成智",使知性在道德主体涵煦之中,但不受道德局格的束缚。在人之大本之下,以成就人文科学、自然科学。这种在人性之全的大觉悟下,作新生即转进的双重努力,不仅有此必要,而且是绝对可能的。仁性的文化,是"个个人心有仲尼"的文化,是"有一言而可以终身行之"的文化。只须有此一觉,只要有此一提撕,则仁性恰如春风之鼓舞万物,但并不占万物生育之位置。所以仁性在人性之全的自觉下,是会鼓舞知性之发展的。不然,便是麻木不仁。并且照儒家"必有事焉","并无精粗,并无本末"的基本观念,则今日应翻转过来,认定尽物之性,亦即尽己之性;知性的成就,亦即仁的成就;在科学中一技之专精,亦即个人之尽性至命。今日许多人之所以有一技之长,而不能尽性至命者,只是少此一觉,少此一提撕罢了(参照前引伊川答"尽性至命,必本于孝弟"一段)。理学家发展到以"功过簿来勘验"自己意念的善恶。这或许可谓极尽体认之能事,但事实已完全闭锁于人性之一层,变为知性发展的障碍。少数人这样的工夫,固无所用其反对;但儒家精神之体现,并不须走这一条路。总之,在人类历史文化两大纲维提撕之下,自觉于人性之全,使仁性知性,互转互忘而互相成,

---

① 此处有删节。

这是儒家精神新生转进的大方向。于是中国的新生,不仅是儒家精神,而系人类文化之全体,以向"无限的多样性"之人性之全迈进,举"万物并育而不相害"之实,为中国,为人类,开一新运会。而"贞下起元",端在今日之智识分子,从其卑劣之谄附中,从其狭隘的闭锁中,能有一念之转。其所凭借以作此一念之转者,仍当为儒家精神之启示。区区之意,所不能自已者,正在于此。昔王阳明尝谓:"吾始居龙场,乡民言语不通。所可与言者,乃中土亡命之流耳。与之言知行之说,莫不忻忻有入。久之,并夷人亦翕然相向。及出与士大夫言,反多扞格不入。何也?意见先入也。"今日所与谈文化者,固亦皆中土之亡人。其亦可稍纾先入之见,步坦荡之途,以共无负此一段艰难岁月吗?

〔录自李维武编:《徐复观文集(修订版)》(第二卷),湖北人民出版社 2009 年版。原载《民主评论》第 3 卷第 10 期副刊,1952 年 4 月。〕

儒家政治思想的构造及其转进

一 我们对中国历史文化的态度

任何思想的形成，总要受某一思想形成时所凭借的历史条件之影响。历史的特殊性，即成为某一思想的特殊性。没有这种特殊性，也或许便没有诱发某一思想的动因；而某一思想也将失掉其担当某一时代任务的意义。历史上所形成的思想，到现在还有没有生命，全看某一思想通过其特殊性所显现的普遍性之程度如何。换言之，即是看其背后所倚靠以成其为特殊性的普遍性的真理，使后世的人能感受到怎样的程度。特殊性是变的，特殊性后面所倚靠的普遍性的真理，则是常而不变。历史学之所以能成立，以及历史之所以可贵，正因它是显现变与常的不二关系。变以体常，常以御变，使人类能各在其历史之具体的特殊条件下，不断地向人类之所以成其为人类的常道实践前进。有的人不承认在历史转变之流的后面有不变的常道，便蔑视历史，厌恶传统，觉得他自己是完全站在历史范畴之外，纯靠自力以创造其人生；而不知这种横断面的想法，正自侪于无历史意识的一般动物……①在另外一方面，则有的人死守时过境迁的历史陈迹，死守着非变不可的具体的特殊的东西，而想强纳于新的具体的特殊条件之下，这是把历史现象混同为自然现象，不仅泥古不可以通今，而且因其常被历史某一特殊现象所拘囚，反把构成特殊现象后面的普遍性的常道也抹杀了。这名为尊重历史，结果还是糟蹋历史。最坏的是这种错误的努力，很易被野心家所利用。有的野心家喜欢利用革命的名词，也有的野心家喜欢利用复古守

---

① 此处有删节。

旧的心理。有的野心家更喜欢把两者结合起来,作左右逢源的利用。所以我们对中国文化的态度,不应该再是五四时代的武断的打倒,或是颟顸的拥护,而是要从具体的历史条件后面,以发现贯穿于历史之流的普遍而永恒的常道,并看出这种常道在过去历史的具体条件中所受到的限制。因其受有限制,于是或者显现的程度不够,或者显现的形式有偏差。今后在新的具体的条件之下,应该作何种新的实践,使其能有更完全更正确的显现,以汇合于人类文化之大流,且使野心家不能假借中国文化以济其大恶,这才是我们当前的任务。

儒家思想,是凝成中国民族精神的主流。儒家思想,是以人类自身之力来解决人类自身问题为其起点的。所以儒家所提出的问题,总是"修己"、"治人"的问题。而修己治人,在儒家是看作一件事情的两面,即是所谓一件事情的"终始"、"本末"。因之儒家治人必本之修己,而修己亦必归结于治人。内圣与外王,是一事的表里。所以儒家思想,从某一角度看,主要的是伦理思想;而从另一角度看,则亦是政治思想。伦理与政治不分,正是儒家思想的特色。当然,在这一点上,也表现出这是一种思想在草创时的规模,在以后没有得到充分的分科发展。现在仅从政治思想这一面来看儒家思想到底有些什么成就,有些什么限制,须要作如何的转进,而后始能把它所体现的常道,重新由我们的实践显现出来,以继续造福于人类。

二 儒家政治思想的构造

儒家的政治思想,从其最高原则来说,我们不妨方便称之为德治主义;从其基本努力的对象来说,我们不妨方便称之为民本主义。把原则落到对象上面,则以"礼"经纬于其间。

德治的出发点是对人的尊重,是对人性的信赖。首先认定"民之秉彝,好是懿德",所以治者必先尽其在己之德,因而使人人各尽其秉彝之德。治者与被治者间,乃是以德相与的关系,而非以权力相加相迫的关系。德乃人之所以为人的共同根据。人人能各尽其德,即系人人相与相忘于人类的共同根据之中,以各养生而遂性,这正是政治的目的,亦正是政治的极致。而其关键端在于治者的能先尽其德。《论语》所谓"政者正也,子率以正,孰敢不正",及"为政以德,譬如北辰,居其所,而众星拱之"、"君子笃恭而天下平",皆系此意。《大学》上所谓三纲领、八条目,尤其是这种德治主义有系统的说明。其实,此种思想导源甚早。《尚书·尧典》上说:"克明俊德,以亲九族。九族既睦,平章百姓。百姓昭明,协和万邦。黎民于变时雍。"此与《大学》之修齐治平,仅有立说上的疏密之殊,在基本概念上并无二致。中国最早而可信的有关政治思想的书,当首推《尚书》。其第一篇的德治主张,已如上述。第二篇之《皋陶谟》,首先说"慎厥身,修思永",又曰"亦行有九德",又曰"日宣三德"、"日严祗敬六德"。这是所谓二帝三王的一贯思想,而集其大成于《洪范》。《洪范》的主眼,在于"彝伦攸叙"。"彝伦攸叙",即是大家率性以成治的德治。此种政治思想,为内发的政治思想,治者内发的工夫,常重于外在的限制与建立。治者不是站在权力的上面,运用权力去限制些什么;而主要的是站在自己的性分上作内圣的工夫。由内圣以至外王,只是一种"推己及人"的"推"的作用,亦即是扩而充之的作用。其所以能推,能扩充,是信任"人皆可以为尧舜"的性善。只要治者能自己尽性以建中立极,则风行草偃,大家都会在自己的性分上营合理的生活。政治主要是解决人与人之关系的一种最集中的形式。德治的基本用心,是要从每一人的内在之德去融合彼此间之关系,而不要用权力,甚至不要用人为的法规把人压缚在一起,或者是维系在一起。权力的压缚固然要不得,即法律的维系,纵然维系得好,也只是一种外在的关系。外在的关系,要以内在的关系为根据,否则终究维系不牢,而且人性终不能得到自由的发展。德治是通过各人固有之德,来建立人与人之内在的关系。在儒家看来,内在的关系,才是自然而合理的关系。中国一谈到"治术",便要谈到"正人心",人心乱,即是无德,即是内在的合理的关系之失坠。人心本来是正的,其所以不正,多半是由于有权有势的人玩弄其权势,以丧其德、丧其心。于是不仅社会没有一个建中立极的标准,而且他一定乱用其权势,举措乖方,赏罚颠倒,以破坏人的正常合理的生活。而社会之奸狡者,也便随波逐流,以作恶来保障其生存,这还不天下大乱吗?……①中国儒家之主张德治,是对政治上的一种穷源竟委的最落实的主张,并不玄虚,并不迂阔。也或许有人问,为什

---

① 此处有删节。

么古今许多人尽管口头上仁义道德,但结果,常恰与其所说者相反呢?这道理很简单,德不德,是实行的问题,而不是说不说的问题。站在统治者的地位以言德,首先是看其公不公,首先看其对于权力所抱的基本态度。固然不公的也常常要装作公,但这其间便要弄诈术,行诡道,越走越不能上正路。所谓"生于其心,害于其政",毕竟是隐瞒不住的。所以古今遇着这种伪德的统治者的时候,首先以不德暴露于天下,甚至以不德来拆他自己台的人,都是他所亲信之左右。这种不德与不德之间的感应,及由此种感应所招致的祸乱,也是德治可以成其为治的一种反证明。以道德为玩弄权力的一种工具者,乃实所以彰其最大的不德。假定我们便因此而不主张德,不主张以德去烛照一切,则只有增加社会的混乱,而深中这种人的诡计。于是人与人的正常关系恢复不起来,失掉了拨乱反正的凭借。

《尚书》"民为邦本"的观念,正与德治的观念互相表里。中国政治思想,很少着重于国家观念的建立,而特着重于确定以民为政治的唯一对象。不仅认为"天生生民而立之君,以为民也",并且把原始宗教的天的观念,具体落实于民的身上,因而把民升到神的地位。《尚书·皋陶谟》上面说:"天聪明,自我民聪明。天明畏,自我民明畏。"《泰誓》说:"天视自我民视。天听自我民听。"《左传》宋司马子鱼和随季梁二人皆说:"民,神之主也。"《国语·周语》说:"民和,而后神降之福。"又谓:"民之所欲,天必从之。"所以民不仅是以"治于人"的资格,站在统治者之下,而且是以天与神之代表者的资格,站在统治者之上。由此可知孟子"民为贵"的说法,只是中国政治思想之一贯的观点。在人君上面的神,人君所凭借的国,以及人君的本身,在中国思想正统的儒家看来,都是为民而存在,都是以对于民的价值的表现,为各自价值的表现。可以说神、国、君都是政治中的虚位,而民才是实体。所以不仅残民以逞的暴君污吏,在儒家思想中不承认其政治上的地位;即不能"以一人养天下",而要"以天下养一人"的为统治而统治的统治者,中国正统的思想亦皆不承认其政治上的地位。此一民本思想之彻上彻下,形成儒家思想上的一大特色。

由德治思想而否定了政治是一种权力的观点,更否定了国家纯是压迫工具的谰言。由民本思想,而否定了统治者自身有何特殊权益的观点,更否定了统治与被统治乃严格的阶级对立的谰言。因为德治是一种内发的政治,于是人与人之间,不重在从外面的相互关系上去加以制限,而重在因人自性之所固有而加以诱导熏陶,使其能自反自觉,以尽人的义务。法重在外制,而礼则来自内发,因此德治所凭借以为治的工具,当然重礼而不重法。朱子谓:"礼者天理之节文,人事之仪则。"黄冈熊先生《读经示要》释之曰:"然此仪则,却作纯依外面建立,乃吾心之天理,于其所交涉处,自然泛应曲当。曲当者,犹云凡事各因其相关之分际,而赋予一个当然之序也。即此曲当,在心名天理节文。而发于外,名人事仪则。"简言之,天理流行而具体化于外者即为礼。礼之所从出者为天理,亦即所谓德;而德之彰著于外者,即系礼。德与礼,本系一而非二。所以《论语》说:"道之以政,齐之以刑,民免而无耻。道之以德,齐之以礼,有耻且格。"政系由外所安排,刑系由外所强制,德系人性所固有,礼系德之所流行。故政与刑,系在一起,而德与礼,系在一起。因政治的发动处系基于人性之德,而德为人所共有,则凡"人迹所至,舟车所通",即为治者德量之所至所通。于是不仅无治者与被治者的对立,亦且无人我的对立。所以"天下有溺者,如己溺之。天下有饥者,如己饥之"。"文王视民如伤","如保赤子"。德治的统治者,是把自己融解于被治者之中,浑为一体,此其间并无做作。而其所借以融贯内外、表达上下的,自然以礼为主。礼的基本精神,对己而言则主敬,敬是克制小我,故《曲礼》曰"勿不敬";对人而言则主让,让是伸张大我,故《论语》曰:"能以礼让为国乎何有。不以礼让为国,如礼何?"德治思想、民本思想、礼治思想,在儒家完全是一贯的。儒家的政治境界,即是人生的最高境界。所以《大学》上一开头便说:"大学之道,在明明德,在新民,在止于至善。"至善正是儒家人生的归结,也是儒家政治的归结。

三 儒家政治思想与民主政治

西方近代的民主政治是以"我的自觉"为其开端。我的自觉,克就政治上面来说,即是每一个人对他人而言,尤其是对统治者而言,主张自己独立自主的生存权利,争取自己独立自主的生存权利。民主政治第一个阶段的根据,是"人生而自由平等"的自然法。第二个阶段的根据,是互相同意的契约论。自然法与契约论,都是争取个人权利的一种前提、一种手段。所以争取个人权利，划定个人权利，限制统治者权力的行使，是近代民主政治的第一义。在划定权利之后，对个人以外者尽相对的义务，是近代民主政治的第二义。因为民主政治的根源是争个人权利，而权利与权利的相互之间，必须有明确的界限，有一定的范围，乃能维持生存的秩序，于是法治便成为与民主政治不可分的东西。把民主政治思想背景，来和中国儒家的政治思想作一对比，即不难发现其精粗纯驳之别。所以我认为民主政治，今后只有进一步接受儒家的思想，民主政治才能生稳根，才能发挥其最高的价值。因为民主之可贵，在于以争而成其不争，以个体之私而成其共体的公。但这里所成就的不争、所成就的公，以现实情形而论，是由互相限制之势所逼成的，并非来自道德的自觉，所以时时感到安放不牢。儒家德与礼的思想，正可把由势逼成的公与不争，推上到道德的自觉。民主主义至此才真正有其根基。此点另待专文研究，这里不多所申论。唯我们于此有不能不特须注意者，即是儒家尽管有这样精纯的政治思想，尽管其可以为真正的民主主义奠定思想的根基，然中国的本身，毕竟不曾出现民主政治，而民主政治，却才是人类政治发展的正轨和坦途。因此，儒家的政治思想，在历史上只有减轻暴君污吏的毒素的作用，只能为人类的和平幸福描画出一个真切的远景，但并不曾真正解决暴君污吏的问题，更不能逃出一治一乱的历史上的循环悲剧。并且德治系基于人性的尊重，民本与民主，相去只隔一间，而礼治的礼，乃"制定法"的根据，制定法的规范，此三者皆已深入到民主主义的堂奥，且德治礼治中的均衡与中庸的观念，亦为民主主义的重大精神因素。而中国本身却终不曾转出民主政治来，民国以来的大小野心家，且常背着中国文化的招牌，走向反民主的方向，此其原因何在？这是我们目前所不能不加以急切解答的问题。

儒家集大成的孔子，自称"述而不作"，而《中庸》称之为"祖述尧舜，宪章文武"，此确系一历史的事实。孔子祖述之大源，当不外于六经。儒家的政治思想，亦皆汇集于六经。六经者，多古帝王立身垂教的经验教训。其可宝贵处，乃在居于统治者之地位，而能突破统治者本身权力之利害范围，以服从人类最高之理性，对被统治者真实负责。此求之于西方，实所罕见。梁漱溟先生说中国文化为理性的早熟，从这种地方也可以看得出来。儒家总结中国古代的传统思想，加以发扬光大，以陶铸我民族的精神,其贡献昭如日星,不待赘述。但儒家所祖述的思想,站在政治这一方面来看,总是居于统治者的地位来为被统治者想办法,总是居于统治者的地位以求解决政治问题,而很少以被统治者的地位,去规定统治者的政治行动,很少站在被统治者的地位来谋解决政治问题,这便与近代民主政治由下向上去争的发生发展的情形,成一极显明的对照。正因为这样,所以虽然是尊重人性,以民为本,以民为贵的政治思想,并且由仁心而仁政,也曾不断考虑到若干法良意美的措施,以及含有若干民主性的政治制度,但这一切都是一种"发"与"施"的性质(文王发政施仁),是"施"与"济"的性质(博施济众),其德是一种被覆之德,是一种风行草上之德。而人民始终处于一种消极被动的地位。尽管以民为本,而终不能跳出一步,达到以民为主。于是政治问题总是在君相手中打转,以致真正政治的主体没有建立起来。一直到明末,黄梨洲氏已指明君主是客,天下是主,但跳出君主圈子之外,在人民身上来想政治的办法,这只隔住薄薄的一层纸,而这层薄纸终不曾被中国文化的负担者所拆穿。则当思想结集之初,所受的历史条件的限制,即是只站在统治者的立场来考虑政治问题的特殊条件的限制,是值得我们深思长叹的。所以在我们的传统政治思想中,不能不发生下面几个问题:

第一,因为总是站在统治者的立场来考虑政治问题,所以千言万语,总不出于君道、臣道、士大夫出处之道。虽有精纯的政治思想,而拘束在这种狭窄的主题上,不曾将其客观化出来,以成就真正的政治学,因之,此种思想的本身,只算是发芽抽枝,而尚未开花结果(此系亲闻之于黄冈熊先生者)。

第二,德治的由修身以至治国平天下,由尽己之性以至尽人之性,都是一身德量之推,因之,"君子笃恭而天下平"、"恭己正南面而已"的想法,在理论上固为可通,但在事势上容有未许。将一人之道德客观化于社会,使其成为政治设施,其间尚有一大的曲折,而中国的德治思想,却把这不可少的曲折略去。其实,假使政治的主体真正建立起来了,政治的内容,主要为各种自治团体的综合,则政治领导人物亦未始不可做到"笃恭而天下平"的境地。政治的主体不立,即生民的人性不显,于是德治的推广感应,便不能不有一定的限度。

第三,因政治上的主体未立,于是一方面仅靠统治者道德的自觉,反感到天道的难知,而对历史上的暴君污吏多束手无策;另在一方面,则纵有道德自觉的圣君贤相,而社会上缺乏迎接呼应承当的力量,圣君贤相也会感到孤单悬隔,负担太重,因之常常是力不从心。由此可以了解历史上的朝廷,何以君子之道易消,而小人之道易长!

第四,因政治的主体未立,于是政治的发动力完全在朝廷而不在社会,智识分子欲学以致用,除进到朝廷外别无致力之方。若对现实政治有所不满,亦只有当隐士之一法。在这种情势之下,智识分子除少数隐士外,惟有一生奔竞于仕宦之途。其有奔竞未得者,则自以为"不遇",社会亦以不遇目之。不遇的智识分子,除了发发牢骚以外,简直失掉其积极生存的意义。这样一来,智识分子的精力,都拘限于向朝廷求官做的一条单线上,而放弃了对社会各方面应有的责任与努力。于是社会既失掉了智识分子的推动力,而智识分子本身,因活动的范围狭隘,亦日趋于孤陋。此到科举八股而结成了活动的定型,也达到了孤陋的极点。同时,智识分子取舍之权,操于上而不操于下,而在上者之喜怒好恶,重于士人的学术道德,士人与其守住自己的学术道德,不如首先窥伺上面的喜怒好恶,于是奔竞之风成,廉耻之道衰。结果,担负道统以立人极的儒家的子孙,多成为世界智识分子中最寡廉鲜耻的一部分。此种现象,自古已然,于今尤烈。而智识分子反变成为历史的一大负担。所以袁子才有"士少则天下治"的说法。

四　儒家政治思想的当前问题及其转进

以上四种弊端,多半系属于历史性的,站在现在来说,其害或者尚小。今日最阻碍政治前进的,则为德治另一方面的影响,即是统治意识的无限扩大,常常突破一切应有的限制,以致民主政治的基础永远建立不起来的影响。德治本身固不任其咎,而事实上则成为我国今日政治上的一大纠结。

站在德治观点,天下事皆性分内事,所以圣君贤相对于天下事,皆有无限的责任感。《汤诰》上说:"万方有罪,罪在朕躬。"《泰誓》上说:"百姓有过,在予一人。"即系此意。"伊尹圣之任者也。"其实,"任"是中国圣贤一片不得已的共同精神,并不止于伊尹。因此,儒家的伦理思想、政治思想,是从规定自己对于对方所应尽的义务着眼,而非如西方是从规定自己所应得的权利着眼,这自然比西方的文化精神要高出一等。例如"父慈",是规定父对子的义务。"子孝",是规定子对父的义务。"兄友",是规定兄对弟的义务。"弟恭",是规定弟对兄的义务。"君义",是规定君对臣的义务。"臣忠",是规定臣对君的义务。其余皆可例推。所以中国是超出自己个体之上,超出个体权利观念之上,将个体没入于对方之中,为对方尽义务的人生与政治。中国文化之所以能济西方文化之穷,为人类开辟文化之新生命者,其原因正在于此。但就文化全体而论,究竟缺少了个体自觉的一阶段。而就政治思想而论,则缺少了治于人者的自觉的一阶段。理论上缺少此一阶段,应无大问题。然现实上则人有其理性的自克自制的一面,也有其动物性的"欲动"的一面。尤其是政治的本身离不了权力。一个人,基于道德的自觉以否定其个体,这是把个体融入于群体之中;若非基于道德的自觉而未意识其个体,则其个体全为一被动的消极的存在,失掉了人性主动自由发展的作用。社会上有道德自觉者究系少数,若大多数人缺乏个体权利的政治自觉,以形成政治的主体性,则统治者因不感到客观上有政治主体的存在与限制,将于不识不知之中,幻想自己即是政治的主体(如"朕即国家"之类),于是由道德上的无限的责任之感,很容易一变而引起权力上的无限的支配的要求,而不接受民主政治上所应有的限定。一个政府知道自己权力的限定,这是民主政治起码的要求。近代西方民主的统治意识,好像是有限公司的性质;而中国的倒像是无限公司,所以民国以来之出现袁世凯……① 我想,我们文化历史上缺少个体自觉的这一阶段,缺少客观的限定的力量,应负其咎。但这并不能说是德治本身的流毒。因为凡是基于道德自觉的政治,其内心必有不容自已的歉然不足之情。"万方有罪,罪在朕躬",这并不是谦辞、饰辞,而系与基督代人类负十字架,同为由最高道德自觉而来的罪恶感。正因为如此,即绝不会以政治领袖自居,更决不会玩弄手段去争取政治领袖,而对于人民自然有一番敬畏之心,即所谓"大畏民志",以贯彻民本的观念。这是以道德的责任感来消融政治的权力,而不是以政治的权力来代替道德的责任感。于是对于政治的权力的限制上,也会发生与民主政治相同的

---

① 此处有删节。

结果。民主政治,是从限制政府的干涉开始。德治因其尊重人性,而亦重"简",重"无为"。民主政治没有固定的极权的领袖观念。德治则"舜禹之有天下也,而不与焉"。"天下为公"的说法,流传于两千年专制政治之中,无人敢加以否定,因之,"禅让"一词,成为中国政治上最大的美谈,连奸雄篡位,都要来一套南向而揖让者三的假把戏。推其所由来,和华盛顿之不肯接受终身总统,以树立美国的民主风范者,无大差异。又如民主国家的言论自由,是来自基本人权的观念,即系认定人民有此基本权利,政治乃以保障这些基本权利为职志,当然不会有问题。而儒家的政治思想,亦无不以钳制舆论为大戒,这是出于统治者道德的自制,出于道德对人性的尊重。此固与西方言论自由的来路不同,而结果亦无二致。

只有采用中国传统的无限责任的政治观点,而后面缺乏道德的自觉,采用西方近代权力竞争的政治观点,而前面不承认各个体的基本权利的限制,这种把中西坏的方面糅合在一起的政治,有如中国现代的政治,才是世界上最不可救药的政治。譬如近代法的基本观念,本是规定相互关系以限制统治、保障人民的,而在这种政治下,则变为抑压人民、放肆统治的工具。所以结果等于无法,更何有于礼让……①真正有心世道的人,要在这些地方用心想一想。

由以上简单的论述,我们可以将事实作一对照。可知民国以来的政治,既不是西方的民主政治在替我们负责,也不是儒家的政治思想在替我们负责,而是亦中亦西、不中不西的政治路线在作祟。我们今日只有放胆地走上民主政治的坦途,而把儒家的政治思想重新倒转过来,站在被治者的立场来再作一番体认。首先把政治的主体,从统治者的错觉中移归人民,人民能有力量防止统治者的不德,人民由统治者口中的"民本"一转而为自己站起来的民主。知识分子一变向朝廷钻出路、向君王上奏疏的可怜心理,转而向社会大众找出路。向社会大众明是非的气概。对于现实政治人物的衡断,再不应当着眼于个人的才能,而应首先着眼于他对建立真正的政治主体,即对民主所发生的作用。所以今后的政治,先要有合理的争,才归于合理的不争;先要有个体的独立,

---

① 此处有删节。

再归于超个体的共立;先要有基于权利观念的限定,再归于超权利的礼的陶冶。总之,要将儒家的政治思想,由以统治者为起点的迎接到下面来,变为以被治者为起点,并补进我国历史中所略去的个体之自觉的阶段,则民主政治,可因儒家精神的复活而得其更高的依据;而儒家思想,亦可因民主政治的建立得完成其真正客观的构造。这不仅可以斩断现实政治上许多不必要的葛藤,且可在反极权主义的斗争上,为中国、为人类的政治前途,开一新的运会。

〔录自李维武编:《徐复观文集(修订版)》(第一卷),湖北人民出版社 2009 年版。原载《民主评论》第 3 卷第 1 期,1951 年 12 月。〕

侯外庐儒学学案

　　侯外庐(1903—1987)，原名兆麟，又名玉枢，自号外庐，山西省平遥县人。中国当代历史学家、思想家、教育家。

　　侯外庐生于书香之家。青少年时代，积极参加学生运动。1923—1926年，就读于北京政法大学法律系和北京师范大学历史系，结识李大钊，开始信仰马克思主义。1927—1930年，在法国巴黎大学勤工俭学，加入中国共产党，并开始翻译《资本论》。1930年回国后，先后在哈尔滨政法大学、北平大学、北平师范大学任教授。新中国成立后，历任政务院文教委员会委员，北京师范大学历史系主任，西北大学校长，中国科学院哲学社会科学学部委员，中国科学院历史所副所长、所长等职。1987年逝世。

　　侯外庐是中国较早运用马克思主义观点研究中国古代思想文化遗产的学者之一。其主编的五卷本《中国思想通史》，被誉为"我国第一部用马克思主义观点系统总结几千年思想遗产的巨著"，也是其研究中国思想领域一生的精华。其中第一卷于1947年6月由上海新知书店出版，第二卷于1950年6月由北京三联书店出版，第三卷于1951年5月由北京三联书店出版，第四卷上、下册于1959年12月、1960年4月由人民出版社出版，第五卷于1963年1月由人民出版社出版。《中国思想通史》根据社会存在决定社会意识的原理，分析孔子思想和儒学产生的原因及实质，认为"前期儒家的历史任务，在于调和春秋末年的社会矛盾"。孔子思想是当时社会矛盾的反映，"因而在孔子思想体系里，其各个理论之间，便特别显示出发展不平衡。例如有些地方冲决了西周的藩篱,有些地方则仍为西周的网罗所束缚,以致呼应之际,陷入于自论自违"。指出孔子的政治论本质是改良主义,历史观持渐进主义,天道观上一方面保留西周的"天"、"神"形式,另一方面又提出人事第一的新内容。孔子所提倡的"仁",被规定为超时代的道德概念,只适用于"君子"。孔子在认识论方面表现着二元论的矛盾。主张应该在马克思主义指导下,把孔子作为历史人物研究,批判继承孔子和儒家思想遗产。其著作还有《中国古代思想学说史》、《船山学案》、《中国近世思想学说史》等。

(徐庆文)

中国古代思想学说史·自序

本书是著者过去讲授中国思想史古代编大纲的详明扩充,有些地方改正了过去的纲目,但大体上研究体系是没有改变的。当时应同学之要求,拟分古代、中古、近代三编,在短期间成书,然因了生活环境之变迁以及学说兴致之偏重,这项笔债匆匆八载没有偿还,现在古代编写成,虽未可云全偿,而心愿稍安。但本书体裁,注重研究,和讲义之编排陈列货色者,殊有区别。

本书和拙著《中国古典社会史论》为姊妹作,乃历史与思想史相互一贯的自成体系,材料的处理见于二书者,互为补充,避免重复,读者研究中国思想史,当要以中国社会史为基础,故二书并读,实为必要。

过去研究中国思想史者有许多缺点,有因爱好某一学派而个人是非其间者;有以古人名词术语而附会于现代科学为能事者;有以思想形式之接近而比拟西欧学说,从而夸张中国文化者;有以历史发展的社会成分,轻易为古人描画脸谱者;有以研究重点不同,执其一偏而概论全般思想发展的脉络者;有以主观主张而托古以为重言者。凡此皆失科学研究的态度。我们要批判地接受中国文化古代的优良传统,却未能犯此一道。本书自信没有此种积习。

著者认为上面的研究态度,有之固足以影响科学的研究,但无之亦不能必谓即可阐微决疑,主要尚在真理的钻研是否科学,社会历史的演进与社会思想的发展,关系何在?人类的新旧范畴与思想的具体变革,结合何存?人类思想自身的过程与一时代学说的个别形成,环链何系?学派同化与学派批判相反相成,其间吸收排斥,脉络何分?学说理想与思想术语,表面恒常掩蔽着内容,其间主观客观,背向何定?方法论犹剪尺,世界观犹灯塔,现实的裁成与远景的仰慕恒常相为矛盾,其间何者从属而何者主导,何以为断? 凡此,尤为研究学人所宜把握,紧密而严肃者犹恐失之误解。

研究中国古代思想史的第一步,当以文献学为基础,作者的时代,著书的真伪,文字的考证,材料的头绪,皆专门学问,清代学者于此成就虽宏,而慎以取舍,颇为难题,若稍不慎,即张冠李戴。

研究中国古代思想史的第二步,当以古人用语的实在所指为起点,各家所用术语除了其自身的特别规定外,更有中国古文字的限制,难以就表面文字即一望而知其概念所含性质,故谨加分析,颇为不易。若不仔细推断,即蔽于文字符箓。

本书就学力所及,自信谨严,一如金石家的谨严态度而守规范者,至于真理研究的实在性,未敢确知,是望大雅之教正。中国常有一句老话"仁者见仁,智者见智"(《易传》),这是是非两可的论理,著者不望以"自成一家言"而读此著,而望根据真理的高级形态,严对此书,惠以指摘! 著者时在虚心期待着畏友们的批评。

1942 年 11 月 25 日,重庆郊外。

(录自侯外庐:《中国古代思想学说史》,文风书局 1944 年版。)

中国思想通史(节选)①

第三节　前期儒家的政治论、道德论和天道观

我们已经说过,前期儒家的历史任务,在于调和春秋末年的社会矛盾。但所谓调和矛盾,其本身必然以自己矛盾的立场为立场。因而,在孔子的思想体系里,其各个理论之间,便特别显示出发展的不均衡。例如有些地方冲决了西周的藩篱,有些地方则仍为西周的网罗所束缚,以致呼应之际,陷入于自论相违。诚然,站在"万事起头难"的历史观点上来讲,我们不应苛求古人;但是,也由于同一理由,我们尤不应粉饰古人。

(一)国民阶级的承认与复礼的立场

春秋末年,国民阶级正在出现之时,孔子首先作为私学著述的大哲人批评了春秋社会,因此,他的人类性的观点应当强调地提出来研究。

这个时代的人类好像充满了阶级矛盾,即孔子所谓:

> 好勇疾贫,乱也;人而不仁,疾之已甚,乱也。(《论语·泰伯》)

道德和政治是建立在经济基础上面的。一方面所谓"小人不知天命",如"赐不受命"之类,因了不愿贫贱,争相为富,以致产生出社会的乱子;他方面"人"(旧人,指贵族君子)而不仁,恨小人过火,形成了对抗之势,那也会发生大乱的;因此,统治和被统治的关系都走进了矛盾中,这就

---

① 《中国思想通史》第一卷由侯外庐与赵纪彬、杜国庠合著。这里节选的是该书第六章第三、四节。

是社会的危机。孔子是不愿意有这样矛盾的。正因为这样在贫富问题方面提出了社会的基本问题,孔子就不能不正视人类性。他探求出的人类的性能,已经在原则上承认人类的近似性,这是周宣王中兴以后的新命题。孔子说:

> 性相近也,习相远也。(同上《阳货》)

孔子虽然没有在人类倾向性方面发展出更多的理论,但这一命题是可贵的。"性相近"正是在小人"疾贫"与君子求富的相似前提之下才可能产生的。

为了更具体地理解国民阶级的本质及更适当地评价孔子承认国民阶级的思想,我们首先要看春秋末年财富的权力手段的变迁。关于此点,在《论语》里也有记载,例如所谓"禄之去公室",所谓"季氏富于周公",都说明财产所有的多元化或下降;同时在春秋时代虽然劳动力仍当作财富计算,但自由民(国人,《论语》"与国人交")却已经在争取"私有"的财富。关于以上二项,《论语》说:

> 子谓卫公子荆善居室,始有,曰,苟合(聚)矣;少有,曰,苟
> 完矣;富有,曰,苟美矣。(《子路》)

善居室之义,前人不解,按:"室"指劳动力的单位数,如《周礼》"凡营国必计其室数",《诗经》"百室盈止",《左传》记"夺室"、"兼室"、"赐五百室"等。"善居室",即言善于占有劳动力的财富。

然而这个时代,已经不是像西周的"国有富"的严密制度了,自由民已经参与了财产私有的活动。故紧接上文便说:

> 子适卫,冉有仆。子曰:"庶矣哉!"冉有曰:"既庶矣,又何
> 加焉?"曰:"富之。"曰:"既富矣,又何加焉?"曰:"教之。"

春秋社会中贫富阶级的斗争,无疑地成了严重的问题,国民阶级已经在春秋末叶和氏族贵族阶级发生了抗争。国民阶级不再顾及西周传统的道理,起来要破坏"氏所以别贵贱"的制度了。孔子对于这一社会的变化,在《论语》中有很多的指摘,例如:

> 子贡曰:"贫而无谄,富而无骄。何如?"子曰:"可也。未

若贫而乐,富而好礼者也。"(《学而》)(这是说,贫富阶级两方面皆破坏制度,贫者难于安贫,富者则私肥于公。)

富与贵,是人之所欲也,不以其道得之,不处也。贫与贱,是人之所恶也,不以其道得之,不去也。(《里仁》)(这里所提出的人性是从欲望出发的命题,为荀子所本。人类性已经成为平等的范畴。)

同理,孔子又说:

富而可求也,虽执鞭之士,吾亦为之,如不可求,从吾所好。(《述而》)

这样看来,追求财产是孔子在一定的条件下所承认的,因为国民阶级的欲望,在社会变化的历史中,也是孔子所承认的。孔子虽然对子贡经营货殖,痛斥说"赐不受命",但命已经是可以不受的了,这说明以氏族鸿沟来区别阶级的命定观已经在破坏之中。因此,孔子不能不又说:

贫而无怨难,富而无骄易。(《宪问》)

好勇疾贫,乱也。(《泰伯》)

然而孔子同时也说明富与礼之不相容,例如:

诚不以富,亦祇以异。(《颜渊》)(此《诗·小雅·我行其野》句,宋儒认为是错简。)

齐景公有马千驷,死之日民无得而称焉。伯夷、叔齐饿于首阳之下,民到于今称之,其斯之谓与。(《季氏》)

在这严重的社会变乱里,由于国民阶级的抬头,遂产生了孔子"性相近,习相远"的国民的人类性的认识。在这一光辉的命题之下,氏族贵族的人类性观点,即贫富由于天命的观点就难以立足了。因此,孔子承认了国民参与国事的合理性。例如孔门弟子即以国民阶级占绝对多数(只有南宫适、司马牛二人以贵族来学),而"问为邦"、"学干禄"、"可使南面"、"可使为宰"、"可使治赋"者,实繁有徒。这一由贵族专政到古代的政权开放的肯定,确乎是由于孔子承认国民阶级以及其人类性的新规定所必然产生的。但是,由于国民阶级本身未成熟,也决定了孔子思想

的不彻底性。这就是说,孔子在如何参与国事这一问题上,对于国民阶级又引回到"复礼"的立场上来。例如:

> 颜渊问仁。子曰:"克己复礼为仁。一日克己复礼,天下归仁焉。为仁由己,而由人乎哉?"颜渊曰:"请问其目。"子曰:"非礼勿视,非礼勿听,非礼勿言,非礼勿动。"颜渊曰:"回虽不敏,请事斯语矣。"(《颜渊》)

此所谓"克己复礼",译为今语,就是教国民阶级自动退让,视听言动一以氏族贵族制度的合法行为为标准。这一标准路线,就是一方面教氏族贵族自动开放政权,另一方面教国民阶级自动奉公守礼,一切都依照"自上而下"的改良方式进行。孔子的这一思想,在其"举贤"论里,表现得更为明白。

"举贤"二字,不是自下而上的"选举",而是自上而下的"拔举"。《论语》里讲这一问题的地方很多,兹择其重要的数章为例,分类辑录,并酌加诠释如下:

一、"贤人"的自我修养及复礼态度:

> 见贤思齐焉,见不贤而内自省也。(《里仁》)
>
> 愿无伐善,无施劳。(《公冶长》)
>
> 贤哉回也! 一箪食,一瓢饮,在陋巷;人不堪其忧,回也不改其乐。贤哉回也! (《雍也》)
>
> 子谓颜渊曰:"用之则行,舍之则藏,唯我与尔有是夫!"(《述而》)

总括"贤人"的态度,不外是以"礼让"的态度,而自我克制,严守"自上而下"的制度,切戒以贤自骄("无伐善"),流于斗争。孔子所以对于"僭礼"者痛加呵斥,就是因为他们"以贤(善)自伐",缺少克己复礼的自我节制。

二、"贤人"以贤自伐而不守"复礼"态度的实例:

> 臧文仲居蔡,山节藻棁,何如其知也。(《公冶长》)

按:私藏灵龟("居蔡")和过分奢华(画梁雕栋),都是僭礼的行为,孔子竟以此否定("何如"即"怎么算")其为"智"。因为"山节藻棁"一类行为,其僭礼与管仲"树塞门"、"有反坫"相仿佛,是与复礼态度对立的。

三、贵族应有的开明态度——举贤:

> 哀公问曰:"何为则民服?"孔子对曰:"举直错诸枉,则民服;举枉错诸直,则民不服。"(《为政》)

按:"直"与"贤"、"枉"与"不贤"是同义语。民的"服"与"不服"是统治阶级所最关心的问题,足见"举贤"的重要。因此,《论语》又记有:

> 仲弓为季氏宰,问政。子曰:"先有司,赦小过,举贤才。"曰:"焉知贤才而举之?"曰:"举尔所知,尔所不知,人其舍诸?"(《子路》)

四、开明贵族"举贤"的范例:

> 公叔文子之臣大夫僎,与文子同升诸公,子闻之曰:"可以为文矣。"(《宪问》)

五、不能推行"举贤"开明政策的实例:

> 臧文仲其窃位者与!知柳下惠之贤,而不与立也。(《卫灵公》)

统上诸例看来,可知孔子的"举贤"论一方面与其"性相近"的国民人类性的承认息息相通,而他方面又基于对周制的阶级感情,在"复礼"的立场上打了个对折,只许可自上而下的贵族政权的开明"举贤",而不允许贤人以自主独立的方式,自下而上地参与国事。这是不容讳言的矛盾,也是改良主义的本质。

(二)历史观察与历史理想

在论述孔子"礼的思想"的时候,我们曾提到孔子的社会批判的进步性。在春秋末世,古形式虽存在着,而内容却失去灵魂,在这样貌合神离的历史火炉里,才产生了伟大思想家的批判。在这一方面讲,孔子是以天才的姿态和春秋的俗人进行战斗的。然而,孔子复古的态度是和他对古代制度的仰慕以及他对腐朽贵族的阶级同情心分不开的。这叫做悲剧思想的"迂"路,子路就敢于批判他,说"有是哉?子之迂也!""有民人焉,有社稷焉,何必读书然后为学?"

孔子的批判态度是有局限性的,因为他在客观的历史大变化之中,主观上显然表现出对这一变化的不满。《论语》就记载着孔子对于过去的留恋。

> 子在川上曰:"逝者如斯夫,不舍昼夜。"(《子罕》)

不但如此,孔子对于历史的前景是悲观的,他断定"礼乐征伐自诸侯出,盖十世希不失矣;自大夫出,五世希不失矣;陪臣执国命,三世希不失矣",接着说:

> 禄之去公室,五世矣;政逮于大夫,四世矣。故夫三桓之子孙微矣。(《季氏》)(公室是宗子大氏族,大夫是世室支族,"私肥于公",就显示氏族贵族的宗法系统将要完了。)

这时虽然统治阶级的名分关系的形式还存在着,而其政治内容却变了。这一变化的危机,在孔子看来是很严重的,据孔子估计十世、五世之说讲来,今大夫为政已四世,这岂不是说旧社会灭亡仅仅余下一世即三十年了么?

同时孔子又把政治的趋势也规定出来:

> 天下有道,则政不在大夫;天下有道,则庶人不议。(《季氏》)

孔子所谓好政治的内容,确是和春秋的主要现象相反的,即政在大夫,庶人议政。关于春秋的这样政治趋势,《论语》中有很多的说明,本章第二节已摘要称引,兹不赘述。

在这里,我们应该指出,客观的历史运动以无可阻挡的趋势走向了"天下无道",而孔子的主观理想却追求着"政不在大夫,庶人不议"的"天下有道"的局面,因而客观的历史运动以激变的步调瓦解着西周的遗制,而孔子的理想却坚持着渐进主义的历史观。例如:

> 子张问:"十世可知也?"子曰:"殷因于夏礼,所损益可知也。周因于殷礼,所损益可知也。其或继周者,虽百世可知也。"(《为政》)

如前所述,继周而起的春秋,显然不是因于周而有所损益的社会,而是走进灭王制、坏礼法的历史变革之中。因此,孔子的历史观察与历史理想显然有了矛盾。并且,这一客观的社会历史动向与孔子主观的历史理想的矛盾,在《论语》中也表现得异常明白,例如:

> 子路宿于石门,晨门曰:"奚自?"子路曰:"自孔氏。"曰:"是知其不可而为之者与?"(《宪问》)

> 公伯寮愬子路于季孙,子服景伯以告曰:"夫子固有惑志于公伯寮,吾力犹能肆诸市朝。"子曰:"道之将行也与? 命也! 道之将废也与? 命也! 公伯寮其如命何?"(同上)

> 楚狂接舆歌而过孔子,曰:"凤兮凤兮! 何德之衰? 往者不可谏,来者犹可追。已而已而,今之从政者殆而!"孔子下,欲与之言,趋而避之,不得与之言。(《微子》)

> 长沮、桀溺耦而耕,孔子过之,使子路问津焉。长沮曰:"夫执舆者为谁?"子路曰:"为孔丘。"曰:"是鲁孔丘与?"曰:"是也。"曰:"是知津矣。"问于桀溺,桀溺曰:"子为谁?"曰:"为仲由。"曰:"是鲁孔丘之徒与?"对曰:"然。"曰:"滔滔者天下皆是也,而谁以易之。且而与其从辟人之士也,岂若从辟世之士哉?"耰而不辍。子路行以告,夫子怃然曰:"鸟兽不可与同群,吾非斯人之徒与而谁与? 天下有道,丘不与易也。"(同上)

> 子路从而后,遇丈人,以杖荷蓧,子路问曰:"子见夫子乎?"丈人曰:"四体不勤,五谷不分,孰为夫子?"植其杖而芸。子路拱而立。止子路宿,杀鸡为黍而食之,见其二子焉。明日,子路行以告,子曰:"隐者也。"使子路反见之,至则行矣。子路曰:"不仕无义。长幼之节,不可废也。君臣之义,如之何其废之。欲洁其身,而乱大伦。君子之仕也,行其义也,道之不行,已知之矣。"(同上)

解经家虽对上引《微子篇》三章有真伪之辨,但其结论则与《宪问篇》无二。据此可知,孔子思想中此一矛盾,不但时人明白,即孔子本人也同样明白。

在客观历史动向与主观历史理想的矛盾里,孔子的"知其不可而为之"的态度是保守的,他最后便不能不把最高理想依然归结到西周传统的天道观。所不同的是,西周先王不是在天上,而是到了孔子的观念里了。他以为自己与西周先王同样,受命于天,以德配天,在"天"的意志里取得自己历史理想的根据。例如:

> 天生德于予,桓魋其如予何?(《述而》)

> 子畏于匡,曰:"文王既没,文不在兹乎。天之将丧斯文也,后死者不得与于斯文也;天之未丧斯文也,匡人其如予何?"(《子罕》)

但是,孔子观念里的道德,所谓德或文("礼"是"德""文"的具体形态),为什么就能和天道相联系在一道呢?这在"不语怪力乱神"的思想家,只有避而不言之一法。例如:

> 子贡曰:"夫子之文章,可得而闻也,夫子之言性与天道,不可得而闻也。"(《公冶长》)

> 子罕言利与命与仁。(《子罕》)

上两章三"与"字,前人多以为介词,训"及",遂不可解。因为《论语》言天道性命之处凡七十有八章,"天"字十八见,"天道"字一见,"性"字两见,"命"字十三见,"天命"字三见;言仁之处五十有八章,"仁"字一百有五见,言"利"六章,"利"字八见,在孔子不应说是"罕言",在子贡也不应该是"不可得而闻"。自清儒钱大昕、宋翔凤以"与"字乃动词,训"合",其意义始豁然大明。此因"天"、"命"是"礼"的根据,而"利"的争夺是"性相近"的注解,"天"、"命"与"利"、"性"不相合,正是孔子主观的历史理想与客观的历史动向的矛盾处,孔子既然明知两极端不能合一起来,因而"罕言",子贡当然也就"不可得而闻"了。在这里,主观理想与客观历史的矛盾,又转化成了"天道观"与"人道观"的矛盾。于是,在孔子的天道观与道德论里,遂充满了调和矛盾的体系。

(三)天道观与道德论

清儒钱大昕说,"古书言天道者,皆主吉凶祸福而言"(《十驾斋养新录》卷三)。此说最确,证诸《周书》、《周颂》以及金文而无不合。孔子既然以继周自命,其天道观也就大体上类似于周人的传统思想。例如:

获罪于天，无所祷也。(《八佾》)

天下无道也久矣，天将以夫子为木铎。(《八佾》)

予所否者，天厌之，天厌之！(《雍也》)

天生德于予。(《述而》)

天之将丧斯文也，后死者不得与于斯文也；天之未丧斯文

也，匡人其如予何！(《子罕》)

固天纵之将圣，又多能也。(《子罕》)

吾谁欺？欺天乎？(《子罕》)

天丧予！天丧予！(《先进》)

死生有命，富贵在天。(《颜渊》)

不怨天，不尤人，下学而上达，知我者其天乎！(《宪问》)

子曰："予欲无言。"子贡曰："子如不言，则小子何述焉?"子

曰："天何言哉。四时行焉，百物生焉。天何言哉！"(《阳货》)

从上面听引的话看来，孔子的"天"倘非有意志的主宰，则所谓"获罪"、"将以夫子为木铎"、"厌之"、"生德于予"、"将丧斯文"、"未丧斯文"、"纵之将圣"、"欺"、"丧予"、"富贵"、"知我"云云，将全不可解。就中如"天何言哉"一章，仅形似自然之天，而实仍为意志之天。姑不论古本《论语》天字为"夫"字("夫何言哉")，即以"天何言"而论，义指天能言而不言，非否定词。孔子言"天"之处，大都用惊叹词或追问语，这显明地是在最后穷究有意志的根本动力。我们以为，自"予欲无言"说起，以"天何言哉"作结，是和"唯天为大，唯尧则之"及"无为而治者其舜"两章，有同一意义。这正与尧、舜的人格化同样，"天"在这里依然是有意志的人格神。因此，孔子对于鬼神也从来没有明白否定，反之，却表示了相当的崇拜。例如：

禹，吾无间然矣。菲饮食而致孝乎鬼神，恶衣服而致美乎

黻冕，卑宫室而尽力乎沟洫。禹，吾无间然矣！(《泰伯》)

此章的思想，几乎是墨子的先王观、天志、明鬼的张本。

然而，究竟春秋已不是西周，在孔子时代，氏族纽带将断，国民阶级出现，因而在孔子的天道观里，遂渗透了若干新内容。此所谓新内容，

首先表现在每言及"命",多从"自下而上"的人的观点上来,谈"知命"与"畏命",换言之,多从人类的情操上来谈心理活动;很少如西周的"自上而下"或由外至内的观点,这即是说不多言"降命"与"受命"了。例如:

> 君子有三畏:畏天命,畏大人,畏圣人之言。小人不知天命而不畏也,狎大人,侮圣人之言。(《季氏》)
>
> 不知命,无以为君子也;不知礼,无以立也;不知言,无以知人也。(《尧曰》)

其次,孔子在祭祀问题上表现出脱离宗教思想的初步企图。例如:

> 非其鬼而祭之,谄也。(《为政》)
>
> 祭如在,祭神如神在。子曰:"吾不与祭如不祭。"(《八佾》)
>
> 樊迟问知(智)。子曰:"务民之义,敬鬼神而远之,可谓知矣。"(《雍也》)
>
> 子不语:怪、力、乱、神。(《述而》)
>
> 子疾病,子路请祷。子曰:"有诸?"子路对曰:"有之。诔曰:祷尔于上下神祇。"子曰:"丘之祷久矣。"(同上)
>
> 季路问事鬼神。子曰:"未能事人,焉能事鬼?""敢问死?"曰:"未知生,焉知死?"(《先进》)

据此所知,孔子的天道观,在若干地方已显示出对于西周降福无疆的神的主宰的离心力,因为他在一方面保留着"天"、"神"的西周形式,在另一方面却反对了春秋时代的形式主义思想,提出了人事第一的道德化的新内容,以代替鬼神的宗教支配,这和他的"礼"的思想,适相一贯。但是,孔子既然不能创出反宗教的国民阶级的宇宙观,那也就不能否定鬼神的存在,因此,他在一方面无异是以"知生"、"事人"等话,讽刺了他的神鬼论,在另一方面又想从天鬼和人道两者间设计出一个调和的安定或平衡。这在历史上来讲,正是国民阶级未成熟的反映;在思想史上来讲,正是贤人作风的本格表现;从逻辑上来讲,回避鬼神而仍肯定祭祀,更是明显的矛盾。墨子曾利用形式逻辑来批评儒家这一点说:

> 执无鬼而学祭礼,是犹无客而学客礼也,是犹无鱼而为鱼
> 罟也。(《墨子·公孟》)

和天道观相应,孔子的道德论也同样有其矛盾性。统计《论语》全书,言"德"之处二十有七章,"德"字三十六见,这些道德论都和孔子关于"天"、"命"的思想是互为首尾的。天道与敬德相连的思想,所谓德以配天,本来是西周的传统,孔子也摆脱不了这种精神。

但孔子的道德论,另一方面又与其对国民阶级的承认相连的,他提出了几个空前有价值的命题。例如,他以"性相近"为前提,定立了"匹夫不可夺志"的命题,因而对于他的弟子,如子张、子路等鄙夫出身的士人,都以贤者勉励。这种勉人以贤的教学法,无疑地是基于古代国民阶级的人类性的新观念、新认识而来的。这虽和墨子的"尚贤"思想有某种距离,但承认"贤"在人类性中的地位,则无形中已表露出"国人"至少是历史出演者。如果孔子的教育学,没有这一前提,就不会显学名世,弟子遍天下。由此看来,孔子的贤者思想和人道的能动思想都是创见。

我们现在再进一步研究孔子所讲的"仁"。孔子"仁"的观念也和他的"礼"的观念是相似的,其体系是矛盾的,这即是说,在一般的道德律方面"仁"是国民的属性;而在具体的制度方面"仁"又是"君子"的属性。在前者,孔子以抽象方法,把"仁"还原于心理要素;在后者,孔子以历史条件,又把"仁"扣在传统制度上。我们在下面分别来研究这一矛盾体系:

把道德律从氏族贵旅的专有形式拉下来,安置在一般人类的心理的要素里,并给以有体系的说明,这可以说是孔子在中国古代思想史上的大功绩。他不但肯定"仁远乎哉?我欲仁斯仁至矣",而且主张"仁者爱人"。所以孔子所谓的君子之仁,限于心理学上而言,已经超过了贵族君子的范围。例加:

> 仁者先难而后获,可谓仁矣。(《雍也》)(存于心理的动机)
> 回也其心三月不违仁。(同上)(主观的道德情操)
> 刚毅木讷近仁。(《子路》)(道德情操的分类)
> 巧言令色,鲜矣仁。(《学而》)(远离道德情操的习惯)
> 为仁由己。(《颜渊》)

有能一日用其力于仁矣乎? 我未见力不足者。(《里仁》)
(存于心理的意志力)

仁者不忧。(《子罕》)内省不疚,夫何忧何惧。(《颜渊》)
(心理的反省)

仁者其言也訒。(《颜渊》)(訒为忍,即心理上的反复
三思)

孝弟也者,其为仁之本(始)与! (《学而》)(以其他情操推
及于仁)

观过斯知仁矣。(《里仁》)

不仁者不可以久处约,不可以长处乐。(《里仁》)(道德情
操的证明)

由以上所举的例子看来,可以知道,孔子讲的"仁"这一道德范畴是从普
及的心理因素出发的,仅就这个方面研究,表面上好像"仁"被规定做超
时代的道德概念,但实质上它被刻上了春秋末年的古代国民阶级的烙
印,这种人类的新观念,是产生于古代社会发展的时代。

这一"仁"的最高标准,在孔子是悬之甚高的,上面所举的一例"我
未见力不足者",接着即说"盖有之矣,我未之见也";颜回三月不违仁,
其余则期月也是难得的。同时,孔子自己对于"仁与圣"也不敢自居,好
像是可望而不可及的。因了孔子的"仁"学一方面是从普及的心理上出
发,另一方面又离开普及的心理而强调理想的心理境地,墨子便提出客
观的标准,他说,仁义皆以利为标准。

孔子的"仁"学还不仅表现在一般人类的心理要素和人民性的矛
盾,更重要的是他的仁学的两面观点,即是说仁在社会阶级的实际中是
不同的。在宗法制度上仁的道德律只适用于"君子",这和西周道德律
之为氏族曾孙所有也是不同的,西周的思想主要是以道德来配天通神,
而孔子思想是"仁者君子"。他说:

君子而不仁者有以夫,未有小人而仁者也。(《宪问》)

民之于仁也,甚于水火。水火,吾见蹈而死者矣,未见蹈
仁而死者也。(《卫灵公》)

君子学道则爱人,小人学道则易使也。(《阳货》)

> 唯……小人为难养也,近之则不孙(逊),远之则怨。(同上)
>
> 鄙夫可与事君也与? 其未得之也,患得之;既得之,患失之。(《阳货》)
>
> 君子喻于义,小人喻于利。(《里仁》)
>
> 君子怀德,小人怀土。(《里仁》)
>
> 君子之德风,小人之德草,草上之风必偃。(《颜渊》)
>
> 君子上达,小人下达。(《宪问》)

这样看来,统治阶级可以做仁人,而被统治阶级就不能做仁人了,仁只属于贵族君子。因此,仁和不仁是区别两种阶级的标准,这叫做两种人的两种道。他说:

> 道二,仁与不仁而已矣。(见《孟子》所引)

荀子的解释更近似,他说"一与一之谓仁者","上一则下一,上二则下二"。可见仁是二种人合一的意思,但所谓二,乃是二种之二,不是二个之二。明白讲来,这是通过道德律以宣传阶级调和的理论。本来汉代人对于"仁"的训诂有"相人偶"的说法,但"二人为仁"的偶合,背后有统治阶级同化被统治阶级的意思,如风和草的比喻。因此,孔子主张"君子周(合)而不比,小人比(朋)而不周"、"君子和而不同"、"君子不党"的道德论。

这里,正是一个春秋到战国的大问题,即勤礼君子与力役小人这两种人是不相合一的。统治者君子不仁,被统治者庶民不信,社会的矛盾是尖锐的。孔子面对着这一矛盾,大倡调和论。他以仁为君子之"安"道,以信为庶民之"立"道,故"以人度人"才能成"仁",阶级矛盾就可调和了。其所以能调和,孔子以为,在政治上必须贵贱有等,在道德上必须善推其所为,故他说,"道之以德,齐之以礼,(民)有耻且格",这里齐即"维齐非齐"之阶级调和,是各安于其类别。在教育上必须:

> 君子笃于亲,则民兴于仁,故旧不遗,则民不偷。(《泰伯》)

孔子的仁道观和他的社会观同样,在客观上暴露了社会的阶级矛盾。墨子于此,继承了孔子的仁道观,发展出兼爱观来。

　　孔子的"仁"的思想实从属于"礼"的思想。就"克己复礼"为"仁"的命题来看,"仁"与"礼"相结合而受到了约束。如前所述,"礼"原来是氏族贵族的范畴,而"仁"则可以发展为国民的范畴。因此,所谓"仁"受到"礼"的约束,亦即是说,国民道德在氏族贵族的道德桎梏里遭受了歪曲,不能遂行其应有的发展,不能取得其本格的内容。前引"未有小人而仁者也"云云即从此出。所以,当孔子以"礼"为道德极则而强调的场合,实质上即其基于调和矛盾而自陷于矛盾的明证。例如:

　　子贡曰:"贫而无谄,富而无骄。何如?"子曰:"可也。未若贫而好乐(按:今本脱'好'字,一作'贫而乐道',一作'贫而乐善'),富而好礼者也。"(《学而》)

　　孟懿子问孝。子曰:"无违。"樊迟御,子告之曰:"孟孙问孝于我,我对曰'无违'。"樊迟曰:"何谓也?"子曰:"生,事之以礼;死,葬之以礼,祭之以礼。"(《为政》)

　　人而不仁,如礼何? 人而不仁,如乐何?(《八佾》)

　　君子博学于文,约之以礼,亦可以弗畔矣夫。(《雍也》、《颜渊》)

　　陈司败问:"昭公知礼乎?"孔子曰:"知礼。"孔子退,揖巫马期而进之,曰:"吾闻君子不党,君子亦党乎? 君取于吴为同姓,谓之吴孟子。君而知礼,孰不知礼?"巫马期以告。子曰:"丘也幸。苟有过,人必知之。"(《述而》)

　　恭而无礼则劳,慎而无礼则葸,勇而无礼则乱,直而无礼则绞。(《泰伯》)

　　颜渊喟然叹曰:"……夫子循循然善诱人,博我以文,约我以礼……"(《子罕》)

　　子路问成人。子曰:"若臧武仲之知,公绰之不欲,卞庄子之勇,冉求之艺,文之以礼乐,亦可以为成人矣。"(《宪问》)

　　君子义以为质,礼以行之,孙(逊)以出之,信以成之。君子哉!(《卫灵公》)

　　知及之,仁不能守之,虽得之,必失之。知及之,仁能守之,不庄以莅之,则民不敬。知及之,仁能守之,庄以莅之,动

之不以礼,未善也。(同上)

他日又独立,鲤趋而过庭,曰:"学礼乎?"对曰:"未也。"

"不学礼,无以立。"鲤退而学礼。(《季氏》)

这样看来,"礼"的最高规范并不能解决社会的矛盾,因为"礼"总是别贵贱的。于此我们应该附带指出,孔子是最初把礼的内容理想化,并作为一般的君子的规范来看待的。老子所谓"礼者,忠信之薄,而乱之首"(三十八章)、"大道废有仁义"(十八章)乃是后起的思想;《礼记·礼运》"今大道既隐……大人世及以为礼,城郭沟池以为固"、"礼承天之道,治人之情",更是后起的思想。思维过程的历史理论有一定的步伐,不容先后颠倒。孔、墨只面对着历次变化的社会矛盾表示各自的对"礼"的态度;老、庄与后期儒家才从历史的理论方面来分析"礼"这一概念的发生,这点前人多未注意。

孔子在道德思想方面都把西周的观念拉到人类的心理上讲,更具体地说来,拉到君子的规范上规定起来。例如他说"孝"是君子之本,"君子务本,本立而道生,孝弟(悌)也者,其为人之本与!"(《学而》)但其所谓本,毕竟不同于西周享孝先王的宗教。在他看来,礼与孝的道德情操,都是以敬为主,例如"为礼不敬……吾何以观之哉?"又如讲孝,"至于犬马皆能有养?不敬何以别乎?"因此,礼的道德代替了孝的享祀。为什么有这样的不同呢?著者以为"国中"已经有了新的国民阶级,除了君子居国以外,还有名为"国人"的自由民,因而享祀祖先的特权不能变为一般的道德规范。

但是,无论孔子对于"礼"字如何附以新理想,他以国民道德从属于氏族贵族的制度(礼),或者以旧制度为新道德的最高依据,那就意味着"死的抓住了活的"。这一矛盾,反映着春秋末世国民阶级发展不足的矛盾。

第四节　前期儒家知识论的历史意义

孔子拖带着西周维新传统,在作为宇宙观的天道思想方面,没有重大的成就,在"贤人作风"支配下,未能使其天道观从道德论与宗教观念里完全独立或解放出来。此事我们已于上节叙明。但是,正如康德由于近代资产阶级的懦弱,虽然在知识论方面完成了较大的贡献,然而这一贡献是有局限性的,孔子在知识论方面仍拖带着西周维新的传统,表现着二元论的矛盾。

我们说孔子在宇宙观方面无重大成就,就是说所有宇宙观的重要范畴,在孔子思想里几乎全然没有出现。例如:(1)道器问题:《论语》言"道"者五十六章,"道"字八十五见,言"器"者四章,"器"字五见;但道字并不合于哲学的范畴,全书亦无一处将"道"、"器"对举,作为问题而讨论。(2)理欲问题:《论语》无一"理"字,虽有"欲"字三十二个散见于二十六章,然亦绝无"去欲",或视"欲"为"恶的根源"之义。(3)理气问题:《论语》言"气"有两章,"气"字四见,然或称"辞气",或称"血气",均无哲学范畴之义。(4)有无问题:《论语》中"有"字一百六十四个,"无"字一百二十八个,大体皆为动词;其有无对举之文,如《述而篇》"亡而为有"、《泰伯篇》"有若无"、《子张篇》"焉能为有,焉能为亡"等,皆非哲学的意义。此外,如(5)天地问题、(6)坚白问题、(7)心物问题、(8)动静问题、(9)虚实问题、(10)一多问题、(11)经权问题等,均尚未出现。反之,知识论方面的许多重要问题,孔子却已大体提起,并且作出了他的解答。

(一)贤人作风束缚下的知识的对象

在上面我们曾提及孔子的"贤人作风",这在他的知识论上有着明白的表现,特别是表现在知识对象上。孔子的知识论,不是一般研究者所了解的智者的"纯粹知识",例如写哲学史的人喜欢先提出孔子的"正名"主义,把孔子的"名"论,作为逻辑学上的概念来看待,喜欢以孔子这一"博学多文"的教育家和希腊的智者类比而言,这个提法是首先应当纠正的。

孔子一方面是前无古人地在中国学术史上创立了学问的体系,然而另一方面又是追随着古人("述而不作","信而好古"),在中国学术史上继承着文化传统。由前者而言,孔子是一个面向国民阶级的贤人或教育家,所以知识的一般问题是由他合法则地提出来;同时,由后者而言,孔子是一个周代的维新贵族的继承者或理想者,所以知识的界限问题,由他原则地规定起来。

首先,我们研究孔子的文化理想。在《论语》中所讲的文教,是西周文明的观念,例如:

子以四教,文、行、忠、信。(《述而》)

子贡曰:"夫子之文章,可得而闻也,夫子之言性与天道,不可得而闻也。"(《公冶长》)(注:"文章,德之见乎外者,威仪文辞是也。")

这里"文"有二义,一即礼乐制度的道理,一即道德的规范。后一义是从西周文明的"文"继承下来的,它的含义是西周先王的德,犹如"思文后稷","允文文王"的"文"。

西周的伦理思想没有国民阶级的一般规范,孔子的文教继承了这一传统,他说:

文王既没,文不在兹乎! 天之将丧斯文也,后死者不得与于斯文也;天之未丧斯文也,匡人其如予何!(《子罕》)

关于前一义,孔子的文教是把西周的制度理想化了,在《论语》中三处记载"博我以文,约我以礼",所讲的便是这个意义。此外又说:

敏而好学,不耻下问,是以谓之文也。(《公冶长》)

文之以礼乐。(《宪问》)

质胜文则野,文胜质则史,文质彬彬,然后君子。(《雍也》)

周监于二代,郁郁乎文哉。(《八佾》)

所以,孔子的知识论的对象,就是这个传统的"文"。它的范围既然局限于此,那么矛盾便产生了,即一方面,思维的活动已经具有国民阶级的成分,而另一方面,思维的对象却局限于贵族君子的标准上,这就不能不遭子路的怀疑,所谓"有民人焉,有社稷焉,何必读书然后为学?"

(二)孔子的能思与所思论

"能思"即孔子所说的"思","所思"即孔子所说的"学"。学与思在孔子知识论中是重要的部分,这里包含着唯心主义和唯物主义的二元论,我们分三点阐明于下:

一、思与学并重的提法:

孔子一方面重"博学",另一方面重默思,例如:

> 默而识之(默思),学而不厌,诲人不倦,何有于我哉!
（《述而》）
>
> 学而不思则罔,思而不学则殆。(《为政》)

学思并重的提法,在表面上看来是理性与感性的统一,但孔子所说的思与学实别有含义。

二、思是形而上学超乎感觉的体悟:

> 孔子曰:"君子有九思:视思明,听思聪,色思温,貌思恭,言思忠,事思敬,疑思问,忿思难,见得思义。"(《季氏》)
>
> 博学而笃志,切问而近思。(《子张》)
>
> 未之思也,夫何远之有?(《子罕》)

视、听、色、貌,是属于感觉的东西,言、事、疑、忿、见得,是属于经验的东西,这两组东西和物质外界的接触,都首先要凭恃先天的"九思"范畴。所谓"默识"、"近思"在孔子学说中不是单指理智,而是理智与情操的统一,因而视听等九类的复杂的行为,就要服从于先天的范畴。

这样讲来,孔子的知识论是唯心主义的。在春秋末世孔子强调了人类思维的价值,承认人类的能创性质,这人类性在西周的维新观念中是没有的。然而,孔子的唯心观点是"仰之弥高,钻之弥坚"的,谁也不能达到的,这样又把知识限在非凡人的事业之中。

三、什么是"学"的内容:

第一,孔子是"博学多能"、"好古敏求"、"述而不作"、"十五志学"的人,从这一点讲他无疑地重视了后天的"学"。他论学之处甚多,且举其要点如下:

> 子曰:"吾尝终日不食,终夜不寝以思,无益,不如学也。"
（《卫灵公》）
>
> 君子食无求饱,居无求安。敏于事而慎于言,就有道而正焉。可谓好学也已。(《学而》)
>
> 十室之邑,必有忠信如丘者焉,不如丘之好学也。(《公冶长》)
>
> 日知其所亡,月无忘其所能,可谓好学也已矣。(《子张》)

> 好仁不好学,其蔽也愚;好知不好学,其蔽也荡;好信不好
> 学,其蔽也贼;好直不好学,其蔽也绞;好勇不好学,其蔽也乱;
> 好刚不好学,其蔽也狂。(《阳货》)

第二,如果不从全面来考察,单就这些话而论,他的"学而时习之"
的命题好像是唯物主义的,因此,我们不能不研究孔子所学的内容。这
内容一句话讲来是"学古",分言之,是诗、书、礼、乐的制度与道理,尤其
是道理。

> 行有余力,则以学文。(《学而》)("文"的意义见前)
> 不学《诗》,无以言。不学礼,无以立。(《季氏》)
> 小子何莫学夫《诗》,《诗》可以兴,可以观,可以群,可以
> 怨。(《阳货》)
> 不知礼,无以立也。(《尧曰》)
> 赐也,始可与言《诗》已矣,告诸往而知来者。(《学而》)

这样看求,孔子虽然把"好学"提到重要的地位,但他说的学是"好古敏
以求之"的东西,并且是根据西周的传统文化而求出道理的东西。他主
张不但要学"往古",而且肯定在学往古之中就能知道现今。这显然不
是唯物主义的观点了。孔子虽然主张多闻(如"多闻择其善者而从之,
知之次也",又如"多闻阙疑"),但他又主张在多闻之中来以一反三,
例如:

> 子谓子贡曰:"汝与回也孰愈?"对曰:"赐也何敢望回。回
> 也闻一以知十,赐也闻一以知二。"(《公冶长》)(原注:"一,数
> 之始;十,数之终;二者,一之对也。")

这不是说类比推理。这里所说的"一"指一个古代的范例,所说的"十"
指一切,意思是说从古代的典型范例会悟到一切,因此,"温故知新"之
说,即以有限得出无限,不是以有限类比有限。

孔子的学、闻内容,既然只限定在西周《诗》、《书》、礼、乐,则其他关
于生产和军事等的学问都在不学之列。例如:

> 樊迟请学稼,子曰:"吾不如老农。"请学为圃,曰:"吾不如

老圃."樊迟出,子曰:"小人哉樊须也!"(《子路》)

他痛斥樊迟是小人,因为在孔子看来,学的内容是礼、诗、义、信:

> 上好礼则民莫敢不敬,上好义则民莫敢不服,上好信则民
> 莫敢不用情。夫如是,则四方之民,襁负其子而至矣。焉用
> 稼?(同上)

> 子曰:"诵诗三百,授之以政,不达;使于四方,不能专对;
> 虽多,亦奚以为!"(同上)

因此,孔子的学闻、读书是和"好古"不能分离的,他以为现实社会的问题是不足重视的,只要古代的传统精神能够复活起来,现实问题就不难解决了。因为,在他看来,新的是旧的之损益,"温故"就可以"知新",这也就是他的"述而不作"的态度的根源。子路是一个对于现实问题急进的人物,所以他怀疑为什么读书要限于《诗》、礼的范围,为什么不在当前的社会求活的答案呢?为什么求学要从往古着手呢?然而孔子却责斥他是一个"佞者"。

(三)孔子知识论的局限

孔子论知识,以知古为第一要义,他说:

> 殷因于夏礼,所损益可知也;周因于殷礼,所损益可知也;
> 其或继周者,虽百世可知也。(《为政》)

然而知古并不是一件容易的事,所以他说:

> 学如不及,犹恐失之。(《泰伯》)
> 多闻阙疑……多见阙殆(未安)。(《为政》)
> 或问禘之说,子曰:"不知也。知其说者之于天下也,其如
> 示诸斯乎?"指其掌。(《八佾》)
> 夏礼吾能言之,杞不足征也。殷礼吾能言之,宋不足征
> 也。文献不足故也,足则吾能征之矣。(同上)

这样看来,知古就等于全知了,知古就可以知今了。所谓"闻一知十",就因为今是古之损益罢了。孔子许管仲为仁人,但不许管仲为智者,智

者必须知古,管仲既然不知古礼,那就成了"小器"的人了。

懂得了孔子的知识论的"知古即全知"的命题,才可以明白他的正名论。孔子所说的"名",不是一般的名实关系,而是以早已肯定的古名作为判断现实的最高标准。因此,有古名就应有适合于古名的实在,如果现在的实在已经变化,但仍被以古名,那就是名不正了。例如:

> 子路曰:"卫君待子而为政,子将奚先?"子曰:"必也正名乎。"子路曰:"有是哉,子之迂也。奚其正?"子曰:"野哉,由也。君子于其所不知,盖阙如也。名不正,则言不顺;言不顺,则事不成;事不成,则礼乐不兴;礼乐不兴,则刑罚不中;刑罚不中,则民无所措手足。故君子名之必可言也,言之必可行也。君子于其言,无所苟而已矣。"(《子路》)

这又是对于"不得其死然"的子路的批评。子路的确指出了孔子不现实(迂)的空谈,指出了企图调和古名和今实的矛盾的空想,孔子之所以用古代规定被压迫阶级的成分(野)来痛斥子路,是因为子路有否定宗法制度的看法,这样的看法,在当时无异说要造反了。

孔子的理论是这样的:正名必须合于古制,因而人们就要懂得古制,但知古甚难,所以说"不知,阙如"。"名"的传统是好的,但现在的"名"却和"实"背离了,名若不由今之失而正于古之得,其命题(言)必逆,命题逆则一切现实皆是非颠倒,以至于社会政治都出乱子。例如,"君子"是名,"小人"也是名,如果不按古名而正君子小人二者的类别,则小人也可讲礼乐,君子也要受刑罚了。所以,晋铸刑鼎,孔子说贵贱上下之序因此就要乱了,晋唐书的法度就失坠了(见《左传》昭公二十九年)。大夫若舞八佾,则八佾之名便乱了,孔子便说"是可忍也,孰不可忍也!"(见《论语·八佾》)在春秋,名存实亡的现象是很厉害的,在孔子看来,这已经不合于西周制度的精神,但正因为名存实变,名即不正了。孔子正名的知识论是企图把现实世界适合于古代的形式,因此,如他举的例子,"觚不觚,觚哉觚哉"的古形式是不应该改的,改了就是拿"名"来迁就现实了。孔子的存名正实的理论,后来遭受墨子"取实予名"的理论的反对,这一点是孔、墨显学对立的重要关键。

复次,孔子论知识,把知规定为君子做人的手段。《论语》记载:

> 问知。子曰:"务民之义,敬鬼神而远之,可谓知矣。"
> (《雍也》)
> 问仁。子曰:"爱人。"问知。子曰:"知人。"(《颜渊》)
> 择不处仁,焉得知?(《里仁》)

孔子的知识论虽然启发了诸子百家,但他说的知识不是纯粹知识的研究,宁可说是贵族君子做人的手段,例如他说:

> 仁者安仁,知者利仁。(同上)
> 知之者不如好之者,好之者不如乐之者。(《雍也》)
> 知及之,仁不能守之,虽得之,必失之。知及之,仁能守之,不庄以莅之,则民不敬。知及之,仁能守之,庄以莅之,动之不以礼,未善也。(《卫灵公》)
> 不知命无以为君子也,不知礼无以立也,不知言无以知人也。(《尧曰》)
> 君子道者三,我无能焉。仁者不忧,知者不惑,勇者不惧。(《宪问》)

春秋时代思想的形式化是不利于统治阶级的,因此,孔子主张"人能弘道,非道弘人"。他的知识论也就充满了一种"弘道"的精神,希望君子知命、知礼、知言、知道。

孔子知识论的特点是含有道德标准的意思,因此,道德情操与理智是不相分离的。由上面的引文看来,所谓知之和好之、乐之是在一起的,安仁和利仁好像闻一知二、举一反三,仅是由理智到理智,而闻一知十才是以喻证因,才是理智和情操的统一("十"指终极)。对于这一点,后来墨子攻击甚力,他否定了情操与理智的混同,进一步更在知识中排斥了情操。

(四)孔子的智者论

孔子的知识论在客观上高扬了人类的能创精神,批判了春秋缙绅先生的说教,所以"能思"部分虽然具有唯心主义的成分,但客观上因了肯定"性相近"的命题而面向着国民阶级;同时在春秋末世,新的国民阶级不论在经济生活的领域或政治生活的领域,都不占居积极支配的地位,所以智者在当时还不能代表一般性的国民,故孔子知识论的"所思"部分,又是"君子"式的。

基于以上的研究,我们便知道在孔子思想中的古代智者是不会有显明的标志,因此,在他的著作中,时而智者在世界上,时而智者又不在世界上。孔子所讲的智者有时和圣人、贤者等概念相混,因为智者寻常是从道德评价上来规定的。这样的智者的条件很严,其一是本来可能而难于实现;其二是本来就不可能实现。关于第一项,他说:

> 中人以上,可以语上也,中人以下,不可以语上也。(《雍也》)(上,即"上达"、"义以为上"之上。)

> 圣人吾不得而见之矣,得见君子者斯可矣。善人吾不得而见之矣,得见有恒者斯可矣。(《述而》)

> 有颜回者好学,不迁怒,不贰过,不幸短命死矣!今也则亡,未闻好学者也。(《雍也》)

> 不得中行而与之,必也狂狷乎! 狂者进取,狷者有所不为也。(《子路》)

孔子在这一点,和黑格尔的理性运动之返原为黑格尔自己的理性是相似的,好像斯文只在孔子一人身上。

关于第二项,孔子指的是一种特别的智能,他说:

> 生而知之者上也,学而知之者次也,困而学之,又其次也。困而不学,民斯为下矣。(《季氏》)

> 中庸之为德也,其至矣乎! 民鲜能久矣。(《雍也》)

> 君子而不仁者有矣夫,未有小人而仁者也。(《宪问》)

这样看来,民与小人本来就不可能做智能者,因此必然不能做智能者,智者是君子的资格,不是小人的资格:

> 君子博学于文,约之以礼,亦可以弗畔矣夫。(《雍也》)

> 君子不可小知而可大受也,小人不可大受而可小知也。(《卫灵公》)

> 民可使由之,不可使知之。(《泰伯》)

> 君子道者三……仁者不忧,知者不惑,勇者不惧。(《宪问》)

孔子的智者论,后来又被墨子所反对,他否定"别"的人类,大倡"贱人之学"。

孔子的知识论中的矛盾体系也影响了他的学与诲的二元论,学虽难能可"贵",但诲则"有教无类",后者便是破天荒的西周观念的反对物,他说:

> 虽鄙夫(民、小人,即当时的奴隶生产者)问于我……我叩
> 其两端而竭焉。(《子罕》)
> 自行束脩以上,吾未尝无诲焉。(《述而》)

"诲人不倦"是孔、墨相同的优良传统,也是中国教育史上的有价值的传统。孔子主张有来学而无往教,墨子则主张来者固可教,而不来者也往教。

〔录自侯外庐、赵纪彬、杜国庠:《中国思想通史》(第一卷),人民出版社 1957 年增订版。〕

赵纪彬儒学学案

赵纪彬(1905—1982),原名化南、济焱,字象离,笔名向林冰、纪玄冰,河南安阳人。中国现代哲学家、教育家、政治活动家。

赵纪彬少承家学,9 岁入私塾。近 10 年的童蒙教育,给他打下了坚实的古文字基础。1923 年,考入大名省立第七师范。1926 年,加入中国共产党,并负责中共大名特别支部。此后数年间,曾任中共大名县委委员和县委宣传部部长、中共陕西省委宣传部部长、华北高教联秘书长及组织部部长、华北九省民众抗日代表大会秘书长等职。1934 年后,投身文化教育事业,先后在东北大学、山东大学等多所大学任教,讲授哲学概论、中国哲学史、逻辑学等课程。新中国成立后,历任山东大学文学院院长、河南省第二师范学院院长、开封师范学院院长、中国科学院河南分院副院长、河南省历史研究所所长等职。

赵纪彬投身文化教育事业后,在哲学领域的造诣初露端倪。抗战期间,他不断深化自己的马克思主义意识,以马克思主义为指导,批判当时蔓延的哲学无用论和哲学消灭论。提出"站在中国文化运动的变革立场上,运用辩证法法则于实际",并据此撰写《中国哲学史纲要》一书。该书突破当时流行的正统观念,注意发掘封建社会中"异端人物"思想的价值,如唐代的刘禹锡、柳宗元,宋代的王安石等,断定中国哲学的发展是"唯物论和唯心论的斗争"。1948 年,又出版《古代儒家哲学批判》一书,"对于春秋社会性质及孔门哲学思想有所探索","持论固有异于时贤"。1959 年,该书重版时恢复曾经使用过的《论语新探》的书名。1962 年,该书再版时因其对中国奴隶社会制度下限及向封建制过渡问题的看法有较大改变,所以"关于孔门阶级基础与哲学体系及孔墨显学对峙的实践意义""普遍有所修改"。1976 年,据"批林批孔运动"的需要修订出第三版,并增收《孔门异同》篇,"阐述儒家内部的路线性分歧或学派性对立"。该书以历史事实为支撑,对儒家思想中的许多概念进行考辨,在学术界产生较大影响。其中《历史证件》中的《释人民》、《人仁古义辨证》、《有教无类解》、《君子小人辨》、《原贫富》等,引起了学术界的争论。

（徐庆文）

论语新探·绪论

　　《论语》成书年代,各家说法不一:郑玄以为出自仲弓、子游、子夏;柳宗元以为出自曾参弟子乐正子春、子思之徒;程朱以为出自曾参、有若之门人。对此问题,著者以为:上述各家说法,可以并存。此因孔丘死后,游、夏等七十子之俦,可能各出所记孔丘应答时人及弟子之语,相与论撰;嗣后曾参、有若之门人亦似更有追记。所以书中对他人皆直录名字,独于曾参、有若则称"子";且亦言及曾参之死。由此足证:《论语》撰定非一人,成书非一时,而是经过集体努力、长期积累的一部古代著作。更具体地说:仲弓、子游、子夏以及曾参、有若之门人,可能先后均曾参与其事;如以孔丘与其及门弟子并再传弟子的生卒年代推断,则其成书时期,当在公元前479年(孔丘死)至公元前402年(子思死)前后约七十七年之间,亦即为公元前五世纪所陆续撰定。

　　准前所述,《论语》成书,可能迟至公元前五世纪末叶;但其主要内容,则完整地代表着该世纪前半期的儒家思想。此因在全书二十篇四百九十二章中,记孔丘应答弟子及时人之语者,即有四百四十四章;记孔门弟子及其相与之言者,只有四十八章;是前者占全书十分之九强。复考孔门弟子中,除子夏去世较迟(约在公元前420年前后)外,其年辈最幼的曾参(少于孔丘四十六岁),亦死于公元前435年左右。由此可以得出结论:《论语》在哲学史上所反映的时代,可能早于其成书年代五十年。

　　《论语》成书在历史年代上的古远性,从其简单的问答体裁及其从未离事言理的思维方法中,亦极易指出鲜明的时代烙印以为证明。但是,我们对于清人所谓"《汉书·艺文志》所载孔子以前各家著作,无论存佚,皆出后人伪托"之说,则必给以分析。此因与孔丘同时的邓析(公元前 545—前 501 年)及少正卯(公元前?—前 498 年)等人,均曾讲学及著述,亦均因被奴隶主贵族杀害而削其籍,以致失传;故《论语》一书之所以不仅为古代前期儒家的直接文献,且在中国古代哲学史上亦为先秦诸子中最古的私家著作,实因孔丘所创立的古代前期儒家学说,投合于奴隶主世袭贵族统治的需要,无论从政治或学术方面估价,都不能不粃糠视之。惟因其为私家著作,与官府的诰命不同,立论往往是针对论敌的观点而发,遂使其中保有多方面的思想资料,学者亦可各本所学对之作种种研究,并从中取得最原始的资料和最直接的论据。

著者拟透过《论语》一书,对于春秋时期社会性质问题,给以探索;进而对于古代前期儒家的阶级基础、思想体系及历史地位问题,略为阐明;因选散稿十三篇,以成此书。书分上、中、下三部,其间经纬条贯,需加说明:

上部为春秋时期社会性质问题的探索,故名"历史证件"。此所谓"证件",与"论据"不同;系从《论语》所记"孔子应答时人、弟子及弟子相与言"中,探求其无意透露的关于当时社会性质之资料,借以确定春秋时期是何历史阶段。此等资料,正因其出于无意中所透露,故亦无主观伪托成分,其在史料学上的客观价值,反而较有意的"论据"为高。

此部共五篇:其一,《释人民》。此篇分析春秋末叶社会的阶级关系,指明"人"与"民"是当时社会的两大主要对立阶级,亦即奴隶主与奴隶的关系。其二,《人仁古义辩证》乃《释人民》的续篇。在此续篇中,从字史、字义两方面,考辨春秋过渡时期"人"概念的历史特点,进而证明《论语》中"仁"字乃春秋"人"概念的特殊概括,亦即孔丘在过渡时期而仍坚持"复礼"路线以与"小人"变革路线相对抗的反动政治范畴,有具体的阶级内容;并对于所谓"爱一切人"的超阶级理解,有所驳正。其三,《有教无类解》亦是《释人民》的续篇。在此续篇中,通过旧注纠缪、章句训诂和字义疏证等三个环节,阐明"有教无类"的本义,与孔丘的教育思想毫不相关,进而驳斥了以之为"不问身家"、超阶级地教育一切人的谬说之无稽。其四,《君子小人辨》。此篇进而分析"人"的阶级内部的派别分裂,指明"君子"与"小人"虽同属于"人"的阶级,但"君子"系指奴隶主阶级的"复礼"派,"小人"则指春秋过渡时期的革新派,其中包括新兴的封建地主阶级、个体农民和手工业劳动者;二者是由于阶级立场不同而形成的两大对立派别。其五,《原贫富》。此篇指明所谓春秋时期,乃是生产关系由井田所有制向个体私有制转化的时期,并进而阐明"人"与"民"的阶级对立及"君子"与"小人"的派别分裂的经济基础及历史意义。

合此五项证件,首先确定春秋为奴隶制向封建制转化的过渡时期。其次确定春秋时期的基本矛盾为新兴的封建制生产关系与奴隶制上层建筑的对抗性矛盾;其根本义谛在于从井田所有制中产生了个体私有制,以两种所有制的矛盾为基础,在"人"的阶级内部引起了派别分裂,其争论的焦点,在于西周由"维新"路线①所保留的宗法遗制应否清除。最后确定孔丘所创立的古代前期儒家,是"人"中的"君子"学派,而以继承文王周公、维护宗法遗制,为自觉的历史任务,妄图以"复礼"来挽救奴隶制的危机,恢复西周奴隶制的盛世;并进而对"小人"的变革路线肆行攻击。反之,与孔丘同时的法家先驱者邓析与少正卯②以及较孔丘后起而与儒家对立的前期墨家,则均为"人"中的"小人"学派;当时儒法两家的斗争以及孔墨显学的对立,亦均为奴隶主阶级"复礼"派与新兴封建地主阶级革新派两条政治路线斗争在学术上的反映。

与上部《历史证件》相照应,中部为前期儒家思想体系问题的研究,故名《儒学究元》。此所谓"究元",与"分析"不同,系对《论语》中所有的逻辑范畴和政治观点,一方面探求其在当时阶级斗争条件下所以形成的社会根源,另一方面究明其对后世儒家的思想影响,墨道名法各家对之所作的批判改造及其颠倒扬弃的轨迹,亦酌加剔抉。

此部共分六篇:其一,《自然稽求》。此篇证明孔丘只以自然为比喻而不以自然为研究对象,因而在世界观上为宗教的天道说,在逻辑学上为类比的推理法。其二,《学习知能论》。此篇继《自然稽求》篇进一步阐明孔丘认识论的实质乃唯心论的先验论,其特点则是把经验、感觉限定于内省体验之中;后世知行关系问题上的唯心论支派即由此脱胎。其三,《两端异端解》。此篇指明孔丘在中国逻辑史上,坚持调和矛盾的形而上学观点,以对抗"小人"的朴素辩证逻辑思想,并使自己处处陷入自

---

① "维新"一词,见《诗·大雅·文王》。
② 参见《关于孔子诛少正卯问题》横排本,第53—60页。

相矛盾的混乱之中。其四,《说知探源》。此篇究明孔丘的逻辑推理形式,为由单称命题推论出全称命题,而以"因己推人"的伦理类比为立论前提;从而陷入主观唯心论的类比演绎错误。其五,《崇仁恶佞解》。此篇指明孔丘因受"复礼"立场约束而陷于泛伦理主义;在其泛伦理主义体系中,认识论与逻辑学不仅带有政治伦理色彩,且已丧失其探求真理的科学职能,降而为奴隶主贵族用以表达其反动政治伦理的工具。其六,《仁礼解故》。此篇以"克己复礼为仁"一语为引线,确证孔丘不以"仁"改造"礼",而以"礼"限定"仁",因而"仁"是第二位,"礼"是第一位。此种以"仁"从属于"礼"的思想体系,乃是"复礼"路线反动实质的暴露。在"为仁由己"的思想中,孔丘沿用了奴隶主贵族人"己"对称、自称为"己"的传统,以"己"为"为仁"实践的主体及"取譬"方法的出发点;而实乃在"复礼"反动路线的支配下,维护井田所有制,而以"礼"来限制个体私有制的发展,所以与墨家及法家对立的儒家,显然是一个反动的学派。

合此六项究元,对孔丘的世界观、认识论及逻辑学进行了探索。唯此三者在孔丘思想体系中为三位一体之势,故在阐发时亦往往前后援引,彼此互证。

依历史唯物主义原理:哲学是时代在思想中的反映。故上部《历史证件》即为中部《儒学究元》的根据;而两部十一篇的先后编次,其中自有"条理生生"之道;故虽个别分说,仍需并读合看。

综合上、中两部,更殿以《下部·孔门异同》以为全书"结语",共收《先进异同考》与《后进异同考》两篇,即从先、后进弟子各六人与孔丘问答及其相与论辩中,考定孔门自始即有路线分歧与学派对立;并且由先进至于后进,其分歧的路线性质愈益深刻,其对立的学派性格愈益明朗;儒法斗争的端绪,从此窥得,而所谓"儒分为八"及"儒墨訾应",亦均从此结胎。凡此,不仅为春秋过渡时期社会"一分为二"("人"、"民"阶级对立;"君子"、"小人"派别分裂)的辩证规律的反映,同时亦是孔丘的君子"复礼"路线及其调和矛盾("和而不同"、"攻乎异端")的必然归宿。

因此,探讨《论语》至《孔门异同》(即"一分为二")而止,不论在学派发展上或逻辑体系上,都是合理的终点。

书中所引章句,率用前人旧解;著者偶有管见,均已随文注明。然所提论题,多旧作所未见;所获结论,有前人所未发;所用方法,亦与经生传统的注疏训解大有区别；其不雷同于前人旧作，殊为显然。顾旧作不说，未必即非；本书创说，即亦未必全是；因名"新探"，就正于史哲先进，俾为今后改订，豫留地步。

（录自赵纪彬：《论语新探》，人民出版社 1976 年版。）

论语新探(节选)①

释人民

《论语》四百九十二章②中,言及"人"、"民"者共一百六十五章,内"人"字二百一十三见,"民"字五十见,共二百六十三个"人"、"民"字。

我们归纳全书,发现一件颇为有趣而意义亦相当重大的事实,即孔门所说的"人"、"民",是指春秋时期相互对立的两个阶级。两者在生产关系中是剥削与被剥削的关系,在政治领域中有统治与被统治的区别,因而其物质生活及精神生活的内容与形式,亦复互不相同。

兹依次考释如下:

一

首先,《论语》全书,除《先进》篇《子路使子羔为费宰》章,"有民人焉,有社稷焉"③一处而外,原则上或"人"、"民"对举,或分别单言,从不以"人民"或"民人"为合成名词。考其所以如此,似起因于春秋过渡时期所说的"人"、"民",本来就是指客观存在中的两个对立阶级,所以孔门有此用语,《论语》有此记载。

先就其"人"、"民"对举的章句来看:

---

① 这里节选的是该书上部"历史证件"之"释人民"部分。

② 《论语》各本分章互异,兹依何晏《集解》本。

③ 近人唐文治《论语大义定本》卷一一云:"民,庶民;人,庶人在官者。社,土神;稷,谷神……子路之意,言治,事神,皆所以为学。"今按:唐说用语,尚欠明晰;但依此亦足证明,《论语》此章,"民"、"人"亦是分指两个阶级,并非以"民人"为合成名词。

(1)《学而》篇记孔丘云："道（导）千乘之国，敬事而信，节用而爱人，使民以时。"

(2)《八佾》篇记哀公问社于宰我。宰我对曰："夏后氏以松；殷人以柏；周人以栗，曰'使民战栗'。"

例一表明，对"人"言"爱"，对"民"言"使"；"爱""使"二字，显示出"人"、"民"是划然有别的两个阶级。清人刘逢禄《论语述何》指出"人谓大臣群臣"；并引《易·讼二爻》"邑人三百户"，进而肯定"人谓天子上大夫受地视侯"的贵族阶级；①刘宝楠据此，亦谓"人非民"。②"民"字，《说文》训"众氓"；《书·多士序·郑注》"民，无知之称"；《吕刑注》及《诗·灵台序注》，并云"民者冥也"，"冥"亦"无知"之义。皇《疏》云：

"人"是有识之目，"爱人"则兼朝廷也；"民"是瞑闇之称，"使民"③则惟指黔黎也。

例二所说"殷人"、"周人"，清人毛奇龄《论语稽求篇》以为"人"指"人君"，并谓"树栗曰栗社……周名栗社，则其义以战栗（慄）为名，谓人君不可不使民畏威也"④。夏后氏称"氏"，与"人"义通，刘师培《论历代中央官制之变迁》，谓"师、旅以下，称人亦称氏，所谓氏者，官宿其业"⑤，亦颇为有据。

似此，"人"是统治阶级，"民"是被统治阶级，所以孔丘对"人"言"爱"，对"民"言"使"，《论语》全书，只有"爱人"语法，绝无"爱民"词句；从"爱"、"使"的对象不同，足以显示"人"、"民"的阶级差别。

有人说：《论语》中的"使"字，并非独用于"民"的专词，对"人"亦往往言"使"，"使人"亦《论语》中的常见语法。似此，何得以"爱"、"使"二字为区分"人"、"民"的标志？

对于此说，我们以为不然。此因《论语》对"人"言"使"，乃是另有所指，"使人"与"使民"，仍有阶级界限，不容发生混淆。兹摘录有关各章，

---

① 《皇清经解》卷一二九七，第 10 页。

② 《论语正义》，《皇清经解续编》卷一○五一，第 11 页。

③ "民"原作"之"，兹依上下文意改。

④ 《皇清经解》卷一七八，第 3 页。

⑤ 《刘申叔先生遗书》册五○，第 5 页。

并释其词义如下：

> （1）《子路》篇：君子易事而难说也，说之不以道，不说也；
> 及其使人也，器之。小人难事而易说也，说之虽不以道，说也；
> 及其使人也，求备焉。

清人毛奇龄《论语稽求篇》考辨，此章所说的"君子"、"小人"，皆指在位者。① 依此，则此章所谓"使人"之"使"，当亦指执政者范围内，上级对下级的"使令"而言。在"人"的阶级内部，对上言"事"，对下言"使"；此章"事"、"使"对举，词义甚明。《八佾》篇记：

> 定公问："君使臣，臣事君，如之何？"孔子对曰："君使臣以
> 礼，臣事君以忠。"

由此可见，"使人"与"君使臣"为同义语。但此只是反映当时"人"的阶级内部，政治地位有上下之别，例如：《雍也》篇"季氏使闵子骞为费宰"，《先进》篇"子路使子羔为费宰"，《子张》篇"孟氏使阳肤为士师"等等；然而，此种职位高低，则不能与阶级划分视同一律。因此，《论语》虽言"使人"，殊不足动摇"使民"一词的阶级意义；且"使"字既为以上对下的专词，反而更加证明"使民"一词显示着"民"在春秋过渡时期的政治隶属地位。

> （2）《宪问》篇：蘧伯玉使人于孔子。孔子与之坐而问焉，
> 曰："夫子何为？"对曰："夫子欲寡其过而未能也。"使者出。子
> 曰："使乎！使乎！"

此系以"人"的身份而为大夫作使者。孔丘既与之坐，又善其对，足见此被使之人，地位颇高，不能视为被统治阶级，甚为明白。

> （3）《阳货》篇：子张问仁于孔子。孔子曰："……恭、宽、
> 信、敏、惠……惠则足以使人。"

关于此章，清人刘宝楠《论语正义》释云：

---

① 《皇清经解》卷一八二，第 2 页。

> 《书·皋陶谟》云:安民则惠,黎民怀之。民怀其德,故足使之也。[1]

刘宝楠此注只十七字,而"民"字凡三见,且明言所使者为怀德之"民"。依此注解推断,颇疑此章所谓"使人"之"人",本来即为"民"字。经典中"民"字,在唐代因避太宗讳,多被改为"人"字,此或即其一例。

此外,《阳货》篇记子游对孔丘云"小人学道则易使也",亦为"使人"的一例;但此例一方面涉及"小人",另一方面又涉及"学道",拟在《君子小人辨》及《学习知能论》两篇中,分别详说,此不论及。

上录有关"使人"的句例,充其量只能证明言"使"不限于"民",对"人"亦可言"使";然而被使者虽未必一定是"民",而使之者则必然是"人"。此即是说,"使民"者必是"人","使人"者亦必是"人";"人"中虽有被使者,而"民"中则绝无"使人"者。似此,凡"民"皆是被"人"使用的工具,永远处于被役使、被驱使的地位,已属毫无疑义。

由此可见,对"民"言"使"的原则,决不因《论语》有"使人"章句而发生动摇;从而以言"爱"言"使"为分野,确定"人"为当时的统治阶级,"民"为当时的被统治阶级,此一看法,似乎仍然可以成立。

又有人说:《论语》既言"有教无类",又明言"教民";倘以"教"字为"教育","民"字为"人民",以"教民"为"教育人民",于词于义,均无不通。若准此解,是"民"与"人"在春秋过渡时期,都享有受教育的权利,其间未必有统治与被统治的阶级隶属关系。

我们认为:将"教民"释为"教育人民",此种说法,甚难成立。此因孔丘已明言"民可使由之,不可使知之";对于"不可使知之"的"民"而仍进行教育,岂非首尾乖错,自相矛盾? 由此可见,说孔丘以"民"为"教育对象",显系出于误解。尝考此种误解,似因对《论语》中"教""诲"二字的区别,未加详察,进而"以教释诲"所致。对此问题,今人马叙伦先生曾经指出:

> 以"教"释"诲",始《论语》孔注。彼以义为文耳,此亦非本训。[2]

---

① 《皇清经解续编》卷一〇七〇,第7页。
② 马叙伦:《说文解字六书疏证》卷五,第41页。

今按:马叙伦先生此说,的然有据;唯其对于"教"、"诲"二字在《论语》中究竟有无区别,有何区别,均未说及。实际上,今日所谓"教育",在《论语》中不名"教"而名"诲",其中"教"字与今日所谓"教育",字面虽同而实质大有区别,不能混同,《论语》亦从未混用。兹将言"诲"言"教"各章,分组录释如下:

甲、言"诲"组:

(1)《为政》篇:由,诲女知之乎? 知之为知之,不知为不知,是知也。

(2)《述而》篇:学而不厌,诲人不倦。

(3)同篇:若圣与仁,则吾岂敢? 抑为之不厌,诲人不倦,则可谓云尔已矣。

(4)同篇:自行束脩以上,吾未尝无诲焉。

(5)《宪问》篇:爱之能勿劳乎? 忠焉能勿诲乎?

《论语》言"诲"者,只此五章。兹逐次阐释:

例一,直呼子路而明言"诲汝"。旧注云:"汝者,平等之称。"下文表明所诲的内容是"知"。然孔门惟对于"人"始言"知",而与"民"无关;因为"民"在《论语》中是"不可使知之"的蠢然之物。

二、三例,均明言"诲人",且与"学"字对举,而《季氏》篇则以"民"为"困而不学"的"下愚":足见因学以致知,是"人"的特权,而"民"不在所诲之列。

例四明言所诲,限于"自行束脩以上";而"行束脩"亦唯"人"的阶级才有此经济条件。此理别详《原贫富》及《学习知能论》两篇,此不赘述。

例五未言及所诲者为谁,但明言以"诲"示"忠",对于所"忠"者才施以"诲",亦可推断所诲者仍限于"人"。此因除《为政》篇"使民敬忠以劝"一处而外,《论语》言"忠",全书皆是对"人"而发,"为人谋而不忠乎","与人忠","臣事君以忠"云云,即其铁证;且上句明言"爱之能勿劳乎",亦与前述对"人"言"爱"的原则恰相照应;由此可知所诲者为"人"而非"民"。

总此五例,足证孔门只对"人"言"诲",不对"民"言"诲"(《论语》明言"诲人",而全书无"诲民"之词),只以"人"为"诲"的对象,不以"民"为

"诲"的对象,此事至为明白。"诲"概念是以"人"为对象,以"忠"为动机,以"不倦"为精神,以"行束脩"为条件,以"知"为内容,以"平等"关系为媒介,务令所诲之"人","学而不厌",习为君子。

在《论语》中与"诲"字同义者,尚有"起"、"启","发"、"助"、"诱"等字。例如孔丘说子夏,"起予者商也",说颜渊"亦足以发","非助我者也",孔丘自述其诲人方法是"不愤不启,不悱不发",颜渊赞孔丘"夫子循循然善诱人"。由此可见,孔门师弟之间,在春秋过渡时期,已组成一个相互起、启、诱、发的"诲人"学派。

乙、言"教"组:

(1)《为政》篇:季康子问:"使民敬、忠以(与)劝,如之何?"子曰:"临之以庄则民敬,孝慈则民忠,举善而教不能则民劝。"①

(2)《述而》篇:子以四教,文、行、忠、信。

(3)《子路》篇:(冉有)曰:"既富矣,又何加焉?"(孔丘)曰:"教之。"

(4)同篇:善人教民七年,亦可以即戎矣。

(5)同篇:以不教民战,是谓弃之。

(6)《卫灵公》篇:有教无类。

(7)《尧曰》篇:不教而杀谓之虐。

总此七章七"教"字,其中包括的问题计有:

在例一、四、五中,皆已明言"教民",无庸多说。"敬忠以劝"全是执政者对"民"的要求,"人"对于"民"则无此义务;故孔门只说"与人忠",从不说"与民忠",此与前述《论语》言忠多是对"人"而发,义正相通。

例三只说"教之",未明言教谁;但全章系对卫国而发,则知所说庶而后富,富而后教,是主张在民足基础上,使之以时,可以富国;在国富、民足基础上,即应教练其民,俾可即戎。《论语》全书,没有"教人"明文,益证此章所说"教之"是指"教民"而言。

例二明言所教是"文、行、忠、信"。《论语》既言"使民敬忠以劝",又

---

① 三"民"字今本尽脱,兹据皇《疏》本校补。

言"民无信不立";《论语》虽无对"民"言"文"的明文,而《左传》僖公二十七年所记晋侯"以文德教民,一战而霸",则颇可以为旁证。《论语》诚无以"行"教"民"的章句,似不能以孔丘"四教"皆对"民"而言。然全书言"诲"言"教"共十二章,决不应因此章的一个"行"字,而推翻对"民"言"教"的原则。

例六"有教无类"一语,自来即多误解,而有意识的曲解亦复不少。实则此"有"字训"域",《诗·商颂·玄鸟》"奄有九有",《韩诗》作"九域",即为明证。此"类"字乃"族类"之类,《左传》成公四年"非我族类,其心必异";《左传》僖公三十一年"非其族类,不歆其祀",均用此义。依此,则"有教无类",即是说对于"民"实行军事教练,应按地域划分,而不分族类;亦即打破氏族纽带的界限,依照方舆本位,对本区域以内的奴隶阶级,一律实行军事教练,以适应公室征讨不德的需要。所以明人高拱释此章云:

> "类"是族类:言教之所施,不分族类。①

在"孔子讨论"中,有人将"有教无类",解作"不分阶级,实行普及教育";殊不知《论语》的"类"概念,尚无"阶级"之义,其"教"字亦与今日所谓"教育",不容混同。此中义蕴,颇为屈折,将另由《有教无类解》篇,逐层阐释。

例七表明,教而后杀,即不为虐,显系以奴隶主对奴隶有生杀特权为前提,则此"教"字为对"民"而言,自无可疑。

根据上述十二章资料及其所作解释,可以得出如下五条结论:

第一,与"诲"字以"人"为对象不同,"教"字则以"民"为对象;并且受教者为"民",而"教民"者则为"人"("善人教民"一语最明显);此与字书释"教"为"上所施下所效"之义正合。

第二,与"诲"字常和"学"、"知"相连不同,"教"字则只与"戎"、"战"相连;足证"教"不以启发知能为目的,而以军事技术为内容。前云《论语》中"教"字不是"教育"而是"教练",正指此事。②

---

① 《问辨录》卷八,河南省历史研究所据《四库全书》抄本,第 5 页。
② 关于"教"字的字义,另详见《有教无类解》篇。

第三,由"善人教民即戎"及"以不教民战是谓弃之"来看,可知"民"在春秋过渡时期,有应征打仗的义务,亦即民是兵源的蓄水池;而"人"对于"民"则有教练权与指挥权,亦即"人"是"民"的官长,"民"是"人"的兵卒。更与"使民以时"相结合,则知此应征打仗的"民",又是农业上的劳动力;而"人"与"民"的关系,正是在"耕战一体"基础上建立起来的隶属关系。

第四,"人"对于"民"不是平等的民主关系,所以不需要"人偶"的"爱"及"平等"的"诲",只需要无情的"使"及强制的"教"。此因奴隶制社会,只有在绝对性的强制体系中,才能进行生产。

第五,正因"人"对于"民"必须厉行绝对性的强制,所以诸如政制仪式的形象,均需出以俨然可畏。因此,对于"周人以栗"的社制取义,宰我(一说为哀公)解释成为"使民战栗",殊合当时"人"、"民"关系的实际。

总之,"爱人"与"使民"不同,"诲人"与"教民"有别,处处证明"人"的政治地位颇高,而"民"则为纯粹的被统治阶级;亦即"人"是奴隶主阶级,"民"是奴隶阶级,二者是对立统一的对抗性矛盾,是春秋过渡时期的基本矛盾。

二

《论语》中"人"、"民"分别单言各章,资料更为丰富,更易理解"人"、"民"区别的阶级实质。兹为行文方便,先释"民"字。

《论语》中"民"字凡五十见,皆指被统治阶级,绝无例外。例如:

(1)《颜渊》篇:季康子问政于孔子曰:"如杀无道,以就有道,何如?"孔子对曰:"子为政,焉用杀? 子欲善,而民善矣。"

按:《论语》所说"有道"、"无道",乃以对西周奴隶制礼乐的态度为标尺,破坏礼乐即是"无道",捍卫礼乐即是"有道"。在当时"民"中,必有对西周奴隶制礼乐坚持破坏态度者,故"民"亦有"有道"、"无道"之分。

季康子欲"杀无道以就有道",是其为政方针;孔丘对以"子欲善而民善",则是其"道之以德"的政论原理。由于政治观点不同,其所谓"有道"、"无道"的内容标准,亦当有所分歧;但此处却透露出一个历史秘密：“人”对于“民”有生杀权，“用杀”是当时奴隶主世袭贵族阶级对“民”惯用的统治方法。

  （2）《子路》篇：樊迟请学稼，子曰：“吾不如老农。”请学为圃，子曰：“吾不如老圃。”樊迟出，子曰：“小人哉樊须也！上好礼，则民莫敢不敬；上好义，则民莫敢不服；上好信，则民莫敢不用情（诚）。夫如是，则四方之民缁（襁）负其子而至矣，焉用稼？”

此章“民”与“上”对举，足证“民斯为下”，亦即被统治阶级的铁证：只要能使“四方之民襁负其子而至”，在“上”者无须乎亲自稼圃，又足证此种替“人”打仗而“人”可杀之的“民”，是当时农业生产过程中的直接生产者。清人金鹗著《释民》云：“民之本义，当属农人。《中庸》别庶民于工商，以时使薄敛为劝庶民之事……《孟子》许行、陈相皆治农事，而曰愿为氓，亦可知民专属农矣。”①此与前引“使民以时”，正可互训。

  在“上”者所以要“好礼”、“好义”、“好信”，其阶级斗争意义，则在于使民“莫敢不敬”、“莫敢不服”、“莫敢不用情”；由此可见，孔丘“道（导）之以德”的政治路线，完全是为“人”的阶级服务。

  关于樊迟所以请学稼圃的目的，自来有各种解说；而从孔丘所说“四方之民襁负其子而至”的答语推之，可知其意在用亲身参加农圃劳动的方法，进而解决奴隶逃亡（“民散”）问题，亦即对当时的“民”、“人”矛盾提出“小人”阶层的解决方案。此中义蕴，将在《后进异同考》篇详论；现在只拟指出：樊迟以“小人”身份请学稼圃，被孔丘从“复礼”的“君子”立场严加呵斥，足证春秋过渡时期的“君子人”，亦与古代希腊的奴隶主阶级同样，对于“小人”及“民”所从事的体力劳动，持有极端轻视的反动态度。

  春秋过渡时期，奴隶主世袭贵族的井田所有制，与新兴富人的个体私有制并存，其间虽有进步与落后之分，而却将“民”的阶级，置于两种所有制的双重剥削之中，因此，“民”对“人”的阶级斗争，实为推动奴隶制向封建制转化的历史动力；“人”的内部分化及斗争，即所谓“乱臣贼

---

  ① 《皇清经解续编》卷六七〇，第35—36页。

子"，亦唯利用"民"的力量，方能遂行其争夺政权的"篡弑"活动。兹将"民"的反抗斗争见于《春秋》三传者，依年代顺序，举例如下：

（1）桓公二年：宋殇公立，十年十一战，民不堪命。华督因民之不堪命，杀孔父而弑殇公。

（2）庄公二十八年：民慢其政，国之患也。

（3）僖公十九年：梁亡。初，梁伯好土功，民罢而弗堪，则曰"某寇将至"。乃沟公宫曰："秦将袭我。"民惧而溃，秦遂取梁。（《穀梁》："民为寇盗。"）

（4）文公三年：庄叔会诸侯之师伐沈，沈溃。凡民逃上曰溃。

（5）宣公十五年：初税亩，非礼也。《公羊》何诂云："时宣公无恩信于民，民不肯尽力公田。"清人钟文烝《穀梁补注》云："《汉书·五行志》刘向云：是时，民患上力役，解（懈）于公田。"

（6）成公九年：楚子重自陈伐莒，围渠丘……众溃，奔莒。楚师围莒，莒溃。

（7）襄公八年：民之多违（违有背礼，弃君二义）。

（8）昭公元年：民叛不即其事。

（9）昭公十三年：民患王之无厌也，故从乱如归。

（10）昭公二十三年：民弃其上。

（11）昭公二十六年：民卒流亡。

（12）哀公十四年：民遂叛之。

上述十二事，与《论语》所记"民"的斗争活动，颇为一致，两相印合，益足证春秋过渡时期"人"、"民"阶级矛盾的尖锐与斗争的激烈。为此，孔门站在"人"的立场，提出种种方案，企图"使民敬、忠以劝"，亦即使"民服"。例如：

（1）《学而》篇：慎终追远，民德归厚矣。

（2）《为政》篇：道之以政，齐之以刑，民免而无耻；道之以德，齐之以礼，有耻且格。

（3）同篇：哀公问曰："何为则民服？"孔子对曰："举直错诸

枉,则民服;举枉错诸直,则民不服。"

(4)《泰伯》篇:君子笃于亲,则民兴于仁;故旧不遗,则民不偷。

(5)《颜渊》篇:子贡问政。子曰:"足食、足兵,民信之矣。"子贡曰:"必不得已而去,于斯三者何先?"曰:"去兵。"子贡曰:"必不得已而去,于斯二者何先?"曰:"去食。自古皆有死,民无信不立。"

(6)《宪问》篇:上好礼,则民易使也。

(7)《卫灵公》篇:知(智)及之,仁不能守之,虽得之,必失之;知及之,仁能守之,不庄以莅之,则民不敬;知及之,仁能守之,庄以莅之,动之不以礼,未善也。

(8)《子张》篇:孟氏使阳肤为士师,问于曾子。曾子曰:"上失其道,民散久矣,如得其情,则哀矜而勿喜。"

上引八例证明,在春秋过渡时期,"民不服"、"民不敬",已形成世袭奴隶主贵族统治的政治危机,所以鲁哀公问"何为则民服"(此与前引季康子问"使民敬忠以劝如之何"义正相同);其不服、不敬的表现,则为"民偷"、"民散"、"民免"。

"偷"字《说文》作"愉"作"媮",有"巧黠"、"苟且"两解,亦即"患上力役,懈于公田",对井田所有制的奴隶制剥削,巧于怠工之义。正因"民偷"现象严重化,所以如何使"民劝"已成急待解决的问题。"劝"字与"勉"、"劳"、"勤"等字互训,"民劝"即使民不惮"憔瘁"、"尽心尽力"、"努力"于强制性的公田劳役,"以劳始,以廛终",永远"不怠"之义。[①]

"散"字旧有"失亡"、"走"、"不复行列而聚"等解,则"民散"即是奴隶逃亡。旧注此"散"字为"轻漂犯法",亦即逃亡的奴隶聚众为盗之义,《颜渊》篇所说"季康子患盗",当即指此。似此,则"民散"又与"民溃"互训。[②]

"民免"之免,旧注释为"苟免刑罚",殊失本义。清人钱大昕持"免

---

① 参见清人管礼耕《释勤》,《操戈斋遗书》卷四,《南菁书院丛书》本,第18—19页。
② 僖公十九年"民惧而溃",《穀梁》云,"民为寇盗",是为"民溃"确诂。

与脱同义"之说,则"免"即"散",同为"逃亡"之义。①

与"免"字相对,此章"有耻且格"之"格",则为"来"、"至"之义。今人马叙伦释"各"字云:

> 席世昌、罗振玉谓即来格之格本字……罗以甲文作◌◌,谓从𠂈为象足形自外至,从口自名也。伦谓……甲文所从之𠂈、𠂈即五篇麦字所从得声之𠂈,为来之初文……◌即𢓊之初文,而𠂈之后起字,初止以足指向内,表自我之对方而来之义……甲文或作◌、◡亦履字。古入则脱履,出则纳履,足履而向内,明其为来也。②

据此可知,训"至"训"来"之格,乃"民散"、"民免"的反词,亦即逃亡的奴隶,相率归来,永安旧居;前引《樊迟请学稼》章所说"四方之民,襁负其子而至",亦指此事。《礼记·缁衣》篇引孔丘云:"夫民,教之以德,齐之以礼,则民有格心;教之以政,齐之以刑,则民有遯心。"正是此章"民免"、"且格"之义。

凡此"民偷"、"民散"、"民免",与《三传》所记"民叛"、"民溃"、"民为寇盗"、"民不尽力于公田"等事,参证对读,即可见春秋过渡时期,"民"对"人"的阶级斗争,是何等尖锐。孔门针对此种形势,曾提出各种方案;如以上八例所说,此等方案计为:举直错枉,导之以德,仁以守之,动之以礼,慎终追远,笃于亲旧,好礼、立信等名色;总而言之,约为"德治"、"举贤"两类,其目的完全是为"人"的阶级服务。关于此中秘密,鲁迅先生曾经指出:"孔夫子曾经计划过出色的治国的方法,但那都是为了治民众者,即权势者设想的方法,为民众本身的,却一点也没有。"③我们前面所说孔丘站在"人"的立场,提出各种方案,目的只在使"民服",亦是此义。

但是,春秋末叶,"人""民"矛盾激化,乃奴隶制向封建制过渡的规律,孔丘妄图使"民服""民劝"的各种方案,只能是唯心主义的幻想。关于此点,孔丘自己亦已感到绝望的悲哀。例如:

① 《十驾斋养新录》卷三,《皇清经解》卷四四一,第8页。
② 《说文解字六书疏证》卷三,第93—94页。
③ 《在现代中国的孔夫子》,《鲁迅全集》第六卷,第319页。

(1)《雍也》篇:中庸之为德也,其至矣乎,民鲜久矣!

(2)《卫灵公》篇:民之于仁也,甚于水火。水火,吾见蹈而死者矣,未见蹈仁而死者也。

似此,对于孔门的"德治"、"举贤"等方案,拒不接受,足证"民"在春秋过渡时期,是最受压迫的阶级,亦是最革命的阶级。

《论语》中尚有两处言及"逸民",从各方面看,均与"民"不同,需加考辨。兹先录其原文,然后再行分析:

(1)《微子》篇:逸民:伯夷、叔齐;虞仲、夷逸;朱张,柳下惠、少连。子曰:"不降其志,不辱其身,伯夷、叔齐与!谓柳下惠、少连:降志辱身矣;言中伦、行中虑,其斯而已矣。谓虞仲、夷逸:隐居放言,身(行)中清,废(发)中权。我则异于是,无可无不可。"

(2)《尧曰》篇:兴灭国,继绝世,举逸民,天下之民归心焉。

此处有三个问题需要解决:

第一,《论语》只在言"人"的场合,才提出姓名。例如:

(1)《雍也》篇以澹台灭明为人。

(2)《宪问》篇以管仲为人。以子产为惠人。

反之,在言"民"的场合,从无一处提出姓名者。此因"民"在春秋时期,本来即是与家畜同类的活的生产工具,本来即无姓名。然而,一旦言及"逸民",却连续提出七位"大名鼎鼎"的人物。

第二,在《论语》中,只有"人"才有资格发"言"。例如:

(1)《泰伯》篇:人之将死,其言也善。

(2)《子罕》篇:达巷党人曰。

(3)《子路》篇:人之言曰。南人有言曰。

(4)《卫灵公》篇:君子不以言举人,不以人废言。可与言而不与之言,失人;不可与言而与之言,失言;知(智)者不失人,亦不失言。

(5)《尧曰》篇:不知言,无以知人也。

(6)《公冶长》篇:始吾于人也,听其言而信其行;今吾于人也,听其言而观其行。

从此可知,不仅唯"人"才有发"言"权,而且亦唯"人"才有"言行"可观。《先进》篇所说:"德行:颜渊、闵子骞、冉伯牛,仲弓;言语:宰我、子贡";只能是"人"的学习科目。反之,"民"在春秋,则不仅绝无发"言"权,而且亦无可观之"行"。因此,《论语》全书,无"民"的说话;关于"民"的社会、生产的实践,亦不名"行"而名"由",亦即"民可使由之"之由。

但是,与"民"相反,"逸民"则"隐居放言","言中伦,行中虑";且有政治身份可"废"、可"辱",其"废"亦有"中权"与否的问题;其"志"又有"降"与"不降"的节操差别。凡此等等,足证"逸民"在春秋,政治地位之高,迥非"民"比。

第三,《论语》言"举",皆指"人"而言;凡所"举"者皆是"人",凡"举人"者亦是"人",而"民"不得参与其事。例如:

(1)《颜渊》篇:樊迟问仁,子曰:"爱人。"问知(智),子曰:"知人。"樊迟未达,子曰:"举直错诸枉,能使枉者直。"樊迟退,见子夏曰:"乡(嚮)也吾见于夫子而问知(智),子曰'举直错诸枉,能使枉者直',何谓也?"子夏曰:"富哉言乎!舜有天下,选于众,举皋陶,不仁者远矣;汤有天下,选于众,举伊尹,不仁者远矣。"

(2)《子路》篇:仲弓为季氏宰,问政。子曰:"先有司,赦小过,举贤才。"曰:"焉知贤才而举之?"子曰:"举尔所知;尔所不知,人其舍诸?"

上引二例涉及问题颇多,如"爱人"、"知人"问题,樊迟、子夏对"举贤"的理解及态度问题等,均俟另由专篇分别详论。于此只说:"举直"、"举贤",目的只在于使"民服",既非"举民"、"错民",亦非"民举"、"民错"。但是,"民"不可"举"而"逸民"则可"举","举逸民"且可使"天下之民归心焉"。似此,则"逸民"与"民",名虽易混,而实非一个阶级,彰彰明甚。

关于"逸民"的由来,史无明文可考。我们以为,殷周之际,由于生产力低下,被征服的氏族,其贵族与奴隶,往往被集体杀掉;甲骨、金文所谓"俘人"、"伐人",并与牛、羊、犬、豕,同作祭牲,即是此事。嗣后,由于奴隶制社会进一步发展,其所保留的宗法氏族遗制,至春秋而急剧瓦解,在新兴个体私有制的封建生产方式日益压倒井田所有制("私肥于公")的经济变革过程中,不仅大批杀掉奴隶的风习已经绝迹,并且亦有"人"沦落于"民"的地位;此等"式微"的贵族,当即与所谓"逸民",异名同实。至其沦落的原因,虽不甚可考,但依一般社会史的通例推断,似不外乎破产、犯罪、政治斗争失败或亡国等事。春秋此类人物,如宁戚,百里奚等,且不必说;如据《吕氏春秋·开春》篇、《说苑·善说》篇及《史记·孔子世家》推敲,则叔向与孔丘二人,亦似均曾一度沦为"逸民";上述孔丘将自己与"逸民"较量异同的口气,当即透露此中消息。

正因"逸民"是从"人"的阶级隐匿"民间",在孔丘的"从周"立场看来,以其贵族传统的政治、文化教养,当在"民"中有一定影响;所以说:"举逸民,天下之民归心焉。"实即把已被打倒的奴隶主贵族重新扶植起求,妄图复辟的反动措施。"举逸民"一语,义正在此。

三

"民"的训义,已如上述。其次,再释"人"字。

《论语》中"人"字凡二百一十三见,随处表明是与"民"不同的另一个阶级。首先,前面说过:只要能打仗,会生产,对上"莫敢不敬","莫敢不服","莫敢不用情",执政者认为"易使",即为理想的"民";但是,理想的"人",则大不相同。例如:

> 《宪问》篇:子路问成人。子曰:"若臧武仲之知(智),公绰之不欲,卞庄子之勇,冉求之艺,文之以礼乐,亦可以为成人矣。"曰:"今之成人者,何必然?见利思义,见危授命,久要不忘平生之言,亦可以为成人矣。"

一个"成人",所以必须具备这样复杂的条件,如前引《樊迟问仁》章、《仲弓为季氏宰》章所说,是因为春秋时期的"人",一方面可以"举人"走上政治舞台,另一方面又可以被"举"走上政治舞台;此即是说,春秋时期的政权,完全是"人"的政权,被"人"的阶级所垄断。因此,凡"人"不仅有被"举"的权利,并且有"举人"的义务,能很好地行使权利,克尽义务,即是所谓"仁",否则谓之"不仁"。例如:

《雍也》篇:子贡曰:"如有博施于民而能济众,何如? 可谓仁乎?"①子曰:"何事于仁,必也圣乎,尧舜其犹病诸。夫仁者,己欲立而立人,己欲达而达人,能近取譬,可谓仁之方也已。"

此章章旨,旧注尽失其解,兹特摘要简释如下:

第一,子贡以"能济民"为"仁",孔丘以"仁"只限于"人"的内部的"立"、"达";分歧至为明白。至其分歧的意义,将在《先进异同考》中详论,于此从略。

第二,"己立立人"之"立",实即"位"字;《周礼·春官》小宗伯掌建国之神位,郑《注》云:"故书,位作立。"郑司农云:"立读为位,古者立位同字,《古文春秋经》公即位,为公即立。"段玉裁云:"谓别无位字也。"徐养原云:"此古文假借字也,古借立为位,篆加人傍。"依此,则此章两立字均为位字无疑。此在《论语》,亦有显例:

(1)《里仁》篇:不患无位,患所以立。

清人刘宝楠《论语正义》云:"或谓立与位同……患所以位,谓患己所以称其位者。"

(2)《卫灵公》篇记孔丘云:臧文仲,其窃位者与! 知柳下惠之贤而不与立也。

清人俞樾《群经平议》释云:"不与立于朝廷而曰不与立,文义未足;立当读为位……然则,不与立即不与位,言知柳下惠之贤而不与之禄位也。"

此"窃位",《左传》文公二年作为臧文仲"三不仁"之一;由此更可反证,"己立立人"为"仁"之义。

第三,"己达达人"之"达",即仕宦显达之义。《孔子家语·贤君》篇云:"吾闻鲍叔达管仲,子皮达子产,未闻二子之达贤己者也。"《六本》篇云:"以富而能富人者,欲贫不可得也;以贵而能贵人者,欲贱不可得也;以达而能达人者,欲穷不可得也。"今按:《家语》乃王肃伪作,而此两篇五"达"字,则确系《论语》此章己达达人之古义。

---

① 《三国志·钟繇传》:"子贡问:能济民可谓仁乎?"

总此足证,所谓"己立立人,己达达人",乃孔丘"举贤"的政治用语,而对"人"言"爱",亦即立人、达人之义;由此而在"人"的内部调和矛盾,故又谓为"仁之方";所谓"仁者爱人",本义如此。

就此本义而言,则喧嚷一时的所谓"仁者爱人就是爱一切人"的说法①,其为毫无根据,一目了然。此因作为"爱人"内容的"举贤"、"举直",完全限于"人"的阶级内部,其目的非但排除"民举"、"举民",而且在于企图将政权永远掌握在"人"的手中,而"使民"永远"敬忠以劝"。

正因春秋是"人"的阶级独占政权的时期,所以在《论语》中,"得人"、"知人"便成为邑宰的政治任务之一。例如:

(1)《雍也》篇:子游为武城宰。子曰:"女得人焉耳乎?"曰:"有澹台灭明者,行不由径;非公事,未尝至于偃之室也。"

(2)《颜渊》篇:樊迟……问知(智)。子曰:"知人。"樊迟未达。子曰:"举直错诸枉,能使枉者直。"

(3)《子路》篇:仲弓为季氏宰,问政。子曰:"……举贤才。"曰:"焉知贤才而举之?"曰:"举尔所知,尔所不知,人其舍诸?"

正因"知人"为"举贤"的政治任务,所以"知人为智,爱人为仁",成为通诂恒言;《书·皋陶谟》"知人则哲",实从此出。在《论语》中,如何对待"人知"己?如何求得己"知人",遂成为伦理学及认识论的重要课题。例如:

(1)《学而》篇:人不知而不愠,不亦君子乎?

(2)同篇:不患人之不己知,患己不知人也。

(3)《里仁》篇:不患莫己知,求为可知也。

(4)《子路》篇:不患人之不己知,患己无能也。

(5)《宪问》篇:莫己知也,斯己而已矣。

(6)同篇:子曰:"莫我知也夫!"子贡曰:"何为其莫知子也?"子曰:"不怨天,不尤人,下学而上达,知我者其天乎!"

---

① 冯友兰:《论孔子关于"仁"的思想》,《哲学研究》1961年第5期。

（7）《卫灵公》篇：君子病无能焉，不病人之不己知也。

上引七例，是对待"人知"己的态度。

（8）《为政》篇：视其所以，观其所由，察其所安，人焉廋哉？人焉廋哉？

（9）《公冶长》篇：始吾于人也，听其言而信其行；今吾于人也，听其言而观其行。

（10）《卫灵公》篇：吾之于人也，谁毁谁誉？如有所誉者，其有所试与！

清人毛奇龄《论语稽求篇》云："此言举错之当公也……又后汉谷永荐薛宣疏，以宣为御史中丞，举错皆当，如有所誉，其有所试。皆引此作用人解。"

（11）《尧曰》篇：不知言，无以知人也。

上引四例，是讲求己"知人"的方法。

总上两方面十一例，可见在"人"的阶级内部，"人知"己，己"知人"之所以如此重要，完全是由于"人"的阶级独占政权的需要。

当春秋时期，凡属"人"的阶级，不论在朝在野，除"举人"及被"举"以外，尚享有如下几种权利：

第一，参政权。

（1）《学而》篇：子禽问于子贡曰："夫子至于是邦也，必闻其政；求之与？抑与之与？"子贡曰："夫子温良恭俭让以得之；夫子之求之也，其诸异乎人之求之与！"

（2）《子路》篇：冉子退朝。子曰："何晏也？"对曰："有政。"子曰："其事也！如有政，虽不吾以，吾其与闻之。"

第二，议政权。

（1）《八佾》篇：事君尽礼，人以为谄也。

（2）《季氏》篇：天下有道，则庶人不议。

第三，裁判权。

(1)《颜渊》篇:听讼吾犹人也,必也使无讼乎!

(2)同篇:片言可以折狱者,其由也与?

第四,军队教练及指挥权。

(1)《子路》篇:善人教民七年,亦可以即戎矣。

(2)《子罕》篇:子畏于匡。曰:"文王既没,文不在兹乎?天之将丧斯文也,后死者不得与于斯文也;天之未丧斯文也,匡人其如予何?!"

按:《史记·孔子世家》云:孔丘"去卫,将适陈,过匡⋯⋯匡人闻之,以为鲁之阳虎;阳虎尝暴匡人,匡人于是遂止孔子。[1] 孔子状类阳虎,拘焉五日⋯⋯匡人拘孔子益急,弟子惧,孔子曰'文王既没,文不在兹乎'"云云。似此,简子带甲士以围孔丘,孔丘称"匡人其如予何",足证春秋时期的军队指挥权,在"人"的阶级手中。

正因"人"是有权的统治阶级,所以执政者对于"人",不敢不"尽其敬礼忠恕"。[2] 例如:

(1)《学而》篇:为人谋而不忠乎?

(2)《公冶长》篇:晏平仲善与人交,久而敬之。

(3)《颜渊》篇:君子敬而无失(佚),与人恭而有礼。

(4)《子路》篇:居处恭,执事敬,与人忠。

(5)《卫灵公》篇:志士仁人,无求生以害仁,有杀身以成仁。

(6)同篇:躬自厚(责)而薄责于人,则远怨矣。

(7)同篇:己所不欲,勿施于人。

(8)同篇:君子求诸己,小人求诸人。

(9)《子张》篇:我之大贤与,于人何所不容?我之不贤与,人将拒我,如之何其拒人也?

反之,如果执政者对于"人",万一应付不得其道,往往引起"犯上作

---

[1] 《家语》及《韩诗外传》均谓"匡人简子,以甲士围孔子"。

[2] 清人阮元《论语论仁论》语。

乱"的事件。例如：

（1）《学而》篇：其为人也，孝弟而好犯上者，鲜矣；不好犯上而好作乱者，未之有也。

（2）《泰伯》篇：好勇疾贫，乱也；人而不仁，疾之已甚，乱也。

（3）《季氏》篇：远人不服，则修文德以来之……今……远人不服而不能来也……吾恐季孙氏之忧，不在颛臾，而在萧墙之内也。

（4）《阳货》篇：君子有勇而无义，为乱；小人有勇而无义，为盗。

上引四例，已涉及春秋过渡时期，"人"的阶级的内部矛盾及斗争问题，将在《君子小人辨》篇详论；但是，从此亦可说明："人"在春秋是一个统治阶级。因此，"人"尚有"民"所不能享有的各种物质及精神生活：

第一，古代希腊自由人风味的游泳。

（1）《先进》篇：莫春者，春服既成，冠者五六人，童子六七人，浴乎沂，风乎舞雩，咏而归。

第二，歌唱（徒歌及乐歌，即"学道"、"学礼"、"学乐"）。此除（1）引"咏而归"之外，又如：

（2）《述而》篇：子与人歌而善，必使反之，而后和之。

（3）《阳货》篇：子之武城，闻弦歌之声……君子学道则爱人，小人学道则易使也。

第三，与歌唱、学礼相连，尚有"学《诗》"。

（4）同篇：人而不为（学）《周南》、《召南》，其犹正墙面而立也与！

第四，与习礼相关的饮酒。

（5）《为政》篇：有酒食，先生馔。

（6）《乡党》篇：乡人饮酒，杖者出斯出矣。

(7)同篇:唯酒无量,不及乱。

第五,与军事权相连,"人"亦乘马。

(8)《公冶长》篇:愿车马、衣裘①与朋友共,敝之而无憾。

(9)《雍也》篇:赤之适齐也,乘肥马,衣轻裘。

第六,"奥林匹克"型的迎神驱疫会。

(10)《乡党》篇:乡人傩②,朝服而立于阼阶。

总结以上各方面的考察,足证《论语》所说的"人"与"民",相当于一般奴隶制社会的两大阶级:"民"是奴隶阶级,"人"是奴隶主阶级。③ 在先秦文献中,由于时期、地域及学派不同,关于奴隶与奴隶主两个不同阶级的称谓,自有歧异与变迁;但就《论语》语法来看,如此确定,于全书章句,似乎尚无不合。孔门言"诲",系以"人"为对象;孔门的政论,亦系为"人"的阶级服务。因此,我们认为:孔丘所创立的古代前期儒家,是春秋时期"人"的阶级的学派。

我们如此确定"人"、"民"的阶级属性,及孔门的阶级基础,亦均未敢自信,率尔言之,意在提供讨论,藉求正是。但是,如冯友兰先生所说:"'人'在春秋时期,只是一种泛指,并没有政治地位的意义。"④因而,孔丘所说的"爱人",也就是"爱一切人"云云,我们却不敢同意。此因对于阶级社会而肯定其有"没有政治地位的意义"的"抽象的人",显然是用《新理学》的抽象方法,代替了历史唯物主义的阶级分析。关于此一问题,将在本书《君子小人辨》以下各篇,陆续给以研讨。

(录自赵纪彬:《论语新探》,人民出版社 1976 年版。)

---

① 今本作"友轻裘",衍"轻"字,兹据阮元《论语校勘记》校删。
② 郑《注》:"傩",鲁读为"献",今从古。
③ 关于"人"的阶级内涵,详见《君子小人辨》篇。
④ 冯友兰:《论孔子关于"仁"的思想》,《哲学研究》1961 年第 5 期。

高赞非儒学学案

高赞非（1906—1969），原名佩纶，山东郯城人。中国当代儒家学者。

高赞非于 1922 年考入济宁中西中学，半年后辍学到商店做学徒，不久又到马头承志小学做教员。1924 年夏，经父亲的友人引荐前往曹州省立中学拜见梁漱溟。当时熊十力正在梁漱溟主办的重华书院任主讲，遂以学生身份跟随熊十力学习。其后，又随熊十力辗转武昌、北京、上海、南京各地，在其指导下学习心理学、哲学、伦理学。1927 年秋，经熊十力介绍到南京中央大学哲学院任助理。1930 年初，梁漱溟在河南辉县创办村治学院，受邀前往任教。此后数年，随梁漱溟致力于乡村建设运动，先后担任邹平山东乡村建设研究院班主任、山东乡村建设研究院菏泽实验县巡回导师、山东乡村建设研究院第一分院教育长、菏泽乡村建设师范教育长。抗日战争开始后，投入抗战工作。1955 年，因"是梁漱溟和熊十力的早期弟子，素来重视儒学研究"，被任命为山东师范专科学校第一任校长。1956 年，山东师专改为曲阜师范学院，任院长并兼党委书记。对该院的儒学及孔子研究具有重要贡献，如确立学院的办学宗旨之一，就是要担负起在国内推动儒学研究的使命；采取措施，把儒学的研究课题分配给社会科学各系来承担；对曲阜儒家文化资源进行系统调查；大量搜购和搜集儒家文献；组织大学生全面抄录广布于曲阜的碑刻；参与孔府档案的研究与整理；等等。在其主张下，曲阜师范大学成立了孔子研究会，从事儒学的专门研究。

1962 年，高赞非在《文史哲》上发表《孔子思想的核心——仁》一文,认为"仁"的思想一般的意义是"爱人",是封建的人道主义;"仁"的思想的特殊的意义,乃是一种忘我的、无私的、积极奋发的精神,是孔子所指的最高的道德标准;"仁"的更本质的意义,乃在于它又是孔子世界观的重要组成部分,是他一切思想的出发点与归宿点。这篇文章在1962 年全国孔子学术研讨会上宣读,受到专家学者的重视,但也被指责为"离开了马克思主义的阶级分析方法"。此外,其著作还有《大学生的学习方法》、《论孔子的心理》等。

（徐庆文）

孔子思想的核心——仁

　　大凡研究孔子思想的，总要涉及到"仁"的问题。因为"仁"是孔子经常提到的道德标准。《论语》里有五十八章谈仁，并且其他很多语义和思想都看出同"仁"有密切的关系。所以我们完全有理由说，"仁"是孔子的思想最核心的问题，是他许多主张的出发点。这一看法现在学术界一般是同意的。但"仁"的涵义究竟是什么呢？"仁"的作用又是什么呢？近人有关孔子的研究中，却有许多不同的解释。有的把它看作是所谓"国民的属性"和"君子的属性"（侯外庐《中国思想通史》）；有的把它看作是"牺牲自己以为大众服务的精神"（郭沫若《十批判书》）；有的把它看成是"人为条件的先天秉赋"（吕振羽《中国政治思想史》）；有的认为"仁"就是"他的'吾道一以贯之'的'忠恕'之道"（关锋、林聿时《论孔子》，见《哲学研究》1961 年第 4 期）。都有一定的根据，并且都能说明一定的问题。但深入钻研起来，就会发现所有这些解释，都很难把"仁"的思想全部地概括起来。譬如你如果认为"仁"的思想就只是"牺牲自己以为大众服务的精神"即所谓"爱人"了，但这又与像"克己复礼为仁"，"刚毅木讷近仁"这类的语句很难在内容上沟通起来，确定其内在的联系。再如假使肯定孔子"仁"的思想实际是"忠恕"之道了，但除了曾子讲过"夫子之道，忠恕而已矣"，其他"仁"的言论，却很少提到"忠恕"的字样，就看出"仁"的涵义并不只是"忠恕"的内容。所以"仁"的思想，我们虽然加以挖掘加以整理了，但却应该认为还没得到完整的说明，还须在已有的基础上继续前进。

　　为什么一直到现在我们还对于"仁"的思想不能得到比较完整的说明呢？我的一点粗浅的看法，认为是在方法上还存在一定的问题。首先，在我们的研究中，还往往不善于从发展中来看孔子有关"仁"的思想。看看哪些是属于一般的或初期的思想,哪些是属于加以提高的或者是孔子后期的思想,往往一概而论,想一下子抓到"仁"的最本质的东西加以概括,就很难得到恰当的解释,甚至不能不得到片面的结论。其次对待孔子"仁"的思想,往往不能从其思想内在的逻辑上加以展开,往往是刚刚肯定便加否定,就始终很难抓住孔子的思想本质,把孔子的思想还诸其本来的面目,从而实事求是地分析哪些是积极的东西,哪些是消极的东西,就使研究的结果往往成了浮泛的议论,也不能使人们分清哪些是应该批判地加以继承的东西。

基于以上的认识,我想从孔子思想的发展上,从其各方面思想内在的联系上来探求"仁"的思想全面的内容,来探求"仁"的思想在孔子全部思想中究竟起了什么作用。这些看法可能有很多的缺点和错误,希望同志们加以指正。

一 "仁"的思想一般的意义是"爱人",是封建的人道主义

打开《论语》,我们就可看到有很多话是说的关于"爱人"的思想。"樊迟问仁,子曰爱人;问知,子曰知人。"(《颜渊》)这是孔子对于"仁"的最明确的答复。但他这个所谓爱人,却不是如墨子之所谓兼爱,而要来体现所谓"亲亲之杀",就是要从自己最亲近的地方来做起,也就是说要按照封建社会以家族为本位的特点来进行。就是要"弟子入则孝,出则弟,谨而信,泛爱众,而亲仁"(《学而》)。要首先注意孝弟,提出"孝弟也者,其为仁之本与?"(《学而》)在孝弟之外,还要注意"立人"、"达人",《雍也》篇记孔子答复子贡的话是"夫仁者,己欲立而立人,己欲达而达人,能近取譬,可谓仁之方也已",这就是说要自己好,也要别人好。

由于"仁"就是要人去"爱人",所以他对于人物的评价,也是很多是从这个标准来提出意见的。《论语·宪问》篇记录了孔子对管仲的评论,有一段这样说的话:

> 子贡曰:"管仲非仁者与?桓公杀公子纠,不能死,又相之。"子曰:"管仲相桓公,霸诸侯,一匡天下,民到于今受其赐,微管仲,吾其被发左衽矣。岂若匹夫匹妇之为谅也,自经于沟

渎,而莫之知也。"

《微子》篇评论殷商名人这样说：

微子去之,箕之为之奴,比干谏而死。孔子曰:"殷有三
仁焉。"

这就是说,管仲、微子、箕子和比干,都在爱护人民上作了一定的贡献,
所以都许之以"仁"。

由于他主张爱人,所以在政治上,他就不像法家那样用严厉的刑罚
来强迫人们服从统治者的要求,而主张用一种温和的办法就是所谓"德
治"的办法来治理国家。如说:"道千乘之国,敬事而信,节用而爱人,使
民以时。"(《学而》)"子曰:'为政以德,譬如北辰,居其所,而众星共
之。'"(《为政》)"道之以政,齐之以刑,民免而无耻;道之以德,齐之以
礼,有耻且格。"(《为政》)"季康子问政于孔子曰:'如杀无道以就有道何
如?'孔子对曰:'子为政,焉用杀? 子欲善而民善矣,君子之德风,小人
之德草,草上之风必偃。'"(《颜渊》)这些都看出他非常注意用比较温和
的方法来处理社会内部的矛盾。此外他还更大胆地提出了经济上的
"均平"主张。就是所谓"不患寡而患不均,不患贫而患不安"的思想。

这些在今天看来都是很平常的道理,都是为封建统治阶级服务的
思想,但一把这些思想和孔子所处的时代联系起来,就不能不承认这些
思想在当时乃是一种伟大的思想,是一种空前的创造。

原来"仁"的思想,在孔子以前是没有表现的,"仁"这个字,在孔子
以前也是看不见的。如郭沫若同志所说:"仁字是春秋时代的新名词,
我们在春秋以前的真正古书里面找不出这个字,在金文甲骨文里也找
不出这个字。这个字不必是孔子所创造,但他特别强调了它是事实。"
(《十批判书》)这里就要问,为什么孔子要提出"仁"的问题来呢?"仁"
的思想究竟有什么时代的意义呢?

孔子所处的春秋时代,历史学家多数人的意见是由奴隶社会到封
建社会过渡的时期。中国的奴隶社会同西欧的奴隶社会自然有其不同
的特点,但把奴隶不当人看待,可以随便加以刑罚甚至杀戮,则是共同
的地方。在历史上,中国奴隶社会如殷商时期,虽然没有把奴隶当作

"会说话的工具"的说法,但把奴隶当作"畜民"(《尚书·盘庚篇》),当作"刍"(见甲骨文)却是殷商时期的通称,也就是把奴隶当作牲畜的意思。从殷商时期发现的以至到封建社会初期还存在的"人殉"制度,就是把奴隶当做奴隶主的工具,可以随意进行人身消灭的极为残酷的制度。奴隶主对于奴隶的压迫,是奴隶所忍受不了的,奴隶们对奴隶主便不能不展开尖锐的斗争。西周时期的奴隶就经常用怠工、破坏工具、逃亡等方式,向奴隶主贵族开展斗争。春秋时代一些奴隶主贵族在奴隶斗争的威胁下,不得不被迫改变剥削方式,而开始产生了封建的依附关系。在这个社会大的变革时代,不能不有一定的思想反映,孔子"仁"的思想,就不能不认为是当时最重要的一个划时代的思潮。"仁"的最普通的意义是"爱人",是承认人的生存权利,在当时说正是反映了广大奴隶的要求,同时也是开始由奴隶主向封建主转化的新兴的地主阶级的要求。因为保护奴隶的生存,对于发挥被解放了的奴隶也就是农民的生产积极性更有利一些,更便于新兴地主阶级的剥削。在这一个时代的"仁"的思想,不是别的,就只能是反对奴隶制的人道主义。这对摧毁奴隶制度,促进封建生产关系的发展,无疑是会起一定的作用的。

所以"仁"虽然是孔子所特别强调的思想,却不能认为就是从孔子主观愿望产生出来的,而是时代的反映,是当时阶级斗争形势下已经存在的被压迫阶级要求的集中表现,也是新兴地主阶级所能接受的思想。它走在封建社会前面,随着封建生产关系的发展时,它本身便可反过头来起伟大作用于生产关系。这是一个不可抗拒的潮流。孔子是在这个时代里第一个把这种思想加以集中加以强调的人。正因为他所强调的是一个时代的思潮,所以在孔子当时与孔子死后不论是赞成他的与反对他的,对于"仁"的思想,却不能不接受过来,而加以宣传。比如墨子是反对儒家最力的人,却也一再来讲"仁"。他曾说:"仁之所以为事者,必兴天下之利,除天下之害,以此为事者也。"(《墨子·兼爱下》)又说:"仁者之为天下度也,辟之无以异乎亲子之为亲度也。"(《墨子·天志上》)《墨子》书上其他谈"仁"的地方还很多,基本内容也就是爱人的意思。韩非子是法家,是最反对孔子的,他曾把儒家当作"五蠹"之一,是非常鄙视"仁义"的,但对于"仁义"也不能不表示一定的承认。他曾这样说:"故文王行仁而王天下,偃王行仁而丧其国,是仁义用于古而不用于今也。故曰世异则事异。"(《韩非子·五蠹篇》)这就表示"仁"还有一定的价值,而他所承认的这个价值,从其全部议论来分析,无疑也是爱人的意思。因为据韩非子的观点看,人是不能爱的,只能用法来控制。至于庄子则是主张忘仁义,去是非的,但也不得不说:"今世之仁人,蒿目而忧世之患,不仁之人,决性命之情而饕富贵,故意仁义其非人情乎?"(《庄子·骈拇》)就是说明他一方面否认仁,但一方面却在承认所谓"仁人"是"蒿目而忧世之患"的,也就是关心人民疾苦的。这些都是孔子的反对派的主张。至于孔子的门徒,所谓儒家,则是没有人不在宣传"仁",把"仁"当作一面旗帜来高高举起的。譬如孟子,是谈"仁"最多的,他把"仁"与"义"并列,而谈"仁"的地方,基本也是爱人的意思。如"君子所以异于人者,以其存心也,君子以仁存心,以礼存心,仁者爱人,有礼者敬人"(《孟子·离娄下》)。荀子也说"彼仁者爱人,爱人故恶人之害之也"(《荀子·议兵篇》)。

从孔子的反对派以及孔门弟子有关"仁"的各种言论来看,在春秋和战国时期,"仁"的思想已经形成一种社会的舆论。看出赞成"仁"的思想是多数的,是顺乎时代潮流的;反对"仁"的思想是少数的,是逆乎时代潮流的。

但"仁"的全部思想内容是否只是爱人,只是一种封建的人道主义呢?从孔子全部思想来看,又不能这样肯定。因为《论语》里有关"仁"的讲话,有好多是不能用这个概念来概括得了的。譬如孔子曾说:"回也其心三月不违仁,其余则日月至焉而已矣。"(《雍也》)这里的"仁"就显然不能单纯解释成为爱人。因为爱人思想的树立,并不能看得这么困难,像颜回这样出色的弟子,还只能三月保持爱人的思想,其余的弟子,只能一天或一月具有爱人的思想,显然不是指着这个意思,而是另外所指,或者说是另外有更高的要求。下面我们将试探索"仁"的更高要求是什么。

二 "仁"的思想的特殊的意义,乃是一种忘我的、无私的、积极奋发的精神,是孔子所指的最高的道德标准

从《论语》全部的体系看来,"仁"的思想确是有其丰富的内容的。

但因为当时的表现形式——语录体的限制,很难把其思想的各个方面,用逻辑方法叙述出来,这就需要后人能够透过表面上不相联系甚至还有矛盾的篇章词句,来窥察其内在的联系,找出其更深刻的思想实质。这个工作是很困难的,因为稍不小心便会主观臆断,甚至以今释古。在我看来不少人有关孔子思想的研究,是犯了这样毛病的。为了谨慎从事,我采取下列的步骤。

我们把不能包括在"爱人"涵义的有关仁的语句,找出其主要的来排比一下。譬如下面的句子就要加以特别的注意:

> 子曰:"不仁者不可以久处约,不可以长处乐,仁者安仁,智者利仁。"(《里仁》)

> 君子去仁,恶乎成名? 君子无终食之间违仁,造次必于是,颠沛必于是。(《里仁》)

> 子曰:"志于道,据于德,依于仁,游于艺。"(《述而》)

> 子曰:"刚、毅、木、讷近仁。"(《子路》)

> 仁者必有勇,勇者不必有仁。(《宪问》)

> 子曰:"志士仁人,无求生以害仁,有杀身以成仁。"(《卫灵公》)

> 子曰:"巧言令色,鲜矣仁。"(《阳货》)

结合孔子论为学方面的话,如"发愤忘食,乐以忘忧,不知老之将至云尔"(《述而》);"学如不及,犹恐失之"(《泰伯》)等等的词句,不难看出,孔子所赞成的是什么,反对的是什么。

这里有一对最鲜明的对比,一是说"巧言令色鲜矣仁",一是说"刚毅木讷近仁"。巧言令色是说一个人光会说好听的话,装模作样,一定很少"仁"的精神。如果刚毅而质朴就一定近乎"仁"。可见这里所说的"仁",就是不要虚伪做作的一种比较刚毅木讷还要提高的精神面貌了。再如所谓"仁者安仁,智者利仁","君子无终食之间违仁","依于仁","仁者必有勇","无求生以害仁,有杀身以成仁"等等语句中的所谓"仁",那就都不是一般的道德标准,而是作为一个"仁者"片刻不能离的最高的道德标准了。它不要人们只顾一个人的私利,到了与"仁"的要求发生尖锐的矛盾时,甚至可以牺牲性命来成全"仁"。并且如果有了

"仁"的思想就可以非常的勇敢,还可以非常的愉快,甚至可以"乐以忘忧",具有高度的乐观态度。从这些表现来看,难道不可以说孔子心目中的"仁",就是一种忘我的、无私的、积极奋发的精神吗?

当然这种"忘我"和"无私",绝不能和今天无产阶级所说的大公无私的精神相混同。因为孔子时代的"仁"的精神,只能是为封建地主阶级服务的精神,它是忘其个人的小我,来为封建阶级的大我的利益来服务;无其个人的小私,来为封建阶级的大私来服务的。这里仍然有其明显的阶级性的。但在当时来看,无疑是一种非常前进的思想。

把一般的"爱人"的思想提到这样一种更高的境界,从孔子全部思想体系来看,这并不是偶然的。因为孔子所提倡的爱人,是反映了奴隶解放的要求,对于奴隶主与一切违犯时代潮流的落后势力,不能不进行经常的斗争,因此便必须具有坚强的意志,具有更深厚的思想基础来克服各种阻力以实现其爱人的主张。在孔子的弟子中,在孔子所接触的各种人物中,看出有两种思想倾向是孔子经常与之斗争的。一种是只顾个人生活享受而不顾人民疾苦的思想,他曾说:"士志于道而耻恶衣恶食者,未足与议也。"(《里仁》)这种倾向他是坚决反对的。再一种是逃避现实悲观厌世的思想,像《论语》所记录的孔子与微生亩、晨门、荷蒉者、楚狂接舆、长沮、桀溺、以杖荷蓧的丈人等隐士的答话,都表现了对这种思想所进行的斗争。在孔子看来,要想真正有爱人的精神,便必须参加现实的实践,必须"无终食之间违仁",必须"无求生以害仁,有杀身以成仁",也就是说必须具有"忘我的、无私的、积极奋发的精神"。这是一种比较彻底的现实主义的态度,这种态度在当时以及以后各种学派中,是比较突出的。

培养这种忘我的、无私的、积极奋发的精神,在孔子的具体措施中,是与他所主张的学习方法分不开的。由于在"仁"的普遍意义上是爱人,是对人的尊重,所以他的教育思想之一,便是"有教无类",是把教育从贵族和奴隶主普及到平民中去。由于他认为只有把人的思想提高到"仁"的更高的标准,才能真正爱人,所以才又说:"唯仁者能好人,能恶人。"这里所谓"仁者"无疑即是具有这样最高道德标准的人。但想真正做一个具有这样标准的人,却并不容易,因而就是颜回那样的努力好学,也只许他三月不违仁,也就是说他只能在三个月的时间内,连续不断地保有这样的思想情绪。其余的弟子就更不行了,也只能一天或一月保持这种精神状态。因此,孔子既然掌握了这样的标准,就不轻易说某个人具有"仁"的境界,他老是把这个最高标准悬在那里作为人们的奋斗方向。但又因为这个标准也并不是高不可攀的,只要经过一定的努力,并且只要下决心提高自己,就可以做到的。所以有时又说:"仁远乎哉?我欲仁斯仁至矣!"(《雍也》)还告诉他的弟子说,"能近取譬,可谓仁之方也已"(《雍也》)。就是说抓住你经常见的事情来努力,就是求"仁"的方法。因此,他的弟子问他如何来达到"仁"的要求时,他总是告诉每一个人从最切实最易着手的地方去努力,不同的人问"仁",就有不同的答复,这就是有名的"因材施教"的教学方法。这就不是把"仁"放在不可捉摸的主观境界,而放在可见可行的具体实践。有些情况可以说是缺什么补什么,使其弟子都能针对不同的缺点或薄弱环节来进行修养锻炼,以逐步达到这个更高的标准。

孔子的教育内容是"六艺",就是礼、乐、射、御、书、数,这些都是具体的实际知识和技术。也正因为如此,孔子的教学,特别是"仁"的教学,就不像后儒所提倡的离开社会实践来空洞的修身修性,来什么"存天理,去人欲",恰恰相反,他就是在生动的社会实践中来培养和锻炼自己的思想意识,来逐渐把自己锻炼成为具有这种道德标准的人。

正因为这样的努力方向,因此"仁"的培养,便又不是孤立地进行,他往往把"礼"和"乐"当作培养和巩固"仁"的思想的重要途径。这里的"礼"和"乐",不只是知识和技术,而且还是行为的规范(礼),陶冶性情的工具(乐)。孔子说要"克己复礼为仁",又说:"出门如见大宾,使民如承大祭,己所不欲,勿施于人,在邦无怨,在家无怨。"(《颜渊》)这都是说要想保持"仁"的精神,在行动上还要注意节制,要有分寸,要能推己及人,要能在人与人的关系中处理得当,不至有太过和不及。

正因为是向这样的方向去努力的,所以孔子和其弟子便不以追求个人享受为目的,而能超脱个人的享受来追求"仁"的标准。孔子弟子不少是非常贫困的,但却保持有发奋图强的乐观精神。颜回就是"一箪食,一瓢饮,在陋巷,人不堪其忧,回也不改其乐"的人。孔子自己也说过:"饭蔬食饮水,曲肱而枕之,乐亦在其中矣,不义而富且贵,于我如浮云。"(《述而》)这种乐观主义的精神,在当代学派中,也是很少看见的。

当然，所有这些都不能不有其具体的阶级性。正因为"仁"的最高标准仍然是为封建地主阶级服务的，是有明显的阶级性的，所以这只能是"君子"的奋斗目标，而"小人"是没有分的。孔子曾有这样的话："君子而不仁者有矣夫，未有小人而仁者也。"(《宪问》)这里所谓"君子"只能是士的阶层，是为新兴的封建统治阶级服务的阶层。而"小人"呢，则无疑是解放了的奴隶或农民。从为封建统治阶级服务的"士"看来，这些人是只能从事体力劳动而不能去从事脑力劳动以及向这更高的精神世界来努力的。这些人只能为"君子"所统治，所管理，受"君子"的教化，达到所谓"君子之德风，小人之德草"，就是说只能受"君子"的恩赐，而没有资格来直接去掌握"仁"的。这从社会发展的历史来看，却一点也不奇怪。封建的生产关系，只能使脑力劳动与体力劳动相分离。所以"仁"掌握在"君子"手里，在当时也是有其一定的社会基础的。

"仁"的意义，概括说来就是如此。从这里看，"仁"也确实不是什么高不可攀的，但"仁"的意义是否仅仅停止在这里呢？我们看《论语》上，又记载孔子最好的学生颜渊又有时喟然而叹，这样来赞仰孔子的学问："仰之弥高，钻之弥坚，瞻之在前，忽焉在后。""仁"既是孔子思想的核心，这种仰之弥高，钻之而坚的东西，必然与"仁"有联系无疑了。难道除了忘我的无私的积极奋发的这样最高的道德标准以外还有什么更深微奥妙的意义，甚至为其及门高足还有不够了解的地方吗？

三 "仁"的更本质的意义，乃在于它又是孔子世界观的重要组成部分，是他一切思想的出发点与归宿点

不少研究孔子思想的人，只从《论语》的材料来分析，就认为孔子没有关于世界观的理论，没有什么系统的哲学思想。因此，对于"仁"的探求，也只能停止在一般意义的分析，既不能接触其提高的内容，更不愿考虑还有其他更加深刻的问题。其实就从《论语》来看，这里面也不是没有世界观问题的。有些话已露了苗头。譬如说："逝者如斯夫，不舍昼夜"，"吾道一以贯之"，"中庸之为德，其至矣乎？民鲜久矣"，这都是非常重要的世界观范围的问题，这里面都大有文章，都值得我们下大力去钻研。再想一下，孔子如果没有比较系统的世界观，他的"仁"的思想是那样的丰富，能那样的根据实际情况来提出不同的要求，也是不好解

释的。因此我们还须尽量探求孔子的世界观问题,来找到"仁"的思想更基本的东西。

这里我们碰到一个研究的资料问题。研究孔子的思想,《论语》诚然是一个最基本的材料,但不应该视为唯一的材料,应该说凡是孔子经手整理过的典籍,都应该看作研究孔子思想的材料。历史曾经记载,《诗》、《书》、《易》、《礼》、《乐》、《春秋》,所谓六经都是经过孔子整理的,有的诚然不必为孔子亲自所作,但与孔子思想有联系,是完全可以肯定的。六经之一的《周易》,司马迁《史记》就认为是孔子所整理,《论语》上也说"加我数年,五十以学《易》,可以无大过矣",明显表示出孔子与《周易》的关系。《周易》里的《十翼》,相传都是孔子所作,这当然不很可靠;即使不是孔子所手写,是后人所编纂,但这里面显然是孔子的思想,而不是老子、庄子以至墨子的思想;这无论从实际上从逻辑上说,都是说得通的。在六经中,最富哲学思想的,无疑是《周易》。如果说在《论语》中不易找到孔子的哲学思想时,那么在《周易》里,特别是《周易》的《十翼》里,是充满了哲学思想的。因此我们完全有必要再从《周易》里来找到"仁"的思想的最后的根据。

我们不可能也不必要在这里来详细地论证《周易》的哲学体系,我们仍是从《周易》中与"仁"有联系的地方,加以研究。《周易》里有这样的话。

> 与天地相似,故不违;知周乎万物而道济天下,故不过;旁行而不流,乐天知命,故不忧;安土敦乎仁,故能爱;范围天下之化而不过;曲成万物而不遗;通乎昼夜之道而知,故神无方而《易》无体。(《周易·系辞上》)

> 显诸仁,藏诸用,鼓万物而不与圣人同忧,盛德大业至矣哉!(《周易·系辞上》)

> 昔者圣人之作《易》也,将以顺性命之理,是以立天之道,曰阴与阳,立地之道,曰刚与柔,立人之道,曰仁与义,兼三才而两之,故易六画而成卦,分阴与阳,迭用柔刚,故《易》六位而成章。(《周易·说卦》)

显然这里所提的"仁",与《论语》所提的"仁"又有不同的涵义。这里所提的"仁",已经超越了道德的标准,而是指着宇宙变化的一种现象,一种作用了。

原来《周易》的思想,特别是《十翼》中的思想,是把宇宙中的一切现象,都当作阴阳两种力量互相激荡,也是互相矛盾的结果。阴也表现为坤,是表示肯定的作用;阳也表现为乾,是表示否定的作用。这种矛盾的两方面的互相推动互相转移,就构成宇宙间一切事物的发展变化。这种发展变化的力量是甚为强大的,是不可抗御的。《论语》里所说的"逝者如斯夫,不舍昼夜","天何言哉,四时行焉,百物生焉",实际也就是这个意思。这里所说的"天"不能看作是具有人格的上帝,而应看作是自然存在的变化不居的宇宙。每一个人就要体会这种变化的力量而在行动中加以实践,这就是所谓"天行健,君子以自强不息"(《周易·乾卦》)的道理。把人的这种自强不息的精神,看作即是反映了宇宙运动的规律,这就是所谓"显诸仁"。把宇宙间的一切运动,看作不是离开客观的事物而存在,客观事物不断地变化,即是宇宙运动的作用,这就是所谓"藏诸用"。所以从这里看,"仁"可以说就是运动,就是矛盾的斗争,就是自强不息的精神,就是每个人必须遵循的法则。因此就要"安土敦乎仁",而立人之道,则是"曰仁与义",就是说要牢牢地来体现这个法则。

"仁"既然是体现宇宙法则的一种自强不息的精神,因此这种精神,又和宇宙的法则相结合,而作为宇宙法则的一部分。从"显诸仁,藏诸用"这段话里,可以看出这一思想的实质。既把人的道德规范思想准则看作是符合宇宙法则的,又把这些道德规范思想准则看作即是宇宙法则的本身,这是从孔子开始的中国儒家哲学思想的特点。但孔子自己却只说到这里,只把"仁"的思想与其世界观结合起来,作为其世界观的一个组成部分,却未把"仁"肯定为先天带来的东西,而是要人们去努力学习、去培养的一种精神。所以他不大说人生来就带来的所谓"人性"问题,即使偶然说的时候,也只是说"性相近也,习相远也",只是说性是相近的,那就只承认人有相似的共性,而不去追求这个"性"究竟是什么内容,是善的还是恶的。只是说人通过不同环境中的学习才有了不同的性格,性也在发展变化的,性是可以改造的。因此,"仁"也就不是先天带来的,而是要经过长期努力学习才能获得的。所以这里面还是有一定的唯物主义成分的。到了后儒,则往往更突出了"仁"与宇宙法则相结合的这一方面,把它绝对化起来,就脱离了孔子的思想。孟子就说出了"万物皆有备于我矣"的话,汉儒扬雄作《太玄》以解《易》,提出"人不天,不因;天不人,不成",把天和人完全结合起来,形成所谓"天人合一"的思想。宋明儒者又据而提出与生俱来的"天理"与"良知"的问题,就完全堕入唯心主义的范畴,失掉了孔子所提出的"仁"的积极奋斗精神与现实主义的态度。至于董仲舒开始提出的"天人感应"的思想,更把儒家学说披上一层神秘主义的外衣,则更加歪曲了孔子的思想。这是应该从发展上来具体加以分析的。

在孔子看来,"仁"既是体现宇宙法则的一种自强不息的精神,因此,就不能没有斗争,就不能不把"仁"的对立面进行克服。因此就提出"克己复礼为仁",要人们去"克己复礼"。这里所谓"己"是什么呢?就只能是"仁"的对立面,是不合于"仁"的标准的东西。所谓"礼"是什么呢?就只能是合于"仁"的标准的东西,就是礼,礼就是"仁"的表现形式。具体地说,就是要"非礼勿视,非礼勿听,非礼勿言,非礼勿动"。这里所谓"礼",还不能只解释成为"周礼"。因为周礼是定型的礼法,而这里指的却是无往而不在的合乎"仁"的精神的行为的准则。

"仁"既然又发展到这样的高度,那么《论语》所说的"道"看来也就应该认为就是"仁"的别名。因为从孔子全部的思想看,没有在"仁"以外还有比"仁"更高的所谓"道"。这样更加深化了的思想,恐怕是孔子晚年精通《易》理之后才有的新的发展。所以《论语》既有"吾道一以贯之"的表示。又有孔子弟子所发的"夫子之言性与天道不可得而闻也"的慨叹。即使是高才如颜回,也不得不叹息"仰之弥高,钻之弥坚,瞻之在前,忽焉在后"了。到了孟子,却明朗地提出:"仁者人也,合而言之道也",这又说明孔子"仁"的哲学思想是经过一定时间才逐渐被人们所理解的。

孔子既把"仁"上升为世界观的组成部分,就转回来作为他对一切问题的观点和方法,就不能不作为一切问题的出发点和归宿点。人的最高奋斗目标是什么呢?是"成仁",是归于"道"。政治的最高标准是什么呢?是行"仁政",是"道之以德,齐之以礼",使民"有耻且格"。在教育上要求人们达到的目的,用今天的话也就是有什么样的培养目标呢?就是要成为一个"仁者",要"志于道,据于德,依于仁,游于艺",成为一个具有"仁"的精神的各方面都有所发展的人。他对于自己的要求是什么呢？是"无终食之间违仁，造次必于是，颠沛必于是"，是"无求生以害仁，有杀身以成仁"，是"当仁不让于师"，是"朝闻道夕死可矣"。而他晚年的自白，所谓"七十而从心所欲，不逾矩"，大概也就是指着一切都能不违反"仁"的标准了。如果再把孔子所经常与"礼"并提的"义"、"勇"、"智"、"贤"、"圣"、"师"、"乐"（"乐以忘忧的乐"）、"德"这些道德概念与"仁"联系起来看，就可发现这些不外就是"仁"的表现，是"仁"的各种表达形式，是对于"仁"的努力的结果。这里要特别提出的是，孔子时常把"仁"和"知"、"勇"并提。如说"知者不惑，仁者不忧，勇者不惧"（《子罕》），又说"仁者必有勇，勇者不必有仁"（《宪问》），又说"知及之，仁不能守之，虽得之，必失之"（《卫灵公》），都看出孔子是把"知"、"仁"、"勇"三者认为是有密切联系的，而"仁"则是三者的根本。在孔子看来，只有"仁者"才能有真正的"知"，也就是说他的知识才能有目的性，他的智慧才能得到巩固和发展。同时，只有"仁者"才能无所畏惧，才能有真正的勇敢。"仁"像一条红线一样贯穿在孔子全部思想领域内，离开仁的思想，对孔子是什么也理解不了的。

四　孔子"仁"的思想影响与我们应 如何批判继承的问题

把"仁"的思想全部内容联系起来看，无疑这是我国历史上一种伟大的思想。它的人道主义精神，它的忘我的、无私的积极奋发的表现，它的自强不息的现实态度，以及由此而产生的爱护人民的主张，可以说都是孔子思想中最精华的部分。它反映了封建社会中地主阶级在新兴时期前进的要求，也反映了这个社会中广大劳动群众一定的愿望。因此，我国五四运动以前，两千余年的历史，就时时闪耀着"仁"的思想的光辉。历史上有不少的"仁君"、"良相"、"勇将"、"循吏"以及一切具有民族民主思想的文人学者，他们都在不同程度上接受了"仁"的思想，在维护封建统治阶级利益的同时，也作了些有利于人民的事情。三国时代大政治家诸葛亮在治蜀时期，努力革除东汉的劣政，对促进川西平原的农业生产有重大的贡献。这个为中国社会妇孺皆知的人物，对于"仁"的思想是非常有体会的。他的《训子书》中曾说："使庶几之志，揭然有所存,恻然有所感",《出师表》中又提出"鞠躬尽瘁,死而后已",这就是"仁"的思想的一个很好的发挥。宋代民族英雄文天祥,在其就义以前的绝笔中曾说"孔曰成仁,孟曰取义",表现对"仁"的精神始终不渝的浩然正气。清末的资产阶级改良主义者谭嗣同,曾作过《仁学》一书,虽然内容驳杂,但也体现出"仁"的思想积极的一面,因此他就能为他的改良主义的政治目的而英勇的牺牲。这都是比较彰著的事例。"仁"的思想在中国可以说是久经考验的思想,它的斗争精神和现实态度,在中国社会可以说是深入人心的。我国历史上避免了像欧洲封建社会有一个为宗教所统治的漫长的黑暗时期,这里面虽然有许多客观因素,而且主要的是政治和经济的因素,但孔子思想特别是"仁"的思想,使我国人民得以免除迷信的障蔽,不能不说是内在的原因之一。因此也就更有条件在新的时代比较顺利地接受马列主义。孔子"仁"的思想诚然不愧为我们祖国最伟大的思想之一,我们应该以此而自豪。

在我们肯定"仁"的积极意义之后,还须分析另一方面的情况。由于"仁"的思想不能是一个抽象的孤立的思想,它必须与其所表现的形式相结合,而其所表现的形式,又不能不与封建社会的典章制度特别是与"礼"、"义"相结合,不能不为封建的生产关系特别为"士"即"君子"来服务,就不能不带有很大的局限性与封建性。如孔子虽然讲要爱人,但却又把劳动者看作"小人";虽然主张"求仁"要通过"六艺",但却又鄙视劳动;虽然提倡忘我的无私的精神,却又为其阶级利益,而栖栖遑遑求得个人权势位来实行他的政治主张;虽然要求改变社会的制度,但却又在羡慕过时的周礼。这些都存在着很多的矛盾。也就使孔子虽然基本上站在时代的前面,顺应时代的潮流,但又不能不表现了一定程度的复古和保守。这又是孔子思想上落后的方面。这些落后的东西,随着封建社会的发展和巩固,就越来越起消极作用,与社会各种政治经济的原因相结合,就又越来越阻碍了社会的前进,使社会生产力的发展受了很大的束缚。历史上的封建帝王与一切反动统治者,从汉高祖到曾国藩、袁世凯、蒋介石,正利用这些来作为欺骗人民镇压人民的思想武器。再经过历代儒者,特别是宋明理学家的唯心主义的片面发展,就使孔子思想特别是"仁"的思想中的积极因素逐渐消失。积极奋发的"仁"逐渐变成寂静僵固的"理";由"仁"出发形成的比较活泼的"礼",逐渐变为吃人的礼教,以致完全转化为自己的对立物。而我国的民主革命就不能不把摧毁和扫除这些毒害人的思想作为主要任务之一。当然这些不能完全推到孔子身上,用历史观点来具体分析,找出哪些是真正的孔子的思想,哪些是后人加以片面发展和歪曲的思想,哪些是积极的因素,哪些是消极的东西,正是现在学术界应有的责任。

毛泽东同志说:"我们这个民族,有数千年的历史,有它的特点,有它的许多珍贵品。对于这些我们还是小学生。今天的中国是历史的中国的一个发展;我们是马克思主义的历史主义者,我们不应当割断历史。从孔夫子到孙中山,我们应当给以总结,继承这一份珍贵的遗产。这对于指导当前的伟大的运动,是有重要的帮助的。"(毛泽东《中国共产党在民族战争中的地位》)这就是说,研究孔子的思想不能只要求发现孔子原来的思想真相,而同时还应考虑如何批判地继承问题。这一个方面,在学术界有关孔子思想的研究中,是很少有人提到的,这不能不说是一个值得注意的问题。我的认识是,文化是有继承性的,民族传统思想,尤其有继承性。孔子思想是五四运动以前在中国社会占有统治地位的思想,它在一定程度上形成了我们民族意识形态的特点,它与今天人们的思想意识是不能分割的。我们不能像五四运动时期某些资产阶级左派学者加以全盘的否定,而应该按照毛泽东同志的指示,剔除其封建的糟粕,吸收其民主的精华,把这些宝贵的历史财富,用马列主义的方法加以整理、充实和提高,来为社会主义建设服务。

(录自《文史哲》1962 年第 5 期。)

匡亚明儒学学案

匡亚明(1906—1996),原名洁玉,又名匡世,曾用名梦苏、润之,江苏丹阳人。中国现当代教育家、社会活动家。

匡亚明于1926年入上海大学中文系学习,同年8月加入中国共产主义青年团,9月转为中国共产党党员。此后,长期从事教育和理论、宣传工作。1937年到延安,历任《日日新报》、《大众日报》社社长兼总编辑、华东政治研究院院长、中共华东局宣传部常务副部长等职务。新中国成立后,任华东政治研究院党委书记兼院长、中共华东局宣传部副部长等职。后主动要求到学校工作,任吉林大学校长、南京大学校长、国家古籍整理出版规划小组组长、中国孔子基金会会长等职。1996年12月16日,于南京病逝。

1925年冬,19岁的匡亚明发表《儒家哲理观——"中"》与《孔孟"仁"的哲理之厘定》两篇文章,提出要对中国传统思想文化(包括孔孟儒学思想)"推陈出新"。1982年,撰写《对孔子进行再研究和再评价》一文,发表在9月13日的《光明日报》上。文中提出对孔子再研究和再评价应该注意孔子所处的时代背景,而且要占有和消化有关孔子思想的资料。同时提出对孔子再研究和再评价的"三分法"问题。1985年3月,出版《孔子评传》一书。书中坚持对孔子思想应实行"三分法":对其封建性糟粕进行批判和清除;对其人民性精华进行继承和发扬;对其封建性和人民性相混杂的部分进行批判分析,去其糟粕,取其精华。此外,他还曾向国家教育部申请在南京大学建立"中国思想家研究室",从事《中国思想家评传丛书》的研究工作。后又向国家教委申请将南京大学的"中国思想家研究室"扩建为"中国思想家研究中心"。同时,在担任中国孔子基金会会长期间,他积极推动儒学与传统文化研究,使中国孔子基金会取得了重大的工作进展。

（徐庆文）

孔子评传(节选)^①

第一章　导　论

(一)研究中国古代有重要贡献的人物为什么以孔子为起点

　　《孔子评传》是根据毛泽东同志提出的"从孔夫子到孙中山,我们应当给以总结"^②这一精神撰写的。中国是历史悠久的文明国家,古代有重要贡献的人物很多,为什么毛泽东同志不挑选别的人,唯独挑选孔子作为开始呢? 我想这主要是因为:第一,以孔子为起点,是通过研究孔子,从纵的方面追溯研究前代情况的一个最恰当的选择。在孔子以前的时代,所传尧、舜、禹、汤的情况,固然是所知甚少,即使到了文、武、周公,确实的情况,也是语焉不详,可资查考的材料(包括文献和考古材料在内)毕竟也还不够充分,而到了孔子时代,可供研究的文献资料,虽不能说已很丰富,但比之上述时代的人物来,已大大增加了。况且孔子删《诗》、《书》,定《礼》、《乐》,作《春秋》,晚年好《易》^③,总结和保存了他以前时代的重要史实和典章制度。研究孔子,就一定要结合研究上述典籍,从而也就必然要追溯到前代的情况。由此可知,从孔子开始,决不是割断以前历史,恰恰相反,而是以研究孔子为重点,必然地要联系追

---

　　① 这里节选的是该书第一章"导论"和第十一章"结论"两部分。
　　② 毛泽东:《中国共产党在民族战争中的地位》,《毛泽东选集》(第 2 卷),第 522 页。
　　③ 司马迁《史记·孔子世家》:"孔子晚而喜《易》……读《易》,韦编三绝。曰:'假我数年,若是,我于《易》则彬彬矣。'"范文澜也说:"孔子非常博学,收集鲁、周、宋、杞等故国的文献,整理出《易》、《书》、《诗》、《礼》、《乐》、《春秋》六种教本来,讲授给弟子们。"(《中国通史》第 1 册,第 170 页)关于"六经"是否都由孔子整理删定,后人有争议,详见本书第八章"中国历史上第一个伟大的文献整理家"。

索孔子以前的情况。第二，以孔子为起点，是通过研究孔子，从横的方面研究诸子百家的一个最恰当的选择。孔子在春秋战国的诸子百家中，无论在当时或后世，在国内或国外，都是影响最深最广的人物，是个言行一致、学识渊博、品德高尚的伟大思想家、政治家、教育家，他集以往文化思想之大成，开后世儒家学说之先声。他的思想学说，经过两千多年的潜移默化，有的已成为中华民族的道德意识、精神生活和传统风俗习惯的准则，构成了有别于西方国家的中国式的社会习俗和家庭生活的风范，而且在一定程度上也影响了东方国家，远及欧美，在世界文明史上占有重要地位，成为我们民族的骄傲。这是历史已经证明了的事实。而且从孔子开始，再去研究诸子百家中的其他人物，无论对研究孔子本身还是对研究诸子百家，也都是顺乎事理的。以上两点，大概是毛泽东同志提出从孔子开始的主要原因。从孔子到孙中山这一段历史的总结工作，要涉及到很多人物。我们第一步打算选择两千余年来中国历史上有代表性的各类思想家，用"评传"的方式，给以实事求是的公正的论述和评价。这一研究和总结工作，即以《孔子评传》为开端。

（二）"以世论人"和"以人论世"

论人必须论世，这就是"存在决定意识"这一马克思主义原理的实质所在。研究孔子必须研究孔子的时代背景及其社会性质。这就碰到了一个无法回避的问题，即至今尚有争议的中国古代史分期问题。争论的焦点，一是西周属于奴隶社会呢，还是属于封建社会或领主制封建社会？二是春秋时期属于封建社会呢，还是属于奴隶制向封建制或领主封建制向地主封建制过渡的社会？① 对这个问题的不同意见的争论中，主要分歧的代表是范文澜同志和郭沫若同志。范文澜认为西周是领主封建制，而春秋时期是领主封建制向地主封建制过渡的时期。郭沫若则认为西周是奴隶制，而春秋时期则是奴隶制向封建制过渡的时期。我认为范说较为符合当时社会的实际情况和历史发展规律。孔子生长在春秋后期，而他的思想又主要是继承并在一定程度上发展了西周的传统观念，因此，只有采用范说，才能澄清和解决好这个问题。这

---

① 这里指的主要是西周和春秋战国这一与孔子直接有关的时期的历史分期问题。至于就整个中国历史的分期而言，则尚有多种说法，这里就不一一列举了。

是研究孔子思想的前提,不然,孔子的本来面貌就难以如实地描绘出来,就有可能被这样那样的误解所歪曲。

我们不但要"以世论人",而且可以"以人论世",即以人的思想言论印证他所处时代的特点。从《论语》以及散见在其他史料中的孔子言论,找不到一点维护奴隶主阶级残酷剥削和压迫奴隶阶级的思想痕迹。相反,孔子倒是坚决反对以至咒骂奴隶制的。在奴隶制社会中,奴隶主阶级不仅可以任意屠杀奴隶,而且还常常把活的奴隶当作祭祀的牺牲和殉葬品①。人殉制度是奴隶制社会产生的,在封建社会中也还会有人殉现象的存在,但这已是奴隶制的残余。孔子连用俑(木俑或陶俑)代替活人殉葬都坚决反对,他咒骂道:"始作俑者,其无后乎!"(《孟子·梁惠王上》)至于用人殉葬,那就必然会遭到他更坚决的反对和咒骂了。如果西周是奴隶制社会,如果春秋战国时期是奴隶制向封建制过渡的社会,作为封建社会思想家的孔子,却又一心向往文、武、周公的西周之治,岂不是反对以至咒骂奴隶制的孔子却又成了向往奴隶制(西周)的孔子了吗?从以人论世的角度说,这也是自相矛盾的。只有按照范文澜提出的关于西周社会是领主封建制和春秋社会是领主封建制向地主封建制的过渡时期的论断,才能在实际上和理论上克服这一矛盾。这一中国古代史分期问题,虽非本书研究重点,但如果不实事求是地加以解决,就无法真实反映孔子的思想面貌,所以专辟一章(第三章《孔子时代的社会背景》),从文献、考古和民族学三方面加以论证,这里就不详述了。

(三)人类文化知识遗产的继承和发展问题

人类文化知识是在人类存在的历史时期中,在继承前人成果的基础上无止境地不断积累和发展起来的,即使在阶级社会中,这种继承也仍然在曲折地进行着。不过这种继承有很大的狭隘性,即凡是有利或至少是无害于统治阶级的才继承。孔子讲的"殷因于夏礼,所损益可知也;周因于殷礼,所损益可知也;其或继周者,虽百世可知也"(《论语·为政》),就是说的这种继承。"因"即继承,而这种继承虽是有所减

---

① 关于商代奴隶主统治阶级用活的奴隶作祭祀的牺牲品的情况,于省吾根据甲骨文中有关用人牲以祭的材料指出:"每次祭祀用人牲的数量,由一个或几个,以至于几十几百,甚至上千。"(《甲骨文字释林》,第 10 页。)

"损",有所增"益",但必须以有利或无害于维护和巩固统治阶级的统治地位为前提。虽然各个时代的统治阶级尤其是士大夫阶层中也不乏开明人士,他们不满苛政,同情民间疾苦,为民请命,但其前提仍是为了维护现存统治秩序,所以他们的言论著作仍容许流传下来,例如汉代的贾谊、王充,唐代的柳宗元,宋代的王安石、张载,清代的黄宗羲、戴震等等①,就是这样。另一方面,即使有时虽不超过这个界限,而在统治阶级短浅目光下主观地认为危害或威胁到它的地位时,那也就不容许了。秦始皇的"焚书坑儒"和历代各种不同形式的"文字狱"等等,就是最好的证明。正如马克思所说:"任何一个时代的统治思想始终都不过是统治阶级的思想。"②所以在阶级社会中流传下来的文化知识,一般都是经过统治阶级筛选过,基本上是为统治阶级利益服务的。其中某些思想如"君权神授"等,是一定历史发展阶段的人类思想糟粕,但因其有利于维护和巩固封建统治阶级的统治地位,所以被当作宝贝继承下来。这种继承,只代表少数统治阶级的利益,是狭隘的片面的继承。只有在人类历史过程中产生了马克思主义,特别是中国在马克思主义政党即中国共产党领导下,取得了民主革命和社会主义革命的伟大胜利,事实上已经消灭了剥削阶级③,并正在把我国建设成为有高度物质文明和精神文明的有中国特色的社会主义强国的时候,我们才有可能,才有条件,在人类首先在中国的文化知识领域内,反对为历代封建统治阶级偏见所局限的狭隘的片面的继承,对用马克思主义的立场、观点和方法加以批判和清理过的人类知识精华实行广泛性的继承。这里,重温列宁的有关言论,是很有必要的。列宁说:

> 马克思主义就是共产主义从全部人类知识中产生出来的典范。④

---

① 请参见张岱年著《中国哲学发微》第72页的一段话,他说:"在封建时代,很少的思想家能够怀有推翻封建制度的念头;然而有许多思想家同情农民的苦难,他们反对统治集团对于人民的残暴行为……这类思想家在一定限度内是接近人民的。例如,汉代的王充,宋代的张载、陈亮,清代的王夫之、颜元、戴震,都是如此。"

② 马克思和恩格斯:《共产党宣言》,《马克思恩格斯选集》(第1卷),人民出版社1972年版,第270页。

③ 《关于建国以来党的若干历史问题的决议》指出,在我国"剥削阶级作为阶级已经消灭"。

④ 列宁:《青年团的任务》,《列宁选集》(第4卷),人民出版社1972年版,第347页。

列宁又说：

> 马克思主义这一革命无产阶级的思想体系赢得了世界历史性的意义，是因为它并没有抛弃资产阶级时代最宝贵的成就，相反地却吸收和改造了两千多年来人类思想和文化发展中一切有价值的东西。①

> 只有用人类创造的全部知识财富来丰富自己的头脑，才能成为共产主义者。②

> 要是知道自己懂得太少，那就要设法使自己懂得多一些，如果有一个人说自己是共产主义者，同时又认为自己根本不需要知道其他任何事物，那他就根本不能成为共产主义者。③

我所以较多地引用了列宁上面的几段话，是因为这几段话向我们说明了以下三个十分重要的问题：

第一个问题是向我们说明了，马克思主义和共产主义是从全部人类知识总和中产生出来的，它不仅继承了（吸收和改造了）资产阶级时代最宝贵的成就，而且继承了（吸收和改造了）两千多年来人类思想和文化发展中一切有价值的东西。阶级社会中各个时代的统治阶级，对已往的文化知识，只能吸收其中有利于自己只占少数人的统治阶级的东西，其中特别包括一些糟粕的东西，因而也就只能是狭隘的继承。马克思主义、共产主义则是代表无产阶级利益，而无产阶级利益和全人类解放的利益是一致的，即使无产阶级在未取得胜利之前或虽已在国内取得胜利，但国内外阶级敌人仍在破坏时，它不得不重视阶级斗争和无产阶级专政或人民民主专政的话，那也只是通向消灭阶级和全人类解放的必由之路，而不是最终目的，④因而它就能够大公（符合全人类解放的利益）无私（没有维护少数人特殊利益的必要），也就能够明智地、

---

① 列宁：《青年团的任务》，《列宁选集》（第 4 卷），第 362 页。
② 列宁：《青年团的任务》，《列宁选集》（第 4 卷），第 348 页。
③ 列宁：《青年团的任务》，《列宁选集》（第 4 卷），第 349 页。
④ 《共产党宣言》对此问题曾作如下说明："如果说无产阶级在反对资产阶级的斗争中一定要联合为阶级，如果说它通过革命使自己成为统治阶级，并以统治阶级的资格用暴力消灭旧的生产关系，那么它在消灭这种生产关系的同时，也就消灭了阶级对立和阶级本身的存在条件，从而消灭了它自己这个阶级的统治。"（《马克思恩格斯选集》第 1 卷，第 273 页。）

广泛地继承各个时代的人类所创造的全部思想文化知识遗产中一切有用的精华。

第二个问题是向我们说明了，对一切已往思想文化知识的继承，都必须通过认真的探讨、批判和改造，才能达到"古为今用"的目的。广泛性的继承，就意味着全面的批判、扬弃和清理。原始公社解体后的已往社会是阶级社会，但阶级社会在整个人类发展的历史过程中，只占有很短的一个时期。这一时期所创造的丰富的光辉灿烂的文化知识，有很多将在未来消灭了阶级的人类社会中保留和发扬光大，这就叫做历史的连续性。因此对历史上遗留下来的思想文化知识，乱贴阶级标签不好，不进行认真的实事求是的批判、清理和改造，使自己的头脑塞满一堆无用的甚至有害的垃圾也不好。

第三个问题是向我们说明了，要想成为一个真正的共产主义者，光靠读一些共产主义教科书、小册子，即使读得烂熟也是不够的，还必须"用人类创造的全部知识财富来丰富自己的头脑"才行。孔子思想就是"人类创造的全部知识财富"中的一个重要组成部分。因此，认为对包括孔子在内的人类知识财富学习得越少越好的人，按列宁的话说，是不能成为共产主义者的。

（四）对孔子思想实行"三分法"问题

研究孔子思想应从三个方面加以剖析，即：一、对其封建性糟粕进行批判和清除；二、对其人民性精华进行继承和发扬；三、对其封建性和人民性相混杂的部分进行批判分析，去其糟粕，取其精华，即扬弃。这就是我所说的"三分法"。我认为这样才能更实事求是地体现批判和继承的精神。三个方面的主要内容是：

1. 凡是孔子思想中直接为维护封建社会统治阶级特殊利益服务的东西，必须加以彻底批判和清除。这部分内容的主要特点，是鲜明地反映封建社会的要求，为维护和巩固以王权为中心的封建宗法专制统治阶级服务的一切言论和说教，例如"忠君尊王"思想，"三年毋改于父之道"的愚孝思想，维持封建宗法等级制的"礼仪典章"等等。这些都是我们必须与之"实行彻底的决裂"的特定的"封建传统观念"，是孔子思想中的糟粕。当然，和它们决裂，并不意味否定它们在当时特定历史条件下存在的合理性。这些观念对于建立当时历史条件下等级制阶级社会政治和生产的正常秩序、维护国家的统一，都起过某种历史作用。

另一方面，我们也应指出，"礼"、"忠"、"孝"等字，如果彻底清除了孔子所赋予的封建宗法等级制的过时内涵，而变成真正平等友爱意义上的"礼"、"忠"、"孝"，作为这些字所代表的新的观念形态来讲就完全不同了，是社会主义社会应该提倡的。有的人在批判了封建宗法观念的"礼"、"忠"、"孝"之后，甚至认为连这几个字，连讲礼貌、讲忠诚、讲孝顺的美德，也是可有可无了。对这种"文化大革命"时期产生的"左"的思想残余，同样必须批评和纠正。

2. 凡孔子思想中至今仍保有生命力而具有现实意义的东西，都应予以继承和发扬。这部分内容的主要特点，是突出反映孔子的一些带有民主性、人民性的进步思想，这些思想仍具有旺盛、茁壮的现实生命力，至今仍不失其灿烂的光辉。例如，孔子积极提倡的生活上要艰苦朴素，学习上要坚持不懈的精神——"士志于道，而耻恶衣恶食者未足与议也"（《论语·里仁》）；又如力求不断革新的精神——"苟日新，日日新，又日新"（《大学》）；特别是可以为真理（仁）而牺牲生命，决不贪生怕死、损害真理的崇高精神——"志士仁人，无求生以害仁，有杀身以成仁"（《论语·卫灵公》）；等等。从以上数例就不难看出，这一部分正是孔子思想中的精华，里面反映出来的思想境界是何等高超，难道这些不正是现在所需要提倡的吗？ 这类意见很多，需要我们认真梳理、继承和发扬，使之为当前社会主义物质文明和精神文明建设服务。

3. 凡孔子思想中既有积极因素又有消极因素，二者相混的部分，都必须根据批判继承的精神加以清理和扬弃。这部分内容的主要特点，是既有封建性因素，又有民主性、人民性因素，即糟粕与精华二者混淆在一起。作为孔子思想核心的仁，正是最突出的一例。只要从孔子自己所说的"人而不仁，如礼何"（《论语·八佾》）这句话，就可以看出，仁既然要受礼的制约，那么，显而易见，"仁"在这里不就是和那些所谓礼制的典章规范纠合在一起了吗？难道仁不成了维护和巩固封建等级社会秩序而适应封建统治阶级需要的御用思想了吗？另一方面，从孔子的"泛爱众，而亲仁"（《论语·学而》）这句话，又可以看出，仁就是广泛地爱人，这正是古代原始人道主义精神的反映，难道这样的仁不就是封建社会出现的难能可贵的民主性、人民性的积极因素吗？前者迎合封建性,得到了封建统治阶级的喜爱,后者含有民主性和人民性,在一定程度上反映了广大人民的愿望,这二者的矛盾统一体就是"仁"。我们的任务就是通过对"仁"的消极因素(糟粕)的严肃批判,从而对仁的民主性、人民性积极因素(精华)加以充分肯定和发扬,即既不简单地抛弃,也不简单地继承,而是经过认真批判、取舍,然后继承和发扬其合理因素。这方面内容很多,例如"大同世界"思想、"仁政德治"思想等等,均将在专章中加以讨论。

这就是对孔子思想的研究实行三分法的主要内容。约而言之,就是该决裂的要彻底决裂,该继承的要积极继承,该扬弃的要严肃扬弃。那种吞吞吐吐、含混其词的态度,和攻其一点不及其余的态度一样,都是不科学的,不足取的。三分法是一种最普通的科学分析法,是日常生活中常用之法,任何不必要的敏感和误解都是多余的。

(五)孔子思想的主要特征和应注意的三个区别

根据以上说明,我们可以对孔子思想的主要特征,作如下概括:

一是二重性。从政治观念上讲,作为封建社会的产物并为封建统治阶级服务的忠实代言人的孔子,他的思想的基调就不能不带有浓厚的封建性、保守性。不理解或不承认这一点,就不是历史唯物主义者。同时,作为伟大的思想家,在一定程度上能够突破他所处时代和阶级的局限性,对若干问题(例如同情人民疾苦)能看得远些高些,由于这一点,孔子思想就不能不带有一定的、明显的人民性、民主性的积极因素。不理解或不承认这一点,就不是辩证唯物主义者。

从哲学的根本问题上讲,孔子思想中也表现有二重性,即既有唯心主义的因素,又有唯物主义的因素。例如"道之将行也与,命也;道之将废也与,命也。公伯寮其如命何!"(《论语·宪问》)这里的"命"固然可以解释为某种不以人的意志为转移的必然性、规律性、趋势等等,但孔子在另一处又说:"凤鸟不至,河不出图,吾已矣夫!"(《论语·子罕》)显然这里所谓的"凤鸟"和"河图",是以含有想象中操纵着人间祸福治乱的精神力量(天命——神)的神秘先兆(所谓"祥瑞")而出现的。把这两段话联系起来看,这里的"命"就不应作必然性、规律性、趋势等解,而应理解为一种超人类世界的精神力量(天命——神)。这难道不是唯心主义的思想吗?另一方面,他又提倡"庶富教"思想,"百姓足,君孰与不足"思想等等,这些思想又显然带有朴素唯物主义的观点。同时他又"知其不可而为之"(《论语·宪问》),而自己在实践中又表现了"发愤忘食,乐以忘忧,不知老之将至"(《论语·述而》)的乐观主义精神,这难道不又是冲破宿命论思想,具有积极进取精神的观点吗?所以我们对孔子思想的态度应该是,在这个问题上有唯物主义思想,就肯定其为唯物主义思想。在那个问题上有唯心主义思想,就肯定其为唯心主义思想。在另一个问题上既有唯物成分又有唯心成分,就肯定其为二者相混的思想。实际上孔子思想是包容广泛、错综复杂,有时又呈现出一种自相矛盾的现象(二重性)。举此失彼,或突出一点,不及其余,简单地把他说成是唯物主义者或唯心主义者等等,都是不恰当的。

二是略于"天道",详于"人道"。由于孔子重视社会、人生实际,就很突出地表现了重视研究社会现象、伦理观念等(所谓"人道")和不重视研究自然现象、自然规律等(所谓"天道")。孔子谈"天道",即谈自然现象(自然科学方面)问题的时候很少,正如他的学生子贡所说:"夫子之言性与天道,不可得而闻也。"(《论语·公冶长》)虽然有时也谈,但一谈就谈成宿命论的"天命"。因此,他对哲学上的根本问题即物质与精神孰先,客观世界能否被人正确认识这些问题,基本上没有或很少接触到,因而也就根本不可能提出这样那样的系统回答和论证。时代的限制、科学文化发达水平的限制,也使他只能如此。而正由于他略于"天道",即不重视对自然现象和规律的探索,无论对当时和后世都起了轻视自然科学研究的消极的影响。但另一方面,由于孔子重视"人道",对社会的、伦理的问题却谈得很多。他精通古代文献典籍,博闻强记,深刻了解当时社会的、政治的、经济的现象和民间习俗。在这方面,他确实称得上当时一位承上启下、博古通今的伟大学者和思想家。

三是仁为核心。如前所述,孔子思想是很复杂的,有时是自相矛盾的。即使如此,我们还是可以从复杂、矛盾的现象中,找出孔子思想体系的核心究竟是什么。关于这个问题,后儒以及现代的学者有多种说法,有的认为这个核心是仁,有的认为是礼,有的认为是忠恕等等。我认为最可以说明孔子思想核心实质的应该是前面讲的本身带有二重性的仁,关于此问题后面有专章论述,这里就不多讲了。

根据孔子思想的特征,我们在研究工作中,就必须注意下列三个方面的区别。

第一,把孔子思想本身和历代封建统治阶级(首先是历代君王)及其御用学者加以吹捧、歪曲和附益的东西以及后儒根据自己主观意识而附加的东西加以区别,亦即把真孔子和假孔子①加以区别。

第二,把真孔子思想本身中所含有的封建性、保守性的消极因素和人民性、民主性的积极因素加以区别。

第三,即使在孔子思想的积极因素中,也要把那些对当前建设社会主义物质文明和精神文明特别是对建设精神文明直接有利的东西和只作参考借鉴的东西加以区别。

为了体现这种区别,《评传》将通过上述三分法精神,在行文上采取寓评于述、评述结合的方法,尽可能使上述区别不致被混淆。

(六)关于文献资料等问题

关于文献资料问题,原则上应该是既不迷古(认为所有古代文献都是可靠的),也不盲目疑古(认为所有古代文献都未必可靠),特别是春秋战国和秦汉的典籍,由于时代上较接近孔子,其中有关孔子的记载都应予以重视。一面对比出土文物,一面利用历代学者尤其是清代和现代学者在考证上取得的成果,分别情况,或作为论证的依据,或作为旁证参考。这里必须运用马克思主义的科学分析方法,决不能采取形而上学绝对化的态度。例如《论语》一书,一般认为是研究孔子的可靠典籍,但其《乡党》一章中的有些话,如"山梁雌雉,时哉时哉,子路共之,三嗅而作"之类,就不像孔子的口气。一般认为,《礼记·礼运》非孔子所作,而是战国秦汉时儒者的追述,但其中的"大同"理想与孔子"仁"的思想确有内在联系,理应加以重视。即便是被公认为王肃伪造的《孔子家语》,其中也不乏可资参考之处。河北定县汉墓竹简《儒家者言》中,即

---

① 周予同《孔子》:"真的孔子死了,假的孔子在依着中国的经济组织、政治状况与学术思想的变迁而挨次出现……汉武帝……采用董仲舒的建议……单独推尊孔子……其实,汉朝所尊奉的孔子,只是为政治的便利而捧出的一位假孔子,至少是一位半真半假的孔子,决不是真的孔子……倘使说到学术思想方面,那孔子的变迁就更多了……历代学者误认个人的主观的孔子为客观的孔子。所以孔子虽是大家所知道的人物,但是大家所知道的孔子未必是真的孔子。"(《周予同经学史论著选集》,第338—339页。)我们还可补充说,历代王朝在孔庙里供奉的孔子,都是假孔子或半真半假的孔子,决不是真孔子,决不是"布衣孔子"("布衣"是指一般平民穿的衣服,这里即作"平民"解)的本来面貌。

有《家语》的部分内容,可见王肃是有所据而言的,伪书中也有不伪的东西。因此在资料的使用上,我们一方面既要做到宁缺毋滥,另一方面又要力求不遗弃可取的材料。凡引证古文处,除一般较易通晓者外,尽量译成现代语,尽量避免引而不译、令人费解的弊病。

《孔子评传》即本以上精神撰写。

第十一章 结 论

通过以上各章评述,对孔子的思想和为人,我们可以实事求是地作出如下的简要小结:

一、布衣孔子能够成为中国贵族思想家,这是春秋时代历史条件的产物,也是与他个人的勤奋努力分不开的。司马迁说:"孔子布衣,传十余世,学者宗之。自天子王侯,中国言'六艺'者折中于夫子,可谓至圣矣。"(《史记·孔子世家》)"布衣"是指当时的庶民、平民或没有做官的读书人。司马迁离孔子仅三百余年,他说"孔子布衣",一定是有事实根据的。这个事实根据大概就是指的孔子一生经历中的三个主要环节:其一,自幼贫贱;其二,仕鲁时间仅四年左右;其三,终身主要以教书、治学为业。

布衣为什么能作出这样大的成就呢? 贫贱逼人奋进。孔子幼年家贫,一面参加劳动,一面勤苦自学,加上母教,"十五而志于学",在富于西周文物典章的鲁都曲阜,经耳濡目染和就地学习,成为中国历史上第一个自学成才的知识分子的杰出代表。他特别赞赏和向往的是西周文、武、周公之治和传说中尧舜时代的太平盛世(原始社会),因此,他一方面立志以西周为榜样,力求建立西周之治("小康"世界),另一方面又向往和追求尧舜盛世,提出"天下为公"和"大同世界"的思想,以此作为人类最高政治理想。这样,实行仁政德治的"小康"世界就成了孔子毕生为之奋斗的近期目标,于是"布衣孔子"在思想上、政治上就成了真正以西周开明贵族统治为模式的"贵族孔子"。布衣孔子成为贵族思想家,除他生在富有贵族文化传统的鲁国等条件外,决定性的因素是当时贵族需要思想家,而且当时社会已经具备了从"布衣"中产生这种思想家的条件,那就是春秋时期的大动荡打破了贵族对文化的垄断,造成某种程度的文化下移,特别是由于政治斗争的需要,各国贵族中开始形成了尊贤养士的风气。这些都为"布衣"在政治、文化上的提高创造了条件。孔子正是在这种情况下,加上勤奋学习,才成长为贵族思想家的。贫贱和参加劳动的经历,使他自幼生活接近平民,了解平民疾苦,使他不得不考虑和注意到广大平民的利益。于是,他又决不是反动的"贵族孔子",而是开明的"贵族孔子"。这个历史辩证法在孔子身上再清楚不过地体现出来了。

二、这个"布衣孔子"及其思想,曾经是长达两千余年的中国封建社会的精神支柱和思想基础。这里有一个问题必须弄清楚,为什么在两千余年的中国封建社会中,经历了几十个长短朝代、几百个大小君王,却几乎没有一个朝代(包括少数民族入主中原的元朝、清朝等)、没有一个君王(不管是贤君,还是昏王)不竞相尊崇孔子呢?为什么朝代有更替、君王有变换,而超朝代、超君王的被尊为"万世师表"的孔子形象却始终屹立不动呢?这里面最关键的要害是什么呢?是不是因为孔子不仅是一位伟大的道德理论家,而且是一位道德实践家,尊崇孔子,立为榜样,对调节贵族内部的等级关系,对缓和统治阶级和被统治阶级之间的阶级关系有利呢?一般来说,也有道理。孔子提出的许多伦理德目,例如君臣、父子、上下、兄弟、夫妇、朋友等等之间,都有相处的不同德目,对稳定贵族之间、贵族与平民之间以及平民之间的封建正常秩序,是有一定作用的。但这只是历代王朝尊孔的一般理由,不是特殊理由,不是最关键的要害之所在。是不是因为孔子是一位博学多才的大学问家,特别是经过他的整理、删订和教学,留下了奠定中国整个封建社会思想理论基础的"经典"——"六经"(《诗》、《书》、《礼》、《乐》、《易》、《春秋》),尊崇孔子,立为榜样,对鼓励后来学者(为封建王朝服务的各级官吏和士大夫)"发愤读书"有推动作用呢?"六经"是汉以后各个王朝用以选拔或考试取士的标准。尊崇孔子,也就是尊崇"六经"。这对历代王朝在"六经"思想指导下培养、选拔各级官吏是有推动作用的,因为各个王朝都必须有一批接受"六经"思想同时又忠于它的各级官吏,才能维持和实现自己的阶级统治。一般来说,也有道理。但这也只是历代王朝尊孔的一般理由,不是特殊理由,不是最关键的要害之所在。那么,是不是因为孔子在历史上、在人民中都是影响极大、声望极高的"至圣",因而尊崇孔子,以示敬意呢?一般来说,也有道理。但这更只是历代王朝尊孔的一般理由,不是特殊理由,更不是最关键的要害之所在。那么,最关键的要害到底是什么呢? 原来这个最关键的要害,可以归纳为四个字,就是"忠君尊王"。这是孔子始终不变的一贯主张。这是孔子提供的君王尊严神圣不可侵犯的"理论根据",也就是历代君王所以竞相尊孔的除了上述一般理由之外的特殊理由,是最关键的要害之所在。孔子依据仁为内容、礼为形式的思想,设计了理想的封建政治,希望封建制度长期存在下去。但是这种理想是必然要破灭的。他的忠君尊王原则所保护的昏王暴君正是促使他的理想必然归于破灭的决定性因素之一。虽然孔子主张的忠君尊王是有条件的,例如君要使臣以礼,然后臣才事君以忠,就是说,忠的是明君,尊的是贤王,这在封建社会原不失为开明思想。因为君王是封建社会的权力象征和实体,有了明君贤王作为这个权力象征和实体的代表,就可以实现"仁政德治",就可以使全国上下,也就是使各个不同阶级、不同等级和各民族的贵族和平民,都能过着各安其分的安定生活,这就是孔子念念不忘的"博施于民而能济众"(《论语·雍也》)的小康社会的政治。但问题就出在孔子除了正面宣扬明君贤王如文、武、周公的"仁政德治"外,对暴君昏王或庸君蠢王并没有提出任何积极措施。孔子对此采取的唯一的措施是"天下有道则见,无道则隐"(《论语·泰伯》),就是说,天下有明君贤王就出来做事,没有就退隐。这种消极办法,当然不能解决问题。暴君昏王,依然在位,毫没触动。更有甚者,如果有人触动以至推翻暴君昏王,那也同样被认为是"犯上作乱",同样是不允许的。最典型的例子,就是孔子在评论两支古曲(舜时的《韶》曲和武王时的《武》曲)时,认为《韶》曲是"既完美,又善良",因为舜的天下是尧禅让的,不是用武力夺取的;认为《武》曲"虽完美,未尽善"①,因为武王的天下是用武力从殷纣王那里夺取的。这就是说,即使像纣王那样残暴无道,也不应该用武力讨伐;即使像孔子自己很敬佩的武王那样的贤明君王,因为讨伐了纣王也免不了受到孔子的贬词。很明白,只要是世袭君王,不管善恶贤愚,一概要维护,你可以不给他做事(隐退),但不该撤换他或讨伐他。这一忠君尊王原则之所以得到历代所有明君贤王和暴君昏王的赞赏,不是理所

---

① 《论语·八佾》:"子谓'《韶》尽美矣,又尽善也';谓'《武》尽美矣,未尽善也'。"

当然的吗？孔子的忠君尊王思想，实质上包庇了暴君昏王。加上历代统治者变本加厉地强调臣民的绝对服从，孔子的原则就变成了无条件的忠君尊王原则了。历代王朝为了抬高自己的尊严，同时也就要抬高提供维护自己尊严的思想基础的孔子的尊严；加上一些御用腐儒的歪曲和夸大，供奉在孔庙里的孔子，就从布衣孔子的形象变为君王形象（帽上挂着冕旒的所谓"大成至圣文宣王"）了。孔子本想让封建统治者"克己复礼"，在一定程度上使他们"就范"，以造成仁政德治的社会，但是统治者没有就孔子之"范"，反而利用忠君尊王原则让孔子就他们之范，成为维护其昏庸、腐败、专横、残暴统治的"神灵"和面目吓人的帝王形象。于是，真孔子就变成了假孔子。其实，真孔子中确已包含了假孔子的萌芽，而假孔子则是这些萌芽的恶性发展。区别真假，对假的、谬误的采取彻底批判否定的态度，是十分必要的。

三、既然真孔子中有假孔子，假孔子中有真孔子，在区别了真假孔子，恢复了孔子的本来面貌（真孔子）之后，并非说事情就完了，还必须对本来面貌的孔子（真孔子）加以剖析，既要对本来面貌的孔子思想中所固有的封建性因素和人民性因素加以区别，又要对人民性因素中仅可当作参考借鉴而现已失去实际意义的东西和现在仍有实际价值的东西加以区别。就是说，对经过剖析而分解为三种既有联系又有区别的成分，采取三种不同的态度。我们既反对全面肯定的态度，也反对全面否定的态度；因为孔子思想除必须加以肯定或否定的部分外，确实还存在着一个既必须加以批判（否定）又必须加以吸收（肯定）的部分。就在这些考虑的基础上，感到采用三分法能较为合理地大体上处理好孔子的全部思想内涵。而经过这样的处理，孔子在历史上的功过也就明确地显示出来了。

把孔子思想分解为三个部分，然后采取三种不同态度去对待，这是从具体情况出发、从实事求是的治学方法和"古为今用"的现实要求出发所能得出的合理的科学方法，这也就是对孔子历史功过严肃公正的分析方法。一般地论断孔子功大于过或过大于功，都是不够周密的。对待两千多年前具有那样庞大复杂思想体系的孔子，只有采取科学的实事求是的方法，从具体情况出发，分析孔子在哪个问题上是全对的（功），在哪个问题上是全错的（过），在哪个问题上是对多错少（功大于过），在哪个问题上是错多对少（过大于功），这样才能真正达到"古为今用"的目的。在这里，即使带着"求全"的好心，试着采用加、减、乘、除的方法，也是无济于事的，因为这里要处理的并不是某些自然科学上的问题。

四、孔子身上虽然带有封建主义的污泥，这是"存在决定意识"这一规律的必然产物，但同时还应看到孔子又是一个在封建社会时期产生的品格高尚的伟大人物。他不仅留下了不少有益的箴言，同时还在自己的实践中留下了值得敬慕的人类的优良品质。这些品质是值得我们深思、学习的。归纳起来有以下五条：

一是"学而不厌"。孔子的一生是自始至终学习不间断、不停顿的一生。所以，他曾说："在只有十来户人家的小村子里，就必然有像我这样爱好忠、信的人，但不一定能像我这样爱好学习。"[①]

二是"诲人不倦"。孔子不仅自己爱好学习，而且热情帮助他人学习。他是第一个提出"人人可受教"（"有教无类"）的主张来打破当时贵族垄断教育、把平民关在学校门外的局面的人。他和弟子之间的关系，是相处如家人、父子、兄弟，非常友爱团结，非常民主平等。他不仅教人不倦，而且具有无保留地教人的高尚品格！

三是谦逊虚心，严以律己。正因为谦逊虚心，所以他能严以律己，对自己的学习和工作从不自满，总是觉得自己做得还不够，这正是不断前进的动力。在道德上和学问上严格要求自己、闻过则喜、知过必改、永不自满、虚怀若谷的精神，贯穿了孔子一生的始终。

四是坚持道义。用现在的话讲，就是坚持原则，就是"决不会拿原则去做交易"。孔子的政治原则是"仁政德治"，指导他的行动的就是这个"仁政德治"的原则。他一生是信守这个原则的。

五是知难而进。孔子生在春秋后期，正是周王衰微、诸侯兼并、"礼崩乐坏"的时代，他怀着"仁政德治"的"理想"，企图挽救时局，恢复西周文、武、周公之治，确实是知道做不到，却定要去做的事。孔子一生到处奔走，到处碰壁，从不灰心，直到晚年还是"发愤忘食，乐以忘忧，不知老之将至"（《论语·述而》），目的是为了改革（"易"），为了"知其不可而为

---

① 《论语·公冶长》："十室之邑，必有忠信如丘者焉，不如丘之好学也。"

之"地实现其仁政德治的理想。这种知难而进、从不灰心、勇往直前的乐观主义精神,岂不是封建社会所能达到的人类优良品质的一个典型表现吗?所以恽代英同志说:"我对于孔子的道德学问,向来便很佩服他。"①

五、孔子作为中国古代伟大的思想家、政治家和教育家,不仅是中国历史上的人物,而且是有世界历史意义的人物。孔子不仅对中国有影响,而且对日本、朝鲜,对东南亚各国以至西方国家都有深远影响。美国的克里尔认为西方17、18世纪的启蒙运动和孔子思想影响有很大关系:"一是启蒙运动思想的一些很重要的方面,与其说和当时教会的立场相类似,不如说和孔子思想的立场更相类似;二是这一事实已为启蒙运动的领导人物所承认和广泛宣扬。"他列举了莱布尼兹、伏尔泰等人的有关中国和孔子的言论,特别举了英国尤斯塔斯·巴杰尔1731年所写的下面的话:"甚至法国……也不得不坦率承认中国在'政治学'方面超过所有其他国家,而对于伟大的孔子所搜集、整理和评论过的那些政治原理,怎么予以赞扬也是不过分的。"②即使在17、18世纪各国还多少仍处于自足自给和闭关自守的状态时,各国精神的产品也和物质的产品一样,已经通过各种渠道互相往来和互相影响。经过产业革命和世界市场的开辟,情况就更不同了,从那时以后,正如马克思和恩格斯所说,"各民族的精神产品成了公共的财产。民族的片面性和局限性日益成为不可能,于是由许多种民族的和地方的文学形成了一种世界的文学(这句话中的'文学'一词是指科学、艺术、哲学等等方面的书面著作。——原编者注)"③。现在离马克思说这话时又已一百多年,情况有了更大发展。两千余年前中国杰出的历史人物孔子的思想(精神产品),早在闭关自守的状态下就已成为许多民族的"公共的财产",现在自然更将成为各民族的"公共财产"了。既然现在日本和东南亚各国以及英、美、苏、德、法等国不少学者和专家都在以孔子作为研究课题,

---

① 钟离蒙、杨凤麟主编:《中国现代哲学史资料汇编》(第1集第10册),第28页。

② H. G. Creel. *Confucius and the Chinese Way*, p. 256.(克里尔:《孔子与中国之道》,尚无中译本,引文见原书1960年版,第256页。)

③ 马克思和恩格斯:《共产党宣言》,《马克思恩格斯选集》(第1卷),人民出版社1972年版,第255页。

既然中国是孔子的故乡,我们中国人就更应该依据辩证的科学方法,对这位具有深远影响的伟大思想家、政治家和教育家的孔子,作出应有的实事求是的研究和评价,积极认真地继承这份珍贵的遗产。这是责无旁贷的。

以上五点,就是本书对孔子思想、为人及其历史意义的简要小结。

(录自匡亚明:《孔子评传》,南京大学出版社 1990 年版。)

杨荣国儒学学案

　　杨荣国(1907—1978)，笔名杨天锡，湖南长沙人。中国当代历史学家、哲学家。

　　杨荣国于1929年毕业于上海群治大学。他将马克思主义辩证唯物论运用于古代哲学和思想史的研究。曾任重庆东北大学、南宁桂林师范学院教授。新中国成立后，任湖南大学文学院院长兼历史系主任，中山大学历史系主任、哲学系主任等。1978年，于广州逝世。

　　1940年，杨荣国的首部著作《中国古代唯物论研究》出版，并在极度困难的生活环境中，又完成《中国十七世纪思想史》、《孔墨的思想》两部专著的写作。1944年，被当时迁到重庆三台办学的东北大学聘为教授，讲授历史哲学课程。期间，他花了四年时间完成了一部30万字的《清代思想史》。1954年，出版《中国古代思想史》一书，并被译成俄文出版。本书指出，春秋战国时期学术之所以繁荣，归根结底是因为当时社会生产力的发达。孔子是代表奴隶主利益的思想家，孔子的中心思想是"仁"，"仁"概念的核心是以"孝"、"悌"观念巩固血缘关系，以"克己复礼"来巩固奴隶制国家。孔子思想的实质是"天德"与"人德"合一的唯心主义思想体系，目的是维护殷周的宗教专制统治。其学术论著注重通俗化，行文易懂，引证古文多译为白话，对当时中国哲学史的普及起了一定作用。

　　1973年8月7日，杨荣国在《人民日报》发表《孔子——顽固地维护奴隶制的思想家》一文，提出孔子是奴隶主阶级的代表，孔子的主张是逆历史潮流而动的观点。文章认为，春秋时代，奴隶制国家先后灭亡,奴隶制度日趋崩溃,这时候,孔子提出来的政治口号是"兴灭国,继绝世,举逸民"。就是要复兴被灭亡了的奴隶制国家,恢复奴隶主贵族的统治权力,让那些已经没落的奴隶主贵族重新出来当政。这是彻头彻尾的复旧反动的政治口号。文章强调,孔子思想的核心,是个"仁"字。这个"仁",原来就是殷周奴隶主阶级的意识形态。文章被多家报刊转载,成为当时批孔的标志性文章。

（徐庆文）

中国古代思想史·序言

　　殷周社会是种族奴隶制社会,是由一种族来统治的奴隶制国家。所以这统治者种族为了要统治这个国家,产生了他们的一系列的统治思想,如"天"的思想、"礼"的思想和"孝"的思想等等,并且他们即以这种思想教育他们的后代,使后代子孙了解这一套的统治思想和方法,借以维持和巩固他们的统治。于是所谓古者"政教合一",为政即所以施教,施教亦即所以为政;所谓"学在官府",民间无所谓学问,其道理也就在此。这就是殷商西周的情况。

　　发展至西周末以及春秋战国时代,由于社会的急激变革——即由种族奴隶制向封建制转化,在这转化当中,统治者种族一天天地土崩瓦解,无法维系,于是学术本来是在官府,即在统治者种族手中的,这时逐渐下移了。由于学术的下移,民间有了私人讲学的风气,首开私人讲学之风的就是孔子。

　　可是,孔子虽是首开私人讲学之风的,但他讲学的内容,即他的思想体系,是属保守的一面,是维护那日趋崩溃的种族统治的。他之阐扬礼治,又从阐扬礼治之余,提出了那维护统治者种族的"仁",其用意就是如此。而当时显出进步的一面——反种族统治,反"王公大人"——的是墨子和墨家后学。他们提出了"兼爱"来,和孔子的"仁"相对立。后者是以"仁"来维护种族统治,而前者却以"兼爱"、"尚贤"来反种族统治。之后,除了这两种对立的思想,又出现了那实际上属于没落者的思想意识、而在表现上却是超然物外的思想体系的所谓道家及道家的逻辑派。此外,在儒家的一方面,把孔子的消极部分作了充分发挥的就是思孟学派;而具有积极意义,和法家同样反映当时新兴的地主阶级利益,为新社会而致力的却是荀子。当然,荀子在另一面,受有前期法家思想的影响,这是无疑义的。至于韩非,他虽属法家,虽是集法家思想之大成的,但直接给予他思想影响的却又是荀子。法家的韩非曾受过儒家的进步派思想的陶冶。因之,从儒家来说,真正代表封建制度的思想的是"礼表法里"的荀子的思想,而不是孔子的思想,因为孔子的思想是维护种族奴隶制的。过去曾有人说,中国两千多年以来,其支配的思想是荀子的思想①。这说话的人虽是拥护孔孟(这拥护是糊涂的!)而反对荀学,但却道出了一个真理,即把真正代表中国封建制度的思想的开山者找出来了——这个,就是荀子,就是荀子的思想。

这是本书的梗概。

关于子书的考证及对诸子思想的分析,不论清人或近人,都做出了一定的成绩。在这方面,许多我都批判地接受了他们的意见。

又过去写中国思想史或哲学史的,有一个共同的毛病,就是由于征引古书多,使读者难免有佶屈聱牙之感。本书征引古书,勉力译为白话,当可便利读者。

郭沫若、侯外庐两先生,对古代社会的探讨,对古代思想的分析,都有显著的成绩,特别是郭沫若先生,给予我的启示不少,我在这里应当致谢。

本书的写作是继《孔墨的思想》之后,开始于 1946 年下半年,那时我在桂林师范学院讲授中国思想史,写成于 1948 年年底。解放后又曾进行若干修改。但因这是个人的见解,其中当有不少的毛病和缺点,希读者切实予以批评和指正。

著者　1952 年 10 月 30 日

---

① 谭嗣同说:"二千年来之政,秦政也,皆大盗也;二千年来之学,荀学也,皆乡愿也。惟大盗利用乡愿,惟乡愿工媚大盗。"(《仁学》卷上)又梁启超说:"汉代经师,不问为今文家古文家,皆出荀卿(汪中说),二千年间,宗派屡变,壹皆盘旋荀学肘下。"(《清代学术概论》,第 138 页。)

再版附记

这次本书重版,对个别地方,作了些必要的修改和补充,谨志!

著者　1973 年 1 月 25 日

（录自杨荣国:《中国古代思想史》,人民出版社 1973 年版。）

孔子——顽固地维护奴隶制的思想家

二千多年来,一直被反动的统治阶级尊为"圣人"的孔子,究竟个什么人?

列宁指出:"在分析任何一个社会问题时,马克思主义理论的绝对要求,就是要把问题提到一定的历史范围之内。"(《论民族自决权》)用历史唯物主义的观点来分析孔子,就一定要根据当时阶级斗争的形势,看一看孔子是站在哪个阶级的立场上,他的思想是为哪个阶级的利益服务的。

孔子的政治立场

孔子,鲁国人,是一个已经没落的殷氏族奴隶主贵族的后代。他所处的时代,正是春秋晚期。由于奴隶主的残酷剥削和压迫,奴隶不断起来反抗。如公元前 550 年,陈国筑城的奴隶暴动;公元前 520 年,周王室的"百工"(大部分是手工业奴隶)起来造反;公元前 478 年,卫国的手工业奴隶围攻卫庄公,过了八年,他们又起来赶走了卫侯辄。奴隶们用逃亡和武装起义来反抗,从根本上震撼了奴隶主贵族的统治,奴隶制度摇摇欲坠,新兴的封建势力已经起来。所以,奴隶和奴隶主的斗争,新兴的地主阶级和没落的奴隶主贵族的斗争,是当时主要的阶级矛盾和阶级斗争。

孔子站在哪一边? 可用下列几件事情来说明:

当时,在奴隶和人民群众阶级斗争力量的推动下,土地所有制开始发生变化。原来殷、周奴隶制国家中,土地全属最大的奴隶主贵族头子——天子(王室)所有,诸侯(公室)、卿、大夫等各级奴隶主被分封和赏赐的土地,只有享有权,没有私有权。所以这样的土地叫"公田"。到春秋中期,有些新兴的建封地主阶级的力量起来,他们开垦私田,数量越来越大,而且可以买卖。最初,王室和公室不承认私田,后来为了摆脱财政困境,被迫向私田征税,承认封建的土地私有制。孔子所在的鲁国,于公元前594年实行"初税亩"。这标志着由奴隶制的土地所有制向封建制的土地所有制的转化,由此出现地主和佃农,以及由平民转化的自耕农等新的生产关系,个体经济得到发展。

当时鲁国有季孙、孟孙和叔孙三家,就是新兴力量的代表。公元前562年,他们"三分公室",季孙氏采取征税的新制度;过了二十五年,又"四分公室",这一次,孟孙、叔孙也和季孙一样,都采取征税制度,改变了生产关系。这是发展着的封建制向正在崩溃中的奴隶制的进攻,是进步的行为。

对于这件事情,孔子采取什么态度呢?

他认为,季孙、孟孙和叔孙,本来也是奴隶主,是大夫,却这样不守本分("过其所爱"),破坏了从殷商以来传统的奴隶制度,这还得了吗!因此,他想尽办法削弱这三家的势力,以维护鲁国公室的奴隶主统治。

当时,孔子的学生冉求,是帮助季孙氏实行改革的。孔子气愤得很,说冉求背叛了"周公之典",即背叛了奴隶社会的典章制度(《左传》哀公十一年)。孔子宣布不承认冉求是他的学生,还要他的学生们"鸣鼓而攻之",对冉求实行围攻(《论语·先进》)。

孔子维护什么制度,反对什么制度?这还不是清清楚楚的吗?

类似的事情也发生在齐国。齐国新兴力量的代表是田成子(古代"田"和"陈"是同一个姓,所以又叫陈成子),他为了反对当时统治齐国的腐朽的奴隶主贵族势力,采用大斗借出,小斗收进的办法争取了群众,终于在公元前485年,杀掉了齐国奴隶主贵族头子齐简公。孔子对这件事很是反对,力劝鲁哀公出兵去讨伐,鲁哀公知道自己的力量弱,打不过齐国,才没有敢去。

第三件事情:孔子反对铸刑鼎。

当时,由于奴隶不断反抗和封建力量的兴起,原来奴隶制的"礼治"维持不下去了,不得不用"法治"来代替。奴隶制的"礼治",其实就是规定奴隶主和奴隶的"尊卑"上下关系。奴隶主是统治奴隶的,他们的意志就是法律,他们可以随心所欲地迫压和剥削奴隶,甚至加以屠杀;奴隶只能绝对服从,不许反抗。这就是所谓"礼治"。但是这时,奴隶很不听话,已经到处起来反抗了。有些倾向进步的人,看到这种趋势,认识到必须改变旧的统治办法,对贵族和奴隶的关系,要规定一些法律条文,对奴隶主有些限制,叫作"刑书";那时是铸在鼎上的,让大家可以看到,这就叫"铸刑鼎"。它后来就发展成为封建社会的上层建筑——法律;后来主张"法治"的,就是代表新兴封建力量的法家。

孔子对于这件事,也是坚决反对的。公元前513年,晋国人铸刑鼎,他听到以后,很不以为然地说:将贵族和奴隶混在一起,怎么显示贵族的尊严伟大呢?这么一来,贵贱之间一点区别都没有了,还成个什么奴隶制国家呢?(《左传》昭公二十九年)

第四件事情:孔子杀少正卯。

孔子一生都想做官,以实现他那套反动的政治理想。但直至公元前497年,他才当了三个月鲁国的司寇,并代行宰相的职务。他上台才七天,就把当时一位著名的革新派人士叫做少正卯的捉来杀了。

原来,春秋战国是百家争鸣的时代,代表各个阶级的思想家,都创立学派,互相辩论。少正卯和孔子一样,当时都在鲁国招收门徒讲学。他们是意见根本对立的两派。孔子杀少正卯,实际上正是当时阶级斗争的表现。请看孔子是怎样宣布少正卯的罪状的(见《荀子·宥坐》)。

孔子说:下面五条,只要犯有其中一条的人,就应该处死。

一、通达古今之变,了解事物变化的人,是容易铤而走险的("心达而险");

二、不以奴隶制的正道而行,固执地走所谓革新之路的("行辟而坚");

三、把他的所谓革新道理说得头头是道的("言伪而辩");

四、对奴隶制统治中所产生的一些腐朽不稳的现象,知道得非常之多的("记丑而博");

五、把反奴隶制的道理说得义正辞严似的("顺非而泽")。

孔子说:现在少正卯对这五条都犯了,所以非杀不可。他根据这五条定少正卯的罪案,那就是:

一、聚众结社("居处足以聚徒成群");

二、鼓吹邪说("言谈足以饰邪营众");

三、淆乱是非("强足以反是独立")。

少正卯倡导革新,是适应当时历史发展和人民群众的愿望的。孔子杀了少正卯,连他的学生子贡也怀疑是错误的(《孔子家语》)。当时人民群众都爱戴少正卯,颂扬他是杰出的人物。

够了,这几件事情足以说明:孔子是顽固地站在日趋崩溃的奴隶制一边,坚决反对新兴的封建制改革的。

春秋时代,奴隶制国家先后灭亡的有五十二国,奴隶制度日趋崩溃,这时候,孔子提出来的政治口号是:"兴灭国,继绝世,举逸民。"(《论语·尧曰》)就是要复兴被灭亡了的奴隶制国家,恢复奴隶主贵族的统治权力,让那些已经没落的奴隶主贵族重新出来当政。这是彻头彻尾的复旧反动的政治口号。孔子却要以此为"己任",下决心要做到"死而后已"。当时人民群众非常讨厌他,有一位守门人骂他是不识时务〔"知其不可而为之。"(《论语·宪问》)〕,是逆时代而行的反动人物。孔子和他的学生到处游说,有些地方的群众就围攻他们,他们吓跑了,"若丧家之犬"。这就是站在反动立场的孔子应得的惩罚。

孔子的思想——"仁"

孔子思想的核心,是个"仁"字。这个"仁",原来就是殷周奴隶主阶级的意识形态。

殷周奴隶主统治者,为了巩固奴隶主阶级的团结,巩固奴隶主贵族的统治,就提倡"仁"。现在考古发现的甲骨文卜辞上就已经有"仁"字。奴隶主提倡"仁",就是要奴隶主阶级内部的成员之间亲爱团结;同时还要欺骗被奴役的劳动人民,让他们服从统治者,不要反抗〔"怀于有仁。"(《商书·太甲下》)〕。孔子最崇拜的"圣人"周公,不是就自称他是仁爱又顺从祖先的吗!〔"予仁若考。"(《周书·金滕》)〕他们看来,在奴隶主阶级中,只要人人相亲相爱,又能顺从氏族祖先,奴隶主贵族的统治就可以巩固下去。所以,他们的结论是:"仁亲"就是"宝"(《礼记·檀弓》)。可见奴隶主把"仁"看得非常重要。

孔子对"仁"作了系统的归纳与发挥。他给"仁"规定了许多内容:孝悌、忠恕、正名、德、智等等,都包括在内。我们分析这些内容,就可以看出孔子的思想是为哪个阶级的利益服务的。

孔子归纳得出:"孝"和"悌"是"仁"的根本。

为什么呢?因为古代奴隶制社会是氏族贵族的统治。作为统治阶级的奴隶主,属于同一个氏族,有共同的祖先。孔子感到:当时奴隶主内部矛盾很尖锐,你争我夺,这样就会导致奴隶主统治的崩溃。所以他提出:只要奴隶主内部,人人都能对祖先、对父母尽孝道,就可以从纵的方面将奴隶主团结起来。"悌"就是平辈的兄弟之间,彼此都能相亲相爱,就可以从横的方面将奴隶主团结起来。奴隶主阶级在纵横两方面团结一致了,就不会发生犯上作乱的事情,就可以达到巩固氏族奴隶主贵族统治的目的。同时,奴隶主内部实行"孝"、"悌",就能够影响奴隶们也趋于厚道〔"民德归厚。"(《论语·学而》)〕,规规矩矩地服从奴隶主的统治。

所谓"忠"、"恕",也完全是为奴隶主的利益服务的。孔子提倡"忠",就是要奴隶忠于奴隶主,大夫、陪臣忠于诸侯,诸侯忠于周天子,目的就是要巩固各级奴隶主的统治。他提倡"恕",讲"己所不欲,勿施于人"(《论语·颜渊》),但他决不是要对奴隶实行宽恕,而只是对那些已经沦落的奴隶主实行恕道。孔子自己就是一个没落的奴隶主贵族的后代,小时候做过许多被认为卑贱的事,管理过仓库和牲畜的事情。他很能替自己这样的人着想。他要求对没落的奴隶主不要过于求全责备了〔"毋求备于一人。"(《论语·微子》)〕,只要他没有大错误,就不要抛弃他,要做到在奴隶主内部"故旧不被遗弃",大家团结一致,以防止奴隶们起来造反。

上面已经说过:春秋是个大变革的时代,当时新兴的封建力量抬头了,如鲁国的季孙氏、齐国的田氏,他们都向反动的奴隶主贵族统治进攻,改变了原来的生产关系,破坏了奴隶制的"礼治"。孔子认为,这是因为这些新兴力量不能克制自己的欲望和约束自己的行动,就是不仁。他就把殷周以来的"克己复礼"的办法搬了出来。(《左传》:"仲尼曰:古也有志,克己复礼,仁也。"这"志"是"记载"的意思。)他对学生颜渊说:"克己复礼,天下归仁焉。"只要奴隶主们都能克制自己的欲望和行动,恢复礼治,奴隶们也就会规规矩矩地服从统治。这就叫"天下归仁"。这样,奴隶主的统治就可以巩固下去。

因此,孔子还大声疾呼地说要"正名"(《论语·子路》)。

什么是"正名"？就是要用主观的观念（"名"），去规定和范围客观的存在。

这是因为，在奴隶主的残酷统治下，奴隶的不断起义，新兴封建力量的抬头，生产关系的不断改变，使得奴隶制社会的秩序十分混乱（"礼崩乐坏"）。当时，政令和军令已经不能从奴隶主最高统治者——周天子那里发出来了；各国诸侯的权力也发生了问题，有些落到大夫、陪臣手里；另一方面，像少正卯这样的人又联络人民自由集会结社，乱批评当局。已经造成了"君不君，臣不臣，父不父，子不子"的局面。这样下去，怎么得了呢？于是孔子下了决心，要用殷周以来奴隶主阶级那套主观的观念，去规定和范围正在变革中的社会存在，以恢复固有的"君君，臣臣，父父，子子"的秩序，妄图挽回奴隶主贵族统治的颓势。

据说，他还因此写了一部他当时的现代史，叫做《春秋》。后来孟子说：孔子这部历史写出来以后，使得那些"乱臣贼子"都感到害怕。因为它是用正定名分的观点去写的，想把变革了的社会现实改正过来，恢复旧秩序。孟子吹捧他，说孔子写《春秋》去改正被紊乱了的名分，这是在代替周天子行使最高权力——去巩固奴隶制的统治。所以，这是了不起的大事，值得大书特书（《孟子·滕文公下》）。

实际上，这不过是孔子的顽固立场的又一表现罢了。

这也是孔子所说的"仁"的工夫。

孔子所说的"德"——"为政"要"以德"，也并不是要对被奴役的劳动人民行德政，只有在奴隶主阶级内部，才行所谓德政。《荀子·礼论》："人有是，士君子也，外是，民也。"这个"有"字，古代同"域"字，这是指居住在城市的意思。这句话就是说：当时居住在城市里的，主要是士君子——大大小小的奴隶主，而民——奴隶，大都住在城外。当时所说"德以柔中国，刑以威四夷"（《左传》僖公二十五年）。这"中国"是指"国中"，即城内。这也就是说：德只能施于住在城内的大小奴隶主；而对住在城外的被奴役的劳动人民，却只能施刑罚。用鞭子去对付劳动人民，这就是奴隶主的"德政"！

孔子认为，"仁"还包括"智"——知识。他竭力鼓吹"唯上智与下愚不移"（《论语·阳货》）。这就是说：奴隶主"圣人"是上等的天才，奴隶们不过是下等的奴才。一个是绝对的智慧，一个是绝对的愚蠢，这两个阶级是无论怎样也不能改变的。所谓天才的知识是从哪里来的呢？他说："生而知之者，上也。"(《论语·季氏》)认为"圣人"的知识是天生的，不是来自实践。孔子就是这样赤裸裸地主张唯心论的先验论和"英雄创造历史"的反动谬论的。

所以孔子十分看不起生产劳动。他的学生樊迟要求学习农业劳动知识，孔子很生气，他说：这是奴隶们干的事情，我才不干呢。他骂樊迟是"小人"(《论语·子路》)。劳动人民怎样回答他呢？有位正在耘田的老农看到孔子，说他不过是个"四体不勤、五谷不分"的、只会过不劳而获生活的寄生虫(《论语·微子》)。这是对孔子的最正确的评价。

孔子讲了许多"仁"，但是他将奴隶等被奴役的劳动人民排除在"仁"之外。在他看来，奴隶们是只能供驱使、被奴役的，决不能让他们知道任何道理〔"民可使由之，不可使知之。"(《论语·泰伯》)〕。他辱骂他们是"鸟兽"，是那些奴隶主贵族们不屑为伍的(《论语·微子》)。他特别轻视妇女，认为不论男奴隶也好，女奴隶也好，都是很难畜养、很难对付，也是不可以亲近的(《论语·阳货》)。他认为：在奴隶主中间，可以有不仁的人；而在奴隶和被奴役的劳动人民中间，则是根本不可能有仁的〔"子曰：君子而不仁者有矣夫，未有小人而仁者也。"(《论语·宪问》)〕。

从这里可以看出：孔子说"仁者爱人"，完全是骗人的鬼话，他并不是要爱一切人(包括奴隶)，他所爱的，仅仅只是奴隶主阶级。他也讲"泛爱众"，好像是要普遍地爱大众了，其实，当时的"众"字，因为社会变革，已经不是殷商和西周初期那样，还有奴隶的含义，而只是指"君师"、"群臣"了(《礼记·曲礼》郑玄注)；所以，他所爱的仍旧只是奴隶主阶级。

毛主席指出："至于所谓'人类之爱'，自从人类分化成为阶级后，就没有过这种统一的爱。过去的一切统治阶级喜欢提倡这个东西，许多所谓圣人贤人也喜欢提倡这个东西，但是无论谁都没有真正实行过，因为它在阶级社会里是不可能实行的。"(《在延安文艺座谈会上的讲话》)我们千万不要上孔子的当，尽管他说了不少漂亮话，什么"治亲"呀，"报功"呀，"举贤"呀，"使能"呀，"存爱"呀，这些"仁政"，都只施于奴隶主阶级内部，而"民不与焉"(《礼记·大传》)——奴隶们是不在其内的，他们是只能被奴役、被鞭挞、被屠杀的。

从上面简单的分析,可以看出:尽管孔子满口"仁义道德",说得天花乱坠,戳穿了看,他的思想,都是为正在崩溃中的奴隶主贵族阶级的利益服务的。

当时,反对孔子的儒家,站在封建阶级的进步立场的是荀子,以及他的学生韩非等法家。先秦儒法两家的斗争,是当时阶级斗争在思想战线上的表现。这方面,我已专文阐述,这里就不再多谈了。[①]

孔子在当时,是站在正在崩溃中的奴隶主贵族的立场上,反对新兴的封建势力;他的思想的实质,是要维护奴隶主阶级的统治,论证劳动人民只能被剥削、被奴役、被统治。用一句话说,他就是要论证"剥削有理,造反有罪"。因此,后来的剥削阶级,不管是封建地主阶级,还是资产阶级,当他们还没有取得统治地位的时候,可以反对孔子,喊"打倒孔家店";一旦他们取得政权,成为反动的统治阶级之后,却都要利用孔子的思想,来欺骗劳动人民,为他们自己的反动统治服务。所以二千多年来,孔子一直被他们尊为"至圣先师"。只有站在无产阶级立场,运用马克思主义的历史唯物主义观点,才能揭穿孔子的反动本质。

毛主席教导我们:"今天的中国是历史的中国的一个发展;我们是马克思主义者的历史主义者,我们不应当割断历史。从孔夫子到孙中山,我们应当给以总结,承继这一份珍贵的遗产。这对于指导当前的伟大的运动,是有重要的帮助的。"(《中国共产党在民族战争中的地位》)

用马克思主义的观点去评价历史人物,首先要分析当时的阶级矛盾和阶级斗争,看在当时历史发展的条件下,他是站在进步阶级方面,主张革新呢,还是站在反动阶级方面,主张保守。马克思主义者的任务,就是要推动历史不断向前发展。我们要肯定的,只是在历史上起过进步作用的东西,对反动的、保守的东西,我们必须坚决否定它,批判它。所以,批判孔子的反动思想,对参加现实的阶级斗争,特别是对抓上层建筑意识形态领域的阶级斗争,是会有帮助的。

（录自《人民日报》,1973 年 8 月 7 日。）

---

① 见《春秋战国时期思想领域内两条路线的斗争》一文。——编者注

唐君毅儒学学案

唐君毅(1909—1978),四川宜宾人。中国现代哲学家、哲学史家,现代新儒家代表人物之一。

唐君毅出身书香门第,幼承庭训,接受过良好的旧学教育。17 岁考上北京大学,不久转入南京中央大学哲学系,受业于方东美、汤用彤、熊十力等,毕业后到中央大学任助教。1944 年,升为教授,兼哲学系主任。1950 年,倡设并亲自主持了新亚学术文化讲座,邀请知名学者主讲,历时五年,共 139 次,使新亚书院声名鹊起,为海外学人所推崇。1957 年后,多次应邀前往美国、日本及欧洲各国参加学术会议或作专门学术演讲。1958 年元旦,与张君劢、牟宗三、徐复观等联合署名,发表了被称为现代新儒家思想纲领的《为中国文化敬告世界人士宣言》。1963 年,受聘为香港中文大学哲学系讲座教授,兼任系务委员会主席,并被选为中文大学第一任文学院院长。1978 年,于香港病逝。

唐君毅是现代新儒家的重要代表人物,被牟宗三称为“文化意识宇宙”中之巨人,在文化哲学、中国哲学史等领域作了许多创发性研究,尤其是晚年创建的“心通三界九境”的哲学体系,具有重要的学术价值。其学术著作可分为四类:第一类为“泛论人生文化道德理性之关系之著”,如《人生之体验》、《道德自我之建立》等;第二类为“评论中西文化、重建人文精神人文学术,以疏通当前时代之社会政治问题之一般性论文”的合集,如《中华人文与当今世界》、《中国人文精神之发展》等;第三类为“专论中国哲学史中之哲学问题,如心、理、性命、天道、人道之著”,此即六大册的《中国哲学原论》;第四类为“表示个人对哲学信念之理解及对中西哲学之评论之著",如《哲学概论》、《生命存在与心灵境界》。其中,《生命存在与心灵境界》是其毕生学术的一大总结。其思想经过"道德自我反省"、"重建人文精神"和"诠释传统哲学"三个阶段之后,最后形成了"心通九境"的哲学思想体系。这九种境界依次是万物散殊境、依类成化境、功能序运境、感觉互摄境、观照凌虚境、道德实践境、归向一神境、我法二空境、天德流行境。这九种境界,不但包括了心灵世界的所有层面,而且也统摄了人类所创造的一切文化成果。在这一心灵世界的升进过程中,不同的知识领域、文化系统被相应地定格定位,而儒家的成德之教则是此一系统中人类文明最终极意义的安身立命之所。

（法　帅）

生命存在与心灵境界·导论

一　明宗与释书名

今著此书,为欲明种种世间、出世间之境界(约有九),皆吾人生命存在与心灵之诸方向(约有三)活动之所感通,与此感通之种种方式相应;更求如实观之,如实知之,以起真实行,以使吾人之生命存在,成真实之存在,以立人极之哲学。

此上所言即本书宗趣,今更次第略说其名义。

言生命存在,后文多用作一复词。生命即存在,存在即生命。若必分其义而说,则如以生命为主,则言生命存在,即谓此生命为存在的,存在的为生命之相。如以存在为主,则言生命存在,即谓此存在为有生命的,而生命为其相。至于言心灵者,则如以生命或存在为主,则心灵为其用。此心灵之用,即能知能行之用也。然心灵亦可说为生命存在之主,则有生命能存在,皆此心灵之相或用。此中体、相、用三者,可相涵而说。一"存在而有心灵的生命",或一"有心灵生命的存在",或一"有生命能存在之心灵",其义无别。然言存在,可指吾人不知其有生命心灵与否之存在,故其义最广。言生命存在,可指吾人不知其是否有心灵之生命存在,则又较有心灵之生命存在义为狭。则生命、存在、心灵,亦可分用,而各为一词。

然中文之生命、存在与心灵,又各为二字合成之词,亦可各视为一复词。生命之生,乃指由未生而生,命则指既生而向于更生,遂有寿命之命。寿命乃生之自命其生,亦境之许其生,命其生。存在之"存",存系指包涵昔所已有者于内,"在"指已有者之更有其今之所在。此"所在",又可为包涵保存此已有者者。又心灵之"心",偏自主于内说,"灵"

则言其虚灵而能通外,灵活而善感外,即涵感通义。今合"生"、"命"为一名,要在言生命之为一生而更生之一次序历程。合"存"、"在"为一名,要在言此生命存在,为内有所"存",外有所"在"。外有所"在",则有其外之"位";内有所"存",则所存者在其自身中,有其"位"。若在内者为一层,在外者为一层,生命则居其中层之位,以通内外之层位。此即见生命存在之有其连于层位之义。"心"自内说,"灵"自通外说。合"心"、"灵"为一名,则要在言心灵有居内而通外以合内外之种种义说。然人有生命存在,即有心灵。则凡所以说生命或存在或心灵者,皆可互说,而此三名所表者,亦可说为一实。

此上文言心灵之境,不言物者,因境义广而物义狭。物在境中,而境不必在物中,物实而境兼虚与实。如云浮在太虚以成境,即兼虚实。又物之"意义"亦是境。以心观心,"心"亦为境。此"意义"与"心",皆不必说为物故。于境或言境界者,以境非必混然一境,境更可分别,而见其中有种种或纵或横或深之界域故。然以境统界,则此中之界域虽分别,而可共合为一总境。则言境界,而分合总别之义备。

此境界一名,初出自庄子之言境。佛家唯识宗以所缘为境界义。所缘即心之所对、所知,则境界即心之所对、所知。此所缘在印度之本义,当近于西方哲学中所谓对象(object)之义。但西方哲学中之对象一名,初涵为心之外向、前向所对之实象之义。而中国之境界之原义,则兼通虚实,于义为美;与西方之世界(world)或眼界(horizon)之词,其义为近。此西方哲学中之 object,中国译为宾词。西方哲学中之 subject,中国译为主词,皆较西方此二词之原义为美。西方哲学之 subject 初有在下位,而居后之义,与 object 之为心之外向、前向,而见其居前者,相对成敌体。如今以心灵、生命、存在为主词所表,则"主"有居内、居先、居前义;而以其所对、所知之境中之物或境,为所对、所知,为宾词所表,则宾有自外至、后至之义。是则与西文之二词原义相反,而"主"之为先为前之义显然。又宾自外至,而内向,以入于主人之室;主更近宾,乃以谦礼居下。谦尊而光,卑而不可逾。主迎宾而宾看主、主看宾,如佛家曹洞宗所言,而主宾之感通之义显然。此皆较西文之 subject、object 二字之原义为美,而亦更与本书之旨相合者也。

二 心对境之感通活动及其种别、次序与层位

对上文所谓感通活动,与其方向、方式,如更说吾人之生命存在之心灵为其体,则感通即是此体之活动或用;而此方向方式之自身,即此活动或用之有其所向而次序进行时,所表现之义理或性相或相状,乃由此体之自反观其活动、或用之如何进行所发见者。如说此反观亦是此体之一活动,则此反观,即此体之自以其反观之活动,加于所反观之活动之上之事。而此反观所发见之方向方式,则属于此所反观之活动,兼属于能反观之活动之自身;而亦属于能次序发此二活动之生命存在之心灵之体,而此体亦即存在于其诸方向方式之感通活动中。由此即见此中之体、相、用三义之相涵。

此上言境为心所感通,不只言其为心所知者,乃以心之知境,自是心之感通于境,此感通中亦必有知;但知之义不能尽感通之义,知境而即依境生情、起志,亦是感通于境之事故。

此上言境为心所感通,不言为心所变现。心所变现者,自是心之所通及。然此主体之心,通及客体之境时,此境即自呈现其"性相"于此心。此中,境亦可说有呈现其性相之"活动"或"用",而后此境与其性相,方得呈现以"存在"于心;而通于境之心,亦必因此而自变为以"呈现此境之性相",为其"性相"之心,此心又必有此自变之"活动"或"用",乃有此所变成之心之呈现以"存在"。故此中有心境相互为用之义,不能只言心变现境。又,言心变现境,恒是就特定境,而言其为此心之所通。然心之所通,不限于特定境,乃恒超于此特定境,以别有所通,而永不滞于此所通。如飞鸿踏雪泥,飞鸿不留于其指爪之所在。故只言心变现境,纵至于言一切境,皆心所变现,仍是滞辞。

上文言境与心之感通相应者,即谓有何境,必有何心与之俱起,而有何心起,亦必有何境与之俱起。此初不关境在心内或心外,亦不关境之真妄。谓境在心外,乃与视此境在心外之心俱起,妄境亦与妄心俱起。而知此妄境与妄心俱起者,固是真知真心。此真心知此妄境与妄心俱起者,更有其所对真境,而可依此真境,以转妄境化妄心,而去此妄境妄心。此皆后来事。今若不依此后来事,说境与心之感通相应,则无论谓境在心外或心内,无论境之真或妄,皆与心之某种感通相应。视境

在心外而感之于外、通之于外,亦是感通。感妄境通妄境,而此感通之能,或以境妄而染妄,成妄感通,亦是一种感通。

言有种种境,为种种心灵活动所感通者,乃谓境不一,心灵活动亦不一,而各如如相应,而俱起俱息。不相应者则相离。如以视心对色境,以闻心对声境,则声境与视心相离,色境与闻心相离;然色境与视心、声境与闻心,则相应而不相离。一切心境关系,皆复如是。谓境有真妄,与真妄心各相应而不相离,亦复如是。如人见色境而忆声,谓境中有此声为所闻,常言为妄境。此乃由其以忆中之声,属当前所闻之声,而当前所闻中,实无此声,故此境为妄。然此妄境,依于混忆中之声与当前所闻而生。说此境为妄境,必说此"混"为妄心,并说此妄境依此妄心生,与此妄心相应而不相离。唯有谓此所忆声,乃昔所闻,此所忆声,是所忆声,或谓因有此所忆声,乃有此"混",方是真语。然此真语,乃由吾人另起一心,以"忆中事"与"当前事"及其"混",同为所对境,方有此诸真语。此诸真语,唯依此另起之一心而说,亦必设定此另一心所知之境,为其真境,其知为真知,其心为真心,而后可说。故此真知、真心、真境与真语,亦彼此相应而不相离。然人能有此真心,以知此妄心妄境乃由于"混"而生,其自身即同时超越于此"混"之上,其中实无此"混";即与此"混"相离,而不与之相应也。于一切心境真妄关系,皆应作如是观。

由此上例,便知心灵活动实有种种,如视与闻为二种;忆对视闻,别为一种;混所忆于所闻成妄,复为一种;知此妄之真心真知,再是一种。然除此诸心灵活动可说有种别之不同,相并立而互为内外,更可说其亦有生起之先后次序之不同,及高下层位之不同。此高层位与低层位者,如合而观之为一体,则高层位者亦居高层面。如依次序而思之,则可称高层面者为高层次。故层位与层面、层次之三词可互用,而不同于单纯之次序。如视闻之不同,可直说为并立之种别之不同。依一般义,人必先有视闻,而后忆其所视闻,则视闻与忆之生起,其次序即兼有先后之不同。人之知视闻、与忆所视所闻之忆之不同,则又为居此视闻与忆等之上一层位之心知。又人之由混视闻与其忆,而起之妄心,为低层位之心,而依此知视闻与忆之不同之心,以知妄心之所以起,与其所以妄,即为一更高层位之心。凡低层位之心皆不知有高一层位之心。而高一层位之心,则必知有低一层位之心。如高一层楼者,必超越于低一层楼之上,而涵盖低一层楼于其下。故心灵活动之种种,有依并立种别而有之种种,有依次序先后而有之种种,及依层位高下而有之种种。此并立之种种心灵活动,如视与闻,其关系可为互相独立、不相依赖之关系。如视为 A,闻为 B,则有 A 可无 B,有 B 可无 A,无 A 仍可有 B,无 B 仍可有 A。依次序生起而有先后之心灵活动,如闻与忆所闻,则为此前者不依赖后者而生起,而后者必依赖此前者而继起之关系。如闻为 A,忆所闻为 B,则 B 必依 A 起,无 A 则无 B;然 B 虽依 A 起,A 不依 B 起,无 B 亦可有 A,因人可有闻而无忆所闻故。此中 A 与 B 之关系,为现代逻辑中"A 或非 B"之析取关系,此只排斥"无 A 而有 B"之一可能。依层位高下而有之心灵活动,如上说"知忆与闻之心",与此"忆闻"之关系,"妄心中之混"与"知此混之真心之真知"之关系,则为在逻辑内涵意义上,后者包涵前者,而此前者不包涵后者之关系。如妄心中之混为 A,真心之真知此妄者为 B。则有 A 可有 B 或无 B,而有 B 必有 A。此不同于依单纯之次序而相继生起者中,其后者之不必包涵前者也。如人必先有闻而后忆所闻,然人忆昔所闻时,可只是将昔所闻重现于今,则其忆所闻之事,虽继昔所闻而起,而当其有此忆时,可一面心中有此所忆,同时遗忘此所忆者是昔所闻。则其知此所忆之知,虽实是忆昔所闻,然又实不知有此昔之闻。人亦正以其不知有此昔之闻,乃有上述之混所忆为所闻之妄。然能知忆闻之别之真心,或能知混忆于闻之妄之真心,则必兼知此所忆与所闻,亦知此所忆原于昔之闻,并知此昔之闻之不同于今之闻等。故此真心之知中,必在内涵意义上,包涵对此妄所由成者之知。如谓此"真心之知"为继此中之"妄"而复起,更知此妄为妄者,则此后者必包涵前者。而凡说心灵活动或其所对境之次序生起,而又层位不同,其高层位者,对其低层位者,皆有此在内涵意义上之一包涵关系。

此上所说心灵活动与其所对境之种种,有互相并立之种种,有依次序而先后生起之种种,有高下层位不同之种种。此互相并立之种种,可称为横观心灵活动之种种;依次序而先后生起之种种,可称为顺观心灵活动之种种;有高下层位不同之种种,可称为纵观心灵活动之种种。凡观心灵活动之体之位,要在纵观;观其相之类,要在横观;观其呈用之序,要在顺观。以空间之关系喻之,横观之并立之种种,如左右之相斥相对;顺观之种种,如前后或先后之相随相继;纵观之种种,如高下之相承相盖。综观此心灵活动自有其纵、横、顺之三观,分循三道,以观其自身与其所对境物之体、相、用之三德,即此心灵之所以遍观通观其"如何感通于其境之事"之大道也。[①]

三　如实观之意义

上文所谓如实观者,乃谓吾人之心灵恒不能对种种境作如实观,而不免于有妄心与妄境。吾人之心灵,知妄是妄,固是真。于一切妄,皆可由知其为妄,而去妄得真,则妄皆可转。妄皆依真而有,如以所忆为所闻是妄。然此人之有所忆,而能忆,是真;人之有所闻,亦是真,则妄皆依真起。然吾人又不能据此而径谓世间无妄。因此以所忆为所闻,如误绳为蛇,毕竟是妄故。知妄是妄,即必有妄可知故;妄皆可转,亦即必有妄可转故。若径谓无妄,则亦无知妄,无转妄;无转妄,亦无转妄所成之真故。至谓妄既转,则有真而无妄;妄可转,则此可转,即妄所以为妄之所涵;妄不能离此可转,以成其妄,则妄亦不离真,亦未尝不自即于真。凡此等等,固皆可说为真,亦究极之玄谈所必至。但吾人仍不能据此究极之玄谈之所必至之真,以谓人自始无妄。因人不能谓其妄,皆实已转故。此人之妄之可转,与其实多未转,乃并存者,故终不能由妄之可转,以谓无妄,亦不能由此可转,以谓妄非妄。又言妄者,乃指一一妄。一一妄,各有其一一转之之道。未得一一转妄之道,即未实见一一妄之可转。今若泛言妄皆可转,更言无妄,此即以玄谈废学,亦不识上所陈之先后次第义。依先后次第义,必先说有种种妄,然后说转种种妄之道,行于此道以实转妄,方能有究极之处之无妄。此究极处之无妄,乃由先知有种种妄,并知转之之道,而行于此道,然后致。此知、此行,即是学。无此学以转妄,亦无无妄。学必先知有妄,知有妄,即知吾人

[①]　一般所谓对特殊事物加以抽象,所构成之类概念,其亦可对特殊事物称高层位者,固不必在逻辑上包涵此特殊事物之内容。然构成此类概念之心灵活动,恒必先经此特殊事物之认知,而包涵之、更超化之,方构成此抽象之类概念;而此类概念之称为居高层位,即为一引申义或第二义上之高层位。于此第二义或引申义之高层位与低层位之概念,如纯就其内容看,乃可颠倒之而说者。如谓具体事物之概念居高层位,抽象之概念居低层位是也。

之知有不如实者。知吾人之知有不如实者,故求如实知。此知吾人之知有不如实之知,即可是实知"其知之不如实"之知。此即如实知之始;而知一切实之不同于一切知之不如实者之所知,即可是如实知之终。此始与终,可相涵而为一,是为究竟如实知。在此究竟如实知处看,亦可无所谓先后始终。然对吾人之学言,此无先后始终,仍在后在终,非为学之始,亦非为学之所当先务。为学之始与当先务,唯在知吾人之知恒有种种之妄,并知吾人之知何以必有此种种妄。

吾人之知之所以必有种种妄,如探其本原而说,亦在吾人之求如实知之心灵活动,与其所对之境之原有种种。如吾人之心灵活动果只一种,其下更不能再分种,则此心灵活动即为一绝对唯一之活动,而只有绝对唯一之境。此心灵活动,亦无将此境混于其他任何境之可能,则亦无妄之可能。妄生于混,混生于心灵活动与其境之有种种,可供人之混。然此混之根源,又不只在此心灵活动之有种种,而分别与其所对境相感通;而亦在心灵之诸活动,原亦能自感通。若人之一一心灵活动,皆只分别与一一之境相感通,以各得其应,各得其实,而不自相感通,则亦无混此境为彼境之可能,亦无妄之可能。然以人之心灵之诸活动,原能自相感通,则其一活动,便可夹带其原所感通之境中之事物,以通入其他活动所感通之境之中,而不自知。此即妄之所自始。如溯人以所忆声为所闻声之妄之所自始,则当说其初亦由忆原可继闻而起,而自通于其昔之所闻与其后之闻之故。若无此通,亦无此混,而无此妄。人之知其忆与闻不同而相通之知,又可继此忆与闻而起,而涵盖于此忆之事与闻之事之上,以为上一层位之知,而亦通于其下层之忆之事与闻之事者。此则为知妄之"通"。依此知妄之"通",以观人以所忆为所闻之妄,则此妄乃初由人将所忆者,通之于其所闻者,而视之为属所闻之类,乃于未闻声时谓有声。或以所忆声之一部,连所闻声,以合成一声,谓皆是所闻。混此所忆所闻之二声,原为相互并立之二类者为一类,即有乱相对之二种类之妄。又当混所闻与所忆时,人同时忘其所忆者之原为其"先"所闻,乃以之为后来之"今"之所闻,此即同时有混此中之诸闻忆之先后,而乱其次序之妄。又人能知忆闻之别,则可更本此知,以知此混所成之妄。今无此知,亦无知此混妄之知,而以此"混妄之知",蔽此"知忆闻之别"之知而代之,则又有乱二知之层位之妄。然此诸妄,亦初皆原于所闻者原可成所忆,闻心原可通于忆心,所忆者亦可视如所闻,忆心亦可还通于闻心之故。举此一例,即以明心灵活动之能自往来相通,亦即人之有妄心妄境之本。此心灵活动,能自往来相通,则原是心灵活动之实相真相,则一切妄即皆依此真起。

然妄虽皆依心灵活动原可往来相通之真而起,妄者毕竟是妄。其所以是妄者,以其虽由心灵活动往来相通而起,然此中之通,亦有所不通。其通适足以泯诸心灵活动与其分别所通之境之序、类、层位之别故。如以所忆为所闻者,所忆者通于所闻,其心知有此闻,则其心亦通于此闻,然其心不知此所闻原于其忆,而不自知其有此忆,即其心不通于此忆。必对原于忆者知其原于忆,而知有此忆,其心乃通于此忆,而通其所不通,无此所不通,然后能不泯此中之序、类、层位之别,而去此中之妄。此通其所不通,亦即依序、类、层位而通。如于对以所忆声为所闻声时,知此声非同所闻声之类,即为依声类分别,使此心兼通于此二类声也。知有闻先于此忆,即依序而通。既知忆闻之先后,即可知忆别于闻,更知此真知"忆别于闻"之知,在忆闻之上一层位,忆闻在下层位,此即依层位而通。合此三者,为心之兼通于此中声与声、闻与忆知等之相互之序、类、层位之关系,而后能去此中之妄,而知此中之真。此中之各序、各层位,亦可说是各为一类,有如于各类与各层位,又可定其序之先后;于各序各类,亦可更分层位之高低。但此下文,于与序及层位对言之类,姑限于对立之类而说,以避繁文。

然心灵活动与其所感通之境,其种类至繁;其次序生起,相引而无尽;其层位高下,亦相承覆而无穷。又不同种类者亦未尝无其同处,以共属于高一层位之种类。于是人即可知同而更观异,亦可以知同而泯其异。异泯而莫不同,则于不同种类者,可视为同而妄生。其次序先后不同者,此先之后,不同于后之后;此后之先,亦不同于此先之先。然"先之后"与"后之后",其为后同。"后之先"与"先之先",其为先亦同。兹专以"先之后"与"后之后"同为后而观,则"先之后"与"后之后",可视为一后。人之由先至后,便可不先历"先之后",而直至"后之后",再还至"先之后";于是"后之后"反为先,"先之后"反为后,而先后之序之颠倒之妄生。其层位高下之不同者,高一层位者高于低一层位者,亦低于更高一层位者。然以低望高之二层位,同只见其高,则亦可不见其自为高低之二层,而可以为只是同层之二类。自高望低之二层位者亦然。如自低处望二高山,可视为平齐,自高山望低阜,亦可视为平齐。又高层位者覆低层位者,低为高覆,则低可隐于高,而唯见高一层位者。如高帐覆屋,而不见屋。又高为低所承,则高亦可为低所蔽,如檐下望楼,而不见楼。高隐,而低者无以自见其低,而可自视为高;低隐,而高者无以自见其高,亦未尝不可自视为低。此乃譬喻之辞。若必举实例而说,则如吾人前谓闻是一层;忆所闻,而知其为所闻,是第二层;知忆闻之别,是第三层。然人亦可谓此中只二层。如谓闻是闻外声,自忆与自知,皆只是自知,即只二层。人又可谓闻声与忆所闻声,皆向在外声,故应合为一层;而知此闻与忆之知,唯向在自心之闻与忆,合为一层,亦共是二层。人又可谓忆与闻与所闻所忆,皆在知此一切之自觉之中,则可只以此自觉之知一层为最高,亦别无更高者。此即收归一层之论。然人亦可谓此自觉之知,只向在忆与闻,而忆原于闻,以闻望此上之忆与自觉之知,皆为虚影,只有此闻为真实不虚,亦为至高。此亦为收归一层之论。此只收归二层或一层,固皆可说,然以此谓无此三层,则为妄见妄说。凡于有层位可开处,亦必有不知其层位之人之妄谓其无,而泯其高低之别,或颠倒之,而以高为低,以低为高,以生种种妄见妄说也。

　　对此序、类、层位之别,不如实知而有之三妄,其与人之求如实知之活动之进行之关系,可为之设喻曰:此求如实知活动之进行,如人行路时,人所求知之境物之类,初乃如横陈于行路时之左右者。人唯由兼观左右,得中道行,如偏倾左右,必至倾跌。此喻不能兼知异类之异,偏知一类,而以他类同此类者,而有之类别错乱之妄,此即不能横观之妄。又人行路,必前后步次第而进,如两步并作一步,以前步混于后步,此必致趋跌。此喻不能循先后之序而有之次序错乱之妄,即不能顺观之妄。再人行路遇高低地,足必随之升降,如以高为低,以低为高,必致颠跌。此喻不瞻顾高低层位而有之层位错乱之妄。此即不能纵观之妄。去此三妄,成如实之横观、顺观与纵观,即人之求如实观,得如实知之道。

四　如实知与真实行

　　至于此上言由如实知起真实行者,则是谓真实知必归真实行。知之所以必归于行者,以一切心灵活动原是行,知之一活动亦原是行,与其余非知之活动如情意等,亦原不可分故。人谓知与情意有别,乃自知只对境有所感通,而不必对境之有所感受、感应说。感受是情,感应是意或志行。心灵似必先以其知通于一境,乃受此境,而应之以意或志行。知、情、意,虽皆属人心灵生命自体之活动或用,而其为用与性相固不同。大率知之活动,能知人自己之心灵自身与他物之体、相、用,而不能改变之;情意之行之活动,则可对其他人物或自己之心灵之自体,更有一作用而变之。此即知行二者之不同。然心对境若先无情上之感受,亦无知之感通;人心若初不求应境,亦对境无情上之感受。又感受、感应,亦是一感通于境之事。人若只有知之感通,不更继之以感受与感应,则其对境之知之感通,亦未能完成,则知亦可说后于行。大率一般人所以于心灵活动,恒说知为先而情意之行为后者,盖由人之将其感通于境之知折回,以自知其心灵之活动时,恒先知有此知,方知其所依以生之情意;情意即以其后被知而居后。此人之自知之事,所以必先知有此知者,则以与知最切近者,应知之自身故。然知既自知其为知,必更求自知其为知之所依以生,则必更知及此情意。既知及此情意,更知无此情意则知不生,无情意之行以继知,知之感通不能完成;则人可更知此知之生,乃后于此情意之行;亦知此情意之行,乃主乎此知之生与成者。此即知之由自知其为知,而更自知其主之事。既自知其主,乃自宅于其主之宅,而此知即自知其为亦居情意之行之内,而自内照澈此情意之行,而与之俱行之知。知之为真实知者,必归于如此之一与情意共行之知,方得为真实知。反之,知之非真实知,而杂虚妄者,以不能自知其非真实知,即不能自知其知之果为何物,亦不能自知此知所依以生之情意之果为何物,复不能自知其主之所在,而自宅于其主之宅;则此知恒摇荡而不定,遂宛然独立于情意之外矣。然当人自知其知所依以生之真实之情意,而知此妄之所自起,知此妄之为妄,以去此妄见,而更生起真实之情意,并自宅其知于此真实之情意中,则仍当归于以此知自内照明此情意,而与之俱行也。

上谓知之自知,必至知其所依以生之情意,而归于自宅于此情意,而自内照明此情意,与之俱行。一切如实知,必归于此知之自知,故一切知,理当皆归在成真实行。吾人今论诸心灵活动,与其所感通之境之关系,而求如实知之,亦当归在成真实行。此即谓吾人之论,非徒为一般所谓纯知识上之事。纯知识之上之事,皆是戏论。凡戏论皆碍真实行,亦碍真实知者。然凡戏论而归在如实知真实行者,亦终不是戏论。

五　真实行与生命之真实存在及立人极

至于所谓由如实知、真实行,以成就吾人生命之真实存在,而立人极者,此即谓未有此如实知、真实行,吾人之生命尚未真实存在。何谓吾人之生命之真实存在? 答曰:存在之无不存在之可能者,方得为真实之存在;而无不存在之可能之生命,即所谓永恒悠久而普遍无所不在之无限生命。此在世间,一般说为天或神之生命。世人或视为此乃人所不可能有者,然吾将说其为人人之所可能。吾人之生命能真实通于无限之生命,即能成为此无限之生命。吾更将说吾人之生命,原为一无限之生命;亦不能以吾人现有之一生,为吾人之生命之限极。然此无限之生命,又必表现为此有限极之一生。吾人之有限极之一生,亦为此无限之生命之一极。此极,是无限生命之一极,亦吾人之为人之极。人求有如实知与真实行,即求立此人极,亦实能立此人极。而此所谓吾人生命之"吾人",则不只重在言一一人,而重在言一一之"吾"。离此一一之吾,则无一一之人。每一人,皆当先自视为一吾,并知克就吾之为一吾言,乃唯一之吾。唯吾自视为唯一之吾,人人皆自视为唯一之吾,然后吾乃能立人极,人人乃皆能立人极。故此"唯一"亦有普遍义。此唯一之吾,亦可说为一绝对之独体。如何一一人皆能成为绝对之独体,不使此绝对者只成相对,或虽相对而不失其为绝对,则待人之行于圣贤之道。

六　哲学之任务

由吾人之论之目标,在成就吾人生命之真实存在,使唯一之吾,由通于一永恒、悠久、普遍而无不在,而无限;生命亦成为无限生命,而立人极;故吾人论诸心灵活动,与其所感通之境之关系,皆所以逐步导向于此目标之证成。吾意人之心灵活动,即不自觉在达此目标,或与此目标似不相关者,实亦莫不相关。至于此人之心灵活动,及其所感通之境,与此立人极之目标,人皆可自觉其相关者,即为此心灵活动之具遍运一切境之意义者,或其所感通之境之遍通于人之一切心灵活动者。

此活动与此境,亦人所共有。唯此活动之遍运与境之遍通,更可有程度之不同。程度高者,其所运愈广,其所通愈大。愈广愈大,亦愈永恒而悠久,愈普遍而无不在,愈无限而无外。无外之谓唯一。故亦愈与吾人求吾人生命之成为一无限而唯一生命之目标相应。境之广大者,莫大乎以全宇宙为境,心灵活动之广大者,莫大乎能遍运于全宇宙之知之情之意。然此心灵活动之遍运,必循种种道路方向而遍运,以自成遍运之序。序必有始,为元序。元序为以后一切序之本。其运之所经,皆可视为一类,类必有分类之始。分类之始,为最大类。其运求遍,必向在全。全涵分,而全为高层位,分为低层位。故其运求遍,亦求向居高层位之全而运。全之至高者为大全。故人之心灵活动之求遍运,必求元序以为本,大类以为干,大全以为归。而求知彼足以为元序、大类、大全之概念义理,以说明宇宙与人生者,此即一切哲学者之所为。然一般为哲学者,或未必自觉其目标之在是;亦不必自觉其所以求知此等义理概念,乃由于其心灵活动之求遍运,而其所以求遍运,则由于其欲成为一无限唯一之生命之目标为其根。实则,人若无此一生命之目标,则其心灵活动不必求遍运,亦不必求有足以当元序、大类、大全之义理概念,以说明宇宙人生,则哲学即不当有,亦不能有。非特哲学不当有、不能有,世间一般科学知识之求设定原始公理,求概括性、综合性义理之事,亦不当有、不能有。凡求设定一原始公理,即求足以为知识系统之形成之序之始者。凡求概括性之义,即求更大类。凡求综合性之义理,即求高层位之全。一般科学知识与哲学之不同,唯在哲学之直下向在足为元序、大类、大全之义理概念。哲学活动亦以向在此,为其第一序之事,而与求一般科学知识者,只就人现有之所知之义理概念,求其切近之较大类或较小类,或较属于全、或较属于分,较前一序或较后一序之义理概念者,遂不同其学之类,而亦属于一较高层位之学耳。

以上谓求知彼足为元序、大类、大全之义理概念,以为吾人心灵活动所循,以遍运于宇宙之道路方向之所在,乃哲学之事。古今东西之哲人,于此所提出之此类之义理概念,则有直接关于吾人之心灵活动之求知之观点、态度、方法或心灵活动之方式者,如直观、理性、感性等,有关一般所谓知识论之义理概念之类;又有关于存在事物之普遍范畴、普遍内容之类,如存有、个体、事物、性相、本质、因果、时空……之类;再有关于宇宙之总体性之理念,如天、上帝、梵天、绝对、真实、如来藏、道礼、太极、太和……之类,此皆连于一般所谓形上学、本体论、宇宙论之义理概念。又有关于人生之价值理想,足以使人本之以遍接一切事物者,如幸福、功利、真、善、美、仁、圣……之类。此皆连于一般所谓人生哲学、价值哲学、伦理学之义理概念。凡此类之义理概念,皆无不可使人心灵活动,得循之以遍运于宇宙人生之一切事物。而无论其为属于元序,或属于最大类,或属于最高层位之义理概念,皆有一普遍的意义,更有一永恒悠久的意义,而可使人终身由之,以遍观其所遇之一切事物,而可不见此意义之所涵或所指之穷极处,而其所涵与所指若为无穷无极者。此所谓普遍、永恒悠久与无穷无极,其本身自亦为一义理概念。人之心灵活动,亦可循之以次序遍观一切普遍者、永恒悠久者与无限者。此中之循序遍观之序,与一切心灵活动进行之序、宇宙事物之序,皆同是序。此"序"之义理概念,与吾人前所说之"类"之义理概念,"层位"之义理概念,以及"元序"、"最大类"、"最高层位"等之本身,一一皆是一义理概念。即"义理概念"之本身之所以为"义理概念",亦有其义理,而容吾人对之形成概念,则亦是义理概念。如谓义理概念可为吾人之心灵活动所循以遍运,即是关于义理概念本身之义理概念也。

以哲学中之种种义理概念,一一就其本身而言,虽恒皆有其普遍、永恒、悠久等意义,然其彼此又互不相同。人之心灵活动依其一以遍运遍观于宇宙人生之事物所成之哲学,即不同于依其另一以遍运遍观于宇宙人生事物所成之哲学。由此而宗不同哲学之人,各有其不同种类之人生观宇宙观,而不能互观其所观,乃恒互斥其所观者之非是。则宗不同哲学者,虽各能遍观,而不能互遍观其遍观,不能有对遍观之遍观。此不能有遍观之遍观,亦似有义理上之必然。如依最大类之义理概念以遍观者,必不同于依最高层位之义理概念以遍观者。在依普遍一般之存有或事实义理概念以遍观者,可于其所接之一切事物,皆谓之属于存有或事实之最大类,其下更分小类,以至无穷,即可更无一无所不包之"绝对"或"上帝"之可说。至于谓有一无所不包之绝对或上帝,以囊括一切种类之事物者,则外此更无任何种类之事物,而人即可止息其心灵之活动,于此一上帝或绝对之内,更不本种类之眼光以观世界,即可更无最大类之可说。此即见用"最大类"之义理概念观宇宙人生之哲学,与用"最高层位"之义理概念观宇宙人生之哲学之可相冲突。其互斥为非是,亦似有义理上之必然。此外一切哲学之冲突,亦莫不皆可同见其似有义理上之必然。然此似有义理上之必然者,若真为义理上之必然,则哲学义理之世界之全,即为一破裂之世界,而一切哲学将只能各成就一遍观,而无一能成就对遍观之遍观,而人之心灵活动,亦终不能凭哲学以成此高层次之遍观之遍观,其遍观亦永不能至乎其极,其心灵活动之遍运,亦不能至乎其极,而其心灵活动所依之生命存在,亦不能真通于或成为一无限之生命存在矣。

然人之哲学心灵,仍有一克服上列之困难之道,此即人尚可有对哲学之哲学。此即其不特依一普遍义理概念以遍观,且能于既依之以遍观之后更超越之,另依一普遍之义理概念以遍观。此一不断超越之历程,即为一次序之历程。由此次序之历程,而人之哲学心灵遂可历诸遍观,而更回顾其所历,以成对诸遍观之遍观。此回顾为对诸遍观之遍观,即属于高一层位之遍观。凡遍观之种类不同者,循此不断超越之次序历程,即可达于高层位之遍观。此中种类不同之遍观,由历此次序而达高层位,即此中之种类、次序、层位三者间之互相涵摄,以见其贯通之道,而为哲学的哲学之所为。依此哲学的哲学以观一切哲学之冲突,既可知其必有冲突之义理上之所以然,亦可知其冲突之所以似必然,更可知其似必然者之可由此不断超越之历程,而见其非必然;以见哲学义理之世界,实非一破裂之世界,或虽破裂而仍能再复其完整之世界。此中,人之不断超越之历程,自其前程以观,纵是无尽而无穷,然自其所超越者,皆可再加以回顾,纳之于对诸遍观之高一层位之遍观以观之,则其前程之无尽而无穷者,亦无不次第摄入于此高一层位之遍观之中,而为此遍观之无穷之所穷所极;则对人之此哲学的哲学之遍观一切遍观言,其心灵之遍运即无"不能至乎其极"之可说,而能为此哲学的哲学者之生命存在,亦无所谓必然之限极,而未尝不可通于一无限之生命存在矣。

然此所谓能为哲学的哲学者,亦非谓唯是一超级之哲学家。实则凡人之尝习不同的哲学,而由一以及于其他者,已是在超越一哲学,以至其他哲学之历程之中,而其求辨其是非,明其局限之事,皆已是为哲学的哲学之事。再进而言之,则任何人开始有哲学性之思维,而形成一似有普遍性之义理概念,更知其局限,以另取一义理概念,以思维宇宙人生之时,亦在一"超越其先之哲学至另一哲学"之历程之中。故任何人之任何哲学思维之进行,皆是自超越其前之哲学思维,即皆是为哲学的哲学之事。则哲学的哲学与哲学,即又可不分为二层位,当说哲学皆是哲学的哲学。凡人之为哲学,而不能有此不断超越之历程,则其哲学只局限于其先所执之义理概念,此即同时导致其哲学之死亡,其所执者成偏执妄执,而亦成非哲学。故哲学的哲学与哲学为同义,亦同层位。然吾人仍可说任一哲学中其所包涵之哲学的哲学之历程愈多者,其为哲学也愈大,亦愈近乎真正之哲学。又,人之未尝自觉的本哲学的哲学以言哲学者,则恒较远于真正之哲学,而易陷于偏执与妄执。

七 哲学之目标在成教

由此更说本文之第一句所谓作此论之目标,即向往在自觉的由哲学的哲学以言哲学。自此哲学的哲学为无穷尽者言,则吾以有限之在世之时间,有限之文字,自不能加以穷尽。他人之为哲学,亦各可自为其哲学的哲学之事,而外于我之为哲学的哲学之事。然自我之为哲学的哲学言,我亦可穷我所知之哲学,而对之为哲学的哲学,而更不见其有外。对我所知之哲学言,其中可称为高度之哲学的哲学者亦甚多。如西方之希腊之柏拉图、亚里士多德,中古之多玛斯,近世之康德、黑格尔,当今之怀特海,东方如印度之龙树、弥勒、无著、世亲、桑克罗,中国之孔、孟、庄、荀、智颛、法藏、程、朱、陆、王、王船山,其思想所属之境界,皆各有其上下、内外、前后无所不运之处;其所提之哲学的义理概念,皆可六通四辟,以达于其他不同种类、次序、层位之哲学义理概念,而皆可称为哲学的哲学。吾亦皆尝泛览其书,而分别有所会心。然吾之分别有所会心之事,仍统于吾之一心,则吾不得不更观其通。因如其不通,则吾之一心先自相割裂而不通,而吾之生命存在即有破裂之危。故吾之为哲学,亦初是为己而非为他人。吾之观此诸哲学的哲学,亦初无意更为一诸哲学的哲学之哲学,以囊括此诸哲学的哲学。此囊括乃不可能之事。此诸哲学的哲学,亦不待有此囊括,方得其位于此囊括之内以俱存。西哲康德之自谓于昔之一切哲学问题皆已解决,黑格尔之谓其哲学为绝对精神之最后表现,皆为慢语。东方哲人皆不如此也。如知上来所谓哲学为一历程之义,则终无人能作此慢语也。若有人能作此慢语,谓我将造一哲学,以囊括一切哲学,此即欲收尽一切哲学于此囊中而尽毁之,此乃一哲学世界之大杀机,而欲导致一切哲学之死亡者。一切哲学固未必因此而死亡,而此杀机已先使其哲学归于死亡。此决不当有者也。然此中亦有一大问题焉。即吾欲通吾所知之哲学而论之,吾必以吾心包涵此所通者包涵之,即似无异于囊括之。而此通之之念与包涵之之心,即似亦潜存此一大杀机。然则为哲学者,又将如何而可?吾亦尝为此起大惶惑。终乃恍然悟曰:吾之为哲学,以通任何所知之哲学,此通之之心,虽初为一总体的加以包涵之心,然此心必须化为一分别的加以通达之心。此加以通达之心之所为,唯是修成一桥梁、一道路,使吾心得由此而至彼。此桥梁道路,恒建于至卑之地,而不冒于其所通达者之上。由此而吾乃知崇敬古今东西之哲学,吾不欲吾之哲学成堡垒之建筑,而唯愿其为一桥梁;吾复不欲吾之哲学如山岳,而唯愿其为一道路、为河流。循此再进以观古今东西哲学之形同堡垒之建筑或山岳者,吾亦皆渐见其实只为一桥梁、一道路、一河流。吾乃于哲学义理之世界,如只遍见一一之天桥、天河与天道,其为堡垒建筑与山岳者,乃若隐若现,存于虚无缥缈间。循此再进,吾更悟一切义理概念,即皆同只是一桥梁、一道路。凡为桥梁道路者,未至者望之,则显然是有;已经过之,则隐于后而若无。凡彼造桥梁道路者,亦正欲人经过之,而任之隐,任之无。人经过桥梁道路之时,固可见有荆棘载道、葛藤绕身,然荆棘既斩,如过关斩将,亦归于无。故凡以言说举陈任何义理概念者,皆实是望人闻其言,知其义理概念而经过之,以自有其所往。而哲人之以言说举陈义理概念,无论其自觉与否,亦皆终当是如此望人,而亦必实归于如此望人。故凡哲人之言说,初虽是说其所学,而其归宿,则皆是以言说成教。故说所学非究竟,以说所学成教,方为究竟。人闻哲人之言说,而知其义理概念而经过之,以有其所往,亦离其所闻之言说,而忘其言说,而不见有言说。故一切言说必归于默,言说之目标,即在离言,一切著述之目标,即在更不见有著述。此谓学以成教为归,言说以离言为归,盖为东方大哲所同契。此成教之言说,尽可涵盖万方,无穷无尽,《大智度论》所谓"方便般若,随类现身,济时设教",其旨唯在使闻其教者至离言境。昔贤首法师说《华严义海》尝曰:"兴大教纲,下生死海,漉人天龙,置涅槃岸。"善哉言也。然不特世间是生死海,一切言教亦在生死海中,而有生有死。言说死而与闻言者同归于涅槃寂静,斯为至极。唯深悟此义以为哲学者,为能彻底去除其心中之大杀机者。去此杀机,而更以知其必归默之心以为言,其言方可无碍无执,更以成教也。

八 陈述哲学义理之次序问题

吾上文说今所欲论之诸义理,即人之种种心灵活动与其所感通之境,而求如实知之,以起真实行,使吾人生命存在成真实存在之哲学的义理。此论列之事,亦为次序之事。此一次序之先后,毕竟当依何而定? 则亦为一应先决之问题。吾人固可说此当以吾人心灵活动与其所感通之境之种种之次序之先后而定。然人定任何次序之先后,皆须先定一次序先后之标准。此标准亦有种种,以一标准定之为先者,依另一标准可定之为后。而为一哲学者所定为最先或元序之义理概念,亦可是为另一哲学者所定为最后之义理概念。此诸标准间,则未必再自有其次序之先后。如笛卡尔以"我思故我在"为先。康德以求经验世界之所以可能之先验条件为先。黑格尔《精神现象学》遍说精神现象,则以感觉之确定性为先,其逻辑则以存有之概念为先。虎赛耳之现象学以直观现象而括住其存在之意义为先。此诸哲皆尝先讨论哲学问题,当以何者为先,而此诸哲所视为先者,仍彼此不同。至于一般哲学家之所视为最先之义理概念,则或更未尝讨论何者当为先,而已预定其所视为先者,如独断之哲学,或任定一哲学之假说为先,而更求其证,如仿科学之假设而为哲学者。依人心原有种种感通之境,亦有不同之循之以感通于境之不同义理概念,为其路道方向,则人心似原可任取一境一义理概念为先,而以余者为后,则为哲学者无论以何者为先,果能再超越之,而次第及于其余之义理概念,其所次第历者果皆同,则其为哲学之广度、深度、高度,亦可未尝不同。如人由东至西,与由西至东,其所历之地,可未尝不同也。则人之论哲学义理,固似无一定之先后之序,而亦似不必有一定之先后之序矣。

然此上之言虽是,却只是观他人之哲学著述之语,而不可以论吾人自为之著述。吾人自为之著述,若不先提出此先后之问题则已,如已提出,则其以何者为先,必需有一自觉之理由。其任定此而不定彼,亦当有一理由,以成其任定。如人固可由东行至于西,亦可由西行至于东,而人毕竟不能兼此由东至西,与由西至东二者。而其取由东至西,或由西至东,亦必有一何者更为便利之自觉之理由也。

吾今之所持以定今书所陈义理之先后之序之理由,则吾今将说:循方才所说之义理概念,乃人之所以感通于境者;则人之生命之存在之义之本身,其心灵之感通于境之义之本身,即应为先。此即如本书开始之文所说。此下则我将对人之心灵所感通之境,依其种类、层位之高低、远近、浅深,而开之为九境,而依次序说之。如其第一境,即对常识为最浅近亦最低,而学者可由之以次第上达者。而与每一境相应之心灵活动,亦人可于感通此境时,更自反省而自知其为与此境相应者。此心灵活动之或属于人之知,或属人之情意之行,亦同为最浅近而最低者。其所以开之为九,不以余数,非以九不可再开,亦非以其必不可并,然亦非无其义理上必可开为九之理由。此理由即:为上述之成教,人之行于哲学之途者,次第历此九境,即可通至东西古今大哲之哲学境界,而对其心灵活动与其所感通之境,分别皆有一如实知,以成其真实行,而使其生命成普遍、悠久、无限之生命,为真实无妄之存在故。

九　九境建立之理由

欲说此境之开为九之理由,当先说:今兹所谓吾人之生命心灵活动在基本上有三道路、三方向之义。此"方向"一名之义,如必欲连上述之种类、次序、层位之义为释,则方向之方字,重在表示方向之类[①];"向"必继续向,重在表方向之序,"向"之所向者,则有其位。然合为一名,则只隐涵此三义,不须如此分析说,人亦可直下整个把握此"方向"之义。此有如"道"之一名,自其可隐涵有不同之道言,则有种类义,自其可继续,为人所行言,则有次序义,自其所通向者言,即指一方位或位。然道之隐涵此三义,亦不须分析说,人于道之一名之义,亦可直下加以整个之把握。此生命心灵活动之三方向,是知之三方向,亦是情之三方向,

---

① 《韩非子·解老》:"所谓方者,内外相应也,言行相称也。"相应相称成类,故《易·系辞传》曰:"方以类聚。"

而根柢上则为意或志行三方向,可称为心灵生命之三意向或三志向。此三向连前文所及者而说,亦可名为由前向后而往、由内向外而往、由下向上而往之三向;其逆转,则为由后返前而来、由外返内而来、由上返下而来之三向。合之为前后向、内外向、上下向之互相往来。内外向即左右向。凡所右者皆内,左者皆外。此三向可指空间之三向,然其义不限于空间三向。凡事物或义理有明显次序可分处,其前承者即居先,其后继者即居后,而有前后义。凡事物或义理明显有类可分处,则属此类者在此类内,不属此类者,在此类外,则类与类间,有互为内外义。又凡事物或义理有明显之层位可分处,低层位者载高层位,居下,高层位者覆盖低层位者,则居上。故此三向之意义,广于一般所谓空间之三向,而一般所谓空间之三向之成立,其理性或义理上之基础,正亦在次序、类与层位。后文"感觉互摄境"中有详论。故可用此同一之名名之也。

由生命心灵活动之往来于前后向之次序,即有其进退屈伸。进退即屈伸。屈伸自体质说,进退自动用说。由此进退屈伸,首见生命心灵活动自身之往来之韵律节奏,以为其内在的顺观之境。此观之一名,原于《易经》。《观卦》六三言"观我生进退",即顺观也。由生命心灵活动之往来于其内外向,即有其开阖、出入、行藏、隐显。此亦见生命心灵活动自身之往来之一韵律、节奏。开、出等,可说是进与伸;阖、入等,即退而屈。其名义不同,唯在说开阖出入,必另有所开阖,另有所出入;说进退屈伸则无此义耳。生命心灵活动所对之境,即其所出入开阖。故于此如谓生命心灵活动自身为内,其所出入开阖之境即为外。内外相对,即如有门户在其间。出则开户,入则阖户。在内者对在外者可视为异类而相斥。凡异类相斥者,亦皆互为内外。凡异内外者,即已是异类。又外境之种种先入于心灵者为内,后入者即外,亦互为异类。凡此有内外有异类者,皆人可横观之境也。生命心灵活动之往来于上下向中之上向,即其超越于其当前之内外境,而另创生一较此境更广大高明之新境,其下向即其堕入此当前之内外境所由以生,而狭小卑碍于此境之旧境。此上向,即生命心灵活动之升而进于高层位。下向,即其降而退而落于低层位。此层位之高低,乃人可纵观之境。生命心灵活动之由后而前,如《易传》言"尺蠖之信";由前而后,如《易传》言"龙蛇之蛰"。由内而外而开,如天开图画;由外而内而阖,如卷画于怀。其由下而上,如垒土成台;其由上而下,如筑室地下。于生命心灵活动之由前而后,说主观心态之次序相续;于主观心态中之思想与发出之言说,求前后一致贯通之处,说思想与言说中之理性,即逻辑中之理性。于生命心灵活动之由内向外,知有客观事实;于人求思想与客观事实求一致贯通处,说知识中之理性。于生命心灵活动位于主观客观之现实事物之上,以由下而上处,说思想中之目的理想;于其以行为活动求实现此目的理想于下之现实事物之世界,而见此中之上下之一致与贯通,说生活行为实践中之理性。于此三者只说其一,皆抽象之理性;兼说其二,为半具体之理性;必说其全,方为具体之理性,亦即通主客、知行,通宇宙人生之全,或生命存在与心灵境界之全之形上学的理性。此理性之内在于生命存在与心灵境界,与之如如不二,则此理性又有超理性义。此则尚非今之所能详者也。

此三者之中,如以生命心灵之存在自身为体或主体,可容人顺观其活动之进退屈伸者,则其活动之由内而外所对之境,即初只显客相,即为可容人之横观者。其由下而上,以有之目的理想,则初似无定体定相,非属主,亦非属客,而只见其自上垂下之用,只可容人纵观者。然人本此理想目的之自上垂下之用,以变化此为客之境,而成其生命心灵活动主体之相续存在,则此三者未尝不可合为一,而亦当合此人之顺观、横观与纵观以观之为一。大率人之生命心灵活动正由前而后以进时,则觉其主体最重要,而亦最大。其由内而外,以接客境时,则见种种客相,而觉相大。其由下而上,以知其目的理想更可用以变化其先之境时,则见其用之大。然当吾人实本理想目的,以变化其先之境,以成其主体生命心灵之活动之相续存在时;则由其先之境相变化,而失其相,唯见其用于此变化之成,与此理想目的之实现,及此生命心灵之主体之得相续存在之中。则其先之境之相,即化而为用;而此主体亦可自观其流行存在之相,与其现有之流行存在之用之及于其以后之流行存在者。又,理想目的之生生不穷于心,即见其泉原之不息,而以此原泉为其自体。种种理想目的,相对不同,亦各有其相。再则,有相之客境中之他人他物,亦可视为各有其主体,亦有其目的理想;其目的理想亦有用,以成其主体之存在。由是而此中之体相用之义,皆可互通。在西方哲学中斯宾诺萨所谓 substance 即体,attribute 即性相,mode 即性相之表现为用。在基督教哲学中,圣父上帝为体,圣于即道为相,圣神、圣灵即用。印度胜论有实、德、业之说,实即体,德为性相,业为用。在中国则体用本迹之名早见于魏晋,本即体,迹即相。宋儒言体与用或体与性,性即内在于体之相也。当代则熊先生十力言儒佛义,即总摄在体用。《大乘起信论》即以体相用三者说真如。然此上所说各有其专门之义。兹为便于了解,姑更就一般语言之如何表此体相用而说。

按:在一般语言中,实体之物恒为名词所表,其相恒为状词所表,其用恒为动词所表。介词之表关系,即要在表诸体相用之关系,更使之呈一相关系之相,亦使之各有其能关系于他之一用,以合为一相关系之全体。"关系"盖即吾人之"生命心灵之体之活动之用"之"流行于其所对境相中,其他诸物之体相用间,以由一及他时,所见于其间"之"相"也。数量词、时空词,即要在表诸体相用之数量关系与时空关系。粗略言之,人所以知有数量关系,盖始于人心灵活动之用流行于"所对境中其他诸物体"中,见"一物之分见于其不同之相用",或"同此一相用之分见于不同之物体"。吾人所以知有时间关系,盖始于吾人见诸物体之相,随用以流行。吾人所以知有空间关系,盖初始于吾人见诸物体之用,依相以分布。冠词如"这个"(the),所以专指一体、一相或一用;冠词如"一个"(a),所以泛指一体、一相或一用。专指与泛指者,吾人思想活动之用,行于境相,而自定其范围与方向之始事也。至于指示代名词如"这"或"此",则所以指其所正指;"那"或"彼",则所以指非其所正指。人称代名词"我",所以指"正有此指之活动而说其所指"之一主体,"你"所以指"正知我之指,闻我之说"之主体,"他"则所以指我与你所共指共说之一客体,或亦为一能指能说之第三主体者。此诸名,皆不能离此指说活动之用、所指之体而有意义,至于接续词如"或"、"与"等,则表诸判断命题或语句之逻辑的连结关系。此关系,则是思想活动之用,行于诸判断命题或语句间之所呈现,更为一反观之思想之所见者。若乎中文之助词如夫、矣、焉、哉、者、也、然、而、乎、耶等,则以表语气之始终、升降、起伏、流转、摇曳之节奏。语气即吾人之由思想言说之活动或用之流行;始终、升降等之节奏,则其相也。由此可略知一般语言之所表、所指者,皆不出体相用之外。故各品词中亦以名词、动词、状词为其主干,其详则非今所及。在体相用三者中,相恒为定相,而其义为静;用恒无常，而其义为动。用为乾、为阳，相为坤、为阴。以相用说体，而体统相用，体如为统阴阳之太极。依层位而观，则体居上位，而为相用之主，然此亦不碍；依次序而观，必先见用，乃知有体，而用为主，又不碍；依种类而观，唯有依体之相，方能定体之类，而相亦可为主也。

又此体相用三者中，凡体必先自竖立，以成其能统，故于诸体与诸体之相用，初宜纵观其层位之高低。相必展布平铺，故于诸相，与依相辨之体用，初宜横观其类别之内外。用必流行变化，故于诸用与用之流行变化中之体相，初宜顺观其次序之先后。此即配前文之纵观、横观、顺观，以言观体、相、用三者之不同也。此纵观横观之名，中国佛书多用之。天台宗言涅槃之般若解脱法身三德，以如阿字三点不纵不横为言。西方哲学有垂直线观（vertical point of view）与水平线观（horizontal point of view），以表纵观与横观。今更益以顺观以成三观之名，并粗配体、相、用，以便了解其切近义。

然三观固可相互为用，体、相、用亦相依而立。如体以相用见，相依体之用转，用亦必自有其相而属于体。故人可谓体唯是相与用之合，相唯是体之用所呈，用唯是体之相之流行。此皆以三者中之二，界定其体之一。有如三角形之勾股弦三边，可以二边界定其余之一边，以见三者之相依而立。由此而三者之义，可互通而相转，正如一般语言中之名词、状词、动词之义，可互通而相转，以互变其词之类也。如言一物有生命，则生命为实体名词；言一物生，则生为动词，以表生之用；言一物是生物，则生为状词，以表生之相。人问何谓生命之体之物？如答曰：能有生之相与生之用者是。此即以生之相与生之用界定生命之体也。人问何谓生的？如答曰：生命之体之生之用所呈现之相是。此即以生命之体与生之用，界定生的相也。人问何谓生之用？如答曰：生命之体之生的相之流行是。此即以生命之体与生的相，界定生之用也。依此而"生命"、"生"与"生的"之一为名词，一为动词，一为状词，其义莫不可互通而相转。而凡世间之名词、动词、状词，亦莫不可依此体、相、用之义，相通互转，以互变其词之类。即以此体相用之三名之本身而论，亦可各视为一名词或状词或动词，而见其义之可互通而相转。如相人相马之相即动词，体会体贴之体亦动词，而有体的有用的则皆为状词。即体相用之三词，亦可互变其类也。然此三者，虽可互变，又不可相泯而相无。

故世间之表实体之名词、表用之动词、表相之状词,乃终古而常在。即以此体相用三者之自身为例,则当人言相与用为名词时,必意涵此相与用为何体之相用,而此相用之为名词,亦即由其涵体之义而来。体会、体贴之体为动词,而此体必有具某相之某实体之物,为其所体。有体的为状词,乃所以状某相某用为有体的。再如相人、相马之相为动词,则必有人马之体或相为其所相。有用的为状词,乃所以状物之某体、某相为有用的。故此体相用之名,其义虽互通而相转,然其义亦不以此互通相转,而相泯以相无,必相依而俱立。唯克就其相依俱立,而又互通相转处而观,则体相用三者,可说为三而一、一而三耳。上文既说顺观、横观、纵观之义及体、相、用之义,即可更说此书之旨,不外谓吾人之观客体,生命心灵之主体与超主客体之目的理想之自体——此可称为超主客之相对之绝对体,咸对之有顺观、横观、纵观之三观,而皆可观之为体,或为相,或为用。此即无异开此三观与所观三境之体、相、用为九境。昔弥勒《瑜伽师地论》前数卷,言观诸识所行境,此乃以诸识为主。中国天台宗之智颛《摩诃止观》,言修道历程中种种境。今则遍观一切生命心灵活动中之境,而内容全异。然弥勒智颛所论,固亦同可摄入本书之我法二空境中也。

十　九境之陈述

在此书所述九境中,人之生命心灵活动,初不能自观其为体与其相用。人之知,初乃外照而非内照,即觉他而非自觉。人之知,始于人之生命心灵活动之由内而外,而有所接之客境,此乃始于生命心灵活动之自开其门,而似游出于外,而观个体之事物之万殊,如星鱼之放其六爪以着物而执物。故九境之第一境为万物散殊境,于其中观个体界。于此,人之知有实体之存在,初乃缘其对一一个体事物所知之相,更观此相各有其所附属之外在之实体。此实体可名为物。以一一个体事物之相不同,而实体之数亦多。我之为一实体,亦初如只为万物中之一物,故此境称为万物散殊境。此境之为如何,及与之相应之生命心灵之为如何,则为吾今之此书所首将论之第一境。凡世间之一切个体事物之史地知识,个人之自求生存、保其个体之欲望,皆根在此境,而一切个体主义之知识论、形上学与人生哲学,皆判归此境之哲学。

第二境为依类成化境,于其中观类界。此为由万物散殊境而进以观其种类。定种类,要在观物相,而以相定物之实体之类;更观此实体之出入于类以成变化。今名之曰依类成化境。一切关于事物之类,如无生物类、生物类、人类等之知识,人之求自延其种类之生殖之欲,以成家、成民族之事,人之依习惯而行之生活,与人类社会之职业之分化为各类,皆根在此境。一切以种类为本之类的知识论,类的形上学,与重人之自延其类、人之职业活动之成类之人生哲学,皆当判归此境之哲学。

第三境为功能序运境,于其中观因果界、目的手段界,此为由观一物之依类成化,进而观其对他物必有其因果。人用物为手段,以达目的,亦由因致果之事。于此,即见一功效、功能之次序运行之世界,或因果关系、目的手段关系之世界。故此境称功能序运境。一切世间以事物之因果关系为中心,而不以种类为中心之自然科学、社会科学之知识,如物理学、生理学、纯粹之社会科学之理论,与人之如何达其生存于自然社会之目的之应用科学之知识,及人之备因致果、以手段达目的之行为与功名事业心,皆根在此境。一切专论因果之知识论,唯依因果观念而建立之形上学,与一切功利主义之人生哲学,皆当判归此境。

此上三境,皆吾人所视为属所对之世界,而视为客体之世界者。此中为客体者,对吾人之生命心灵之主体言,则为他;而主体之觉知此客体,则初为觉他、知他。吾人之用语言以陈述此所觉所知,不只表示吾人之有所觉所知,而要在以之指示此所觉所知之他之客体。而此一能觉他、知他之主体之生命心灵,人固可由哲学的反省,加以论列。然其初皆只为隐于后,以成为"此客体之得在于此主体之外"之背景,而不必被人所自觉者。

至于中三境,则皆非觉他境,而为自觉境。此中之语言,不重在对外有所指示,而要在表示其所自觉。其第一境,为感觉互摄境,于此中观心身关系与时空界。在此境中,一主体先知其所知之客体之物之相,乃内在于其感觉,而此相所在之时空,即内在于其缘感觉而起之自觉反观的心灵;进而知以理性推知一切存在之物体,皆各是一义上之能感觉之"主体"。此诸主体与主体,则可相摄又各独立,以成其散殊而互摄。故此境称为感觉互摄境。一切人缘其主观感觉而有之记忆、想象之所知,经验的心理学中对心身关系之知识,人对时空之秩序关系之一般知识,及人对其个体与所属类之外之物之纯感性的兴趣欲望,与其身体动作之由相互感摄,自然互相模仿认同,以成社会风气之事,而以陈述经验之语言表示者,皆根在此境。而一切关于心身关系、感觉、记忆、想象与时空关系之知识论,心身二元论,或唯身论、泛心论之形上学,与一切重人与其感觉境相适应,以求生存之人生哲学,皆当判归此境。此境与万物散殊境相应,皆以体义为重,而体之层位不同。

中三境之第二境为观照凌虚境,于此中观意义界。此境之成,由于人可于一切现实事物之相,可视之如自其所附之实体,游离脱开,以凌虚而在。人即由此而发现一纯相之世界,或一纯意义之世界。然此中之一一相、一一意义,虽可无外在之体,然自有类可分。此纯相、纯意义之世界,可由语言文字符号而表示。人既有语言文字,亦必将缘是而发现其所表示之一纯相、纯意义之世界。人由语文符号所成之文学、逻辑、数学之论述,即以语文符号之集结,间接表示种种纯相、纯意义。人之音乐、图画之艺术,则是以声、音、形状之集结,直接表示种类纯相、纯意义。此所表示之世界,皆唯对一凌虚而观照之心灵而显,亦不能离之而在。故此境称为观照凌虚境。此境与前三中第二境相应,乃皆以"相"之义为重,而其为"相"之义又不同者。一切由人对纯相与纯意义之直观而有之知,如对文字之意义自身之知,对自然及文学、艺术中之审美之知,数学几何学对形数关系之知,逻辑中对命题真妄关系之知,哲学中对宇宙人生之"意义"之知,与人之纯欣赏观照之生活态度,皆根在此境。而哲学中之重此对纯相、纯意义之直观之现象学的知识论,与论此纯相之存在地位之形上学,如柏拉图哲学之核心义,与审美主义之人生哲学,皆当判归此境。

至于中三境之第三境为道德实践境,于此中观德行界。此要在论人之自觉其目的理想,更普遍化之,求实现其意义于所感觉之现实界,以形成道德理想,自命令其行,并以语言表示其命令;而以其行为,见此理想之用,于人之道德生活、道德人格之完成。故此境称为道德实践境,而与前三境中第三境相应,乃皆以"用"之义为主。唯前者是客体事物之功用,此是主体理想之德用,而"用"之义不同。人之本道德的良心所知之一般道德观念,与本之而有之伦理学、道德学知识,及人之道德生活、道德人格之形成,皆根在此境。而一切有关"此道德良心之知,与其他之知之不同"之知识论,及此"良心之存在地位与命运"之形上学,一切重道德之人生哲学,皆判归此境。上述之中三境,皆以主摄客之境。

至于后三境,则由主摄客,更超主客之分,以由自觉而至超自觉之境,然此超主客,乃循主摄客而更进,故仍以主为主。其由自觉而超自觉,亦自觉有此超自觉者。故此三境亦可称为超主客之绝对主体境。在此三境中,知识皆须化为智慧,或属于智慧,以运于人之生活,而成就人之有真实价值之生命存在,不同于世间之学之分别知与行、存在与价值者。其中之哲学,亦皆不只是学,而是生活生命之教。此后三境,第一境名归向一神境,于其中观神界。此要在论一神教所言之超主客而统主客之神境。此神乃以其为居最高位之实体义为主者。第二境为我法二空境,于其中观法界。此要在论佛教之观一切法界一切法相之类之义为重,而见其同以性空,为其法性,为其真如实相,亦同属一性空之类,以破人对主客我法之相之执,以超主客之分别,而言一切有情众生之实证得其执之空,即皆可彰显其佛心佛性,以得普度,而与佛成同类者。第三境为天德流行境,又名尽性立命境,于其中观性命界。此要在论儒教之尽主观之性,以立客观之天命,而通主客,以成此性命之用之流行之大序,而使此性德之流行为天德之流行,而通主客、天人、物我,以超主客之分者。故此境称为尽性立命境,亦称天德流行境。此为通于前所述之一般道德实践境,而亦可称为至极之道德实践境或立人极之境也。

此最后三境,初之神教境,二之佛教境,三之儒教境,其内容大义,皆诸创教者已说。然今之所明,则要在循前此六境而次第上升,以至此三境,并言其异同与通别,故其所说之义,不必昔人之所及。

此上粗说本书所以由觉他之客观境、自觉之主观境与超自觉之通主客境,及对体、相、用之义之所偏重,以开人之生命之境为九境之理由。其所以次第论者,如姑轻松而戏言之,亦可借道教之言,谓此中前三境之由论形体之事物,归于功能之序运,如炼精化气;中三境归于道德人格之殁而为鬼神,如炼气化神;后三境之由神灵而论我法之二空,则炼神还虚;尽性立命则为九转而丹成也。此九境者以类而言,则各为一境,自成一类;以序而言,则居前者为先;以层位而言,则居后者为高。

以此九境之可依序以升降言，则此九境既相差别，亦相平等，而可销归于纯一之理念。然亦必如屈原赋所谓"肠一日而九回，魂须臾而九迁者"，乃能于差别中见平等。后文于通观九境之数章中，即将及此九境如何可销归一理念，以至由一念至无念之道，以及九境最后根原之在吾人当下生活之理性化、性情化中所昭露之神圣心体，并综论此心体之用之升降，及其依如如生化之理，而成之事相之自相通达等，而归在见此体之"截断众流"，其用之"随波逐浪"。其所成事相之"涵盖乾坤"，而九境之繁，即归于至约。而自另一面言之，克就此九境中每一境而观，又自是繁中更有繁，如九爪之神龙之游于九天，而气象万千。一一境又皆可自成为一无穷尽之境，而人之生活于其中，或观其境之何所是者，亦皆可永安居游息其中，而不知出。则此九境者，又有如倚一山建之三进九重之宫殿，亦原有回廊曲径之逶迤而上者足以通之。然亦可开四面之窗以相望，而楼阁交映，即翻成幻影；而其上下、左右、内外相望，所成复杂关系，则可使人觉迷离而难辨。此迷离难辨之幻影，亦多姿多彩，足以娱心，其本身亦具一审美之价值，然亦使人疑惑。古今哲人之行于其中者，恒不免欲进反退，欲出反入，欲升还降，而使人之知之情之意，乃不免堕于偏执与妄见，而不能知此九境中之宗庙之美，百官之富。于此人又须知人之所以不免于偏执与妄见之境，亦固有与之相应之生命心灵之活动。如行于迷途者仍是行者，乃依行而有迷，亦同当郑重观之。此境虽只九，而往复生迷，其数无穷。故不可不或由下而上观，如登高山以知天之高，或由上而下观，如临深池以知地厚；或远观其大略，或近观其细微；或前溯其原，或后竟其流；然后见此九境中之屋舍俨然，道途历历，而行于其道者，可更不复迷。然吾今之所论，充其知之所及，亦只能限于就吾昔所尝自历之迷，自道其历迷而自祛其迷，以得次序行于此九境之方。此九境，大而观之，无异九州，吾人祛迷之事，亦未尝不可自喻如禹之疏九河，而辨九州之方位。人之思想，原初如野马，而不受羁勒。又恒不免执一概百，如偏霸一方者，必欲问鼎中原，而思想义理之天地，不得清平。故必赖王道之行，以使之各安其位。而王者之征伐，亦不可少，此即喻破思想偏执之事之不可少，然后能成此思想之天地中之王道荡荡。然王之为王，依中国之古义，乃谓其为人民自然归往，如江海之居下，以为百川所归。孔子称素王之圣，其与弟子论学，恒先任弟子之"盍各言尔志",而孔子之言行,终为弟子所心悦而诚服。吾窃慕之。故凡吾书之胜义所存,大皆先顺劣义、次义而说,使得尽其辞,以见其必自然归往于此胜义为主;而不先立此胜义,以与劣义次义,立于互相争霸之地位,而先盛气以凌驾于此劣义次义之上。即吾书之发明孔子之胜义者,亦使之居后居下,而不使之居上居先,亦以此为最与孔子之原为无位之素王之圣,恒恭以下人,其"谦尊而光,卑而不可逾"之精神相应者也。

十一　论述九境之方式

至于吾之论此九境,原亦未尝不欲使其论义之文字之详略,皆如朱子所谓枝枝相对,叶叶相当。吾亦以为思想义理之土地,真得清平景象,一切相对之义理,亦当无不可相望而相销,以归于中正圆融,更无圭角。然以吾个人有特感之疑迷,当世与昔之为哲学者,亦有其所特感之疑迷,而吾之论述,乃不能无偏重。又人之祛迷解惑之思想,亦有创造性、生发性,而恒不容人之安排而自至。或如诗人所谓"山从人面起,云傍马头生",初不见其所由来。或如自不同方向之天外飞来,不期而共遇一处,以结成叶,更使花落成果。故下文所述,不能处处求枝枝相对,叶叶相当。又吾之论此九境,自亦将不免随时说及吾所知之昔之为哲学者之所说。然于其同者,则不可胜述,恒略而不论;于其异者,则我以为皆可导致疑迷与妄执,不可不深辨。其中有如小说中之《三国演义》之言关云长,必过五关,斩六将,然后能骑赤兔马追风而去者。此言为一观念之碍者之多也。复有如《水浒传》之述劫法场,必东西南北好汉,齐聚法场,然后有李逵之自楼降下,以成此劫法场之事业。此言必聚众观念,乃能救出一观念也。亦有如李太白诗之言蜀道之成,必待"地崩天摧壮士死,然后天梯石栈相勾连"。此言用以连系若干观念之诸观念,必先一一自毁,然后能成此连系也。然此辨及他人之说者,要在辨其义之同异是非,而不同于述他人之哲学之哲学史之事。故其所述,亦容可误,而不免于张冠李戴者。世有知其所述之误而指出者,固所心感。然张冠虽不当李戴,天地间总有此张冠,则吾仍可就其冠而辨其美恶也。

至吾之所以祛疑迷之道,则要在归于如实观疑迷,而知其疑迷之本性空。欲知疑迷本性空,非另立一说以破疑迷者之所执,而在将疑迷所由成之成分,一一还其本位之真。迷执只是思想之胶结。思想自流行而自观其胶结,而超化其胶结,则胶结自解,即见疑迷之本性空,如水成冰,而冰生热,即全化为水。冰全化水,而冰乃空。此则得力于佛家之论述之道,亦得力于道家之言虚无之义。至吾正面的贯通九境之道,则要在知一境之显为一境,即隐另一境于其中,而可本显以知隐,亦可更本隐而再显。由此而可次序将诸境一一转出而说之,以成其依序以升进之说。此则颇得力于西哲之言辩证法者。而九境之所以成,与其贯通之所以有,乃在人之生命心灵活动,有一伸一屈以成进退,一开一阖以成出入,一消一息以成升降。则吾之思此九境,亦当自有其伸屈、开阖等,以往来于其间。伸以引义,由前提顺求结论,为进;屈以归义,由结论逆求前提,为退。开以分义而出,为多;阖以合义而入,为一。消以融化下层之义,为降;息以生起上一层之义,为升。如《易经》言"分阴分阳,迭用柔刚",而"变通以趣时",期在以圆而神之枢,运转、吐纳诸方以智之义。如以心灵活动之罗盘,会《洛书》之九宫之方以归一,而合于《河图》之十以成圆。此则得力于中土之易教,而兼以之为运思述义行文之道者也。至于其所以必循序而由浅入深,由易及难,而次第繁文广说者,则如《中庸》之言"行远必自迩,登高必自卑",《老子》之言"九层之台,始于垒土;千里之行,始于足下",必由渐而之顿,方足使中下之资,咸有入道之门,以成学而成教之故也。

〔录自唐君毅:《唐君毅全集》(卷二十三),台湾学生书局 1980年版。〕

张岱年儒学学案

张岱年(1909—2004),字季同,别名宇同,河北献县人。中国现代哲学家、哲学史家。

张岱年于 1933 年毕业于北京师范大学后,任教于清华大学哲学系。后任私立中国大学讲师、副教授。1946 年,回清华大学哲学系工作。新中国成立后,任清华大学副教授、教授。1952 年,任北京大学哲学系教授,兼任清华大学思想文化所所长、中国科学院哲学研究所兼职研究员、中国哲学史学会会长等。

张岱年在 20 世纪 20 年代至 30 年代中期,先后发表《先秦哲学中的辩证法》、《中国思想源流》等重要哲学论文,系统梳理了中国古代哲学的唯物论思想,阐发了中国的辩证法思想,显扬了中国人本思想,而且进行了以马克思主义哲学观点解释社会人生的尝试。同时,还提出了文化综合创新的思路,即将唯物、理想、解析综合于一。在方法上,将唯物辩证法与形式逻辑的分析方法综合起来;在理论上,将现代唯物论哲学与中国古代哲学的优秀传统结合起来。1937 年,写成《中国哲学大纲》一书,从中国哲学固有的体系出发来研究中国哲学,将中国哲学分为宇宙论、人生论、致知论三大部分,其中特别突出了人生论。该书以哲学问题为纲,分别叙述其源流发展,以显现中国哲学的系统性和条理性。20 世纪 80 年代,在"对孔子进行再评价"中,发表《孔子哲学解析》一文,提出孔子的思想是"述古而非复古,尊君而不主独裁,信天而怀疑鬼神,言命而超脱生死,标仁智以统礼乐,道中庸而疾必固,悬生知而重闻见,宣正名以不苟言,重德教而卑农稼,综旧典而开新风"。其后,他在文化的内涵、文化的民族性和普遍性、中国传统文化、中西文化比较和建设新文化等方面做出了积极的探索,提出了中国传统文化研究的"综合创新论"。他坚持以唯物史观指导文化研究,既反对全盘西化,也反对保守主义,主张综合中西文化之长,创造新型的中国文化。认为只有正确理解中国文化的优秀传统,才能具有民族的自尊心、自信心,才能具备文化进步的基础,同时还要看到中国文化在近代落伍了,必须吸取西方文化的先进成就,尤其是民主与科学。提出建设新文化,必须坚持社会主义方向,离开了它,就不是中国特色的社会主义的文化的观点。

(徐庆文)

孔子哲学解析

孔子是中国古代最有影响的哲学家。在五四运动以前，就影响而论，没有别的历史人物能和他相比。过去封建统治阶级借"尊孔"来维护其封建统治；而在前些年，"四人帮"又借"反孔"来推行他们的封建法西斯主义。时至今日，历史在发展，时代在前进，现在已经达到这样一个时代："尊孔"固不足以骗取人心；"反孔"亦不足以伪装革命，因而有可能对于孔子进行科学的实事求是的讨论了。我们现在哲学史工作者的任务之一是全面地客观地评论孔子。孔子的学说在历史上确曾起过严重的消极作用，而在若干方面也未尝没有显著的积极意义。对于孔子思想，应该进行全面的辩证的解析。

关于孔子的资料，有《论语》和《左传》、《国语》以及《礼记·檀弓》中关于孔子言行的记载。过去传统的看法，认为《易大传》是孔子撰作的，《礼运》的大同理想是孔子倡导的。但仔细考察起来，《易大传》和《礼运》应是孔门后学的著作，都不能代表孔子的思想。现在来研究孔子，仍以《论语》、《左传》、《国语》和《檀弓》为最可信的材料。

孔子在汉代以后二千多年中，被崇奉为偶像，在那个时代，人们"以孔子之是非为是非"。这种传统态度，当然必须首先打破。唯有推倒了孔子的偶像，然后才有可能对孔子进行实事求是的科学讨论。

从《论语》看，孔子确有一个简单的哲学体系，至少有一个伦理学的体系。这个体系并不特别深奥。在先秦时代，孔子的学说，与老庄孟荀对照，还是比较简单的。虽然如此，孔子的学说中，也还有一些深微曲折之处，也并非易于理解。有许多问题，众说纷纭，迄无定论。现在仅就孔子学说的主要内容，举出孔子思想的十个特点，略述管见。这十个特点是：(1)述古而非复古；(2)尊君而不主独裁；(3)信天而怀疑鬼神；

(4)言命而超脱生死;(5)标仁智以统礼乐;(6)道中庸而疾必固;(7)悬生知而重闻见;(8)宣正名以不苟言;(9)重德教而卑农稼;(10)综旧典而开新风。分别评述如下。

一　述古而非复古

多年以来,人们认为孔子是复古主义者,认为孔子绝对拥护周礼,主张恢复西周制度。其实这种看法并不完全合乎事实。孔子说:"殷因于夏礼,所损益可知也;周因于殷礼,所损益可知也。其或继周者,虽百世可知也。"(《论语·为政》。以下凡引《论语》,只注篇名。)这里有三层意思:(1)肯定有"继周者",即认为周代不可能永存。(2)肯定"继周者"对于周礼亦有所损益。(3)认为"百世"的历史,后代对于前代,都有所损益,但不过有所损益而已,不会有根本的改变。这种观点,可称为"损益"观点,承认历史有变化,但不承认有根本的变化。这种观点,还不是复古主义。后来荀子讲"百王之无变,足以为道贯"(《荀子·天论》),正是从孔子"百世可知"引申出来的。孔子又说:"周监于二代,郁郁乎文哉! 吾从周。"(《八佾》)这里明确宣称"从周",但应注意,这里所讲"从周",乃是以周代与夏殷二代比较而言,乃是认为周代的文化比夏殷二代优胜,所以主张从周。在春秋时代,周制已坏,孔子宣称"从周",确有保守的意义,但也有在三代之中取其最近的意义。孔子从周,也是相对的。他又说"行夏之时,乘殷之辂,服周之冕,乐则《韶舞》"(《卫灵公》),对于夏殷也还是有所择取。孔子反对"铸刑鼎",不同意"用田赋",表现了在政治上的保守倾向;但他赞同"举贤",主张知识分子(士君子)参政,宣称他的弟子仲由、端木赐、冉求都有"从政"的才能(《雍也》),并且说"雍也可使南面"(同上),即以为冉雍可以治国。这种士人参政的主张,显然是与西周制度不合的。

孔子自称"述而不作,信而好古"(《述而》),即强调继承前人的传统,不必致力于新的创造,可以说有尊重传统而轻视创新的倾向。这种态度,对于保持传统有积极的作用,而对于新事物的创造重视不够,在中国历史上确实起了消极的作用。后来的墨子,主张述而且作,就比孔子进步了。

二 尊君而不主独裁

儒家主张尊君(法家亦是如此),这是从孔子开始的。子路批评荷蓧丈人说:"长幼之节不可废也,君臣之义,如之何其废之?"(《微子》)正是因为孔门强调"君臣之义",所以后来受到历代封建统治者的尊崇。但是,应该注意,孔子并不主张君主个人独裁。《论语》中有这样一段对话:

> 定公问:"一言而可以兴邦,有诸?"孔子对曰:"言不可以若是其几也。人之言曰:'为君难,为臣不易。'如知为君之难也,不几乎一言而兴邦乎?"曰:"一言而丧邦,有诸?"孔子对曰:"言不可以若是其几也。人之言曰:'予无乐乎为君,唯其言而莫予违也。'如其善而莫之违也,不亦善乎?如不善而莫之违也,不几乎一言而丧邦乎?"(《子路》)

非常明显,孔子是反对"言莫予违"的,以为不论是非的"言莫予违"足以丧邦。这也就是,孔子虽然主张尊君,却不同意一人独裁。

孔子认为,人臣事君,要有一定的原则,他说:"所谓大臣者,以道事君,不可则止。"(《先进》)人君如有过失,应该进行谏净。《论语》记载:"子路问事君,子曰:'勿欺也,而犯之。'"(《宪问》)"犯之"即犯颜直谏。中国古代有"纳谏"的传统,虽然真能纳谏者不多,而表面上还要鼓励直谏。这个传统也与孔子有关。

孔子也要求君主遵守一定的原则,他说:"君使臣以礼,臣事君以忠。"(《八佾》)君对于臣,也要遵守一定的制度。所谓礼,当然是有利于君的,但对于君的行为也有一定的约束。

三 信天而怀疑鬼神

在孔子的哲学中,最高范畴是天,天是人事的最高决定者。孔子说:"天之将丧斯文也,后死者不得与于斯文也。天之未丧斯文也,匡人其如予何!"(《子罕》)又说:"知我者,其天乎!"(《宪问》)天是有意志、有智慧的。从孔子所谓天的这一意义来说,孔子的哲学是唯心主义的。

275

但孔子所谓天已不同于商周传统观念中的天,有时又接近于自然之天。孔子说:"大哉尧之为君也,巍巍乎!唯天为大,唯尧则之。"(《泰伯》)所谓"唯天为大",恐不能理解为唯有上帝最伟大,而是说天是最广大的,这天就是广大的自然了。孔子又说:"天何言哉?四时行焉,百物生焉,天何言哉!"(《阳货》)这所谓天,可以有不同的理解,有人解释为主宰之天,有人解释为自然之天。无论如何,这所谓天不同于商周传统观念中的天。在商周传统观念中,天是要发号施令的。孔子所谓天,可以说是由主宰之天到自然之天的过渡形态。

孔子没有多讲天道问题,子贡说:"夫子之言性与天道,不可得而闻也。"(《公冶长》)但亦非完全未讲,"四时行焉,百物生焉",一个"行"字,一个"生"字,都可以说有相当深刻的意义。《论语》记载:"子在川上曰:'逝者如斯夫,不舍昼夜。'"(《子罕》)万事如川流,动转不息。孔子强调"行"、"生"、"逝",这就是孔子的天道观,这个天道观包涵着辩证法。

孔子虽然承认天,而对于鬼神则持怀疑态度。他曾说:"祭如在,祭神如神在。"(《八佾》)两个"如"字,表示并非真有鬼神存在。孔子又说:"务民之义,敬鬼神而远之,可谓知矣。"(《雍也》)对于鬼神,虽仍要敬,却须"远之",这样才算得明智。《论语》记载:"子不语怪、力、乱、神。"(《述而》)又:"季路问事鬼神,子曰:'未能事人,焉能事鬼!'"(《先进》)可见孔子是不愿谈论鬼神。《论语》又载:"子疾病,子路请祷。子曰:'有诸?'子路对曰:'有之。《诔》曰:祷尔于上下神祇。'子曰:'丘之祷久矣。'"(《述而》)由这段故事看,孔子是不赞同祈祷的。所谓"丘之祷久矣",乃是拒绝祈祷的委婉的说法。

孔子对于鬼神持怀疑态度,这在当时是有进步意义的。到孔门后学公孟子,就明确宣称"无鬼神"了(《墨子·公孟篇》记载墨子和公孟子的辩论)。据考证,公孟子即曾子弟子公明高,是孔子再传弟子。

四 言命而超脱生死

孔子肯定天命,强调"知命",他说:"道之将行也与,命也;道之将废也与,命也。"(《宪问》)一切都是命所决定的。他自称"五十而知天命"(《为政》),又说:"不知命,无以为君子也。"(《尧曰》)认为知命是重要的。孔子既尊天,又讲命,这在理论上是一致的。

但孔子虽讲天命,却又非常重视人为,在生活上采取积极的态度。他曾自述道:"若圣与仁,则吾岂敢!抑为之不厌,诲人不倦,则可谓云尔已矣。"(《述而》)《论语》又载:"叶公问孔子于子路,子路不对。子曰:'汝奚不曰:其为人也,发愤忘食,乐以忘忧,不知老之将至云尔!'"(同上)孔子所谓"为之",不过是学习传统文化,传授文化知识,但这种积极有为的态度,这种乐观的精神,对于中国民族文化的发展,确实起了积极的作用。

孔子还有一个值得注意的人生态度,即超脱生死,主张为道德理想而献出生命,不把死看作重要问题。"不知老之将至",当然更不知死之将至了。子路对孔子说:"敢问死。"孔子回答说:"未知生,焉知死?"(《先进》)止应知生,何必知死?不应该考虑死后问题。而且生也是可以舍弃的。孔子曾说:"志士仁人,无求生以害仁,有杀身以成仁。"(《卫灵公》)为了实现仁的品德,可以牺牲自己的生命。这种自我牺牲的精神,是任何阶级的道德所必然要求的。前一些年,有些人把"杀身成仁"当作反动的口号。事实上,我们不应因为反动派曾经利用这个口号而将这个主张本身也看成反动的。在中华民族的悠久历史上,许多民族英雄正是在这种精神的鼓舞之下而进行艰苦卓绝的斗争以至献出自己生命的。

孔子不看重死后问题,这是孔子与宗教家不同的显著特点,这和中国古代无神论传统的形成有密切的联系。

五　标仁智以统礼乐

《吕氏春秋》说:"孔子贵仁。"(《不二》)仁是孔子哲学的中心观念,这是大家公认的。孔子固然贵仁,而亦贵智,《论语》中经常以仁智并举,并说明了仁智的区别。孔子说:"仁者安仁,知者利仁。"(《里仁》)仁者心安于仁而行之,智者以仁为有利而行之。所谓安是无所为而为,所谓利是有所为而为。韩非曾解释仁说:"仁者谓其中心欣然爱人也,其喜人之有福而恶人之有祸也,生心之所不能已,非求其报也。"(《解老》)韩非虽然菲薄仁义,而这句对仁的解释却是深切的。孔子虽以为仁者的境界较智者为高,智者次于仁者,但他兼重仁智,这还是值得注意的。孔子也一再以仁智勇三者并举,如云:"知者不惑,仁者不忧,勇者不

惧。"(《子罕》)又云:"君子道者三,我无能焉:仁者不忧,知者不惑,勇者
不惧。"(《宪问》)后来《中庸》以知仁勇为三达德。兼重三德是儒家伦理
学说特点之一。

《论语》中关于仁的问答不少,最重要者有四条:

> (1)子贡曰:"如有博施于民,而能济众,何如? 可谓仁
> 乎?"子曰:"何事于仁,必也圣乎? 尧舜其犹病诸! 夫仁者,己
> 欲立而立人,己欲达而达人。能近取譬,可谓仁之方也已。"
> (《雍也》)

> (2)颜渊问仁。子曰:"克己复礼为仁,一日克己复礼,天
> 下归仁焉。为仁由己,而由人乎哉?"颜渊曰:"请问其目。"子
> 曰:"非礼勿视,非礼勿听,非礼勿言,非礼勿动。"(《颜渊》)

> (3)樊迟问仁。子曰:"爱人。"(同上)

> (4)子张问仁于孔子。孔子曰:"能行五者于天下,为仁
> 矣。"请问之。曰:"恭、宽、信、敏、惠。恭则不侮,宽则得众,信
> 则人任焉,敏则有功,惠则足以使人。"(《阳货》)

这四条中,"爱人"之训最为简明。"立人"、"达人"之训最为完备。"克
己复礼"之训则说明仁与礼的联系,其义仍由"立人"、"达人"而来。孔
子曾说"立于礼"(《泰伯》),所以"己立而立人",必须视听言动合乎礼。
"恭宽信敏惠"则是"爱人"的详细解说。

清人阮元《〈论语〉论仁篇》说:"子贡视仁过高,误入圣域,故孔子分
别圣字,将仁字论之曰:所谓仁者,己之身欲立,则亦立人;己之身欲达,
则亦达人……立者如三十而立之立,达者如在邦必达,在家必达之达。"
立是有所成就,达是处事接物顺通无阻。所谓"己欲立而立人,己欲达
而达人",表现出仁的阶级性。在奴隶制时代或封建制时代,统治阶级
内部才有所谓立达,被压迫阶级,在一般情况之下,是无所谓立达的。
孔子虽讲爱人,对于不同的阶级还要区别对待。在统治阶级内部,要立
人达人;对于劳动人民,则要求实行"宽"、"惠"。仁不可能要求消灭剥
削和压迫,但是要求减轻剥削和压迫。

孔子宣扬"爱人",也表现了对于一般人民的重视。他以"博施于民
而能济众"为最高理想,又以"泛爱众"为子弟的修养条目(《学而》)。孔

子肯定了一般人的独立意志,他说:"三军可夺帅也,匹夫不可夺志也。"(《子罕》)匹夫即是庶民,庶民各有自己的意志,是"不可夺"的。孔子重视一般人的独立意志,这有重要历史意义。《论语》记载:"厩焚,子退朝,曰:'伤人乎?'不问马。"(《乡党》)郑玄注:"重人贱畜。"这重人贱畜的态度,确是有进步意义的。

前些年有一种流行的说法,认为《论语》中"人"和"民"是截然区分的,人不包括民,民不属于人。这种说法,看起来很新颖,其实缺乏科学的论证,没有确实的根据。《论语》中以伯夷、叔齐、柳下惠等为逸民(《微子》),显然贵族亦称为民。孔子称赞管仲说"民到于今受其赐,微管仲,吾其被发左衽矣"(《宪问》),显然孔子自己也在受赐之民中。在《论语》中,所谓小人、庶人、野人,显然都属于民。在孔子心目中,民也是人。民是对"上"而言的,人是对己而言的。如说:"上失其道,民散久矣。"(《子张》)"为仁由己,而由人乎哉?"(《颜渊》)如认为人指贵族,民指奴隶,那是全然缺乏客观根据的。孔子所谓仁是有阶级性的,但其阶级性并不表现于在语言中把人与民区别开来。

孔子是当时礼乐专家,强调礼乐,他的思想的特点是以仁统帅礼乐,使礼乐从属于仁。他说:"人而不仁,如礼何? 人而不仁,如乐何?"(《八佾》)又说:"礼云礼云,玉帛云乎哉! 乐云乐云,钟鼓云乎哉!"(《阳货》)孔子以仁统礼,使礼乐服从仁的指导,这在当时也有进步意义。

六　道中庸而疾必固

孔子非常崇尚中庸,他说:"中庸之为德也,其至矣乎! 民鲜久矣。"(《雍也》)对于中庸,《论语》中没有更详的说明,与中庸有关的有下列诸节:

> 子贡问师与商也孰贤。子曰:"师也过;商也不及。"曰:"然则师愈与?"子曰:"过犹不及。"(《先进》)
>
> 子曰:"不得中行而与之,必也狂狷乎! 狂者进取,狷者有所不为也。"(《子路》)
>
> 尧曰:"咨尔舜! 天之历数在尔躬,允执其中,四海困穷,天禄永终。"舜亦以命禹。(《尧曰》)

事情有一个适当的标准,叫作中;超过这标准,就是过;没有达到这标准,就是不及。处理许多事情,要合乎这个标准,这就是执中。这标准是经常性的,故称为中庸。

中庸有两层意思:第一,肯定事物的变化超过一定限度就要转向反面。第二,要求坚守这个限度,以免转向反面。这第一层意思合乎辩证法;第二层意思就是反辩证法的了。无论在自然界或在社会历史里,事物的发展过程中,在一定条件下,必须保持平衡,才能维持事物的存在;在另一条件下,必须打破平衡,才能继续向前发展。如果不论在什么条件下都要保持平衡,那就难以进步了。

孔子讲中庸,要求遵守一定标准,但他又反对"必"、"固",以为不宜不顾条件专守某一固定标准。《论语》记载:"子绝四:毋意,毋必,毋固,毋我。"(《子罕》)又载:"微生亩谓孔子曰:'丘何为是栖栖者与? 无乃为佞乎?'孔子曰:'非敢为佞也,疾固也。'"(《宪问》)孔子又自称"无可无不可"(《微子》)。所谓"毋必毋固",所谓"疾固",所谓"无可无不可",都是表示处事接物要看实际情况,要有一定的灵活性。

孔子一方面讲"过犹不及",一方面又着重"毋必毋固",这些思想中包涵着辩证法。

七 悬生知而重闻见

孔子区别了"生而知之"与"学而知之",以为生而知之的人高于学而知之的人。他说:"生而知之者上也,学而知之者次也,困而学之,又其次也。"(《季氏》)谁是生而知之者呢? 孔子没有讲过。他断言自己不是生而知之者,只是学而知之者。他说:"我非生而知之者,好古敏以求之者也。"(《述而》)孔子自称非生而知之,这不是谦词,乃是实语。他所谓"生而知之者上也",不过是虚悬一格而已。

孔子自负"好学",他注重多见多闻。他说:"盖有不知而作之者,我无是也。多闻,择其善者而从之;多见而识之,知之次也。"(《述而》)他所谓多闻多见,即是所谓"好古敏求"。但他又不以多闻多见为满足,更要求贯通,《论语》载:"子曰:'赐也! 汝以予为多学而识之者与?'对曰:'然,非与?'曰:'非也。予一以贯之。'"(《卫灵公》)"一以贯之"即用一个原则把多闻多见的内容贯通起来。

多闻多见是学,一以贯之是思。孔子揭示学与思的关系,兼重学思。他说:"学而不思则罔,思而不学则殆。"(《为政》)学而不思,则茫然无所得;思而不学,则将陷于迷妄。在学与思之中,他认为学是基础。他说:"吾尝终日不食,终夜不寝,以思,无益,不如学也。"(《卫灵公》)必须学而后思,才能有所得。孔子所讲学与思的关系,基本上是正确的。

孔子以生而知之为最上,这是唯心主义观点;但他又强调多闻多见的重要,这是唯物主义倾向。孔子的认识论可谓动摇于唯物论与唯心论之间。在后来的思想发展史上,他也有两方面的影响。

八 宣正名以不苟言

孔子提出正名的主张,《论语》记载:

> 子路曰:"卫君待子而为政,子将奚先?"子曰:"必也正名乎!"子路曰:"有是哉? 子之迂也! 奚其正?"子曰:"野哉由也! 君子于其所不知,盖阙如也。名不正则言不顺,言不顺则事不成,事不成则礼乐不兴,礼乐不兴则刑罚不中,刑罚不中则民无所措手足。故君子名之必可言也;言之必可行也。君子于其言,无所苟而已矣。"(《子路》)

以前,很多人(包括我在内)解释正名,都以"君君、臣臣、父父、子子"为正名的主要内容,这在事实上恐怕并不切合于正名的本义。"君君、臣臣、父父、子子",可以说是"循名责实",而正名是纠正名义,并不是一回事。在《论语》中,不乏纠正名义的例证:

> (1)冉子退朝。子曰:"何晏也?"对曰:"有政。"子曰:"其事也。如有政,虽不吾以,吾其与闻之。"(《子路》)

这是分别政与事之名。

> (2)子张问:"士何如斯可谓之达矣?"子曰:"何哉尔所谓达者?"子张对曰:"在邦必闻,在家必闻。"子曰:"是闻也,非达也。夫达也者,质直而好义,察言而观色,虑以下人,在邦必达,在家必达。夫闻也者,色取仁而行违,居之不疑,在邦必

闻,在家必闻。"(《颜渊》)

这是分别闻达之名。

> (3)宪问……"克伐怨欲不行焉,可以为仁矣?"子曰:"可
> 以为难矣,仁则吾不知也。"(《宪问》)

这是讨论仁的名义。

正名应是确定名词概念的涵义,分别不同的名词的不同涵义。《论语》正名一节最后结语是:"故君子名之必可言也;言之必可行也。君子于其言,无所苟而已矣。"正说明了正名的意义所在。孔子把名与言联系起来,把言与行联系起来。正名的作用在于言之不苟。孔子提出正名的主张,乃是对于哲学的一个重大贡献,表现了他作为哲学家的特色。以后公孙龙和荀子讲正名,都是受了孔子的启发。以往哲学史工作者都过于重视正名的政治意义,忽视其逻辑意义,我们现在应该求得对于这个问题的正确理解。

九 重德教而卑农稼

孔子论政治,着重道德教化,主张"道之以德、齐之以礼"(《为政》),把道德教化置于首位。这是儒家的特点。孔子、孟子、荀子,都是如此。法家商鞅、韩非专重刑罚,以道德教化为无用,与儒家正相反。商韩讲究法治,有其进步意义,但完全忽视道德教化,甚至以人民为敌,就陷于谬妄了。事实上,道德和法律是相辅相成的。孔子的德治学说仍有值得借鉴之处。

《论语》中有二条问答值得注意:

> 季康子患盗,问于孔子。孔子对曰:"苟子之不欲,虽赏之不窃。"(《颜渊》)
>
> 季康子问政于孔子曰:"如杀无道以就有道,何如?"孔子对曰:"子为政,焉用杀?子欲善,而民善矣。君子之德风,小人之德草,草上之风必偃。"(同上)

所谓盗,包括受压迫者对于统治者的反抗。季康子所谓无道,显然是人

民对于统治者的反抗。对于这些问题,孔子反对"用杀",主张进行道德教化。这种对于人民的态度,不无可取之处。

孔子曾说:"天下有道,则庶人不议。"(《季氏》)这是反对庶人议政。《左传》记载:"郑人游于乡校,以论执政,然明谓子产曰:'毁乡校何如?'子产曰:'何为?夫人朝夕退而游焉,以议执政之善否。其所善者,吾则行之;其所恶者,吾则改之。是吾师也。若之何毁之?……'仲尼闻是语也,曰:'以是观之,人谓子产不仁,吾不信也。'"(襄公三十一年)子产不毁乡校,孔子加以赞扬,可见孔子也同意庶人议政。朱熹解释"庶人不议"说:"上无失政,则下无私议,非箝其口使不敢言也。"这可能符合孔子的本意。

孔子重视道德教化,却看不起生产劳动。《论语》载:"樊迟请学稼,子曰:'吾不如老农。'请学为圃,曰:'吾不如老圃。'樊迟出,子曰:'小人哉!樊须也。上好礼,则民莫敢不敬。上好义,则民莫敢不服。上好信,则民莫敢不用情。夫如是,则四方之民,襁负其子而至矣。焉用稼?'"(《子路》)这里把知识分子与劳动人民对立起来,劳动人民从事农稼,为统治阶级服务的知识分子只讲究礼义就行了。战国时代,"为神农之言者"许行,已经批判这种观点。这是儒家的传统观点,是儒家思想的非常严重的缺陷。

十　综旧典而开新风

旧说:孔子删《诗》、《书》,定礼乐,序《易传》,修《春秋》。孔子确实是以《诗》、《书》、礼、乐教弟子,这有《论语》可证。至于是如何删定的,就难以详考了。《易大传》出于孔门后学,但孔子确曾研究过《周易》。孔子作《春秋》之说,始见于《孟子》,还没有别的证据足以推翻孟子此说。而《春秋》之中,哪些文句是孔子改定的,又不可考。总之,孔子确曾整理过上古时代的文献,这是确定无疑的。

孔子对于上古时代的文化典籍作了第一次的系统整理。在整理文化典籍的过程中,孔子总结了尧、舜、禹、汤、文、武的统治经验,即原始社会末期以来的统治经验,并且总结了古代积累下来的文化知识,第一次提出了一个简单的认识论学说,第一次提出了一个比较系统的伦理学说。在政治上,孔子的态度虽然是比较保守的,但他总结了古代的统治经验,这本身也是一个贡献。

道德起源于原始社会,自从阶级出现以后,剥削阶级利用并改造了原始的纯朴道德,使之为占统治地位的剥削阶级服务。在阶级社会中,仍然流传着一些揭示公共生活规则的处世格言。列宁曾经指出:"只有在共产主义社会中……人们既然摆脱了资本主义奴隶制……也就会逐渐习惯于遵守数百年来人们就知道的、数千年来在一切处世格言上反复谈到的、起码的公共生活规则,自动地遵守这些规则。"①在中国,孔子对于古代流传下来的处世格言,进行了一次总结,这些格言在他的伦理学说中占了重要位置。宣述了若干关于公共生活规则的格言,这是他的一项重大贡献。

西周时代,学在官府,祝史掌握了全部知识。孔子在当时努力学习了这些知识,把这些知识传授于一般平民。在主观愿望上,他想保持周制,仅作部分的损益;在客观效果上,他的活动却进一步破坏了周制。他反对大夫专权,却倡导士人参政。战国时代,知识分子空前活跃,展开百家争鸣,这种新风实导源于孔子。

春秋时代是一个社会大转变的时代。这个转变时代是由领主所有制转向地主所有制,还是由奴隶制转向封建制,目前史学家尚无定论,而且在短期内不可能得到定论。但春秋时代是一个转变时代,则是确然无疑的。在这个转变时代中,孔子在政治方面比较保守,而在文化方面却是起了巨大的促进作用。

孔子的学说,对于中国的民族文化的形成有重要的积极作用。斯大林在《马克思主义和民族问题》中指出,民族的特征之一是"表现在共同文化上的共同心理素质"。他说:"各个民族之所以不同,不仅在于它们的生活条件不同,而且在于表现在民族文化特点上的精神形态不同。"②中国的传统文化,也表现了共同的心理素质。中华民族的共同心理素质与孔子思想有密切的关系。孔子对中国传统文化的影响,有不好的一面,也有良好的一面。孔子宣扬"述而不作",过于尊崇传统,不鼓励创新,在一定程度上起了阻碍新事物创造的不良作用。而孔子

---

① 列宁:《国家与革命》,《列宁选集》(第三卷),1972 年版,第 247 页。

② 《斯大林全集》(第二卷),1972 年版,第 294 页。

怀疑鬼神、超脱生死的观点,又促进了无神论的传播,使中华民族的宗教意识比较淡薄,这又有利于文化科学的发展。

我们现在正在进行社会主义现代化建设,必须进行反对剥削阶级思想意识的斗争。对于孔子学说中的糟粕,必须予以彻底的批判。然而,孔子的学说,在人类认识史中,确有一定的贡献,对此也应该有充分的认识。

〔录自张岱年:《张岱年全集》(第五卷),河北人民出版社 1996 年版。原载张岱年:《中国哲学史论》,山西人民出版社 1981 年版。〕

中国文化发展的道路
——论文化的综合与创新

现在我们正处在中国文化继往开来，推陈出新的转变时期。在这个伟大的转变时期，对于中国传统文化进行分析、反思、批判、继承，对于西方进步文化进行考察、引进，选择、吸取，确是当务之急。我们的总方向已经确定了，就是建设具有中国特色的社会主义的物质文明和精神文明。这个总方向是完全正确的。但是，如何才能具有中国特色？如何看待社会主义文化与中国传统文化和近代西方文化的关系，仍然是值得考虑的重要问题。

本篇就四个问题提出一些个人的管见，即：(1)中国文化演变的历程；(2)中国传统文化的得失；(3)文化综合之路；(4)新文化体系的创造。

一　中国文化演变的历程

中国文化，从夏商周有文字记载的时代算起，至今日已有五千多年。在这五千多年的漫长历史中，有几件突出的重要事项，也就是几件重要的变化过程，这即：(1)春秋战国时代的百家争鸣；(2)秦始皇焚书坑儒与汉武帝独尊儒术；(3)佛教输入；(4)理学兴起；(5)近代西学东渐与新文化运动。

从春秋末年开始，到战国之末，士阶层异常活跃，出现了诸子并起，百家争鸣的学术繁荣盛况。当时最重要的有六家：儒、墨、道、名、法、阴阳。从六家竞胜的全局来看，当时学术的发展是比较全面的、健康的。儒家宣扬道德的自觉性，重视文化教育，注意保存历史文献；墨家提倡为国为民的自我牺牲精神，强调刻苦力行，同时对于自然科学作出了贡献；道家批判社会上的不平等现象，宣扬个性自由；名家对于思辨方法（逻辑学）有一定研究；法家特重富国强兵之术，强调法纪的必要；阴阳家对于天文、地学提出了一定的见解。应该承认，六家之学，一方面相互争论，一方面亦相互补充，表现了相反相成的情况。惜乎六家并存的局面为时不久，文化的发展便陷于"偏胜"了。

秦始皇焚书坑儒，是对于诸子争鸣的反动。《汉书·艺文志》说："战国从横，真伪分争，诸子之言，纷然淆乱。至秦患之，乃燔灭文章，以愚黔首。"秦朝统治，为时不久，民间秘藏的书到汉初复见于世，但是六国"史记"及一部分诸子书却永远消失了（西晋之时，汲县魏王墓中发现了《竹书纪年》，这是唯一残存的六国史）。惠施的"五车"之书只剩下《庄子·天下篇》所载"历物"十事了。秦皇焚书，造成了文化学术的巨大损失。汉武帝采纳了董仲舒的建议，"罢黜百家，独尊儒术"，于是开始了"经学时代"，儒者所传诵的五经"立于学官"，诸子之学受到排斥。于是墨家、名家都销声匿迹，唯有道家之说是隐士之学，仍流传不绝，法家和阴阳家的部分观点被吸收到儒学学说之中。"儒学独尊"的局面，经历汉、魏、晋、唐以至宋、元、明、清，至少在形式上，维持了两千多年，给中国思想学术的发展带来了巨大的影响。

两汉之际，印度的佛教开始输入，经历魏晋、南北朝到隋唐，佛教逐渐发生深远的影响，在唐代，统治集团采取了"三教并尊"的格局，同时尊崇儒学、佛教与道教。儒学独尊的情况略有改变，而政治体制仍来自儒家。隋唐的僧人依据佛教的经典，加以独创性的解释，建立了自己的学说体系，形成中国化的佛学，其中禅宗的独创性最为显著，可称为中国化的佛学。但是禅宗仍以释迦的继承者自居，尊奉印度的达摩为祖师。禅宗虽然是中国化了，而仍属于佛学。

唐代韩愈排斥佛老，力图复兴儒学，但未能建立完整的理论体系。到北宋中期，周敦颐、张载、程颢、程颐，依据先秦儒家的经典，回答了道家及佛教所提出的理论问题，建立了以孔孟学说为主、兼采了释道二家的思想资料的理论体系，于是建立了理学。理学成为南宋、元以至明清的占统治地位的思想体系。到明清之际，由于社会生活的变化，于是出现了一些具有精湛思想的进步思想家，如黄宗羲、顾炎武、王夫之，他们的理论达到了中国传统思想的最高峰。

　　以上叙述中国文化的演变，主要从哲学的发展着眼，这是因为，哲学思想在文化的演变中确实起了主导作用。马克思说："人民最精致、最珍贵和看不见的精髓都集中在哲学思想里。"①每一时代占统治地位的哲学学说就是那个时代的占统治地位的思想体系。

　　中国文化史上的一件大事是明代后期以及近代的西学东渐。明代后期，西方传教士到中国宣传基督教，带来了西方哥白尼以前的自然科学，当时受到中国朝野人士的欢迎，直到清初康熙年间，西方传教士仍不断来华。后来罗马教皇下了不准教徒祭祀祖先的禁令，于是受到中国人的抵制，清代统治者下令禁海，于是中西学术交流中断了。直到中英鸦片战争，西方资本主义国家以武力侵略中国，打开了中国的门户，西学东渐又重新开始。这时，中华民族饱受外国列强的欺侮、凌辱，救亡图存成了时代的紧急任务。

　　经过戊戌维新、辛亥革命，到20世纪初的1915年，萌发了新文化运动，经过1919年的五四爱国运动，开辟了文化发展的新纪元。新文化运动高举"民主"与"科学"两大旗帜，对人民的思想起了震聋启聩的巨大作用。但是，新文化运动的领导者们（如陈独秀、李大钊、胡适）对传统文化并未进行全面的考察，对西方近代文化亦缺乏深入的了解，因而，对旧传统虽有廓清摧毁之功，对新学说却尚无创造建设之力。"文学革命"取得了重大的成就，道德更新却远未成功。

　　1949年新中国成立，"中国人民站起来了！"百年来"救亡图存"的严重问题解决了，中国历史开始了新的篇章。但是，由于"左"倾教条主义的流行，在前进的道路上又出现了曲折。时至今日，总结两千年来文化演变的历史经验，是十分必要的。

　　从春秋战国时期"百家争鸣"与秦朝"焚书坑儒"、汉代"独尊儒术"的历史经验来看，足证学术思想的自由是文化发展的必要条件。这也就是说，"百家争鸣"是唯一正确的促进学术的方针。

　　从佛学输入与西学东渐的历史效应来看，足证吸取外来文化对于本国文化的发展是有益的。文化的发展必须"吐故纳新"，应随时吸取国外的文化成就作为本国文化的补充。在吸取外来文化的过程中应具

---

　　① 《马克思恩格斯全集》（第一卷），第120页。

有主动性,对外来文化加以改造,使其为我所用。禅宗的使佛教中国化以及宋代理学家"出入佛老"而归本孔孟的学风还是值得注意的。宋儒的缺失在于眼界仍然窄狭,未能广取先秦诸子墨学名辩之所长。

二 中国传统文化的得失

中国传统文化曾经创造出光辉灿烂的成果。中国的四大发明对于西方近代文明的发轫起过促进的作用,这是西方学者从培根以来所共同承认的。中国传统文化的主导思想儒家的伦理政治学说曾受到西方伏尔泰等著名启蒙思想家的高度推崇,也是历史事实。这些都不是偶然的。中国对于世界文化作出了重要的贡献,这是有目共睹的真实情况,这是不可抹煞的。

然而,近三百年来,西方资本主义文明迅速前进,相比之下,中国落后了。到19世纪中期,中国受到资本主义列强的欺凌、侵侮,遭遇到亡国灭族的严重危险。中国文化在西方近代文化面前相形见绌了。由此可以推知,中国传统文化必然含有严重的缺失。

我认为:中国传统文化有四长四弊。

四长是:(1)摆脱神学独断的生活信念;(2)重视相反相成的思维方法;(3)肯定道德自觉的人格观念;(4)爱国爱族的牺牲精神。

四弊是:(1)尚通忽别的致思心习;(2)不重实际探求的学术方向;(3)忽视个性自由的人际观念;(4)尊尊亲亲的传统陋习。

兹分以说明。

1.1 在欧洲、西亚以及印度,宗教是维系人心的力量。许多宗教都信仰上帝,佛教僧徒则皈依于佛。对于上帝、神、佛的信仰是他们的精神寄托,他们从上帝、神、佛的信仰中引申出道德原则。唯独在中国文化中占主导地位的儒学不以对于上帝、神的信仰为道德的根据。孔子说:"务民之义,敬鬼神而远之,可谓知矣。"(《论语·雍也》)孔子对鬼神持存疑态度,以为"义"的根据不在神而在于人民的生活。孔子再传弟子公孟子(即曾子弟子公明高)倡言"无鬼神"。儒家不信鬼神、不讲来世、不信天堂地狱和因果报应,而对于道德却有坚强的信念,将道德的根源归之于人的本性(孟子)或群居的需要(荀子),虽然还没有达到科学的道德观,但已基本上摆脱了有神论的道德观。儒家的道德观可以称为人本主义的道德观,比宗教的道德观为高明。

1.2 "相反相成"、"物极必反",这是古代儒家与道家的共同观点。以这类观点为指导的思想方法,用西方的名词来说,就是辩证法,所谓辩证法即是揭发思想言论中的矛盾并解决思想言论中的矛盾的方法。如果用中国固有的名词来说,可以称为"辨惑法"。孔子及其弟子很注重"辨惑"。《论语》说:"子张问崇德、辨惑,子曰:'主忠信,徙义,崇德也。爱之欲其生,恶之欲其死,既欲其生,又欲其死,是惑也。'"(《颜渊》)既欲其生又欲其死,即是自相矛盾。"辨惑"即是辨别自相矛盾,正与西方所谓辩证法意义相近。《周易》、《老子》都富于辩证思想。《易传》所谓"一阴一阳之谓道",即表示对立的统一。张载提出"两"与"一"的观念,对于对立统一作出进一步的概括。后来朱熹、王夫之又发展了张载的思想。中国古典哲学和医学都长于辩证思维,这是值得赞扬的。

1.3 儒家承认人有独立的意志,并宣扬道德的自觉性。孔子说:"三军可夺帅也,匹夫不可夺志也。"(《论语·子罕》)不可夺的志即是独立意志。孔子赞扬伯夷、叔齐"不降其志,不辱其身"(《论语·微子》),即赞扬伯夷、叔齐坚持自己的独立意志。孔子以"仁"为道德的最高准则,而认为"仁"乃是人的道德的自觉,他说:"仁远乎哉?我欲仁,斯仁至矣。"(《论语·述而》)又说:"有能一日用其力于仁矣乎?我未见力不足者。"(《论语·里仁》)这就是说,道德不过是人的自觉。孟子提出"天爵"、"良贵"之说,"有天爵者,有人爵者,仁义忠善,乐善不倦,此天爵也。""人人有贵于己者,弗思耳。人之所贵者,非良贵也。"(《孟子·告子上》)所谓"天爵"、"良贵"即人的生而具有的内在价值,孟子以为人们生而具有"仁义忠信"的道德意识,因而具有内在的价值。儒家肯定人人都有内在价值,这种内在价值是天赋的,是不以社会地位而转移的。孟子的这种人格价值论,具有深刻的理论意义。孟子更提出"大丈夫"的人格标准,他说:"居天下之广居,立天下之正位,行天下之大道,得志与民由之,不得志独行其道。富贵不能淫,贫贱不能移,威武不能屈。此之谓大丈夫。"(《孟子·滕文公下》)这是伟大的独立人格的明白宣示。

儒家重视人伦,"父子有亲,君臣有义,夫妇有别,长幼有序,朋友有信"(《孟子·滕文公上》)。人伦与独立人格是否相容呢?人们处在人伦关系之中是否能保持独立人格呢？"子之爱亲,命也,不可解于心。臣之事君,义也,无适而非君也,无所逃于天地之间。"(《庄子·人间世》)这段话虽然见于《庄子》之书,却表达了儒家的基本观点。但是先秦儒家认为,子事父,臣事君,都是相对的服从,而非绝对的服从,如孔子主张"以道事君,不可则止"(《论语·先进》)。孟子鄙视以事君为事的人,他说:"有事君人者,事是君则为容悦者也。有安社稷臣者,以安社稷为悦者也。有天民者,达可行于天下而后行之者也。"(《孟子·尽心上》)荀子亦有"从道不从君"(《荀子·臣道》)之说。君臣虽然是不平等的关系,但先秦儒家认为臣还可以保持一定的独立人格。子对于父,也不是绝对服从。唯于夫妇关系,却宣扬妻对于夫应"以顺为正",否认了妇女的独立人格,表现了明显的偏谬。

汉儒提出"三纲"(君为臣纲、父为子纲、夫为妻纲)之说,宋儒更宣扬"天下无不是底父母","天下无不是底君",于是子对于父,臣对于君,逐渐演变为绝对服从的关系。虽然如此,从汉魏以至明清,历代仍有"特立独行"之士,仍有不屈服于权势、不随俗俯仰的人,这也是必须肯定的。

汉代独尊儒术,于是儒学成为统治思想,成为中央集权君主专制时代的占统治地位的思想。而专制制度的一个特点就是压抑人民的独立人格。马克思说:"君主政体的原则总的说来就是轻视人,蔑视人,使人不成其为人。"①这是对于君主专制制度的本质的深刻揭示。近几年来有人著论,认为"使人不成其为人"也是儒学的本质,我以为不然。儒家虽然维护等级制度,维护君权,但是并不赞同君主个人独裁。鲁定公问孔子:"一言而丧邦,有诸?"孔子回答说:"言不可以若是其几也,人之言曰:'予无乐乎为君,唯其言而莫予违也。'如其善而莫之违也,不亦善乎? 如不善而莫之违也,不几乎一言而丧邦乎?"(《论语·子路》)孔子是反对君主独断专行的。孟子更提出"民贵君轻"之说,这虽然只是民本思想,不是民主思想,但是否认了君权的绝对性,却是显然的。所以,不能把儒家学说与专制主义划等号。"使人不成其为人"的是法家商鞅、申不害、韩非之说。鲁仲连批评秦国"权使其士,虏使其民",正是对

---

① 《马克思恩格斯全集》(第一卷),第411页。

于法家的诽议。扬雄批评申韩说:"申韩之术,不仁之至矣! 若何牛羊之用人也!"(《法言·问道》)把人民当牛马看待,是儒家所不允许的。我认为,儒家的根本宗旨是"使人成其为人"。孟子提出"人之所以异于禽兽者",荀子阐扬"人之所以为人者",都是在讲求"为人之道"。后来陆九渊讲得尤为明确。陆九渊说:"人当先理会所以为人,深思痛省","天地人三才等耳,人岂可轻? 人字又岂可轻?"又说:"人生天地间,为人自当尽人道。学者所以为学,学为人而已,非有为也。"(《象山语录》)儒家都是教育家,教育就是育人成才,首先要使人成为一个人。汉代以后,专制帝王都利用儒学作为统治工具,事实上儒家学说与专制制度之间还存在着很大的差异。专制帝王正是利用儒家学说来掩盖其"使人不成其为人"的本质的,这就是所谓"阳儒阴法"的秘密。近几年里,又有一种令人惊愕的议论,说什么中国传统思想中还没有"真正的人"的观念,即还没有"真正的人"的自觉。这也就是说,中国人还不够个"人"。这是极端的民族虚无主义的无耻谰言,这不但表现了对于传统文化的盲目无知,更表现了崇洋媚外的奴才心理。在社会主义的新中国,竟会出现这种殖民地的奴化思想,这是令人骇怪的!

1.4 中国从古以来就有保卫民族主权、维护民族尊严的优良传统。孔子称赞管仲:"管仲相桓公,霸诸侯,一匡天下,民到于今受其赐。微管仲,吾其被发左衽矣。"(《论语·宪问》)这是赞扬管仲尊王攘夷,保卫了华夏的文化传统。在中国历史上,存在着部族与部族之间、民族与民族之间以及对外的矛盾斗争。在这类斗争以及战争之中,有正义与非正义之分。受侵略的一方保卫民族主权、维护民族尊严的斗争乃是正义的。孔子讲"杀身成仁",孟子讲"舍生取义",值得为之杀身舍生的,主要是民族的主权与尊严。宋代宗泽、岳飞反对金兵入侵,宋元之际文天祥、谢枋得,明清之际史可法、黄道周都以身殉国,都发放出崇高灿烂的辉光。鸦片战争以来,更涌现了很多的爱国志士、民族英雄,表现了艰苦卓绝、可歌可泣的精神,令人仰慕、令人感动! 这一爱国主义的传统是不应忽视的。

中国传统文化也有严重的偏向。

2.1 首先,在思维方式方面,中国传统比较缺乏分析思维。自《周易》、《老子》以来,许多思想家长于辩证思维,"物极必反"、"相反相成"

已成为社会上流行的成语。重视整体、重视关联，是其优长，而对于事物的分析研究却显得很不够。恩格斯说："真正的自然科学只是从15世纪下半叶才开始，从这时起它就获得了日益迅速的进展。把自然界分解为各个部分，把自然界的各种过程和事物分成一定的门类，对有机体的内部按其多种多样的解剖形态进行研究，这是最近四百年来在认识自然界方面获得巨大进展的基本条件。"①这种思维方法，"黑格尔称之为形而上学的方法"②，亦称"形而上学的思维方式"。这种思维方法对于近代自然科学的发展起了决定性的积极作用。这种思维方法，在西方，从15世纪开始，高度发展起来，在中国却没有出现类似的情况。所谓"形而上学的思维方式"，把事物看作孤立的、静止的，固然是不对的，但是，对于事物进行分析的研究还是必要的。

2.2 儒家重视人伦道德，不重视对于自然事物的研究。孔子弟子子夏说："虽小道，必有可观者焉，致远恐泥，是以君子不为也。"（《论语·子张》）朱注："小道，如农圃医卜之属。"所谓小道包括自然事物的研究，这是君子所不为的。荀子说："无用之辩、不急之察，弃而不治，若夫君臣之义、父子之亲、夫妇之别，则日切磋而不舍也。"（《荀子·天论》）把对于自然现象的研究看作"无用之辩、不急之察"，这是狭隘的实用观点。汉唐宋元时代，有些自然科学家对于自然研究做出了贡献，但是多数哲学家轻视对于客观世界的实际探索。程颐、朱熹宣扬"格物穷理"，但是他们论穷理的方法仍然以"读书讲明义理"为重点。张载讲"体物"，朱熹曾解释所谓"体物"之意云："此是置心在物中究见其理。"（《朱子语类》卷九十八）所谓"置心在物中"正是近代西方哲学家所谓"直觉"。事实上，直觉的"置心在物中"只是一种主观的神秘经验，真正进入物中究见其理，只能通过科学实验。中国传统中缺乏近代的科学实验方法。

2.3 如上节所说，儒家是重视人格价值的，以为做一个人应具有独立的人格。但是，儒家又承认等级制度是合理的，在等级制度的压制之下，独立人格是受到制约的。应该承认，个人只能生活在人际关系之

---

① 《反杜林论》，见《马克思恩格斯选集》（第三卷），第60页。
② 《路德维希·费尔巴哈和德国古典哲学的终结》，见《马克思恩格斯选集》（第四卷），第240页。

中。所以自由只能是相对的。如果人际关系是平等的,个人自由的范围就比较宽广些;如果人际关系是不平等的,较高等级的人有较多的自由,较低等级的人所可能有的自由就很有限了。中国封建时代,大多数人是没有自由的。道家对于儒家的"君子、小人"之分予以深刻的批判,杨朱"为我"主张"全性葆真",就是强调个人自由。南宋以后,在变本加厉的"三纲"的束缚之下,广大人民的个人自由被剥夺了。五四新文化运动鼓吹"个性自由",确实具有重要的历史意义。但是,如果信奉"自我中心"、"唯我独尊",那也是谬妄的。

2.4　在中国,由于几千年的等级制度的严重影响,"尊尊"、"亲亲"成为牢固的积习,给中国的社会心理罩上了沉重的阴影。因为尊尊、亲亲的陈旧积习,法制难以顺利推行。进入了社会主义社会,却又出现了"官本位"的奇异现象,这确实是必须彻底决裂的陈旧传统。但是,也应看到,四世同堂的大家庭久已溃散了,唯有官贵民轻的社会心理却不易涤除。这是应该注意的。

三　文化综合之路

现在很多同志都已认识到,中国文化前进的唯一出路是综合中西文化之长以创造新文化。中国文化与西方文化各成体系,对于中西文化进行综合,不是一件轻而易举的事情,其中包含一系列的复杂问题。

每一文化体系之中包含许多方面,每一方面包含许多事项,每一事项又包含许多条目。每一条目的内容又包含若干观点、规范、标准、模式等等。一个文化体系之中,有些事项和条目是不能脱离原来的体系而存在的,有些事项和条目具有独立的价值,可以脱离原体系而存在,可以容纳到另一文化体系之中。事项与事项之间,条目与条目之间,有些是相容的,可以共处于一个体系之内;有些是不相容的,彼此不能共处。这些事项与事项、条目与条目之间的可离与不可离、相容与不相容的关系,是必须注意的。

明清之际的卓越思想家王夫之曾就古今的不同说:"一代之治,各因其时,建一代之规模以相扶而成治,故三王相袭,小有损益,而大略皆同。未有慕古人一事之当,独举一事,杂古于今之中,足以成章者也。"(《读通鉴论》卷二十一)又说:"郡县之与封建殊,犹裘与葛之不相沿矣……封建也,学校也,乡举里选也,三者相扶以行,孤行则踬矣。"(《读通鉴论》卷三)。古代的一些事项条目是不可能脱离原来的体系而存在的。古今有别,不可随意混杂,中外之别亦是如此。

然而,古代哲人的一些睿智至理,如老子所谓"祸兮福之所倚,福兮祸之所伏";孔子所谓"己欲立而立人,己欲达而达人"、"己所不欲,勿施于人";《易传》所谓"一阴一阳之谓道"、"生生之谓易";孟子所谓"得道者多助,失道者寡助",等等,却是历久常新,至今仍然必须承认的。

历史是进步的,有些古人认为真理的思想观念,今日已证明其为谬误,如"天圆地方"之说,今天的儿童已知其非。儒家宣扬所谓"君臣之义",今天我们早已超越了尊君的时代。但也应承认,古代思想家确也发现了、宣扬了一些相对性的真理。历史不仅是"无知"的堆积。

文化体系之中,有些不同的事项,有人认为彼此不相容,其实是相容的。例如战国时期有关于贤与势的辩论,《韩非子·难势篇》云:"贤人而屈于不肖者,则权轻位卑也;不肖而能于贤者,则权重位尊也。尧为匹夫,不能治三人,而桀为天子,能乱天下。吾以此知势位之足恃,而贤智之不足慕也。"韩非发挥慎到之说,断言:"夫贤势之不相容亦明矣。"事实上,"贤"(道德、智慧)与"势"(权力)是相辅相成的,唐代贞观之治、清代康熙之治,都是贤势结合的成就。"贤"与"势"不是不相容的。

也有许多事项,确实"如冰炭之不相容"。

试就科学与民主而论,科学与文化专制是不相容的。明清时代以"圣经贤传"压抑人们的思想,以"八股取士"来控制知识分子,科学就难以取得进展了。近代西方,正是打破了神学的专断权威,自然科学才蓬勃发达起来。

民主与个人独裁不相容,与等级制亦不相容,近代西方资产阶级的革命运动消除了等级制度,民主才逐步建立起来。

所以,振兴科学,必须消除任何形式的文化专制。发扬民主,必须消除任何形式的独裁作风与等级制度的遗风。

同时,应明确认识,科学与自由思想是不相离的,科学的发展有待于思想自由。民主与平等意识是不相离的,只有实现真正的平等,才能达到真正的民主。资产阶级宣扬自由平等,但仍保留阶级差别,所以资产阶级的民主是不彻底的；只有既废除等级又消灭阶级，才可能有真正的民主。

相反的事项并不一定不相容，有些事项虽相反而相成；有些事项虽相异而互补。例如，儒家重视文化教育，宣扬"德治"；法家鼓吹"法治"，以为文化学术有害于法治。事实上，"法"与"教"、"德"与"刑"是相辅相成的，实行"以法治国"，离不开文化教育。孟子宣扬"以德服人"，鄙视"以力服人"；韩非则宣称"上古竞于道德，中世逐于智谋，当今争于气力"。事实上，"德"与"力"都是必要的，二者相辅相成，缺一不可。

有些事项或条目，经常相联并称，实则并非不相离，例如所谓"纲常"，即"三纲五常"。三纲是"君为臣纲，父为子纲，夫为妻纲"，五常即仁义礼智信。近几年来，很多论者指斥"纲常"的反动性。事实上，"三纲"压抑了臣、子、妻的独立人格，确实起了反动的危害社会发展的作用。而五常则应区别看待。儒家讲"仁"，既云"仁者爱人"，又反对"爱无差等"，宣扬有差等之爱，表现了统治阶级的偏见，而主张"爱人"，反对"苛政"、"暴政"，还是具有积极意义的。尤其是"信"，更是基本的"公共生活规则"，是社会生活所必需的。至于"义"、"礼"、"智"，都含有多层次的意义，不能笼统地指为反动。我认为，"五常"与"三纲"并无不可离的关系。

辨明文化事项条目之间的相容与不相容、可离与不可离，是非常重要的。

如何综合中西文化之长？兹就天人观、价值观、思维方式等三个方面略加论列。

关于人与自然的关系，中国古典哲学宣扬人与自然的统一与和谐，西方近代思想鼓吹人与自然的对立和斗争。西方思想家高喊"战胜自然"，确已取得可惊的成绩，时至今日，却发现人类已经破坏了自己的生存条件，地球上的生态平衡还是应该保持的。中国儒家的正统观点是"天人合一"，所谓"天人合一"，并不否认天与人的区别，而是强调天与人的统一。中国亦有肯定"天人之分"的思想家，西方亦有重视人与自然的融合的思想家。将"天人合一"与"战胜自然"的观点结合起来，这是理之当然、势之必至。

关于价值观，中西传统俱非单纯。但总起来看，价值观的根本问题是个体(个人)与群体(社会、国家、民族)的关系及物质利益与精神追求的关系问题。思想家中,或者专重精神生活的提高与国家社会的利益,或者强调个人的权利与自由。事实上,个人与社会、民族是不能相互脱离的,人们的物质利益与精神生活亦是相互依存的。儒家的礼教束缚了个人自由、忽视了个人应有的权利,必须加以批判;但是儒家高扬道德义务及社会责任心,还是必须肯定的。西方强调个人奋斗精神、个人独立意识以及公平竞争原则,值得我们学习。而现代西方社会中流行的极端个人主义、拜金主义、享乐主义、非理性主义思潮,对于促进社会发展并无裨益,是不应该盲目效法的。

关于思维方式,问题比较明确,而任务却更为艰巨。中国有一个"辩证思维"的传统,虽然没有达到黑格尔的水平,与唯物辩证法更有较大的差距,究竟已经具备了进一步发展的基础。而西方15世纪以来的科学方法即分析的思维方法,黑格尔称之为"形而上学方法"者,在中国传统中却比较薄弱,所以我们今日应注意学习西方近代科学的分析思维方法,应将辩证思维与分析思维结合起来。西方现代的一些自然科学家至今不承认辩证法的价值,我们应能摆脱他们的局限。

中西文化各有独特的贡献(印度、阿拉伯文化也有其贡献,姑置不论)。在许多方面,不同的成就都有并存的价值。中西医术的结合,正为人们所公认。中西的绘画、音乐、戏曲各有其独立的价值,也有会通的可能。中国书法,世界独步。不能因为西方不讲书法艺术就不承认中国书法的文化价值。近年有的中国科学家提出,在学习西方科学的同时也要发扬中国科学的优良传统,这也是值得注意的。

四　新文化体系的创造

我们主张综合中西文化之长以创造新文化,并不是说对于中西文化可以东取一点,西取一点,勉强拼凑起来;综合的过程也即是批判、改造的过程,也就是创建新的文化体系的过程。

一个独立的民族文化,与另一不同类型的文化相遇,其前途有三种可能:一是孤芳自赏,拒绝交流,其结果是自我封闭,必将陷于衰亡。二是接受同化,放弃自己原有的,专以模仿外邦文化为事,其结果是丧失民族的独立性,将沦为强国的附属。三是主动吸取外来文化的成果,取精用宏,使民族文化更加壮大。中国文化与近代西方文化相遇,应取第三种态度。

中国新文化的创造,应会综全人类已经发现的一切相对真理,达到已知真理的会综,同时开辟认识真理的广阔道路。真理不断发现,文化不断更新。

中国新文化应是中国优秀传统与西方先进成果的综合。马克思主义学说是西方文化精粹的汇集。所以,中国新文化的主导思想应是马克思主义的普遍真理与中国优秀传统的正确思想的综合。西方 19 世纪末以来,在马克思主义以外,又出现了许多学术流派,提出许多特异的观点,也应该加以审别、抉择。

鸦片战争以来,中国受资本主义列强的侵略凌辱,遭遇到历史上空前的民族危机。爱国的革命志士运用马克思主义为武器,进行英勇的斗争,取得了伟大的胜利,解决了救亡问题。"唯有社会主义能救中国",这是历史证明了的真理。今天的任务是振兴中华,走上富强之路,这也应以马克思主义为指导,这是毫无疑义的。马克思主义的普遍真理与中国优秀传统的结合,这是唯一正确的方针。

一个健全的民族文化体系,必须表现民族的主体性。民族的主体性就是民族的独立性、主动性、自觉性。一个民族,如果丧失了主体性,就沦为别国的殖民地。如果文化不能保证民族的主体性,这种文化是毫无价值的。匍匐于古人之下是奴性,匍匐于外人之下也是奴性。西方的许多新发现、新发明,必须虚心学习。同时亦应发挥创造性的思维,力图有所发现、有所发明,作出新的贡献。

一个健全的文化体系,必有一个中心思想,在文化体系中起主导作用。同时又应兼容并包,允许不同思想的存在。这样,才能使文化学术蓬勃发展。董仲舒对汉武帝说:"《春秋》大一统者,天地之常经、古今之通谊也。今师异道、人异论,百家殊方,指意不同,是以上亡以持一统;法制数变,下不知所守。臣愚以为诸不在六艺之科、孔子之术者,皆绝其道,勿使并进。邪辟之说灭息,然后统纪可一,而法度可明,民知所从矣。"(《举贤良对策三》)这里包含政治与学术的关系问题。在政治上,确应统一"法度",不允许"人异论",不可"法制数变",这有其必要性;在学术上却应容许"百家殊方"。汉代实行"罢黜百家"、"皆绝其道,勿使并进",结果消除了百家争鸣的可能性,使中国文化的发展陷于偏滞,这一历史教训是应该记取的。

每一时代,应有一个主导思想,在社会生活及学术研究中起主导作用,同时又容许不同的学术观点的存在。有同有异,求同存异。《周易·系辞》说:"天下同归而殊途,一致而百虑。"又《睽卦·象传》云:"君子以同而异。"同而且异,这是学术发展的规律。

新中国文化的创建不是轻而易举的,时代的演变极其迅速,新的很快转变成旧的。有些表面上的新风其实是久已陈腐的陋习。例如儒家"重义轻利"之说确实阻碍了商品经济的发展,但是时至今日,社会中"见利忘义"之风已经淹没了重义轻利的旧传统。如果专门批判重义轻利,就不是针对时弊了。儒家礼教压抑了个性自由,应加批判;但是一些人的自我膨胀、自我享乐之风,久已超过了克己胜私的说教。经过一百多年反对外来侵略的艰苦斗争,近年又有个别的人声称甘愿当殖民地的子民,这是令人惊心动魄的!端正学风,还有大量的工作要作。

总而言之,中国新文化的建设,最重要的是增强社会主义意识、发扬爱国主义精神。

1990 年 7 月 16 日写完

〔录自张岱年:《张岱年全集》(第七卷),河北人民出版社 1996 年版。原载《中华文化的过去现在和未来——中华书局成立八十周年纪念论文集》,中华书局 1992 年版。〕

牟宗三儒学学案

　　牟宗三(1909—1995),字离中,山东栖霞人。中国现代哲学家、哲学史家,现代新儒家代表人物之一。

　　牟宗三生于山东栖霞县牟家疃一个农家。9 岁入乡村私塾。1927年,考入北京大学预科,两年后,升入哲学系,1933 年毕业,先后师从张申府、熊十力等。1935 年秋,在私立学海书院任教。1937 年,任国家社会党机关刊物《再生》杂志主编。1938 年,任教于梧州中学、南宁中学。1942 年秋,任成都华西大学讲师。1945 年 8 月,抗日战争结束,到重庆中央大学哲学系任教。1946 年,与友人姚汉源一起创办《历史与文化》杂志。后又到金陵大学、江南大学任教。1950 年,受聘于台湾师范大学国文系。1956 年 8 月,到台中东海大学任教。1958 年元旦,与徐复观、张君劢、唐君毅联名发表《为中国文化敬告世界人士宣言》。1960年 10 月,离台赴香港大学任教。1969 年,任新亚书院哲学系主任。1974 年 7 月,由香港中文大学退休。退休后,专任新亚研究所教授。1995 年逝世。

　　牟宗三是现代新儒家的重要代表人物之一,受熊十力的思想影响非常大。其学术历程可分为三个阶段:40 岁以前,主要从事逻辑学、知识论和康德知性哲学研究;40—50 岁,研究重心为中国文化的出路问题,本中国内圣之学解决外王问题,主要成果有《道德的理想主义》、《政道与治道》、《历史哲学》三书;50 岁以后,主要研究中国传统的心性之学(包括儒、佛、道三家),尤重于宋明理学的研究,以寻求儒家思想与康德哲学的融通,重建儒家道德的形上学,主要成果有《才性与玄理》、《佛性与般若》、《心体与性体》等书。作为现代新儒家的重要代表人物,他认为现代新儒学的任务就是"道统之肯定,此即肯定道德宗教之价值,护住孔孟所开辟之人生宇宙之本源"。认为儒家思想是中国传统文化的主干,孔、孟、陆、王是儒家思想的"正脉",而其他的都是歧出。由此,他提出了儒学发展的"三期说",即孔、孟、荀至董仲舒为儒学发展的第一期,宋明儒学为第二期,现在则转入第三期。而在第三期的发展中,又提出了"三统并建"说,即"道统之肯定,此即肯定道德宗教之价值,护住孔孟所开辟之人生宇宙之本源","学统之开出,此即转出'知性主体'以容纳希腊传统,开出学术之独立性","政统之继续,此即由认识政体之发展而肯定民主政治为必然"。

(法　帅)

从儒家的当前使命说中国文化的现代意义

此文是在东海大学"中国文化研讨会"上的一篇讲辞,由朱建民同学笔录而成。其中关于现代化的基本观念即基于此书。今值此书重版,即以此文作新版序,期读者可先有一鸟瞰,然后再深入此书之义理。

——著者志

一 "儒家的常道性格"

首先,我们要表明儒家的义理与智慧具有"常道"的性格。儒家,从古至今,发展了几千年,它代表一个"常道"—— 恒常不变的道理。中国人常说"常道",它有两层意义:一是恒常不变,这是纵贯地讲它的不变性;一是普遍于每一个人都能够适应的,这是横地讲、广阔地讲它的普遍性,即说明这个道理是普遍于全人类的。"常道"没有什么特别的颜色,就如同我们平常所说的"家常便饭";它不是一个特殊的理论、学说,儒家的学问不可视为一套学说、一套理论,也不是时下一般人所说的某某主义、某某"ism",这些都是西方人喜欢用的方式。凡是理论、学说,都是相对地就着某一特点而说话;局限于某一特点,就不能成为恒常不变的、普遍的道理。儒家的学问更不可视为教条(dogma),西方的宗教有这种教条主义的倾向,可是儒家的"家常便饭"绝不可视为独断的教条。又有一些人讲孔子,常为了要显示孔子的伟大,而称孔子是个伟大的教育家、政治家、外交家、哲学家、科学家……把所有的"家"都堆在孔夫子身上。依这种方式来了解孔子、了解圣人,是拿斗富的心理来了解圣人。表面上看来,似乎是在推尊孔子,实际上是在糟蹋孔子。事实上,没有一个人能成为那么多的专家。凡是拿这种心理来了解孔子,都是不善于体会圣人的生命,不能体会圣人之所以为圣人的道理安在。

"常道不可舍弃"

我们今天把儒家的"发展"与"使命"连在一起讲,而讲演的重点则在使命上。使命是就着眼前说,在这个时代中,儒家担负什么样的使命、责任。然而儒家并非今天才有,因此在谈它的使命之前,我们亦当该照察它过去的发展。在过去两千多年历史中的发展,儒家这个学问既然是个常道,则在每一个时代中,当该有其表现。发展到今天,儒家这个学问又负有什么责任呢? 这是个严重问题,在今天问这个问题,要比以往任何时代都来得严重。何以会如此呢? 因为我们今天谈儒家的使命,似乎还可再反问一下:儒家本身今天是否还能存在呢? 能存在,才能谈使命。若自身都不能存在,还谈什么使命呢? 若是儒家本身都若有若无,几乎不能自保,所谓"泥菩萨过江,自身难保",还谈什么当前的使命、责任呢?

在以往的时代中,没有这个问题;但是在今天这个时代,就有这个问题。以往一般人,不论是士、农、工、商,提起圣人,没有不尊重的,提到圣人之道,每个人都能表现相当的敬意,没有不肃然起敬的。不但整天捧着圣贤之书的读书人是如此表现,即使是农、工、商,亦莫不如此。但是在今天讲圣人之道,就没有这个便利。今天这个时代,先不讲农、工、商,即使是读书人亦很少有尊重圣人之道的,亦很少有了解圣人之道的。在以往,从小即读四书五经,今天的读书人却是愈往上读,离开四书五经愈远。知识分子把儒家这个常道忘掉了,很难再接上去。事实上,也许农、工、商对于圣人之道还客气些,还保留一些尊重,知识分子反而不见得有此"雅量"。因此,在今天讲儒家在当前的使命,尤其成了个严重问题。要是大家都把圣人之道忘掉了,认为它是不适应时代的落伍之学,那么这种被时代抛弃的学问还谈什么当前的时代使命呢?

我认为这只是这个时代所表现的一个不正常的变态现象;落实地看,并不如此,所以我们仍可讲儒家在当前的使命。我之所以要指出这些不正常的现象,乃是要大家正视、严重考虑"儒家本身存亡"的问题。儒家这个常道落到今天这种若有若无的地步,几乎被世人忘却、抛弃,这是不合理的。既然是常道,怎能被忘掉! 怎能若有若无! 常道而被埋没,这是任何人良心上过不去的。假若良心上过得去,这就不是常道。既然是常道,我们就不能让它被埋没下去。这是就儒家本身存在的问题而言,另外就其牵涉到外界的作用、使命来讲儒家当前的使命,也是比其他任何一个时代都难讲。因为现在来说儒家的使命,不只涉及它本身存亡的问题,还得涉及到其他的一些特殊问题,才能显出"使命"的意义。尤其是牵涉到现代化的问题。

中国从清末民初即要求现代化,而有人以为传统儒家的学问对现代化是个绊脚石。因此,似乎一讲现代化,就得反传统文化,就得打倒孔家店。事实上,儒家与现代化并不冲突,儒家亦不只是消极地去"适应"、"凑合"现代化,它更要在此中积极地尽它的责任。我们说儒家这个学问能在现代化的过程中积极地负起它的责任,即是表明从儒家内部的生命中即积极地要求这个东西,而且能促进、实现这个东西,亦即从儒家的"内在目的"就要发出这个东西、要求这个东西,所以儒家之于现代化,不能看成个"适应"的问题,而应看成"实现"的问题,唯有如此,方能讲"使命"。

二　儒家第一阶段的发展

我们在此先照察一下儒家在过去两千多年中的"发展"。大体说来,可分成两个阶段,今天则属儒家学术的第三阶段。这是个大分类的说法。

儒家学术的第一阶段,是由先秦儒家开始,发展到东汉末年。两汉的经学是继承先秦儒家的学术而往前进的表现,而且在两汉四百年中,经学尽了它的责任,尽了它那个时代的使命。从汉武帝复古更化说起,建造汉代大帝国的一般趋势,大体是"以学术指导政治,以政治指导经济",经学处于其中,发挥了它的作用。因此,不能轻视汉代的经学,它在那个时代,尽了它的责任、使命;尽得好不好,是否能完全合乎理想,则是另外的问题,至少在汉朝那种局面下,儒家以经学的姿态出现,而尽了它的使命。

先秦儒家与先秦诸子齐头并列,至汉朝,以经学的姿态表现,一直发展到东汉末年,即不能再往前进了。汉朝大帝国亦不能再往前发展了。这已是绝路,任何人出来也没办法;照前人的说法,即是"气数"尽了。当时郭林宗即谓:大厦将倾,非一木之所能支也。此即表示那个时代要"峰回路转"了;顺着以前所定的那个模型,已走到尽头了。"气数"

不是可以随便说的，一个力量兴起，必得维持个相当长的时间，才能说气数。在东汉末年那个关节上，说"气数"才有意义，说"峰回路转"也才有意义，在此方显出无限的苍凉之感、沉穆的悲剧意味。若只是一些小弯曲，亦用不上"峰回路转"这种形容，必在看看就是死路，然而却绝处逢生，在绝望至死之际，忽有一线生机开出，这才是"柳暗花明又一村"。这种情形好比修道人所说的大死大生。

这个"峰回路转"，开了另一个时代，即是魏晋南北朝隋唐这一个长时期。照中国文化的主流、照儒家的学术而言，这一大段时间算是歧出，岔出去了，绕出去了。儒家的学术在这个时代中，暗淡无光彩。魏晋盛行玄学，乃依先秦原有的道家而来；尽管道家是中国原有的，但不是中国文化生命的主流，因此仍属中国文化之"旁支"。玄学虽属歧出者，但仍是继承中国原有的道家，至于东晋以下，历经南北朝、隋，以至唐朝前半段，这一个长期的工作则在于吸收佛教、消化佛教，佛教则纯属外来者，当时即初以道家为桥梁来吸收佛教。

南北朝两百多年，中国未得统一。南朝宋齐梁陈，北朝则是五胡乱华，在这两百多年的混乱中，处在当时人，不是很好受的。我们今天处在这个动乱的时代中，由民国以来，至今不过六十多年，这六十几年的不上轨道、种种不正常的现象，在历史上看来，并不算一回事。所以大家处在这个时代中，应该有绝对地肯定的信念，这种不正常的现象总是会过去的。

从南北朝到隋唐，佛教不但被吸收进来，而且被中国人消化了，这等于消化另一个文化系统，并不是一件简单的事。在长期的吸收、消化中，佛教几乎成了中国文化中很重要的一部分，充实了我们文化生命的内容。佛教在中国文化中发生了很大的作用，这是事实；至于进一步衡量这个作用的价值、利弊，则属另一个问题，我们今天暂不讨论。

"文化生命不可摧残"

从魏晋开始，乃中国文化的歧出。所谓"柳暗花明又一村"的"又一村"即指的是此一歧出的阶段——魏晋、南北朝到隋唐。到了唐末五代，这也是中国历史中最黑暗的一个时期。五代不过占五十多年，却有梁唐晋汉周五个朝代。每个做皇帝的，原先都想万世一系地往下传，而今每个朝代却至多不过十几年，可见五代这段时期是个很差劲的时代，更重要的是这个时代的人丧尽了廉耻。所以,一个民族糟蹋文化生命,同时就牵连着糟蹋民族生命。什么叫做糟蹋文化生命呢?在这里所表现的即是人无廉耻。五代人无廉耻,代表人物即是冯道……①你想,谁愿意不要脸呢?谁能没有一点廉耻之心呢?唐末五代的人难道就自甘下贱吗?但是,五代这个局面就把人糟蹋得无廉耻……②我说这个意思,就是要加重这个观念——文化生命不能随意摧残,摧残文化生命,同时就影响民族生命。文化生命不能摧残太甚,一个民族是经不起这样摧残的。就好像一个人得些小病是无所谓的,生长中的痛苦是不可免的,但是大病就不能多患。又如一个人的命运不能太苦,人受点挫折、受点艰难困苦是好的,但是挫折太多、苦太重,就会影响人的生命。

三 儒家第二阶段的发展

上面说到唐末五代是中国历史上最黑暗的一个时期,其黑暗之所以为黑暗的原因,即在于无廉耻。说这层意思,也是要大家了解下一个阶段——宋明理学。宋明理学是儒家学术发展的第二个阶段,就是对着前一个时期的歧出而转回到儒家的主流。理学本质的意义即在道德意识的复苏。何以宋人出来讲学,特别注重道德意识这个观念呢?

自清朝以后,以至于民国以来,提到理学家,一般人就头疼,如同孙悟空听到紧箍咒一样。谁敢做理学家呢?可是只因为自己做不到,就用种种讥讽的字眼来丑诋、笑骂,这是清末以至于今的一个可怪的风气。其实,道德意识有什么毛病呢?宋明理学家主要就是要唤醒道德意识,这又有什么不对呢?有什么可以讥笑的呢?宋明理学家之所以重视道德意识,主要即因他那个社会背景、时代背景就是唐末五代的那个"无廉耻"。人到了无廉耻的地步,人的尊严亦复丧尽,这就成了个严重问题。亦即所谓文化生命没有了,就影响到你的自然生命。这句话,大家听起来似乎觉得有些因果颠倒。其实不然。一般人说民族生命、自然生命没有了,就影响文化生命;我现在倒过来说,文化生命摧残得

---

① 此处有删节。

② 此处有删节。

太厉害,你的自然生命也没有了,一样的受影响……①所以,廉耻不可丧尽,不可任意地斫丧。人的生命不可完全感性化、完全形躯化、完全躯壳化。完全感性化、完全躯壳化,就是老子所说的"五色令人目盲,五音令人耳聋,五味令人口爽,驰骋畋猎令人心发狂"。人的生命不能完全感性化,即表示随时需要文化生命来提住。代表文化生命的廉耻、道德意识,更不可一笔抹煞,不可过于轻忽。所以理学家出来,尽量弘扬儒家,对治唐末五代的无廉耻而讲儒家的学问。至此,经过魏晋南北朝隋唐这一长时期的歧出,儒家学问再回到它本身,归其本位;而转回来的重点则落在道德意识上。

儒家的学问原来讲的是"内圣外王",宋明儒则特重"内圣"这一面。"内圣"是个老名词,用现代的话说,即是内在于每一个人都要通过道德的实践做圣贤的工夫。说到圣贤,一般人感觉高不可攀,甚至心生畏惧;实则道德实践的目标即是要挺立自己的道德人格,做圣贤的工夫实即挺立自己的道德人格、道德人品,这是很平易近人的,没有什么可怕。我们对"内圣"一词作一确定的了解,即是落在个人身上,每一个人都要通过道德的实践,建立自己的道德人格、挺立自己的道德人品。这一方面就是理学家讲学的重心。可是儒家原先还有"外王"的一面,这是落在政治上行王道之事。内圣外王原是儒家的全体大用、全幅规模,《大学》中的"格致诚正修齐治平"即同时包括了内圣外王;理学家偏重于内圣一面,故外王一面就不很够,至少弘扬不够。这并不是说理学家根本没有外王、或根本不重视外王,实则他们亦照顾到外王,只是不够罢了。

我们今天说宋明儒虽亦照顾到外王而不够,这个"不够",是我们在这个时代"事后诸葛亮"的说法。在当时,理学家那个时代背景下,他们是否一定觉得不够呢?这就很难说。固然理学家特别重视内圣的一面,然他特别重视于此,总有其道理;在他们那个时代中,或许他们亦不以为这种偏重是不够的。外王方面,在那种社会状况、政治形态下,也只好如此,不能再过分的要求。我们得反省一下,外王方面开不出来,是否属于理学家的责任呢?政权是皇帝打来的,这个地方是不能动的,等到昏庸的皇帝把国家弄亡了,却把这个责任推给朱夫子,朱夫子哪能

---

① 此处有删节。

承受得起呢？去埋怨王阳明,王阳明哪能担当得起呢？所以,批评理学家外王面不够,这个够不够的批评是否有意义,也得仔细考虑一下。在那个时代,那种政治形态下,也只好这样往前进了。外王方面够不够,不是理学家所能完全决定的;不是他能完全决定的,也就表示不是他能完全负这个责任的。我们把这个责任推到理学家的身上,这是"君子责贤者备"的批评,这是高看、高抬知识分子,这也就是唐君毅先生所说的:只有知识分子才有资格责备知识分子,只有王船山、顾亭林才有资格责备王阳明。只有在这层意义下,我们才能责备理学家,谓之讲学偏重之过,不应只空谈心性,仍应注重外王、事功。这还是在讲学问之风向的问题上说的。

四 儒家的当前使命——开新外王

以现在的观点衡之,中国文化整个看起来,外王面皆不够。就整个中国文化的发展来看,以今日的眼光衡之,确实在外王面不够,顾亭林那些人的要求外王、事功,也是对的。今天仍然有这个要求。可叹的是,今天不仅外王面不够,内圣面亦不够,儒家本身若有若无。但是儒家若为常道,则人类的良心不能让这个常道永远埋没下去,这得诉诸每个人的一念自觉。

儒家学术第三期的发展,所应负的责任即是要开这个时代所需要的外王,亦即开新的外王。"新外王"是什么意义呢？外王即是外而在政治上行王道,王道则以夏商周三代的王为标准。照儒家说来,三代的王道并非最高的理想,最高的境界乃是尧舜二帝禅让、不家天下的大同政治。儒家的政治理想乃以帝、王、霸为次序。帝指尧、舜,尧舜是否真如儒家所言,吾人不必论之,但此代表了儒家的理想则无疑,以尧舜表现、寄托大同理想。三代则属小康之王道。春秋时代的五霸则属霸道,以齐桓公、晋文公为代表。从前论政治,即言皇王帝霸之学。齐桓、晋文的境界虽然不高,但比得秦汉以后的君主专制要好;君主专制以打天下为取得政权的方法,在层次上是很低的。当初商鞅见秦孝公,先论三皇五帝之学,孝公不能入耳;而后言王道,仍嫌迂阔;再而言霸道,终大喜。可见前人对于政治理想是有一定的次序。秦孝公之喜霸道,乃因它能立竿见影,马上见效,而儒家的学问往往不能满足这一方面外王、事功的要求。早在春秋战国,即有墨家因此而批评儒家,只承认儒家维持教化的责任。司马谈《论六家要旨》中,亦批评儒家云:"博而寡要,劳而少功。"后来南宋陈同甫与朱子争辩,亦是基于要求外王、要求事功的精神。而实际上,要求外王中,就含着要求事功的精神。陈同甫以为事功乃赖英雄,而讲英雄主义,重视英雄生命,推崇汉高祖、唐太宗。到了明末,顾亭林责备王学无用,亦是秉持事功的观念而发。而后有颜李学派的彻底实用主义。一般人斥儒家之无用、迂阔,评之曰"无事袖手谈心性,临难一死报君王",以为不究事功者最高境界亦不过是此一无奈的结局。这些都是同一个要求事功的意识贯穿下来的,这是一个由来已久的老传统,在中国文化中是一条与儒家平行的暗流,从墨子开始,一直批评儒家的不足。这个要求事功的传统再转而为清朝乾嘉年间的考据之学,则属要求事功观念的"转型"。乾嘉年间的考据之学以汉学为号召,自居为"朴学",以此为实用之学,以理学为空谈、无用,骨子里还是以有用、无用的事功观念为背景。

何以谓"朴学"为要求事功观念的"转型"呢?因为他们虽然批评理学无用,而其本身实际上更开不出事功来,这些考据书生没有一个能比得上陆象山、朱夫子、王阳明;这些理学家都有才干,都会做事,只是不掌权而已。然而考据家假"朴学"之名,批评理学无用,背后的意识仍是有用、无用,即可谓之乃事功观念的转型。事实上,这种转型更是无用,故实非事功精神之本义。由此转而到民国以来,胡适之先生所谈的实用主义,以科学的方法讲新考据,实仍属此一传统,背后仍是要求有用、斥责无用。我们可以看出,儒家这条主流,旁边有条暗流,这条暗流一直批评儒家无用而正面要求事功,这个传统从墨子说起,一直说到胡适之所倡的新考据的学风,可谓源远流长。但是这里面有个根本的错解,若是真想要求事功、要求外王,唯有根据内圣之学往前进,才有可能;只根据墨子,实讲不出事功,依陈同甫的英雄主义亦开不出真事功。希望大家在这里要分辨清楚。

中国人传统的风气,尤其是知识分子,不欣赏事功的精神,此乃反映中华民族的浪漫性格太强,而事功的精神不够。事功的精神是个散文的精神,平庸、老实,无甚精彩出奇。萧何即属事功的精神,刘邦、张良皆非事功的精神,可是中国人欣赏的就是后者。萧何的功劳很大,所谓"关中事业萧承相",但因其属事功精神,显得平庸,故不使人欣赏。汉朝的桑弘羊、唐朝的刘晏皆为财政专家,属事功精神,然而中国人对这一类人,在人格的品鉴上总不觉有趣味。事功的精神在中国一直没有被正视,也没有从学问的立场上予以正视、证成。中国人喜欢英雄,打天下,纵横捭阖,皆能使人击节称赏……① 再高一层,中国人欣赏圣贤人物,不论是儒家式的或道家式的。中国人的文化生命正视于圣贤、英雄,在此状态下,事功的精神是开不出来的。事功的精神即是商人的精神,这种精神卑之无甚高论,境界平庸不高,但是敬业乐群,做事仔细精密、步步扎实。英美民族是个事功精神的民族,欧陆的德国则表现悲剧英雄的性格,瞧不起英美民族,但是两次大战战胜的却是这些卑之无甚高论的英美民族。所以这种事功精神是不能不正视的。

中国人的民族性格在某一方面就是缺乏这种英美民族的事功精神。英雄只能打天下,打天下不是个事功的精神,故不能办事;圣贤的境界则太高,亦不能办事。而中国人欣赏的就是这两种人,所以事功的精神萎缩,这里没有一个学问来正视它、证成它、开出它。所以现在我们想要从儒家的立场来正视它。儒家最高的境界是圣贤,圣贤乃是通过一步步老老实实地做道德实践、道德修养的工夫而达到的。儒家的立场是重视豪杰而不重视英雄,故从不高看汉高祖、唐太宗,故顺着儒家理性主义的发展,在做事方面并不欣赏英雄,我们在这里可以看出一个很好的消息。

但是在以前那种状况下,儒家的理性主义既不能赞成英雄,故其理性主义在政治上亦无法表现。儒家的理性主义在今天这个时代,要求新的外王,才能充分地表现。今天这个时代所要求的新外王,即是科学与民主政治。事实上,中国以前所要求的事功,亦只有在民主政治的形态下,才能够充分的实现,才能够充分地被正视。在古老的政治形态、社会形态下,瞧不起事功,故而亦无法充分实现。这种事功的精神要充分地使之实现,而且在精神上、学问上能充分地证成之,使它有根据,则必得靠民主政治。民主政治出现,事功才能出现。若永停在打天下取得政权的方式中,中国的事功亦只能永停在老的形态中,而无法向前开

---

① 此处有删节。

展。这句话请诸位深长思之。

要求民主政治乃是"新外王"的第一义，此乃新外王的形式意义、形式条件，事功得靠此解决，此处才是真正的理想主义。而民主政治即为理性主义所涵蕴；在民主政治下行事功，这也是理性主义的正当表现，这是儒家自内在要求所透显的理想主义。

另一方面则是科学，科学是就"新外王"的材质条件，亦即新外王的材料、内容。科学的精神即是个事功的精神，科学亦是卑之无甚高论的。英雄不能做科学家，圣人则超过科学家，故亦不能做科学家。天天讲王阳明、讲良知，是讲不出科学的，因为良知不是成功科学知识的一个认知机能。然而科学亦可与儒家的理性主义相配合，科学乃是与事功精神相应的理性主义之表现。科学亦为儒家的内在目的所要求者，儒家并不反对知识，在以前的社会中，那些老知识也就足够应付了，然而今天的社会进步，往前发展、要求新知，亦属应当的要求。儒家内在的目的即要求科学，这个要求是发自于其内在的目的。何以见得呢？讲良知、讲道德，乃重在存心、动机之善，然有一好的动机却无知识，则此道德上好的动机亦无法表达出来。所以，良知、道德的动机在本质上即要求知识作为传达的一种工具。例如见人重病哀号，有好心救之，然却束手无策，空有存心何用？要有办法，就得有知识。所以有人说西医中发明麻醉药者为大菩萨，菩萨讲慈悲，然若只是空讲慈悲，又有何用？发明麻醉药，使人减少多少痛苦，不是大慈大悲的菩萨吗？所以，不论佛教表现慈悲、或是儒家表现道德动机，要想贯彻其内在的目的，都得要求科学、肯定科学。

科学知识是新外王中的一个材质条件，但是必得套在民主政治下，这个新外王中的材质条件才能充分实现。否则，缺乏民主政治的形式条件而孤离地讲中性的科学，亦不足称为真正的现代化。一般人只从科技的层面去了解现代化，殊不知现代化之所以为现代化的关键不在科学，而是在民主政治；民主政治所涵摄的自由、平等、人权运动，才是现代化的本质意义之所在……①假如在这个时代，儒家还要继续发展，担负它的使命，那么，重点即在于本其内在的目的，要求科学的出现，要求民主政治的出现——要求现代化，这才是真正的现代化。

---

① 此处有删节。

五 "中国文化"一词的恰当意义

上面所谈的,乃是儒家的发展及其当前使命,接下来,我们所要谈的主题也与此类似,不过从另一个角度来看这个问题,范围也稍广些。就是讨论中国文化的现代意义。

在讨论之前,我们先得对"中国文化"这一个名词有较明确的了解。上面谈过,中国文化的核心内容是以儒家为主流所决定的一个文化方向、文化形态。我们现在讲中国文化的现代意义,这里提到的中国文化,并不是指以往随着各时代所表现的那些文化现象、文化业绩的一个总集、总和。以往过去的各时代各阶段的文化业绩以及各时代的风气、风俗习惯所表现的种种现象,事实上已经一逝不可复返了。我们不能够只是怀念过去,抱着"数家珍"的心理。当然,"数家珍"亦非完全没有意义、价值,但是我们今天所讲则不在此。平常的讲法容易将中国文化静态化,静态化而把中国文化推到过去某一个阶段所表现的那一大堆,这样想,即容易流于只留恋过去。然而过去再怎么好,对现在亦无甚帮助,这样讲中国文化没多大意义,而且如此亦无法说中国文化的现代意义。

例如,若问清朝那些典章制度、风俗习惯在现代有何意义,讨论起来甚麻烦,亦属不相干的问题。又如问纳兰性德的词在现代有何意义,虽非必不可讨论,但无甚意义,亦不相干。如此讨论下去,无穷无尽,繁复琐碎不堪,实无甚价值。有些学者讨论问题即落在此一方向,常说中国人以前如何,西方人又如何,以此宣扬过去文化的业绩,这是在讲历史、数家珍。但对眼前的时代当作一个问题来看时,我们很容易看出这些说法是不中肯的,对将来毫无交代。

许多外国人来中国,亦采此种错误的态度,而要来台湾"寻找"中国文化。看看台北的高楼大厦和纽约的似乎也差不多,中国文化在哪里呢?于是中国朋友就带他们去"故宫博物院"看古董,去"国军文艺活动中心"看国剧。事实上,文化怎能是个具体的东西,而放在那里让人寻找的呢?以这种"考古"的态度来"寻找"中国文化是不对的。他们来此寻找中国文化,就如同去埃及看金字塔一般,希望找到个中国的"金字塔"来代表中国文化。可是大家要知道,我们的文化是个活的文化,还要继续生长的,哪能视同于埃及的死文化? 西方人这样看,因其有优越感,中国人则不应该有此态度,随顺着西方人考古的态度而跟着转,这是相当不利于我们的。西方人亦重视"汉学",然而他们却是以研究古董的态度来看"汉学",在这种态度下,"汉学"这个名词亦包藏了不利于中国文化的轻视心理。可是有些中国人却以西方人的态度为标准,甚至说世界上只有两个半汉学家,而我们中国人只占了半个,这是非常可恶的洋奴心理。所以,我们中国人在此一定要贞定住自己本身的存在价值,绝不能不自觉地顺着这些怪现象往下滚。

我们不能采西方人考古董的态度,亦不能采取以往那种"数家珍"的态度,然而我们当以何种态度来看中国文化的现代意义呢?

"中国文化"乃是以儒家作主流所决定的那个文化生命的方向以及文化生命的形态,所以我们讲中国文化的现代意义,也即是在讲这个文化生命的方向与形态的现代意义、现代使命。生命是一条流,有过去、有现在、有未来,过去、现在、未来是一条连续的流,依此,我们才能谈这个问题。我们从尧舜禹汤文武周公孔子,一代代传下来的,不是那些业绩,而是创造这些文化业绩的那个文化生命的方向以及它的形态。形态即指这个文化生命以什么方式、什么姿态、什么样式来表现。这个样式、这个姿态在春秋战国时代已经表现了,尽了它的使命;在两汉四百年亦表现了,尽了它的使命;在魏晋南北朝隋唐,它也表现了,也尽了它的使命;在宋明的阶段亦复如此;在清朝三百年又以某种姿态出现。这一条生命流在这两千多年来的表现,都是弯弯曲曲的,当然其中有正有邪,有向上有向下。虽是曲曲折折的,但总是一条生命流往前进;只有从这个角度看,才能讲这个生命的现代意义,亦即它在这个时代当该做些什么事情、当该如何表现? 这个问题当该如此来看,因为我们的文化不是个死的,而是个现在还活着的生命,还需要奋斗、要自己做主往前进。若是把我们的文化限在过去,而只划定为考古的范围,直成了死的古董,这样不是把中国文化看成活的文化,而是视之为死的文化。若是到处去"寻找"、"发现"中国文化,这种态度根本上即是错误的,骨子里即是认为中国文化是死的、现在已不存在了。我们是个活的生命,我们生在现在,有现在的一个奋斗的方向,也应该有现代的表现,哪能以找古董的方式来找中国文化的代表呢? 这个态度本身即是个轻视中国文化的态度,是相当不友善的。想要了解中国文化,即应和中国人接近,了解中国人的生活方式,如何地谈天、如何地交朋友,如何地思考。若是到处参观,走马看花,那哪能了解中国文化?孔子、《论语》也不能看成古董,他还是个生命,是个现在还活着的生命、智慧,绝不可把他当作古董而看死了。

六 中国文化的现代意义——开出对列之局

我们了解中国文化是以儒家为主流所决定的生命方向后,即可顺着上面所讲的儒家当前之使命来看这一个生命方向在现代应该以哪种姿态来表现。

中国文化的现代意义,亦即其本身的现代化,首先即是要求新外王。王道有其具体的内容,而不只是笼统地说仁义道德。黄梨洲曾云:"三代以上,藏天下于天下;三代以下,藏天下于筐箧。"这是一句原则性的话,不是笼统浮泛地说的,而是相当的深刻,且有真切感。这句话在今天看来,仍然有意义,而且意义更为显明。"三代以上,藏天下于天下",以今天的话说,即是个"开放的社会"(open society)。"三代以下,藏天下于筐箧",即是家天下,以天下为个人的私产……①黄梨洲又云:"三代以上有法,三代以下无法。"三代以上有法度,这个法乃是保障"藏天下于天下",这种法治是多么的深刻,这才是真正的法治,法家所讲的法比起来是差远了。三代以下没有真正的法度,有的只是皇帝个人的私法……②

民主政治能够表现一些"藏天下于天下"的理想。儒家学术最内部的要求亦一向在于此,但是从未在现实上出现,而今天之现代化亦主要在要求此一理想的出现。此亦即是儒家当前使命所要求的"新外王"。民主政治是新外王的"形式条件",事功在此形式条件的保障下才能充分实现,在民主政治下才有事功,才能让你做事;除此之外,还需要科学知识作为新外王的"材质条件"。新外王要求藏天下于天下、开放的社会、民主政治、事功的保障、科学知识,这就是现代化。中国文化发展至

---

① 此处有删节。
② 此处有删节。

今,仍是个活生生的文化,我们不可委顺西方人轻视的态度而把自己的文化当成一个被西方人研究的古董,我们是个生命存在,仍得往前进、往前奋斗,在我们前面有不断来临的问题有待我们解决,怎么能采取那种看古董的态度来了解中国文化呢? 我们要自己做主,要继续生存下去,现代化是我们必得做的事。现代化虽发自西方,但是只要它一旦出现,它就没有地方性,只要它是个真理,它就有普遍性,只要有普遍性,任何一个民族都当该承认它。中国的老名词是王道、藏天下于天下,新名词则是开放的社会、民主政治,所以,这是个共同的理想。故而民主政治虽发自西方,但我们也应该根据我们生命的要求,把它实现出来,这就是新外王的中心工作。对于这个观念,当年孙中山先生辛亥革命时,非常清楚。以后渐渐变形、模糊,而被人忘掉了,当然,这与现实政治曲曲折折的影响有关,我们现在也不必去深究其原因。孙中山先生辛亥革命即是向往这个民主政治,所以孙先生虽出任第一任临时大总统,但在正式选举时,却能让给袁世凯,这就是中国政治现代化的第一步。这个第一步是从现实上的实行来说是第一步,然而这却是儒家早已要求的理想。这种王道,黄梨洲已经说得非常清楚了。

五四运动以后,新文化运动正面喊出的口号即是要求科学与民主,当时是抓住了现代化的关键所在;当时除此正面的要求外,反面的口号则是反封建、反帝国主义……① 享受科学技术的现成的成就,大家都很高兴,可是要脚踏实地去了解科学、研究科学,则少有人肯为之。正面的两个口号没有发生作用,倒是反面的两个口号发生了作用。"反帝国主义",大家容易了解,因为身受其苦,对它有清楚的观念。至于"反封建",大家对于这个名词似乎都有些观念,但却不清楚,说不出个所以然。最后,"反封建"倒成了个象征的意义,象征些什么、代表些什么? 也很难说。实则这个名词,不论从中国或西方历史看来,都只是个借用的名词。照西方来说,封建是罗马帝国崩溃之后,各地方民族退而求自保的时代。若是"反封建"是反这个封建,那么罗马帝国未崩溃之前,即不能算是封建;封建时代以后至于今,亦不算封建。那么你反的又是什么呢? 难道是反罗马帝国崩溃之后的那一个散落的状态吗? 照中国

---

① 此处有删节。

讲，封建是西周三百年周天子的封侯建国，作用乃是集体开垦，充实封地，以"拱"周室；封建在这里带有积极的意义，与西方的恰相反。然而中国自秦汉以后即无封建，那么你反封建是反什么呢？难道是反西周三百年吗？我们在此可以看出，"反封建"并没有一个清楚而确定的意义。其实，它只是一个笼统的象征的观念，实即反对一切"老的方式"，而以"封建"一词代表之、概括之。当时的反封建就是反对过去那些老的方式，而认为五四以前都属于过去的、老的方式。

然而，什么是"老的方式"呢？"老的方式"的内容是什么呢？所要求的"新的方式"又是什么呢？二者之间的对照与本质的差异点又在哪里呢？

我们把新的方式、现代化的内容列举出来，即是民主政治、事功、科学等。这一套即是西方自文艺复兴以后所创造出的近代文明，整个这一套的内容中间有个共同的基本精神，我们可以用一个名词来说明，即是"co-ordination"，可以翻译作"对列之局"，这就是现代化最本质的意义。我们也可以用《大学》所向往的治国平天下的理想——"絜矩之道"来说明"对列之局"：絜者合也，矩即指方形，絜矩之道即是要求合成一个方形，这样才能平天下。亦可用《易经》的"保合太和乃利贞"来说明，保合即是合作而成一个絜矩之道，如此方能成个大谐和（太和）。若必欲比他人高，去征服而使他人隶属于我，即不能成"絜矩"，天下亦不能平……①交朋友亦是如此，"与朋友交，久而敬之"。若不尊重对方，这朋友交不下去。尊重对方，即是成两端，两两相对，此即是个"对列的格局"。唯有依絜矩之道，成个对列的方形之局，天下才能平。若是一味讲帝国主义的征服，是绝不能平天下的。

七　中国现代化的道路——转理性的作用表现
而为理性的架构表现

西方经过大宪章的奋斗，一直奋斗到今天，英美所表现的现代化的精神，即是在争这个对列之局。社会上不容许有特权的存在，所以说自由、平等，讲人权运动即是重视个体。每一个个体都是顶天立地的，在社

---

①　此处有删节。

会上都是一个单位,你也是个单位,我也是个单位,我怎能隶属、臣服于你呢? 一隶属、一臣服,即不成对列之局了。现代化主要即是要求对列之局。西方要求现代化是通过阶级斗争而出现的。阶级在西方的历史中原是有的,所谓四阶级:僧侣阶级、贵族阶级、第三阶级(布尔乔亚——资产阶级)、第四阶级(普罗里塔里亚——无产阶级)。马克思所了解的不属此类,他所利用的乃是埃及法老政治的路线,不是西方自希腊以来正面要求自由、平等、博爱的阶级斗争。社会上有不平,当然要斗争,然而先得问为什么而斗争,当该是为了理想而斗争,不能说是为了形成"新阶级"而斗争……①

中国的阶级分野不显明,自春秋战国的贵族政治崩溃以后,君主专制的形态在政治上虽不合理想,但是下面的社会却没有阶级。随着王朝的更替,固然有些特殊的势力,但是不能成为一个固定的阶级,所以会有"公侯将相本无种"这种话。中国的社会,基本上是属于士农工商并列的形态,套用梁漱溟先生的话,即是"职业殊途,伦理本位"。士农工商只是职业的不同,不可视为阶级。

同是要求现代化,西方与中国的源泉不同;西方是根据阶级斗争而来,中国社会则只是"职业殊途,伦理本位",阶级的分野不清楚。中国以前取得政权的方式是靠打天下而来的,政治的泉源是非理性的、是皇帝打来的,旁人不能过问,所能过问的只是第二义以下的。除了政权来源这一方面不能触及之外,中国以往在其他方面是非常自由、平等。我们可以说,中国以前只有"治权的民主",而没有"政权的民主"。从考进士、科甲取士等处,即可见治权是很民主的。但是,真正的民主政治是在"政权的民主"。唯有政权民主,治权的民主才能真正保障得住。以往没有政权的民主,故而治权的民主亦无保障,只有靠"圣君贤相"的出现。然而这种有赖于好皇帝、好宰相出现的情形是不可靠的,所以中国以前理性的表现只是在作用上表现。在此虽是相当的民主、自由,然因政权不民主,此处的民主亦无真保障,所以还是得要求现代化。

中国现代化的道路不能模仿西方通过阶级斗争的方式,这是因为社会背景、历史背景不同。民主政治的实现,并不是一件容易的事,西

---

① 此处有删节。

方亦是经过长期的奋斗而后才达成这个政治的现代化,这是很可宝贵的。西方的社会原有阶级的存在,社会中有些不同的力量、有些中流砥柱在那里撑着,这样的社会容易成个絜矩之道,容易构成对列之局。阶级并不一定就是坏的意思,照黑格尔的历史哲学讲,阶级是从民族的生命中发出,在文化中有其作用的。(印度的阶级则是死的,不能起作用。)中国自秦汉以后,把阶级打散了,社会上没有既成的力量,不容易成个对列之局。下面愈散漫,上面愈容易形成极权专制。当年孙中山先生亦感觉到这个问题,说中国人的自由太多了,如一盘散沙。(此严格讲不是真正的自由。)所以我们要肯定社会的力量,此即是要成个絜矩之道,对极权专制有个限制,不能让他随意挥洒。西方自大宪章以来,就是争这个东西。中国本来早已有了治权的民主,但是因为政权不民主,则此一民主亦不可靠,所以我们现在再顺着这个基础往前推进一步,要求政权的民主,把理性的作用表现转成理性的架构表现,亦即转成对列之局的表现。这才是中国现代化的正当途径,不可拿西方阶级斗争的格式硬套在我们身上。

西方的政治现代化是靠着自然的历史、社会作其凭借而摩荡出来的,然而还是得经过长期的斗争。我们的社会没有阶级,历史背景、社会背景和西方不同,所以出现这个东西非常困难……①这条路是很难走的,然而我们非得往此走,再困难也得走……②如此,即得靠文化的力量、思想的自觉。所以,知识分子思想上的自觉是很重要的,依此而发动文化的力量、教育的力量来创造这个东西;这就是我们现代化的道路。

可是,民国以来的知识分子,在这方面的思想自觉是很不够的……③这里需要很大的"克己复礼"。在此没有很高的境界,卑之无甚高论,就谈玄理说是不过瘾的。但是我们就需要这个东西,所以要靠大家的自觉……④

现代化的基本精神是"对列格局"(co-ordination)之形成,而所谓

---

① 此处有删节。

② 此处有删节。

③ 此处有删节。

④ 此处有删节。

反封建,即是反老的那一套。老的方式即是理性的作用表现所表现的
方式,基本上亦可用"sub-ordination"这一个名词来代表,亦即是个"隶
属"的方式。中国文化几千年来的表现,一方面觉得也还不错,"职业殊
途,伦理本位"、治权民主,在这个制度的安排下,大体不错,亦有相当的
合理性,所以我们说中国早有了理性的作用表现;当然,一般人的表现
有过与不及的地方,总是不可免的,那是另一回事。然而,另外一方面,
我们又常感到中国文化的不够,这个不够的关键即在政权不民主,亦即
缺乏理性的架构表现。在这种情形之下,整个文化在现实上的表现,大
体上呈现的即是个"sub-ordination"的形态。这就是黑格尔所说的,东
方世界只知道一个人是自由的。这一个人即是皇帝。而即此一人是自
由的,也不是真正的自由的,不是架构表现下之理性地自由的,只是情
欲、气质的奴隶,随意挥洒的自由。此须了解黑格尔的《历史哲学》所说
自由之意义。以前的宰相代表治权,然而宰相有多大权力呢?今天要
你做宰相,你就做,明天不要你做,把你杀掉,亦无可奈何、毫无办法。
中国传统政治在现实上的表现,大体是个"隶属"的方式,不能表现出絜
矩之道。

我们离开这些现实的政治表现,再从文化理想、学术方面来看。中
国以往的学术是向上讲的,儒释道三教,讲学问都是如此。儒家讲成圣
贤,道家讲成真人、讲至人,佛家讲成佛、讲成菩萨,这都是重个人修
养的向上发展。在向上发展的方向中,对列之局是出不来的,所以中国
人喜欢讲"天地万物一体"、"物我双亡"。在第一关上,喜欢讲"首出庶
物",把自己透出来,"先天而天弗违"。依儒家讲,此乃是先见本体,有
如禅宗所说的"截断众流"、"涵盖乾坤"。先把主体透出来,这是讲圣贤
学问、往高处讲的一定方式;这是讲道德、宗教,不是在讲政治,更不是
要每个人都做皇帝。可是一般人不了解这个分际、分寸,而说凡讲透显
主体者都是在帮助极权专制。所以首先得把问题的分际弄清楚,讲道
德、宗教不同于讲政治,不可相混。而且,依着道德修养而言,"截断众
流"、"涵盖乾坤"的透显主体只是初步,最高的境界乃是"随波逐浪"。
庄子亦是如此,往上透的时候说"天地与我并生,万物与我为一",但是
庄子《齐物论》的思想并不是要天下人向一个人看齐,而是天下一切事
物一体平铺,统统摆在那里,这是个绝对的自由、绝对的平等。但是这

个绝对的自由、绝对的平等是在道德修养的境界上说的,它是修养的"境界",不是政治。庄子《逍遥游》的"自由"、《齐物论》的"平等",乃是超越意义的自由、平等……①

中国人以前的理想在讲道德宗教,学术往高处讲,圆实处讲。我们现在所讲的下面这一层,亦即现代化的问题,在以前那种社会里并不成个问题;依着它那种形态,在当时是够了,也有相当的合理性,所以讲学的重点不在科学知识,而在讲超越科学知识的道德宗教。但由于缺乏这一层,现代人即可责备以往之不足。以往两千多年是以在道德宗教方面的表现为胜场,它所树立的固是永恒的价值,但是现在我们知道,只在这方面表现是不够的,学术还是要往前开,还是得顺着顾(亭林)、黄(梨洲)、王(船山)的理想往前开往外王。要求开出下一层来,则学术不能只往上讲,还得往下讲。民主政治、科学、事功精神、对列之局的这一层面,卑之无甚高论,境界不高。中国人原本浪漫性格强,欣赏英雄、圣贤,而不欣赏这种商人的事功精神。事功精神是个散文的精神,既不是诗、也不是戏剧,戏剧性不够,也没多大趣味。从哲学来讲,事功精神属于知性的层面,如黑格尔即名之曰散文的知性、或学究的知性。从人生境界来说,事功精神是个中年人的精神,忙于建功立业,名利心重,现实主义的情调强。而我们中国人要现代化,正是自觉地要求这个事功精神,并且得从学术的立场,给予事功精神一个合理的安排、合理的证成。

八　中国文化主位性的维持

我们以上是从时代的观点来看中国文化这条生命主流如何在今日尽它的使命,由此而论其现代意义。然而我们仍当从另一个角度来看中国文化,亦即由其本身看,中国文化是否有其本身的主位性?这则不只是一个应付一时需要的问题,此乃永恒性的、高一层次的问题,不是方才所谈那些新外王等的时代问题。

假如中国文化还有发展、还有它发展的动源、还有它的文化生命,那么,我们不能单由民主政治、科学、事功这些地方来看中国文化的问

①　此处有删节。

题,而必得往后、往深处看这个文化的动源、文化生命的方向。这是从高一层次来看中国文化如何维持其本身之永恒性的问题,且是个如何维持其本身主位性的问题。儒家是中国文化的主流,中国文化是以儒家作主的一个生命方向与形态,假如这个文化动源的主位性保持不住,则其他那些民主、科学等都是假的,即使现代化了,此中亦无中国文化,亦只不过是个"殖民地"的身份。所以,中国文化若想最后还能保持得住,还能往前发展,开无限的未来,只有维持住他自己的主位性使得。对于这个文化生命动源的主位性,我们要念兹在兹,把他维持住,才算是对得起中国文化。

这个中国文化维持其主位性的问题,在这个时代中,究竟表现在哪些方面呢?就是表现在这个文化的主流与其他几个大教的比较问题上,亦即表现在"判教"的问题上。

判教首先对着基督教而言,其次对佛教而言,其次对道家而言。中国文化以儒家作主,这个文化生命主要的动向、形态是由儒家决定的,在以往几千年中,道家并不能负这个责任,从印度传来的佛教亦不能负这个责任。虽说中国人吸收了佛教、消化了佛教,佛教亦对中国文化有所影响,然而它却始终不能居于主流的地位。主流的地位是在历史上长期的摩荡中自然形成的,不是可以随便拿掉或替代的,亦不是可以随意放弃的。信仰自由是一回事,这是不能干涉的,然而生为中国人,要自觉地去做一个中国人,存在地去做一个中国人,这则属于自己抉择的问题,而不是信仰自由的问题。从自己抉择的立场看,我们即应念兹在兹,护持住儒家为中国文化的主流。我个人并不反对基督教,亦不反对信仰自由,然而,现在每一个中国人在面临这个问题时,都应该有双重的身份,双重的责任。首先,得了解儒家是中国文化的主流,这个主流是不能放弃的。若是基督教能使你的生活得到安宁,当然很好,我也不反对信仰基督教,但是在这信仰的同时,身为中国的基督徒亦当自觉到自己有双重的责任,虽然是信仰基督教但也绝不反对中国文化的主流是儒家。我不反对基督教、天主教,可是我坚决反对他们拿着基督教、天主教来篡夺或改篡中国的文化,更不可把中国历来黄帝、尧、舜、禹、

汤、文、武、周公、孔子的传统改成耶和华、摩西那一套……①

　　我不像宋明儒那样辟佛,我虽也辨儒佛同异,但并不反对佛教本身的价值,可是我反对以佛教来贬视儒家。以前内学院将孔子列为第七地菩萨,我就反对。佛家最高的是佛,儒家最高的是圣人,圣人与佛都是无限性的格位,为什么一定要把孔子列为佛家的第七地菩萨呢? 这太没道理。我不反对佛教,已经很客气了,可是反过来,你却要贬视儒家,这就不对。为什么一定要反对圣人之道呢? 圣人之道有哪里对不起你呢? 这样还能算是存在的中国人吗?

　　现代信基督教的人最怕人说他信的是洋教,而自辩曰宗教是普世的。事实上,上帝是普世的,基督教却是西方历史中发展出来的,这怎么能是普世的? 上帝当然是普世的,就好比孔子讲道理也不是单对着山东人讲,乃是对着全人类讲的。这个分际必得弄清楚,才不愧身为一个现代的中国人;一方面不妨碍信仰自由,另一方面绝不抹煞儒家在中国文化中的主流地位。有人骂我们这是"本位主义"。然而,本位主义有什么不好? 每一个民族事实上都是本位主义,英国人以英国为本位,美国人以美国为本位,何以独不许我们中国人以中国为本位呢? 若是这叫本位主义,又怎么能反对呢?

九　结　语

　　最后,我们做一个总结,来看今日中国知识分子所应做的工作。首先,要求现代化先得有现代化的头脑,每一个概念各归其自身,每一个概念都有恰当的意义,分际清楚而不混滥,事理明白而不搅和,这就是"正名"的工作……②通过正名的工作,每一个概念有一定的意义,讲道理的分际一点不乱,这样子,我们的生命得到一个大贞定。假如中国文化还能有贡献于人类,我们即须如此来正视它的自性。

　　再进一步,和西方文化相摩荡,即是个最高的判教的问题。在此,每一个文化系统皆有其双重性,一个是普遍性,一个是特殊性,每一个民族都该如此反省其自身的文化。只要它是个真理,它就有普遍性。

---

　　① 　此处有删节。
　　② 　此处有删节。

但是真理并不是空挂着的,而必须通过生命来表现。通过一个生命来表现,就有特殊性。通过这双重性来进行最高的判教,也可以渐渐地得到一个谐和。

（录自《牟宗三先生全集 10　政道与治道》,联经出版社事业股份有限公司 2003 年版。）

心体与性体·序

　　王龙溪有言:悟道有解悟,有证悟,有彻悟。今且未及言悟道,姑就宋、明六百年中彼体道诸大儒所留之语言文字视作一期学术先客观了解之,亦是欲窥此学者之一助。

　　了解有感性之了解,有知性之了解,有理性之了解。仿佛一二,望文生义,曰感性之了解。意义厘清而确定之,曰知性之了解。会而通之,得其系统之原委,曰理性之了解。

　　荀子曰:"伦类不通,仁义不一,不足谓善学。学也者固学一之也。"又曰:"全之尽之,然后学者也。君子知夫不全不粹之不足以为美也,故诵数以贯之,思索以通之,为其人以处之。""全之尽之"即通过知性之了解而至理性之了解也。

　　予以顽钝之资,恍惚摇荡困惑于此学之中者有年矣。五十以前,未专力于此,犹可说也。五十而后,渐为诸生讲说此学,而困惑滋甚,寝食难安。自念若未能了然于心,诚无以对诸生,无以对先贤,亦无以对此期之学术也。乃发愤诵数,撰成此书,亦八年来之心血也。或于语意之厘清与系统之确定稍尽力焉,然究能至"全之尽之"否,亦未敢必也。

　　前贤对于人物之品题辄有高致,而对于义理系统之确解与评鉴,则稍感不足。此固非前贤之所重视,然处于今日,则将为初学之要务,未可忽也。

　　理性之了解亦非只客观了解而已,要能融纳于生命中方为真实,且亦须有相应之生命为其基点。否则未有能通解古人之语意而得其原委者也。

　　庄生有云:"圣人怀之,众人辩之以相示也。"吾所作者亦只辩示而已。过此以往,则期乎各人之默成。吾未敢云有若何自得处,愿与天下之善士共勉之，此非笔舌所可宣也。

凡吾所欲言者俱见于综论部，兹略赘数语以为序。

〔录自《牟宗三先生全集 05　心体与性体（一）》，联经出版事业股份有限公司 2003 年版。〕

心体与性体(节选)①

第三节　宋、明儒之课题

　　如上节所述，宋、明儒是把《论》、《孟》、《中庸》、《易传》与《大学》划为孔子传统中内圣之学之代表。此五部经典，就分量方面说，亦并不甚多。但此中当有辨。据吾看，《论》、《孟》、《中庸》、《易传》是孔子成德之教(仁教)中其独特的生命智慧方向之一根而发，此中实见出其师弟相承之生命智慧之存在地相呼应。至于《大学》，则是开端别起，只列出一个综括性的，外部的(形式的)主客观实践之纲领，所谓只说出其当然，而未说出其所以然。宋明儒之大宗实以《论》、《孟》、《中庸》、《易传》为中心，只伊川、朱子以《大学》为中心。分别言之，濂溪开始，只注意《中庸》、《易传》，对于《论》、《孟》所知甚少，且无一语道及《大学》。横渠渐能注意《论》、《孟》，亦未言及《大学》。至明道，通《论》、《孟》、《中庸》、《易传》而一之，以言其"一本"义，亦少谈《大学》。胡五峰亦不论《大学》。象山纯是孟子学，以《孟子》摄《论语》。就关涉于《中庸》、《易传》之理境言，则只是一心之伸展，是亦兼摄《中庸》、《易传》也。然而亦很少论《大学》。偶有言及，亦只是假借《大学》之词语以寄意耳。自朱子权威成立后，阳明亦着力于《大学》，着落于《大学》以展示其系统，实则仍是孟子学，假《大学》以寄意耳。刘蕺山就《大学》言诚意，其背景仍是《中庸》、《易传》与孟子也。伊川、朱子所讲之《大学》虽亦不必合《大学》之原义，然一因伊川、朱子对于《论》、《孟》、《中庸》、《易传》所言之仁体、心体、性体、道体不能有相应之契悟(心性为二、性道只是理、心理为

---

①　这里节选的是该书第一部分第一章第三、四节。

二),二因《大学》之"明德"不必是因地之心性,"至善之则"不能确定往何处落,故伊川、朱子以其实在论的、顺取的态度将其所理解之性体、道体、仁体(都只是理)着落于致知格物以言之,以成其能所之二,认知关系之静摄,将致知格物解为常情所易见之认知义,将"至善之则"着落在所格之物之"存在之理"上,此虽不合《大学》之原义,然因在《大学》至善之则不能确定往何处落,则如此解《大学》亦甚顺适,此即成主智论,以智决定意,此是直接从《大学》上顺着讲而即可讲出者。此是以《大学》为主而决定《论》、《孟》、《中庸》、《易传》也。是故《大学》在伊川、朱子之系统中,其比重比以《论》、《孟》、《中庸》、《易传》为主者为重,对于其系统有本质上之作用,而在其他则只是假托以寄意耳。其实意是将《大学》上提于《论》、《孟》、《中庸》、《易传》,而以《论》、《孟》、《中庸》、《易传》决定或规范《大学》也。此是宋、明儒之事实。故吾人实可将《大学》与《论》、《孟》、《中庸》、《易传》分开看。而以《大学》为待决定者,由此以识宋、明儒之大宗。若以《大学》为决定者,则即形成伊川、朱子之系统。

识宋、明儒之大宗即是恢复《论》、《孟》、《中庸》、《易传》之主导的地位。在此,吾人首先须知:依宋、明儒大宗之看法,《论》、《孟》、《中庸》、《易传》是通而为一而无隔者,故成德之教是道德的同时即宗教的,就学问言,道德哲学即涵一道德的形上学。在此,吾人可问:此通而为一的看法是否可允许?先秦儒家的发展是否能启发出此看法而可以使吾人认为此看法为合法?兹仍顺上节所开之大略申明之如下:

1. 关于仁与天。孔子所说的"天"、"天命"或"天道"当然是承《诗》、《书》中的帝、天、天命而来。此是中国历史文化中的超越意识,是一老传统。以孔子圣者之襟怀以及其历史文化意识(文统意识)之强,自不能无此超越意识,故无理由不继承下来。但孔子不以三代王者政权得失意识中的帝、天、天命为已足,其对于人类之绝大的贡献是暂时撇开客观面的帝、天、天命而不言(但不是否定),而自主观面开启道德价值之源、德性生命之门以言"仁"。孔子是由践仁以知天,在践仁中或"肫肫其仁"中知之、默识之、契接之或崇敬之。故其暂时撇开客观面的帝、天、天命而不言,并不是否定"天"或轻忽"天",只是重在人之所以能契接"天"之主观根据(实践根据),重人之"真正的主体性"也。重"主体性"并非否定或轻忽帝、天之客观性(或客体性),而勿宁是更加重更真切于人之对于超越而客观的天、天命、天道之契接与崇敬。不然,何以说"五十而知天命"? 又何以说"畏天命"? 孔子此步"践仁知天"之提供,一方豁醒人之真实主体性,一方解放了王者政权得失意识中之帝、天或天命。

《诗》、《书》中的帝、天、天命虽常有人格神的意味,然亦不如希伯来民族之强烈与凸出。《诗》、《书》中之重德行已将重点或关捩点移至人身上来,此亦可说已开孔子重"主体性"之门。孔子之提出"仁",实由《诗》、《书》中之重德、敬德而转出也。是故《诗》、《书》中之帝、天、天命只肯认有一最高之主宰,只凸出一超越之意识,并不甚向人格神之方向凸出。迤逦而至孔子,此方向总不甚凸出。故孔子承其以前之气氛,其心目中之天、天命、或天道亦只集中而为一超越意识,并不像希伯来宗教意识中之上帝那样孤峭而挺立,其意味甚为肃穆,对于天地万物甚具有一种"超越的亲和性"(引曳性 transcendental affinity),冥冥穆穆运之以前进,是这样意味的一个"天"。并不向"人格神"的方向走。孔子虽未说天即是一"形而上的实体"(metaphysical reality),然"天何言哉? 四时行焉,百物生焉。天何言哉!"实亦未尝不涵蕴此意味。"维天之命,於穆不已",难说孔子未读此诗句,亦难说其不契此诗句。前圣后圣,其心态气氛之相感应,大体可见矣。是故后乎孔子之《中庸》即视天为"为物不贰、生物不测"之创生实体,而以"维天之命,於穆不已"明"天之所以为天",此即以"天命不已"之实体视天也。此种以"形而上的实体"视天虽就孔子推进一步,然亦未始非孔子意之所涵与所许。此亦是其师弟相承之生命智慧之相感应相呼招,故即如此自然地视"天"也。此亦不碍超越意识之凸出,亦不碍其对于天之崇敬与尊奉。孔子前后生命智慧之相呼应既如此,则宋、明儒尤其如明道者即如孔门之呼应而亦存在地以真实生命如此呼应之,直视孔子之天为一形而上的实体而与后来之《中庸》、《易传》通而一之也。其如此看自亦不妨碍天之超越义,以及对于天之崇敬与尊奉。

天之义既如此,则仁心感通之无限即足以证实"天之所以为天",天之为"於穆不已",而与之合而为一。在孔子,践仁知天,虽似仁与天有距离,仁不必即是天,孔子亦未说仁与天合一或为一,然(1)因仁心之感通乃原则上不能划定其界限者,此即涵其向绝对普遍性趋之伸展。

（2）因践仁知天，仁与天必有其"内容的意义"之相同处，始可由践仁以知之、默识之，或契接之。依是二故，仁与天虽表面有距离，而实最后无距离，故终可合而一之也。《中庸》言"肫肫其仁，渊渊其渊，浩浩其天"，此即示仁心仁道之深远与广大而与天为一矣。《易传》言天道"显诸仁，藏诸用，鼓万物而不与圣人同忧，盛德大业至矣哉！"此亦是仁与天为一也。此亦未始非孔子意之所涵与所许。如果天向形而上的实体走，不向人格神走，此种合一乃是必然者。此亦是孔门师弟相承，其生命智慧之相呼应，故如此自然说出也。宋、明儒尤其如明道即依此呼应而亦存在地呼应之，遂直视仁与天为一矣。在此，明道对于仁之体会不误也。此须有生命智慧之存在地相感应始能知，非文字之训诂与知解事也。自明道如此体会后，宋、明儒之大宗无人不首肯。伊川、朱子之讲法（以公说仁，仁性爱情，仁是心之德爱之理），不能有此呼应也。

以上由践仁知天，说仁与天合一，天是"实体"义的天，积极意义的天，是从正面说，从"先天而天弗违"说（"天弗违"之天是形而下的天）。至于孔子说"知天命"、"畏天命"、"知命"，以及慨叹语句中的"天"，则是表示一"超越的限定"义。此则不纯是以"实体"言（普通所谓以理言）的天，当然亦不纯是以气言的天，乃是"实体带着气化、气化通着实体"的"天"，此是从"后天而奉天时"说。此义在此不论。

2. 关于仁与心性以及心性与天。孔子未说"心"字，亦未说"仁"即是吾人之道德的本心，然孔子同样亦未说仁是理，是道。心、理、道都是后人讲说时随语意带上去的。实则落实了，仁不能不是心。仁是理、是道，亦是心。孔子由"不安"指点仁，不安自是心之不安。其他不必详举。故孟子即以"不忍人之心"说仁。理义悦心，亦以"理"说仁。"仁者人也，合而言之，道也。"亦以"道"说仁。这些字都是自然带上去的，难说非孔意之所涵，亦难说孔子必不许。是以孟子即以道德的本心摄孔子所说之仁。

孔子亦未说仁即是吾人之"性"。子贡言"夫子之言性与天道不可得而闻也"。孔子亦偶尔言及"性相近也，习相远也"。其心中如何意谓"性"字很难说。"性相近也"之"性"，伊川、朱子俱视为气质之性，此大体亦不误。刘蕺山解"相近"为"相同"即指同一"於穆不已"之性体言，故性无不善（参看《刘子全书》卷十九《答王右仲州剌》）。吾人由此可以想孔子所说之"相近"即是孟子所说"其好恶与人相近也者几希"之"相近"。孟子说此"几希"之"相近"是指良心好恶之呈露言。所呈露者虽不多，然却是与人相同者，并无异样之良心。是则"相近"即相同。如果孔子所说之"相近"即是此意义之"相同"，则"性"当是同一的义理本然之性，不能是气质之性。如果是同一的义理本然之性，则孔子当该想到仁就是性，就是吾人之性之实。即使想不到，亦未说到，后人（如孟子）如此说，亦无过。但孔子所说之"相近"是否必如此，则难定。即使与孟子所说之"相近"字面相同，而其实指不必相同。孟子可用"相近"指本然之性（良心）言，因而"相近"即"相同"，而孔子所用之"相近"不必指此本然之性言，而亦仍可用"相近"，因而"相近"不必即"相同"。如果与"唯上智与下愚不移"连在一起看，则此"可移"之"相近"者亦仍只是气性、才性之类也。是则伊川、朱子说为气质之性亦非定误。至于子贡所不可得而闻之"性"，与"天道"连在一起说，究是指何层面之"性"，则亦难说。如果指超越面的义理之性说，则当与仁为一，仁即是吾人性体之实。如果指经验面的气性、才性，或"生之谓性"之性说，则仁与性不能是一。而无论自哪一面说，"性"之义皆是相当奥密而难闻的。在此，吾人对于孔子的态度不能确知。孔子前"性"字即已流行，然大体是"性者生也"，无自超越面言性者。"生之谓性"是一老传统。孔子已接触此问题，然可能一时未能消化澈，犹处于"性者生也"之老传统中，故性是性，仁是仁，齐头并列，一时未能打并为一。（性者生也，虽卑之无高论，说的是现实的人性，自然生命之征象，似乎无甚难闻处，然认真讨论起来，亦并不简单。非必只同于"天道"之性或超越面之性为难闻也。）然孔子言仁如此亲切，而又真切，其看人性亦断然不会直说为恶，亦断然不会只从人之欲性看性。然亦同样未自觉地说到仁即是性。是则性之问题在孔子犹是敞开者。虽或偶尔触及，然未能十分正视而着力。若依子贡之语观之，虽难闻，而夫子未始不言，至少亦未始无其洞悟处。而结果终所以难闻而又不常言多言者，则或可如此说，即，性之问题，初次观之，似是属于"存有"之问题，无论卑之从"生之谓性"说，或高之从超越面说，皆然。而一涉及"存有"问题，则总是奥密的，此即法国存在主义者马塞尔（Marcel）所谓"存有之秘密"（mystery of being）是也。此其所以为难闻乎？而一个圣者如孔子则总是多偏重于自实践言道理，很少有哲学家之兴趣去积极地思议存有问题也。即使有洞悟,亦是在践履中洞悟之,因而多言践履之道如仁,而少涉及存有问题如性与天道,此其所以不常言多言也。

至孟子时,性之问题正式成立。告子顺"性者生也"之老传统说性,而孟子遮拨之,则从道德的本心说,此显然以孔子之仁为背景。在孔子,仁与性未能打并为一,至此则打并为一矣。在孔子,存有问题在践履中默契,或孤悬在那里。而在孟子,则将存有问题之性即提升至超越面而由道德的本心以言之,是即将存有问题摄于实践问题解决之,亦即等于摄"存有"于"活动"(摄实体性的存有于本心之活动)。如是,则本心即性,心与性为一也。至此,性之问题始全部明朗,而自此以后,遂无隔绝之存有问题,而中国亦永无或永不会走上西方柏拉图传统之外在的,知解的形上学中之存有论,此孟子创辟心灵之所以为不可及也。而实则是孔子之仁有以启之也。仁之全部义蕴皆收于道德之本心中,而本心即性,故孔子所指点之所谓"专言"之仁,即作为一切德之源之仁,亦即是吾人性体之实也。此唯是摄性于仁、摄仁于心、摄存有于活动,而自道德实践以言之。至此,人之"真正主体性"始正式挺立而朗现,而在孔子之践仁知天,吾人虽以重主体性说之,然仁之为主体性只是吾人由孔子之指点而逼近地如此说,虽是呼之欲出,而在孔子本人究未如孟子之如此落实地开出也。此即象山所谓"夫子以仁发明斯道,其言浑无罅缝,孟子十字打开,更无隐遁"之义也。孟子如此"打开",是其生命智慧与其所私淑之孔子相呼应,故能使仁与心与性通而一之,而宋、明儒如明道与象山者即如其相呼应而亦存在地呼应之,直下视仁与心与性为一也。而伊川与朱子则去此远矣。

仁与心、性既如此,则孟子处心性与天之关系即同于孔子处仁与天之关系。孟子从道德实践上只表示本心即性,只说尽心知性则知天,未说心性与天为一。然"万物皆备于我矣,反身而诚,乐莫大焉",则心即涵一无限的伸展,即具一"体物而不可遗"的绝对普遍性。是则心本可与天合一而为一也。能尽其心,则即可知性,是则心之内容的意义与性之内容的意义全同,甚至本心即性。盖性即吾人的"内在道德性"之性,亦即能起道德创造大用,能使道德行为纯亦不已之"性"也。由尽心(充分实现其本心)而知性,即知的这个"性"。同样,若知了性,则即可知

"天"，是则性之"内容的意义"亦必有其与天相同处，吾人始可即由知性而知天也。在孟子的语句上似表示心性与天尚有一点距离，本心即性，而心性似不必即天。然此一点距离，一因心之绝对普遍性，二因性或心性之内容的意义有同于天处，即可被撤销。故明道云："只心便是天，尽之便知性，知性便知天，当下便认取，更不可外求。"明道如此说，实因其生命智慧与孟子相呼应，孟子本可有此开启，故即存在地呼应之而即如此说出也。如果"天"不是向"人格神"的天走，又如果"知天"不只是知一超越的限定，与"知命"稍不同，则心性与天为一，"只心便是天"，乃系必然者。尽心知性则知天，顺心性说，则此处之"天"显然是"实体"义的天，即所谓以理言的天，从正面积极意义看的天。所谓性之内容的意义有其与无相同处亦是从积极意义的"天"、"实体"意义的天说。此所谓"内容的意义"相同实则同一创生实体也。"天"是客观地、本体宇宙论地言之，心性则是主观地、道德实践地言之。及心性显其绝对普遍性，则即与天为一矣。明道如此呼应，宋、明儒之大宗亦无一不如此呼应。惟伊川、朱子则转成另一系统，遂亦不能有此呼应矣。

"尽其心者知其性也，知其性则知天矣。"此相当于《乾·文言》之"先天而天弗违"。在此，唯是一实体之彻底朗现，故心性天是一。（"而天弗违"之"天"是形而下的天，与"心性天是一"之天不同。）天地鬼神皆不能违离此实体也。

"存其心，养其性，所以事天也。"此相当于《乾·文言》之"后天而奉天时"。在此，"天"须带着气化说，而吾人之心性与天不即是一。然亦须存住吾人之本心而不放失，养住吾人之道德创造之性而不凿丧，然后始能事天而奉天。及其一体而化，则天之气化即吾之气化（吾之性体纯亦不已之所显），天时之运即吾之运，知即奉，奉即知，知奉之分泯，而先后天之异亦融而为一矣。此孟子所谓"上下与天地同流"，亦明道所谓之"一本"也。此是"大而化之"之圣神之境。然人毕竟亦是一现实之存在。自现实存在言，则不能不有一步谦退，因此显出一层退处之"事天"义。不但显出此退处之"事天"义，且可进而言"立命"。

"夭寿不贰，修身以俟之，所以立命也。""立命"即立"超越之限定"义。在此，如说"天"，亦是带着气化的天，而且特重气化对于吾人之限制，吾人之现实存在与此气化相顺相违之距离。在此，即有"命"之意义，此即所谓"立命"。知道有此限制,此是"命"之实。命本自有之。此是客观地立。但必须真能主观地"夭寿不贰,修身以俟之",方始真能"立命",此是主观地、实践地立。"修身"亦须以"尽心知性"、"存心养性"为根据,否则亦不能"修身"。是则"修身"即涵蕴尽心知性,存心养性也。

是故"尽心知性知天"是自"体"上言。在此,心性天是一。"存心养性事天"是自人为一现实存在言,天亦是带着气化说。在此,心性因现实存在之拘限与气化之广大,而与天不即是一。自"一体而化"言,则此分别即泯。从体上说是一,带着用说亦是一也。"立命"则是就现实存在与气化之相顺相违言,此不是说心性与天的事,而是说带着气化的天与吾人之现实存在间之相顺相违的事。至"一体而化"之境,则一切皆如如之当然,亦无所谓"命"也。言至此,知天、事天、立命,以及一体而化,全部皆备,此真所谓"孟子十字打开,更无隐遁"也。

朱子解尽心知性为致知格物,解存心养性为正心诚意,固误,而王阳明以尽心知性为"生而知之",以存心养性为"学而知之",以"立命"为"困而知之",此种比配尤为不类。阳明《传习录》义理精熟圆透,很少有不顺适处,唯于此处则极显不类,滞之甚矣。不知何故。而且此义凡三见,此非偶尔之失。吾想象山决不至此也。

3. 关于"天命之谓性"。《中庸》说此语,其字面的意思是:天所命给吾人者即叫做是性,或:天定如此者即叫做是性。单就此语本身看,尚看不出此天所命而定然如此之"性"究是何层面之性。然依下句"率性之谓道"一语看,性不会是气性之性。又依"中也者天下之大本也"一语看,如果"中"字即指"性体"言,则作为"天下之大本"之中体、性体,亦决不会是气性之性。又依《中庸》后半部言诚、言尽性,诚是工夫亦是本体,是本体亦是工夫,诚体即性体,性亦不会是气性之性。此可能是根据孟子言性善而来。孟子虽从道德自觉上只道德实践地言"仁义内在",言本心即性,言"我固有之",似未客观地从天命、天定言起,然孟子亦言"心之官则思,思则得之,不思则不得也。此天之所与我者。得其大者,则其小者弗能夺也"。由"此天之所与我者"看,则于此心此性,孟子亦未尝无"天命、天定"义。又引"天生烝民,有物有则,民之秉彝,好是懿德"之诗以证性善,则"秉彝"之性亦未尝不是天所命而定然如此者。"固有"即是先天而本有,即是天所命而定然如此者。然则《中庸》

说"天命之谓性"即是与孟子相呼应而说出也。

宋、明儒如横渠、明道、五峰、蕺山等人不但承认此呼应,且进而表示此"天所命而定然如此"之性,其内容的意义即同于"於穆不已"之天命实体。"天命之谓性"不能直解为"於穆不已"之天命实体即叫做是性,然"天所命而定然如此"之性,如进一步看其"内容的意义",亦实涵此义。从此义说性,则孟子之自道德自觉上道德实践地所体证之心性,由其"固有"、"天之所与",即进而提升为与"天命实体"为一矣。而此亦即形成客观地从本体宇宙论的立场说性之义。如果"天"不是人格神的天,而是"於穆不已"的"实体"义之天,而其所命给吾人而定然如此之性又是以理言的性体之性,即超越面的性,而不是气性之性,则此"性体"之实义(内容的意义)必即是一道德创生之"实体",而此说到最后必与"天命不已"之实体(使宇宙生化可能之实体)为同一,决不会"天命实体"为一层,"性体"又为一层。依《中庸》后半部言"诚",本是内外不隔,主客观为一,而自绝对超然的立场上以言之的,此即"诚体"即同于"於穆不已"之天命实体也。言"天地之道"为"为物不贰,生物不测",则天地之道即是一"於穆不已"之创生实体,而此亦即是"无内外"之诚体也。《中庸》引"维天之命,於穆不已"之诗句以证"天之所以为天",则"天"非人格神的天可知。是则诚体即性体,亦即天道实体,而性体与实体之实义则不能有二亦明矣。就其统天地万物而为其体言,曰实体;就其具于个体之中而为其体言,则曰性体。言之分际有异,而其为体之实义不能有异。是即横渠所谓"天所性者通极于道,气之昏明不足以蔽之"之义。性体与道体或天命实体通而为一,故自此义言性者特重"维天之命,於穆不已"之诗,遂形成客观地超越地自本体宇宙论的立场说性之义,而与孟子之自道德自觉实践地说性、特重"民之秉彝,好是懿德"之诗句者有异,然而未始不相呼应、相共鸣,而亦本可如此上提也。由孟子之自道德自觉上实践地说性,由其如此所体证之性之"固有"义、"天之所与"义以及本心即性、"万物皆备于我"、心性向绝对普遍性伸展之义,则依一形而上的洞悟渗透,充其极,即可有"性体与天命实体通而为一"之提升。《中庸》如此提升,实与孟子相呼应,而圆满地展示出。《中庸》之如此提升与孟子并非互相敌对之两途。此不可以西方康德之批判哲学与康德前之独断形上学之异来比观。此只可以圆满发展看,不可以相反之两途看。

由于《中庸》之提升，宋、明儒即存在地与之相呼应，不但性体与天命实体上通而为一，而且直下由上面断定：天命实体之下贯于个体而具于个体（流注于个体）即是性。"於穆不已"即是"天"此实体之命令作用之不已，即不已地起作用也。此不已地起命令作用之实体命至何处即是作用至何处，作用至何处即是流注至何处。流注于个体即为个体之性。此是承《中庸》之圆满发展直下存有论地言之也。此虽与《中庸》稍有间，然实为《中庸》之圆满发展之所涵。宋、明儒如此断定，不得谓无根也。

此断定几乎是宋、明儒共同之意识，即伊川、朱子亦不能外乎此，即象山、阳明亦不能谓此为歧出。唯积极地把握此义者是横渠、明道、五峰与蕺山，此是承《中庸》、《易传》之圆满发展而言此义者之正宗。伊川、朱子亦承认此义，唯对于实体、性体理解有偏差，即理解为只是理，只存有而不活动，此即丧失"於穆不已"之实体之本义，亦丧失能起道德创造之"性体"之本义。象山、阳明则纯是孟子学，纯是一心之伸展。此心即性，此心即天。如果要说天命实体，此心即是天命实体。象山云："万物森然于方寸之中，满心而发，充塞宇宙，无非斯理。"阳明云："充天塞地中间，只有这个灵明。人只为形体自间隔了。我的灵明便是天地鬼神的主宰。天没有我的灵明，谁去仰他高？地没有我的灵明，谁去俯他深？鬼神没有我的灵明，谁去辨他吉凶灾祥？天地鬼神万物离却我的灵明，便没有天地鬼神万物了。我的灵明离却天地鬼神万物，亦没有我的灵明。如此便是一气流通的，如何与他间隔得？又问：天地鬼神万物千古见在。何没了我的灵明，便俱无了？曰：今看死的人，他这些精灵游散了，他的天地万物尚在何处？"（《传习录》卷三）此便是一心之伸展、一心之涵盖、一心之遍润。自道德自觉上道德实践地所体证之本心、所扩充推致之良知灵明顿时即普而为本体宇宙论的实体，道德实践地言之者顿时即普而为存有论地言之者。唯不先客观地言一"於穆不已"之实体而已。而先客观地言之、再回归于心以实之，或两面皆饱满顿时即为一以言之，亦无过。此即横渠、明道、五峰、蕺山之路也。

4. 关于"乾道变化，各正性命"。天命实体之下贯于个体而具于个体即是性，此义《中庸》虽未显明地言之，而实已涵之，而显明地表示之者则为《易传》之《乾象》。宋、明儒即会通《中庸》、《易传》而如此断定也。《中庸》、《易传》是一个方向(圆满发展)之呼应,宋、明儒即如其呼应而亦存在地呼应之。《易传》穷神知化,正式言诚体、神体、寂感真几,此是妙运万物之实体。濂溪即由此而开宋儒之端。此实体即曰天道,亦曰"乾道",此仍是"於穆不已"之天命实体之别名。

"乾道变化,各正性命",此语字面的意思是:在乾道变化底过程中,万物(各个体)皆各得正定其性命。此语本身并不表示所正定的各个体之性命即是以理言的性命,亦可能是以气言的性命。但首先不管是以理言的性命,抑还是以气言的性命,此总是从"乾道变化"说下来,此即是性命之本体宇宙论的说明。此说明之方式尚未见之于《中庸》。《中庸》只表示性体与道体通而为一,未直接表示从道体之变化中说性命之正或成。但《易传》却直接宣明此方式。《乾·文言》曰:"乾元者,始而亨者也。利贞者,性情也。"从利贞处说性情即是从个体之成处说"各正性命"也。从利贞处见个体之成,即见性情之实,亦即见性命之正。乾道之元亨利贞即表示乾道之变化。实则乾道自身并无所谓变化,乃假气(即带着气化)以显耳。乾道刚健中正,生物不测,即是一创生实体,亦即一"於穆不已"之实体。然此实体虽是一创生的实体,虽是不已地起作用,而其自身实无所谓"变化"。"变化"者是带着气化以行,故假气化以显耳。变化之实在气,不在此实体自身也。假气化以显,故元亨利贞附在气化上遂亦成四阶段,因而遂俨若成为乾道之变化过程矣。然而元亨利贞亦称乾之四德,则随着气化伸展出去说为四阶段,亦可收摄回来附在乾道之体上说为四德也。既是体之四德,则伸展出去成为四阶段而显一"变化"相,此显是假气以显耳。乾道即是元,故曰"乾元"。亨者通也,此是内通。为物不贰,生物不测,於穆不已地起作用,即是内通之亨,言诚体之不滞也。利者向也,言外通也。利而至于个体之成处,即是其"贞"相,故于个体之成处见"利贞"也。否则,乾道之"於穆不已"只成一虚无流,已不成其为创生实体矣。故濂溪《通书·诚》上第一云:"大哉乾元,万物资始。诚之源也。乾道变化,各正性命。诚斯立焉。"言由"各正性命"处见诚体之利贞,即见诚体之所以立。所以"立"者即诚体(乾道实体)之于此而自立自见其自己也。否则流逝无收煞。故又云:"元亨,诚之通;利贞,诚之复。"复即立也。濂溪此点拨不误,纯就体上言四德也。所谓"变化"而显四阶段者乃假气以显耳。濂溪最后又赞之曰:"大哉《易》也,性命之源乎?"即就"各正性命"而说也。

然则此所正之"性命"是以理言的性命,还是以气言的性命?濂溪之赞语只表示易道是"性命之源",未表示此性命即是以理言的性命。然通极于"体"而言性命,衡之以儒家之道德意识,此性命不会是以气言的性命,历来亦无人作如此理会者。是故必是正面的、超越面的、以理言的性命。当然以气言的性命,于个体之成时,亦自然带在气之凝结处。然言道德实践之先天根据(超越的根据),却无人以此性命为气之凝结处之气之性命,却必须视为超越面的理之性命。如其是理之性命,则性即是此实体之流注于个体中。实体之流注于个体中,因而个体得正其性也。正其性即是定其性,亦即成其性。此是存有论地正、定、成也。"命"即是此性之命,乃是个体生命之方向,吾人之大分,孟子所谓"分定故也"之分。此亦是横渠所谓"天所性者通极于道,气之昏明不足以蔽之,天所命者通极于性,遇之吉凶不足以戕之"之义也。此显然不就气之凝结说气之性命也。此当是宋、明儒之共同意识,故无人认"各正性命"为气之性命也。此亦由于《易传》之气氛本自如此,不会陷落下来专言气之性命也。即使气之性命亦带在内,而必以正面理之性命为主也。《说卦》云:"昔者圣人之作《易》也,将以顺性命之理。"即顺通此"通极于道、通极于性"之性命之理也。又曰:"穷理尽性以至于命。""穷理"即穷性命之理,"尽性"即尽以理言的性。"至于命",则以理言的与以气言的俱可在内。"顺性命之理"即是通"性命之源",首先必以通正面的以理言的性命之源为主也。此一说明之方式显明地表示于《易传》中,亦显明地表示于《大戴礼记·本命》篇"分于道谓之命,形于一谓之性"之语句中。"分于道"即分得于道之命(命令之命),因分得此道之命乃成个体生命之方向,即吾人之大分。"形于一"即将此道之命形著之于一个体中便叫做是"性"。此亦是从正面说性命之源也。此与《易传》为同一思理模式。大抵先秦后期儒家通过《中庸》之性体与道体通而为一,必进而从上面由道体说性体也。此即是《易传》之阶段,此是最后之圆成,故直下从"实体"处说也。此亦当作圆满之发展看,不当视作与《论》、《孟》为相反之两途。盖《论》、《孟》亦总有一客观地、超越地言之之"天"也。如果"天"不向人格神方向走,则性体与实体打成一片,乃至由实体说性体,乃系必然者。此与汉人之纯粹的气化宇宙论不同,亦与西方康德前之独断形上学不同。此只是一道德意识之充其极,故只是一"道德的形上学"也。先秦儒家如此相承相呼应,而至此最后之圆满,宋、明儒即就此圆满亦存在地呼应之,而直下通而一之也:仁与天为一,心性与天为一,性体与道体为一,最终由道体说性体,道体性体仍是一。若必将《中庸》《易传》抹而去之,视为歧途,则宋、明儒必将去一大半,只剩下一陆、王,而先秦儒家亦必只剩下一《论》《孟》,后来之呼应发展皆非是,而孔、孟之"天"亦必抹而去之,只成一气命矣。孔、孟之生命智慧之方向不如此枯萎孤寒也。是故儒家之道德哲学必承认其涵有一"道德的形上学",始能将"大"收进内,始能充其智慧方向之极而至圆满。

以上是《论》《孟》《中庸》《易传》之相继承与相呼应,而宋、明儒之大宗即如此圈定,认为此是孔门之传统,圆满之发展,如其呼应而亦存在地呼应之,视为一整体,直下通而一之,而不认其有隔也。此通而为一之看法既合法,则《论》《孟》《中庸》《易传》之主导地位自成立。此主导地位既确定,则《大学》即可得而规范矣。

宋、明儒以六百年之长期,费如许之言词,其所宗者只不过是《论》、《孟》《中庸》《易传》与《大学》而已,分量并不多。即此五部经典,提纲契领,其重要语句而为宋、明儒所反复讲说者亦甚有限。就《论》《孟》、《中庸》《易传》之通而为一、而为一整体说,其义理主脉又可系之于两诗:

(1)《大雅·烝民》:"天生烝民,有物有则。民之秉彝,好是懿德。"

(2)《颂·维天之命》:"维天之命,於穆不已。於乎不显,文王之德之纯。"

前者为孟子所引以证性善,而孔子亦赞之曰:"为此诗者,其知道乎?"后者为《中庸》所引,以明"天之所以为天"以及"文王之所以为文——纯亦不已"。此颂诗即是天道性命通而为一之根源。此颂诗并未表示文王之"纯亦不已"是以"於穆不已"之天命之体为性,然实可开启此门。通过孔子之言仁,孟子之言本心即性,《中庸》《易传》即可认性体通于天命实体,并以天命实体说性体也。故此圆满发展即可系之于此诗,而以此诗表示之也。此两诗者可谓是儒家智慧开发之最根源的源泉也。孟子曰："源泉混混，不舍昼夜，有本者若是。"儒家智慧之深远以及其开发之无穷，亦可谓"有本者若是"矣。孟子引《烝民》之诗，是孟子言性善（本心即性）与此诗之洞悟相呼应也。《中庸》引"维天之命"诗，是《中庸》作者言天道诚体与此诗之洞悟相呼应也。宋、明儒能相应而契悟之，通而一之，是宋、明儒之生命能与此两诗以及《论》、《孟》、《中庸》、《易传》之智慧方向相呼应，故能通而一之也。此种生命之相呼应，智慧之相承续，亦可谓"有本者若是"矣！此与佛、老有何关哉？只因秦、汉后无人理解此等经典，遂淡忘之矣。至宋儒起，开始能相应而契悟之，人久昏重蔽，遂以为来自佛、老矣。若谓因受佛教之刺激而豁醒可，若谓其所讲之内容乃阳儒阴释，或儒、释混杂，非先秦儒家经典所固有，则大诬枉。无人能因受佛教之刺激而豁醒即谓其是阳儒阴释，或儒释混杂。焉有不接受刺激（所谓挑战），不正视对方，而能担当文运学运者乎？此种诬枉亦大部由于朱子之忌讳而成。汝自家内部尚且如此，则外人更津津有辞矣。实则皆吠影吠声，未能沉下心去，正式理会此等经典之语意，故亦无生命上之呼应也。

宋、明儒之将《论》、《孟》、《中庸》、《易传》通而一之，其主要目的是在豁醒先秦儒家之"成德之教"，是要说明吾人之自觉的道德实践所以可能之超越的根据。此超越根据直接地是吾人之性体，同时即通"於穆不已"之实体而为一，由之以开道德行为之纯亦不已，以洞彻宇宙生化之不息。性体无外，宇宙秩序即是道德秩序，道德秩序即是宇宙秩序。故成德之极必是"与天地合其德，与日月合其明，与四时合其序，与鬼神合其吉凶，先天而天弗违，后天而奉天时"，而以圣者仁心无外之"天地气象"以证实之。此是绝对圆满之教，此是宋、明儒之主要课题。此中"性体"一观念居关键之地位，最为特出。西方无此观念，故一方道德与宗教不能一，一方道德与形上学亦不能一。彼方哲人言"实体"（reality）者多矣，如布拉得赖（F. H. Bradley）有《现象与实体》（*Appearance and Reality*）之作，怀特海（N. A. Whitehead）有《历程与实体》（*Process and Reality*）之作，柏格森（H. Bergson）有《创化论》（*Creative Evolution*）之作，近时海德格尔（M. Heidegger）之存在哲学又大讲"存有"，有《时间与存有》（*Time and Being*）之作，即罗素（B. Russell）之《逻辑原子论》（*Logical Atomism*）亦有其极可欣赏之风姿。大体或自知识论之路人,如罗素与柏拉图;或自宇宙论之路人,如怀特海与亚里士多德;或自本体论(存有论)之路人,如海德格尔与胡塞尔(E. Husserl);或自生物学之路人,如柏格森与摩根(L. Morgan);或自实用论(pragmatism)之路人,如杜威(J. Dewey)与席勒(F. C. S. Schiller);或自独断的,纯分析的形上学之路人,如斯宾诺莎(Spinoza)与莱布尼兹(Leibniz)及笛卡尔(Descartes)。凡此等等皆有精巧繁富之理论,读之可以益人心智,开发玄思。然无论是讲实体,或是讲存有,或是讲本体(substance),皆无一有"性体"之观念,皆无一能扣紧儒者之作为道德实践之根据、能起道德之创造之"性体"之观念而言实体、存有或本体。无论自何路人,皆非自道德的进路人,故其所讲之实体、存有或本体皆只是一说明现象之哲学(形上学)概念,而不能与道德实践使人成一道德的存在生关系者。故一方道德与宗教不能一,一方道德与形上学不能一,而无一能开出一即涵宗教境界之"道德的形上学"。其中唯一例外者是康德。彼自道德的进路接近本体界,建立"道德的神学"。意志自由、灵魂不灭、上帝存在只有在实践理性上始有意义,始得其妥实性。然无"性体"一观念,视"意志自由"为设准,几使意志自由成为挂空者,几使实践理性自身成为不能落实者。而其所规划之"道德的形上学"(其内容是意志自由、物自身、道德界与自然界之合一)亦在若隐若显中,而不能全幅展示、充分作成者。黑格尔(Hegel)言精神哲学已佳矣。吾亦常借用其辞语以作诠表上之方便,如"真实主体性"、"在其自己"、"对其自己"、"具体的普遍",等等。然此只是表示方法上之借用,非谓其哲学内容与儒者成德之教同也。彼只笼统言精神之发展,而总无"性体"一核心之观念,故其全部哲学总不能落实,只展现而为一大逻辑学。夫理想主义(idealism)自贝克莱(Berkeley)起至黑格尔而完成,本集中于三点:一曰观念性(ideality),二曰现实性(actuality),三曰合理性(rationality)。此本不错。凡此皆见于吾之《认识心之批判》,读之可知其详。然如不能落实于心性,以道德实践证实之,则总不能顺适调畅,只是一套生硬之哲学理论而已。今摄之于成德之教中,点出"性体"一观念,则一一皆实而顺适调畅矣。故宋、明儒所发展之儒家成德之教,一所以实现康德所规划之"道德的形上学",一所以收摄融化黑格尔之精神哲学也。而同时亦是一使宗教与道德为一,一使形上学与道德为一也。此儒家智慧方向之所以为特出,而为西方道术传统所未及。比而观之,其眉目自朗然矣。

又,亚里士多德有"essence"一词。此词,通常译为"本质"或"体性"。此似是可类比儒者所言之"性体"。然实则不类。盖此词若作名词看,其实指是一"类概念"(class-concept),又是一方法学上之概念,可以到处应用。而儒者所言之性体则不是一类概念。即使孟子由此以言"人之所以异于禽兽者几希",然此几希一点亦不是类概念,孟子说此几希一点亦不是视作人之定义,由定义而表示出。如当作形容词使用或当作方法学上之概念使用,则可,此如要点、本质的一点(essential point),或人之所以为人之"本质"(the essence of human being)等皆是。此性体亦可说是人之本质的一点,是人之所以为人,乃至所以为道德的存在之本质;但即以此"本质"一词译此"性体",则非是。此亦如吾人亦说此性体即是吾人道德实践(道德行为之纯亦不已)之"先天根据"或"超越的根据",但同样不能即以先天根据或超越根据译此"性体"一词。此皆是诠表方法上之词语,可以广泛使用,俱非足以代表此"性体"一观念也。儒者所说之"性"即是能起道德创造之"性能";如视为体,即是一能起道德创造之"创造实体"(creative reality)。此不是一"类概念",它有绝对的普遍性(性体无外、心体无外),唯在人而特显耳,故即以此体为人之"性"。自其有绝对普遍性而言,则与天命实体通而为一。故就统天地万物而为其体言,曰形而上的实体(道体 metaphysical reality),此则是能起宇宙生化之"创造实体";就其具于个体之中而为其体言,则曰"性体",此则是能起道德创造之"创造实体",而由人能自觉地作道德实践以证实之,此所以孟子言本心即性也。(客观地、本体宇宙论地自天命实体而言,万物皆以此为体,即潜能地或圆顿地皆以此为性。然自自觉地作道德实践言,则只有人能以此为性,宋明儒即由此言人物之别。然此区别亦非定义划类所成之类概念中本质不同之区别,故此性体非类概念中之本质也。)故此性体译为"nature"固不恰,即译为"essence"亦不恰,其意实只是人之能自觉地作道德实践之"道德的性能"(moral ability)或"道德的自发自律性"(moral spontaneity),亦即作为"内在道德性"(inward morality)看的"道德的性能"或"道德的自发性"也。心之自律(autonomy of mind),康德所谓"意志之自律"(autonomy of will），即是此种"性"。作"体"看，即是"道德的创造实体"（moral creative reality）也。

"性体"义既殊特，则"心"亦必相应此"性体"义而成立。"心"以孟子所言之"道德的本心"为标准。孟子言心具体而生动，人或以"heart"一词译之。此若以诗人文学家之笔出之，亦未尝不可。然就学名言，则决不可。故孟子所言之心实即"道德的心"（moral mind）也。此既非血肉之心，亦非经验的心理学的心，亦非"认识的心"（cognitive mind），乃是内在而固有的、超越的、自发、自律、自定方向的道德本心。象山言"万物森然于方寸之中"，以"方寸"喻心，此是象征的指点语，言万物皆收摄于一点，岂真是视心为血肉的方寸之心耶？此一点岂真是方寸之一点耶？刘蕺山亦言"心径寸耳"，此亦是现象学的指点语，重在以意、知、物、家、国、天下以充实之，岂真是视心为血肉的径寸之心耶？儒者言学喜就眼前具体字眼指点，而其实义则无尽藏。是故心即是"道德的本心"。此本心即是吾人之性。如以性为首出，则此本心即是彰著性之所以为性者。故"尽其心者即知其性"。及其由"万物皆备于我"以及"尽心知性知天"而渗透至"天道性命通而为一"一面，而与自"於穆不已"之天命实体处所言之性合一，则此本心是道德的，同时亦即是形上的。此心有其绝对的普遍性，为一超然之大主，本无局限也。心体充其极，性体亦充其极。心即是体，故曰心体。自其为"形而上的心"（metaphysical mind）言，与"於穆不已"之体合一而为一，则心也而性矣。自其为"道德的心"而言，则性因此始有真实的道德创造（道德行为之纯亦不已）之可言，是则性也而心矣。是故客观地言之曰性，主观地言之曰心。自"在其自己"而言，曰性；自其通过"对其自己"之自觉而有真实而具体的彰显呈现而言则曰心。心而性，则尧、舜性之也。性而心，则汤、武反之也。心性为一而不二。

客观地自"於穆不已"之天命实体言性，其"心"义首先是形而上的，自诚体、神体、寂感真几而表示。若更为形式地言之，此"心"义即为"活动"义（activity），是"动而无动"之动。此实体、性体，本是"即存有即活动"者，故能妙运万物而起宇宙生化与道德创造之大用。与《论》、《孟》通而为一而言之，即由孔子之仁与孟子之心性彰著而证实之。是故仁亦是体，故曰"仁体"；而孟子之心性亦是"即活动即存有"者。

以上由《论》、《孟》、《中庸》、《易传》通而为一以言宋明儒之主要课题为成德之教，并言其所弘扬之成德之教之殊特。此下再就宋、明儒之发展以言其分系。

第四节　宋、明儒之分系

以上言通而为一，是就宋、明儒总持地言之，并由《论》、《孟》、《中庸》、《易传》之发展以明其通而为一为合法。然此通而为一亦不是开始时即如此。又先秦儒家是由《论》、《孟》发展至《中庸》与《易传》，而北宋诸儒则是直接由《中庸》、《易传》之圆满顶峰开始渐渐向后返，返至于《论》、《孟》。人不知其通而为一之背景，遂以为北宋诸儒开始，是形而上学的意味重，似是远离孔、孟实践之精神。固是形而上学，然却是先秦儒家发展至《中庸》、《易传》所本有之"道德的形上学"，固以《论》、《孟》为底据，非是空头的"知解形上学"(theoretical metaphysics)。唯因自此圆满顶峰开始，一时或未能意识及。然其不自觉的背景固以通而为一为其底据也。例如濂溪对于"天道性命通而为一"一面，虽言之而略，亦有不尽处(如言性自刚柔中而言)，然此脉络则固已显出；而对于诚体、神体、寂感真几，则体会得极精透，太极真体亦不能外乎此。唯对于《论》、《孟》则所知甚少，至少亦未能甚注意。然彼亦云："圣人定之以中正仁义，主静而立人极焉。"并由《洪范》之"思曰睿，睿作圣"而言："无思本也，思通用也。几动于此，诚动于彼。无思而无不通为圣人。"是则仍以实践与圣证为根据，并未空头言形上学。盖其言诚体本无内外之隔也。

横渠对于"天道性命通而为一"，言之极为精透；盛言"知虚空即气，则有无、隐显、神化、性命，通一无二"。首以儒家"本天道为用"之真实无妄，充实饱满，体用不二之宇宙观对治佛家之缘起性空、如幻如化。此种沉雄弘伟之大手笔实不可轻侮。然而"圣人尽道其间，兼体而不累者，存神其至矣"，则亦未尝凭空猜测料度、构画一套外在的知解的形上学。其对于《论》、《孟》已甚能注意，不似濂溪之全未能注意，却只转而借用《洪范》语以言心。其言"天体物不遗，犹仁体事无不在"，又言"仁以敦化为深，化行则显"，又言"敦笃虚静者仁之本"，"无所系阂昏塞、则是虚静也"，由此可见其对于"仁体"体会之深，仁体感通之无局限已甚显。其《大心篇》之言心显有本于孟子。其对于主观面仁与心性之注意显已不弱。"心能尽性,人能弘道也。性不知检其心,非道弘人也。"此语即足证其对于心之重视。其言"兼体无累"、"参和不偏"、"性其总合两也",又言继善成性、尽心易气以成性,此皆表示已回归于《论》、《孟》,以主观面统摄客观面。然此一面之义理为其言太和太虚、言神言气所掩盖,人不易见,遂令人感觉其言主观面,比之其言客观面,比重犹嫌轻,不免使人有虚歉之感。是亦由《中庸》、《易传》向后返之势然也。然其实亦并无虚歉也。

至明道则两方面皆饱满,无遗憾矣。明道不言太极,不言太虚,直从"於穆不已"、"纯亦不已"言道体、性体、诚体、敬体。首挺立"仁体"之无外,首言"只心便是天,尽之便知性,知性便知天,当下便认取,更不可外求",而成其"一本"之义。是则道体、性体、诚体、敬体、神体、仁体乃至心体,一切皆一。故真相应先秦儒家之呼应而直下通而为一之者是明道。明道是此"通而一之"之造型者,故明道之"一本"义乃是圆教之模型。从濂溪、横渠而至明道是此回归之成熟。两方皆挺立而一之,故是圆教之造型者。此圆教之造型亦是宋、明儒学之所以为新,此是顺先秦儒家之呼应直下通而一之,调适上遂之新。如果有可以使吾人感到宋、明儒之理境有与先秦儒家不相似处,首先当从此本质的圆教之意义上去想,不可浮光掠影,从枝末点滴上去妄肆讥议也。至于造诣、意味、气象,则是主观的事,随时有不同,自不会全同,亦不必能及先秦之儒家,此不必言。

由濂溪、横渠而至明道,此为一组。此时犹未分系也。

义理间架至伊川而转向。伊川对于客观言之的"於穆不已"之体以及主观言之的仁体、心体与性体似均未能有相应之体会,既不同于前三家,亦不能与先秦儒家之发展相呼应。他把"於穆不已"之体(道体)以及由之而说的性体只收缩提炼,清楚割截地视为"只是理",即"只存有而不活动"的理。(明道亦说理或天理,但明道所说的天理是就其所体悟的"於穆不已"之体说,广之,是就其所体悟的道体、性体、诚体、敬体、神体、仁体、心体皆一说,是即存有即活动者。)他把孟子所说的"本心即性"亦拆开而为心性情三分:性亦只是理,性中只有仁义礼智,仁义礼智亦只是理;仁性爱情,恻隐羞恶等亦只是情;心是实然的心气,大体是后天心理学的心,心与性成为后天与先天、经验的与超越的、能知与所知的相对之二。心发而为情,心亦有两个重要的触角:一是后天的偶然的收敛凝聚,由此说敬,说涵养;一是心知之明,由此说致知格物。孔子的仁亦只是理,以公说仁,公而以人体之便是仁。此全部与其老兄所体会者不同,实体性体只是存有论的理,而心与性不能一自此始。工夫之重点落在《大学》之致知格物上,总之是"涵养须用敬,进学则在致知"。此即丧失《论》、《孟》、《中庸》、《易传》通而为一之境以及其主导之地位,而居主导之地位者是《大学》。彼有取于《中庸》、《易传》者只是由之将道体提炼而为一个存有论的理,彼所取于《论》、《孟》者亦只是将仁与性提炼而为理,而心则沉落与傍落。此一套大体是实在论的心态,顺取之路,与前三家远矣。亦与先秦儒家《论》、《孟》、《中庸》、《易传》之相呼应远矣。此一系统为朱子所欣赏,所继承,而且予以充分的完成。此一系统,吾名之曰主观地说是静涵静摄之系统,客观地说是本体论的存有之系统,总之是横摄系统,而非纵贯系统。此方是有一点新的意味,此是歧出转向之新,而非调适上遂之新。此是以荀子之心态讲孔子之仁,孟子之心与性,以及《中庸》、《易传》之道体与性体,只差荀子未将其所说之体与道视为"性理"耳。此自不是儒家之大宗,而是"别子为宗"也。此一系统因朱子之强力,又因其近于常情,后来遂成为宋、明儒之正宗,实则是以别子为宗,而忘其初也。

但南渡后,胡五峰是第一个消化者。五峰倒却是承北宋前三家而言道体性体,承由《中庸》、《易传》回归于《论》、《孟》之圆满发展,即承明道之圆教模型,而言以心著性,尽心成性,以明心性之所以为一为圆者。明道只是圆顿地平说,而五峰则先心性分设,正式言心之形著义,以心著性而成性,以明心性之所以一。心即孔子之仁、孟子之本心也。性即由"於穆不已"之体而言者也。故言"性天下之大本","性也者天地所以立也","性也者天地鬼神之奥也","诚成天下之性,性立天下之有";而于心,则言永恒而遍在,"心也者知天地宰万物以成性者也","仁者人所以肖天地之机要也","圣人传心,教天下以仁也",圣人"尽心者也,故能立天下之大本";而于工夫,则重在"先识仁之体",重在当下指点以求其放失之心,正式言"逆觉体证"以复其本心以为道德实践之本质的关键,正因的工夫,此与伊川、朱子之顺取之路根本有异,不落于《大学》之致知格物言也。此一系统无论是"以心著性"一面，或是"逆觉体证"一面，皆是直承明道之圆教而开出。宋、明儒中最后一个消化者刘蕺山亦是此路。北宋三家后，一头一尾，两人相隔如此其远，然而不谋而合，亦云奇矣！（刘蕺山从未提过胡五峰。）唯五峰之学为朱子所不契，作《知言疑义》以疑之；张南轩随朱子脚跟转，不能弘扬其师学；坚守五峰之说而不舍者如胡广仲、胡伯逢、吴晦叔、彪居正等，又皆作品不存，年寿不永，学力才力恐亦有所不及，皆为朱子所驳斥。是则五峰所开之湖湘学统，为朱子所掩盖，人亦淡忘之，而不知其实蕴矣。然而吾人今日重读《知言》，并顺朱子之驳斥寻胡广仲、胡伯逢、吴晦叔、彪居正等人之思理，则知此一系实是承明道、上蔡而来者。以五峰为准，其义实是承明道之圆教模型而开出者。故吾正式列胡五峰与刘蕺山为一系，承认其有独立之意义。

朱子虽将五峰系压下，然其实在论的心态，歧出之转向，顺取之工夫入路，皆不为象山所许可。象山从《论》、《孟》入手，纯是孟子学，只是一心之朗现，一心之伸展，一心之遍润。是真能相应"夫子以仁发明斯道，其言浑无罅缝，孟子十字打开，更无隐遁"而开学脉者，故亦能恰当地说出此语。象山对于北宋诸家未曾多下工夫，亦不是承明道而开出，尤其不喜伊川。他根本不是顺北宋前三家"由《中庸》、《易传》回归于《论》、《孟》"之路走，他是读《孟子》而自得之，故直从孟子入，不是由明道之圆教而开出。他之特喜孟子，也许由于其心态使然，也许由于当时有感于朱子学之歧出与沉落（转向）而豁醒，而更加重其以孟子学为宗旨。象山比朱子少九岁。鹅湖之会时，象山三十七岁，宗旨已定，而朱子四十六岁，已经过与湖湘系之奋斗而早已成熟。朱子在未与象山会面前即因夙闻而有禅之联想，故自始即斥其为禅，后来更甚。此其不相契可知。此显然是歪曲与诬枉。此与禅根本无关，问题只是伊川、朱子对于先秦儒家由《论》、《孟》至《中庸》、《易传》之呼应不能有生命感应上之呼应也。吾人今日当从此着眼而观象山之孟子学，不当再顺朱子之联想而下滚。后来阳明承象山之学脉而言致良知，亦仍是孟子学之精神。人随朱子之联想，吠声吠影，更视之为禅矣。实则问题只是以《论》、《孟》、《中庸》、《易传》为主导，抑还是以《大学》为主导。时过境迁，不应再有无谓之忌讳。故问题之真相可得而明矣。

象山与阳明既只是一心之朗现，一心之伸展，一心之遍润，故对于客观地自"於穆不已"之体言道体性体者无甚兴趣,对于自客观面根据"於穆不已"之体而有本体宇宙论的展示者尤无多大兴趣。此方面之功力学力皆差。虽其一心之遍润,充其极,已伸展至此境,此亦是一圆满,但却是纯从主观面伸展之圆满,客观面究不甚能挺立,不免使人有虚歉之感。自此而言,似不如明道主客观面皆饱满之"一本"义所显之圆教模型为更为圆满而无憾。盖孔子与孟子皆总有一客观而超越地言之之"天"也。此"天"字如不能被摈除,而又不能被吸纳进来,即不能算有真实的饱满与圆满。是则《中庸》《易传》之圆满发展当系必然者,明道之直下通而一之而铸造圆教之模型亦当是必然者,而由此圆教模型而开出之"以心著性"义(五峰学与蕺山学)亦当是必然者。自象山、阳明言,则不须要有此回应,但承明道之圆教模型而言,则应有此回应以明其所以为一为圆,以真实化其"一本"与圆满。自此而言,象山、阳明之一心遍润,一心伸展,始真有客观的落实处,而客观地挺立矣。自此而言,五峰、蕺山与象山、阳明是一圆圈的两来往。前者是从客观面到主观面,而以主观面形著而真实化之;后者是从主观面到客观面,而以客观面挺立而客观化之。两者合而为宋、明儒之大宗。皆是以《论》、《孟》、《中庸》、《易传》为主导也。若分别言之,则五峰与蕺山是由濂溪、横渠而至明道所成之圆教模型之嫡系,而象山与阳明则只是孟子学之深入与扩大也。如不能把孔孟之"天"摈除之,则《中庸》、《易传》之圆满发展为合法者,明道之圆教模型亦合法者,五峰、蕺山之"以心著性"之回应亦是合法者。如不能断此为歧途,则此两系最好视为一圆圈之两来往。须知在成德之教中,此"天"字之尊严是不应减杀者,更不应抹去者。如果成德之教中必函有一"道德的形上学",则此"天"字亦不应抹去或减杀。须知王学之流弊,即因阳明于此处稍虚歉,故人提不住,遂流于"虚玄而荡"或"情识而肆",蕺山即于此着眼而"归显于密"也。(此为吾之判语。)此为内圣之学自救之所应有者。(以博学事功来补救、相责斥,则为离题。)而象山于此稍虚歉,故既启朱子之责斥,而复不能顺通朱子之蔽而豁醒之也。

依以上之疏通,宋、明儒之发展当分为三系:

1. 五峰、蕺山系:此承由濂溪、横渠而至明道之圆教模型(一本义)而开出。此系客观地讲性体,以《中庸》、《易传》为主,主观地讲心体,以

《论》、《孟》为主。特提出"以心著性"义以明心性所以为一之实以及一本圆教所以为圆之实。于工夫则重"逆觉体证"。

2. 象山、阳明系:此系不顺"由《中庸》、《易传》回归于《论》、《孟》"之路走,而是以《论》、《孟》摄《易》、《庸》,而以《论》、《孟》为主者。此系只是一心之朗现,一心之伸展,一心之遍润;于工夫,亦是以"逆觉体证"为主者。

3. 伊川、朱子系:此系是以《中庸》、《易传》与《大学》合,而以《大学》为主。于《中庸》、《易传》所讲之道体性体只收缩提炼而为一本体论的存有,即"只存有而不活动"之理,于孔子之仁亦只视为理,于孟子之本心则转为实然的心气之心,因此,于工夫特重后天之涵养("涵养须用敬")以及格物致知之认知的横摄("进学则在致知"),总之是"心静理明",工夫的落实处全在格物致知,此大体是"顺取之路"。

以上 1、2 两系以《论》、《孟》、《易》、《庸》为标准,可会通而为一大系,当视为一圆圈之两来往:自《论》、《孟》渗透至《易》、《庸》,圆满起来,是一圆圈;自《易》、《庸》回归于《论》、《孟》,圆满起来,仍是此同一圆圈,故可会通为一大系。此一大系,吾名曰纵贯系统。伊川、朱子所成者,吾名曰横摄系统。故终于是两系。前者是宋、明儒之大宗,亦合先秦儒家之古义;后者是旁枝,乃另开一传统者。此第三系,若自"体"上言,则根本有偏差;顺其义而成之,则亦可说是转向,即转成本体论的存有之系统(system of ontological being)。若自工夫言之,涵养与致知亦有补充助缘之作用,因吾人亦总有后天之心也,此亦须涵养之敬以收敛凝聚之,以使之常清明,此于道德实践之称体而行(纯依本心性体而行)亦有助缘之作用。但"致知"方面则须有简别。依伊川、朱子,致知是通过格物知那作为"本体论的存有"的超越之理,并不是一般的经验知识。自此而言,照顾到实然的心气,则其所成者是主智主义之以知定行,是海德格尔所谓"本质论理",是康德所谓"他律道德",此则对儒家之本义言根本为歧出,为转向,此处不能说有补充与助缘之作用。但因其在把握超越之理之过程中须通过"格物"之方式,在格物方式下,人可拖带出一些博学多闻的经验性的知识,此则于道德实践有补充助缘之作用。但此非伊川、朱子之主要目的,但亦未能十分简别得开,常混在一起说。是即所谓"道问学"之意也。是则可以作为道德实践之补充与助缘的经验知识(科学性的知识)问题在伊川、朱子犹未能与把握"超越之理"十分简别得开,因而亦未能自觉地使之挺立得起。吾人今日可以分别看,就其目的在把握超越之理方面说,此于道德实践(成德之教)根本为歧出,为转向;就其所隐涵之对于经验知识之重视言,此处之"致知"即可视为道德实践之补充与助缘。知识问题之引发在宋明儒中犹未得其积极之解决,盖其主要课题本是成德之教,不在知识问题也。吾人所以不视伊川、朱子学为儒家之正宗,为宋、明儒之大宗,即因其一、将知识问题与成德问题混杂在一起讲,即于道德为不澈,不能显道德之本性,复于知识不得解放,不能显知识之本性;二、因其将超越之理与后天之心对列对验,心认知地摄具理,理超越地律导心,则其成德之教固应是他律道德,亦是渐磨渐习之渐教,而在格物过程中无论是在把握"超越之理"方面或是在经验知识之取得方面,一是皆成"成德之教"之本质的工夫,皆成他律道德之渐教之决定的因素,而实则经验知识本是助缘者(助缘补充之义,象山、阳明皆表示得很清楚,非抹杀道问学也。然在伊川、朱子则成本质的,此即所以为歧出、为支离。就把握超越之理方面说,是根本上的歧出与转向;就经验知识之取得方面说,是枝末上的歧出与支离)。

普通只知宋、明儒有两系,曰程、朱,曰陆、王,未尝有说三系者。此是因为视朱子足以继承北宋四家,而象山纯是孟子学,不从北宋四家入手也。关于此点,吾人以为象山固不从北宋四家入手,而朱子亦并不真能继承北宋四家也。其所真能继承者亦只伊川而已。是以进一步,普通所以只认有两系者,是顺朱子以伊川吞没明道,以为二程差不多,固只是一系,即或感到明道稍有不同,或如朱子亦常示其对于明道不满,然未知其义理之实,亦不觉其"不同"有如何严重之影响,朱子亦未知其义理之实,亦不知其所认为不满者究是明道之义理之实即如此,抑或只是一时之"浑沦"与"太高",无关于义理之实也。如是,明道乃成隐形者,义理之实全在伊川,以伊川概括二程,以为伊川即足以代表二程矣。又因为《二程遗书》中之纪录语并无编次类聚,又属于二先生语者又大都未分别开,不能确定是谁语,如是,人简别为难,只顺朱子所讲习及者作了解,而朱子之讲习固汰滤甚多,其理解亦只以伊川之思理为标准,如是,遂只以伊川代表二程矣。实则伊川并不足以代表明道,明道固有其义理之实,混称二先生语者亦可以简别得开,亦大体可以决定是谁语,无类聚者亦可以耐心类聚之,如是,两系统之异,其眉目固甚显然也。吾于此确费极大的工夫,乃见出明道确不应与伊川混而为一,明道确应与濂溪、横渠合为一组,而为《论》、《孟》、《中庸》、《易传》通而一之之圆教底造型者。如是,吾人不应称程、朱,只应称伊川、朱子。即为与陆、王对言,而称程、朱,心中亦应记住是伊川之程,非明道之程。如是,由明道之圆教模型,吾人很易看出其所开出者是五峰学,而不是朱子学。是则应有三系乃必然者。朱子虽大讲《太极图说》,然实以伊川之思理理解太极,故对于太极,真体理解有偏差,即理解为"只是理","只存有而不活动"者,盖对于其所言之诚体、神体、寂感真几,无相应之体会故也。是则朱子对于濂溪所默契之道妙根本不能有相应也。至于其对于横渠隔阂尤甚。是即其并未真能继承北宋四家也。然以吾人观之,濂溪、横渠与明道实为一组,虽前二人一言太极,一言太虚,而明道俱不言,然而皆言诚体、神体寂感真几,则一也,皆能相应《中庸》、《易传》所表示之创生实体、即活动即存有之实体,则一也。对此实体,虽有种种词语,实皆表示此"於穆不已"之天命实体,故明道即由"於穆不已"体会之也。虽不言太极亦无伤,亦未尝不可言也。虽对于横渠之太虚神体有误会,然误会总是误会也。是故对于道体之体会,彼三人者实相同,只明道能直下就《论》、《孟》、《中庸》、《易传》通而一之而铸造其圆教一本义,斯则为殊特耳。此非朱子所知也,只以浑沦、太高视之矣。是故将明道从与伊川混一中剔剥得开,以濂溪、横渠为之先河,视为圆教之造形者,而以伊川为转向之开始者,则明道开五峰,伊川开朱子,加上陆、王,应有三系,亦显然矣。此亦自然之序也。观朱子之疑《知言》,又力辟五峰之后学,又力驳上蔡之"以觉训仁"以及以"物我为一"说仁者,则其对于明道之不满,犹不只是因其浑沦太高而已也,其义理之实不亦因此而跃然可见乎? 只因湖湘学统已为朱子所压伏,后世无传,而朱子对于明道则为贤者讳,隐而不提,人遂不知五峰学之重要与殊特,故亦淡忘之,遂不知应有三系,而以为只有两系矣,而明道亦成隐形者。吾详简《二程遗书》,明道、伊川各有编次,又详疏朱子与五峰系辨驳之奋斗,则五峰学之殊特与渊源已朗然在目,而明道之"义理之实"亦脱颖而出矣。中国前贤对于品题人物极有高致,而对于义理形态之欣赏与评估则显有不及,此固由于中国前贤不甚重视义理系统,然学术既有渊源,则系统无形中自亦随之。《宋元学案》对于各学案之历史承受,师弟关系,耙疏详尽,表列清楚,然而对于义理系统则极乏理解,故只堆积材料,选录多潦草,不精当,至于诠表,则更缺如。

《宋元学案》卷二十九《震泽学案·序录》云:

> 信伯极为龟山所许,而晦翁最贬之,其后阳明又最称之。予读《信伯集》,颇启象山之萌芽。其贬之者以此,其称之者亦以此。象山之学本无所承,东发以为遥出于上蔡,予以为兼出于信伯。盖程门已有此一种矣。

此所云信伯即王蘋字信伯也。

又卷五十八《象山学案·序录》云:

> 祖望谨案:象山之学先立乎其大者,本乎孟子,足以砭末俗口耳支离之学……程门自谢上蔡以后,王信伯、林竹轩、张无垢至于林艾轩,皆其前茅。及象山而大成,而其宗传亦最广。

如此追溯,见历史上有气味相近者则可,若谓象山"遥出于上蔡","兼出于信伯",并谓"信伯、竹轩、无垢、艾轩皆其前茅",则此种强拉关系甚属无谓,适足以蒙蔽义理系统与形态之真相。夫象山之学本无师承,乃读《孟子》而自得之。象山自己表明如此,全祖望已知之矣,而又谓其源出于上蔡、信伯,何耶?象山对于北宋四家并未多加钻研工夫,亦不走"由《中庸》、《易传》回归于《论》、《孟》"之路,故象山不由明道开出,明道亦不开象山。若谓其源出于上蔡与信伯,何不直谓其源出于明道?既不能谓其出于明道,则亦不能谓其出于上蔡与信伯。"程门已有此一种",是因明道圆教一本之义本有甚饱满之言仁言心也。此与象山有相近处,然不能因此即谓象山源出于此也。顺程门言者,是明道学之所开;直从孟子入者是象山学之特色。学脉之来历,义理系统之形态,不可混滥也。(近人或有谓明道开象山,其同处是混形而上下不分,只是一个世界。此皆门外恍惚之妄言。)是则由《中庸》、《易传》回归于《论》、《孟》,直下通而一之而言"一本",以成圆教之模型,是明道学;由此开五峰之"以心著性"义,此为五峰、蕺山系。直从孟子入,只是一心之伸展,则是象山之圆教,此为象山阳明系。北宋自伊川开始转向,不与濂溪、横渠、明道为一组,朱子严格遵守之,此为伊川、朱子系。伊川是《礼记》所谓"别子",朱子是继别子为宗者。五峰、蕺山是明道之嫡系。濂溪、横渠、明道为一组,是直就《论》、《孟》、《中庸》、《易传》通而一之,从客观面入手以成其为调适上遂之"新"者;象山阳明是直以《论》、《孟》摄《易》、《庸》,是从主观面入手以成其为调适上遂之"新"者。此是宋明儒之大宗,亦是先秦儒家之正宗也。盖皆以《论》、《孟》、《中庸》、《易传》为主导者也。

言至此,人或觉吾此书似有贬视朱子之意。曰:非是贬视,乃如欲恰如其分而还其本来面目,则固自如此耳。吾谓伊川、朱子始真有点新的意味,而又恰似荀子之对孔、孟而为新,实因其所成之横摄系统与先秦儒家所原有及宋、明儒大宗所弘扬之纵贯系统为不合。吾如此表示决非随便说出者。吾初未尝不欲以朱子为标准。朱子注遍群经,讲遍北宋诸家。象山、阳明等人未作此工作,吾人以为朱子对于先秦儒家经典,于基本义理处必有相应,决不会有太大的出入。至少亦可以继承北宋四家而为正宗。象山、阳明固有独特之凸出,朱子以及朱子之后学斥其为禅固是过分,然双方之争论似亦无多大意义。朱子亦未尝不尊德性,亦未尝无"心之德"、"心具众理"、"心理合一"、"无心外之法"等语句与议论。象山、阳明亦未尝不重学、不处事、不读书。虽未章句注解,考订文献,然何必人人都作同样工作?道问学亦不必定在某一形态也。是则其争论实可不必,而亦不必是两系统之异。象山、阳明固不必为异端,而伊川、朱子亦未必不能相应先秦儒家之旧义而为大宗也。然而仔细一想,认真去处理内部之义理问题,则并不如此简单,亦决不如此笼统。其争论实非无意义,亦非只门户意气之争。不管以前自觉不自觉,或自觉到如何之程度,其中实有义理之根本差异处,而有足以令其双方讲不来而终于为两路者,此非只是同一观念而有不同之言词表示,因而只为言词之滞之问题也。

吾人若以朱子为标准,根据其讲法去理解先秦旧典,则觉其讲法于基本义理处实不相应。首先,彼以"心之德、爱之理"之方式去说仁,实不能尽孔子所说之仁之实义;彼以"心、性、情三分"之格局去理解孟子,尤与孟子"本心即性"之本心义不相应;彼以"理、气二分"之格局去理解《中庸》、《易传》"生物不测"之天道、神体乃至诚体,尤觉睽违重重。总之,彼之心态似根本不宜于讲《论》、《孟》、《中庸》与《易传》,彼似对于由《烝民》诗所统系之心、性、仁一面与"维天之命"诗所统系之"於穆不已"

之天命之体一面根本不能有生命、智慧上之相呼应。唯一相应者是《大学》。虽不必合《大学》之原义,然毕竟是相应者。此因《大学》在基本方向上并不明确故也。

降而至于北宋,彼对于濂溪之诚体、神体并无相应之契悟,因而对于太极之理解亦有偏差。彼对于横渠,因二程未能了解横渠“太虚神体”之思理,彼亦随之而更隔阂太甚。彼对于明道本不相契,且亦不满,然而常为之讳,或只以程子笼统之,而归其实于伊川,是则明道在朱子之传承下只成为隐形的,彼似对于其妙悟道体根本未理会也。然则普通所谓“程、朱”实只是伊川、朱子也。以伊川之程子概二程非是。以伊川为主之二程再概括濂溪与横渠尤非是。然则以为一言程、朱,即可示朱子上通北宋四家而为正宗,未尽其实。朱子真能相应者唯一伊川耳。伊川、朱子其义一也。

由上观之,吾人不能以朱子为标准甚明。然朱子注遍群经,讲遍各家,其所反映投射之颜色沾满一切,吾人虽不能以之为标准,实不能不以之为中心(焦点)。吾之整理疏解北宋四家与朱子实煞费精力。欲想将朱子所反映投射之颜色剥剥得开而物各付物,还其本来面目,此工作实太艰巨。然而“求是”之心之不容已实逼迫我非如此进去不可,弄不明白,不得一谛解,实无法下手讲此期之学术。如普通随便征引几句,随文领义,都差不多,总无必然。此实非心之所能安。既无以对北宋四家,亦无以对朱子。吾乃决心进去,予以剥剥。先整理《二程遗书》,分别编录明道语与伊川语而确定之,凸显明道,使其从隐形的转为显形的,于朱子之不解处正之。次对于濂溪之《通书》若干章及《太极图说》予以确定之疏解,而同时亦指出朱子理解之偏差,而于朱子之解语亦予以确定之诠表。次对于横渠之《正蒙》若干篇予以确定之疏解,消除其滞辞,呈露其实义,于朱子之误解处正之。次对于伊川予以确定之疏解,以明其为系统转向之开始,朱子于伊川之理解大抵皆是,无可指议者。最后详编朱子语,以中和问题与《仁说》之辩论为中心,展开其各方面之牵连,展示其全部系统之何所是。关于朱子部,分量最多,工作亦繁重。然握其要,则其思理亦很清楚。所谓“握其要”,在客观了解之过程上,并非是凭空从一点(譬如从格物《补传》或从心之德爱之理或从敬贯动静等)展转引申其他。如朱子系统纯是采取西方哲学家立论之方式而形成其系统,则自可如此握住其一点,即可了解其系统之全部。然朱子并非如此者,乃是由遍注群经、讲遍北宋四家而形成其系统者。是故其要点之确义颇不易握,其思理之清楚亦不易凸显。人初见之,或稍有深入而不能究竟,则很可以觉其为一团混杂,冲突百出,矛盾重重。然而此皆是假象,其底子固甚清晰,而其思理亦甚一贯,而且皆能充其极。此其所以为大家,而足以开创一传统者。是故在客观了解上,其要点确义之把握,其清晰思理之朗现,必须在比对剔剥中而把握而朗现,如是,始可得其必然而不摇荡。吾此办法亦可以说是坚壁清野之办法。将其所反映投射之颜色一一剔剥得开,先将外部厘清,如是,则双方之眉目朗然矣。虽所涉甚广,言辞甚繁,然主要论点(关键处)亦并不多。列举之,不过如下:

(1)对于孟子心、性、情、才之理解;

(2)对于孟子尽心知性之理解;

(3)对于《中庸》中和之理解;

(4)对于濂溪诚体、神体与太极之理解;

(5)对于横渠离明得施不得施之理解,以及对于《大心篇》之理解;

(6)对于明道"其体则谓之易、其用则谓之神"之理解,以及其对于其言仁之理解。

凡此理解皆不相应者,于此等处,朱子所以必如此讲,固可见其思理之何所是,而于其不相应者亦可知其所讲者原义之何所是。此即所谓对比剔剥、坚壁清野之办法也。必如此而后可以全尽,而双方之义理系统亦朗然在目矣。此而厘清,则其必遵守伊川之思理而前进,乃系必然者;其不契不满于明道,隐略而为之讳,亦必然者;其力驳上蔡之"以觉训仁"亦必然者;其作《知言疑义》并力辟五峰之后学,进而力斥象山之为禅,亦系必然者。此所谓思理清晰、一贯,而且又皆能充其极也。

以上六点,如再收缩而为一点,则只是对于道体不透,因而影响工夫入路之不同。此所谓一处不透,触处皆异也(所谓不透是对原有之义说。若就其自己所意谓者言,则亦甚透)。此所不透之一点,说起来亦甚简单,即在:对于形而上的真体只理解为"存有"(being,ontological being)而不活动者(merely being but not at the same time activity)。但在先秦旧义以及濂溪、横渠、明道之所体悟者,此形而上的实体(散开说,天命不已之体、易体、中体、太极、太虚、诚体、神体、心体、性体、仁体)乃是"即存有即活动"者(在朱子,诚体、神体、心体即不能言)。此是差别之所由成,亦是系统之所以分。此为吾书诠表此期学术之中心观念。依"只存有而不活动"说,则伊川、朱子之系统为:主观地说,是静涵静摄系统;客观地说,是本体论的存有之系统。简言之,为横摄系统。依"即存有即活动"说,则先秦旧义以及宋、明儒之大宗皆是本体宇宙论的实体之道德地创生的直贯之系统,简言之,为纵贯系统。系统既异,含于其中之工夫入路亦异。横摄系统为顺取之路,纵贯系统为逆觉之路。此其大较也。

吾如此诠表,亦不背于常识(一般之感觉)。依以前之说法,见道不见道,体上工夫足不足,本体透彻不透彻,端在是否能体悟"即活动即存有"之实体。支离不支离亦系于此。心性一不一、心理一不一,亦系于此。凡此,一般皆能感觉到,吾之诠表亦如此归结。此所谓不背常识也。唯吾能全尽而确定地说出之。此亦并非真容易透彻明白也。然则吾谓伊川、朱子之系统倒有一点"新"的意味,非随便妄言也。此步新开,虽对先秦旧义以及宋、明儒之大宗为不合,然并非无价值。朱子之系统亦自有其庄严弘伟处,如其本性而明彻之,亦当属可喜之事,非贬视也。此两系统一纵一横,一经一纬。经之纵亦须要纬之横来补充。此两系统,若对立地看,恰似西方之柏拉图传统与康德传统之异。前者,海德格尔名之曰"本质伦理";后者,海德格尔名之曰"方向伦理"。此两词甚善,不误也。先秦旧义及宋、明儒之大宗是方向伦理,而伊川、朱子之新开则是本质伦理也。唯在西方,本质伦理先出现,而在中国则后起也。中国以"方向伦理"为大宗,此康德传统在西方之所以为精绝,而自中国儒学观之,又所以为可贵也。然希腊传统在西方为大宗,亦正有其值得吾人之崇赞与钦慕者。吾人亦如此看朱子。

然若谓朱子之"只存有而不活动"之理即是柏拉图之理型,则亦非是。此须要有一简滥之工作。此即下章之论题。

〔录自《牟宗三先生全集05 心体与性体(一)》,联经出版事业股份有限公司2003年版。〕

任继愈儒学学案

任继愈(1916—2009),曾用名任又之,山东平原人。中国当代哲学家、宗教学家、历史学家。

任继愈出身书香门第。1934 年,考入北京大学哲学系,学习西方哲学,1938 年毕业。1939 年,考取西南联大北京大学文科研究所第一批研究生,师从汤用彤和贺麟。1941 年毕业后,留北京大学任教。新中国成立后,任教于北京大学。1964 年,主持组建中国科学院世界宗教研究所,任所长长达 20 余年。1987 年,调任北京图书馆(现国家图书馆)馆长。2009 年逝世。

1963 年,任继愈主编的《中国哲学史》出版。这部著作注重揭示社会经济、政治状况对哲学发展的决定性作用,论述了阶级斗争和自然科学发展对哲学的推动,系统厘清了中国哲学史上唯物主义与唯心主义的斗争过程及各自的主要代表。认为孔子是春秋时期"重要的哲学家、博学的学者、政治活动家、伟大的教育家","一生致力于维护正在崩溃的奴隶制度(周礼)",并断定"孔子的哲学思想体系是唯心主义的"。在研究中国思想及哲学过程中,他特别注重宗教在哲学中的地位,一直主张儒教学说,认为春秋时期每一个重要的哲学流派都以西周的天命神学作为自己所依据思想的前提,并受到它强烈的影响。儒家继承它,墨家改造它,道家批判它。这种哲学与宗教、理性与信仰的斗争进行得相当艰苦。儒家的创始人孔子没有完成这个任务,孔子的思想是介乎哲学与宗教之间的思想体系。秦汉大一统的局面形成之后,必然要求与它相适应的哲学作为指导思想。从汉武帝独尊儒术起,儒家已具宗教雏形。从汉董仲舒开始到宋明理学的建立,经历了千余年的时间,形成了不具宗教之名而有宗教之实的儒教。他强调,不可把春秋时期作为教育家、思想家的孔子和尔后被儒教奉为教主的孔子混为一谈。儒教给中国人民带来的是灾难、是桎梏、是毒瘤,是封建宗法专制主义的精神支柱,是使中国人民长期愚昧落后、思想僵化的总根源,也是阻碍中国现代化建设的极大思想障碍。为了中华民族的生存,就要让儒教早日消亡。20世纪80年代,又集中对中国思想中的宗教问题进行了系统梳理。他从儒教的发展与演变、个性与共性、历史与现实等各个方面,透彻而精辟地分析了儒家思想在中国的宗教性特质,认为"儒教作为完整形态的宗教,应当从北宋算起,朱熹把它完善化。多年来人们习惯地称为理学或道学的这种体系",他称之为儒教。同时他认为,宗教之所以是宗教,有它的本质部分和外壳部分,本质是信仰与追求,外壳是信奉对象、诵读经典等组织形式。

(徐庆文)

儒家与儒教

　　儒这个称号不自孔子始。孔子以前社会上已有一批帮助贵族办丧事或帮助贵族执行相礼以谋生的人,这些人靠专门的知识混饭吃。孔子开始也是靠儒来谋生的,但是他比当时的儒博学,有政治主张,并参与当时的一些政治活动。[①] 孔子开创的儒家是一个学术团体,又是政治团体。由于孔子一生为恢复周代的奴隶制而奔波,他的主张与历史发展方向背道而驰,所以他的活动没有成功,遭到社会和时代的冷遇。社会发展表明,孔子当时所极力主张的事物,后来都被历史所淘汰了;孔子当时极力反对的事物,后来都得到了发展、壮大。历史实践表明孔子是个反历史潮流的人物,他的思想是保守的,他的学说在当时所起的作用也是保守的。春秋时期是奴隶制崩溃、封建制形成的过渡时期。[②]孔子的社会地位并不十分显赫,他的学说也没有得到广泛的重视。孔子晚年不得已退而著书,整理典籍。他又是一个博学的学者、历史家、教育家,对古典文化的整理保存有贡献。孔子一生活动最大的成功处,就是他教育了不少有才干的学生,先后共计达三千人之多。[③] 由于孔子的门徒多,势力大,他们又大部掌握文化知识,与被雇佣只会给贵族打仗守卫的武士不同,影响也较大。战国时期,儒家已成为社会上的显

---

①　如《论语》中记载,孔子告诫他的弟子,"女为君子儒,无为小人儒"。

②　这个问题在中国学术界有几派的说法,并没有一致的意见。大体上可分为四种说法。我主张春秋时期奴隶制向封建制过渡,战国时封建制确立。

③　这个数目后来的人没有提出过怀疑,可能接近真实。在社会大变革时期,士这一阶层的人数逐渐扩大,后来战国中期以后,好几个国家的贵族如孟尝君、平原君、春申君,养士风气盛行,甚至一个贵族同时养士二三千人,孔子时代虽较早,一生共收纳弟子三千人,是可能的。

学,只有墨家这一派可与之相抗衡,[①]并先后分为八派。这些不同的派别各有哪些特点,现在不可详考。从哲学的观点来划分,主要有两派,一派是唯心主义的孟子学派,另一派是唯物主义的荀子学派。

战国时期,各国已走着共同的道路,即由分散割据封建国家,走向统一的中央集权的封建国家。各阶级和阶层都为自己的利益而斗争。反映在思想上,即百家争鸣。百家争鸣的实质,即对当时面临行将统一的中央集权封建国家采取什么态度,由哪个阶级和阶层来执行这一历史任务。墨家代表"农与工肆之人"的利益,反对儒家的亲亲的宗法制度,儒家骂墨家是"无父"。法家代表军功贵族和官僚阶层的利益,反对孝悌仁义,主张绝对君权的官僚制度。儒家虽然分为八派,有唯心主义和唯物主义的重大区别,但他们对封建制的宗法、等级制度,孟子和荀子没有两样。孟子主张"父子有亲,君臣有义,夫妇有别,长幼有序,朋友有信"(《滕文公上》)。其中最重要的是孝弟,"尧舜之道孝弟而已矣"(《告子下》)。以孝道为中心的宗法伦理思想是这种社会政治结构的指导思想。孟子还认为这种社会伦理观念是天赋的本性,从而构造了他的性善说。荀子与孟子处在理论尖锐对立的地位,但他在社会伦理问题上也主张社会离不开孝弟、忠信、仁义等道德规范。主张维护君臣、上下的等级制。他一再强调维持这封建宗法等级制的必要性,他认为要用人为的手段,即教化的灌输,而不相信这些道德出于人的本性。这是他的性恶论的结论。其他儒家介乎孟、荀之间,其封建伦理思想则是一致的。正因为这一点有它的一致性,所以虽分为八派,毕竟还是儒家。

孔子这个奴隶主的保守派,后来成了封建社会的圣人,这是不难理解的。因为奴隶制和封建制都是贵族等级制,西周以来宗法制度被保留下来。孔子的孝弟忠信的规范略加改造,即可用于封建制。

秦汉统一是中国社会历史上的一大变革。这个变革基本上奠定了中国封建王朝二千多年的格局——即中央集权的封建统一王朝是中国封建社会被中华民族所接受并认为这是正常的状态。遇到暂时的分裂

---

① 《韩非子·显学》称儒分为八,与墨家并称显学。这八派是:有子张之儒,有子思之儒,有颜氏之儒,有孟氏之儒,有漆雕氏之儒,有仲良氏之儒,有孙氏之儒,有乐正氏之儒。

割据政治局面出现,则认为是天下分崩不正常的乱世,一定把它纠正过来,才算拨乱反正,天下大治。

政治的统一,必然伴随着思想上的统一,这是历史所要求的,也是经中外历史所证明了的。秦汉统一后,封建统治者经历了七十多年的探索,终于找到了,也可以说建成了思想统一的精神工具,即儒家。我们要特别指出的是,这时的儒家已不同于先秦时期作为一个学派参与百家争鸣的儒家,而是封建大一统的王权与神权紧密结合的儒家。这个儒家尊奉的代表人物是孔子。但这已不同于先秦时期被人们重视的学者,同时又被人们嘲笑、讽刺、打击的失意政客,而是具有高度尊严的教主。孔子既是高贵的素王,又是任人摆布的偶像,他成了神和人的复合体。封建统治者的意志,无不需要加上孔子的经典中的一言半句来支撑,才显得有力量。

奴隶制社会在欧洲发展得比较完备而典型,欧洲的封建社会则不如中国的完备而典型。中国封建社会的生产力在世界封建社会的历史上发展得很充分。作为统治这个社会的封建地主阶级不断总结统治经验,不断完善它的上层建筑,使它形成一个相当完整的体系,包括哲学、宗教、文学、艺术、法律……各个方面。

西汉和东汉统治者为了进一步巩固中央集权,他们把王权与神权进一步合流,为王权神授制造理论根据。但他们又小心翼翼地使神权限制在王权之下,而不允许平起平坐,更不用说教权凌驾王权之上了。

中国封建统治者,由于和农民起义打交道的经验多①,他们更懂得自觉地利用宗教来麻痹人民的反抗意志。因此,汉代开始采用儒家的经典为政治、法律的措施进行说明。汉武帝时,张汤决狱,要从《春秋》中找根据,其实是捕风捉影,与《春秋》没有关系。东汉以皇帝名义召开的白虎观的会议,更是用政权来推行神权,用神权维护政权的典型例子。这时的儒家的地位已经与先秦的儒家相去更远,孔子地位被抬得更高了。

汉代的儒家,先是按照地上王国的模特儿塑造了天上王国,然后又用天上王国的神意来对地上王国的一切措施发指示。这就是汉代从董

---

① 中国农民起义规模大、次数多,为世界历史所仅见。

仲舒到白虎观会议的神学目的论的实质。天为阳、为君、为父、为夫；地为阴、为臣、为子、为妇。天地自然界的秩序被说成像地上汉王朝那样的社会秩序。自然界也被赋予封建伦理道德的属性。虽然没有西方上帝造人类那样的创世说，但也有类似的地方。儒家定于一尊，儒家的经典成为宗教、哲学、政治、法律、道德、社会生活、家庭生活以及风俗习惯的理论依据。哲学及所有科学虽不像欧洲中世纪那样都成为神学的婢女，但成了六经的脚注，则是事实。非圣等于犯法。所谓圣的标准，则不能离开儒家所规定的范围。

东汉末年的黄巾大起义，动摇了汉王朝的政治统治基础。王权与神权紧密配合的汉王朝崩溃，代之而起的是分散割据的地方封建势力。政治上出现了三国分立的局面，三国时，商业交换基本停止，停止铸造货币，经济上出现了更典型的自然经济。思想上以王权、神权相结合的儒家正统思想神学目的论也受到了致命的冲击。这时已出现了魏晋玄学，在民间和社会上层相继出现佛教、道教。这时，我国北方、南方少数民族也纷纷起来反抗汉族的政治压迫，起来造反。他们有时是被卖的奴隶，后来起义成功，建立了王朝。① 他们首先冲击的是孔子儒家内中华而外夷狄的思想。他们信奉佛教。汉族农民则信奉道教。五斗米道、太平道在农民中间广泛流行。

由于中国广大地区已具有高度的封建经济、政治和文化，少数民族掌握政权后，也由奴隶制社会很快被带进了封建社会。封建社会的统治和被统治的关系，也很快被接受。具有中国特点的封建宗法专制主义也还得被重视。因为这一套统治人民的经验行之有效，而这一套封建伦理道德规范在儒家有深远传统。当然，起决定作用的是中国封建的经济结构和社会结构。中国封建社会的宗法制度是与中国封建社会相终始的，"三纲"、"五常"被儒家说成为万古不变的规范。说"万世不变"，这是古人的局限性，因为古人不知道封建社会以外还有其他生产方式。仅就中国的社会情况而论，说它是封建社会"万世不变"的秩序也未尝不可。

在魏晋南北朝时期，佛教、道教广泛流行，儒家失去独尊的地位，但

---

① 如刘聪、石勒等人北方民族的起义。

统治者并未抛弃它,它仍然是封建思想的正统,梁武帝崇奉佛教,但梁武帝的《敕下答神灭论》的主导思想仍是儒教而不是佛教。当时的统治者用佛、道作为儒教的补充,三者并用,或交替使用。三教之间有斗争,有妥协,也互相吸收。既然封建宗法制度未变,维护封建宗法制度的伦理纲常就不会被抛弃,"三纲"、"五常"的秩序非维持不可。因此,佛教、道教既然为这个制度服务,它也要适应封建宗法制度的要求,才能得到地主阶级的支持。农民不是先进的生产关系的体现者。农民的思想随着生产资料、政治权利的被剥夺,也被迫接受统治阶级的王权神授、天命决定论,也被封建宗法制度所束缚。佛教五戒十善,采用的善恶道德标准仍然不能超出三纲五常的规定范围,否则为十恶不赦。封建地主以造反为罪大恶极,无父无君也是佛教公认的构成入地狱受精神惩罚的罪行。难怪宋文帝发自肺腑地说佛教虽主张出世,但有助于王化。魏晋玄学否定了神学目的论,但未对儒家的宗法制度、三纲五常触动一根毫毛。当时名教与自然的争论,反映了玄学家们如何对待三纲、五常的根本态度。不论哪一派,都不敢说不要名教。玄学最大的代表人物如王弼,还是认为孔子比老子高明。①

由于政治上南北的分裂割据,中国历史这一时期从另一方面有所发展。北方和南方在各自的统治范围内有相对安定的政治局面,于是北方和南方各民族在经济、文化的交流中有了进一步的融合。许多落后的氏族部落和奴隶制初期的少数兄弟民族之间,不断交往、了解、通婚、学习,很快赶上来进入封建社会,这就给以后隋唐建立的多民族繁荣昌盛的封建统一王朝准备了条件。

隋唐时期由于封建经济的进一步繁荣、发展,对世界经济文化交流有过贡献。经济、政治的繁荣发展也带动了哲学、宗教的繁荣发展。南北朝时期分裂割据的影响逐步泯除。佛教结束了南北朝长期分裂的局面,形成了统一的各宗各派;道教也混合南北,形成了统一的唐代道教。佛教、道教各自发展自己的寺院经济和宗派传法世系。儒家的经学也兼采南北经学流派,形成具有唐代特点的经学。儒、释、道三家鼎立,都

---

① (裴徽)问弼曰:"夫无者,诚万之所资也,然圣人莫肯致言,而老子申之无已者何?"王弼回答说:"圣人体无,无又不可以训,故不说也。"(何劭《王弼传》引)

得到封建王朝的大力支持。① 三家服务的对象却是一家。② 朝廷遇有大典,经常让三教中的代表人物在殿上公开宣讲。儒家讲儒家的经典,佛教、道教也各自讲各自的经典,时称儒、释、道三教。③ 儒、释、道所讲论的内容,也逐渐由互相诋毁而变成互相补充。由政府明令禁止道教攻击佛教和佛教攻击道教的文字宣传。唐初朝廷举行公开仪式中,有时规定佛教徒在先,有时规定道教徒在先,中唐以后规定齐行并进,不分先后。儒家对佛、道有所攻击,主要说他们不生产、不当兵、不纳税、不负担政府的义务,不符合中国传统的风俗习惯等等。

封建地主阶级的总头目唐朝的皇帝,把三教都看作宗教,而三教的信徒们也自居为宗教。佛教、道教是宗教,自然不成问题。宗教都主张有一个精神世界或称为天国、西方净土,宗教都有教主、教义、教规、经典,随着宗教的发展形成教派。在宗教内部还会产生横逸旁出的邪说,谓之"异端"。这种状况,佛教、道教都具备。儒家则不讲出世,不主张有一个来世的天国。这是人们通常指出的儒家不同于宗教的根据。

但是我们应当指出,宗教所宣扬的彼岸世界,只是人世间的幻想和歪曲的反映。有些宗教把彼岸世界说成仅只是一种主观精神状态。在中国的历史上,隋唐以后的佛教、道教,都有这种倾向。以影响最大的禅宗为例,禅宗宣称"菩提只向心觅,何劳向外求玄? 听说依此修行,西方只在眼前"(《坛经》)。禅宗主张极乐世界不在彼岸而在此岸,不在现实生活之外,就在现实生活之中,所谓出家、解脱,并不意味着离开这个世界到另一个西天。在当前日常生活之中,只要接受了宗教的世界观,当前的尘世就是西天,每一个接受佛教宗教观的众生即是佛,佛不在尘世之外,而在尘世之中。

---

① 唐大足元年(公元701年),武则天当政时,已明白宣示,三教有共同的任务,并令人撰写《三教珠英》(《唐会要》卷三十六)。

② 文宗诞日,召秘书监白居易、安国寺沙门义林、上清宫道士杨弘元入麟德殿内道场谈论三教。居易对语中有谓"儒门释教虽名数则有异同,约义立宗,彼此亦无差别,所谓同出而异名,殊途而同归也"(《白氏长庆集》卷六十七)。

③ 元魏、后周、隋世多召名行广学僧与儒、道对论,悦视王道。唐高宗召贾公彦于御前与道士、沙门讲说经义。德宗诞日,御麟德殿,命许孟容等登座与释老之徒讲论。贞元十二年四月诞日,御麟德殿,诏给事中徐岱,兵部郎中赵需及许孟容,韦渠牟与道士葛参成,沙门谈筵等等二十人讲论三教。文宗九月诞日召白居易与僧惟澄、道士赵常盈于麟德殿谈论。居易论难锋起,辞辩泉注,上疑宿构,深嗟揖之。(《僧史略》卷下)

这种观点给中国的佛教带来了独特的面貌，它也使中国的儒家逐渐成为具有中国特点的宗教——儒教。

从汉武帝独尊儒术起，儒家已具有宗教雏型。但是，宗教的某些特征，尚有待于完善。经历了隋唐佛教、道教的不断交融，互相影响，又加上封建帝王的有意识地推动，三教合一的条件已经成熟，以儒家封建伦理为中心，吸取了佛教、道教一些宗教修行方法，宋明理学的建立，标志着中国儒教的完成。它信奉的是"天地君亲师"，把封建宗法制度与出世的宗教世界观有机地结合起来。其中君亲是中国封建宗法制的核心。天是君权神授的神学依据，地作为天的陪衬，师是代天地君亲立言的神职人员，拥有最高的解释权，正如佛教奉佛、法、僧为三宝，离开了僧，佛与法就无从传播。宋朝理学兴起的时候，恰恰是释道两教衰弱的时候。风靡全国，远播海外的佛教，为什么衰微了？因为儒教成功地吸收了佛教。为什么中国没有像欧洲中世纪那样宗教独霸绝对权威？因为中国中世纪宗教独霸的支配力量是儒教。

宗教世界观要求人们过着禁欲的生活，物质欲望是罪恶之源。安于贫困，以贫为乐的人才算道德高尚，人品卓越。宋明理学所普遍关心并反复辨明的几个中心问题有"定性"问题、义理之性与气质之性的问题、孔颜乐处问题、主敬与主静问题、存天理去人欲问题、理一分殊问题、致良知问题等等。这些问题虽以哲学的面貌出现，却具有中世纪经院神学的实质和修养方法。

程颢的《定性书》被宋明理学家公认为经典性的权威著作，这种"定性"与佛教禅宗的宗教修养方法一脉相承，所谓"动亦定，静亦定，无将迎，无内外"（《定性书》），即是禅宗的"运水搬柴，无非妙道"。把人性区别为义理之性与气质之性，人欲又是挟气质以具来的罪恶。实质上是宗教的原罪观念。程颐的《颜子所好何学论》是一篇典型的宗教修养方法论，是一篇宗教禁欲主义的宣言书。张载的《西铭》也是一篇歌颂"天地君亲师"的儒教宣言，他认为人生的一切遭遇天地早安排定了，享受富贵福泽是天地对你的关怀，遭受贫贱忧戚，是天地对你的考验。天地与君亲本是一家人。二程教人主敬，程颐终日"端坐如泥塑人"，"存天理，去人欲"更是一切唯心主义理学家全力以赴的修养目标。他们所谓"天理"，无非是封建宗法制度所允许的行为准则，内容不出"三纲"、"五常"这些儒教教条。儒教除了有一般宗教的共同性,又有它的特点。孔子这个教主具有半人半神的地位。它追求的精神境界更偏重于封建道德修养,巩固宗法制度。比如儒教的孝道除了伦理意义外,还有宗教性质(见《孝经》)。儒教没有入教的仪式,没有明确的教徒数目,但在中国社会的各阶层都有大量信徒。儒教的信奉者决不限于读书识字的文化人,不识字的渔人、樵夫、耕田的农民都逃不脱儒教的无形控制。专横的族权,高压的夫权,普遍存在的家长统治,简直像毒雾一样,弥漫于每一个家庭,每一个社会角落。它简直像天罗地网,使人无法摆脱。

宋明理学体系的建立,也就是中国的儒教的完成,它中间经过了漫长的过程。宗教的教主是孔子,其教义和崇奉的对象为"天地君亲师",其经典为儒家六经,教派及传法世系即儒家的道统论,有所谓十六字真传,其宗教组织即中央的国学及地方的州学、府学、县学,学官即儒教的专职神职人员。僧侣主义、禁欲主义、蒙昧主义,注重心内反省的宗教修养方法,敌视科学、轻视生产,这些中世纪经院哲学所具备的落后东西,儒教(唯心主义理学)也应有尽有。在内部也有个别思想家力图摆脱枷锁、正视现实,提出唯物主义观点的思想家,如宋代的陈亮,明代的王廷相,清代的王夫之、颜元、戴震等人都在不同的领域对儒教的某一方面的问题有所抨击[①],他们可称为儒教的异端。这些进步的思想家,都自称得到孔子的正统真传,假借孔子、孟子的衣冠来扮演革新的角色。他们对孔子这样的教主则不敢怀疑。明代的李贽曾提出过不以孔子之是非为是非,这是他敢于突破藩篱的地方。但他竭力抨击那些口诵圣人之言,败坏封建纲常的假道学,他提倡忠孝仁义,维持封建宗法制,他是爱护这个制度的孤臣孽子。他对佛教五体投地。他是儒教异端,而不是反封建的英雄。

儒教限制了新思想的萌芽,限制了中国的生产技术、科学发明。明以后中国科技成就在世界行列中开始从先进趋于落后。造成这种落后,主要原因在于中国的资本主义没有得到发展的机会,而儒教体系的完善和它对人们探索精神的窒息,也使得科学的步伐迟滞。上层建筑对它的基础决不是漠不关心的,它要积极维护其基础。中国封建社会

---

① 他们给"人欲"以合法的地位,主张唯物论,反对唯心论,这都不符合儒教的原则。

特别顽固,儒教的作梗应当是原因之一。

　　自从五四运动开始提出"打倒孔家店"的口号,当时进步的革新派指出孔子是中国保守势力的精神支柱,必须"打倒孔家店",中国才能得救。当时人们还不懂得历史地看待历史事件和历史人物,形而上学比较严重,认为好就全好,坏就全坏。由于他们不善于探索事物的发展的规律,因而把春秋时期从事政治活动和教育文化事业的孔子和汉以后历代封建统治者抬出来作为教主的孔子混为一谈。孔子只能对他自己的行动承担他的历史功过,孔子无法对后世塑造的儒教教主的偶像负责。作为一个博学的学者、伟大的教育家、政治思想家、先秦儒家流派的创始人,孔子是打不倒的,历史事实不容抹掉,而且也是抹不掉的。孔子这个人在历史上的功过,现在学术界还没有一致的意见,这是一个学术争论的问题,不可能短期取得一致的意见。

　　儒教①的形成曾经历了上千年的过程,孔子的学说共经历了两次大的改造。第一次改造在汉代。它是由汉武帝支持,由董仲舒推行的,这就是中国历史上所谓"罢黜百家,独尊儒术"的措施。汉代大一统的中央集权封建宗法专制国家需要一套意识形态和它紧密配合的宗教、哲学体系。孔子被推到了前台,董仲舒、《白虎通》借孔子的口,宣传适合汉代统治者要求的宗教思想。第二次改造在宋代。宋统治者集团利用机会从唐末五代分散割据的混乱局面中捞到了政权。他们鉴于前朝覆亡的教训,把政治、军事、财政、用人的权力全部集中到中央,宋朝对外可以退让,对内则强化中央集权的封建宗法专制制度,思想文化领域里也要有与它相适应的意识形态相配合。汉唐与宋明都是中央集权的封建宗法专制制度的国家,但中央权力却是越来越集中,思想文化方面的统治方法也越来越周密。为了适应宋朝统治者的需要,产生了宋明理学,即儒教。儒家的第二次改造,虽说从宋代开始,追溯上去,可以上溯到唐代。韩愈推重《大学》,用儒教的道统代替佛教的法统。李翱用《中庸》来对抗佛教的宗教神秘主义。到宋代朱熹则把《论语》、《孟子》、《大学》、《中庸》定为"四书",用一生精力为它作注解。朱熹的《四书集

---

　　①　这个看法是否成立,还有待于进一步探讨。有人不承认宋明理学是宗教,不承认董仲舒的天人感应的神学目的论是宗教,认为儒家有功,因为它抵制了宗教,事实上它本身就是一种宗教。

注》被历代封建统治者定为全国通用的教科书。"四书"从十三经中突出出来，受到特殊的重视。

朱熹制造了一个庞大的儒教体系，佛教禅宗曾把僧侣变成俗人，以求得与封建宗法制度配合；儒教则把俗人变成僧侣，进一步把宗教社会化，使宗教生活、僧侣主义渗透到每一个家庭。有人认为中国不同于欧洲，没有专横独断的宗教；我们应当看到中国有自己的独特的宗教，它的宗教势力表面上比欧洲松散，而它的宗教势力影响的深度和广度、控制群众的牢固性更甚于欧洲中世纪的教会。欧洲中世纪设有异教裁判所。中国的儒教不用火烧、不用肉刑，它"以理杀人"。被儒教残害的群众，连一点呻吟的权利也被剥夺干净，丝毫同情、怜悯也得不到。千百年来，千千万万男男女女无声无息地被儒教的"天理"判了死刑，"视人之饥寒号呼，男女哀怨，以至垂死冀生，无非人欲"（戴震《孟子字义疏证》）。"杀人如草不闻声"。精神的镣铐比物质的镣铐不知道严酷多少倍。

董仲舒对孔子的改造，已经使孔子的面目不同于春秋时期的孔丘。汉代中国封建社会正在上升时期，统一的封建王朝继秦朝以后，富有生命力，配合当时的政治要求而形成的儒教虽有其保守的一方面，但它有积极因素。宋朝以后，中国的封建社会已进入后期，有几次资本主义萌芽都不幸没有得到正常发展的机会。宋明封建王朝的统治者推动儒教的发展，朱熹对孔子的改造，与孔子本人的思想面貌相去更远。如果说汉代第一次对孔子的改造，其积极作用大于消极作用，那么宋代第二次对孔子的改造，其消极作用则是主要的。儒教的建立标志着儒家的消亡，这是两笔账，不能混在一起。说孔子必须打倒，这是不对的；如果说儒教应当废除，这是应该的，它已成为阻碍我国现代化的极大思想障碍。

〔录自《中国哲学》编辑部：《中国哲学》（第三辑），生活·读书·新知三联书店1980年版。〕

关锋儒学学案

关锋(1919—2005),原名周玉峰,字秀山,曾用名庆云、何明,山东庆云人。

关锋早年参加革命工作。新中国成立后,历任中共山东分局理论教育处处长,山东政治学校校长,中共中央第四中级党校副校长,中共中央政治研究室哲学组组长、中国哲学史研究组组长,《红旗》杂志编辑、编委、常务副主编,中共中央文化革命小组成员等。1967 年 8 月,被隔离审查。1982 年,恢复自由。之后专心研究甲骨文与哲学史。

关锋的学术活动主要从新中国成立后开始。1956 年之后,他将主要精力投入到哲学和哲学史的研究工作。20 世纪 50 年代末至 60 年代,中国哲学史界围绕着孔子思想及儒学的继承问题展开了讨论。作为重要的批判孔子思想的代表人物,他发表了多篇论文。在 1961 年第 4 期《哲学研究》上发表《论孔子》(与林聿时合著)一文,认为"孔子的政治学说,基本方面是调和阶级矛盾,是改良主义,企图经过改良以维护和恢复西周制度。孔子哲学的方法论是折衷主义,其世界观基本上是主观唯心主义和'客观'唯心主义的折衷杂拌。他在政治行动方面,尤其在中年以后,更是保守的、反动的,站在没落奴隶主贵族立场"。在 1961 年第 11 期《新建设》和 1962 年 1 月 22 日的《光明日报》上发表《再论孔子——兼论哲学史方法论的一个问题》(与林聿时合著)、《三论孔子》(与林聿时合著),对反对《论孔子》的学者进行反驳和批判。1962 年 11 月,在全国孔子学术研讨会上以《关于孔子思想讨论中的阶级分析的几个问题》为题作发言(该文与林聿时共同署名发表于《文史哲》

1963 年第 1 期），对几年来与作者持不同学术观点的人进行了定性式的评议，认为某些人在孔子研究中表现出超时代、超阶级的抽象分析的倾向。许多学者因他的发言而受到批判。其著作有《王充哲学思想研究》、《反对哲学史方法论上的修正主义》、《春秋哲学史论集》（与林聿时合著）等。

（徐庆文）

论孔子（节选）①

孔子生于鲁襄公二十一年（公元前 552 年），卒于鲁哀公十六年（公元前 479 年）。他的祖先是宋国的贵族，大约在孔子的前几世就失掉了贵族身份。《史记》称"孔子贫且贱"，孔子自己也说"吾少也贱，故多能鄙事"（《论语·子罕》，以下引《论语》只注篇名）。据说他年轻的时候，做过季氏的家臣，当过管仓库的会计，管牛羊的小吏。② 他生活的时代是所谓"文化下移"的时代，他一生的活动，大半是从事教育事业，据说他的门弟子有三千人，精通六艺者七十有二人；据说他晚年还曾集中精力整理过古典文献。但是，他更很热心政治。据《论语》所记，他急于用世的心情是非常强烈的，尤其是他的后半生，他曾"周游列国"，积极地寻找各种机会从政。不过，他在政治方面的抱负，始终没有得到机会施展；在鲁定公十二年，他五十四岁时做过鲁国的司寇（司寇掌盗贼刑罚之职，用现代的名词说，就是司法部长），但不过三个月就去职了。

孔子在教育事业方面，是有重大成就的。原来知识是由奴隶主贵族所垄断的。自春秋以来，由于阶级关系的变化，开始了"文化下移"的趋势。孔子顺乎时代的这个潮流，开了私人讲学之风，广收弟子。他的教育学说，主要是教学方法方面，也有不少光辉的思想。从上述这一方面看，孔子是当时的一个杰出的人物，在这一方面，他给后人留下了一些有价值的文化遗产。但是，在政治方面，却基本上是逆乎时代潮流的。孔子的政治学说，虽有进步的方面和保守的方面，但保守方面却是主要的；而从他中年以后的实际政治活动看，则更是保守的、反动的。

---

① 此文发表时作者为关锋、林聿时。这里节选的是该文第一、二部分及结束语。

② 《孟子》："孔子尝为委吏矣，曰会计当而已"；"孔子尝为乘田矣，曰牛羊茁壮长而已矣"。《史记·孔子世家》："孔子贫且贱，及长为季氏吏，料量平；尝为司职吏，而畜蕃息。"

和他这种具有两面性的政治学说相适应,他的哲学贯彻着折衷主义;其中虽有唯物主义的因素或倾向,但从基本方面看,他的世界观是主观唯心主义和客观唯心主义的折衷杂拌。

一 孔子的政治学说

(一)"仁"和"礼"

"仁"是孔子政治学说的核心。要了解他的"仁"的学说,必须和他对"礼"的观点联系起来考察。在他那里,"仁"是"礼"的内容,"礼"是"仁"的形式;而恢复"礼"又是目的,"仁"又是恢复"礼"的一种手段(如他说"克己复礼为仁")。

孔子所谓的"礼",即是周礼,即西周的一套典章制度和道德规范。这是奴隶主贵族等级社会的上层建筑。这套典章制度和道德规范,所由以出发的基本思想,就是"上帝"观念(承上帝的命令)和"亲亲"观念。进入春秋时代,这套典章制度和道德规范已经呈现出土崩瓦解之势,即所谓"礼坏乐崩"的时代;到了春秋后期,更是成了一具徒有形式的僵尸。这一点,从以下几端表现了出来:

(1)僭越——诸侯僭用天子礼,大夫僭用诸侯礼以及天子礼。这已经成了家常便饭,《春秋》《左传》也是书不胜书的。

(2)废坏——诸侯对周天子不朝不贡,周天子也在或者说不得不破坏礼。例如"王贰于虢,郑伯怨王。王曰:'无之。'故周郑交质,王子狐为质于郑,郑公子忽为质于周"(《左传》隐公三年)。"周郑交质",周郑已俨然成为敌国。

(3)五霸除楚径自称王外,也是假天子以令诸侯,而实行兼并,把小国、弱国作为自己的附庸(即所谓"与国"),或干脆灭掉,置为郡县。这就是所谓"礼乐征伐自诸侯出"。到了春秋后期,各国大夫专政,则是"礼乐征伐自大夫出"了。

(4)臣弑君、子弑父、弟弑兄,层出不穷。

(5)许多礼仪已成虚文。例如"告朔"之礼。按周礼,每年秋冬之交,周天子把第二年的历书颁给诸侯,这历书包括那一年有无闰月,每月初一是哪一天,因之叫"颁告朔"。诸侯把这一历书藏于祖庙,每逢初一,便杀一只活羊祭庙,然后回到朝廷听政。这祭庙叫"告朔",听政叫做"礼朔"或"听朔"。据《论语》记载,鲁君早已不亲临祖庙,而且也不听政,但是每月初一却要照例杀一只活羊"虚应故事"。

(6)而且许多礼仪,如吊唁、庆贺、献俘已经成为列国办外交、搞阴谋的手段。例如"献俘"本是诸侯对周天子之礼,这时强国打了胜仗,却向自己的盟国献俘,以示武力强盛,令其慑服。

……

总之,"君不君,臣不臣,父不父,子不子"一语,就道破了周礼的崩溃。所以孔子也叹气:"居上不宽,为礼不敬,居丧不哀,吾何以观之哉!"(《八佾》)鲁国是周天子的宗国,号称礼乐之邦,但是,实际上这时除了保存了丰富的周礼典籍之外,也不过是保存了更多的虚应故事的形式而已。

周礼的崩坏,正是当时社会经济基础的变化在上层建筑中的反映。这时奴隶主贵族已经腐化透顶,一方面无力维持周礼、不准人僭越(如周天子对诸侯,春秋后期各国诸侯对大夫),一方面他们常常也不能以周礼约束自己,而乱礼也就习以为常。这时地主阶级、商人的经济力量已经发展起来,由奴隶制向封建生产方式转化,由奴隶主贵族分封制的部族国家向封建地主的政治国家转变,已经在急遽地进行着。周礼当然必然破坏,而成为不可挽回的了。所以,这时在实际上是自上而下、又自下而上,大家在一步步地毁坏周礼。

在这种情况下,地主阶级的进步的政治思想家,主张以法治代替礼制(战国后期的荀子也主张礼,但是我们翻开《荀子》和《左传》比较一下,就可看出:荀子主张的礼和周礼是有原则上的区别的)。老子,这位代表没落奴隶主贵族的哲学家,也认识到周礼是不能恢复的了,他从诸侯大夫对周礼的僭越和利用出发,认为"礼"是"乱之首"。但他坚决反对法治,而要以绝对精神之类的"道"代替"礼"。总而言之,他是向奴隶主贵族献"无为而治"之策,以维持奴隶主贵族的统治。这个问题,在拙作《略论子产和老子》一文里讨论过,这里不再重复。

孔子对周礼是什么态度呢?简单地说就是他主张恢复周礼,要用他的"仁"把周礼复活起来;当然这是保守的。但是,他的"仁"却具有进步意义,所以实际上他对周礼多少有所修改,当然充其量也不过是适应形势进行改良而已。

关于"仁"和"礼"的关系,在孔子的学说中是怎样的?《颜渊》篇表现得最清楚不过了。

> 颜渊问仁。子曰:"克己复礼为仁。一日克己复礼,天下归仁焉。为仁由己,而由人乎哉?"颜渊曰:"请问其目。"子曰:"非礼勿视,非礼勿听,非礼勿言,非礼勿动。"

这就是说"仁"就是要"复礼"。"克己"是他的"仁"的一个内容,他认为"克己"才能"复礼",而"复礼"则"天下归仁焉"。可见,不管他思想中有何矛盾(后面再详细讨论这一点),他的"仁"的学说,是要达到"复礼"的目的。这样,"仁"就是"复礼"的手段。他说"非礼勿视,非礼勿听,非礼勿言,非礼勿动",这是"克己复礼"之目,当然在他看来,违"礼"是不仁的。我们讨论孔子的"仁",必须把握住这一点。

孔子看到了当时周礼已是徒具虚文,他对此非常痛恨(《八佾篇》表现得特别明显,这在拙作《略论子产和老子》中已经讨论过),这也是和老子相通的地方。但是,他并非不注重和废弃周礼的形式,而是要去恢复和充实内容。这和老子就不同了。

"子贡欲去告朔之饩羊。子曰:'赐也,尔爱其羊,我爱其礼。'"(《八佾》)——鲁君已经早已不亲临祖庙行"告朔"之礼,子贡主张不必每月初一杀一只活羊去虚应故事了。孔子却坚决反对。子贡主张既无内容,形式也不必保存了;孔子主张,既无内容、徒具形式,就应该去恢复和充实内容。

"子曰:'麻冕,礼也;今也纯,俭,吾从众。拜下,礼也;今拜乎上,泰也,虽违众,吾从下。'"(《子罕》)——礼帽,原是用麻料做的,当时大家都用丝料。对这一点,孔子还算"开明",他说这是"俭","吾从众"。但这是为当时生产条件所规定的事,而且与"礼"的实质、内容没有关系的。关系到实质和内容的,他就很顽固了。按着"周礼",臣见君先在堂下磕头,然后升堂又磕头。而当时,大家都免除了堂下的磕头,只升堂后磕头。孔子说,这是倨傲的表现。所以他要"虽违众,吾从下"。

"宰我问:'三年之丧,期已久矣。君子三年不为礼,礼必坏,三年不为乐,乐必崩。旧谷既没,新谷既升,钻燧改火,期可已矣。'子曰:'食夫稻,衣夫锦,于女安乎?'曰:'安。''女安则为之。君子之居丧,食旨不甘,闻乐不乐,居处不安,故不为也。今女安则为之。'宰我出。子曰:'予之不仁也。子生三年,然后免于父母之怀,夫三年之丧,天下之通丧也。予也有三年之爱于其父母乎?'"(《阳货》)——这个几次被孔子大骂的宰我,确是比较有头脑的,他抓住了"周礼"的矛盾:治者"三年不为礼,礼必坏;三年不为乐,乐必崩",可是"周礼"却规定"三年之丧"。他认为"三年之丧"太久了,一年就可以了。但是,却被孔子大骂了一顿,说他"不仁",可见在孔子看来,守"礼"和"仁"是一而二、二而一的事。孔子反对的是"居丧不哀",他坚决地坚持"三年之丧",而充实、恢复它的内容。

"礼坏"是由于阶级关系的变动。孔子要"复礼",也是从调整人与人的关系(实际上是阶级关系)上打主意。这就是他的调和阶级矛盾的"仁"了。

许氏《说文》:"仁,亲也,从人二。"《孟子》、《中庸》也给孔子的"仁"下了个抽象的形式的定义。《孟子》:"仁也者,人也","仁,人心也"。《中庸》:"仁者,人也。"从抽象的形式的定义来说,孔子的"仁",就是人和人之间的关系。孔子的"仁"的学说,就是关于人和人之间的关系的学说。人和人之间的关系是具体的,当然,孔子关于人和人之间的关系的学说,也是具体的。

《论语》中"仁"字,凡九十六见。但孔子自己对"仁"没有下什么定义。我们不必咬文嚼字,只要抓住它的基本精神就够了。

从原则上说,孔子的"仁"有两条纲领,这就是:"夫仁者,己欲立而立人,己欲达而达人"(《雍也》);"己所不欲,勿施于人"(《颜渊》)。这两条,都是从"己欲"出发,而"推己及人"。两条合起来,就是他的"吾道一以贯之"(《里仁》)的"忠恕"之道。"己欲立而立人,己欲达而达人"也就是"忠";"己所不欲,勿施于人"也就是"恕"。这不是很进步的吗?问题还不是这么简单,对上边的两条纲领,抽象的看,是不能把握到它的真正的具体内容的。

他的"己欲立而立人,己欲达而达人","己所不欲,勿施于人",实际的具体内容,主要的是要改善和维持"君君、臣臣、父父、子子"的关系,改善和维持原来的阶级统治的关系。

齐景公问政于孔子,他的回答是"君君、臣臣、父父、子子"(《颜渊》),就是:君要像做君的样子,守君的礼;臣要像做臣的样子,守臣的礼;父要像做父的样子,守父的礼;子要像做子的样子,守子的礼。要做到这一点(即恢复周礼),大家都要讲"仁",都要"推己及人",对人"忠恕",这是双方面的关系,不是单方面的对他人的要求。

"定公问君使臣、臣事君如何?孔子曰:'君使臣以礼,臣事君以忠。'"他又说:"居上不宽,为礼不敬,临丧不哀,吾何以观之哉!"(《八佾》)可见,他主张的改善君臣关系,就是"君"对"臣"要以礼,臣事君要忠,上对下要宽,下对上要敬。当时各级贵族以及地主、商人都在逞己之欲违礼、僭礼,所以孔子要大家推己及人,对人要礼,以改善关系,这就是"仁"了。

在父子、兄弟关系上则主张孝悌。孔子认为孝悌是仁的根本。当时父不父、子不子、兄不兄、弟不弟,所以孔子要改善这种关系特别强调孝悌,这和他的"亲亲"观念是完全一致的。"周礼"本是从"亲亲"观念引申出来的,而他的"复礼"之"仁"则是要从"孝悌"引申出来。他的"孝悌"是属于"亲亲"的范畴的。他说"君子笃于亲,则民兴于仁"(《泰伯》),正是说明"仁"和"亲亲"的关系的。

调和贫富两大阶级分野的关系,就是"贫而无怨"、"贫而乐","富而无骄"、"富而好礼"。

"子贡曰:'贫而无谄,富而无骄,何如?'子曰:'可也。未若贫而乐,富而好礼者也。'"(《学而》)——"贫而无谄"还可能引申出贫要有"骨气",跟富者不合作的思想,所以孔子要特别强调"贫而乐"。

孔子还说:"贫而无怨难,富而无骄易。"(《宪问》)这是在强调"富者"的"无骄"、"好礼"一面。他说:"上好礼,则民莫敢不敬;上好义,则民莫敢不服;上好信,则民莫敢不用情。"(《子路》)"上好礼,则民易使也。"(《宪问》)很显然,他强调上要"好礼",无非是为了使民不敢不服,使民"易使",使民老老实实地被统治、受剥削。另一方面,他更强调"贫而无怨"、"贫而乐"的一面,即要贫者安于现状,不要怨上,而要克己守礼。他说"好勇疾贫,乱也"(《泰伯》),"疾贫"就要闹乱子,所以他消极方面主张反对"疾贫",积极方面则提倡"贫而乐"。

孔子的"仁"特别强调在下位的无怨。他说了"己所不欲勿施于人"

之后,紧接着就跟了一句"在邦无怨,在家无怨"(《颜渊》)。强调在下位的无怨、尽臣道事君,他自己也是感觉到了的,如说"事君尽礼,人以为谄也"(《八佾》),所以他并不像子贡那样强调在下的"无谄"。大概,当时有人骂他"谄"吧?这也是他老先生的苦衷。请看下边这则材料,是很有意思的。

> 陈司败问昭公知礼乎?孔子曰:"知礼。"孔子退。(陈司败)揖巫马期而进之,曰:"吾闻君子不党,君子亦党乎?君取于吴为同姓,谓之吴孟子。君而知礼,孰不知礼?"巫马期以告。孔子曰:"丘也幸,苟有过,人必知之。"(《述而》)

鲁为周天子的宗国,而且是最保守的。孔子的行其政治主张,就企图以鲁国为地盘,他的希望是"齐一变,至于鲁,鲁一变,至于道"(《雍也》)。但是鲁君也在僭礼、违礼。按照周礼,是"同姓不婚";"不争气"的鲁昭公却娶于同姓的吴国,乱了礼,只好不称其夫人为"吴姬",而称为"吴孟子",加以遮掩。按照周礼,孔子就该责备昭公;同样按照周礼,他应该"臣为君隐"。在这个问题上,孔子采取了"臣为君隐"的为臣之礼,所以他答复陈司败的"昭公知礼乎"之问,曰"知礼"。陈司败以他的"君子不党"批评他,而昭公违礼的事实俱在。这样,他就陷入了自相矛盾中,所以只好对他的弟子巫马期说"丘也幸,苟有过,人必知之",略以解嘲了。大概也是这种缘故,所以说出了"事君尽礼,人以为谄也"。孔子站在鲁君方面说话,为鲁君护短,不管鲁君是否违背了他要坚持的周礼;大约这就是他的"事君尽礼"了。但他对于僭礼的季氏却是不客气的。

孔子于强调在下者、贫者无怨的同时,也要在上者对在下者让步。如:"仲弓问仁。子曰:'出门如见大宾,使民如承大祭。'"(《颜渊》)然而,其目的,不过是为了使民"易使",并且紧跟着就谆谆告诫在下者"在邦无怨,在家无怨"。

由以上所述可见:孔子的"己欲立而立人,己欲达而达人","己所不欲,勿施于人",他的"忠恕"之道,不过是在旧制度、旧规范的范围之内,调和人与人即君臣、父子、兄弟、贫富之间的关系。

孔子用他这一套"仁"和"礼"的学说,来调和阶级矛盾,一方面主张"和"即调和,一方面反对争,反对在下者、贫者起来斗争。"礼之用,和为贵"(《学而》),就是说,以"仁"复"礼"最大的用处就是"和"(即调和阶级矛盾)。他说:"君子矜而不争"(《卫灵公》),"君子无所争",如果有所争的话,那就是比赛射箭,当比赛射箭的时候,双方相互作揖而后登堂,射箭完毕,走下堂来,而后作揖喝酒。这种"争",是君子(《八佾》)。他只承认遵礼比赛射箭之类的"争"。他反对的争,实际上是在下者、贫者起来斗争和统治阶级的内部斗争。

根据以上所分析,我们不难看出:孔子的"仁"和"礼"的学说,基本上是站在奴隶主立场调和阶级矛盾的改良主义,基本上是保守的。

那么,其中还有什么进步内容呢? 概略言之,即是:

1. 把君臣、父子、上下、富贫、统治者和被统治者的守礼,看作双方面的关系;并主张对民有所让步,如说君子"其养民也惠,其使民也义"(《公冶长》)。这在当时还有一定的进步意义。继承孔子学说的儒门"亚圣"孟子,从这里向左发展,引出了"君视臣如草芥,则臣视君如寇仇"的观点。

2. 他的讨论人和人的关系的"仁",是与以血统为纽带的氏族制度相对立的。从氏族制度中发现出个人(虽然在孔子这里,基本上仍然把个人束缚在周礼的规范之中),这是他讲"仁"的前提,"仁"就是"君子",不仁即是"小人",这也是对周礼传统的修改。他说过"三军可夺帅也,匹夫不可夺志也"(《子罕》),这表现了他对于个人人格的尊重,在他的"忠恕"之道中也多少表现了这种精神。当然,这又必须服从他的"复礼"的要求,实际上他是硬要夺违礼的"匹夫之志"的。

3. 周礼本是"礼不下庶人"的,即礼只对贵族,不包括平民。[①] 孔子却要把礼下到庶人,即包括平民。这一方面,因为他本人是平民身份。另一方面是由于阶级关系的变动,原来贵族的子弟有不少降为平民,原来的平民也有少数的升为握有经济势力的地主和商人。要"复礼",客观实际也使他不得不作这种修改,把平民包括到礼的对象中去。

4. 主张"尚贤",这是孔子的"仁"的学说中的一个重要内容,在当时具有进步意义,这一点,后面专节讨论。"尚贤"是和周礼的传统相违

---

① 对这一点,在《三论孔子》中有所修改,请读者参看。

背的。"尚贤",在当时已成为事实①;孔子本人及其弟子也要做官,"学而优则仕"、"学也禄在其中矣",所以不能不主张尚贤,虽然它和周礼违背。因为不是"尚贤"政治,如孔子及其弟子者则不能登上政治舞台,而他们不登上政治舞台,则不能实行他的"仁"政,也就无从恢复"周礼"了。

如前所说,从基本方面说来,孔子的"仁"和"礼"的学说,就是改良主义。就是基本上站在奴隶主立场调和阶级矛盾。正是为了调和阶级矛盾,所以孔子打着"爱人"的招牌,有时他回答什么是"仁"的问题,就说"仁"即是"爱人"。如"樊迟问仁,子曰爱人"(《颜渊》)。他所说的"己欲立而立人,己欲达而达人","己所不欲,勿施于人",也就是他所主张的"爱人"的原则。

"爱人","己所不欲,勿施于人",这些说法是抽象的,但孔子的"爱人"却是有其具体的阶级内容的。这一点,前面我们已作过分析,这里略作补充。孔子所说的"爱人","己所不欲,勿施于人"等等,是不包括"民"(奴隶)在内的。《论语》在使用"人"和"民"这两个词上,是有相当严格的区别的。赵纪彬同志的《释人民》(见赵著《论语新探》)一文,对此作过详细的考察和分析。我们认为,他所得出的同"人"(指奴隶主阶级)相区别的"民"系指奴隶阶级这个结论,是正确的。一部《论语》没有一个地方提到"爱民",也没有一个地方说"己所不欲,勿施于民",或者可以拿出"博施于民而能济众"来反驳,但是,从前后文来仔细思索一下,那是不能作为反驳上述论断的根据的。子贡问孔子:如果有人"博施于民而能济众"怎样?可以说是"仁"了吧?孔子回答说,哪里止于"仁",那简直是"圣"了,尧舜也是做不到的哩!(《雍也》)很显然,孔子正是把"博施于民而能济众"看作不现实的,接着就说,他所说的"仁"只是"己欲立而立人,己欲达而达人",并不是子贡所说的"博施于民"。

关于这个问题,还有一点需要说明:孔子自己的说法,也不是"超阶级"的。他公开地明确地说出了君和臣,君子和小人,人和民的等级分野。他把种庄稼、种菜看作小人之事,公开地说:"君子学道则爱人,小人学道则易使"(《阳货》),"民可使由之,不可使知之"(《泰伯》),"百工

---

① 参见《从春秋时代的尚贤政治谈谈老子哲学》,载《春秋哲学史论集》,人民出版社 1963 年版。

居肆,以成其事,君子学以致其道"(《子张》),"节用而爱人,使民以时"(《学而》)。很显然,民是"使"的对象,而不是爱的对象,如果说对"民"也有什么"爱",那不过是对"民"有所让步罢了。孔子还说:"惟仁人能好人,能恶人。"(《里仁》)这就是说,"仁人"既有他所"爱"的人,又有他所恶的人。由此可见,孔子公开说的就不是爱一切人,更不是真正主张爱一切人。①

阶级社会的任何时代的思想家,都不会真正爱一切人。资产阶级思想家不过是为了掩饰他的剥削阶级立场,故意打着"超阶级"的旗子,而宣称爱一切人罢了。但由于时代条件不同,孔子的学说并不像资产阶级那样,而是公开宣称"能好人"、"能恶人"的。

资产阶级的人本主义者费尔巴哈,引用过我们孔夫子的宝贝的教训。在《幸福论》一文里,他写道:"中国的圣人孔夫子说:'凡一个人的心地诚实,他保持对他人如同自己一样的思想方式,他不离开人的理性本性所赋予人的那种义务的道德规律,所以他就不把自己不愿别人向他做的事施诸别人。'(译者注:见《礼记·中庸篇》,原文为:'忠恕之道不远。施诸己而不愿,亦勿施于人。')在另一个地方他这样说:'己所不欲,勿施于人。'"②费尔巴哈对我们孔子的教训,做了超阶级的抽象的解释,把他的思想强加于孔子,是为了论证他的人本主义、人道主义。

资产阶级革命时代的费尔巴哈,按着他的思想解释孔子,引证孔子以论证、宣传资产阶级的人道主义,是有革命意义的,因为当时资产阶级的人道主义主要的是和封建的"神道主义"对立的。在今天,如果宣扬资产阶级的人道主义,那就要起消极的或反动的作用了,因为它是和马克思主义的阶级斗争理论对抗的。

孔子的"仁"的学说中之进步内容,在封建社会中起过一定的积极作用,代表中小地主的思想家常常抓住孔子的这一方面抨击当权的统治者。历史上有些进步的思想家,也常常对"己所不欲,勿施于人"、"己欲立而立人,己欲达而达人",从抽象的方面进行解释,引申出各种各样

---

① 对以上所说,有两点补充修正:(1)《论语》中的"人"包括奴隶主、地主和自由民;(2)孔子用他的"仁"学调和阶级矛盾,包括调和奴隶主阶级的内部矛盾、调和地主阶级同奴隶主阶级的矛盾。详见《再论孔子》。

② 《费尔巴哈哲学著作选集》(上卷),三联书店1959年版,第578页。

的具有积极意义的内容。前人这样做,是完全可以理解的。但我们今天研究孔子,对于"己所不欲,勿施于人"等等却必须抓住它的具体内容,还孔子的话以本来的意义。

(二)"尚贤"和"亲亲"

表现孔子政治学说中的尖锐的矛盾,最明显而且具有重要意义的,便是"尚贤"和"亲亲"。"亲亲"和"尚贤"本是互不相容的,但孔子却一方面主张"亲亲",一方面主张"尚贤"。

孔子的"仁"就是从"亲亲"出发的。正如他所说:"君子笃于亲,则民兴于仁,故旧不遗,则民不偷。"(《泰伯》)"亲亲"本是周礼的思想灵魂,所以孔子要以他的"仁"来"复礼",也就不能不从"亲亲"出发了。"亲亲"在孔子观念中是很牢固的。在他讲"仁"讲"礼"时,差不多都直接或间接地联系到"亲亲"。下面一则材料,就是表现得很典型的。

> 叶公语孔子曰:"吾党有直躬者,其父攘羊,而子证之。"孔子曰:"吾党之直者,异于是。父为子隐,子为父隐,直在其中矣。"(《子路》)

和亲亲观念相对立的"直",是子"不为父隐",后来的所谓"大义灭亲"即从这里发展出来。叶公所说的"直"的观念,在当时是和西周观念对立而出现的一个进步观念,战国法家的"不别亲疏贵贱,一断于法"的主张,也是和这种观念有联系的。孔子对此坚决反对。他说:"父为子隐,子为父隐,直在其中矣",他的"直"的观念就是行周道;"亲亲"、"尊尊"就是"直"。所谓"父为子隐,子为父隐"不仅是指的父子关系,而是从父子的这种"亲亲"关系,演化出一套"为尊者讳"、"臣为君隐"、"臣不言君过"等等道德规范。孔子自己就是一方面宣称"君子不党",一方面却"党"鲁君,为鲁君"隐"的。

关于主张"尚贤",孔子也讲了许多话。例如:

> 学也禄在其中矣。(《卫灵公》)
> 子路使子羔为费宰。子曰:"贼夫人之子。"子路曰:"有民人焉,有社稷焉,何必读书,然后为学。"子曰:"是故恶夫佞者。"(《先进》)

> 学而优则仕。(《子张》)

这是说,要先学习然后做官。

> 仲弓为季氏宰,问政。子曰:"先有司,赦小过,举贤才。"
> 曰:"焉知贤才而举之?"曰:"举尔所知,尔所不知,人其舍诸?"
> (《子路》)
>
> 子曰:"臧文仲其窃位者与? 知柳下惠之贤,而不与立
> 也。"(《卫灵公》)
>
> (樊迟)问知。子曰:"知人。"樊迟未达。子曰:"举直错诸
> 枉,能使枉者直。"樊迟退,见子夏曰:"乡也吾见于夫子而问
> 知,子曰:'举直错诸枉,能使枉者直。'何谓也?"子夏曰:"富哉
> 言乎! 舜有天下,选于众,举皋陶,不仁者远矣;汤有天下,选
> 于众,举伊尹,不仁者远矣。"(《颜渊》)

孔子一方面主张读书、学习了礼乐,然后做官,这就是子夏所说的"学而
优则仕"(《子张》)。能够身体力行礼乐仁义一套,谓之"贤人",孔子是
勉励他的弟子为贤人,然后做官的。同时,他又主张国家任人要"举贤
才"("举贤",是说的"荐举",经居上位者同意而自上而下的提拔,而不
是自下而上的民主选举),不管亲不亲,只问"贤不贤",主张见贤能让,
否则便是窃位。因此,他很注重知人,因而也注重知言。他由此引申出
"不知言,无以知人也"(《尧曰》),君子"不以人废言"(《卫灵公》)。"不
以人废言",这在当时是很有进步意义的。

我们可以说,孔子是主张"贤人政治"的。

这种观点,和传统的"亲亲"观念本是水火不相容的。西周是按照
"亲亲"原则任官授职的,具体说来即是:土地和奴隶都属于周天子所
有,周天子按照氏族血统的亲疏,把土地和奴隶分封给同姓叔侄、兄弟
或伯舅、叔舅(当然,周初也承认了若干原来其他族的部族国家),是为
国君。国君再按照同一原则,把所属境内的大部分土地及奴隶分封给
大夫。这种政治关系是以家族关系为纽带的。这种分封,父死子袭,世
代相传。这里只问亲不亲,不问贤不贤。当然周天子治下及各国任用
大臣、上卿也是如此。史家称此为"贵族政治"。

孔子所主张的"贤人政治"正是和这种"贵族政治"相对立的。前边已经略提过,这也是时代使然的。一方面,当时"贵族政治"实际上已经坍台了,而"尚贤"在士大夫间已成了普遍风气;一方面坚决主张以仁复礼的孔子本人,并非贵族身份,按照亲亲的原则,他是无论如何也不能登上政治舞台的。当时奴隶主贵族已经腐化,不是在复礼,而是在乱礼。所以孔子"复礼",要主张"贤人政治";借此也便于自己登上政治舞台,施展政治抱负,以行"仁"复"礼"。

要遵守"礼"就得主张"亲亲";同样,他要"复礼",在当时就得主张"尚贤",违背"亲亲"的原则。孔子学说的这种矛盾,正是饱和着时代的色彩。但在他的心目中,贤不贤归根到底是以守礼和违礼为标准的;并且,他的举贤主张还守着一道最后的界限,就是对于国君却没有选择的余地,不能有什么荐举,君位属谁要绝对地遵照周礼,不管贤不贤,都要拥护。孔子主张"尚贤",就破坏"亲亲"来说是有进步意义的,在我国封建社会的历史上也起过积极作用。但是孔子的"尚贤",却没有从根本上冲破守旧、复礼的藩篱。孔子就是这样把本不相容的"尚贤"和"亲亲"折衷主义地拼凑在一起的。

(三)政治理想

孔子的政治理想,是"改良"过的西周社会。

孔子非常自负,他的政治抱负就是继承文王、周公的事业,"如有用我者,吾其为东周乎?"(《阳货》)——即兴周道于东方。他说:"郁郁乎文哉,吾从周。"(《八佾》)"文王既没,文不在兹乎?天之将丧斯文也,后死者不得与于斯文也;天之未丧斯文也,匡人其如予何?"(《子罕》)他以文王之道的唯一继承者自任。

他说:"齐一变至于鲁,鲁一变至于道。"(《雍也》)这倒是深刻地表达了他的希望。

齐国,在春秋前期管仲执政的时代,已经基本上实现了由奴隶制向封建生产方式、由奴隶主贵族的部族国家向地主的封建政治国家的转变。① 这是不能一下子回到西周的奴隶社会、恢复周礼的。所以孔子只是希望"齐一变至于鲁"。鲁国旧的势力在当时还是很大的,它还较

---

① 参见《管仲哲学思想研究》,载《春秋哲学史论集》,人民出版社 1963 年版。

多的保守着西周文物制度的传统。鲁闵公元年,齐仲孙秋就说鲁"犹秉周礼","鲁不并弃周礼"。鲁昭公二年,韩宣子聘鲁,"观书于太史氏,见易象与鲁春秋,曰:'周礼尽在鲁矣。'"(《左传》)虽然,鲁国实际上也发生着重大变化,鲁宣公十五年"初税亩",公开承认田地私有,对私田一律课税;隔了三十二年,"三分公室而各有其一,季氏尽征之,叔孙氏臣其子弟,孟氏取其半焉"(襄公十一年事),季孙氏采用了征税的新制度,叔孙氏沿用奴隶制,孟孙氏则新旧参半;再隔二十五年,又"四分公室,季氏择二,二子各一,皆尽征之,而贡于公"(昭公五年),三家都采取了征税制,季氏掌握了实际政权。但是:(1)上层建筑方面却没有根本改革,旧的上层建筑的力量还很大,守旧的鲁公不仅名义上掌握着政权,而且实际上还有一定的力量;(2)季氏的实际的权力也还没有稳定,例如他的家臣阳虎、公山不狃要颠覆季氏的权柄,曾闹得季氏非常狼狈。孔子当时就曾企图用各种方法削弱季氏、扶植公室,恢复周制(这一点,在适当的地方,我们还要作详细的论证)。孔子对"鲁一变至于道"无望以后,又把希望寄托在卫国,他说"鲁卫之政,兄弟也"(《子路》)。卫也是周室的宗国,保守力量也比较强,所以他晚年就曾几度在卫国身上打主意、找机会。

当时齐国早已基本上完成了由奴隶制到封建制的变革,鲁国正在破坏着奴隶制度,向封建制过渡。所以孔子的"齐一变至于鲁,鲁一变至于道"的希望,是反动的、倒退的。这里的"道"即是周道,"鲁一变至于道"就是"变"到西周社会去。这和他的"兴周道于东方"的愿望,和他"天下有道","天下无道"的议论是完全一致的。他说:"天下有道,则礼乐征伐自天子出;天下无道,则礼乐征伐自诸侯出","天下有道,则政不在大夫;天下有道,则庶人不议"(《季氏》)。你看,他的"道"不就是"周道"吗?

孔子晚年,大概也有点失掉信心,所以一再地叹气:"甚矣,吾衰也,久矣吾不复梦见周公"(《述而》);"凤鸟不至,河不出图,吾已矣夫"(《子罕》)。孔子的理想,从这儿不是也可以看出一点消息来吗?

写到这里,不得不岔开来讨论一下这个问题:孔子有没有空想社会主义思想?《礼记·礼运篇》的大同理想,不能作为孔子的思想看待,这不必讨论。但《论语·季氏》"季氏将伐颛臾"一章却需要讨论一下。中国科学院哲学研究所中国哲学史组编的《中国大同思想资料》(1959 年中华书局出版),从这一章割出了下面一段话:"丘也闻有国有家者,不患寡而患不均,不患贫而患不安。盖均无贫,和无寡,安无倾。"编者加按语说,这段话表示:"孔子主张国家中财富要平均分配,认为分配平均,就没有贫富的差别了。"我们不同意这种说法,认为这种说法是断章取义地引申出来的。

"季氏将伐颛臾"一章的内容和空想社会主义思想是"风马牛不相及"的。兹将该章全文引列于下,其中有几句话不大好懂,为了便于一般读者阅读,把它译出来附注在括号里面。

季氏将伐颛臾。冉有、季路见于孔子曰:"季氏将有事于颛臾。"

孔子曰:"求!无乃尔是过与?夫颛臾,昔者先王以为东蒙主,且在邦域之中矣,是社稷之臣也。何以伐为?"(颛臾,上代的君王授权它主持东蒙山的祭祀,而且它在[鲁国]的封疆之中,是卫护鲁国安全的臣属,为什么要去攻打它呢?)

冉有曰:"夫子欲之,吾二臣者皆不欲也。"(季氏要这么干,我们两人都不同意。)

孔子曰:"求!周任有言曰:'陈力就列,不能者止。'危而不持,颠而不扶,则将焉用彼相矣?且尔言过矣。虎兕出于柙,龟玉毁于椟中,是谁之过与?"("冉求!周任说过:'能够贡献自己的力量才任职,若是不能就该辞职。'遇到危险,不去扶持,将要摔倒了,不去搀扶,那又何必用助手呢?你的话错了。老虎犀牛从槛里逃出来,龟壳美玉在匣子里毁坏了,是谁的责任呢?")

冉有曰:"今夫颛臾,固而近于费。今不取,后世必为子孙忧。"

孔子曰:"求!君子疾夫舍曰欲之而必为之辞(君子就讨厌为自己的贪心找借口)。丘也闻有国有家者,不患寡而患不均,不患贫而患不安。盖均无贫,和无寡,安无倾。夫如是,故远人不服,则修文德以来之。既来之,则安之。今由与求也,

相夫子(夫子指季氏——引者注),远人不服,而不能来也;邦
分崩离析,而不能守也;而谋动干戈于邦内。吾恐季孙之忧,
不在颛臾,而在萧墙之内也。"(《季氏》)

漫说对古人的话,就是对今人的话,如果离开他谈话的对象、讨论
的问题,不管前言和后语,孤立地抓出一两句话来,从字面上加以解释、
引申,也会弄到颠倒黑白的程度。

颛臾是鲁国的附庸国家(据说今山东费县西北八十里有颛臾村,当
是古颛臾之地)。冉有、子路告诉孔子,季氏将伐颛臾,孔子坚决反对。
冉有开始口头上说,不同意季氏的做法,但他实际是季氏一党。在孔子
责备他未尽谏阻季氏的责任的时候,他就为季氏辩护了。他说:颛臾城
池很坚固,而且离费城(季氏的属邑)很近,现在不取,必然给后世子孙
留下后患。孔子为了驳斥冉有这种议论,才说"有国有家者,不患寡而
患不均"云云。从前后文和讨论的主题看来,本是很清楚的:这是用"不
患寡而患不均"来反对"季氏将伐颛臾"及一般的兼并的。周初封国,公
侯百里,伯七十里,子男五十里。孔子所主张的"均"即是维持周天子的
分封,不要贪,不要争,不要兼并;也指的大夫(有家者)之间要"均",维
持原来国君的分封,不要你争我夺。这正是针对季氏扩充自己的权利、
财富、地盘而发。很显然,这根本不是指什么实行财产平均,消灭贫富
的差别。他所说的范围是限于"有国有家"者,根本和劳动人民无关。
孔子不是极力提倡"贫而无怨,富而无骄"吗?不是提倡"使民以时"吗?
怎么会有主张消灭贫富差别的空想社会主义思想呢?

而且,当时三家已分公室,季氏取其二,孟孙、叔孙各有其一;唯附
庸之国——颛臾尚为公臣(参见《论语集注》)。季氏要伐颛臾,是和鲁
公室争夺地盘。孔子极力反对季氏伐颛臾,则恰恰表现了他站在鲁公
室一面。

我们认为作上述解释，才能和这一章的前言后语对得起口径来。①

总上所述，孔子理想的"有道"的社会，就是西周社会，在那里"礼乐征伐自天子出"；在那里"庶人不议"；在那里"仁者"在位，恢复了礼制，但又实行的是"贤人政治"；在那里是"君君、臣臣、父父、子子"，大家的关系是各在己位行忠恕之道、推己及人，"贫而无怨，富而好礼"，没有争夺，大家一团和气，而"民"当然还是被"使"者……如此等等，他的理想社会只不过是有所改良的西周贵族奴隶主统治的社会。在基本上，他的"理想"和老子的"小国寡民"的理想社会没有多大差别；不过孔子并不反对生产进步，他还主张尚贤，主张人要有所作为，他的"仁"含有进步因素。所以，老子和孔子的理想，同是回到理想化了的周初社会则一，但孔子的理想却有其进步的方面。

(四)"正名"主义

"鲁卫之政，兄弟也"，卫国也是孔子看中的一个目标，认为卫国是有希望恢复旧制、施展他的政治抱负的地方。孔子在六十七岁时第三次去卫，似乎有一种希望（《史记·孔子世家》载"卫君欲得孔子为政"），可以登上政治舞台。他很兴奋。在路上他和子路的问答中，说出了他的"正名"主义。可以说，这是他的为政方法的总概括。

> 子路曰："卫君待子而为政，子将奚先?"
>
> 子曰："必也正名乎!"
>
> 子路曰："有是哉! 子之迂也。奚其正?"
>
> 子曰："野哉! 由也。君子于其所不知，盖阙如也。名不正则言不顺；言不顺则事不成；事不成则礼乐不兴；礼乐不兴则刑罚不中；刑罚不中则民无所措手足。故君子名之必可言

---

① 这一解释，并不是我们发明的。《论语》旧注，大致如此。兹摘抄几则如下：《论语集解》："孔曰：国，诸侯，家，卿大夫，不患土地人民之寡少，患政理之不均平……"《论语集注》："寡谓民少，贫谓财乏，均谓各得其分，安谓上下相安。季氏之欲取颛臾，患寡与贫耳。然是时季氏据国而鲁公无民，则不均矣；君弱臣强，互生嫌隙，则不安矣。"又，《国语·周语》："昔我先王之有天下也，规方千里，以为甸服，以供上帝山川百神之祀，以备百姓兆民之用，以待不庭不虞之患；其余以均分公侯伯子男，使各有宁宇。"韦昭注曰："其余，甸服之外地也；均，平也，周礼：公之地方五百里，侯四百里，伯三百里，子二百里，男一百里。"（按：公侯伯子男分封疆域之大小，其说不一。）《周语》所记，可为释"均"之第一手材料。

也,言之必可行也,君子于其言无所苟而已矣。"(《子路》)①

当时,所谓"名实相怨"(即名实不符)已经久矣。自春秋以来,社会经济基础、阶级关系发生着急遽变化;但是作为上层建筑的观念、概念、名,却落后于经济基础的变化,而处于新旧交错的"混乱"中。例如"臣",本是管家奴隶的称呼;到战国时代就完全变成了官僚的尊称;而春秋时代,"臣"之名和"臣"之实却是"犬牙交错",一方面还有奴隶,臣还是管家奴隶的称呼,一方面卿大夫也称为"臣",这本是属于既富且贵之列的,但在人们的观念上又没把"臣"之名和实脱离关系。再如"百姓",在西周本是贵族的称谓,到了战国完全成了平民之称;而在春秋时代,也是处在"犬牙交错"中。其他如关于制度的朝、聘、贡、赋、献俘、征伐,关于诸侯、大夫、士、人、民等名称,关于道德规范的礼、忠、信、直等概念,也是如此,既有旧名词的新用,也有新名词的旧用,也有若干新名词尚未获得确定的意义;在政治招牌上既有"挂羊头卖狗肉",也有"挂狗头卖羊肉"。如是等等,当然是第二性的。但是,孔子却把"正名"看作第一位的,为政的根本。这就无怪乎子路说他"迂",极不以为然地问他"奚其正"了。

孔子的议论中包含着"名"、"实"关系的见解,很显然,用现在的话说,他认为"名"是第一性的、"实"是第二性的。孔子的"正名"主义正是当时"名实相怨"的反映,但是,他作了唯心主义的颠倒。

从他的议论中可以看出,他是把上层建筑看作第一性的,"礼乐不兴",不是由于基础的变化;归根结底是由于"名不正"、"言不顺"。于是子路问他为政"将奚先",就答曰"必也正名乎?""正名"是首先的、最根本的,"名正",事物就变化了,天下就由"无道"变为"有道"了。

总观他的全部政治理论,"正名"的内容,无非是"君君、臣臣、父父、子子",无非是"复礼",当然其中也包括尚贤等等。他要从"正名"入手或者以"正名"为手段去实现他的关于"仁"和"礼"的政治学说,以兴周道。当然这是基本上保守的。这里应该说明,我们并非一般的反对"正名",我们认为"名"是第二性、"实"是第一性的,"名"对"实"也有反作用,所以"正名"是必要的,问题是把"正名"放在什么地位。我们并非一

---

① 狄子奇《孔子编年》把这段对话系于哀公十年、孔子六十七岁,其根据在《史记·孔子世家》。

般地认为,历史上的对"名"、"实"关系作了唯心主义颠倒的思想家,在政治上一定是保守的、反动的。问题是"正"的什么"名",是趋向进步,还是趋向倒退。我们所以说孔子的"正名"基本上是保守的,就是因为他基本上是要以旧的"名"改变新的事实。当然,这里和他的整个政治学说一样有其进步的因素。例如以"仁""不仁"区别君子与小人,这种"正名"就有两方面的意义:一方面他的"仁"这个标准基本上是保守的,所以这种"正名"也基本上是保守的;但是,另一方面用"仁""不仁"区别君子和小人,客观上却在一定程度上冲击着以血统、身份(贵族和平民)划分等级的藩篱。这是有进步意义的。

总之,我们认为:孔子的政治学说,有其进步的方面,但基本的方面却是保守的。如果我们把孔子的实际政治活动考察一下,这一点就更加清楚了。不过,为了把孔子的思想的脉络弄清楚,下面我们先来讨论孔子的哲学思想。

二 孔子的哲学思想

(一)"天命"

孔子没有讨论过所谓"形而上"的宇宙本体问题,《论语》中的"道"字根本不是哲学范畴。所以我们也就无从研讨孔子的自然观。人们曾经根据孔子说过的"天何言哉,四时行焉,百物生焉"(《阳货》)一句话,讨论孔子是肯定还是否定有意志的天,他的自然观是唯心主义的还是唯物主义的。我们认为这是很难得出一致的可靠的结论的。说"天不言"未必就是否定有意志的天(而且鲁《论语》上是"夫何言哉");但也不能从这里推出孔子肯定有意志的天。有人说:石头不能言,所以人们不说石头不言;孔子说"天不言",可见他心目中的天是能言的,是人格神。这种说法,单从逻辑上看是可以说得通的;但是抽象的逻辑推论却未必符合孔子的原意。孔子说:"予欲无言。"子贡着了急,说:"子如不言,则小子何述焉!"孔子答复子贡而说"天何言哉"云云,并不是认真讨论天道观的。据"天何言哉"就作出孔子的自然观是唯心主义、有神论的结论,那是太勉强,而难以令对方信服的。我们以为,不必要在"天何言哉"这四个字上大作文章。有无上帝,有神论还是无神论,的确是当时思想界讨论的一个重要问题,但是孔子却极力回避这个问题。"子不语怪、力、乱、神。"(《述而》)他自己也说"未能事人,焉能事鬼","未知生,焉知死"(《先进》)。当然,这是对鬼神的怀疑,但这种怀疑,翻开《左传》查查记载,就知道在春秋后期已经是相当普遍的流行观念。所以孔子对鬼神的怀疑在当时哲学思想战线上以及在孔子本人的思想体系中并不占重要地位。这里需要说明一个附带的问题:春秋战国是上帝、神倒霉的时代,但随着封建地主统治的建立和巩固,天上的上帝的绝对权威又建立和巩固了起来。而孔子被封建统治者捧为圣人,他的每一句话都成了经典。因此在神权绝对统治的封建社会里,无神论者就抓住孔子怀疑鬼神的话,打着孔子的招牌反对神学。历史的发展就是这样的复杂,孔子怀疑鬼神的话,在当时本是无足轻重的,而在封建主义社会绝对神权统治的时代,却成了无神论者的一个有力武器。

孔子既然没有讨论自然观问题,所以我们也就无从去讨论孔子的自然观。但是,有一点却是极明确、不容歧解,而且在孔子思想体系中占有很重要的地位的,这就是:"天命"。先把《论语》中关于"天命"的一些重要语句,抄引在下面:

> 文王既没,文不在兹乎? 天之将丧斯文也,后死者不得与于斯文也;天之未丧斯文也,匡人其如予何?(《子罕》)
>
> 噫! 天丧予。(《先进》)
>
> 吾谁欺? 欺天乎!(《子罕》)
>
> 予所否者,天厌之,天厌之。(《雍也》)
>
> 获罪于天,无所祷也。(《八佾》)
>
> 五十而知天命。(《为政》)
>
> 亡之,命矣夫!(《雍也》)
>
> 道之将行也与,命也;道之将废也与,命也。公伯寮其如命何?(《宪问》)
>
> 君子有三畏,畏天命,畏大人,畏圣人之言。小人不知天命而不畏也,狎大人,侮圣人之言。(《季氏》)
>
> 不知命,无以为君子也;不知礼,无以立也;不知言,无以知人也。(《尧曰》)

孔子所说的"命"是一种机械的必然性,是从社会外部加进来的异己力量,这种力量主宰着、规定着事物的变化。有些人说,孔子说到"天"和"天命"都是发抒感慨的时候说的,不能以此证明他承认有意志的天,是唯心主义者。这是有一定的道理的。但是,看上引数则材料,有几则是孔子在发感慨,有几则不是;而且,重要的是,这里不能把有神论和无神论同唯心主义和唯物主义直接地完全地等同起来。

孔子在鬼神问题上是表示怀疑态度的。但他强调祭祀,强调祭祀当然不能否定鬼神,在强调祭祀的这种场合他是倾向于肯定有鬼神的。如他说:"非其鬼而祭之,谄也"(《为政》),"祭神如神在"(《八佾》)。我们可以不必在孔子叹气的话上,断定他承认有意志的天。但是,他承认有一种"命"、"天命"从社会外部决定着社会命运,却是没有疑问的。也就是说,他是唯心主义的机械命定论者。那么,"命"是不是上帝的命令,就不是很重要的问题了。

他的"命"从一定方面说来和老子的"道"相同。在这一点上,他是"客观"唯心主义者。老子的"道"是绝对精神之类的东西。老子的"道"一方面是宇宙本体,道派生天地万物;孔子没有说"命"是产生天地万物的东西,孔子也并没有讨论天地万物是怎样产生的问题。老子的"道"又是规定万物的秩序的东西,孔子的"命"也是如此。机械唯物主义者,在自然观上是唯物主义,而由于它的机械性在社会历史上陷入了宿命论、唯心主义;而孔子却没有什么唯物主义自然观,而只有神秘的"天命"主宰着人间的一切,因此,孔子的"天命"和人格神——上帝的命令,就没有什么原则的差别了。

有人说,孔子怀疑有意志的天,这是从唯心主义到唯物主义的过渡。[①] 我们不同意这个意见,这恐怕是把春秋时代唯物主义思想的发生、发展估计过迟、过低了。因为早在孔子生前百多年就有了管仲的相当发达的朴素唯物主义哲学;如果我们揭开师徒受授这层障幕,就可看到战国唯物主义各家在不同程度上都是渊源于管仲的。在孔子这里倒是表现了:从西周的形象上帝观念这种感性的唯心主义形式到抽象的、

---

① 拙作《王充哲学思想研究》(上海人民出版社 1957 年版)第 112 页上,曾表示同意这种意见。那时作者对春秋时代的思想史还没有认真研究,在那里对这种意见所表示的态度是不对的。

"理性"化的"客观"唯心主义的转化。由春秋以来,由于社会经济的巨大变化,作为上层建筑的上帝观念和作为上层建筑的周礼在急遽发生动摇、崩坏。这时,在唯心主义阵营方面,就发生扬弃形象上帝这种感性的、宗教的唯心主义形式,向抽象的"理性"化的"客观"唯心主义、精制的"宗教"转化的趋势。老子哲学完成了这种转化,以绝对精神之"道"即抽象的"上帝"代替了感性的上帝。孔子哲学也反映了这种转化的趋势,但是对于形象的上帝观念却没有得到基本的扬弃。他的"命"、"天命"是"客观"的主宰者,在这一点上和老子的"道"相同;而对于鬼神有时候表示怀疑,有时又倾向肯定,他的"天命"仍然带着人格神的天的命令的色彩,虽然不像西周时代那样浓重、力加渲染了。

"天命"在孔子哲学思想中是占着重要地位的,他说"不知命,无以为君子也;不知礼,无以立也;不知言,无以知人也",可见,至少他是把"天命"和"礼"并重的。他还把"畏天命,畏大人,畏圣人之言"并列,其实在他那里这正是三位一体的东西,"天命"实质上正是"大人"(奴隶主)的意志、"圣人"的说教。违背了"大人"的意志、"圣人"之言也就是违背"天命",而"天命"云云,也不过是把"大人"的意志、"圣人"的说教神秘化、"客观"化为绝对精神之类的东西罢了。

孔子的"天命"是排斥人为的,他认为道之兴废在于"天命",而不在人为。但是,他和老子有所不同,他一方面强调排斥人为的"天命",一方面又承认人为,他自己就"栖栖遑遑"地奔跑了一生。"子罕言利,与命,与仁"(《子罕》),充分表现了他强调排斥人为的"天命",又承认人为的矛盾,也表现了"天命"在他哲学思想中的重要地位。

"子罕言利,与命,与仁",历代说者甚多,惟得其解者很少。大多数学者把这一句读作"子罕言利与命与仁",解作"罕言利"、"罕言命"、"罕言仁"。其实,孔子对于"仁"和"命"是反来复去地说的,何尝"罕言"?王瀌南、史绳祖可谓得其正解。王瀌南《四书辨疑》说:"说者当以'子罕言利'为句。'与',从也。盖言夫子罕曾言利,从命从仁而已。"史绳祖《学斋占毕》说:"子罕言者独利而已,当以此句作一义。曰命曰仁,皆平日所深与。此当别作一义……与'如吾与点也'……'吾不与也'等字皆其比也。"康有为《论语注》亦极辨正"孔子言命仁至多",似亦从王义。

王史二氏的意见是对的。古"与"字本有"从"之一义,如《国语·齐语》:"桓公知天下诸多与己也。"韦昭注曰:"与,从也。"从属于大国的附庸国家即称为"与国"。《越语》:"持盈者与天……节事者与地。"韦昭注曰:"与天,法天也","与地,法地也"。是"与"字亦有"法"义。"子罕言利,与命,与仁",即是:孔子极少谈利,而从命、从仁或法命、法仁。这是合乎《论语》所表述的孔子的思想体系的。"命"和"仁",在他的学说中有同样高的地位。

和孔子相对立的墨子,对于这一点也说得很清楚,他持非命说正是和孔子对立而来的。墨子后学所作的《非儒篇》说:"有强执有命以说议曰:'寿夭贫富,安危治乱,固有天命,不可损益;穷达、赏罚、幸否有极,人之知力,不能为焉。群吏信之,则怠于分职;庶人信之,则怠与从事。吏不治则乱,农事缓则贫。贫且乱倍政之本,而儒者以为道教,是贼天下之人者也。'"《公孟篇》说:"公孟子(儒者)曰:'贫富寿夭,齰然在天,不可损益',又曰'君子必学'。子墨子曰:'教人学而执有命,是犹命人葆而去其冠也。'"又:"子墨子谓程子曰:'儒之道足以丧天下者四政焉……又以命为有,贫富寿夭,治乱安危有极矣,不可损益也。为上者行之,必不听治矣;为下者行之,必不从事矣。此足以丧天下。'"这是很对的。"命"是孔子哲学思想的根本要点之一,他的"安贫乐道"也是建立在"命"的基础之上的;墨子说他"立命缓贫"也确是击中了要害。

孔子的"命"本是绝对排斥"力"的(即人为,主观能动作用);但孔子却同时又主张人为。这里不是辩证地结合,而是折衷主义的调和。折衷主义正是孔子哲学思想的"一以贯之"的方法论。

(二)折衷主义、主观唯心主义和客观唯心主义的折衷杂拌

孔子说:"中庸之为德也,其至矣乎?"(《雍也》)他反对"过",也反对"不及",孔子的"中庸"这个概念,是有合理因素的。但是,在孔子思想中更主要的,却是把如同水火般的两个不可调和的方面折衷地调和起来。他说"君子和而不同,小人同而不和"(《子路》),这个"和"即是调和。

"子曰:'不得中行而与之,必也狂狷乎?狂者进取,狷者有所不为。'"(《子路》)孔子是主张"中行"的,即"中庸"之德;如果不得,他退而求其次,宁取"狂狷",而反对"乡愿"。他这个"求其次"包含有正确的因素,但是他没有把这一点加以发挥,把"进取"和"有所不为"有机地统一

起来;在他的"天命观"的基础上,也是不可能有机地统一起来的。

不错,孔子是反对"乡愿"的,"乡愿德之贼也。"(《阳货》)"乡愿"即是无是非、无原则;孔子的政治学说,如前所述,是有他自己的原则的,而中庸、折衷主义就是他的哲学原则,也是他的道德原则。

按之孔子的整个思想体系,"中庸"、"中行",主要的是折衷主义的调和或混合。请看下列这些对互相绝对排斥的思想的调合。

(1)严守周礼,以"复礼"为己任;而又要用与周礼不相容的东西(例如举贤)作为"复礼"的手段。

(2)以"仁"与"不仁"划分君子和小人,而又说"君子不行仁者有矣"。

(3)强调祭祀,说"祭神如神在","非其鬼而祭之谄也";却又怀疑鬼神的存在。

(4)"性相近,习相远"(《阳货》),强调"习",认为"性"主要是后天养成的;却又说人"有生而知之者"(《季氏》),"惟上智与下愚不移"(《阳货》)。

(5)主张"有教无类"(《卫灵公》);却又说"惟上智与下愚不移"。[①]

(6)一方面主张"亲亲";一方面又主张"尚贤"。

(7)一方面主张"杀身成仁"(《卫灵公》),"见危授命"(《宪问》);一方面又主张"危邦不入,乱邦不居"(《泰伯》),明哲保身。

(8)一方面,认为一切事都是由"天命"安排就的;一方面又主张人为。虽然不必如别人说的他"知其不可为而为之",但他却是主张强力而为,栖栖遑遑地奔跑了一生,且自负甚高,"苟有用我者,期月而已可也,三年有成"(《子路》)。

上述八对自相矛盾,大都是绝对不能并存的,要这一面就不能要那

---

① 这一项不能单独成立。"有教无类"是说的不分族类(见《再论孔子》,载《春秋哲学史论集》,人民出版社 1963 年版),所以它与"惟上智与下愚不移"不构成自相矛盾。这一项应删。特此更正。

一面。① 例如,如果他以"仁"、"不仁"作为区别君子和小人的标准是对的,那么"君子不行仁者有矣"就是错的;如果"君子不行仁者有矣",那么他以仁作为区分君子和小人的标准就是错的。如果他的"性相近,习相远"、"有教无类"是对的,那么他的"有生而知之者"、"惟上智与下愚不移",则是错的;反之亦然。如果他的"杀身成仁"是对的,那么"危邦不入,乱邦不居"则是错的;反之亦然。冥冥安排就的机械"天命"观和人为更是水火不相容的、决不能并存的观念。墨子就尖锐地批评了他这种自相矛盾,《公孟篇》:"子墨子曰:'教人学而执有命,是犹命人葆,而去其冠也。'"(毕沅注:"葆,言包裹其发。"意思是说叫人"包裹其发",又叫人"去其冠",言其自相矛盾。)

可以说,折衷主义是孔子建立他的思想体系的指导原则或方法论。孔子的折衷主义,从基本方面看来,却不是把唯物主义和唯心主义折衷、调和起来。折衷主义地调和唯物主义和唯心主义的因素是有的,如:"性相近,习相远",强调"习"这是唯物的;"生而知之","上智和下愚不移"则是唯心的。但这在他的哲学思想中并不占主要地位。所以,他

---

① 冯友兰先生在《论孔子关于"仁"的思想》(载《哲学研究》1961 年第 5 期)一文中,对此处举出来的"八对矛盾",作了解释,说是并不矛盾。我们不同意,觉得他的解释和孔子的思想不太吻合。例如,就第一项,冯先生说:"孔子虽然赞美'周礼',但他并没有说过'周礼'绝对不能更动,对于以前的制度,孔子本来主张应该有继承也有变通。他说:'殷因于夏礼,所损益可知也。周因于殷礼,所损益可知也。其或继周者,虽百世可知也。'《论语·为政》就是说,周以后无论多少朝代,对于'周礼',都要有因革损益。"我们认为不然。"殷因于夏礼"、"周因于殷礼"这是说的历史事实,其间有所损益,但无原则上的重大改变,即都是以血缘氏族纽带为基础的宗族、种族奴隶制的上层建筑(参见《春秋哲学史论集·引论》)。至于"其或继周者,虽百世可知也"却未包含着"革",如果也包含着损益的意思,那也不过如同"周因于殷礼"那样的损益,原则的东西是不能动的。孔子说到"周礼",都是神乎其神,按他的"复礼"的观点,是不能容纳"尚贤"的,因为这是对周礼的"修正"。再如就第四项,冯先生说:"孔子认为绝大多数的人,包括他自己在内,都非生而知之者,都既非'上智'也非'下愚'。所以绝大多数人都应该学习。"因而,这儿没有自相矛盾。可是孔子的"性相近,习相远"、"有教无类"是全称肯定命题,怎么同"人有生而知之者"、"惟上智与下愚不移"不矛盾呢?冯友兰先生说:"孔子承认可能有生而知之者","可能有"不是孔子的意思,孔子说的是实有。他说:"生而知之者上也,学而知之者次也。"(《季氏》)再如就第六项,冯先生说:"在孔子的思想中,'亲亲'、'尚贤'各有一定的规范,他认为,奴隶主贵族在政治上的地位,是要根据亲亲原则继续维持的,但是要求他们'举贤才',以专门人才的资格,为贵族们办事。"依我们看来,并非如此。奴隶主贵族在政治上的地位,就是卿、大夫等地位,贵族和做官是不可分的;而"举贤才"却是要根据"贤不贤"、而不根据"亲不亲"任命卿、大夫。子路说:"有民人焉,有社稷焉,何必读书,然后为学。"这即是设官分职的亲亲原则;孔子表示反对。试问,孔子的"亲亲"和"尚贤"怎不互相矛盾?关于"杀身成仁"和"危邦不入,乱邦不居","命"和"力",冯先生也说,他们各有各的范围。冯先生所说的范围,似乎不是孔子原有的意思,他也没有从《论语》中提出证据。

的哲学思想并不是二元论；基本上是折衷地混合了客观唯心主义和主观唯心主义。为了说明这一点，我们再讨论一下他的"命"和"仁"、人为。

孔子的"天命"是"客观"的主宰，这是客观唯心主义的。按照这种观点，贯彻到底，不陷入自相矛盾，就必然完全排斥人为，或者说"天命"本身就包含了对人为的绝对排斥。这里需要说明这样一个问题：机械命定论可以有唯物的、唯心的，所谓唯物的机械命定论，是说他的自然观、它的基础是唯物的，而因为它的机械性，在社会历史领域陷入了宿命论、唯心论。但是，机械命定论却不一定有唯物主义的基础，他的"命"如果是天命，那么这种机械命定论就从头至尾是客观唯心主义的。

孔子的命定论就是客观唯心主义的命定论。但他同时又是一个主观唯心主义者。如他的政治学说的中心的"仁"，是人们头脑中的观念，他的一整套政治学说都是颠倒存在和精神的关系而构造的观念的世界。他认为"名"是第一性的，"实"是第二性的，这也就是说人们头脑中的观念是第一性的、决定性的东西。他要实行他的"仁政"学说，以"正名"的手段去恢复即将完全崩溃的奴隶主贵族统治的社会秩序的基础。这当然是主观唯心主义的。他的强力而为，说他当了政，期月可治这种信念，就是建立在主观唯心主义的基础之上的。按照这种观点，就又排斥了一切都是由天命安排好了的观点。

客观唯心主义和主观唯心主义本来是相通的。彻底的客观唯心主义的所谓"客观"实际上是把他们头脑中的观念"客观"化为绝对精神，但他的体系可以是一贯的。主观唯心主义，为了回避"唯我论"，最后也不得不求救于绝对精神、上帝。但是，在孔子这里却与上述两种情况不同，而是：客观唯心主义和主观唯心主义并排放着，既曰这样，又曰那样，把两者折衷主义地混合起来，用他自己的话说就是既"与（从）命"，又"与仁"。这种观点，在中国长期封建社会中一直流传着，"尽人事，听天命"成了人们的口头禅，甚至大量地渗入到了鼓儿词当中去。

两者，有一个是基本的、主导的吧？从孔子的思想看没有，就是既"与命"，又与仁"。只是在他兴时的时候，满有希望登上政治高位的时候，就强调主观唯心主义；在他倒霉，遇到危难的时候，就强调"天命"。

孔子并没有专门讨论认识论问题，所以我们也就无从讨论孔子的认识论。他的教育思想、主要是教学方法方面，有一些涉及到认识论的朴素唯物主义的思想，但只是若干个别观点，他的整个教育思想基本上是建立在他的唯心主义基础之上的，为他的政治观点服务的，而且也没有形成系统的认识论。当然，我们不能把他的教育思想主要是教学方法方面的若干涉及到认识论的个别观点、因素夸大，替他构成认识论系统。

结 束 语

孔子的政治学说，基本方面是站在奴隶主立场上调和阶级矛盾，企图经过改良以维护和恢复西周制度。孔子哲学的方法论是折衷主义，其世界观基本上是主观唯心主义和"客观"唯心主义的折衷杂拌。他在政治行动方面，尤其在中年以后，更是保守的、反动的，站在没落奴隶主贵族立场。由于出身平民的孔子要自己和他弟子登上政治舞台以实行他的政治主张，也由于地主阶级和劳动人民显示了强大的力量，所以他不能不主张与周礼相矛盾的、具有进步意义的尚贤，不能不主张对地主阶级和劳动人民有所让步，因而在他的"仁"的学说中包含了一些进步内容。这也是时代和他的平民身份使然的。那些进步内容，可以说还多少的、并且曲折地反映着他出身的那个阶级之知识分子要求的一些痕迹。

孔子是一个平民出身的知识分子。知识分子并不是一个独立的阶级，它不是附到这个阶级之皮上去，就是附到那个阶级之皮上去。"皮之不存，毛将焉附"，在春秋末期特别是战国以来，许多知识分子都纷纷附到地主阶级这张皮上去。孔子的故国——鲁国，在孔子生年虽然奴隶制度的经济基础已经基本上被破坏，政权实际上也已经落到了季氏手里；但是这一些并未得到鲁公室正式承认，鲁公室还摆着一付架子，而且还有相当的力量，尤其旧的思想影响还非常深厚。孔子这个知识分子，就终于附到了鲁公室这张皮上去。

孔子一生是热心并且急于做官的。

> 子贡曰："有美玉于斯，韫椟而藏诸？求善贾而沽诸？"
> 子曰："沽之哉！沽之哉！我待贾者也。"（《子罕》）

孔子自己说出了自己的思想灵魂，原来是："待价而沽。"最后终于卖给了鲁公室。但这个顾主太不争气。只做了三个月的鲁司寇,就不得不让他下台。周游列国,也始终没有能够找到一个能够把他捧上政治舞台的顾主。

他一生不得不大半以教书为职业,所以虽然在政治方面基本上是保守的,也还在传播知识和"文化下移"中起到了一定的积极作用(当然,所以能够如此,我们不能离开当时的历史条件,否则便成了不可理解的);所以虽然哲学上是唯心主义,但在教学方法方面反映了教学实践经验,在极其局限的范围内提出了若干朴素唯物主义的观点。

而孔子的具有进步意义的尚贤主张,也是和他往上爬这种愿望相联系的。如果完全遵照周礼,而不主张尚贤,那么他就不能高价而沽,就没有登上政治舞台的"理论"根据。

孔子就是这样一个知识分子。

这里,顺便回答这样一个问题:孔子的政治思想既然是基本上反映没落奴隶主贵族的要求的,为什么后来为封建地主阶级所尊重,成为封建社会的上层建筑呢?

这是没有什么奇怪的。

奴隶制度消灭,封建地主阶级的国家政权巩固以后,社会的基本矛盾就是地主和农民的矛盾。这时,地主阶级的国家就不能不根据它的要求,对作为奴隶社会的上层建筑的观念形态加以改良,把对它有用的那一大部分恢复起来。而孔子正是对奴隶社会的上层建筑的观念形态作了一定改良的思想家。于是,这个生前不得志的孔子,从汉代就成为"大成至圣先师",而被尊为"素王"了。而那些在由奴隶制度向封建制度转化时期的革命的思想家,则被他们的不肖子孙遗忘了。这也是历代剥削阶级同具的特点。

孔子的学说,在中国封建社会的历史上所起的作用是很复杂的。各个阶层、政治集团的政治家、思想家,差不多都打着"尊孔"的招牌,然而他们对孔子却是"各取所需"的。大地主阶级的代表,一般的都是采取孔子的反动保守方面,汉代的董仲舒就是一个代表。批判地继承和发扬孔子具有进步意义的因素的,是反映劳动人民要求的进步的唯物主义思想家。在这个问题上,汉代的董仲舒和王充,恰好是一个鲜明的对比。另外代表中小地主阶级的思想家中,也有些人抓住了孔子学说中具有进步意义的东西,或者仅是抓着一点由头,以孔子为招牌,同大地主当政集团进行斗争,起了一定的积极作用。由于从汉代以来,孔子在人们心目中成了"圣人",所以孔子学说中的对鬼神的怀疑这一方面就成了无神论者的一个有力武器,无神论者都抓住了这一点。孔子的举贤主张和关于"仁"的学说中的进步因素,也在封建时代的政治生活中发生过重大影响。

1960 年 8 月完稿

(录自关锋、林聿时:《春秋哲学史论集》,人民出版社 1963 年版。原载《哲学研究》1961 年第 4 期。)

关于孔子思想讨论中的阶级分析的几个问题[①]

近几年来，学术界关于孔子思想的讨论，以及山东历史学会主办的这次孔子学术讨论会，获得了不小的成绩。许多问题讨论得更深刻了；持有不同意见的方面，大都加深了自己的论据；有些同志提出了许多新的问题，其中有一些是很有意义的。这一些，对于进一步研究孔子的思想以及中国古代的思想，都是有益的。认识是一个过程，看来争论的许多基本问题还不是短时间能够得到科学解决的。例如，孔子的哲学是唯物主义还是唯心主义，它的特殊形态怎样，具有怎样的时代和阶级的特色；孔子的政治学说是进步的还是保守的，或者说进步是主要的还是保守是主要的；孔子的教育学说的价值和意义如何；孔子是哪一个阶级的代言人；他的思想在当时以及在两千多年的封建社会中起了何种作用——这些问题恐怕需要在相当广泛的领域内经过长期的在马克思列宁主义指导下的艰苦研究，才能得到科学的解决。看来，进一步研究这些问题，必须进一步用马克思列宁主义分析春秋时代的思潮，以便把孔子学说放在当时的思潮中来考察；还有一个重要的问题，就是春秋时代的社会及其变革的性质，这个古代社会史问题得不到解决，关于孔子的许多争论问题也难以解决。孔子思想讨论中碰到的最大难题之一，就是古代社会史的问题。不用说，对古代社会史分期问题持有不同意见，对孔子的看法就会有极大的不同；就是认为春秋是由奴隶制向封建制转化的同志们，也因为对于鲁国、齐国、郑国、晋国何时转化为封建社会以及转化的方式等持有不同的见解，而对孔子的看法根本不同。对于春秋社会及其转化的性质，以及对当时各国的社会变革，似乎我们研究

---

① 此文是关锋在 1962 年"全国孔子学术研讨会"上的发言，发表时作者为关锋、林聿时。

思想史的人，下过独立研究的功夫还不多。因此讨论孔子就不能不遇到困难。这个困难，也证明了社会存在决定社会意识这一历史唯物主义基本原理。孔子思想是第二性的，要解决第二性的思想中的重大问题，不能不依赖于对第一性的社会存在的深刻研究。

有些同志对于我们写的三篇讨论孔子思想的文章，提出了一些批评意见。我们的基本看法还没有改变，但认为许多意见是值得考虑的，我们感谢提意见的同志们。我们准备对春秋时代的思潮作进一步的研究，进一步地提出我们的论据。在这里，暂不谈我们对孔子学说的看法，因为在我们看来有更重要的问题需要讨论。

我们认为，在某些同志的文章中、小组讨论的某些发言中，表现出了三种值得我们注意的倾向：（1）把孔子现代化，甚至把孔子的思想说得和马克思主义差不多；（2）超时代、超阶级的抽象分析；（3）认为继承孔子思想遗产的方针，应该是"整理、充实和提高"的方针。这三种倾向的实质是一个，即：离开了马克思主义的阶级分析和历史主义。前一个问题，李青田、赵一民同志的《不要把孔子现代化》的发言谈过了，他们的分析、论证虽然还不够充分，但基本方向、基本观点都是正确的。我们想，就孔子讨论中的阶级分析的几个问题，发表一些意见，向同志们请教。

看来，需要重温马克思列宁主义的基本原理。下面，我们就从马克思列宁主义的基本原理谈起。

马克思列宁主义的阶级分析方法，是我们一切社会科学研究工作的根本方法。对于研究孔子说来，当然也不能例外。运用马克思列宁主义的阶级分析方法去研究中国哲学史，说明各种各样的极其复杂的现象是不容易的，甚至还会碰到表面看来似乎是不能解决的问题。但是，正如列宁教导我们的，"遵循着马克思的理论的道路前进，我们将愈来愈接近客观真理（但决不会穷尽它）；而遵循着任何其他的道路前进，除了混乱和谬误之外，我们什么也得不到。"①对于研究中国哲学史，对于研究孔子，也是这样。如果背离了马克思列宁主义的阶级斗争学说，而循着其他什么道路走去，也只能得到"混乱和谬误"。在运用阶级分

---

① 《列宁全集》（第 14 卷），人民出版社 1957 年版，第 148 页。

析方法时,碰到某种表面看来似乎不可解决的问题,那只是表明了我们对马克思列宁主义学习得还不够,还不善于运用这个武器去从错综复杂的现象中揭露本质。在这个时候,我们要坚定地坚持马克思列宁主义的阶级分析方法,掌握充分的资料,艰苦地进行研究。马克思列宁主义的经典作家从来就告诉我们,运用阶级分析方法去说明历史是一件需要花费巨大精力的研究工作。恩格斯曾经指出,把唯物史观运用到一个历史实例上,也需要多年的静心研究。看来把阶级分析方法运用到孔子思想这个实例上,也是需要多年静心研究的。

我们认为,有些文章的若干论点、若干分析,不能认为是马克思列宁主义的阶级分析。这里,谈一谈我们的看法,同大家商讨。不对的地方,请同志们批评。

一

马克思列宁主义认为,思想斗争是阶级斗争的组成部分,哲学和社会科学的思想体系,在阶级社会里,是不同阶级的根本利益的理论表现。超阶级的思想体系和思想家,不采取这种方式或那种方式为本阶级根本利益辩护的思想体系和思想家,是没有的。在历史上,创造出具有积极意义的哲学、政治学说的思想家,都是新兴阶级的或处在上升时期的阶级的代言人;没落的、为垂死制度挣扎的、站在反动阶级立场的思想家,则不可能创造出进步的哲学和进步的政治学说。这是为阶级利害关系所决定的。斯大林说:"在自然科学中,发现和应用新的规律是或多或少顺利地进行的;与此相反,在经济学领域中,发现和应用那些触犯社会衰朽力量的利益的新规律,却要遇到这些力量极强烈的反抗。"①对于经济学说来是这样,对于具有极强烈的阶级性的哲学、政治学说,也是这样。历史上的新兴阶级或处在上升时期的阶级的思想家,能够在一定程度上看到社会发展的趋势,创造出具有积极意义的哲学体系和政治学说,是因为他们的阶级利益和当时社会发展的趋势具有一定程度的一致性(当然他们不能不受着剥削阶级的狭隘眼光的限制)。反动没落阶级的阶级利益(包括长远利益和暂时利益)和当时的

---

① 斯大林:《苏联社会主义经济问题》,人民出版社1952年版,第6页。

社会发展趋势是根本抵触的,它的历史任务就是抵抗新的规律的发现和应用,所以站在这个阶级立场上的思想家,它的代言人,即使可能看到社会发展过程中的某些片断,但决不可能认识社会发展趋势,不可能创造出进步的哲学体系和政治学说(除非他放弃原来的阶级立场,转变到新的阶级立场上来),这就如同秋蝉可以知道早晚的时光,而不知"春秋"一样。在历史上有一些复杂的情形,例如,新兴阶级的思想家在特定历史条件下创立了唯心主义的哲学体系,思想家的世界观和政治观点有矛盾,在立场上是动摇的或具有两面性的,因而在学说上也是动摇的或具有两面性的,这需要细致的分析。但是,挽救垂死制度的、硬要带着花岗岩脑袋去见上帝的人,不能创造什么进步的哲学和政治学说,却是可以断言的。在过去是这样,在今天也是这样。

《孔子的立场及其思想体系》、《论"仁"——孔子哲学的核心及其辐射线》这两篇文章,都断言孔子站在没落的奴隶主贵族立场,一生为挽救垂死的奴隶制度而斗争,但创造了进步的哲学体系和政治学说。

这两位作者对于孔子站在没落奴隶主立场是十分肯定的,未留任何余地。《孔子的立场及其思想体系》的作者说:"孔子站在统治阶级立场,更明确地说站在奴隶主阶级立场",并且说,孔子"积极想挽救当时奴隶制的垂死命运"。《论"仁"——孔子哲学的核心及其辐射线》的作者说:"孔子维护'周礼',做梦也想见周公,而'周礼'实际上是巩固奴隶主专政下氏族等级秩序的一套典章制度;孔子反对法治,批评晋国的铸刑鼎,而法治在当时不仅代表了新兴地主阶级土地私有的权益,也反映了广大奴隶群众生命保障的要求……孔子毕生努力既在于挽救奴隶主贵族的没落政权,从而对于一切破坏这个政权的所谓'非礼'或'天下无道'现象,都感到不能容忍。"这位作者还对当时的形势作了分析,而得出结论说:"在这场斗争中,孔子是站在奴隶主贵族立场以反对新兴地主阶级的;也是站在统治者立场以反对被统治的人民的。"但是,这两位同志却又认为孔子的学说是进步的,孔子的思想"客观上适应了奴隶制瓦解的趋势,反映了某些时代的进步要求","在当时有极大的进步意义",甚至还说孔子的思想代表了人民群众的利益和要求。我们认为这种说法是很奇怪的。

他们也意识到了这一矛盾。《论"仁"——孔子哲学的核心及其辐射线》的作者,还把它概括为"保守的阶级立场和进步的学说思想之间的矛盾"。他们企图从理论上说明这个矛盾。我们认为,这是不可能得到说明的,因为所谓立场保守和学说进步的矛盾是虚构的。以我们看来,问题只能是这样:或者孔子基本上站在没落的奴隶主立场,因而他的学说基本上是保守的、反动的;或者孔子基本上站在新兴地主阶级立场,因而他的学说基本上是进步的;或者孔子动摇于没落奴隶主和新兴地主之间,在阶级立场上有两面性,因而他的学说具有保守和进步的两面性。

下面,我们讨论一下这两位同志的论证。

《孔子的立场及其思想体系》的作者写道:

> 孔子是站在奴隶主阶级立场,也像是守旧复古,但他的思想里又有许多在古代世界哲学史上大放异彩的进步主张;我认为其原因正在于他站在了奴隶主阶级立场而又生于阶级斗争日趋尖锐、奴隶制濒于灭亡的春秋时代和他想挽救奴隶制的矛盾上。怎样能挽救奴隶制的灭亡,怎样能保持社会的秩序,以及怎样做才能永远使人民不起来反抗,这些问题迫使孔子去正视历史上夏桀殷纣被人民推翻的原因,去研究当时阶级矛盾日趋严重的根源,去规划一个阶级矛盾得到缓和如《礼记·乐记》所说的社会"不争,揖让而治"的蓝图。但设计这样的蓝图不是简单的,自然要求助于过去的历史,特别是造成西周盛世文、武、周公的历史。这就是他在立场上站在旧的方面,表面上像似复古,而在他的思想具体内容里却出现了极其光耀的进步思想的真正原因。

上述说法,简化一下,就是这样一个公式:孔子正是因为站在没落奴隶主立场,挽救奴隶制的灭亡,所以有了"极其光耀的进步思想"。这个公式,不能不说是背离了马克思主义的阶级斗争学说。这个公式,不能不是违背历史实际的,在古代史中没有这种现象,在近代史、现代史和当代的阶级斗争中也没有这种现象。照这位作者自己的说法,孔子乃是站在没落奴隶主立场,在"奴隶制濒于灭亡的春秋时代"设计挽救垂死奴隶制的"蓝图",这不就是抵抗当时社会发展的趋势吗?怎么他还能有进步的哲学和社会学说呢?

孔子设计的"蓝图"是什么"蓝图"呢? 如果是封建社会的"蓝图",那他不就是站在了新兴地主阶级的立场吗? 按这位作者的说法,孔子设计的"蓝图"是阶级矛盾得到缓和的奴隶制,那么在"奴隶制濒于灭亡的春秋时代",设计这样的"蓝图",不就是反动的吗? 这个"蓝图"也就是孔子的政治学说,怎么能说孔子的政治学说是进步的呢?

如果孔子研究过历史,如果他是站在没落奴隶主立场,毕生为挽救垂死的奴隶制度而斗争,那么他虽然可能看到夏桀、殷纣灭亡的某些原因,说着了某些历史事实,但不可能创造出进步的历史观,也不可能从汲取历史的教训中创造出进步的政治学说。照这位作者自己的说法,孔子是为了挽救垂死的奴隶制度而向历史上汲取教训的,他研究历史的结果,又是规划出一个阶级矛盾得到缓和、因而奴隶制得以延续下去的"蓝图",这也就否定了孔子从研究历史得出进步政治学说的结论。

《孔子的立场及其思想体系》的作者,并没有对他的论点进行认真的论证。他引了马克思《路易·波拿巴政变记》的一段话,加以比附。马克思说:"人们自己创造自己的历史,但他们这种创造工作并不是随心所欲,并不是在由他们自己选定的情况下进行的,而是在那些已直接存在着的、既有的、从过去承继下来的情况下进行的。一切死亡先辈的传统,好像噩梦一般,笼罩着活人的头脑。恰好在人们仿佛是一味从事改造自己和周围事物,并创造前所未闻的事物时,恰好在这样的革命危机时代,他们……求助于过去的亡灵,借用他们的名字、战斗的口号和服装……来演出世界历史的新场面。"[①]引了这段话之后,这位作者写道:"孔子不是一味复古,而是要演出一个世界历史的新场面。"这是完全不对的。

马克思说的"求助于过去的亡灵……来演出世界历史的新场面"的人物,乃是反封建的资产阶级或小资产阶级的活动家,他们要演出的世界历史的新场面乃是资本主义社会。马克思的论点和这位作者的论点是毫不相干的。这位作者既然认为孔子站在没落奴隶主立场,他在奴隶制濒于灭亡的时代设计挽救奴隶制的"蓝图",演出垂死的奴隶制得

---

① 《马克思恩格斯文选》两卷集,第 1 卷,外国文书籍出版局 1954 年版,第 223 页。

以继续存在的"新"场面,那么就决不能用马克思的话来比附。这种比附是不能自圆其说的。在《路易·波拿巴政变记》中,马克思还指出,"求助于过去亡灵,借用他们的名字",进行斗争的,有两种情形,一种是革命的,一种是企图复辟的反动派。孔子究竟属于哪一种,需要作历史的考察。但是,这一点是可以断言的:如果是属于前一种,那么孔子就是新兴地主阶级的代言人;如果孔子是反动没落阶级的代言人,那么他的"求助于过去的亡灵",则只能是后一种。

这位作者还举出巴尔扎克的例子来论证他的观点。他说:"孔子立场尽管守旧而能创造出新的进步的东西并不是难于理解的。巴尔扎克是个守旧的保皇党,但他却写出了新的进步的杰出的作品。恩格斯指出'巴尔扎克老人最伟大的特点'的论点,对于我们研究孔子是有帮助的。"我们认为这也是两回事,是不能比附的。

恩格斯指出"巴尔扎克在政治上是一个保皇党",但在运用现实主义的方法创作文艺作品时,"不得不违反他自己的阶级同情和政治偏见",因而创造出了伟大作品。恩格斯指出:"这一切我认为是现实主义最伟大的胜利之一,巴尔扎克老人最伟大的特点之一。"①这是说的现实主义创作方法的胜利,即采取现实主义创作方法的巴尔扎克,在创作他的小说时,现实主义克服了他的政治偏见,所谓"巴尔扎克老人最伟大的特点之一",就是在他创作过程中,在他的小说中,现实主义取得了对政治偏见的胜利。这和《孔子的立场及其思想体系》的作者所说孔子立场反动,学说进步是两回事,不能比附。第一,这位作者所说的孔子的学说进步,是指的孔子的哲学和政治学说,并且主要是指孔子的政治学说,即设计挽救奴隶制灭亡的"蓝图",如前所说,这个"蓝图"不能不是反动的。判断作为知识分子的孔子的阶级立场,不能是他的家庭出身,也不能是他的职业,而必须是他的政治行动和政治言论,阶级立场同政治行动、政治言论,是一而二、二而一的。如果孔子在创立他的世界观和政治学说时,真的是克服了他原来的"阶级同情和政治偏见",因而创造了符合奴隶制瓦解趋势的学说,那么我们就得肯定他从奴隶主立场转到了新兴地主阶级立场上来。立场反动,政治学说进步,是不可

① 马克思、恩格斯:《论艺术》,人民文学出版社 1960 年版,第 11 页。

想象的。如果孔子真的是伟大的音乐家，又是采取现实主义的创作方法，那么可以运用恩格斯分析巴尔扎克的办法，来分析孔子的音乐创作，可惜并找不到孔子的音乐作品，也找不到孔子是现实主义艺术家的证据。第二，现实主义作家巴尔扎克，是在创作他的小说过程中，现实主义克服了他的阶级偏见；而《孔子的立场及其思想体系》的作者却是说：孔子正因为站在没落奴隶主立场，挽救奴隶制的灭亡，所以有了"极其光耀的进步思想"。恩格斯关于巴尔扎克的论点，跟这种论点是毫不相干的。

我们再看看另一位同志的论证。《论"仁"——孔子哲学的核心及其辐射线》的作者说，"仁的阶级实质，也就是孔子的阶级立场"。这是很对的，因为孔子的仁的学说确实表现了他的政治主张、阶级立场，但是，他却一方面认为孔子站在没落的奴隶主立场上，一方面又认为表现了孔子的阶级立场的仁的学说，具有极大的进步意义。难道这不是自相矛盾吗？这位作者说："奴隶主只能把奴隶当牲畜看待，不当人看待。"这也是很对的。但是，这位作者却又认为，站在没落奴隶主贵族立场的孔子，"发现和承认奴隶也是人"，孔子"承认贵族奴隶同样是人，奴隶也可以作为仁的主体（奴隶也能仁）和对象（奴隶也是'仁者爱人'的'爱'之对象），把同情和关怀人看做极重要的道德原则"。请问，奴隶主能够把奴隶当作人看待吗？把奴隶当作人看待的观念能够是奴隶主的观念吗？如果孔子确实是把奴隶当作人看待，而且是他首先发现了这一点，那么就不能说他（至少是在这一点上）站在奴隶主立场；如果孔子确实是站在奴隶主立场，他就不可能认为奴隶也是人。

《论"仁"——孔子哲学的核心及其辐射线》的作者，还想从下面一点上论证他的观点，他认为孔子和当权的奴隶主有所不同，"孔子学说是为当时奴隶主阶级的长远利益服务的"，而当权的奴隶主却只看到暂时利益。我们认为，这丝毫也不能帮助他的观点成立。在一定的历史时期内，可能有这种情形：在野的剥削阶级的知识分子，比这个阶级的当权派看得远些，提出具有一定进步意义的学说。但是，当社会制度大转变的时代，站在垂死挣扎的反动阶级立场的在野知识分子，却不可能做到这一点。奴隶制死亡过程中的属于奴隶主阶级的知识分子，封建制死亡过程中的地主阶级知识分子，资本主义制度死亡过程中的资产阶级知识分子,除非转变阶级立场,是不可能创造什么进步的哲学体系和政治学就的。这是因为他们所属的那个阶级的阶级利益——无论是暂时利益还是长远利益,都是和当时的社会发展趋势完全抵触的缘故。请问,"当时奴隶主的长远利益"不是维护垂死的奴隶制度吗?维护垂死的奴隶制度不是和奴隶制转化为封建制的客观趋势背道而驰吗?在奴隶制灭亡的时候,来维护它,不就是反动的吗?在奴隶制垂死的时候,"为奴隶主阶级长远利益服务"的孔子学说,怎能是进步的呢?它的主要方面怎能是进步的呢?

我们认为,站在反动没落阶级立场的思想家不可能创立进步的政治学说和进步的哲学体系,这是"简单"的真理。思想史的研究工作,就是要用"简单"的真理去说明复杂的现象,揭露现象的本质。"现象比规律更丰富",规律不能包括所有的现象。我们在运用"简单"真理的时候,不能简单化;不能把它当作公式硬套,而要把马克思列宁主义的普遍真理当作研究的指南,在马克思列宁主义普遍真理的指导下,掌握丰富的资料,对具体问题进行具体分析。就是说,我们必须坚持毛泽东同志经常教导我们的把马克思主义的普遍真理与具体实际相结合。思想史上的现象是极其复杂的,就说阶级立场和思想体系的联系,可能有种种情形。例如,可能有的思想家在阶级立场上动摇于反动阶级和新兴阶级之间,因而其政治学说和哲学体系也具有两面性。可能有的思想家一生的前期和后期在阶级立场上有很大不同或根本不同,因而在他早期和晚期著作中表现出观点的矛盾,有的只是在晚年才著书,从著作中看不出他的立场的转变。站在反动没落阶级立场的文人,不可能创造出进步的哲学体系和进步的政治学说,但也有可能从惋惜他本阶级的命运的立场出发,深刻说出他所属的那个阶级的人们的精种堕落状态,说出他那个阶级死亡的必然性(但他总是采取悲观主义的),有的也可能从悲观绝望的观点出发,怀疑一切,连上帝也怀疑,甚至否定——这不过是表示上帝也靠不住了,对于这一些,我们既不能否认,当然更不能把它当作进步的世界观和进步的政治学说。又例如在封建制刚确立的时候,残余的奴隶主阶级的知识分子,可能从右的方面批判地主阶级,"歪打正着"地击中了封建制度的若干黑暗现象,我们不能因此把他划入进步的革命的思想家范围,但也要承认他"歪打正着"地击中封建制度的某些黑暗,在客观上有一定的积极意义。面对种种复杂现象,我们要全面地历史地去进行分析。马克思列宁主义的阶级斗争学说和阶级分析方法,是我们从种种复杂现象揭露本质的锐利武器。对于历史上的复杂现象,我们不能采取教条主义的态度,更不能在工作碰到困难的时候(困难总是经常碰到的),就怀疑、抛弃"简单"的真理;而要坚定地坚持马克思列宁主义的阶级斗争学说和阶级分析方法,正确地运用它去进行艰苦的研究。

二

我们认为,刘节先生的《孔子的"唯仁论"》[①],高赞非同志的《孔子思想的核心——仁》[②],在另外一点上离开了马克思列宁主义的阶级分析方法。

马克思列宁主义认为,政治学说,哲学体系——包括它的基本概念、范畴和命题,都是有阶级性的。在阶级社会里,超阶级的思想体系是不可能的。我们研究哲学史,必须用唯物史观作指导去分析各个哲学体系的阶级性,而不能被他们的超阶级的词句、抽象的表达形式或者什么"字面意义"所迷惑。恩格斯说:"更高级的思想体系,即更加离开物质经济基础的思想体系,则采取了哲学和宗教的形式。在这里,观念跟自己的物质存在条件的联系,越来越混乱、越来越被一些中间环节弄模糊了。然而这一联系仍然是存在着。正如从十五世纪中叶起的整个文艺复兴时代一样,从那时起重新觉醒的哲学,在本质上,也是城市发展的产物,即市民发展的产物。哲学仅仅是按自己的方式表现了那些和中小市民发展为大资产阶级的过程相适应的思想。"[③]对于奴隶主阶级的哲学家、地主阶级的哲学家来说,也是这样,他们不能不是用哲学的方式表达自己阶级利益和要求。哲学和经济基础联系的中间环节被弄模糊了,但联系毕竟是存在的。分析哲学的阶级性,简单化、贴标签的做法是不行的,但是必须坚持阶级分析,结合时代背景分析哲学体系

---

① 此文发表于《学术研究》1962年第3期。以下所引刘节先生的话,皆见此文。

② 此文发表于《文史哲》1962年第5期。以下所引高赞非的话,皆见此文。

③ 恩格斯:《费尔巴哈与德国古典哲学的终结》,人民出版社1957年版,第44页。

的特殊形态,看它是反映哪个阶级的要求以及是怎样反映的,把模糊了的中间环节弄清楚,把抽象的语言还原为普通的语言。这是一个艰苦的研究过程。如果离开了阶级分析,那就只能受骗。

列宁说:"当人们还没有学会从任何一种道德、宗教、政治和社会的词句,声明与约言里面揭示出这些或那些阶级底利益时,他们始终都是要做政治上受人欺骗和自欺的愚蠢牺牲品的。"[①]这是值得我们思想史工作者经常警惕的。我们必须认真学习马克思列宁主义和毛泽东同志的著作,武装自己的头脑,在同志之间也需要互相砥砺和善意的批评,以学会运用阶级分析方法,在稍微离开这个方法的时候,能够引起应有的警惕,加以纠正。

在1957年,冯友兰先生提出了所谓"抽象继承法",认为哲学命题的特殊意义有阶级性,不可继承,其一般意义没有阶级性,是为各阶级共同服务的成分,应该继承。他这个分析法,是超时代超阶级的,他所谓的继承,就是从哲学史上去拿现成的哲学原则。当时许多同志批评了"抽象继承法",冯友兰先生也发表过文章,承认说哲学有超阶级的成分这一点是错误的。可是,现在我们又从刘节和高赞非的文章中看到了类似"抽象继承法"的抽象分析。

刘节先生认为孔子是代表地主阶级的,孔子"为中国封建社会的正统思想打下坚实而伟大的基础"。按照这个前提,理应去分析孔子的哲学政治伦理学说的封建性即地主阶级的阶级性,从而再去分析它的历史作用,从阶级的见地和时代的见地给以评价。可是,刘节先生的文章却充满了超阶级的抽象议论,把孔子的原理、原则当作超阶级的、永恒的东西。

刘节先生说:"'仁'与'恕'有连带关系,仁恕,才能够不蔽;不蔽,才有'忠';忠于己者,然后才能忠于人。孔子教人为学处世,首先是养成推理能力;推己及人谓之'恕','礼'是各种社会共行之秩序,其出发点在推己及人,岂止封建社会中才有的呢? 凡能善体客观事物者,是复礼的精义所在了。有推理能力,又能独立不惧者,才可以处世有为。能坚守主观之见者尚不乏其人,能善体客观事物的却不多见呢,孔子说:'惟

---

① 列宁:《论马克思恩格斯及马克思主义》,外国文书籍出版局1949年版,第68页。

仁者能好人，能恶人。'又说：'君子不以言举人，不以人废言。'又说：'众恶之，必察焉；众好之，必察焉。'都是'恕'字的应用。主观中有理有情，仁是兼理与情而言的。能够克己，可以使主观中的理能胜情而不失其情。客观事物有是有非；能复礼，存其所谓是者，去其所谓非者，其他更何所求。"

照刘节先生的解说，孔子的"己所不欲，勿施于人"，"推己及人"，"忠恕"之道，就是超阶级超时代的、永恒的东西，对生活在现代的我们也都适用，他说这些东西是"各种社会共行之秩序"，当然也包括社会主义社会了。在他看来，孔子说的"忠恕"、情、理、是非、"推己及人"的"己"和"人"，都是没有阶级性的。刘节先生好像认为这用不着论证；当然对这种观点也不可能作出科学的论证。要对上述孔子的这些概念和原则作出确切的阶级分析，需要研究春秋的社会史，并结合社会史全面地分析《论语》。这些概念和原则的阶级性究竟如何，现在我们还不能取得一致的意见；但是，它们有阶级性却是用不着怀疑的。就按刘节先生的孔子是地主阶级的思想家（我们不同意这个看法）来说，孔子的"推己及人"的"己"就必定是封建地主阶级之"己"，因为超阶级的人是不存在的，"己所不欲，勿施于人"这个抽象的公式也不能不限制在封建制度和礼教的范围之内，它不可能推及于全社会，地主阶级和它的思想家，难道可以推出"我不愿意作农奴，也不叫人家作农奴"吗？这当然是不可想象的。

我们认为孔子的"推己及人"即"己所不欲，勿施于人"的公式，对于我们是不适用的。对于敌人，我们不是什么"己所不欲，勿施于人"，而是"己所不欲，要施于人"，即要打倒它、消灭它，"以其人之道，还治其人之身"。对于人民内部，是正确处理人民矛盾，正确处理人民内部矛盾的原则是"团结——批评——团结"，在马克思列宁主义的旗帜下团结起来，在毛主席所提出的六条政治标准的范围内团结起来，建设社会主义。而"推己及人"却以"己"为中心，这是个人主义的原则，这不是以客观的是非为标准，而是以个人的主观所欲为标准。我们决不能用它作为处理人民内部矛盾的原则。例如："我不愿意去曲阜游览，也不要别人去"，"我不愿意别人批评我，我也不批评别人"，这难道不荒唐吗？

刘节先生说：孔子的仁的基础是感情，但他不去分析是哪一个阶级的感情,而把感情也说成超阶级的。他说:"孔子所说的'礼'和'乐',是以'仁'作基础的,如果一定把礼乐说成是封建社会中的'礼乐',那就把孔子所说的'礼乐'太简单化了。孔子说:'人而不仁如礼何?人而不仁如乐何?''礼乐'之中,如果把仁的精义抽出去,便一切都没有了。世界上哪里会有没有人情味的礼乐呢?礼乐到了没有人情味,那就是'礼坏乐崩'了!"请问刘节先生,是哪个阶级的"人情味"啊!在阶级社会里难道有超阶级的"人情味"吗?按照刘节先生的说法,"为封建社会的正统思想打下坚实而伟大的基础"的孔子,他的思想核心——"仁"和"以仁作基础"的"礼乐",竟是哪一个阶级的利益也不代表,而是代表所谓超阶级的"人情味";竟不是封建的,而是超时代的,这怎么能自圆其说呢?用超阶级的观点去说明思想史现象,是不能不陷入混乱和自相矛盾的。刘节先生口口声声反对"简单化",其实以超阶级的"人情味"去解释阶级社会里的思想现象,正是最粗陋不过的简单化。揭露孔子学说的阶级性,对它进行马克思主义的批判,不是什么简单化,而是科学分析,也是思想领域中的阶级斗争。刘节先生还把"仁"包含的所谓"知"、"勇"二性能说成抽象的。做这种抽象的分析,然后就只能对它进行歌颂了。例如把勇敢说成抽象的,接着而来的就会说难道我们不需要勇敢吗?难道孔子的学说对我们不适用吗?其实,在阶级社会里是没有抽象的勇敢的。我们只能歌颂上甘岭的战斗英雄的勇敢,而对于反动军队的顽强抵抗的所谓"勇敢",是要极端卑视的。面对极其复杂的思想现象,只看到"勇敢"这个字面,难道不是最粗陋不过的简单化吗?

刘节先生还说:孔子的"正名"、"正身","可以说在什么时代都是对的"。照这一种说法,孔子的"正名"、"正身"是没有阶级内容和阶级标准的,也没有时代性的。当然,这是不符合事实的。虽然大家对于孔子学说的阶级性,看法还不一致,但无可否认,"君君、臣臣、父父、子子","礼乐征伐自天子出","克己复礼","非礼勿视"等等,是孔子正名、正身的阶级内容和阶级标准。

刘节先生的文章不仅在分析问题时,贯串了一个超阶级超时代的分析法,而且还这样说:"孔子之所以不容于当时的统治阶级,正就是'直道而行',而不肯'枉道而行'的缘故。所以把古代的历史事件样样都纠缠在阶级观点上去,也是不容易搞得通的。"——这是什么意思呢?

刘节先生明明说的是一个人事关系即阶级关系问题,在这样的问题上联系到阶级观点还搞不通,试问马克思主义的阶级斗争学说和阶级分析方法在哪里才能适用呢?试问,孔子的所谓"直道而行"的"直道",难道是没有阶级性的吗?孔子的"直道"不就是"子为父隐"、"臣为君隐"吗?其实,刘节先生提出的问题,从原则上说来是没有什么难回答的:或者当时的统治阶级不是封建地主阶级而是奴隶主阶级;或者孔子不是封建地主阶级的思想家;或者当时的封建地主统治阶级,还没有认清孔子思想是为它服务的,或者还有若干偶然的原因。究竟是哪种情形,运用马克思主义的阶级分析方法进行研究,功夫到了,自能得到说明。不明,这是我们的研究还刚在开始,而不是什么阶级观点不通。我们的思想史家,在自己的工作中坚持阶级观点、阶级分析,正是要在未经研究或尚未深入研究的若明若暗的历史现象面前,站稳立场,握紧罗盘,向前行进,这里正是表现了我们的党性。而刘节先生的说法,却只能是引导人家放弃阶级分析方法。

下面,谈一谈高赞非同志的文章中的超阶级的抽象分析。他的文章,从实质上看,很像冯友兰先生的"抽象继承法"。他的文章中有一些阶级分析的说法,孤立地看,不能说不对。但是实质上仍然是超阶级的抽象分析。

高赞非同志把孔子的"仁"也说成超阶级的。他说:"在孔子当时与孔子死后不论是赞成他的与反对他的,对于'仁'的思想,都不能不接受过来,而加以宣传。"据说,反对孔子的墨子、韩非、庄子就是这样的。如果真的是这样,孔子的"仁"还有什么阶级性呢?其实,高赞非同志提出的例证都是站不住的。墨子讲仁,但只是字面和孔子相同,墨子的"仁"是兼爱,正是和孔子的"仁"——"体爱"(即偏爱)根本对立的。庄子是一概反对仁义的。高赞非主张法治主义,也是反对仁义的。高赞非同志引了《韩非子》上的一段话:"故文王行仁而王天下,偃王行仁而丧其国,是仁义用于古而不用于今也。故曰世异则事异。"据说,这是"表示'仁'还有一定的价值"。这怎么能说得通呢?从《韩非子》全书看来,他是排斥仁义的;从高赞非同志引的这段话来看,不也正是说,在当时"仁义"行不通吗?

高赞非同志还说:"把仁的思想全部内容联系起来看,无疑这是我国历史上一种伟大的思想。它的人道主义精神,它的忘我的、无私的积极奋发的表现,它的自强不息的现实态度,以及由此而产生的爱护人民的主张,可以说都是孔子思想中最精华的部分。它反映了封建社会中地主阶级在新兴时期前进的要求,也反映了这个社会中广大劳动群众一定的愿望。因此,我国五四运动以前,两千余年的历史,就时时闪耀着仁的思想的光辉。"还说:"仁的思想在中国可以说是久经考验的思想,它的斗争精神和现实态度,在中国社会可以说是深入人心的。"连资产阶级的改良主义者谭嗣同为他的政治目的而英勇牺牲,也是孔子的"仁"起伟大作用、闪耀光辉的一个"彰著的事例"。

按照高赞非同志的说法,孔子这个地主阶级思想家的仁,竟然在封建社会的死亡时期、在资产阶级旧民主革命的时期,也起着伟大的积极作用,闪耀着光辉。如果说,资产阶级对于孔子是"求助于过去的亡灵,借用他们的名字,战斗的口号和服装……来演出世界历史的新场面",就是说他们只是在形式上借用孔子的语言和招牌,那么就不能说孔子的仁学在这个时候还起伟大的积极作用。显然,高赞非同志不是这个意思。他说的是实质,是孔子的原来的仁的学说,"仁的思想全部内容"直到五四运动以前,闪耀着光辉。看来,高赞非同志认为,孔子的原来的仁的学说,也是资产阶级革命的武器。这样,孔子的仁的学说,还有什么阶段性呢?很显然,按高赞非同志的说法,所谓"仁"的斗争精神和现实态度,也是抽象的、超阶级的。

而且不仅如此,按照他的逻辑,孔子的仁的学说在五四运动以后也仍然闪耀着光辉。例如他说,因为有了孔子思想,中国人民"更有条件在新的时代比较顺利地接受马列主义"。高赞非同志或者辩解说,他是说孔子的思想是中国避免了像西方那样的黑暗中世纪的一个原因,因为避免了黑暗的中世纪,所以在新时代中国人便于接受马克思列宁主义。我们认为这种辩解是不能成立的,因为他还明明白白地说:"孔子思想是五四运动以前在中国社会占有统治地位的思想。"那么请问:当时占统治地位的孔子思想是严重阻碍着中国人接受马克思列宁主义,还是有利于中国人接受马克思列宁主义呢?如果他的回答是前者,那么他就必须承认,因为有了孔子的思想,在新条件下它阻碍中国人接受马克思列宁主义,而不能说出(尽管是转弯抹角地)因为有了孔子思想,

"也就更有条件在新的时代比较顺利地接受马列主义"那种话来。毛泽东同志说:"十月革命一声炮响,给我们送来了马克思列宁主义"①,五四运动"是在俄国革命号召之下,是在列宁号召之下发生的",五四运动杰出的历史意义,"就是彻底地不妥协地反帝国主义和彻底地不妥协地反封建主义"。② 事实上,中国的工人阶级和革命知识分子,是经过五四运动,打倒了占统治地位的孔子思想,才比较顺利地接受马克思列宁主义的。

高赞非同志在说到继承思想遗产时还说:对于孔子的仁这些"宝贵的历史财富",要"用马列主义的方法加以整理、充实和提高,来为社会主义建设服务"(虽然,他也提到要"剔除其封建性糟粕",这一点后面再来分析)。你看,对于孔子的仁学只是要加以整理、充实和提高,就能为社会主义建设服务,这样它和无产阶级的意识形态、和马克思列宁主义还有什么本质的区别和根本对立呢? 照高赞非同志的说法,岂不只是数量的区别或初级和高级的区别了吗? 不是对于同类的东西才能说得上充实、提高吗? 也许正因为是这样,所以讲到继承孔子的思想遗产的时候,就讲整理、充实、提高。这是不符合马克思列宁主义和毛泽东同志的继承文化遗产的方针的。这个问题,我们在适当的地方再来讨论。从上面所引高赞非同志的说法中,可以看出,他实质上是认为孔子的仁没有阶级性,所以马克思主义者只是要去充实它、提高它。如果他认为,孔子的仁是封建阶级的东西,那就必然要引出批判、改造,而不是充实、提高。"充实、提高"云云,正是把孔子的仁看作超阶级的这一观点的必然逻辑结果。而且,按照"充实、提高"的说法,也并非认为在五四运动以后乃至今天,孔子的仁学就不"闪耀光辉"了。

高赞非同志在肯定孔子的"仁的思想全部内容"的所谓超时代的伟大意义之后写道:"在我们肯定仁的积极意义之后,还须分析另一方面的情况。由于仁的思想不能是一个抽象的孤立的思想,他必须与其所表现的形式相结合,而其所表现的形式,又不能不与封建社会的典章制度特别是与礼义相结合,不能不为封建的生产关系特别为士即君子来

---

① 《毛泽东选集》(第 4 卷),人民出版社 1960 年版,第 1476 页。
② 《毛泽东选集》(第 2 卷),人民出版社 1952 年版,第 671 页。

服务，就不能不带有很大的局限性与封建性。"这个"另一方面的情况"的分析，并不能改变他的议论的实质，而且，从这里恰好看出它很像冯友兰先生的"抽象继承法"。综合他的两方面的分析可以看出，他实际上是认为：孔子的仁的思想内容是没有阶级性的，只是仁的表现形式有阶级性，它一跟礼义相结合才有封建性。从这里我们可以看出：高赞非同志说到一句"剔除其封建性的糟粕"，无非就是说要剔除"仁"的表现形式、礼义等，而对于"仁"的思想全部内容这一"宝贵的历史财富"，则只是需要"加以整理、充实和提高"了。

高赞非同志所说的"内容"和冯友兰先生的"一般意义"很相同，他所说表现形式和冯友兰先生的"特殊意义"很相同。冯友兰先生认为哲学命题的特殊意义有阶级性，不可继承，其一般意义没有阶级性，是对各阶级一视同仁的，应该继承，即直接地现成地拿过来；高赞非同志认为，孔子的仁的表现形式有阶级性，不能继承，仁的思想内容没有阶级性，应该继承，把它"加以整理、充实和提高"：请看，这两者之间有什么原则的差别吗？

总之，刘节先生和高赞非同志的文章，都极力从孔子的学说中找寻超阶级超时代的东西。这种东西是没有的，一定要去找，那就只能是随意附加。其实，随意附加上的东西，也不可能是超阶级的，它也是一种阶级性的表现。值得注意的是，这种超阶级的抽象分析，在继承思想遗产上会把人们引导到哪里去。

三

高赞非同志和刘节先生都强调继承思想遗产。抽象地说，这同我们是没有分歧的。但他们从超阶级的抽象分析出发，在继承思想遗产上，却不能不走到很成问题的道路上去。

高赞非同志的继承观，前面我们已经说过，就是对他所认为的精华、精神财富"加以整理、充实和提高"。刘节先生的继承观，从他的议论看来，实质上也是这样的。

刘节先生说："不能说我们的时代和我们的社会不需要仁。当然，在我们时代谈仁，其内容比古代要丰富而又切实得多。"——照刘节先生的说法，社会主义时代和社会主义社会所需要的仁，只不过是比孔子的仁"丰富而又切实得多"罢了。照这种说法,由马克思、恩格斯创立的无产阶级的意识形态,跟由孔子创立的封建地主阶级的意识形态(照刘节先生的说法),岂不就是本质相同,只有数量或高低的差别,而非根本对立吗?照这种观点看来,继承孔子的仁,当然也就如高赞非同志所说的"加以整理、充实和提高"就行了。

刘节先生还把孔子的"推己及人",说成"是各种社会共行之秩序",照这么说来,我们把孔子的"推己及人"直接地现成地拿来加以应用,就是继承思想遗产了。这就怪不得他把孔子的思想加以艺术的夸张之后而说"其他更何所求"了。甚至他还说:孔子的"切问而近思","正是马列主义的精神"。刘节先生按照他自己的说法解释了孔子的"正名"、"正身"之后,写道:"这种对自己首先要严格的政治哲学,自然是没有错误的,可以说在什么时代都是对的。"照这种看法,自然对孔子思想不用批判,继承孔子的思想,只消把它现成地拿来应用就行了。这就无怪乎刘节先生在自己的文章中,对于孔子的"伟大"思想,只是加以赞美和惊叹了。

我们认为,把历史上的思想原则,直接地现成地拿来应用的方针,或者"加以整理、充实和提高"的方针,并不是马克思列宁主义的继承思想遗产的方针。

世界无产阶级共产主义运动第一个文件《共产党宣言》就指出:"共产主义革命就是要最坚决地打破过去传下来的所有制关系;所以,毫不奇怪,它在自己的发展进程中要最坚决地打破过去传下来的各种观念。"①

马克思在《路易·波拿巴政变记》中指出:"19 世纪的社会革命(指社会主义革命——引者)不能从过去,而只能从未来取得自己的诗情。它在自己还没有根本破除任何迷信式崇拜古旧事物的思想以前,是不能开始的。从前的革命曾需要对过去事物作世界历史的回忆,为的是要向自己隐瞒自己的内容。19 世纪的革命一定要让死者去埋葬他们自己的死者,为的是要自己能弄清自己的内容。"②

---

① 《马克思恩格斯全集》(第 4 卷),人民出版社 1958 年版,第 489 页。
② 《马克思恩格斯文选》两卷集,第 1 卷,外国文书籍出版局 1954 年版,第 226 页。

难道,直接地现成地拿来应用的方针,或者"整理、充实和提高"的方针,不是马克思列宁主义的继承思想遗产的方针,还不清楚吗?

我们知道,马克思主义继承了德国古典哲学、英国的政治经济学、法国的空想社会主义(它们总比孔子的仁学科学得多吧)。但马克思列宁主义者一向认为,马克思主义的产生是哲学和社会科学的革命变革,而不是什么对旧东西的充实和提高。马克思、恩格斯在继承德国古典哲学、英国的政治经济学、法国的空想社会主义的时候,不是对它们"加以整理、充实和提高",而是打破它们的体系,批判地吸取其中有价值的东西,并加以改造。

无论对孔子的学说给予多么高的评价,它在历史上发挥过多么大的作用,但总是剥削阶级的意识形态,因此,无产阶级对它的继承必须是批判的,而不能是"加以整理、充实和提高"。对孔子的思想是这样,对于马克思主义以前的所有意识形态,也都是这样。

说社会主义革命"要最坚决地打破过去传下来的各种观念",是不是不要继承思想遗产呢?当然不是的。只有用形而上学的观点来看问题,把批判、否定和继承绝对地对立起来,把继承了解为直接地现成地拿来或充实、提高,才会从"最坚决地打破过去传下来的各种观念"这一正确原理中引出拒绝思想遗产的结论。资产阶级就常常这样来诬蔑无产阶级。

马克思列宁主义从来是非常重视继承思想遗产的。

列宁说:"马克思主义没有丝毫与'宗派主义'相像的东西,它绝对不是一种什么离开世界文明发展大道而产生出来的偏狭顽固的学说。恰巧相反,马克思底全部天才,正在于他回答了人类先进思想所已提出的种种问题。他的学说是直接继承那些伟大的哲学家、政治经济学家和社会主义者底学说而起的。"[①]列宁在《青年团的任务》一文中还说:共产主义是"从人类思想总和中产生出来的",又说:马克思在创立马克思主义时,"借助于充分领会以往科学上所贡献的全部知识";但是紧接着列宁就指出:"凡人类社会所创造出的一切,他(马克思——引者)都用批判态度来审查过,任何事物也没有忽略过去。凡人类思想所建树

---

① 列宁:《论马克思恩格斯及马克思主义》,外国文书籍出版局1949年版,第64页。

出的一切，他都重新探讨过，批判过，并根据工人运动的实践——检验过，于是就作出了那些为资产阶级狭隘性限制或被资产阶级偏见束缚住的人所不能得出的结论。"①由此可见，马克思对于思想遗产是用批判的方法来继承的，继承也就意味着对已有的思想原则的扬弃和改造，也就是打破旧东西、否定旧东西。否定当然不是一笔勾销，而是扬弃。例如在哲学上，马克思对黑格尔、费尔巴哈不是什么充实、提高，而是否定了黑格尔的体系，唯物主义地改造了黑格尔的辩证法，批判了费尔巴哈的体系，辩证法地改造了费尔巴哈的唯物主义，并克服了他的历史唯心主义。

毛泽东同志在阐明我们党领导抗日战争的重大历史责任的重要文件——《中国共产党在民族战争中的地位》一文中，于"学习"一节，论述了学习马克思列宁主义的重要性之后，写道："学习我们的历史遗产，用马克思主义的方法给以批判的总结，是我们学习的另一任务。我们这个民族有数千年的历史，有它的特点，有它的许多珍贵品。对于这些，我们还是小学生。今天的中国是历史的中国的一个发展；我们是马克思主义的历史主义者，我们不应当割断历史。从孔夫子到孙中山，我们应当给以总结，承继这一份珍贵的遗产。这对于指导当前的伟大的运动，是有重要的帮助的。"②（高赞非同志也引了这段话，但是却没有引"用马克思主义的方法给以批判的总结"这句非常重要的话。）在这里，毛泽东同志深刻地指出了继承思想遗产的重要意义，谆谆教导我们要认真学习历史遗产；同时也给我们指出了继承遗产的根本方法，即"用马克思主义的方法给以批判的总结"，而不是什么"用马克思主义的方法加以整理、充实和提高"。

对继承思想遗产的方针，毛泽东同志还生动地比喻说："如同我们对于食物一样，必须经过自己的口腔咀嚼和胃肠运动，送进唾液胃液肠液，把它分解为精华和糟粕两部分，然后排泄其糟粕，吸收其精华，才能对我们的身体有益，决不能生吞活剥地毫无批判地吸收。"③很清楚，排泄糟粕，吸收精华，并不是把历史上的思想原则机械地分割成两部分，

---

① 列宁：《论马克思恩格斯及马克思主义》，外国文书籍出版局 1949 年版，第 437—438 页。
② 《毛泽东选集》（第 2 卷），人民出版社 1960 年版，第 496—497 页。
③ 《毛泽东选集》（第 2 卷），人民出版社 1960 年版，第 678 页。

把一部分撇掉，把另一部分直接地现成地拿来；而是要像吃饭那样，把食物加以分解，从而吸取营养，把它变成自己的血液。不否定"食物"，是不能吸取营养的，再好的"食物"也不能直接输送到血液里面去。继承思想遗产的过程。就是用马克思主义把它加以消化的过程。

以我们看来，毛泽东同志所阐明的马克思列宁主义的继承思想遗产的方针，就是"用马克思主义的方法给以批判的总结"，也就是他常说的"推陈出新"。离开了这个方针，就谈不上无产阶级的继承思想遗产。

马克思主义者谈继承思想遗产，必须首先从马克思主义同以往的意识形态具有本质的不同和对立出发，然后才是谈如何继承的问题。历史上地主阶级的思想家、资产阶级的思想家，继承思想遗产可以把这一部分或那一部分现成地拿来，"加以整理、充实和提高"，因为他们都是剥削阶级的思想家，他们的意识形态都是剥削阶级的意识形态。他们这种继承思想遗产的方式，是同他们举行的社会变革乃是以一种剥削方式代替另一种剥削方式相适应的。无产阶级革命是要消灭一切剥削，"要最坚决地打破过去传下来的所有制关系"，与此相适应，在观念上，也"要最坚决地打破过去传下来的各种观念"。只有打破它，亦即否定它，才能谈得上继承。把批判和继承对立起来是不对的，对于无产阶级的继承思想遗产说来，没有批判就没有继承，就如同没有消化系统对于食物的分解，重新化合，就不能吸取营养、制造血液一样。直接地现成地拿来，或者"充实和提高"，曾经是剥削阶级继承以往思想遗产的一种方式，这种方式对于无产阶级是不适用的，只要承认马克思列宁主义和以往的意识形态具有根本对立的性质，按照一贯的逻辑，就不能不承认这一点。

继承思想遗产，只能按着毛泽东同志阐明的马克思列宁主义的方针。把这一方针具体运用到思想遗产的各个领域，总结哲学的、艺术的、文化的发展规律，总结理论思维的、形象思维的经验教训，等等，是需要我们大家努力的，这是一个长期的艰巨的研究过程，也是一个百花齐放、百家争鸣的过程。在这个过程中，对历史文献要加以整理和注释，这是一件繁重的工作，也是一件很重要的工作。但这是手段，而不是目的；这是继承思想遗产的必要条件，整理和注释本身并非就是继承了思想遗产。

马克思列宁主义的阶级分析方法,是我们研究思想史(包括继承思想遗产)的根本方法,稍微离开了它,就要引出一系列的混乱。我们以为,上面的讨论可以证明这一点。有的同志,把阶级分析和历史主义绝对对立起来,似乎强调了阶级分析就是违背了历史主义。这是不对的。毛泽东同志说:"阶级斗争,一些阶级胜利了,一些阶级消灭了。这就是历史,这就是几千年的文明史,拿这个观点解释历史的就叫做历史的唯物主义,站在这个观点的反面的是历史的唯心主义。"①阶级斗争是阶级社会的历史发展的基本线索,马克思主义的阶级分析,必然是历史主义的。离开马克思主义的阶级分析,便不可能有马克思主义的历史主义。刘节先生和高赞非的文章也证明了这一点:他们的文章离开了马克思主义的阶级分析,相应地也离开了马克思主义的历史主义;他们把孔子的思想说成超阶级的,从而也就把它说成超时代的,超时代的说法当然不是历史主义。

运用马克思列宁主义的阶级分析方法,是要艰苦用功的,在这个方法之下,例如由于训诂学的知识有某些缺陷,也会犯出错误,但这种错误不过是 $2+2=5$;而离开马克思主义的阶级分析方法,所犯的错误,则是 $2+2=$ 蜡烛。在百家争鸣中,我们要互相学习,吸取成果,也要互相批评。在批评中,要批评 $2+2=5$,更要批评 $2+2=$ 蜡烛,如果出现了这种错误的话。

在思想研究工作中,离开马克思列宁主义的阶级分析,是没有什么奇怪的。由于对马克思列宁主义学习不够,自己的世界观上还有问题,主观上虽然力求正确运用阶级分析方法,而在研究思想史中,特别是在碰到较难解决的问题的时候,不自觉地在某种程度上离开马克思列宁主义的阶级分析方法,也是可以理解的。有的同志批评我们关于孔子的几篇文章是教条主义。教条主义当然是非马克思主义的。我们不同意这个批评,但是我们决不敢说,我们在思想史研究工作中就不会犯教条主义或其他形式的非马克思主义的错误。正因为我们大家有犯出错误的可能性,所以我们要互相勉励,互相劝戒,把研究思想史当作学习马克思列宁主义的过程,当作提高或改造自己的世界观的过程;如果出

---

① 《毛泽东选集》(第 4 卷),人民出版社 1960 年版,第 1491 页。

现了离开马克思主义阶级分析的倾向,就要予以批评,帮助愿意改正错误的同志改正错误,从而更坚定地站在马克思主义立场上进行工作。我们批评几位同志的文章,主观意图即是这样。自然,我们的意见,不一定都正确,希望他们几位同志和其他同志批评。

(录自《文史哲》1963 年第 1 期。)

庞朴儒学学案

庞朴(1928—   ),字若木,原名声禄,江苏淮阴人。中国当代哲学史家、哲学家。

庞朴少时因抗战爆发与长兄从塾师读经,后以习字为取径临摹《说文》,自修五经诸子。1954 年,自中国人民大学哲学系研究班毕业,任教于山东大学。后历任中国社会科学院研究员、荣誉学部委员,山东大学终身教授、儒学高等研究院学术委员会主任,联合国教科文组织《人类科学文化发展史》国际编委、国际简帛研究中心主任等职。1955 年,发表《否定的否定是辩证法的一个规律》一文。1958 年后,学术研究转向中国哲学与文化探讨。1963 年,编写《先秦五行说之嬗变》、《先秦名家三派之演化》两种讲义。1977 年 10 月,发表《马王堆帛书揭开了思孟五行说之谜——帛书〈老子〉甲本卷后古佚书之一的初步研究》一文,证明马王堆帛书所谓的"仁义礼智圣"五种德行即荀子《非十二子》中指责子思、孟子所造作的"五行"。1978 年,发表《"火历"初探》,认为大约在伏羲神农时代我们祖先曾以大火(天蝎 α)作为纪时星象,在文献、礼俗、天文知识等方面都留有明显痕迹;同年 8 月,《孔子思想的再评价》一文在《历史研究》第 8 期与 8 月 12 日《光明日报》同时发表,是"文化大革命"后较早提出重新评价孔子的一篇有影响的论文。1979 年,发表《名教与自然之变的辩证进展》一文,就先秦到魏晋时期"名教"与"自然"观念在学术政治环境中的存续流变给出了详尽细致的梳理与说明。1984 年,出版《儒家辩证法研究》一书,从"仁义"、"礼乐"、"忠恕"、"圣智"、"中庸"等几组核心概念入手,揭示了儒家思想中的辩证思维;发表

《阴阳五行探源》一文,指出五行、八卦和阴阳分别起源于东方、西方和南方三种不同的占卜方法,代表了三种不同的思想体系,后随着社会发展慢慢开始接触融合,共同构成了中国固有文化的骨架。1986 年,发表《文化结构与近代中国》一文,从器物、制度和观念三个层次分析了文化结构之于近代中国发展变迁的特殊价值和意义。1991 年,发表《忧乐圆融——中国的人文精神》一文,指出中国的人文精神兼具从儒家思想流传下来的忧患精神和从道家思想流传下来的怡乐、忧乐圆融的精神。1998 年,发表《孔孟之间——郭店竹简中的儒家心性说》一文,认为郭店竹简大量保存了由孔子向孟子过渡时期的学术史料,儒家早期心性说的轮廓便隐约显现其中。

庞朴为文善以小见大,能于众所习知处掘发新见,善在大道通衢中发现山水;治学以经、子为主兼及四部,以哲学探讨为手段,以为中华文化正名为旨归,兼治古今、并观中外。就儒学而言,其对"仁义"、"礼乐"、"忠恕"、"圣智"、"中庸"等核心儒学概念辩证关系的揭示,对思孟五行之谜的破解和阐述,对出土简帛的整理和宣扬等,皆引起海内外学界之重视。

（刘　斌　毕晓乐）

儒家辩证法研究(节选)①

引　论

由孔丘开创并以他为代表的儒家学派,不仅是中国先秦时期的显学,而且自汉武帝定之为国学之后,直至五四运动打倒孔家店为止,统治了中国思想界整整两千年之久,成为中华文化的传统精神。

一种学派能够统治一个伟大的民族达两千余年,其原因固然由于这个民族的经济政治结构没有发生什么根本的变化,另一方面,也未尝不是由于这种学派本身含有某些为人们无法否定的内容。不承认这后一点,不仅对于历史是不公正的;对于现实来说,恐怕也有碍于如何估价目前和规划未来的文化。

的确,传统是一种惰性的力量。为了跃出传统的束缚,迎接新文化的曙光,"五四"时期乃至此前此后的一些志士仁人,曾为之引吭振臂,直至献出宝贵的生命;但是,传统又是一种不可抗拒的力量,人们只有充分承认它的合理内容,才有可能否定它或者说吸收它,进入一个新的境界。

史实证明,宣布传统是惰性的、应该摧毁的力量,并起而摧毁之,虽说需要刚健的毅力,但总还比较容易;而承认传统中有合理的内容,用吸收它的办法来否定它,由之推出一个新文化来,却不那样轻而易举。这里不仅需要智慧,而且需要历史条件。马克思说过:

所谓的历史发展总是建立在这样的基础上的:最后的形

---

① 这里节选的是该文"引论"、"仁义"两部分。

式总是把过去的形式看成是向着自己发展的各个阶段,并且因为它很少而且只是在特定条件下才能够进行自我批判——这里当然不是指作为崩溃时期出现的那样的历史时期——所以总是对过去的形式作片面的理解。基督教只有在它的自我批判在一定程度上,所谓在可能范围内准备好时,才有助于对早期神话作客观的理解。同样,资产阶级经济只有在资产阶级社会的自我批判已经开始时,才能理解封建社会、古代社会和东方社会。①

这里告诉我们,要能对过去的社会历史免去片面的理解,承认它的存在之合理性和继承其合理内容的必要性,不把它简单诅咒为历史的误会,需要自己能够进行自我批判,而这种时期是很少的,并且是在特定条件下的。尽管历史总是在发展一段以后,会停下脚步来进行各种程度上的自我批判;尽管无产阶级在进行这种自我批判时,做得更为自觉和更为无私,但总得需要那个"很少"而且"特定"的条件出现时,方有可能。这是不可强求的。

中国无产阶级在自己除旧布新的伟大历史行程里,碰到过好几次这样的条件,而最近的一次,表现得尤为醒目和充分。它要求我们全面地理解过去历史,理解民族文化,以便更有效地开创社会主义现代化建设的新局面。其中,自然也包括对曾经成为中华文化传统的儒家学说的理解在内。

儒家学说作为一种社会政治理论和伦理道德思想,是显而易见并为人公认的。如果要说儒家学说里有辩证法思想,并进而提出一个"儒家辩证法"的命题,这能否得到学术界的普遍承认,就很不乐观。因为:第一,习惯上,人们只把马克思主义辩证法和黑格尔的唯心辩证法叫做辩证法,而把古代的辩证法叫做朴素辩证法;那意思是说,古代的辩证法还不够完善,不够自觉,如未雕之大朴。它意味着,只有我们今天的这种以三大规律为主要内容的辩证法,才称得起完善,算得上自觉;古人思想中的辩证法,顶多是一些天才的猜测,零碎的片断,而且多半又

---

① 《经济学手稿·导言》,《马克思恩格斯全集》(第12卷),人民出版社1962年版,第756—757页;又第46卷上,第43—44页。

受着形而上学体系的窒息,如此等等。仔细想来,这种说法,正是马克思所说的"最后的形式总是把过去的形式看成是向着自己发展的各个阶段",是一种以我为主的、自封为绝对的、缺乏自我批判精神的独断。当然,这也难怪,它的出现,可以说是不以人们意志为转移的,因为"历史发展总是建立在这样的基础上的"。譬诸积薪,后者居上。我们今天所达到的对于客观辩证法的认识,无疑大大高于古人;正如一切认识领域和一切实践领域里的情况一样。但是,如果由此以为只有我们的辩证法才叫辩证法,如果进而以为我们的辩证法知识已经十分完善了,如果傲然以为只有我们才是自觉者,或者只有像我们这样去认识才叫做自觉,那都只会贻笑后哲。"后之视今,亦犹今之视昔",若干年后,人们完全有更充分的理由,把我们今天的三大规律的辩证法,按我们对待古人的办法——如果他们也不作自我批判的话——贬之为朴素辩证法的。

第二,具体到儒家身上,提出"儒家辩证法"的命题,麻烦又会更多些。在我们的学术里,仿佛习惯于只承认道家和兵家有朴素辩证法思想;至于儒家哩,除掉《易传》所包含的对立变化观念以外,一般是定为折衷主义者或形而上学者的。

这里边有一个很重要的原因,出在我们学术界流行的对于辩证法的理解上。人们通常认为,只有主张对立两极不可调和的学说才是辩证的,否则便是折中调和的形而上学;只有主张不平衡为发展唯一的形式的学说才是辩证的,否则便是平滑进化的形而上学,等等。而儒家学说,正是主张调和与平衡的。其实,如果要以此为准来判定形而上学的话,那么,形而上学将不在别处而恰恰正在这种认识本身。请看恩格斯是怎样说的:

> 正是那些过去被认为是不可调和的和不能解决的两极对立,正是那些强制规定的分界线和类的区别,使现代的理论自然科学带上狭隘的形而上学的性质。这些对立和区别,虽然存在于自然界中,可是只具有相对意义,相反地,它们那些被设想的固定性和绝对意义,则不过是被我们人的反思带进自

然界的。①

自然界如此,社会里和人类思维中也是一样,两极对立都只有相对意义,因为它们本是同一个东西的两极,仅此一端,就决定了对立是同一的或调和的。② 至于平衡,它本是事物发展的一种形式和条件。任何个别运动总是趋向平衡,正是这种平衡,既是发展的结果,又为新的发展准备着必不可少的条件,带来了事物的必不可免的发展;而发展或整体的运动,又打破了个别的平衡。③ 任何只谈对立两极不可调和、发展只是不平衡的说法,都不是客观辩证法的反映,而是人们加到客观上去的一种反思,其性质,是形而上学的。至于儒家学说,确有其形而上学之处,这一方面,以后将逐步谈到;但绝非由于它在涉及对立两极时主张调和与平衡。我们绝不能以调和与平衡的罪名,轻易把"儒家辩证法"的命题否定掉。

同我们的习惯比较起来,老黑格尔似乎要宽容得多。尽管他自视甚高,仿佛绝对精神全都装在他的荷包里;但在谈到古希腊哲学家时,他却不仅承认那主张一切都是生成的赫拉克利特的辩证法,而且承认有反对运动的埃利亚学派的辩证法,唯心主义者柏拉图的辩证法,以及"把一切确定的东西都消解了"④的怀疑派的辩证法。平心而论,黑格尔的这种做法大概是对的。因为"就本来的意义说,辩证法就是研究对象的本质自身中的矛盾"⑤。因而,无论是从运动的真实性看到了矛盾的赫拉克利特,还是因为矛盾而否定了运动"真实性"(区别于"可感性")的埃利亚学派,都可以有自己的辩证法;同样的,柏拉图把世界归之于"理念",怀疑派把一切看成为虚假,都不仅没有因而否定,反而以此展开了他们的矛盾观念,这又正是他们的辩证法所在。从这个意义上说,黑格尔承认古人的辩证法,还并不是出于道德上的宽容,而是基于科学上的考虑了。当然,黑格尔有一个大局限,即对于中国哲学的无知与蔑视,在他的《哲学史讲演录》里,除了对老子和《易经》勉强承认

① 《反杜林论》三版序言,《马克思恩格斯全集》(第20卷),人民出版社1958年版,第16页。
② 参见《马克思恩格斯全集》(第20卷),人民出版社1958年版,第554、558页。
③ 参见《马克思恩格斯全集》(第20卷),人民出版社1958年版,第589页。
④ 《哲学史讲演录》(第3卷),商务印书馆1959年版,第106页。
⑤ 列宁:《哲学笔记》,人民出版社1958年版,第256页。

有一点哲学思辨外,至于孔子和儒家学派,则被说得一无可取,他说:"孔子只是一个实际的世间学者,在他那里思辨的哲学是一点也没有的——只有一些善良的、老练的、道德的教训,从里面我们不能获得什么特殊的东西。"①而儒家学派更被认为是"一个国家的宗教",其教义就是以"孔子的道德教训"为主的"国家的道德"。②

这样,我们就涉及为"儒家辩证法"命题担心的第三个原因。谁都知道,儒家学派不仅没有留下专门论述辩证法规律和范畴的经书,甚至也没写出过能和《孙子兵法》抗衡的充满对立的著作,更不用说像《道德经》那样的专门哲学著作了。儒家的经书,说的多是修身齐家治国平天下的经世致用之道,所以人们总把儒家学说当作社会政治理论和伦理道德思想来看。博雅如黑格尔者,也难免受了形式的欺骗,忘掉了他那著名的形式与内容的辩证关系,未能找到儒家的哲学,尤其是未能看到他总是瞪大了眼睛去寻找的辩证法之存在,而使《哲学史讲演录》因之逊色。

这一点,儒家自己倒是预见到了。《易 · 系辞上》说:

> 一阴一阳之谓道。继之者善也,成之者性也。仁者见之谓之仁,知者见之谓之知,百姓日用而不知,故君子之道鲜矣!

这里所谓的"道",就是事物变化发展之道,亦即客观辩证法。它表现于人们按道而动的善行,由人性来使之完备;可是人们往往不知道它的真谛,而以自己的偏见去称呼它,乃至根本不知道它的存在。于是乎,这个辩证法就很少为人了解了。

这一段话,是儒家学者自己的感慨之言,它倒给我们提示了一个线索:儒家所理解的一阴一阳之道,不在哪一本专门谈论辩证法的著作中,而在他们所标榜的善行中、人性中、仁中、智中,乃至常人"行之而不著焉,习矣而不察焉,终身由之而不知"(《孟子 · 尽心上》)的日常动作中。而凡此种种,在儒家经典中,岂但比比皆是,简直是无所不在,俯拾皆是哩。

---

① 《哲学史讲演录》(第 1 卷),商务印书馆 1959 年版,第 119 页。
② 《哲学史讲演录》(第 1 卷),商务印书馆 1959 年版,第 119 页。

因此,我们有足够的材料来研究儒家辩证法。难点在于如何去沙里淘金,从他们的种种经世之术、道德说教、日用生活去发掘贯彻其中的"道",并整理出一个固有的脉络来,把它公诸于众。在这样做的时候,固然要别具慧眼,透过儒家经典本身的种种非哲学的表述方式;而尤为困难的是,更要拨开后人的种种见仁见智之迷雾,还儒家之"道"以庐山真貌。

一旦多少做到了这一些,或更进而用同样方法去研究了诸子百家,那时候,我们将会发现,在我们漫长的历史途程里,在学术繁荣、思想活跃的先秦时期,研究过对象本质自身中矛盾的学派,绝非道家一家和《道德经》一书。文献表明,说王道、谈仁义的整个儒家学派,尊法术、尚功利的整个法家学派,出奇正、知彼己的整个兵家学派,辨名实、别同异的各个名家学派,都有自己的辩证法。他们都以自己的特有方式和术语,就自己所关注的事物和现象,反映了客观辩证法的一些规律和特征。尽管他们当中的主要几家往往攻讦不已,争以后歇为胜,"是其所非,非其所是"(《庄子·齐物论》),却无碍于他们在辩证学说方面常有相通之处,并且恰恰以此铸成了对客观辩证法进行认识的整个链条的各个环节。

在先秦时期前后杂陈的各种矛盾观或辩证学说中,最能吸引人们注意力的,当然首推道家。它的特征是以侈求转化为目标,以守柔用弱为手段,所谓"反者道之动,弱者道之用"(《道德经》)的便是。翻开道家的代表著作《道德经》五千言,触目皆是对立范畴及其无尽转化的描述。这些转化,被说成是无条件的,循环往复的,并且是莫名其妙又无可奈何的。其最为人们熟知的一段话是这样说的:

> 祸兮福之所倚,福兮祸之所伏,孰知其极! 其(岂)无正?
> 正复为奇,善复为妖。(《道德经》第五十八章)

极,准则也。正,纯正也。求"极"而无可知,欲"正"而不可得,于是对于祸福奇正的转化,只有一个莫名其妙和无可奈何。道家人物对于矛盾和发展的这种观点,是他们所代表的阶级的状况在理论上的映现。道家的主要代表人物老庄都是没落奴隶主阶级的思想家。政治权力的易手,经济状况的式微,道德观念的改变,处处使他们对转化铁则有切肤之痛。这一切的袭来,既为他们所无力抗拒,又是他们所无法理解,所以,转化的"极",即转化的准则、原因和条件,在他们眼里,便成了不可猜度的谜;当年的"正",即他们的乐土和王道,已如流水落花随春去,而无力回天了!

可是,他们却又并不甘于目前的弱者地位,不安于无法理解的命运的支配,他们不无侥幸地在想:目前的秩序可以称得起"正"么?焉知明天不再变成"奇";自己的现状的确很弱了,今天的强者不也原是弱者变来的么?于是他们欣然确信:既然向对立转化是不可抗拒的规律,那么只有处在弱的地位上,才算立于不败之地;而强者,倒是注定要随时倒霉的。所以他们进而宣布,这个不败的"弱",就是他们终于找到了的"极":

> 古之善为士者不武也,善战者不怒,善胜敌者不争,善用
> 人者为之下。是谓不争之德,是为用人之力,是为配天,古之
> 极也。(《道德经》第六十八章)

弱是极,而且是"古之极",即从来如此的行为准则。当他们这样说的时候,显然忘记了自己祖先以强取胜的光荣历史,反而自甘于目前的弱者地位了。从不甘于自己的弱者现实出发去寻求解脱,却制造出一套自甘于弱者现实的理论体系。这就是道家的历史悲剧。

其实,弱之转化为强,有如强之转化为弱一样,是需要种种主客观条件的,而且还要合乎总的历史发展规律,而不能只凭愿望和推理。他们既已被社会浪潮冲刷出来,又筹集不到足够的条件,只能是在历史风云面前愈形衰落,直至消失;这倒真是他们所应该知道而不能知道的"道之用"。

在这样的规律作用之下,由弱向强倒转过去的前景,在道家人物那里,从开始的充满诗意的奢望,不免慢慢褪色为只供自嘲的绝望。这就是从老子到庄子的思想演变之所在。所以在庄子那里,唱的是整整降了两个八度的低调:

> 是亦彼也,彼亦是也。彼亦一是非,此亦一是非。果且有
> 彼是乎哉?果且无彼是乎哉?彼是莫得其偶,谓之道枢。枢

> 始得其环中，以应无穷：是亦一无穷，非亦一无穷也。（《庄
> 子·齐物论》）

彼此，是非，以至一切两极的对立，在老子那里，虽说都被安置在转化的陶钧上，却不否认其差别；而且唯其强调转化，更见其承认转化前后的对立。在这一点上，老子是正确的。当然在老子那种不谈条件只谈转化的学说里，确已埋下了既然随时都能转化而使对立成为无足轻重的祸根，但那总还仅仅是一种否认对立存在的可能。历史的无情发展和庄子的纵情思辨，把这种可能变成为现实。庄子想，由弱反转为强的幻梦既已由历史撕碎，再死抱住那个徒然惹起烦恼的对立更有何用？何以见得你那一套便配尊为"是"，而我的一切都该贬为"非"呢？如果没有我的这个"非"，你那个还算得上"是"么？所以不妨干脆来个釜底抽薪，将一切对立统统泯灭，使"彼是莫得其偶"，这样一来，转化的问题便不复存在；转化的问题既不存在，转化的难题自不解而决。所以，泯灭对立，或者说将对立绝对地相对化，便被庄子规定为应付无穷转化之环的枢机。

这种办法，好则好矣，无奈是空中楼阁，心里灵台，有它无它，人们的实际地位并不因之增高半寸。它除了曾给发明者和信仰者一丝自我解嘲的效用，在精神中攫取到某些梦幻性的胜利而外，其真正的历史意义，大概要推因其泯灭对立而激发起与之作对的夸大对立的辩证思想，即法家辩证法的出现，最值得称道了。道家学派梦寐以求的转化自己社会地位的夙愿，最后竟在转化自己理论形式的悲剧中凄凉实现，胜利者不是道家开山祖老子，而是历史辩证法老人，这是多少带点讽刺意味的。

法家辩证法一反庄子那种泯灭对立的做法，不仅绝不怀疑对立的实在性，且以夸大其绝对性为能事。发明"矛盾"这一概念的光荣，就是属于他们的。只是他们赋予矛盾的含义，同我们今天所理解的对立同一并不相同：

> 楚人有鬻楯（同盾）与矛者，誉之曰："吾楯之坚，莫能陷也。"又誉其矛曰："吾矛之利，于物无不陷也。"或曰："以子之矛陷子之楯何如？"其人弗能应也。夫不可陷之楯与无不陷之

> 矛,不可同世而立。(《韩非子·难一》。又同书《难势》篇之此
> 文末句为:"不可陷之楯,与无不陷之矛,为名不可两立也。")

可见,法家所谓的矛盾,是非此即彼,是对立两极的绝对排斥或不可两立。在自己的著作中,法家从不放过指出社会上各种对立的机会,尤其善于在常人认为一致的地方将它指出,并使之归结于功利上的冲突,以确证对立的"势不两立"(《韩非子·人主》);其思想和语言,往往是相当犀利的。有一段名言最代表他们的这种观点:

> 夫冰炭不同器而久,寒暑不兼时而至,杂反之学不两立而
> 治。(《韩非子·显学》)

这样的夸大对立绝对性的矛盾观,同当时新兴地主阶级不妥协地夺取和巩固各项权力的无情斗争之间,存在着认识与实践的密切关系,是一望可知的。

法家也谈对立的转化,尤其善于详细分析转化的条件和步骤。例如,他们说:

> 立民之所乐,则民伤其所恶;立民之所恶,则民安其所乐。
> 何以知其然也? 夫民忧则思,思则出度;乐则淫,淫则生佚。故
> 以刑治则民威(畏),民威则无奸,无奸则民安其所乐。以义教
> 则民纵,民纵则乱,乱则民伤其所恶……夫正民者,以其所恶,
> 必终其所好;以其所好,必败其所恶。(《商君书·开塞》)

这段议论,旨在论证"刑治"优于"义教",论证二者的不可两立,但却接触到了对立转化这样一个更普遍的真理。在另外地方,他们还专门解释过《道德经》的祸福转化命题:

> 人有祸则心畏恐。心畏恐则行端直,行端直则思虑熟。
> 思虑熟则得事理,行端直则无祸害。无祸害则尽天年,得事理
> 则必成功。尽天年则全而寿,必成功则富与贵。全寿富贵之
> 谓福,而福本于有祸,故曰:"祸兮福之所倚。"
>
> 人有福则富贵至。富贵至则衣食美,衣食美则骄心生。
> 骄心生则行邪僻而动弃理;行邪僻则身死夭,动弃理则无成

功。夫内有死夭之难,而外无成功之名者,大祸也。而祸本生
于有福,故曰:"福兮祸之所伏。"(《韩非子·解老》)

这样来谈转化,比之爱谈转化而无视条件性的老子高明得多,自不待
言。老子不知或不谈转化的条件性,正因为他没有或说不出自己所向
往的那种转化所需的条件;商、韩大谈其转化的条件,则是他们自信甚
强且充满活力的象征。没有条件,于是鼓吹用弱;充满活力,自然趋于
尚强。

法家描绘的好恶、祸福之逐步向对方转化而去,用思辨的语言来
说,叫做"两者的各一方当自己实现时也就创造对方,把自己当作对方
创造出来"①。这种情况,在黑格尔辩证法和马克思主义辩证法里,都
谓之对立的同一。可是,当法家人们如此谈论的时候,有充分根据可以
推断,他们绝未意识到所谈的转化着的对立两极之间有什么同一性。
因为,通观法家的整个著作,我们所能看到的是,当他们谈论对立的时
候,他们强调矛之与盾,强调二者的"不同器"、"不兼时"、"不两立",即
排斥对立在时间空间中有任何同一的余地。更多的时候,法家也谈同
一,只是他们所追求的是严禁"二心私学"(《韩非子·诡使》),反对"兼
礼"、"兼听"(《韩非子·显学》),要求"独断"(《韩非子· 外储说右上》)
独行。这种同一,又排斥同一在时间空间上有任何对立的存在。这种
二是二、一是一的思想方法和对立的同一性思想正相径庭。

法家辩证法之所以如此执著转化的条件性和酷爱无对立的同一及
无同一的对立,除去社会政治的原因之外,就思维发展的过程来看,它
正好是道家辩证法的反动,是老子的不谈转化条件、庄子的不分对立和
同一的思想之向对立面的转化。后者就预藏于前者之中。当前者在实
现自己时,已经预示着后者的必然出现。这是不以人们意志为转移的
客观辩证法,虽然它们是通过人们的意志显现出来的。

同道家辩证法的用弱、法家辩证法的用强都不相同,儒家辩证法是
主张用中的。它既不同于侈谈转化而无视条件性的道家,也有别于夸
大对立而强求同一的法家;它小心翼翼地注视着转化的条件性,为的是

---

① 《马克思恩格斯全集》(第12卷),人民出版社1962年版,第742页。

防止转化的出现,它恭谨谦逊地调和对立在同一中的存在,为的是避免对立趋于极端而使旧的同一瓦解。例如,在好几种儒书中,都记有如下一则故事:

> 成汤之时,有穀生于庭,昏而生,比旦而大拱。其吏请卜其故。汤退,卜者曰(《韩诗外传·二》作"伊尹曰"):"吾闻祥者,福之先者也;见祥而为不善,则福不至。妖者,祸之先者也;见祸而为善,则祸不至。"于是早朝晏退,问疾吊丧,务镇抚百姓,三日而穀亡。故祸兮福之所倚,福兮祸之所伏,圣人所独见,众人焉知其极!(《吕氏春秋·季夏纪·制乐》)

这是对祸福倚伏的又一种见解,同道法二家的解释迥异其趣。照故事所说,对付祸福转化的基本原则应该是:保福防祸,早为之谋。这个被夸为他们"所独见"的对付转化的"极",恰恰是反对转化的。再如:

> 君子安而不忘危,有而不忘亡,治而不忘乱,是以身安而国家可保也。(《易·系辞下》)

> 见其可欲也,则必前后虑其可恶也者;见其可利也,则必前后虑其可害也者。而兼权之,熟计之,然后定其欲恶取舍,如是则常不失陷矣。(《荀子·不苟》)

诸如此类的箴言很多很多,无非是要求因一而见二,要求使他端与此端常在,或者说,要求在同一中看到对立,设法让对立保持其同一,以维系身安国保、常不失陷的局面。

非常明显,这是一种既得利益者的哲学,它同失利者的道家哲学或夺利者的法家哲学,社会基础既然不同,目的便也不同,方法自亦有别。

但是,它们都抓到了客观辩证法的一个方面。从认识发展的逻辑来说,儒家的用中的辩证法,应该是道家用弱、法家用强的辩证法的折中或综合,是它们的逻辑的必然。就历史时间而论,应该以荀子和汉初的儒家作为代表。但是,从认识发展的螺旋圈来看,用弱又曾经是从前一个用中来的,虽然那个早先的用中还比较初级,其代表性的历史人物自然应推孔子。

这样,我们所要研究的儒家辩证法,其时限将主要逗留在由孔子到荀子之间。孔子以前荀子以后,也有儒家经典,作为他们思想的源头和流脉,自应也在考察之中。至于定于一尊以后的儒学人物和著作,虽然也以"儒"字相标榜,其实已因"莫得其偶",即没有他家与之相对待,而不再成其为家了。

仁　义

儒家学说基本上是一种政治伦理学说,儒学的范畴主要是政治学和伦理学的范畴,历来都这样认为,事实也正是如此。这是没有争议的。

儒家认为,社会是一个整体,这个统一的整体由不同等级和处在不同关系中的人们所组成;而各个不同等级和不同的人与人之间的关系又是社会所必不可少的,人们之间和等级之间的界限是不可逾越的。于是,维持人与人之间和等级间的平衡,从而达到整个社会的协调和谐,就成了社会的首要问题。

儒家还认为,人世间的一切都是遵照天的意志安排的,或者是,符合天理或宇宙秩序的。于是,如何保持人与天的平衡与和谐,也成了人类应该关心的问题。

个人修身被儒家认为是维系这各种关系之间平衡并进而达到和谐的出发点。因为儒家所谓的修身,和某些宗教的修行不同,它不以独善其身、个人得道为限,而是要通过修身来明确自己在社会关系乃至天人关系之网中的地位。一个人、一家人、一国人、普天下人都修身了,各个等级各种关系中的人都明确了自己的地位,那时,天下太平的大和谐局面便会到来。

我们很容易看得出,儒家的这一套政治伦理学说和哲学不是没有关系的;或者说,它是以某种哲学思想作为理论基础的。贯穿在这种政治伦理思想之中的一个核心东西,就是保持平衡,取得协调,追求和谐;而构成平衡、协调与和谐的个人与人群,其地位又是互相差异直至根本对立的。这样,求和谐于对立,或者说,研究对立是怎样同一的,便成了儒家哲学的一个重要内容。

本书主要就从这个角度来探讨儒家学说,分析儒学各主要范畴的对立同一关系。

仁义是儒家学说两个最基本的范畴,它们的政治伦理方面的含义,人们已经说得够多了;现在,我们将指出它们还是一对相反相成的范畴,揭示出其辩证法方面的含义——正是这一方面,还几乎是一种拓荒的工作。

《易·说卦》说:

> 昔者圣人之作《易》也,将以顺性命之理,是以立天之道曰阴与阳,立地之道曰柔与刚,立人之道曰仁与义。兼三才而两之,故《易》六画而成卦。分阴分阳,迭用柔刚,故《易》六位而成章。

这是解释《易》之成卦、成章的原因。说的是由于天地人的本性都具有对立两面,三二得六,所以《易》有六画、六位。这种解释能否成立,不是我们这里要讨论的课题,暂置勿论。我们感兴趣的是,《说卦》把"仁与义"称为"人之道",说成是圣人根据人性订立出来的道理,并把它们与"阴阳"、"柔刚"这两对公认的对立关系并列,明白表示"仁义"也是对立的范畴,倒是道出了儒家的真谛。后来,《汉书·艺文志》的作者,把这个意思说得更明白:

> (诸子之学)辟犹水火,相灭亦相生也;(辟犹)仁之与义、敬之与和,相反而皆相成也。

所谓"相反相成",也就是对立同一。儒家认为,人们之间的关系,纵有五伦、九伦之殊,概括说来,都可以归结为人我关系,所谓"世道惟人与我"(郝敬:《孟子说解》卷六)。这是儒家学说的一大进步。在殷代和周初,思想家们所看到的只是君主、臣属,或者稍稍扩大一点到整个统治者和被统治者;那时的道德观念,都是针对这种个人和人群而言的。抽象的人我关系,以及适应抽象人我关系的道德观念,只是到了儒家创立才真正形成起来。儒家认为,纵然适应于不同的人伦关系,有着不同的伦理要求,如君臣应该怎样,父子应该怎样,长幼应该怎样,朋友应该怎样等等,而最集中最概括的道德准则,却是处理人我关系上的准则,即仁与义;它对一切人伦关系都适用,对一切人都适用,是最一般的道德,因而也是通用的道德。所谓"立人之道曰仁与义"就是这个意思。

那么,什么叫做仁?

> 樊迟问仁。子曰:"爱人。"(《论语·颜渊》)

仁就是我去爱别人。儒家相信,这是处理人我关系的第一准则。作为一个道德规范,仁的范畴并非自孔子始,孔子以前已有不少认为仁是美德的记载;但是把仁推广为处理人我关系的一般准则,则是孔子的发明。《论语·雍也》有一段对话说:

> 子贡曰:"如有博施于民而能济众,何如? 可谓仁乎?"子曰:"何事于仁,必也圣乎! 尧舜其犹病诸。夫仁者,己欲立而立人,己欲达而达人。能近取譬,可谓仁之方也已。"

子贡以"博施于民而能济众"为仁,这不是他自我作古,而是对前人观念的转述,孔子以前的仁德,指的多是统治者对下仁慈。孔子时候,这种观念仍有残存,如:"君子而不仁者有矣夫,未有小人而仁者也。"(《论语·宪问》)但是,孔子强调的或向往的却是人人都能为仁,所谓"我欲仁,斯仁至矣"(《论语·述而》)。因为他把仁的范围从统治者下移了,扩大到一切"己"和"人"的关系中,只要"己欲立而立人,己欲达而达人",这便叫做仁。这里的"己",是一般意义上的每一个人自己,不再是统治者;这里的"人",也是一般意义上的任何一个人,不限于民众。尽管孔子的话在当时主要是说给统治者和准备参加统治行列的人听的,老百姓既听不到也不要听这些教义;但孔子在这样说的时候,确实是泛指一切人而言的。

孔子所以能够这样开明,自有他的现实的和历史的原因。这一点,本书不拟谈论;而将仁之被扩大,当作一个既定的事实来对待。值得我们注意的倒是,这种以爱人为内容的仁的原则,能否处理得了人我之间的全部关系? 或者说,由我出发去对待别人,是否只需爱之一途便足,像某些宗教教条所宣传的那样?

谁都知道,在现实社会里,无论哪个人,除去有一些需要爱和值得爱的人之外,总还有那么一些需要恨和值得恨的人,以及为数更多的不需要也不值得爱和恨的人。这一情况,对于"率土之滨,莫非王臣"的君主和统治者来说,尚不清晰;因为除他和他们以外的一切人,都是剥削对象和统治对象,可以一律对待;说是一样的爱,其实是一样的恨。一旦把仁扩大为一切人都可适用的道德规范,情况立刻发生变化,这时候,仁的对象不再限于自己的臣民,而成了自己以外的一切人。其中,亲疏远近不同,好恶休戚非一,仅有爱这一个原则,便不足以应付了。

怎么办?

> 子曰:"唯仁者能好人,能恶人。"(《论语·里仁》)
> 唯仁人为能爱人,能恶人。(《礼记·大学》)

具备了仁德的人,他应该不限于知道爱,还要懂得恨。他能爱人,也能恨人;他好其所当好,恶其所当恶。那些不待好恶的人,当然也就依违其间了。不仅如此,"唯仁者"、"唯仁人"云云,还意味着,只有仁者,即只有达到了"仁"的境界的人,方能好人与恶人;而未掌握"仁"的人,既然不知道如何去爱人,也便不知道如何去恨人,他无法做到真正的"好"与"恶"。在这里,孔子虽然没有把"恶"直接作为仁的内涵,而归之于仁者的情感和行为的另一个方面;但孔子也不曾在"仁"之外另立一个表示恨的道德规范。他用"能好人,能恶人"的双举办法,把恨作为爱的补充物和对立物,统一到一个有道德的人身上,事实上,也等于是统一到这个道德观念本身中去了。

因为爱与恨、好与恶,来自同一情感源。唯其有爱,必然有恨。"仁"以"爱人"为规定,本身就隐含着并要求着"恨人"作为补充。这是生活的真实,也是生活对于道德规范的制约。当着人们仅仅从王座去看"率土之滨"的时候,就是说,仅仅沿着这条由上向下的线去观察生活的时候,生活对他们并没有全部显现,因之其道德学说也就不能充实;一旦增加一个角度,所见更广的时候,便知只鼓吹一种感情,只确立一种规范,将与生活本身不相适应了。

但是孔子的确并未另立一个表示恨的规范,他寓恨于仁,这样既可满足"仁"一元化的体系上的要求,得到理论上的安定感,也能勉强应付生活的逻辑,未尝不是一种办法。当然这种办法,对于矛盾的人我关系全体来说,终难免有顾此失彼之虞。这也反映出,儒家在此时期,尚处筚路蓝缕之中,还未形成一套完整的体系。随着生活和认识的进一步发展,这种藏在仁德内部的差异,必将两极化为外部的对立。

历史事实正是这样,不过比逻辑推论丰富得多。

仁爱思想到了"学儒者之业,受孔子之术"(《淮南子·要略》)的墨子手里,基于另一些现实的要求,发展至于极端,成了"兼爱"、"非攻";它那固有的重在宣传仁爱的弱点,一下子就充分暴露出来了。当初,"仁"在孔子手里,固然定义为"爱人",但尚规定有"能恶人"的要求,这对于人我的全部关系,大体上还能应付;无奈这个"能恶人"是隐含在"能好人"之中的,因而极易被忽视。墨子果然无视这一点,使仁爱成了兼爱。墨子说:

> 视人之国,若视其国;视人之家,若视其家;视人之身,若视其身。是故诸侯相爱,则不野战;家主相爱,则不相篡;人与人相爱,则不相贼;君臣相爱则惠忠;父子相爱则慈孝;兄弟相爱则和调。天下之人皆相爱,强不执弱,众不劫寡,富不侮贫,贵不傲贱,诈不欺愚;凡天下祸篡怨恨可使毋起者,以相爱生也。是以仁者誉之。(《墨子·兼爱中》)

墨子的幻想能否实现,是另一回事;这种兼爱思想之作为一种学说,还是有其价值的。可是这种打着"仁"字旗号的兼爱思想,却为儒家人士所不能容忍。因为儒家所谓的"爱人",虽也泛指一切人,但儒家并不认为对于任何人的爱,都是同质同量、没有差等的。譬如子对父,应该孝;弟对兄,应该悌。这孝和悌虽然也是一种爱,甚至是"为仁之本"(《论语·学而》),但却不能简单归结为爱,因为它们比爱要更亲切更深厚,它们属于"亲亲"的范围。孟子说:

> 亲亲而仁民,仁民而爱物。(《孟子·尽心上》)

这里有三个层次:亲亲、仁民、爱物,每个层次还能细分为许多差等,它们都可统称之为爱,但却绝非等价的。这是儒家的宗法观念所使然,我们在此不多论证。儒家确信在生活中,有"爱而不仁"(见《国语·楚语》)的现象,也有"仁而不亲"的事实。现在墨子认为爱无差等,把爱人的主张绝对化,把父子、兄弟之间的爱和天下之人的相爱等量齐观,在儒家看来,这无异于否认亲子关系和兄弟关系,视父兄如路人。难怪孟子痛斥道:"墨氏兼爱,是无父也","是禽兽也"(《孟子·滕文公下》)。

孟子泼口骂人,从实质上看,他是在执行思想发展摆在儒家面前的任务。这个任务是:一面要驳斥墨子对仁爱思想的滥用,恢复儒学的威信;一面要吸取仁爱可被滥用的教训,弥补儒学的弱点。这样的任务,归结到一点,就是要在"仁"之外,再行提倡一种道德规范,以使处理人我关系的"人之道"趋于完整;或者说,就是要使隐含在"仁"之内部的对立规定外部化为对立两极,以适应于人我关系的对立状况。这就是孟子提出"义"来和"仁"并列,"仁义"双修的理论上的原因。

> (齐)王子垫问曰:"士何事?"孟子曰:"尚志。"曰:"何谓尚志?"曰:"仁义而已矣!"(《孟子·尽心上》)
>
> 孟子曰:"王何必曰利,亦有仁义而已矣!"(《孟子·梁惠王上》)

"仁义而已矣","仁"之外再加上一个"义",便足以尽矣了;这不仅是士的事,同样也是王的事。

那么,什么叫做"义"?

这是一个已经有了若干答案的老问题,因而也就成了一个难以准确答复的新问题。

"义"之作为道德规范,不是孟子的发明,孔子已说过不止一次,虽然孔子未曾拿它与"仁"并提。但它又还不是孔子的发明,更早的时候便被用作道德评语了。经师们说,仁义的"义"本作"宜"。《礼记·中庸》也说:"义者,宜也。"何谓"宜"?《说文》说:"宜,所安也。"这样说来,"义"就是"宜",就是所安,这是久为学术界公认的"义"之确诂。出土的金器铭文中,仁义之"义"字正作"宜",也为此说提供了物证。

只是这样一来,我们很自然地面临着这样一个难题:安宜之"义"和爱人之"仁",何以会与"阴阳"、"柔刚"并列,而有相反相成的意思呢?或者"仁义"本非一对对立范畴,只是连绵词语,《易传》误传,《汉志》误志,本书轻信,全系庸人之扰?

为了弄清这个难题,需要稍微说远一点。

甲文中,有 ⌂、⌂ 者,释文为"宜"。其义或为祭礼,如:

> 癸卯,宜于义京,羌三人,卯十牛又。(《殷虚文字缀合》

七一）

> 己未,宜于义京,羌三人,卯十牛。(《殷墟书契前编》六·
> 二·三)

或用为动词,为杀,如:

> 庚戌贞,辛亥又门方燓太牢,宜太牢,兹用。(《殷墟书契
> 后编》上二二·七)

> 丙寅卜贞,燓于河北三宰,沉三宰,宜一宰。(《殷虚文字
> 缀合》三三九)

有时"宜"旁加"刀",成𬧀,杀的意思更为明白,如:

> 贞𬧀羌百……(《甲骨续存》一·三四七)

可见,"宜"或"割",最早只是杀俘或杀牲以祭的意思。这种仪式,礼经
中仍有保留。如:

> 大师(指誓师),宜于社,造于祖,设军社,类上帝。(《周礼·
> 春官·大祝》)

> 天子将出,类乎上帝,宜乎社,造乎祢。诸侯将出,宜乎
> 社,造乎祢。(《礼记·王制》)

这里的"宜"、"造"、"类",都是祭名。"类(類)"字从米从犬从页(头
也——《说文》),其为祭,自无疑义。"造于祖"即甲金文中习见之"告于
祖某","宜于社"有如前揭之"宜于义京",也都是不成问题的。《书·甘
誓》有"用命赏于祖,弗用命戮于社",亦见社是举行杀祭的地方,"宜"义
同于"戮"。经师们于古礼不甚了了,以"事类"释"类",以"便宜"释"宜"
(孔颖达),望文生义,把本来简单的事情反而弄复杂了。

"宜"之为杀,也保留在"叠"字中。《诗经·时迈》歌颂武王威风
时说:

> 薄言震之,莫不震叠。

叠,徒叶切。许慎云:"扬雄说以为古理官决罪,三日得其宜,乃行之。"

(《说文·晶部》)按:《周礼·秋官·乡士》谓"狱讼成,士师受中,协日刑杀","协日"应该就是"叠日",音近致讹或通假,即三日行刑的规定。扬雄的"得其宜"云云,那是以今为古,证明他已不知宜之本义为杀了。《诗经》的"莫不震叠",毛传云"叠,惧也",那是误"叠"为"慴"所致;其实应该解为莫不震叠于刑,即震于刑杀才是。

"宜"即"俎"。"宜"、"俎"一字之说,创自容庚教授,着实是一大发现。他在《金文编》中说:"宜,象置肉于且上之形,疑与俎为一字。"并引"俎宜同训肴"者三例为证。① 按:"肴"字后起,从字形看,似为"俎"之变。"宜"、"俎"、"肴"本一字,故得互训。此后逐渐分化,"宜"专用作杀牲,"俎"为载牲之器,"肴"则为牲肉矣。"肴"一作"殽",加"殳"以示杀,是孳乳,也是返祖。《礼记·礼运》有云:

是故夫政,必本于天殽以降命,命降于社为之殽也。

《释文》说:"殽"本作"肴"。而"殽"、"肴"一字,阮元有说。社为肴地,与前引之"宜于社"、"戣于社"诸说,若合符节。"本于天肴"云云,也就是《尚书·牧誓》的"恭行天之罚"了。

这些足以说明,"宜"之本义为杀,为杀牲而祭之礼,是没有疑义的了。

现在我们想搞清楚的是,杀义的"宜"字,何以引申而为安宜的呢?

于此,容庚转引字书说:"俎,肉几也","置肉于几,有安之谊,故引申而为训安之宜"(《金文编》第七)。按:置肉于几之为安,何如悬特于庭? 容说之未安,十分显明。窃以为,"宜"之引申而为"所安"为"当",起初当如今语云"活该"、"罪有应得"等义;继而更活用为一般的"合适"、"美"、"善"之类,变得道貌岸然,本义反而湮没,不为人们所知了。《说文》说"宜"字"从宀之下,一之上",即屋之下,地之上,所以"宜",有点像宋人解字方法,当然是不足为训的。

至于"安宜"的"宜"字用为道德规范,为仁义之"义",则是战国中、后期的事。出土的中山王三器上,用为仁义之"义"的"宜"字凡七见②;

---

① 唐兰教授进一步从字音证明。见《殷虚文字二记》,载《古文字研究》第 1 辑,中华书局 1979 年版。
② 载《文物》1979 年第 1 期。

其绝对年代约当公元前 310 年。而睡虎地秦简《为吏之道》有"申之义，以击畸"句，已经不再用"宜"了；其年代不晚于公元前 220 年。以"义"代"宜"，或是这两个年代之间的事。

"义"字，说者以为原系威仪的"仪"字，《说文》："义，己之威义也。"《周礼·春官·肆师》郑玄注引郑司农云："古者书仪但为义。"这一说法大概可信。甲文中，"义"字除用于地名外，有所谓"义行"者：

> 戉，虫（唯）义行，用遘羌方，有戋。弜用义行，弗遘方。
>
> （《殷墟书契后编》下一三·五）

这个"义行"，或许正应读为"仪行"，即"我武维扬"之阵容。"义"的这种威严的含义，可以容纳得下"宜"的杀戮的意思以及合适、美善的意思，而且不带"宜"字固有的那种血腥气味；加上二字同音，便于通假，所以具有了取代"宜"字而为道德规范的最佳资格。

真正实现以"义"代"宜"，应该发生在义德受到特别强调的时代，否则便没有那种社会需要。具体进行以"义"代"宜"，当然还得通过某些有影响的人物或团体之手。这样一件工作，无论从出土器物所提示的年代来推定，还是从思想史的变化史实来判断，大概都可以设想为是由孟子及其门弟子完成的。

早于孟子七八十年的墨子也曾大谈其"义"。今存《墨子》有《贵义》之篇，谓"万事莫贵于义"；墨子还曾自诩为"我以义粜也"（《鲁问》）；有吴虑者，又曾面刺墨子"义耳义耳，焉用言之哉"（《鲁问》），足见其言义之不休。但是墨子的"义"就是"利"他（《经上》），就是"有力以劳人，有财以分人"（《鲁问》）；或者说，就是他的"主义"。墨子曾经明白说过：

> 天下之人异义。是以一人一义，十人十义，百人百义。其人数兹众，其所谓义者亦兹众。是以人是其义，而非人之义，故交相非也。（《墨子·尚同中》，上、下篇略同）

所以墨子所谓的"义"，正如我们今天所说的"主义"，是他们学派的主张和行为准则，并非纯粹的道德规范。

孟子的"义"则不然。它是道德性的，是原来存于"仁"之内部的"能恶人"一面的外现，与"爱人"的"仁"处于相反相成之中：

> 恻隐之心,仁也;羞恶之心,义也。(《孟子·告子上》)
>
> 人皆有所不忍,达之于其所忍,仁也;人皆有所不为,达之
> 于其所为,义也。(《孟子·尽心下》)
>
> 仁,人心也;义,人路也。(《孟子·告子上》)
>
> 仁,人之安宅也;义,人之正路也。(《孟子·离娄上》)

义和仁的这种种定义,表示了二者之间有一种关系,那就是《礼记·礼运》所揭橥的:"义者,仁之节也;仁者,义之本也。"孟子强调"义",正是从这种对仁予以节制的意义上着眼的。荀子后来也说:"君子处仁以义,然后仁也。"这是他们后于孔子而得高于孔子的地方。

孔子也谈"义",甚至说过"君子义以为上"(《论语·阳货》)、"君子义以为质"(《论语·卫灵公》)的话。但综观《论语》中那近二十条有关义的言论,不仅没有明白的定义,而且也无确定的内涵。其观念是既与的,拉杂的,既有本义"宜"(杀)的意思("上好义,则民莫敢不服"等),也有引申的"宜"(安)义("见利思义"等),还有如墨子惯用的那种"主义"("君子之仕也,行其义也"等);唯独就是没有像后来儒家那样拿"义"与"仁"并举。

以"义"与"仁"并举,或者说,以"义"对"仁"加以节制,从而"立人之道",是孟子的发明。这种节制,从思想发展的道路来说,是墨子将"仁"膨胀为"兼爱"的必然结果,是孟子对墨子的批判。

如果孔孟之间没有一位墨子,没有受孔子之术而又背叛儒者之业的墨家学派的出现,仁学思想被推到极端的可能未必实现,对仁加以节制的要求未必产生,孟子高举"义"旗的事实也许难以形成。思想的发展,正如一切发展一样,往往不是直线进行,而是迂回前进的。

孟子强调了"义",并未赋予"义"以新义,只是致力于拿它辅成作为儒学旗号的"仁",使儒家学说更为体系化。而为能做到这一点,孟子也不能不对传统的资料给予必要改造。

以"义"代"宜",对别人也是对自己隐瞒起"宜"(杀)的血污,这是首先要做的。孟子主要活动年代在公元前 4 世纪末至前 3 世纪初,与我们前引的出土文字中"宜"字变为"义"字的年代相符。我们设想正是孟子及其门弟子采用"威义(仪)"之"义"代替了置肉于俎上之形的"宜"

字,是十分可能的。

其次,更重要的,把"义"即"宜"从一种行为和行为的价值玄学化为人性,以渲染其道德属性,再作为他所需要的行为价值,与"仁"一同推广出去,则是孟子所要做的主要工作。"羞恶之心"等等定义,就是这样制定出来的。

羞恶与恻隐,也就是恨与爱,或恶与好,本是人所具有的两种对立感情。孔子当年把它们统一在"仁"之中,突出强调其爱的一面。不过孔子并未明确谈过人性是仁的或不仁的,所谓"夫子之言性与天道,不可得而闻也"(《论语·公冶长》);他只是承认人性本是相近的,后天的熏习使得人人变得不同,乃至形成两极对立,这叫做"性相近也,习相远也"(《论语·阳货》)。当然我们可以从孔子的言论中作一些推论,说他既主张"性相近",又说过"有能一日用其力于仁矣乎?我未见力不足者"(《论语·里仁》),而推测孔子似乎相信人性本仁。但这不过是按照后人的思维水平和习惯而作的推论而已;其实在孔子那时,尚未发生人性的问题,否则,孔子便会提出并予以回答了。

人性问题到了孟子时代才成为讨论的中心。羞恶、恻隐等等,在孟子看来,不仅是感情的发挥而且是人性的表现;而人性,又系"天"所赋予。所谓"尽其心者,知其性也;知其性,则知天矣"(《孟子·尽心上》)。在这种天人合一、性情合一的基础上,孟子把儒家的道德学说认真地玄学化了,也大大地向前发展了。其中对"义"范畴的内容和地位的规定,最为重要。

"义"被说成是"羞恶之心"的道德表现,它同"恻隐之心"的"仁"相对,并且是对后者的一种节制。所谓"羞",如后人所解释的,是耻自己之不善;而"恶",是憎别人之不善。有了这一德目与"仁"并存,"恻隐"便不免形成一个界限,即只供使用于所谓的善人善行,而不致对一切都滥发慈悲。这就叫"义者,仁之节也"。另一方面,羞之与恶,又是为了自己之向善和与人为善,这可说是基于恻隐而起,这就叫"仁者,义之本也"。

"不忍"和"不为"亦复如此。贯彻所不忍(如牛之觳觫)于所忍(如百姓之劳苦),是恻隐之心的推广,这叫做"仁";贯彻所不为(如不愿偷盗)于所为(如以言语来谋利),是羞恶之心的扩充,这叫做"义"。两者之间,"不忍"是"不为"的基础,正因为不忍损害别人,所以不愿偷盗;另一方面,"不为"的又是"不忍"的节制,就是说,对于偷盗和以言语谋利之类的思想和行动,是不能用其不忍的,即应该狠心不干的。

至于"人心"和"人路",则是"恻隐"、"羞恶"或"不忍"、"不为"的更为形象的说法。二者之间的关系,也是对立同一的。

值得认真注意的是,仁义之"义"纵然经过孟子如此精心安排的道德洗礼,但从"羞恶"、"不为"上,我们还是隐约可见"宜"字的未施铅华的本来面目。所谓"羞恶"、"不为",都是对不善而言,是对我之不善与人之不善应持的态度,或说是对恶的态度,是恶恶;说到底,也就是宜即杀了。"大义灭亲"之不能说成大仁灭亲或大勇灭亲,道理也在于此。这一点在后来某些儒书的未遑掩饰的文句里,可以看得更为清晰:

> 能收民狱者,义也。(《逸周书·本典》)
>
> 理财正辞,禁民为非曰义。(《易·系辞下》)
>
> 夫义者,所以限禁人之为恶与奸者也。(《荀子·强国》)
>
> 有大罪而大诛之,简;有小罪而赦之,匿也……简,义之方也;匿,仁之方也。刚,义之方也;柔,仁之方也。(帛书《五行篇》)
>
> 司寇之官以成义。(《大戴礼记·盛德》)
>
> 大夫强而君杀之,义也。(《礼记·郊特牲》)
>
> 除去天地之害,谓之义。(《礼记·经解》)

一些道家著作中,也直截了当用了"义"的这种刑杀意义,如:

> 吾师乎,吾师乎,齑(粉碎之)万物而不为义,泽及万世而不为仁,长于上古而不为老,覆载天地刻雕众形而不为巧。(《庄子·大宗师》)
>
> 所谓仁者,同好者也;所谓义者,同恶者也。(《鹖冠子·学问》)

道家倡言"绝仁弃义"。他们所提到的仁义,都是儒家所主张的。由于站在反对立场,所以便没有义务去帮它掩饰,而直截了当了。因此,根本地说来,儒家道德学上的仁与义,也就有如它的政治学上的德与刑。

或者说,这两对范畴,正是统治阶级应有的两手政策在儒家学说的两个领域中的表现。它们都是对立而又同一的。这是应该时刻把握的基本要领。离开这个要领去轻信儒家自己所作的种种虚假表白,去看待仁义关系和义的内容,都将无法了解儒学的本相。

被誉为醇儒的董仲舒,在这一点上,恰恰闹了一个大笑话。他在解释仁义及其关系时说:

> 春秋之所治,人与我也。所以治人与我者,仁与义也。以人安人,以义正我。故仁之为言,人也;义之为言,我也。言名以别矣……
>
> 是故春秋为仁义法。仁之法在爱人,不在爱我;义之法在正我,不在正人。我不自正,虽能正人,弗予为义;人不被其爱,虽厚自爱,不予为仁。(《春秋繁露·仁义法》)

对于"义在正我",他有更详细的解说:

> 夫我无之求诸人,我有之而非诸人,人之所不能受也。其理逆矣,何可谓义?
>
> 义者谓宜在我者,宜在我者而后可以称义。故言义者,合"我"与"宜"以为一言。以此操之,义之为言我也。
>
> 故曰有为而得义者,谓之自得,有为而失义者,谓之自失;人好义者谓之自好,人不好义者谓之不自好。以此参之,义我明矣。(《春秋繁露·仁义法》)

董仲舒从人的各种关系都可最后抽象为"人与我"这一思辨的原则出发,相信仁与义的提出正是为了处理这种关系,这一看法,是符合儒家原义的。此外的"仁人义我"等等,就都只好算作他自己的哲学,是汉代经师特有的望文生义、闻音生训的训诂之学,而远非仁义的真义了。

不过,董仲舒所闹的这个笑话,只是在训诂学的意义上来说,是一个笑话。从儒家思想的演变上来说,则带有其必然性。因为孟子当年以"义"代"宜",原是为的用道德来掩盖血污,但"义"本"仪"字,亦有威严肃杀的含义。儒学的进一步发展,必然有从道德上更加净化的要求,而发生对"义"的字义另作解释的事情。董仲舒的出现,不过做了这一历史使命的执行人而已。

恩格斯有一句名言:"在经济学的形式上是错误的东西,在世界历史上却可以是正确的。"①董仲舒对"义"的解释和发挥,正是这样。在训诂学的形式上,它是错误的;但是,它却是当时地主阶级意识的象征,它以自己的更为普遍的形式,取代了前一个剥削阶级的不那么普遍的形式,支配了中国思想整整一个历史时代。直到这个社会形态的末期,地主阶级全面进行自我批判的时候,王引之才有勇气出来指明"古者俄义同声"、"《说文》曰:俄,行顷也"、"裒也",指责"《传》于义字,皆训为仁义之义",为"不可通"(见《经义述闻》四《义民》)。比较接近地再现了"义"字的真面目。而王引之所以能够做出这一成绩,与其说是由于他的个人才智,不如看成整个历史的功劳,倒要能抓住事情的本质一些。

我们今天得以更为鲜明地看出"仁义"作为对立同一范畴,透过它们的道德油彩来分析其辩证内容,主要也是受惠于历史的前进,亦是毋庸置疑而不必沾沾自喜的。

〔录自刘贻群编:《庞朴文集》(第一卷),山东大学出版社2005 年版。〕

---

① 马克思:《哲学的贫困》一书德文第一版"序言"。

竹帛《五行》篇与思孟"五行"说

1973 年冬,湖南长沙马王堆第三号汉墓出土的众多帛书中,有一篇被命名为《五行》篇。整整二十年后,1993 年冬,湖北荆门郭店村第一号楚墓出土的众多竹书中,有一篇自名为《五行》篇。

二十年前的研究已经指明,这个《五行》篇,正是荀子在《非十二子》中作为子思、孟轲学派代表作来批判的那个"五行"说;二十年后它与《缁衣》等相传为子思的著作相伴再次出土,并自名曰《五行》,于是多了一层内证,而使此前的断案铁证如山,永毋庸议。

二十多年的工夫化解了两千多年的疑案,使人们对早期儒家有个更切近的认识,着实是一件快事。

一

当年荀子在《非十二子》中横刀立马,一扫千军时,曾如此指责子思、孟轲道:

> 略法先王而不知其统,犹然而材剧志大,闻见杂博。案往旧造说,谓之五行;甚僻违而无类,幽隐而无说,闭约而无解。案饰其辞而祗敬之曰:此真先君子之言也。子思唱之,孟轲和之;世俗之沟犹瞀儒,嚾嚾然不知其所非也,遂受而传之,以为仲尼、子游为兹厚于后世,是则子思、孟轲之罪也。

这篇檄文列出的罪状十分吓人,上自不知先王之统,下至流毒后学之躯,加之以冒充孔子(先君子)真言,混淆世儒视听,真可谓斯可忍孰不可忍之极了。而穷究其源,全在于子思、孟轲造出了一个五行说上。遗憾的是,到底这个祸根五行说说了些什么,荀子竟未曾向人们公布出一文一字,而只顾以毁代说,斥之为无类、无说、无解;除此三无外,别无任何实质上的明示。

碰巧的是,在流传下来的《孟子》书上,以及相传为子思的书(《中庸》、《缁衣》等)上,也找不到直白无隐的可以佐证荀子的什么五行说。于是乎,思孟五行说,究竟是有是无、多大多高,便成了学术史上的一桩公案,文化史上的千古之谜。

头一个出来解谜的是一千多年后的唐人杨倞。杨注《荀子》"谓之五行"句说,"五行,五常——仁、义、礼、智、信是也"。他是根据什么来断定五行就是五常就是仁、义、礼、智、信的,并没有交代,大概这在当时本是常识。例如孔颖达注《尚书·甘誓》"有扈氏威侮五行"句亦曰:"五行在人,为仁、义、礼、智、信;威侮五行,亦为侮慢此五常而不行也。"同样的了解,在汉人那里,则要更为简单而且直接得多,例如郑玄注《乐记》"道五常之行"句便干脆说:"五常,五行也。"

需要说明的是,当着汉唐人把五行与五常直接相等时,他们嘴里所说的"五行",发音并非 wǔ xíng,而是 wǔ héng。这有董仲舒的言论可以作证。董氏在《春秋繁露·五行对》中说:"故五行者,五行也";《春秋繁露·五行之义》中说:"五行之为言也,犹五行欤? 是故以得辞也。"这里的前一个"五行"读 wǔ xíng,后一个则读 wǔ héng,说的是水、火、木、金、土之得名为五行,乃得自孝子忠臣的仁、义、礼、智、信之五种德行(dé héng)。如果将这两个词儿一概读成 wǔ xíng,统统解作水、火、木、金、土,那便不知董氏所云,堕入五里雾中了。

五种德行谓之五行,在先秦本来不乏其例。荀子谈乡饮酒的教化作用时,便曾说:"贵贱明,隆杀辨,和乐而不流,弟长而无遗,安燕而不乱;此五行者,足以正身安国矣。"(《荀子·乐论》)《吕氏春秋·孝行》也有:"居处不庄,非孝也;事君不忠,非孝也;莅官不敬,非孝也;朋友不笃,非孝也;战阵无勇,非孝也。五行不遂,灾及其亲,敢不敬乎?"准此想来,荀子所指责的子思、孟轲之五行,也不会是早已存在了的 wǔ xíng,而应该是有关德行的 wǔ héng;杨倞把它注为"仁、义、礼、智、信",是有一定根据的。

杨倞的不足在于,他以为五种德行必定是后来称作五常的那个仁、义、礼、智、信,这是轻信了汉人的结果。五行(héng)以避讳而改称五常,是汉文帝刘恒以后的事;德行规范为五并固定在仁、义、礼、智、信上,则是董仲舒以后的事。汉初并非这样,①先秦更非如此。当然,杨倞能以看出荀子笔下没头没脑的思孟五行之说应指五种德行,虽不中亦不远,已经很难能可贵了。

后于杨倞千余年的近代学人,争答思孟五行之谜者不下十数,可惜多不知 wǔ xíng 与 wǔ héng 之分,而硬以金、木、水、火、土的框架来套,或削足适履,或李戴张冠,其距离正确答案比之杨倞更远。其中唯梁启超者,猜测思孟五行或指五伦或指五常,"决非如后世之五行说"(见《阴阳五行说的来历》);郭沫若者,认定思孟以"仁、义、礼、智、诚"作五行系统的演化(见《儒家八派的批判》),为差堪告慰。

欲知正确谜底为何,请看 20 世纪 70 年代与 90 年代有关出土文献。

二

1973 年 12 月,长沙马王堆第三号汉墓出土了一批帛书。其中有两卷帛上分别抄着两部《老子》,被命名为《老子》甲本和乙本;甲本的卷后和乙本的卷前,各抄有四篇佚书。佚书与所附的《老子》无直接关联,内容也很庞杂,有黄老之言,有儒家学说。甲本卷后的第一篇和第四篇佚书,属儒家学派,给解开两千多年未得其解的思孟五行之谜,带来了一把钥匙。

《老子》甲本卷后古佚书一,无篇题,共 182 行(自帛书原第 170 行至第 351 行),分列为十九段,约五千四百字。② 从字体、内容及避讳看,抄写年代当在秦亡以后、汉刘邦卒年以前(前 207—前 195 年)。③帛书出土时已有脱烂,加之辞义反复重叠,乍一读去,几乎难以终篇。可是仔细阅读后当能发现,该书系由两个部分组成:自第 170 行至第 214 行,即原第一大段,为第一部分;自第 215 行的提行另段开始,直至末尾第 351 行,为第二部分。第一部分提出了一种学说并作了简要论证,第二部分则是对第一部分的逐句(缺少十三行,想系漏抄)解说。

---

① 　如贾谊《新书》有《六术》篇,倡"六行"说。
② 　见《马王堆帛书(一)》,文物出版社 1980 年版。
③ 　具体论证请参拙著《帛书五行篇研究》(代序),齐鲁书社 1980 年初版,1988 年再版。

1975 年,我遵照战国时期文章格局惯例,名第一部分为"说";并移说就经,得二十八章,俨然一部宏论矣。

文章的总纲见于开宗明义第一章,曰:

> 仁形于内,谓之德之行;不形于内,谓之行。智行于内,谓之德之行;不行于内,谓之行。义形于内,谓之德之行;不形于内,谓之行。礼形于内,谓之德之行;不形于内,谓之行。圣形于内,谓之德之行;不行于内,谓之行。德之行五,和谓之德;四行和,谓之善。善,人道也;德,天道也。

这里提出的仁、义、礼、智、圣五种德之行或行,在以后的章节中,径谓之五行。因之我据以命名整篇文章曰《五行》。这个五行,有无可能便是荀子所说的子思、孟轲所造说的那个五行? 成了最为引人入胜的课题。

孟子道性善,谓"仁、义、礼、智"乃"根于心"的君子本性,这是众所周知的;孟子当然也没少谈"圣"。只是,人们似乎从未见到,七篇巨著中,孟子曾在哪里把"仁、义、礼、智"与"圣"字连举或并提过。至于子思,就更难说了,因为其书已不可考。《史记·孔子世家》说"子思作《中庸》",《汉书·艺文志》载"子思子二十三篇",据此搜索,在现存的《中庸》及版权疑为子思的《缁衣》、《表记》等《礼记》篇章中,我们似乎同样并未看到仁、义、礼、智、圣五德并举的字样。

不过,这些都只是"似乎"而已。如果不是止于浅尝,认真考究一下,我们便会看到,无论是《孟子》中还是《中庸》中,都有仁、义、礼、智、圣五德并举的章节。请看孟子曰:

> 口之于味也,目之于色也,耳之于声也,鼻之于臭也,四肢之于安佚也,性也;有命焉,君子不谓性也。仁之于父子也,义之于君臣也,礼之于宾主也,智之于贤者也,圣人之于天道也,命也;有性焉,君子不谓命也。(《孟子·尽心下》)

这段话的意思很明确,句法也很齐整;唯独"圣人之于天道也"一句,与前面四句之"□□(德行)之与□□(人伦)也"格式不类,惹人费解。据说宋人吴必大"尝疑此句比上文义例似于倒置",猜测此句可能原作"天道之于圣人也",而请教过朱熹;朱熹予以否定(见《朱子大全·答吴伯丰》)。其实朱熹自己私下里也看着这句话别扭,所以才在《四书集注》中注道:"或曰:'人'衍字。"清人俞樾《群经平议》附和道:"《集注》曰或云'人'衍字,其说是也。"照此说来,这句话原本应是"圣之于天道也"的了。

从文义来考究,孟子这句话,看来正应该作"圣之于天道也"。因为,圣与仁、义、礼、智一样,原是一种德行,有渊博通达、闻声知情等意思;《诗经》里将"圣"与"哲"相提并举(《小雅·小旻》),《尚书》里说圣和狂可以转化(《多方》),都是用在这样的意义上。现在在《尽心下》中,它所率领的这句话同"仁"、"义"、"礼"、"智"所率领的四句话排比而列,自然也当用其德行的意义,而非"圣人"无疑;"人"字显系某个时候偶然羼进去的。至于"圣之于天道也"何解,由圣如何连到天道,答案在前引的《五行》首章中。

子思也有五德并举的例子,见于《中庸》,其文曰:"唯天下至圣,为能聪明睿智,足以有临也;宽裕温柔,足以有容也;发强刚毅,足以有执也;齐庄中正,足以有敬也;文理密察,足以有别也。……凡有血气者,莫不尊亲,故曰:'配天。'"

这本是赞誉孔子的一段话。孔子后来被称"至圣",盖出于此。我们现在有兴趣的是,充实至圣的这五个条件,便正是我们在寻找的那五个德行。请看:聪明睿智,不是"圣"吗? 宽裕温柔,不是"仁"吗? 发强刚毅,无疑是"义";齐庄中正,无疑是"礼";而足以有别的文理密察,就是"智"了。《五行》篇里说,这五种行,形于人心之内,谓之德;行于天,谓之天道。

现在《中庸》里说,全备此五德行,是为配天;凡有血气者,无不尊之亲之。二者一唱一和,相互呼应,再清楚也不过了。

这样,借助于帛书《五行》篇的提示,我们从子思、孟子书中,也发现了仁、义、礼、智、圣的五行;从而反过头来,可以确定帛书《五行》之篇属于思孟学派,确定荀子的批评,不是无根无据的。

三

对思孟五行公案的这一理解,因郭店楚墓竹简的出土,而最后得到完善与加固。

1993年10月,湖北省荆门市沙洋区四方乡郭店村的一座战国墓葬中，出土了一批楚文字竹简。①据说墓曾被盗，竹简亦曾殃及。劫余竹简804枚，出土时已散乱无序，可得13000余字，全部是学术著作。考古家们根据墓葬型制及器物纹样等推定，入葬年代当为战国中期偏晚，约公元前300年左近，孟子、庄子、屈原、荀子在世之时；②墓主为老年男性，属士级贵族，且很可能便是殉葬耳杯铭文所称的"东宫之师"，即楚国太子的老师。

竹简整理后分为十八篇，可属道家的著作两种四篇，儒家的著作十一种十四篇。其中有自名为《五行》的一篇，凡五十简，约一千二百余字，与二十年前出土的帛书《五行》本"经"部基本相同，惟全无"说"文。

按：文章分为"经、说"，"经、解"或者"经、传"，本是古人立言的一种体裁。《春秋》及其三传，《墨经》的《经上》、《经下》和《经说上》、《经说下》，便是最有名的例子；此外在《管子》、《吕氏春秋》、《韩非子》等书中，也不乏这种篇章。甚至短短的一篇《大学》，经过朱熹整理，竟然也能指出经传之别来。

但同为"经"、"说"，有著者自说与他人补说之分，不能不分辨清楚。例如《墨经》的那些"经"文，多半是些难名其妙的论题或定义，其解释和说明，被有计划地留给了"说"文去说，而且有时还干脆注明"说在某某"字样。这样的经与说，当然是一人一时之作。③《韩非子》的《内储说》、《外储说》言明"其说在某某"，《吕氏春秋》的一些篇章临终有"解在某某"句，都是著者自分经说之例。而《春秋》三传与《春秋》，韩非《解老》与《老子》，《管子》里《管子解》与所解，则很明显，都是后人在解说前人之作，前人并无此计划的。

同为后人的解说，由于关系、学养、动机等方面的不同，其"说"其"解"的价值也大有差异。韩非《解老》，其忠于原著的态度，显然赶不上《管子解》，这是不言自明的；因为前者是哲学家在借题发挥，后者却是一个学派内部的事。《春秋》三传各有千秋，更是典型事例。

至于帛书《五行》篇的"经"和"说"，看起来，并不像是一个计划下的

---

① 楚简图版连同释文已于1998年5月由文物出版社发行，书名《郭店楚墓竹简》。
② 据钱穆《先秦诸子系年》：孟子，前380—前300年；庄子，前360—前290年；屈子，前343—前299年；荀子，前335—前255年。
③ 所谓一人一时，不必真是一个人一短时，也可能是一群人一长时。

两个部分。这一来鉴于，"经"文说理清楚，自我圆满，无须多加解说，也没有为"说"文有意留下什么；二来也鉴于，"说"文虽然逐句解说，并未说出什么新思想来，相反倒表现得十分拘谨，[1]乏善可陈。因此可以设想，《五行》篇早先本来无"说"无"解"，如竹简所示，亦如荀子所指责的那样；帛书所见的"说"，是后来弟子们奉命或主动缀上去的。

这一点，从"说"文之大量引征《孟子》文句也可见证。"说"文第二十一章解说"君子集大成。能进之为君子，不能进，各止于其里"时说：

> ……大成也者，金声玉振之也。……能进端，能充端，则为君子耳矣；弗能进，各各止于其里。不藏欲害人，仁之理也；不受吁嗟者，义之理也。弗能进也，则各止于其里耳矣。充其不藏欲害人之心，而仁覆四海；充其不受吁嗟之心，而义襄天下。仁覆四海，义襄天下，而诚由其中心行之，亦君子已！[2]

这里的"大成"句，见于《孟子·万章下》"集大成也者，金声而玉振之也"；"进端"、"充端"句，只能是孟子所谓的"凡有四端于我者，知皆扩而充之矣"（《孟子·公孙丑上》），虽无可解，而"充其不藏欲害人之心"等句，则是"人能充无欲害人之心，而仁不可胜用也……人能充无受尔汝之实，无所往而不为义也"（《孟子·尽心下》）的复述；至于"诚由其中心行之"，便是孟子的名句"由仁义行，非行仁义也"（《孟子·离娄下》）了。

另外，"说"文第二十二章解说耳、目、鼻、口、手、足与心的关系时，还曾搬出过孟子专利的小体大体说。

这些现象说明，"说"文完成的时间，当在孟子以后乃至《孟子》成书以后，是由弟子们拾掇老师遗说补作出来的。

而弟子们之所以要出来续貂，一个很大可能的原因是，为了回敬荀子的批评。荀子不是指责思孟五行有三无之弊吗？其"无类"说的是犯有逻辑错误，大概指"圣"与"仁、义、礼、智"之不伦不类吧；这点大可不去理它，是非自有公论。倒是"无说"、"无解"两点，事实如此，文章俱在，逃脱不掉，抵赖不成；于是，弟子们便勉为其难，出马逐句解说，而有

---

① 例如它对经中那些一望而知、不解自明的语句，仍要解上一句，叫做"直之也"。

② 假借字已经改正，详情可参《帛书五行篇研究》再版本，第79页。

了如帛书本《五行》篇的样子,以杜论敌之口,以广先师之说。

帛书的解说是忠于原典的。竹书的无说是正常的。荀子的"非十二子"批判介于两者之间。三物具备,思孟五行之谜,于是大白于天下。

〔录自刘贻群编:《庞朴文集》(第二卷),山东大学出版社 2005 年版。〕

余英时儒学学案

余英时（1930—　　），祖籍安徽潜山，生于天津。中国当代历史学家。

1949年，余英时考入北平燕京大学历史系，并于当年离京赴港。1950—1955年，就读于香港新亚书院及新亚研究所，师从钱穆。1956—1961年，就读于哈佛大学，师从杨联陞。1962年，获哈佛大学历史学博士学位。历任哈佛大学中国史教授、耶鲁大学历史系讲座教授、香港新亚书院院长兼香港中文大学副校长、普林斯顿大学东亚研究讲座教授、台湾"中央研究院"院士、新加坡儒家伦理委员会海外顾问等职。2006年11月，获得美国国会图书馆颁发的有"人文诺贝尔奖"之称的克鲁格人文与社会科学终身成就奖。

在学术上，余英时颇受钱穆的影响，研究兴趣主要集中在历史学尤其是中国思想史领域。余英时比较系统地研究了中国历史上的儒家知识分子即"士"这一阶层，认为孔子最先揭示了"士志于道"，从而规定了士是中国历史上基本价值的维护者，孔子弟子曾参发挥师教，提出士当弘毅，任重道远，仁为己任，死而后已，这一原始教义对后世影响深远，且愈是"天下无道"的时代愈显示出它的力量，汉末党锢领袖李膺、陈蕃、范滂，北宋范仲淹，晚明东林党人，近现代中国知识分子，都承担着这一文化使命。中国知识分子有悠久的精神传统，其特征是具有超越性、社会性，能"以道抗势"，注重个人修养。他吸收马克斯·韦伯的"新教伦理"观点，从宗教伦理与商人精神考察了宋明儒学的发展演变，颇有创见。认为儒学从宋明理学演变到清代考据学，不仅有"文字狱"的外在强制,更有其内在逻辑。指出在中国儒学传统中存在知识主义与反知识主义的对立,其表现则为宋儒中"道问学"与"尊德性"之偏重。同时,他对中国文化也有宏观研究,指出中国文化和思想具有内倾特征,但并不与现代生活格格不入,认为传统的自我观念稍加调整即可适用于现代中国人。他个人从不认为自己是现代新儒家,也否定别人将其师钱穆视为现代新儒家。其主要著作有《汉代中外经济交通》、《历史与思想》、《史学与传统》、《中国思想传统的现代诠释》、《文化评论与中国情怀》、《中国文化与现代变迁》、《历史人物与文化危机》、《士与中国文化》、《方以智晚节考》、《论戴震与章学诚》、《红楼梦的两个世界》、《中国近代思想史上的胡适》、《陈寅恪晚年诗文释证》、《犹记风吹水上鳞:钱穆与现代中国学术》、《现代儒学论》等。

(法　帅)

试论中国文化的重建问题

董仲舒在著名的"天人三策"的第一策中对曰:"故汉得天下以来,常欲善治而至今不可善治者,失之于当更化而不更化也。古人有言曰:临渊羡鱼,不如退而结网。今临政而愿治者七十余岁矣,不如退而更化;更化则可善治,善治则灾害日去,福禄日来。"

董仲舒对策之年虽在史家之间尚有争论,但上距汉之初兴约七十年左右则是不成问题的。这是汉代统一以后从政治建设转向文化建设的一个重大关键。董子所说的"更化"后来便成了中国史上最著名的"崇儒更化",儒家思想从此在中国取得了正统的地位。无论我们今天对于儒家的看法如何,这一历史事实至少告诉我们:在中国的传统观念中,政治是要建立在文化的基础之上的;这就是所谓"更化则可善治"。

从辛亥革命到现在恰好七十年了。在这七十年中,中国也始终是处在"临政而愿治",但不曾"退而更化"的状态之中。其间虽也曾发生过五四运动,是属于文化思想方面的革命,然而为时甚暂,并且很快地便为政治运动吸引以去。所以认真地说,中国近数十年来在文化思想方面的成绩,依然是有限的。承《中国时报》的好意,一再希望我在辛亥革命七十周年之始,对文化问题略抒所见。但是由于文化重建的题目太大,我只能就根本态度方面表示一点个人的看法,粗疏浅薄将是不可避免的。

自19世纪末叶以来,关于中国传统文化的问题便不断有人提出讨论;"五四"以后,中西文化的争议更是高潮迭起。这些讨论和争议在当时虽然没有获得共同的结论,但是多少也发生了一些澄清观念的作用。时至今日,大概已没有再坚持"本位文化"、"全盘西化"或"中体西用"种种旧说了。以前谈文化问题的人往往显露两个倾向:第一,他们将复杂万状的文化现象在文字上加以抽象化,并进一步用几个字来概括整个文化传统的精神。第二,这种抽象化又引起一个不易避免的倾向,即以为具体的文化现象也和抽象的观念一样可以由我们任意摆布。上面所说"本位文化"、"全盘西化"之类的态度便是这种倾向下的产物,其基本假定是人们(其实只限于少数知识分子)可以主观地、片面地决定文化发展的方向。我在本文中将尽量避免这两种倾向,但是并不否认我们的自觉的努力可以有助于文化的发展。大体言之,在思想和价值的领域内,如果客观条件允许,我们是可以通过持续不断的努力而有所创新的。中外历史上,这样的例证多不胜举,18 世纪欧洲的启蒙运动和本世纪之初中国的五四新文化运动尤其是最有力的证明。

另一方面,我们今天讨论中国文化的重建问题,在基本观念上已和四五十年前的"全盘西化"论者截然不同。这几十年间学术界(尤其是人类学)关于文化的探讨,以及许多非西方民族的文化发展都加深了我们对文化变化的了解。文化虽然永远在不断变动之中,但是事实上却没有任何一个民族可以一旦尽弃其文化传统而重新开始。克拉孔(Clyde Kluckhohn)曾指出,一个社会要想从它以往的文化中完全解放出来是根本不可想象的事。离开文化传统的基础而求变求新,其结果必然招致悲剧。德国 1919 年所颁行的魏玛宪法(Weimar Constitution)便是显例。这个宪法作为一个抽象的政治文件而言是相当精采的,可谓民主精神的充分体现。但由于它完全脱离了德国文化背景,因此施行起来便一败涂地,最后竟导致希特勒的崛起,酿成大祸。克拉孔指出,这部宪法的出发点便是人事的改革可以不顾文化条件而一切从头作起。(见 Clyde Kluckhohn, *Culture and Behavior*, A Free Paperback, 1962, p. 70.)其实魏玛宪法虽然失败,尚不失为理性的产物……①所以今天已不再发生所谓"西化"的问题,更不必说什么"全盘西化"了。现代的科学与技术在文化上显然具有中立性;经济发展也已证明可以适应于各种不同的非西方的文化环境。近来文化的讨论之所以用"传统"与"现代"来代替"西化"与"本位化"的旧名词,决不是偶然的。在现代科技的强烈冲击下,每一文化(包括西方在内)都曾经过一个"传

---

① 此处有删节。

统"与"现代"互相激荡的历史阶段。并且由于各民族的文化背景不同,这种激荡的过程与结局也彼此殊异。换句话说,每一民族的传统都有其特殊的"现代化"的问题,而现代化则并不是在价值取向方面必须完全以西方文化为依归。以前的人,把"西化"和"现代化"简单地等同起来,显然是一错误。

最近几年来若干地区的文化动态更使我们真切地认识到:今天世界上最坚强的精神力量既不来自某种共同的阶级意识,也不出于某一特殊的政治理想。唯有民族文化才是最经得起时间考验的精神力量……①

基于我们今天对文化的认识,中国文化重建的问题事实上可以归结为中国传统的基本价值与中心观念在现代化的要求之下如何调整与转化的问题。这样的大问题自然不是单凭文字语言便能完全解决的,生活的实践尤其重要。但是历史告诉我们,思想的自觉依然是具有关键性的作用的。自五四运动以来,中国文化重建所遭遇到的挫折至少一部分是由于思想的混乱而造成的。自康有为的《大同书》以来,各种过激思想一直在不断地掩胁着中国的知识界。这一文化悲剧决非任何历史决定论所能解释得清楚的。这一事实最足说明中国近代思想的贫困。

造成中国思想贫困的客观因素当然很多,不过从主观方面来看,中国学术思想界本身也不能完全辞其咎。七十年来,中国并没有一个持续不断的文化建设的运动。前已指出,五四新文化运动,不幸变质太早,还来不及在学术思想方面有真实的成就,便已卷入政治漩涡中去了。这和西方的"文艺复兴"、"启蒙运动"或中国的"理学运动"都无法相提并论。古人说"礼乐所由起,百年积德而后可兴也"。近代中国便正缺少这样一个"积德"的阶段。但问题并不完全在于政治社会情况的不安定,以致学术工作无从循序渐进。更重要的是多数文化运动的领导人物仍然摆脱不了"学而优则仕"的传统观念的拘束,因此不能严守学术岗位。在他们的潜意识里,政治是第一义的,学术思想则是第二义的;学术思想本身已无独立自足的意义,而是为政治服务的事物。自康有为著《新学伪经考》、《孔子改制考》以来,这种偏向便愈来愈显著。不

---

① 此处有删节。

但治中学者如此,治西学者亦复如此。一般倾慕西方文化的人在取舍抑扬之际也缺乏真知灼见,他们往往对自己还没有十分弄清楚的东西,已迫不及待地要用之于中国政治和社会的改造上面。这种轻率而又轻薄的态度不但与西方"为知识而知识"的精神完全背道而驰,而且也和中国人所一向讲究的为学须分本末人己的传统大相径庭。王安石是一位用学术来改造政治的伟大人物,他便曾把学术与政治之间的领域作了恰如其分的划分。他说:

> 为己,学者之本也……为人,学者之末也。是以学者之事,必先为己,其为己有余,而天下之势可以为人矣,则不可以不为人。故学者之学也,始不在于为人,而卒所以能为人也。今夫始学之时,其道未足以为己,而其志已在于为人也,则亦可谓谬用其心矣。谬用其心者,虽有志于为人,其能乎哉!
>
> (《临川先生文集》卷六八《杨墨》)

中国近代从事文化运动的人便不幸而犯了"其道未足以为己,而其志已在于为人"的大病。

以往的失败对我们有绝大的启示。文化建设必须立足于学术思想的深厚基础之上,这是需要坚韧的精神和长期而艰苦的努力才能获得的。七十年来,我们都在"临渊羡鱼"的心理状态下蹉跎过去了,但"退而结网"的工作却始终没有认真地进行,这是今后必须补足的一课。

中国传统中的基本价值与中心观念如何转化?这个问题太大,没有人能给予简单的答案。就学术思想的范围之内所能作的努力而言,我个人在经过了慎重的考虑之后,愿意提出以下几点建议:

第一,现代性格的文化重建和董仲舒时代的崇儒运动不同,它绝不能基本上依赖政治力量。以西方文化而论,其现代性正表现在从中古政教合一的局面中解放出来。这个发展始于文艺复兴,至启蒙运动(Enlightenment)而正式完成。汉代去古未远,且有秦代以吏为师的先例,所以董仲舒的"更化"仍走的是官师合一的"复古"道路。事实上,中国史上的重要文化运动无不起源于民间,先秦诸子、六朝玄学与佛学、宋明理学都是如此。但这些运动最后往往流为官学,因而失去其活力。两汉的经学,唐代的三教讲论,明、清的程朱正学都是显证。今后的文化发展必须要突破这一传统的格局。学术和文化只有在民间才能永远不失其自由活泼的生机；并且也唯有如此，学术和文化才确能显出其独立自主的精神，而不再是政治的附庸。但是这并不表示学术与文化必然是和政府处在对立的地位，或与政府不发生任何关系。在现代化的社会中，学术与文化有时可以是一种"批判的力量"，但这种批判的锋芒并不是专门指向政府的。另一方面，政府对学术与文化则有从旁支持与奖励的责任；这种支持与奖励又往往是和现代化的程度成正比例的。我说"从旁"，其意在强调学术与文化自具独立的领域，政府只有提供经费的义务，而无直接干涉的权力。当然，学术与文化脱离了政治的控制之后还会遭到其他问题的困扰，但是问题的性质已变，是现代的而不是传统的了。

第二，如果如上面所说，文化重建涵蕴着传统观念与价值的转化，那么，政治与学术思想之间的关系必须作新的调整，即不再是第一义与第二义的关系。根据中国传统的理论，道统本当在政统之上；学术思想较之政治是更具有根本性质的人类活动。然而以实际情形言，政治在整个中国文化体系中却一向是居于中心的位置。传统社会的人才几乎大部分集中在政治方面，便是明证。自汉代经学与利禄相结合以后，学术思想的领域便很难维持它的独立性，而成为通向政治的走廊。从博士制到后代的翰林制，传统的学术机构是附属于政府的，因此并没有自主的力量。大体而论，中国历代的学术是靠少数学者以私人的身份来维持的。宋、明儒者如周、张、二程、朱、陆以至陈白沙、王阳明等人，其学术皆由深造而自得之，不但得不到朝廷的支持，而且还被斥为"伪学"、异端。二程、朱子、阳明都时时忧虑科举会妨害真学术。这尤可见学术领域受政治力量冲击之一斑，传统中国所谓读书人之中，绝大多数是为了功名利禄而读书的。其中偶然也有因习举业而接触到圣人之道，便从此转向学术方面的，但毕竟是太少了。在这种风气的长期熏陶之下，中国知识分子无形中养成了一种牢不可破的价值观念，即以为只有政治才是最后的真实，学术则是次一级的东西，其价值是工具性的。这种观念在近代史上的具体表现便是把一切文化运动都化约为政治运动。不但五四新文化运动终结于政治分裂，其他许多规模较小的文化活动最后也都经不起政治浪潮的冲击。另一方面，不少从事于政治活动的人也往往在开始的时候假借学术或文化的名义。换句话说,政治永远是最后的目的,学术与文化不过是手段而已。在这种情形之下,学术与文化是谈不上有什么独立的领域的。因此在今后文化重建的过程中,我们必须要彻底改变看法,牢牢地守住学术文化的岗位。现代中国最流行的错误观念之一便是把一切希望都寄托在政治变迁上面——无论是革命式的或是改良式的。一般知识分子似乎认为只有政治变好了,中国的文化、社会、经济各方面才能跟着起变化。这种想法的后面不但存在着一种急迫的心理,而且也透出对政治力量抱有无限的信任。后者正是中国传统所留下来的成见。戊戌政变时王照主张先多立学堂,改变风气,然后再行新政。这是从文化到政治的一条正路。但是康有为不以为然,他对王照说:"列强瓜分就在眼前,你这条道如何来得及?"无可讳言,康有为的想法在今天中国仍然是十分普遍的。

我们今天不禁要问:何以近百年来我们这样重视政治的力量,而在中国现代化的整个过程中政治竟是波折最多、进步最迟缓的一个环节呢? 即使是在许多号称追求民主的中国知识分子身上,我们也往往看不到什么民主的修养。这最足说明政治是一种浮面的东西,离不开学术思想的基础。近代中国政治素质的普遍低落正反映了学术思想衰微的一般状态。在学术思想方面未发生建设性的根本变化之前,政治方面是不会突然出现奇迹的。因此,我愿意郑重地指出,任何对于中国文化重建的新尝试都不能不从价值观念的基本改变开始,那便是说:我们必须把注意力和活动力从政治的领域转移到学术思想的阵地上来。这一观念上的转变不但是现代化的一个先决条件,而且也符合中国传统关于政治与学术之间的理论分野,这种分野不幸在实践中遭到长期而严重的歪曲,现在似乎是到了必须彻底改正的时刻了。

第三,我想非常简略地谈一谈有关文化重建的实质内容的问题。70 年来一切关于中国文化重建的问题其实都可以归结为一个问题,即在西方文化的冲击之下,中国文化怎样调整它自己以适应现代的生活。因此今天中国所谓的文化重建绝不仅仅是旧传统的"复兴"问题。近代中国虽屡经战乱,但并没有遭到中古欧洲那种被"蛮人"征服的命运,在文化上更没有进入任何"黑暗"时代。"文艺复兴"(Renaissance)在中国的出现是既无必要也不可能的。许多人所深为慨叹的中国传统文化的衰落其实乃是在西方文化冲击下的蜕变历程。用我们今天的眼光来回顾,这个历程中诚不免充满着非理性的盲动,但这恐怕只能归咎于无可避免的历史命运。因为近代中西文化的接触并不是事先计划好的,而且在中国一方面,更是完全没有任何心理准备的。从这一意义来说,我们只好接受这个历程是既成的事实,而无须过分地惋惜。文化重建绝不意味着我们要回到 19 世纪中叶以前的历史状态。谁都知道那是不可能的。

如果我们所期待的文化重建无可避免地要包含着新的内容,那么西方的价值与观念势将在其中扮演重要的角色。事实上,由于近百余年来各种西方的价值与观念一直在不断地侵蚀着中国,中国文化早已不能保持它的本来面目了。现在的问题只是我们怎样才能通过自觉的努力以导使文化变迁朝着最合理的方面发展而已。

提及文化的方向,我们便自然地想到五四新文化运动。这是中国近代史上第一次具有明确的方向的思想运动,即所谓民主与科学。今天回顾起来,我们当然不难看出"五四"时代人物在思想方面的许多不足之处。最重要的是,他们对科学和民主的理解都不免流于含糊和肤泛。至于他们把民主与科学放在和中国文化传统直接对立的地位,那更是不可原谅的大错误。但是就中国文化重建的方向而言,民主与科学的确代表现代文明的主要趋势。"五四"所揭示的基本方向通过 60 年的历史经验而益见其为绝对的正确。我们稍稍追溯一下"五四"前后中国社会的实际状态,便不能不承认新文化运动在当时确曾发挥了心灵解放的绝大作用,这是一个无可争辩的历史事实。

民主与科学虽然是近代西方的观念,但是它们和中国文化并不是互不相容的。英国的李约瑟曾一再强调中国自有其科学的传统,民主作为一种尊重人性的政治理想而言,也和儒家与道家的一些中心观念有相通之处。因此,我们接受民主与科学为文化重建的起点并不意味着走向西化之路。这里用"起点"两字是表示两重意思:第一,离开了民主与科学的现代化中国是不可想象的事,这是文化重建的基本保证。因此我们今后仍然要继续高举民主与科学的鲜明旗帜。第二,我们已与"五四"时代的认识不同,民主与科学绝不能穷尽文化的全幅内容。道德、艺术、宗教等等都需要经过现代化的洗礼,但是并不能直接乞灵于民主与科学。"五四"以来形成思想主流的"实证主义"(Positivism)的观点必须受到适当的矫正。换句话说,文化重建虽以民主与科学为当务之急,然而在民主与科学之外仍然大有事在。

今天重新肯定"五四"在文化方向上的正确性是十分必要和适时的。最近二三十年来,我们常常看到不少爱护中国文化的人对"五四"的缺点严加谴责并进而否定它所代表的文化方向。"五四"时代的人对中国传统文化,特别是儒家的攻击诚然失之过激,这是不必讳言的,这种激烈的态度也是近代西方启蒙运动的一个基本特色。18世纪伏尔泰、狄德罗等人对基督教传统的攻击也同样不免过火。但是,另一方面,如果我们把当时的教会和在社会上流行的种种黑暗的习俗联系起来看,我们便自然会对这些启蒙思想家的激越情绪产生一种同情的了解。连理性主义大师康德都因为有关宗教的言论而受到政府的迫害,其他也就可想而知了。以彼例此,我们在评价"五四"的时候也必不可由于时过境迁之故而把"五四"的思潮和当时的历史背景完全割裂开来。当我们看到民国初年北京、上海十七八岁的少女还在"礼教"的压力之下为未婚夫"殉节"时,恐怕只有最无心肝的人才能为"饿死事小,失节事大"的话辩护吧!康德认定启蒙的精神是:"人必须随时都有公开运用理性的自由。"("The public use of one's reason must be free at all times.")"五四"的原始精神正是如此,即不受一切权威的拘束,事事都要问一声:"为什么?"

我决不是无条件地颂扬"五四"的文化运动,更不以"五四"为满足。恰恰相反,我们早就应该超越"五四"的思想境界了。但是由于"五四"在学术思想方面缺乏真实的成就,当时所提出的民主与科学到今天大部分还依然停留在理想的阶段。所以在我们要求超越"五四"的同时,我们还得补上"五四"时代所未能完成的思想启蒙的一课。由于最近二三十年来中国大陆在文化上一直是处于"逆水行舟"的状态,今天知识分子尤其迫切地感到有"再启蒙"的需要。因此无论"五四"本身具有多少缺点,它所揭示的方向在今后文化重建的过程中都必须获得肯定。

一方面肯定"五四"的启蒙精神,另一方面超越"五四"的思想境界,这就是中国文化重建在历史现阶段所面临的基本情势。在结束本文之前,让我对超越"五四"的思想境界这一点再略作说明。

前已指出,自清末以来,中国思想界一直是处在一种不健康的急迫心理的压力之下。"五四"时代的人物也不例外,因此视野和胸襟都不够开阔。他们往往不能对中西文化在道德、宗教等精神层面所遭遇到的现代危机有任何深刻的同情和理解。不但中国的理学和佛教仅成为抨击的对象,西方的基督教和唯心论一系的哲学也得不到公平的待遇。至少"五四"的主流思想是显然带有这种粗暴的倾向的。在这一类的偏见方面,我们今天自然没有理由再步"五四"的后尘了。

文化重建必须建立在对中西文化的真实了解的基础之上,这正是我们几十年来应该从事但是却没有认真进行过的基本工作。中西文化传统都包含着非常复杂的历史成分,绝不是三言两语所能概括得尽的。我们有时为了讨论的方便,不免要用某些简单明了的概念来对中西文化作一种总提式的描述。例如有人说中国文化是静态的,西方文化是动态的;有人说前者是知足的,后者是不知足的;更有人说前者是德性的,后者是智性的。这种概括式的对照当然并不全是毫无根据的胡说,但是如果运用得不当,却最能引致认识的混乱和思想的贫困。"五四"以来好几次所谓"文化论战"都足以说明这种情况。所以就文化重建的主观条件言,我们首先必须调整观念,尽量保持一种开放的心灵,只有如此,我们才不会重蹈以往论战双方那种偏狭武断的覆辙。

中西思想传统都不是和谐的整体,其中包含了许多互相歧异以致冲突的成分。中国思想史上早已有儒、释、道的三大系统,而每一系统之内又复有宗派之别。西方文化的来源是多元的,所以情形更是复杂万分。宗教、哲学、科学、文学、艺术从来便各有独自的领域,也各具不同的传统。以眼前而论,西方世界在学术思想方面尤其充满着内在的矛盾和紧张。撇开马克思主义与非马克思主义两大壁垒的对峙不谈,学术界便有所谓人文学与科学的"两个文化"的冲突,哲学界也有英美分析传统与欧陆的存在主义和现象论之间的争执;在一般思想界,德国的"批判理论"(critical theory)现在正在向主流派的政治社会学说挑战,这一派人特别强调知识的批判性格和解放效能。这是西方式的知行合一的理论,在思想上一部分渊源于马克思所谓哲学的任务在于改变世界之说。甚至在西方思想的核心部分,即知识论的领域内,今天也大有异说竞起的趋势。科学哲学(philosophy of science)的最新发展已相当大地改变了以往实证论者对"科学"和"知识"所持的那种偏狭看法。在有些识解宏通的哲学家(如柏特南,Hilary Putnam)的眼中,文学、人文学、伦理学等也一样具有"知识"的身份,不过与自然科学的知识不尽相同,不能"形式化"(unformalizability)而已。(可看 Putnam 的近作 *Meaning and the Moral Sciences*,Routledge & Kegan Paul,1978)

仅仅以学术思想的主要流派而论,中西文化的内部已经是如此复杂,则如何斟酌尽善以消纳西方思想于中国文化传统之中自然是一种不可想象的巨大工程。从前佛教传入中国,从汉末到宋代,经过近一千年的发展才有理学出来总结了思想重建的历史事业。但是佛教不过一种宗教,其最初的影响大体上仅限于信仰方面。西方文化之侵入中国,其冲力及影响面都远非佛教所能比拟于万一。中国人在尚未正式接触西方思想之前,早已在政治、经济、社会等各种生活层面上受到西方文化的强烈冲击。这种总体性的文化挑战是中国史上前所未有的遭遇。如果佛教中国化的历史经验足供参考,那么中西学术思想的真正融合必将是一个长期的发展历程。陈寅恪先生曾说:

> 窃疑中国自今日以后,即使能忠实输入北美或东欧之思想,其结局当亦等于玄奘唯识之学,在吾国思想史上既不能居最高之地位,且亦终归于歇绝者。其真能于思想上自成系统,有所创获者,必须一方面吸收输入外来之学说,一方面不忘本来民族之地位。此二种相反而适相成之态度,乃道教之真精神,新儒家之旧途径,而二千年吾民族与他民族思想接触史之所昭示者也。(《冯友兰〈中国哲学史〉审查报告三》)

陈先生所推测的大方向自然不错,但是我们必须注意,西方思想绝不能简单地和佛教相提并论。佛教的基本立场是出世的,因此与中国思想的主流格格不入。西方思想则千门万户,其中颇不乏精微的入世理论,足与中国的旧说互相印证。尤其重要的是,前已指出,西方文化一开始就撼动了中国文化的根本。百余年来,不但中国的社会结构、经济形态、政治制度都发生了基本的改变,而且思想和语言也早已非复旧观。换句话说,中国的思想传统一直在迅速的转化之中,远不像六朝、唐、宋时代那样容易保持"本来民族之地位"了。

我十分同情陈先生的说法,中国将来终必将在思想上自成系统;我也很同意陈先生的评价,玄奘的唯识之学在中国思想史上占不到最高的地位。但是我觉得中国现阶段学术思想的空前贫困正是因为今天缺乏玄奘型的人物,肯以毕生精力忠实输入西方的各种学说而不改其本来的面目……①

在步伐快速的现代世界中,中西思想的融合也许不必像佛教中国化那样要八百至一千年的长时期才能完成。但是回顾我们70年来在学术思想方面的工作,无论就"整理国故"还是"吸收输入外来之学说"而言,我们所取得的成绩都还是很有限的,因此这个巨大的工程恐怕绝不是短时间内便能够告一段落。我在本文的开始曾引了董仲舒"退而结网"的话,这个"退"字尤其是我们应当特别注意的。献身于学术思想的人永远是甘于寂寞的工作者,他们必须从热闹场中"退"下来,走进图书馆或实验室中去默默地努力。佛教之所以能震荡中国,正是由于有鸠摩罗什、真谛、玄奘等许多大师不断地在那里埋头从事译经的工作。这种工作记载在历史上好像非常热闹,其实他们当时的生活却是隐退而寂寞的。如果我们承认输入吸收西方各种学说是中国文化重建的重要一环,那么这些佛教大师的范例依然是值得我们师法的。但是这种"退"并不是消极逃避,相反的,从整个文化史的观点看,乃是最积极的进取。孔子晚年返鲁编定六经,便可以说明"退"的含义。汤因比(Arnold Toynbee)论文明的发展时曾提出过"退却与重回"(withdrawal and return)的公式,则尤足以与"退而结网"、"退而更化"之意互相发明。佛教虽主出世,但是中国的华严宗却有"回向"之说,可见"退"就是为了"回",而且也只有在"退"的阶段中才能创造出"回"的条件。愿以此意,与有志于文化重建的朋友们共勉之。

(录自余英时:《史学与传统》,台北时报出版公司1982年版。)

---

① 此处有删节。

钱穆与新儒家(节选)①

五　新儒家的道统论

现在我要进一步对新儒家有所讨论。首先,让我对新儒家的道统观提出局外人的一个观察。前面引钱先生的说法,别出之儒因为受禅宗的启示,发展出一种一线单传而极易中断的道统观。那么新儒家的道统观是不是宋明理学的延续呢?自熊十力起,新儒家都有一种强烈的道统意识,但是他们重建道统的方式则已与宋明以来的一般取径有所不同。他们不重传道世系,也不讲"传心",而是以对"心性"的理解和体证来判断历史上的儒者是否见得"道体"。在这一点上,他们确与陆王的风格比较接近。由于新儒家第一代和第二代诸人对于"心"、"性"、"道体"的确切含义以及三者之间的关系都没有获得一致的结论,他们的道统谱系因此也有或严或宽的不同。但无论严宽,大致都认定孟子以后,道统中断,至北宋始有人重拾坠绪;明末以来,道统又中断了三百年,至新儒家出而再度确立。(按:熊十力晚年认为孔子的内圣心学,孟子以后便中断了,宋明儒亦非"嫡嗣",见《明心篇》;又说孔子的外王"大道"学,虽孟子也未能继承,见《乾坤衍》。若依此说,则自无"道统"可言。)由此可见新儒家的道统虽然不是一线单传,但却仍是随时可断。

新儒家建立道统在文字层面上是运用哲学论证,这是新儒家的现代化或西方化。但是由于新儒家奉孟子陆王一系的心学为正统,必须肯定有一普遍而超越的"心体"。这个"心体"对于每一个人都是一真实的存在,即陆象山所谓"此心"或王阳明所谓"良知"。"心体"是一切价

---

①　这里节选的是该文第五、六、七部分。

值和创造的根源,但其第一性质则必然是道德的。另一方面,陆王又强调"吾心即宇宙"、"良知生天生地",因此新儒家也必须肯定有一道体流行于整个宇宙之间。这个道体可以有各种不同的名称,如天道、天命、本体、上帝之类。但名称无关紧要,重要的是我们必须承认这才是宇宙的最后真实。照新儒家的看法,古代希腊哲学家也看到了这个道体,不过他们为思辨理性所限,把它当作形而上的实体;近东的宗教先知也窥见了这个道体,但他们又为启示理性所限,把它拟为人格化的上帝;只有儒家圣人所言的才是对于道体的正见。不但如此,新儒家还更进一步,通过现存的文献和传记材料,他们自信可以断定宋明理学家中谁能上继孟子,见得道体,其见道究竟循着何种工夫进路,以及所成就的义理系统又属于何种形态等。这是新儒家重建道统谱系的最重要的内在根据。

显而易见,这一断定并不能取决于哲学论证。所以新儒家最后必然强调"体证"、"证会"之类的修养工夫,这便是所谓"德性之知,不由见闻"。宋明理学家对于修养工夫本有种种具体的描述和讨论。新儒家据此立论自有一定的理由。宋明理学家自述其"见本心"或"觅本体"的过程往往甚为亲切。例如高攀龙描写他一生出入各家所指示的修养工夫,虽有过"透体通明,遂与大化融合无际"的见道经验,仍须再过十几年才识得《大学》、《中庸》所描写的本体和工夫。[1] 我们自不应轻易怀疑高攀龙和其他理学家有过此类心理的经验,因为他们的工夫历程是有明确的记录的。但是现代一般人并没有作过这种精神修炼的工夫,更不曾证会过心体和道体,因此无从在这一层次上分辨儒学史上谁已见道、谁未见道或谁见道不明,等等。现代新儒家则不同,他们正是以证悟的经验为重建道统的前提。无论是评析宋明儒者的工夫论或本体论,新儒家的论断和语气都必须假定他们对宋明儒者的种种修为与造境无不亲历一过,否则他们所指陈的前人证会道体的异同高下便成为观念游戏了。新儒家强调的证悟在西方人看来毋宁是宗教体验的一种。例如熊十力所说的"良知是呈现",如果真是一种实感,则与西方人所说的"上帝的呈现"(God's presence)属于同一境界,虽然内容可能有

---

① 见《明儒学案》卷五十八《东林一》。

异。但非亲历此境者则不能妄语,所以我们在门外的人最多只能把见道者的证言当作一种事实来接受,而不能赞一词。

如果我们细察新儒家重建道统的根据,便不难发现他们在最关键的地方是假途于超理性的证悟,而不是哲学论证,康德—黑格尔的语言在他们那里最多只有援助的作用,而且还经过了彻底的改造。只有在承认了"心体"、"道体"的真实存在和流行不已这一前提之后,哲学论证才能展开。但这一前提本身则绝不是任何哲学论证(或历史经验)所能建立的。所以如果我们把新儒家的道统观简单地看作一般意义上的哲学史研究,那便不免会时时发生"每逢危难,上帝出现"(deus ex machina)的错愕。因为每在紧要关头,哲学和历史都无济于事时,出而直下承当的必是超越的证悟。其实这正是新儒家特显精神之处。只要我们了解新儒家所讲的并不是普通意义的哲学,而是具有宗教性的道体,是理性与感官所不能及的最高领域,上述的错愕便可以避免了。早在九十年以前,威廉·詹姆斯(William James)便已指出,对于"上帝呈现"这一类直接的宗教体验,理智是绝对无能为力的;哲学和神学即使建构得再精巧,也只能是第二义以下的模本,是空洞而不相干的。[①] 同时他又说:如果有人真正感到活生生的上帝曾呈现在他的面前,那么无论你用多么高明的批判的论证来反驳他,也丝毫无法改变他的信仰。[②] 我们对于新儒家的道统观即可作如是观。

但是问题在于道统如果有实义,则只能是儒学史上的客观事实,而为人人(至少是大多数人)所共见。另一方面,心体、道体的体证如确有其事,自古及今也都仅限于极少数的人。不仅如此,体证必然是个人的私经验,往往因人而异,甚至同一人也先后不同(如前引高攀龙之例)。那么我们究竟怎样才能断定儒学史上谁曾见"道",谁未曾见"道"? 又如何分辨谁所悟者是真"良知",谁所见者仅是"良知的光景"? 通常我们会想到以孔、孟以来的儒家文献为判断的标准。但从新儒家的立场说,这是完全无济于事的。文献必涉及训诂考证的问题;新儒家与考证

---

① "The Varieties of Religious Experience", The Modern Library, 1929, "Lecture XVIII: Philosophy".

② "The Varieties of Religious Experience", The Modern Library, 1929, "Lecture XVIII: Philosophy", pp. 73-74.

学家恰好相反,他们相信"义理明而后训诂考证之得失可得而明"①。由于他们对义理系统的划分基本上取决于超越的体证,于是问题又回到了始点。但这是在原地兜圈子而不是诠释循环。新儒家的道统观对于具有同样体证经验的人也许已是不证自明,但一般思想史研究者则对之实有无从措手足之苦。

新儒家的道统观不仅对"学不见道"的门外人构成了不可克服的理解上的困难,而且即在门内也发生了严重的分歧。今天新儒家内部对朱陆异同已开始旧案翻新,有人以朱陆同传道统,始终相涵,博约相资;有人则以陆王上接孟子之绪,得道统之正,而朱子反成歧出。可见同以超越体证为判断的根据,所建立的道统谱系依然可以相去极远。不但如此,新儒家讨论宋明理学的传衍和发展给我们一个非常清晰的印象,即以心性论为内核的儒家之"道",得之极难而失之极易。往往一两百年才偶然出现一两个见"道"的人,而依照新儒家的严格标准,即此一二人所见也有这样或那样的偏颇;至于门徒之中,若有两三人能守之不失已属难得,其余则不是误解便是未得其门而入。因此自北宋至今一千年间,真能承继孔、孟道统的大概不会超过十人。即使把标准放宽些,加上极少数门人弟子,全体数目也还是少得可怜。这样看来,新儒家重建道统的方式虽然与宋明理学家不同,但其道统观则仍如钱先生所说,"是截断众流,甚为孤立的;又是甚为脆弱,极易中断的"。新儒家内部的朱陆异同之辩也由此而起。这一新争论与其说是出于儒学史研究上的分歧,毋宁说是新儒家内部已出现谁继承了道统的问题。即使新儒家人人都见道,也还有谁见得最真切的问题。"截断众流"的道统观最后不可避免地要引出衣钵真传的争讼。禅宗"一花开五叶",但青原、南岳排名先后的纠纷历数百年而不息,一直到清初还有曹洞、临济二宗互争正统。黄宗羲所谓"脱得朝中朋党累,法门依旧有戈矛"也。禅宗的教外别传是宋明儒家道统的原型,《景德传灯录》尤其有示范的作用。陈垣说:

> 今《景德录》即现存禅宗史最初之一部也。自灯录盛行,

---

① 唐君毅:《中国哲学原论》(上册),香港人生出版社1966年版,第7页,"自序"。

影响及于儒家,朱子之《伊洛渊源录》,黄梨洲之《明儒学案》。万季野之《儒林宗派》等,皆仿此体而作也。[①]

这是无可否认的客观事实。现代新儒家既上承宋明别出之儒而严格鉴别道统中的"正宗"与"旁出"(借用契嵩《传法正宗记》的分类),则这种鉴别所依据的绝对标准最后必然也要施用在他们自己的身上。虽然他们的根据不再是传道世系,而是通过超越证悟所厘定的义理系统,但他们对所谓义理的规定较之禅宗或理学的世系更为严格。例如宋、元、明三朝《学案》中的人物,以理学的世系说,似乎都应该包括在道统之内;以新儒家的义理衡之,则绝大多数是在道统之外。不用说,新儒家内部的义理分歧最后也必须经过同样严格的鉴别。朱、陆究竟代表同一"正宗"的不同工夫取向呢,还是一为"正宗"、一为"旁出"呢?这一判断上的差别透露出义理系统上最基本的分歧,新儒家道统观的严格性必然要求对这一分歧作出明确的决定。但一经决定则两说即分高下,高者得道统之正,下者退居偏位。若两说相持不下,则争端不息;争端不息,则道统不立。这可以说是"截断众流"的道统观给新儒家带来的一大困扰。

当年鹅湖之会,陆氏兄弟先自不同,因此必须辩出高下,归于一是,然后才能与朱子争异同。子寿、子静辩了一整天,最后子寿承认"子静之说极是",才告一段落。以义理的造诣言,陆象山大概确在其兄子寿之上,故子寿卒舍己见以从其弟。但子寿也未必在一切论点上完全与象山一致。所以第二天子寿诗中有"古圣相传只此心"句,象山仍说"微有未安"。子寿立即反应道:"说得恁地,又道未安,更要如何?"这很显然是极不耐烦、不痛快的语气。后来吕祖谦柬朱子,说:"子寿前日经过,留此二十余日,幡然以鹅湖所见为非,甚欲着实看书讲论,心平气下,相识中甚难得也。"而朱子祭子寿文也说:"别未几时,兄以书来。审前说之未定,曰子言之可怀。"可见子寿当时改从象山之说也未尝没有几分勉强。[②] 这个例子颇能说明"截断众流"的道统观鉴别义理的严格性。在这一鉴别之下,任何细微的歧异都不能被容忍,最后都必须归于

---

① 《中国佛教史籍概论》,科学出版社1955年版,第87页。

② 以上所引资料均见《朱子新学案》(第三册),"朱子与二陆交游始末"章。

一是。既归一是则必以一人为主体矣。这一特征一方面固然反映了立说者的性格，但另一方面恐怕也和"专归一路"的义理形态有关。当代新儒家的主要倾向便和陆象山之教十分相似，不过象山所谓"本心"，新儒家称之为"道德主体"而已。顾宪成序陈建《学蔀通辨》，曾以"无我、有我"分别朱陆。他说："在朱子岂必尽非而常自见其非；在陆子岂必尽是而常自见其是。此无我、有我之证也。"又说："朱子歧德性学问为二，象山合德性学问为一，得失判然。如徐而求其所以言，则失者未始不为得，而得者未始不为失。此无我有我之别也。"顾氏所谓"无我"当出于《论语·子罕》所谓"毋我"。这一分别很自然地使我们联想到1947年金岳霖比较他和熊十力的哲学分歧。他说：

> 熊氏哲学背后有他这么个人，而我的哲学背后没有人。[①]

这正是现代的有我、无我之辨，也可以说是主观与客观的分别。一个主观极强、自信极深的人，所讲的恰好又是专归"道德主体"一路的哲学，往往会在不知不觉之间化身为道德主体。这样一来，他便容易发展出顾宪成所谓"常自见其是"的倾向；对于不同的观点更容易直觉地视为"陋说"、"邪意见"、"闲议论"、"第二义以下"之类，而一概加以挥斥。陆象山是如此，熊十力更是如此。新儒家的道统和这一特殊的义理形态有内在的关联，是显而易见的。

现在我们要进一步追问：当代新儒家为什么要费如许力气来重建道统呢？为什么他们非把道统的焦点集中在"心体"、"道体"之上不可呢？不用说，这两个问题都不是很容易解答的。

通常我们提到"新儒家"，大致把它当作现代中国的一个思想流派。对于"新儒家"了解得更多一点的人也许会说它是继陆王心学而起的一个哲学流派，因为新儒家中的人物主要是以哲学为专业的。但是这种门外人的看法是和新儒家的抱负完全不相称的。这里我们必须再次提及他们那篇《中国文化与世界》的宣言。这篇宣言大致反映了他们的抱负——面对西方文化的冲击，中国人必须重建中国文化的价值系统。在这个重建过程中，他们并不拒斥西方文化的成分；相反的，对于"五

---

① 引自郭齐勇：《熊十力及其哲学》，中国展望出版社1985年版，第24页。

四"以来所提倡的"民主"和"科学",他们同样抱着肯定的态度。但是他们坚持一切西方的成分都必须安排在中国文化的价值系统之内。从这一点说,他们的立场当然是和"五四"以来的主流派恰恰相反。因此他们也往往被定性为文化保守派或传统派。然而这种定性未必与实际相符。但事实上,他们把中国文化(以儒家为中心)的理想和现实一分为二。在现实的层面,从制度到习俗,他们毋宁是反传统的,而且其反传统意识的激烈有时甚至不在"五四"主流派之下。例如熊十力在 1951年 5 月 22 日给梁漱溟的信上说:

> 若云社会制度或结构,中国人之家庭组织却是属于制度或结构者……其实,家庭为万恶之源,衰微之本,此事稍有头脑者皆能知之,能言之,而且无量言说也说不尽。①

虽然新儒家反传统的程度因人而异,未可一概而论,但大体上说,他们确是对中国文化的一切有形的现实都无所肯定,所肯定的仅是无形的精神。(最明显的还是熊十力,他说:"秦后二三千年,只有夷化、盗化、奴化三化,何足言文化。"②)也许正因如此,新儒家才不得不强调道统,并且把道统严格限定在心性论上面。因为依照他们的解释,一部中国文化史的精神仅在极少数的儒家圣贤的身上获得比较完整的体现和发展。(其他的人,包括释家、道家,如果曾接触到这一精神,也是偏而不全或"日用而不知"。)至于中国社会制度史上的所谓儒家,包括纲常名教在内,则都是对此一精神的歪曲。道统便代表了这一精神的历史,而且也是唯一有意义的历史。新儒家所说的道体、心体、性体等都是这一精神内核,不过因观察的角度不同而有种种不同的名称而已。但这一精神的内核又是中国自古以来所特有的,古代希腊、以色列、印度的哲学和宗教都见不及此。所以新儒家才说:"心性之学乃中国文化之神髓所在。"这一中国的"道"正是所谓"放之则弥六合,卷之则退藏于密"。新儒家的历史任务便是以现代的(主要是康德—黑格尔的)哲学语言来展示此"退藏于密"之"道",然后再求"放之则弥六合",即全面重建一个

---

① 见《十力书简》,收在深圳大学国学研究所《中国文化与中国哲学》,三联书店 1987 年版,第 6 页。

② 《中国文化与中国哲学》,三联书店 1987 年版,第 5 页。

现代的中国文化系统。

我想以上的分析也许可以使我们了解新儒家重建道统的一种苦心孤诣。如果上面关于新儒家的抱负的观察大致不错，那么我们显然不能把他们仅仅看作是一个普通的哲学流派；新儒家中的个别成员尽管在大学的哲学系任教，他们也不是普通的所谓专业哲学家。事实上，他们在许多著作中表示过不屑与现代所谓"专家"、"教授"为伍的意思。"道"是最高的绝对的领域，也是一切价值的源头。新儒家正是以"道"的继往开来者自许的。依《中庸》"修道之谓教"之说，则新儒家所倡导的其实是"教"，而不是通常意义的"学"。从他们的观点说，"教"是第一义的，"学"则是第二义或第二义以下的。因为"教"必归宿于总持一切的最高真理（道），异于"教"的便成"异端"；"学"则是多元的、相对的、局部的，往往演成"此亦一是非，彼亦一是非"的纷争。中国传统的经、史、子、集是如此，现代的专门学科尤其是如此。如果我们混"教"为"学"，误把新儒家看作今天的无数哲学流派之一，不但新儒家不肯承认，而且我们也无从了解新儒家的基本特征。

正由于新儒家是"教"，他们才对内有统一教义的严格要求，对外又必须安顿客观世界的整体秩序。道统的重建即是统一教义的具体表现，关于这一点，上面已有所说明。这里可以补充一点，新儒家虽没有形式上的"教主"，但精神上仍然要求有一"教主"。依照新儒家内部的不成文法典，见得道体最真切、修为的境界最高的人事实上便居于"教主"的地位。这是因为"教"的内部不能没有"阶次"（hierarchy），既有"阶次"则不能没有最高的一层，否则将无以起教众之信，更不能定教义的是非。这一套不成文法典当然不是新儒家所独具，一切的"教"实无不有之。但绝大多数的"教"是所谓"出世的"，至少不直接干预俗世的事。西方在政教分离之后，更是如此。所以这种"阶次"仅仅对于"教"内的徒众有意义，与一般的人是完全无关的。新儒家则不然，他们的最后归宿是社会实践，也就是重新安排人间世的秩序。因此他们的"教"内阶次对于整个社会也同样有效。这是新儒家的难题之一，留待下面再讨论。

六　新儒家的"开出"说

现在我们先从新儒家的"开出"说入手。新儒家上承"内圣外王"的旧统,而提出了道统开出政统和开出学统的说法。我们在此有两个侧面的观察:

第一,新儒家的两个"开出"说事实上是为了安顿"民主"与"科学"而特别构想出来的。他们不同意"五四"主流派向西方搬取"民主"与"科学"的主张,因为这种单纯"西化"的主张使中国文化在现代转化中完全失去了作用。为了将"民主"与"科学"纳入中国文化的原有系统之内,新儒家才不得不别出心裁,发展出一套所谓"开出"说。

第二,"开出"说必然涵蕴内圣是一切价值的本源所在,所以内圣的领域也必然高出人间一切活动的领域之上。从这一点看,新儒家显然是要重建儒学在中国文化传统中所一直占有的那种中心而又超越的地位。但是新儒家又确有新的成分,并不是简单的复古。他们对于内圣和外王两个世界的划分大体上采取了康德关于本体界和现象界的划分,而又加以变化。在"开出"说方面,他们更参用了黑格尔的"精神"客观化而实现其自己的说法。为了使读者对新儒家"开出"的一方面有所认识,我们不妨简略地谈一谈所谓"良知自我坎陷"之说,因为此说是"内圣开出外王"的主要论据。

依新儒家的解释,良知是绝对的道德心,它本身并不以物为对象。但良知在发用的过程中必然引起对有关的客观事物的认知要求,此时良知即须决定"坎陷"其自身以生出一"了别心",而化事物为知识的对象。新儒家即据此说而断定一切知识(包括科学知识在内)都依于其高一层次的良知决定"坎陷"其自己而生。故知识必统摄于良知之下。良知是本体界的事,知识则是现象界的事,两者的高下判然。① 这个曲折有趣的说法大概是从黑格尔的哲学中变化出来的,所谓"自我坎陷"即相当于"self-diremption"。康德认为主体——本体我——永不能知其自己,因为主体一旦成为知识的对象即化为经验我,而不复是本体我了。黑格尔不同意此说,因而提出主体——黑格尔的"意识"——正可

---

① 关于此点可看唐君毅《中国哲学原论》(上册),第 338—340 页。

通过"self-diremption"而使本身化为可知的对象,这正是人和石头不同的所在。"Self-diremption"原义是"自我分离"。但"绝对精神"要实现其自己则必须通过具体的个人生命,"自我分离"便发生在这个低一级的层次上;在"绝对精神"那一层上,主客自然是统一的。[①] 然而新儒家套用黑格尔的概念却可能引起实践上的困难。"绝对精神"是上帝的化身,故不可能也不必要"自我分离";只有在有血有肉的个人的意识中才会发生自我分离。相反的,依照新儒家之说,良知则是人人所同具的,良知的坎陷也是每一个人所必有的。所不同者,只有极少数的人才能长驻于良知呈现的境界,绝大多数的芸芸众生则无此经验。圣凡两途即由此而判,关键系于证悟之有无。这些极少数的儒家圣贤虽然也有血有肉,表面上似与凡人无异,事实上却具有非常特殊的精神身份。若依康德之说,他们是具有"智的直觉"的本体我;若依黑格尔之说,则他们是"绝对精神"或上帝的化身。新儒家的道统"开出"政统和学统之说必预设自己处于价值之源的本体界(圣域),而置从事政与学以及一切人世活动的人于第二义以下的现象界(凡境)。上面所说的实践上的困难便隐伏于此。

在中国传统的社会结构中,这些具有特殊的精神身份的人自然有他们的特殊社会空间。即使如此,明清以来,由于社会结构在不知不觉中发生重要的变化,这些少数精神"先觉"的社会身份已不免发生问题。王阳明的良知说最后演变为通俗意义的"现成良知"和"满街都是圣人"。但"良知"一旦泛滥到这步田地,少数"先觉"的存在便没有必要了。如果说,"满街圣人"在"成圣"之前,还需要少数"先觉"的指点,那么这些"先觉"在现实社会上究竟居于什么地位呢?儒家不同于基督教,没有教会的组织,儒者也不能成为专业的牧师。王畿和泰州学派的社会讲学终究不能普及,更不能持久。入清以后,王学衰歇,不少儒家便不免要发生什么是"儒者本业"的困惑了。

今天新儒家似乎也面临同样的困难。新儒家一方面告诉我们:"心体"、"道体"或"良知"的体认是无限艰难的,没有"宿慧"的人几乎没有可能获得"良知呈现"的经验。而且即使偶然有此经验,也绝不能保证

---

① 参见 Charles Taylor, *Hegel*, 剑桥大学出版社 1975 年版, 第 334—335 页。

一得即不复失。所以依他们的严格鉴别,王阳明的弟子中真能守得住良知之教的也不过两三人而已。另一方面,新儒家又坚持无论是"政统"或是"学统"都必须由"道统"开出。这就等于说,民主和科学在中国的实践最后都落在新儒家的肩上,因为只有他们才是"道统"的承继者。但是新儒家从来没有清楚地指示我们:道统究竟怎样才能"开出"政统和学统? 我们只能试作几种可能的推测:第一个可能性是说只有悟"道"——进入"道统"——的人才能开出民主与科学。这大概不会是新儒家的想法,因为这一限制太严格了。依新儒家的标准,今天真正的悟"道"者恐怕不会超过一两人,我们怎么把这样巨大的"开出"事业完全寄望于一两人的身上呢? 而且即使以当年《中国文化与世界》宣言的四位签名者而言,其中也只有张君劢先生一人曾对民主事业有过贡献。但以悟"道"而言,恐怕新儒家绝不会承认他是一个合格的人选。第二个可能性是新儒家以"先觉觉后觉"的方式激发中国人的良知,然后通过"良知的自我坎陷"以"开出"民主与科学。这也许最接近新儒家的"开出"的理想,但是也立即遇到一个难解的困境:新儒家既非以传"教"为本业,则将以何身份并通过何种方式来点拨中国人的良知而期其必从呢? 不但如此,中国人追求民主与科学至少有一百年的历史,远在新儒家出现之前。这是不是表示,良知早已发用,不必更待"先觉"的激发了呢? 这便引出第三个可能性,即所谓"开出"是指中国人在近百年来努力的方向事实上即是暗中由良知规定的,不过为之者不自觉而已。这个说法符合"良知本自现成"之义,也可以澄清民主与科学和儒家传统互不相容的偏见。但是这样一来,新儒家则不免永远落后着,如黑格尔所谓"暮色既晦,智枭展翼",其功能已降为澄清思想上的误解,而不是"内圣开出外王"了。

以上论新儒家"开出"说的困难,甚为简略,因为这不是本文主旨的所在。"良知的自我坎陷"的理论最多只能说明人的一切创造活动都受"良知"的主宰,但却无法证立政统与学统必待道统来"开出"。因为如果人人都有现成的良知,则他们在发现了民主或科学的价值之后,良知自然会"自我坎陷",用不着也不可能等待道统中人的指点。前面已指出,中国人在19世纪末叶已发现了民主与科学的价值。我们可以把发现之功归于"良知",但不能归于道统(无论是真道统还是伪道统)。"五四"以来提倡民主与科学最有力的人同时也是最反道统的(虽然是伪道统),他们也未尝不能理直气壮地说,他们反道统正是出于"良知"之不容己。可见"良知"说是一把两刃的刀,两边都可以割。

新儒家之所以必须坚持"开出"说自有其不得不然的理由。前面已指出,新儒家把自己的领域划在开创价值之源的本体界,而民主与科学则是现代中国人所共同追求的两大新价值。因此新儒家才特别建构一种理论,说明这两大价值在中国的开创必须在源头处——儒家的"道"——着手。根据新儒家的解释,传统儒家的"道"所完成的是道德主体的建立。新儒家则在这个基础上推陈出新,使道德主体可以通过自我坎陷的转折而化出政治主体与知性主体。这一创造性的转折便是新儒家给他们自己所规定的现代使命。很显然的,这一理论建构必须预设新儒家在精神世界中居于最高的指导地位。这里显示出新儒家所设想的中国的现代化与西方的现代化是属于两种截然不同的形态。

西方现代化的历程始于俗世化,即取消了"道统"——基督教——的绝对主宰的地位。其结果是大家都知道的政、教分离。美国的开国领袖杰弗逊曾有一句名言:"无论我的邻人说上帝有二十个或根本没有上帝,对我都毫无损害。"这就是说,对于个人最关重要的终极信仰是与民主政治完全不相干的。同样的原则也适用于科学研究方面。科学知识的成立自有独立的客观准则(虽然准则也随着科学的发展而变动),科学家本人究竟是无神论者、一神论者或多神论者都不能影响到他的研究的结果。所以西方现代社会的特征之一是政治、宗教、学术、道德、经济、艺术各个领域都相对独立,其中没有任何一个领域可以特殊自居,而凌驾于其他领域之上。最近二三十年来,西方的自由主义者甚至已开始怀疑民主究竟是不是先要有一套哲学理论的基础?是不是在宗教信仰退位以后,我们还必须重建一套俗世的共同信仰来取代它的地位?这种思想上的变化是和西方社会日益多元化的趋向分不开的。现代的社会结构越来越不能允许有一群特殊的人物居于精神领导的地位。反"精英文化"(elite culture)或反"精英主义"(elitism)的声浪在西方一天天高涨便是这一趋向的明确标志。思想界和文化界也市场化了,各种品质混杂的货色都可以自由竞争。这一发展的方向是否健康,自然大可讨论,但目前还看不见转变的迹象。

与西方相对照,新儒家关于中国现代化的设想恰好是一个反命题。西方的旧道统——基督教退位了,新道统——马克思主义现在也崩溃了,但新儒家不但坚持中国的道统必须继续占据原有的中心地位,而且还赋予道统以前所未有的更积极的功能:"开出"政统与学统。这个理论一旦涉及实践便必然预设一种金字塔式的社会结构。道统自然是掌握在证悟了道体的人的手上,所以新儒家必然居于金字塔的最高一层,为经验界的一切创造活动提供价值标准。学者和政治家最多只能占据第二层,因为他们所处理的都是经验界的对象,不能直接接触到新儒家的本体世界。严格地说,他们只有在新儒家的道德精神的"浸润"之下才能开拓中国的现代化。其他一切文化社会活动的领域也都在新儒家的价值系统中各有或高或低的定位,他们对于所谓"人格世界"的划分多少便反映了他们的社会结构观。但是由于新儒家在基本立场上继承了中国"精英主义"(elitism)的传统,他们的讨论重点是放在金字塔的第一层与第二层之间的。最重要的则是金字塔的塔尖。以新儒家的立"教"形态而言,此塔尖非他们的"教主"莫属,因为"教主"不但是"道"的最高权威,而且还是从内圣领域"开出"外王的原动力(prime mover),但在现代社会结构中,我们却很难为这个塔尖找到一个相应的位置。西方今天虽仍有"教宗"(pope),但仅属于天主教一派;并且现代的"教宗"最多只有"内圣",已与"外王"完全无关。古代儒家的"圣人"论德不论位,也与新儒家的要求(英文所谓 claim)不尽符合。关键即在于"开出"之说。《中庸》说:"虽有其德,苟无其位,亦不敢作礼乐。"道统"开出"政统与学统正是"作礼乐"的现代说法,所以"德"与"位"缺一不可。这是新儒家教义落在实践层次上所必有的含义之一。从历史上看,与新儒家"教主"约略相应的社会名位只能是初民社会的"最高祭司"(high priest),古代帝国的"国师"或欧洲中古时代的"教宗"之类,但这一类的名位在现代社会的构成原则中却找不到任何根据。

七 新儒家的心理构造

新儒家的金字塔式的社会构造虽然尚有待建造,但是他们的心理构造早已是金字塔式的,而且已发展到牢不可破的地步。新儒家对整个知识领域所持的态度便是这种心理结构的一种最清楚的表现。他们似乎自信已"优入圣域",因此往往流露出一种睥睨古今中外的心态。前面所讨论的新儒家道统观的严格性已透露了此中的消息。熊十力曾明白地说：

> 余尝衡论古今述作,得失之判,确乎其严。宰平戏谓曰:老熊眼在天上。余亦戏曰:我有法眼,一切如量。①

林宰平所用"眼在天上"四字其实不是"戏语",而是的评;熊十力"我有法眼"四字也不是"戏语",而是自信。新儒家自信已窥见本体界的最高真理——"道",因此掌握了绝对的标准,足以判断古今中外一切义理的是非高下。熊十力又曾面告萧公权说：

> 西洋哲学和科学都缺乏妙义,没有研讨的价值。②

这话可以代表他对整个知识领域的评价。在新儒家的眼中,西方的哲学和科学都仅仅接触到现象,而未见本体,所以"缺乏妙义"。这是陆象山评朱子"学不见道,枉费精神"的现代翻版。我们必须记得,新儒家论"学",必须设"第一义"与"第二义"的分别。第一义是"内圣之学",属于本体界;第二义是"学人之学",属于现象界。"内圣"之学可以"开出"知识,"学人之学"则绝不足以成为上通"内圣之学"的有效保证。他们也偶然对某些"学人之学"——如史学、文学之类——有所肯定。但是我们必须知道,这在他们不过是一种"纡尊垂奖"的表示,并不是承认"学人之学"可以和他们的"内圣之学"处于同一层次。在内心深处,他们其实是把所谓"学人"看作低一等的。试举一个有趣的例子。吕祖谦(伯恭)曾写信给陈亮(同甫),告诉他陆象山很愿意和他相聚。"渠云:'虽未相识,每见尊兄文字,开豁轩翥,甚欲得相聚。'觉其意甚勤,非论文者也。"牟宗三《从陆象山到刘蕺山》一书评此事说：

> 象山之高明爽朗表现于内圣之学……而陈同甫者则是高明爽朗之表现于"事功之学"者,故重英雄之生命。高明爽朗在此转而为慷爽。其文字"开豁轩翥"即是英雄主义之慷爽之

---

① 见《十力语要初续》,第17—18页。
② 见萧公权:《问学谏往录》,台北传记文学出版社1972年版,第111页。

表现,而此种风格亦特为象山所喜,故"甚欲得相聚"也。象山
自与同甫殊途,彼亦不必看得起同甫,然在此"开豁轩豁"上,
则是气味相投者。①

这一大段推想是否合乎事实,姑且不论。最可怪的是中间奇峰突
起,冒出了"彼亦不必看得起同甫"一语。这在原来的文献中是完全没
有着落的。但是这个有意无意之间的"失言"(slip)恰好反映了新儒家
的心理结构:"内圣之学"的陆象山怎么会当真看得起"事功之学"的陈
同甫呢?

新儒家此种心理结构自然有一部分是渊源于中国儒生、文士之流
的"狂"的传统。"文人相轻"、"唯我独尊"、"目无余子"、"自郐以下"之
类的心理习惯在两千多年中从来没有断过。"四海习凿齿,弥天释道
安",这是晋代名士与名僧的互相标榜;"世无孔子,不在弟子之列",这
是韩愈的自负;"仰首依南斗,翻身倚北辰,举头天外望,无我这般人",
这是陆象山的"目无余子";"一夕梦天坠,万人奔号。先生独奋臂托天
起。又见日月列宿失次,手自整布如故,万人欢舞拜谢",这更是王艮的
自我无限扩大的梦中现形。这一类的例子不胜枚举。在有些新儒家的
身上我们依然可以清楚地看到这种"狂"的精神,甚至新儒家严判"古今
述作"或"道统"的那种"法眼",在中国"狂"的传统中也是无所不在的。
让我们举两个例子。清初毛奇龄(西河)论汉以来的经学便具有非常严
格的"法眼"。当时人说:"西河目无今古,其谓自汉以来足称大儒者只
七人,孔安国、刘向、郑康成、王肃、杜预、贾公彦、孔颖达也。夫以二千
馀年之久,而仅得七人,可谓难矣。"②章太炎大弟子黄侃也是一个有趣
的例子。他宣称只信奉八部书,即《毛诗》、《左传》、《周礼》、《说文解
字》、《广韵》、《史记》、《汉书》和《文选》,此外都不值一顾。所以当时北
京大学章门同学赠他一句很传神的诗句:"八部书外皆狗屁。"③这当然
也可以说是"衡论古今述作,确乎其严"了。

新儒家的思想风格与中国"狂"的传统有渊源,这是不足为异的。

---

① 牟宗三:《从陆象山到刘蕺山》,台北学生书局1979年版,第154页。

② 见全祖望:《萧山毛检讨别传》引姚蓑田语,收在《鲒埼亭集》外编卷十二。

③ 见周作人:《知堂回想录》(下册),香港,1970年版,第483页。

特别是新儒家上承陆、王谱系,而陆、王正是理学中"狂"的一派。陆象山之"狂"已见于前。王阳明也是欣赏"狂"的,所以他晚年宴门人于天泉桥,见诸生脱落形迹,而写出了"点也虽狂得我情"的诗句。但是我并不认为新儒家的风格完全来自中国的旧传统,其中也有新的成分。新儒家所表现的那种有趣的"君临"姿态似乎主要是起于对西方人所谓"知性的傲慢"的直接反应。所以我想称新儒家的心态为"良知的傲慢"。

西方现代有一种"知性的傲慢"是随着自然科学的兴起而出现的。科学的巨大成就诱发了一种意识形态——科学主义(或实证主义)。根据这种意识形态,科学是理性的最高结晶,而科学方法则是寻求科学真理的唯一途径。因此自然科学(如物理学、生物学)成为知识的绝对标准,因为它所获得的真理是最精确、最具客观性的。社会科学虽然也是实证主义思潮下的产物,但其"科学性"已远不足以与自然科学相比,至于人文学科——哲学、神学、史学、文学批评之类——则更低一等了。在实证主义者的眼中,不但自然科学是理性的最高典范,而且自然科学家也体现了人类的最高道德——如无私地追求真理、诉诸理性的说服力、诚实、公正,等等。自然科学家是天地间第一等人,因为他们具有最高的"认知的身份"(cognitive status)。社会科学家和人文学者由于在知识上达不到同样高度的"科学性",他们在真理的王国中便只能算是第二等以至第三等的公民了。[①] 这当然是一种"知性的傲慢"。在"五四"前后,这一"知性的傲慢"随着科学主义一齐传到了中国。从此中国知识界也大体接受了"科学至上"、"科学家是第一等人"的价值判断。中国的人文学者为了争取"认知的身份"也不得不借"科学"以自重。"五四"以后,"科学方法整理国故"的运动之所以风行一时,便反映了这一文化心理的转变。传统儒学的地位已为科学所取代,道德意义上的"圣人"也让位于知识意义上的"科学家"了。这一转变可以说是西方俗世化的一种缩影:科学代替了宗教;科学家代替了牧师。(上引 Rorty 的新作对此多有论及。)

---

① 参见 Richard Rorty,*Objectivity,Relativism and Truth*,剑桥大学出版社 1991 年版,第 21—45、60—62 页。

　　新儒家的"良知的傲慢"是受现代"知性的傲慢"的刺激而产生的反应。我们只要稍一比较两者的思想结构,便不难看出新儒家其实是科学主义的反模仿。科学主义者讲"真理",新儒家反之以"道体";科学主义者讲"客观性",新儒家反之以"主体性";科学主义者讲"事实",新儒家反之以"价值";科学主义者讲"理性",新儒家反之以"良知"或"道德理性"(moral reason);科学主义者讲"科学方法",新儒家反之以"证悟"或"成德工夫";科学主义者以"认知身份"决定各种学术专业的高下,新儒家反之以"道德身份";科学主义者讲"科学理性"体现德性,新儒家反之以"知识为良知之发用"……新儒家如此处处与科学主义针锋相对,一切反其道而行之,而整个系统的内在结构又与科学主义几乎全相一致,这绝不可能是一种偶然的巧合。所以最近情理的解释是:新儒家为了对抗科学主义,在有意无意之间走上了反模仿的途径。但反模仿也是模仿的一种,其结果是发展了一套与科学主义貌异情同的意识形态——道德主义。科学主义者以独占"真理"自负而有"知性的傲慢",道德主义者则以独得"道体"自负而有"良知的傲慢"。他们都置身于各自建造的世界的巅峰,颇有"会当凌绝顶,一览众山小"之概。但是科学主义者虽然给予社会科学和人文学科以较低的"认知的身份",但毕竟承认社会人文学术和自然科学同在一个知识世界之内,而所谓科学方法则是人人都能掌握的。所以自然、社会、人文三大类学术只是在"科学性"的程度上有高下之别而已。道德主义者则不然,他们高居本体界,视整个知识领域为低一层次的活动。他们只要肯"自我坎陷",知识之事固随时可以优为之。但知识领域中人若欲取得"道德的身份",上窥本体,则其事难如上青天,因为"证悟"、"良知呈现"并不是人人所能有的经验。此所以"良知的傲慢"更远在"知性的傲慢"之上。("良知"与"傲慢"无论依旧儒家或新儒家之说,当然都是不能并存的,但这正是我铸此名词的用意所在。)

　　总之,从新儒家第一代和第二代的主要思想倾向来看,他们所企图建立的是涵盖一切文化活动的至高无上的"教",而不是知识性的"学";他们决不甘心仅仅自居于哲学中的一个流派。这个"教"的地位在历史上大概只有西方中古的神学曾经取得过,中国传统的儒教没有达到这样的地步。众所周知,中古神学是凭借着政治权力取得君临天下的地位的。新儒家的凭借则是良知的一点灵明,而不是任何外在的力量,这当然是一个无限艰巨的任务。但是新儒家虽然在现实上距离君临天下的境界尚远,他们的君临心态却已牢不可破。"良知的傲慢"至少有一部分是从这种心态中派生出来的。

1991 年 5 月 2 日初稿写成,7 月 2 日定稿于台北旅次

(录自余英时:《犹记风吹水上鳞:钱穆与现代中国学术》,台北三民书局 1991 年版。)

李泽厚儒学学案

李泽厚(1930—　　),湖南长沙人。中国当代哲学家、美学家。

李泽厚于 1945—1948 年就读于湖南省立第一师范,毕业后当过一段时间的乡村小学教师。1950—1954 年,就读于北京大学哲学系。1983 年,当选为巴黎国际哲学院院士。1992 年,获准移居美国,曾任教于美国科罗拉多学院。1998 年,获美国科罗拉多学院人文学荣誉博士学位。

李泽厚研究的领域颇为广泛,涉及中西哲学、美学、史学等。在儒学研究方面颇有建树。1980 年,发表《孔子再评价》一文,认为孔子思想包含多元因素的多层次交错的依存,形成了一个对中华民族影响最大的文化—心理结构。"以孔子为代表的儒家,也正是由原始礼仪巫术活动的组织者领导者(所谓巫、尹、史)深化而来的'礼仪'的专职监督保存者。"所以,孔子一定要维护"周礼",充当"周礼"的守护角色。孔子在这个动荡的变革时代,明确地站在保守、落后的一方。然而,我们不能因为孔子对"周礼"的守护和他"周游列国"的碰壁,就简单地否定孔子思想。他认为,孔子一方面要恢复"周礼",另一方面,又强调民主性和人民性。他的仁学思想体系,就是建立在这样一种矛盾复杂的基础之上。孔子的仁学结构有四因素,分别是血缘基础、心理原则、人道主义、个体人格。诸因素之间相互依存、渗透或制约,凝聚成一种思维模式。这种思维模式具有自我调节、相互转换和相对稳定的适应功能,其整体特性是实践理性。这一以实践理性为特征的思想有机体,具有某种封闭性,可经常排斥或消化掉外来的侵犯干扰,得以长期自我保存下来。

1985 年,出版《中国古代思想史论》一书,认为孔学、儒家区别于其他学说或学派的关键点是心理情感原则,它强调情感与理性的合理调节。孔子仁学也有其弱点,即在一定程度和意义上阻碍了科学和艺术的发展。孟子学说赋予心理情感以先验的形上性质,最终归结为道德主体性的建立。荀子从人的族类高度论证"礼",并作出历史主义的理性解释。《易传》建构起儒家的世界观,赋予"天"以品德情感色彩,把自然与历史贯穿起来。董仲舒将阴阳五行("天")同王道政治("人")作异质同构的类比联系,建构起了宇宙论系统的世界图式。宋明理学以张载、朱熹、王阳明为代表,各以"气"、"理"、"心"为中心范畴;理学由宇宙论到伦理学,无极太极、理气心性的讨论都是为了重建以伦常秩序为本体轴心的"孔孟之道"。1999 年,又提出"儒学四期"说,"所谓'四期',是认为孔、孟、荀为第一期,汉儒为第二期,宋明理学为第三期,现在或未来如要发展,则应为虽继承前三期、却又颇有不同特色的第四期"。

(徐庆文)

孔子再评价

关于孔子研究已有不少成果,但意见分歧也许更大。分歧的一个重要原因,是对当时社会变革不很清楚,从而对孔子思想的性质和意义也就众说纷纭。本文无法涉及社会性质问题的探讨,而只想就孔子思想本身作些分析,认为其中包含多元因素的多层次交错依存,终于在历史上形成了一个对中国民族影响很大的文化—心理结构。如何准确地把握和描述这一现象,可能是解释孔子的一条途径。本文认为春秋战国是保存着氏族社会传统的早期宗法制向发达的地域国家制的过渡,认为孔子思想是这一空前时代变革中某些氏族贵族社会性格的表现。但由孔子创始的这个文化—心理结构,因具有相对独立的稳定性质而长久延续和发展下来。

一 "礼"的特征

无论哪派研究者恐怕很难否认孔子竭力维护、保卫"周礼"这一事实。《论语》讲"礼"甚多,鲜明表示孔子对当时"礼"的破坏毁弃痛心疾首,要求人们从各方面恢复或遵循"周礼"。

那么,"周礼"是什么?

一般公认,它是在周初确定的一整套的典章、制度、规矩、仪节。本文认为,它的一个基本特征,是原始巫术礼仪基础上的晚期氏族统治体系的规范化和系统化。作为早期宗法制的殷周体制,仍然包裹在氏族血缘的层层衣装之中,它的上层建筑和意识形态直接从原始文化延续而来。"周礼"就具有这种特征。一方面,它有上下等级、尊卑长幼等明确而严格的秩序规定,原始氏族的全民性礼仪已变而为少数贵族所垄断;另方面,由于经济基础延续着氏族共同体的基本社会结构,从而这套"礼仪"一定程度上又仍然保存了原始的民主性和人民性。就在流传到汉代、被称为"礼经"、作为三礼之首的《仪礼》中,也还可以看到这一特征的某些遗迹。例如《仪礼》首篇的《士冠礼》,实际是原始氏族都有的"成丁礼"、"入社礼"的延续和变形;例如《乡饮酒礼》中对长者的格外敬重,如《礼记》所阐释"六十者坐,五十者立侍,以听政役,所以明尊长也。六十者三豆,七十者四豆,八十者五豆,九十者六豆,所以明养老也。民知尊长养老,而后乃能入孝弟"(《礼记·乡饮酒礼》)。可见,孝弟以尊长为前提,而这种尊长礼仪,我同意杨宽《古史新探》中的看法,它"不仅仅是一种酒会中敬老者的仪式,而且具有元老会议的性质,这在我国古代政权机构中有一定地位"①。中外许多原始氏族都有这种会议,如鄂温克人"在六十多年前,凡属公社内部的一些重要事情都要由'乌力楞'会议来商讨和决定。会议主要是由各户的老年男女所组成,男子当中以其胡须越长越有权威"②。《仪礼》中的"聘礼""射礼"等等,也无不可追溯到氏族社会的各种礼仪巫术。③《仪礼》各篇中描述规定得那么琐碎的"礼仪",既不是后世所能凭空杜撰,也不是毫无意义的繁文缛节,作为原始礼仪,它们的原型本有其极为重要的社会功能和政治作用。远古氏族正是通过这种原始礼仪活动,将其群体组织起来、团结起来,按着一定的社会秩序和规范来进行生产和生活,以维系整个社会的生存和活动。因之这套"礼仪"对每个氏族成员便具有极大的强制性和约束力,它相当于后世的法律,实际即是一种未成文的习惯法。到"三代",特别是殷、周,这套作为习惯法的"礼仪"就逐渐变为替氏族贵族服务的专利品了。④ 孔子对"周礼"的态度,反映了对氏族统治体系和这种体系所保留的原始礼仪的维护。例如孔孟一贯"尚齿":所谓"孔子于乡党恂恂如也,似不能言者"(《论语·乡党》),"乡人饮酒,杖者出,斯出矣"(《论语·乡党》)。所谓"天下之达尊三,爵一齿一德一"

---

① 《古史新探》,中华书局 1964 年版,第 297 页。

② 秋浦等:《鄂温克人的原始社会形态》,中华书局 1962 年版,第 62 页。

③ 参见杨宽《古史新探》,该书对此作了一些颇有价值的探讨。

④ 在《礼记》中(例如《礼记·明堂位》)经常看到从"有虞氏"到夏殷周三代的连续,其中,夏便是重要转换点,是许多礼的起点。又如《礼记·郊特牲》说"诸侯之有冠礼,夏之末造也"等等,都反映出这一点。

(《孟子·公孙丑下》)等等,就是如此。

"礼"是颇为繁多的,其起源和其核心则是尊敬和祭祀祖先。王国维说:"盛玉以奉神人之器谓之豐若豐,推之而奉神人之酒醴亦谓之醴,又推之而奉神人之事,通谓之礼"(《观堂集林·释礼》)。郭沫若说:"礼是后来的字。在金文里面,我们偶尔看见用丰字的。从字的结构上说,是在一个器皿里盛两串玉以奉事于神。《盘庚篇》里面所说的'具乃贝玉',就是这个意思。大概礼之起起于祀神,故其字后来从示,其后扩展而为对人,更其后扩展而为吉、凶、军、宾、嘉各种仪制。"[①]可见,所谓"周礼",其特征确是将以祭神(祖先)为核心的原始礼仪[②],加以改造制作,予以系统化、扩展化,成为一整套习惯统治法规("仪制")[③]。以血缘父家长制为基础(亲亲)的等级制度是这套法规的骨脊,分封、世袭、井田、宗法等政治经济体制则是它的延伸扩展。而以孔子为代表的儒家,也正是由原始礼仪巫术活动的组织者领导者(所谓巫、尹、史)演化

---

① 《十批判书·孔墨的批判》,人民出版社1954年版,第82—83页。

② 《礼记·祭统》:"凡治人之道,莫急于礼;礼有五经,莫重于祭……祭者,所以追养继孝也……夫祭有十伦焉:见事鬼神之道焉,见君臣之义焉,见父子之伦焉,见贵贱之等焉,见亲疏之杀焉,见爵赏之施焉,见夫妇之别焉,见政事之均焉,见长幼之序焉,见上下之际焉。"包括前述冠礼等等也与"祭"有关,"冠者,礼之始也……古者重冠,重冠故行之于庙……所以自卑而尊先祖也"(《礼记·冠义》)。

③ 所谓原始礼仪,即是图腾和禁忌。它们构成原始社会强有力的上层建筑和意识形态,仪式在这里是不可违背的一套规范准则和秩序法规。恩格斯曾说,在基督教"以前的一切宗教中,仪式是一件主要的事情"(《布鲁诺·鲍威尔和早期基督教》)。原始巫术礼仪活动更是如此。种种繁细碎琐的仪节,正是这种法规的具体执行。所以在某些礼仪活动中,一举手一投足都有严格的规定,一个动作也不容许做错,一个细节也不容许省略、漏掉……否则就是渎神,大不敬,而会给整个氏族、部落带来灾难。《仪礼》中的繁多规定,《左传》中那么多的"是礼也""非礼也"的告诫,少数民族的材料(如"鄂温克人长时期……形成的一套行为规范……大家都必须严格地来遵守它……涉及的范围是很广泛的……如狩猎时不能说"我们打围去",鹿、犴的头不能从驯鹿上掉下来。在捕鱼时不能跨过鱼网,不能切开鱼的胸骨。鄂温克人认为违反了这些禁忌,会触怒神明,从而会对渔猎生产带来不利……"(上引秋浦书,第68页),都反映这一点。

而来的"礼仪"的专职监督保存者。①

章学诚认为,"贤智学于圣人,圣人学于百姓②,集大成者,为周公而非孔子",又说"孔子之大,学周礼一言可以蔽其全体"(《文史通义·原道下》)。的确是周公而非孔子,将从远古到殷商的原始礼仪加以大规模的整理、改造和规范化。这在当时是一个非常重要的变革。王国维《殷周制度论》中的论点是值得重视的。孔子一再强调自己是"述而不作"(《论语·述而》),"吾从周"(《论语·八佾》)、"梦见周公"(《论语·述而》)……其意确乎是要维护周公的这一套。"觚不觚,觚哉"(《论语·雍也》);"八佾舞于庭,是可忍也,孰不可忍也"(《论语·八佾》);"尔爱其羊,我爱其礼"(《论语·八佾》)……是孔子对礼仪形式("仪")的维护。"道之以政,齐之以刑,民免而无耻;道之以德③,齐之以礼,有耻且格"(《论语·为政》),"自古皆有死,民无信不立……"(《论语·颜渊》)等等,则是孔子对建立在习惯法("信")基础上的"礼治"内

---

① "生民之初,必方士为政"(《訄书·干蛊》),章太炎认为儒家本"术士"(《国故论衡·原儒》。术士之说当然不始于章,章的老师俞樾即有此说),"明灵星午子吁嗟以求雨者谓之儒","助人君顺阴阳以教化者也"(同上),本是一种宗教性、政治性的大人物(参见拙作《从历史文物试探体脑分工的起源》,《文物》1975年第9期)。儒家的理想人物,从所谓皋陶、伊尹到周公,实际都正是这种巫师兼宰辅的"方士"(传说中所谓伊尹以"宰割要汤",实际恐乃一有关宰割圣牛的祭神礼仪故事)。后世儒家的理想也总以这种帮助皇帝去治理天下的"宰相"为最高目标,其来有自。各派新旧史家都注意到"礼"出自祭祀活动,"礼"与"巫"、"史"不可分等事实。如"礼由史掌,而史出于礼"(柳诒徵:《国史要义》,中华书局1948年版,第5页),"宗祝卜史皆司天之官,而所谓太宰者,实亦主治庖膳,为部落酋长之下之总务长。祭祀必有牲宰,故宰亦属天官"(同上),"最古之礼,专重祭礼,历世演进则兼括凡百事为,宗史合一之时已然。至周则益崇人事,此宗与史,古乃司天之官,而后来为治人之官之程序也"(同上书,第6页)。"……春秋所记,即位、出境、朝、聘、会、盟、田猎、城筑、嫁娶,乃至出奔、生卒等等事项,几乎没有和祭祀无关的。而祭祀既以神为对象,故和祭祀有关的礼,其中还包括有媚神的诗歌(舞蹈和音乐),测神意的占卜,及神的命令——类似诗歌的刑律(一种初民的禁忌,多采取这种形式)等等"(《杜国庠文集》,人民出版社1962年版,第274页)。"儒"、"儒家"之"名"虽晚出,但就作为与祭祀活动(从而与礼)有关的巫、尹、史、术士……之"实"却早存在。

② 这其实已有"上古之时礼源于俗"(刘师培)的意思,即"圣人"的"礼",来源于百姓的"俗"。

③ "德"究竟是什么? 尚待研究。它的原义显然并非道德,而可能是各氏族的习惯法规,所以说"异姓则异德,异德则异类"(《国语·晋语》),故与"礼"联在一起。

容的维护①。

但是,孔子的时代已开始"礼坏乐崩",氏族统治体系和公社共同体的社会结构在瓦解崩毁,"民散久矣"(《论语·子张》)②,"民恶其上"(《国语·周语》)。春秋时代众多的氏族国家不断被吞并消灭,许许多多氏族贵族保不住传统的世袭地位,或不断贫困,或"降在皂隶"。部分氏族贵族则抛弃陈规,他们以土地私有和经营商业为基础,成为新兴阶级并迅速富裕壮大。韩非说:"晋之分也,齐之夺也,皆以群臣之太富也"(《韩非子·爱臣》),经济上的强大实力使他们在政治上要求夺权(田恒的大斗出小斗进实际是显示实力而不是"收买民心"),在军事上要求兼并侵吞,终于造成原来沿袭氏族部落联盟体系建立起来的天子—诸侯—大夫的周礼统治秩序彻底崩溃。赤裸裸压迫剥削("铸刑鼎"、"作竹刑"、"初税亩"、"作丘甲")和战争主张,取下了那层温情脉脉的"礼""德"面纱,公开维护压迫剥削的意识形态和政治理论——从管仲到韩非的法家思想体系日益取得优势。

孔子在这个动荡的变革时代,明确地站在保守、落后的一方。除了上述在政治上他主张维护"礼"的统治秩序、反对"政""刑"外,在经济上,他主张维持原有的社会经济结构,以免破坏原有的公社制度和统治体系("不患寡而患不均,不患贫而患不安③")。反对追求财富(聚敛)而损害君臣父子的既定秩序和氏族贵族的人格尊严,成为孔子一个重要思想:

---

① 孔子反对铸刑鼎,把"政"、"刑"与"礼"、"德"对立起来。《春秋》三传都认为"初税亩"是"非礼也",说明"礼"是与成文法对立的氏族贵族的古老的政治、经济体制。但到战国时代,儒家说"礼乐政刑,四达而不悖,则王道备矣"(《乐记·乐本》),将"礼乐"与"政刑"视为同类,情况有了很大变化,这已是荀子而非孔子。实际在战国,"礼"已全等于"仪"而失其重要性了。"春秋二百四十二年的期间,君臣士大夫言及政治人生,无不以礼为准绳。至战国则除了儒家以外,绝少言礼……战国时之漠视礼,可以取证于记载战国史的《战国策》……礼字差不多都是指的人情礼节之礼,与春秋时为一切伦理政治准绳之礼,截然不同"(罗根泽《诸子考索》,第235页),并参见《日知录》卷十三《周末风俗》条:"春秋时犹尊礼重信,而七国则绝不言礼与信矣。春秋时犹宗周王,而七国则绝不言王矣。春秋时犹严祭祀重聘享,而七国则无其事矣。春秋时犹论宗姓氏族,而七国则无一言及之矣。"所谓废封建郡县,实即恩格斯所说地域性国家替代了自然纽带。

② "民"即公社自由民,"民散久矣",即自由民离开了世代相沿的公社共同体。

③ 虽然孔子也主张"富之",但居次要地位,更重要的是"安"和"均"。这里的"均"非平均,而是指"各得其分"。

富与贵是人之所欲也,不以其道得之,不处也;贫与贱是人之所恶也,不以其道得之,不去也。(《论语·里仁》)

士志于道,而耻恶衣恶食者,未足与议也。(《论语·里仁》)

季氏富于周公,而求也为之聚敛而附益之,子曰:"非吾徒也,小子鸣鼓而攻之,可也。"(《论语·先进》)

吾犹及史之阙文也,有马者借人乘之,今亡已夫。(《论语·卫灵公》)

衣敝缊袍,与衣狐貉者立而不耻者,其由也欤!(《论语·子罕》)

……

这些都反映了被财富打败、处于没落命运的氏族贵族的特征。孔子尽管东奔西走,周游列国,想要恢复周礼,却依然四处碰壁。历史必然地要从早期宗法制走向更发达的地域国家制。

这是社会的一大前进,在这基础上出现了灿烂的战国文明和强盛的秦汉帝国。但同时,早期宗法制所保留的大量原始礼仪体制中包含的氏族内部的各种民主、仁爱、人道的残留,包括像春秋许多中小氏族国家的城邦民主制政治,也全被这一进步所舍弃和吞没。历史向来就喜爱在这种悲剧性的二律背反中行进。恩格斯说:"由于文明时代的基础是一个阶级对另一个阶级的剥削,所以它的全部发展都是在经常的矛盾中进行的。生产的每一进步,同时也就是被压迫阶级即大多数人的生活状况的一个退步……"①恩格斯指的是资本主义对机器的采用。而从原始社会进到阶级社会,更是如此。社会的前进,生产的提高,财富的增加,是以大多数人付出沉重牺牲为代价。例如,在原始社会和阶级社会中,战争经常是推动历史进步的重要因素,但哀伤、感叹和反对战争带来的痛苦、牺牲,也从来便是人民的正义呼声。② 双方都有理

---

① 《马克思恩格斯选集》(第四卷),人民出版社 1972 年版,第 173—174 页。

② 《诗经·采薇》等篇很早就表示了这种矛盾。宣王北伐远征,"载饥载渴",曰归不得,"我心伤悲,莫知我哀";但"靡室靡家,猃狁之故",为保卫国家抵抗外侮而战争是正义的。后世如杜甫《新婚别》等也突出地表现了这一矛盾。

由,所以说是不可解决的悲剧性的历史二律背反(参看黑格尔《美学》论悲剧)。同样,当以财富为实力的新兴奴隶主推倒氏族贵族的"礼治",要求"以耕战为本",建立无情的"法治",赤裸裸地肯定压迫剥削,以君主集权专制替代氏族贵族民主,来摧毁家长制的氏族统治的落后体制时,它具有历史的合理性和进步性。但另一面,哀叹氏族体制的最终崩毁,反对日益扩大的兼并战争,幻想恢复远古剥削压迫较轻的"黄金时代",企图维护相对说来对本氏族内部成员确乎比较宽厚的统治体系,不满、斥责、抨击赤裸裸的剥削压迫①……这也有其合理性和人民性。历史、现实和人物本来经常就是矛盾和复杂的,想用一个好坏是非的简单方式来评定一切,往往削足适履,不符事实。孔子维护周礼,是保守、落后以至反动的(逆历史潮流而动),但他反对残酷剥削压榨,要求保持、恢复并突出地强调相对温和的远古氏族统治体制,又具有民主性和人民性。孔子的仁学思想体系,就建立在这样一种矛盾复杂的基础之上。

二 "仁"的结构

也几乎为大多数孔子研究者所承认②,孔子思想的主要范畴是"仁"而非"礼"。后者是因循,前者是创造。尽管"仁"字早有,但把它作为思想系统的中心,孔子确为第一人。

那么,"仁"又是什么?

"仁"字在《论语》中出现百次以上,其含义宽泛而多变,每次讲解并不完全一致。这不仅使两千年来从无达诂,也使后人见仁见智,提供了各种不同解说的可能。强调"仁者爱人"与强调"克己复礼为仁",便可以、实际也作出了两种对立的解释。看来,要在这百次讲"仁"中,确定

---

① 如果比较一下战国以来的"杀人盈城""杀人盈野"的战争,和秦汉帝国的大规模劳役压榨,西周时代的贫困而"安宁"就很显然。周礼虽已包含恐吓威胁的一面,如"哀公问社于宰我。宰我对曰,夏后氏以松,殷人以柏,周人以栗,曰使人战栗"(《论语·八佾》),但孔子不同意突出这一面,"子闻之曰,成事不说,遂事不谏,既往不咎"(《论语·八佾》)。

② 当然也不尽然。国内外均有论者持相反意见。其中,Herbert Fingarette 强调外在礼仪是中心,不是内在的个体心理(仁),与本文强调"礼"的特征有相近处;但他忽视了孔子将"礼"(外在)化为"仁"(内在)的重要性。见所著 *Confucious—The Secular as Sacred*,New York,1972.

哪次为最根本或最准确，以此来推论其他，很难做到；在方法上也未必妥当。因为部分甚至部分之和并不能等于整体，有机整体一经构成，便获得自己的特性和生命。孔子的仁学思想似乎恰恰是这样一个整体模式。它由四个方面或因素组成，诸因素相互依存、渗透或制约。从而具有自我调节、相互转换和相对稳定的适应功能。正因如此，它就经常能够或消化掉或排斥掉外来的侵犯干扰，而长期自我保持、延续下来，构成一个颇具特色的思想模式和文化心理结构①，在塑造汉民族性格上留下了重要痕迹。构成这个思想模式和仁学结构的四因素分别是(1)血缘基础，(2)心理原则，(3)人道主义，(4)个体人格。其整体特征则是(5)实践理性。这里面有许多复杂问题需要详细研究，本文只是试图初步提出这个问题和提供一个假说。下面粗线条地简略说明一下。

(1)孔子讲"仁"是为了释"礼"，与维护"礼"直接相关。"礼"如前述，是以血缘关系为基础、以等级为特征的氏族统治体系。要求维护或恢复这种体系是"仁"的根本目标。所以：

> 其为人也孝悌，而好犯上者，鲜矣。不好犯上而好作乱者，未之有也。君子务本，本立而道生，孝弟也者，其为人之本欤？（《论语·学而》，"有子之言似夫子"，一般均引作孔子材料。）

> 或谓孔子曰："子奚不为政？"子曰："《书》云：'孝乎惟孝，友于兄弟。'施于有政，是亦为政，奚其为为政？"（《论语·为政》）

> 弟子入则孝，出则悌，谨而信，泛爱众，而亲仁。（《论语·学而》）

> 君子笃于亲，则民兴于仁。（《论语·泰伯》）

> ……

参以孟子"亲亲，仁也"（《孟子·尽心上》），"仁之实，事亲是也"（《孟

---

① 这个结构的最终完成是在汉代，参见《秦汉思想简议》。

子·离娄上》），可以确证强调血缘纽带是"仁"的一个基础含义。"孝"①、"悌"通过血缘从纵横两个方面把氏族关系和等级制度构造起来。这是从远古到殷周的宗法统治体制（亦即"周礼"）的核心，这也就是当时的政治（"是亦为政"），亦即儒家所谓"修身齐家治国平天下"。春秋时代和当时儒家所讲的"家"，不是后代的个体家庭或家族，正是与"国"同一的氏族、部落②。所谓"平天下"，指的也是氏族（大夫）—部落（诸侯）—部落联盟（天子）③的整个系统。只有这样，才能了解孔子所谓"迩之事父，远之事君"，孟子所谓"天下之本在国，国之本在家，家之本在身"；也才能理解孔子的"兴灭国，继绝世，举逸民"（《论语·尧曰》），孟子的"反其旄倪，止其重器，谋于燕众，置君而后去之"（《孟子·梁惠王下》）等等意思，它们都是要恢复原有氏族部落国家的生存权利。孔子把"孝""悌"作为"仁"的基础，把"亲亲尊尊"④作为"仁"的标准，维护氏族父家长传统的等级制度，反对"政"、"刑"从"礼"、"德"中分化出来，都是在思想上缩影式地反映了这一古老的历史事实。恩格斯说："亲属关系在一切蒙昧民族和野蛮民族的社会制度中起着决定作用。"⑤孔子在当时氏族体制、亲属关系崩毁的时代条件下，把这种血缘关系和历史传统提取、转化为意识形态上的自觉主张，对这种超出生物种属性质、起着社会结构作用的血缘亲属关系和等级制度作明朗的政

---

① 《尚书·尧典》："放勋乃殂落，百姓如丧考妣。"《尚书·康诰》："王曰封元恶大憝，惟不孝不友，弗只服厥父事，大伤厥考心……大不友于弟，惟吊滋，不于我政人得罪，天惟与我民彝大泯乱……"《尚书·酒诰》、《诗·大雅·文王有声》均强调"孝"，《左传·文公》："孝，礼之始也"，甲骨文中，孝与老、考本通，金文同此。可知"孝"与尊老敬齿本是同一件事，是氏族遗风。"忠"则原意是对平等的"人"并非对"君"，它出现也很晚。

② 《章太炎国学讲演录》第 65 页：《大学》有治其国者必先齐家之语……此殆封建时代，家国无甚分别。所谓家者乃'千乘之家百乘之家'之类，故不齐家者即不能治国……郡县时代，家与国大异，故而唐太宗家政虽乱而偏能治国。"

③ 殷周的"天子"可能比一般观念中的"部落联盟"首领要发展得更为充分、高级一层。但在实质上，我以为是相近或相当的。正如王国维所说："当夏后之世而殷之王亥王恒累称王，汤未放桀之时亦已称王……盖诸侯之于天子，犹后世诸侯之于盟主，未有君臣之分也。"（《观堂集林·殷周制度论》）。

④ "亲亲尊尊"并不与"举贤才"相矛盾。"举贤"也是原始社会氏族体制中一个早就存在的历史传统，它与"亲亲尊尊"互补而行。所以才有"舜有天下，举皋陶，不仁者远矣。汤有天下，举伊尹，不仁者远矣"的称赞和说法。孔孟并未突破氏族贵族的世袭制（如某些论著所认为），而恰好是要求保存氏族体制的各种遗迹。

⑤ 《马克思恩格斯选集》（第四卷），人民出版社 1972 年版，第 24 页。

治学的解释,使之摆脱特定氏族社会的历史限制,强调它具有普遍和长久的社会性的含义和作用,这具有重要意义。特别是把它与作为第二因素的心理原则直接沟通、联结起来并扩展为第三因素之后。

(2)"礼自外作"。"礼"本是对个体成员具有外在约束力的一套习惯法规、仪式、礼节、巫术。包括"入则孝,出则悌"等等,本也是这种并无多少道理可讲的礼仪。例如,为孔孟所强调的"天下之通丧"("三年之丧")可能便是一种由来久远、要求人们遵守执行的传统礼仪[①]。从而,在"礼坏乐崩"的时代浪潮中,很自然地发生了对这套传统礼仪(亦即氏族统治体制)的怀疑和反对。当时,对"礼"作新解释的浪潮已风起云涌,出现了各种对"礼"的说明。其中就有认为"礼"不应只是一套盲目遵循的外在仪节形式,而应有其自身本质的观点。例如:

> 子大叔见赵简子,简子问揖让周旋之礼焉。对曰:"是仪也,非礼也。"简子曰:"敢问何谓礼?"对曰:"……夫礼,天之经也,地之义也,民之行也。……民失其性,是故为礼以奉之。为六畜、五牲、三牺,以奉五味;为九文、六采、五章以奉五色;为九歌、八风、七音、六律以奉五声。为君臣上下以则地义,为夫妇外内以经二物,为父子、兄弟、姑姊、甥舅、昏媾、姻亚以象天明,为政事、庸力、行务以从四时……哀有哭泣,乐有歌舞;喜有施舍,怒有战斗;喜生于好,怒生于恶。是故审行信令,祸福赏罚,以制死生。"(《左传·昭公二十五年》)

这段话说明了,第一,"礼"不是"仪"[②]。这从反面证明,在原来,"礼"与"仪"本是不分的,它们是宗教性的原始礼仪巫术的延续;如今需要区分开来,以寻求和确定"礼"的内在本质。因为这时"礼"已是自觉的明确的社会规范,其中就有重要的政刑统治秩序,不能再是那种包罗万象而混沌一体的原始礼仪了。第二,这段话还说明了,作为统治秩序和社会

---

① 三年之丧,非周制而为殷制(见毛西河《四书改错》卷九),《尚书·无逸》中有殷王守丧三年等记述。关于三年之丧,各家说法不一,今文经学以及钱玄同、郭沫若均认为是孔子改制创作,古文经学以及胡适、傅斯年等人认为是殷礼。本文暂从后说。

② 从春秋到战国,从《左传》到《荀子》,有对"礼"的各种解释,其中区分"礼"与"仪"便是重要的共同处。所以有所谓"礼之文""礼之貌""礼之容"与"礼之质""礼之本""礼之实"等等区分说法。

规范的"礼",是以食色声味和喜怒哀乐等"人性"为基础的,统治规范不能脱离人的食色好恶。那么,进一步的问题便是,这种作为基础的"人性"是什么呢? 孔子对宰我问"三年之丧"的回答,表达了自己的看法:

> 宰我问:"三年之丧,期已可矣。君子三年不为礼,礼必坏,三年不为乐,乐必崩。旧谷既没,新谷既升,钻燧改火,期已可矣。"子曰:"食夫稻,衣夫锦,于女安乎?"曰:"安。""女安则为之。夫君子之居丧,食旨不甘,闻乐不乐,居处不安,故不为也。今女安,则为之。"宰我出。子曰:"予之不仁也! 子生三年,然后免于父母之怀。夫三年之丧,天下之通丧也。予也,有三年之爱于其父母乎?"(《论语·阳货》)

与上述对"礼"作新解释新规定整个思潮相符应,孔子把"三年之丧"的传统礼制,直接归结为亲子之爱的生活情理,把"礼"的基础直接诉之于心理依靠。这样,既把整套"礼"的血缘实质规定为"孝悌",又把"孝悌"建筑在日常亲子之爱上,这就把"礼"以及"仪"从外在的规范约束解说成人心的内在要求,把原来的僵硬的强制规定,提升为生活的自觉理念,把一种宗教性神秘性的东西变而为人情日用之常,从而使伦理规范与心理欲求融为一体。"礼"由于取得这种心理学的内在依据而人性化,因为上述心理原则正是具体化了的人性意识。由"神"的准绳命令变而为人的内在欲求和自觉意识,由服从于神变而为服从于人、服从于自己,这一转变在中国古代思想史上无疑具有划时代的意义。

并没有高深的玄理,也没有神秘的教义,孔子却比上述《左传》中对"礼"的规定解释,更平实地符合日常生活,具有更普遍的可接受性和付诸实践的有效性。在这里重要的是,孔子没有把人的情感心理引导向外在的崇拜对象或神秘境界,而是把它消融满足在以亲子关系为核心的人与人的世间关系之中,使构成宗教三要素的观念、情感和仪式①统统环绕和沉浸在这一世俗伦理和日常心理的综合统一体中,而不必去

---

① 参见普列汉诺夫《论俄国的所谓宗教探寻》:"可以给宗教下一个这样的定义:宗教是观念、情绪和活动的相当严整的体系。观念是宗教的神话因素,情绪属于宗教感情领域,而活动则属于宗教礼拜方面,换句话说,属于宗教仪式方面。"(《普列汉诺夫哲学选集》第3卷,三联书店1962年版,第363页。)

建立另外的神学信仰大厦。这一点与其他几个要素的有机结合,使儒学既不是宗教,又能替代宗教的功能,扮演准宗教的角色,这在世界文化史上是较为罕见的①。不是去建立某种外在的玄想信仰体系,而是去建立这样一种现实的伦理—心理模式,正是仁学思想和儒学文化的关键所在。

正由于把观念、情感和仪式(活动)引导和满足在日常生活的伦理—心理系统之中,其心理原则又是具有自然基础的正常人的一般情感,这使仁学一开始就避免了摈斥情欲的宗教禁欲主义。孔子没有原罪观念和禁欲意识,相反,他肯定正常情欲的合理性,强调对它的合理引导。正因为肯定日常世俗生活的合理性和身心需求的正当性,它也就避免了、抵制了舍弃或轻视现实人生的悲观主义和宗教出世观念。孔学和儒家积极的入世人生态度与它的这个心理原则是不可分割的。

也由于强调这种内在的心理依据,"仁"不仅仅得到了比"仪"远为优越的地位,而且也使"礼"实际从属于"仁"。孔子用"仁"解"礼",本来是为了"复礼",然而其结果却使手段高于目的,被孔子所发掘所强调的"仁"——人性心理原则,反而成了更本质的东西,外的血缘("礼")服从于内的心理("仁"):"人而不仁,如礼何? 人而不仁,如乐何?"(《论语·八佾》)"礼云礼云,玉帛云乎哉? 乐云乐云,钟鼓云乎哉?"(《论语·阳货》)"礼与其奢也,宁俭;丧与其易也,宁戚。"(《论语·八佾》)"今之孝者,是谓能养,至于犬马,皆能有养,不敬,何以别乎?"(《论语·为政》)不仅外在的形式("仪":玉帛、钟鼓),而且外在的实体("礼")都是从属而次要的,根本和主要的是人的内在的伦理—心理状态,也就是人性。后来孟子把这个潜在命题极大地发展了。

因之,"仁"的第二因素比第一因素(血缘、孝悌)与传统"礼仪"的关系是更疏远一层了,是更概括更抽象化(对具体的氏族体制说),同时又更具体化更具实践性(对未经塑造的人们心理说)了。

(3)因为建立在这种情感性的心理原则上,"仁学"思想在外在方面突出了原始氏族体制中所具有的民主性和人道主义,"仁从人从二,于义训亲"(许慎),证以孟子所谓"仁也者,人也","老吾老以及人之老,幼

---

① 墨家为恢复远古传统的外在约束力企图建立宗教(《天志》《明鬼》),结果被儒家打败了。

吾幼以及人之幼",汉儒此解,颇为可信。即由"亲"及人,由"爱有差等"而"泛爱众",由亲亲(对血缘密切的氏族贵族)而仁民(对全氏族、部落、部落联盟的自由民。但所谓"夷狄"——部落联盟之外的"异类"在外),即以血缘宗法为基础,要求在整个氏族—部落成员之间保存、建立一种既有严格等级秩序又具某种"博爱"的人道关系。这样,就必然强调人的社会性和交往性,强调氏族内部的上下左右、尊卑长幼之间的秩序、团结、互助、协调。这种我称之为原始的人道主义,是孔子仁学的外在方面。孔子绝少摆出一副狰狞面目。相反,"爱人"(《论语·颜渊》),"老者安之,朋友信之,少者怀之"(《论语·公冶长》),"子为政,焉用杀"(《论语·颜渊》),"宽则得众,惠则足以使民","其养民也惠"(《论语·阳货》),"百姓不足,君孰与不足?百姓足,君孰与足?"(《论语·颜渊》),"不教而杀谓之虐,不戒视成谓之暴"(《论语·尧曰》),"伤人乎?不问马"(《论语·乡党》),"近者悦,远者来"(《论语·子路》),"修文德以来之"(《论语·季氏》),"四方之民则襁负其子而至矣"(《论语·子路》)……《论语》中的大量这种记述,清楚地表明孔子的政治经济主张是既竭力维护氏族统治体系的上下尊卑的等级秩序,又强调这个体制所仍然留存的原始民主和原始人道主义,坚决反对过分的、残暴的、赤裸裸的压迫与剥削。而这,也就是所谓"中庸"。关于"中庸",历代和今人都有许多解说,我以为新近出土战国中山王墓葬中青铜器铭文所载"籍敛中则庶民坿"[①]这句话,倒可以作为孔子所讲"中庸"之道的真实内涵,实质上是要求在保存原始民主和人道的温情脉脉的氏族体制下进行阶级统治。

这一因素具有重要意义。它表明"仁"是与整个社会即氏族—部落—部落联盟,亦即大夫(家)—诸侯(国家)—天子(天下)的利害相关联制约着,而成为衡量"仁"的重要准则。所以,尽管孔子对管仲在礼仪上的"僭越"、破坏极为不满,几度斥责他不知"礼",然而,却仍然许其"仁"。

> 管仲知礼乎?曰:邦君树塞门,管氏亦树塞门;邦君为两

---

① "夫古之圣王,务在得贤,其次得民,故辞礼敬则贤人至,宠爱深则贤人亲,籍敛中则庶民坿"(《文物》1979 年第 1 期,第 7 页)。

君之好,有反坫;管氏亦有反坫。管氏而知礼,孰不知礼?
(《论语·八佾》)

子路曰:"桓公杀公子纠,召忽死之,管仲不死。"曰:"未仁
乎?"子曰:"桓公九合诸侯,不以兵车,管仲之力也。如其仁,
如其仁!"①(《论语·宪问》)

子贡曰:"管仲非仁者与?桓公杀公子纠,不能死,又相
之。"子曰:"管仲相桓公,霸诸侯,一匡天下,民到于今受其赐。
微管仲,吾其被发左衽矣。岂若匹夫匹妇之为谅也,自经于沟
渎而莫之知也。"②(《论语·宪问》)

这就是说,"仁"的这一要素对个体提出了社会性的义务和要求,它把人
(其当时的具体阶级内容是氏族贵族,下同)与人的社会关系和社会交
往作为人性的本质和"仁"的重要标准。孟子所谓"无父无君是禽兽
也",也是强调区别于动物性的人性本质存在于、体现于这种社会交往
中,离开了父母兄弟、君臣上下的社会关系和社会义务,人将等于禽兽。
这也就是后代(从六朝到韩愈)反佛、明清之际反宋儒(空谈心性,不去
"经世致用")的儒学理论依据。③ 可见,"仁"不只是血缘关系和心理原
则,它们是基础;"仁"的主体内容是这种社会性的交往要求和相互
责任。

思想总有其生活的现实根基,孔子这种原始人道主义根基在先秦
很难解释为别的什么东西,而只能是早期奴隶制下的氏族内部民主制
的遗风残迹。一直到西汉时代,儒家及其典籍仍然是这种原始民主遗
风残迹的重要保存者(如汉今文学家对所谓"禅让"、"明堂"④的讲求等
等)。

因之,把孔子这套一概斥之为"欺骗""伪善",便似乎太简单了,很
难解释这些所谓"伪善"的言词为何竟占据了《论语》的主要篇幅和表述

---

① 有人释"如其仁"为"不仁",但从全文及下章观之,此解难信。

② 所谓"被发左衽",也就是"用夷变夏",夷夏大防为孔门大义,实亦由原始遗风而来,即极
端重视以部落联盟为内外界限的严格的敌我区分。

③ 参见《宋明理学片论》。

④ 所谓"明堂"一直纠缠不清,我认为,大概即新石器时代的"大房子"的传统延续。它既是
神庙,又是议政厅,二者在远古本是同一的。

为"仁"的主要规定。恩格斯说:"文明时代愈是向前进展,它就愈是不能不给它所产生的坏事披上爱的外衣,不得不粉饰它们,或者否认它们——一句话,是实行习惯性的伪善,这种伪善,无论在较早的那些社会形态下,还是在文明时代的第一阶段都是没有的。"①虽然孔子已不是文明时代的第一阶段,虽然这些思想在后代确乎经常成为"伪善"工具,但在孔子那里,仍然具有一定的忠诚性。伪善的东西不可能在当时和后世产生那么大的影响。孔子毕竟处在文明社会的早期。

(4)与外在的人道主义相对应并与之紧相联系制约,"仁"在内在方面突出了个体人格的主动性和独立性。

这一点也至为重要。在上述礼坏乐崩、周天子也无能为力、原有外在权威已丧失其力量和作用的时代,孔子用心理原则的"仁"来解说"礼",实际就是把复兴"周礼"的任务和要求直接交给了氏族贵族的个体成员,要求他们自觉地、主动地、积极地去承担这一"历史重任",把它作为个体存在的至高无上的目标和义务。孔子再三强调"为仁由己,而由人乎哉"(《论语·颜渊》);"仁远乎哉?我欲仁,斯仁至矣"(《论语·述而》);"当仁不让于师"(《论语·卫灵公》);"夫仁者,己欲立而立人,己欲达而达人。能近取譬,可谓仁之方也已"(《论语·雍也》)等等,表明"仁"既非常高远又切近可行,既是历史责任感又属主体能动性,既是理想人格又为个体行为。而一切外在的人道主义、内在的心理原则以及血缘关系的基础,都必须落实在这个个体人格的塑造之上:

"其身正,不令而行;其身不正,虽令不从"(《论语·子路》);"苟子之不欲,虽赏之不窃"(《论语·颜渊》)……儒家强调"修身"作为"齐家治国平天下"的根本,固然仍是要求保持氏族首领遗风②,同时却又是把原来只属于这种对首领的要求推而广之及于每个氏族贵族。从而,也就使所谓"制礼作乐"不再具有神秘权威性质,"礼"不再是原始巫师和"大宰"(《周官》)等氏族寡头、帝王宰史的专利,而成为个体成员均可承担也应承担的历史责任或至上义务。这当然极大地高扬了个体人

---

① 《马克思恩格斯选集》(第 4 卷),人民出版社 1972 年版,第 174 页。

② 在远古,氏族首领必须以身作则,智勇谦让超出一般,才能被选,并且他还必须对氏族命运负责,遇何灾难,他必须首先"检讨",或者下台。文献中种种关于汤祷于桑林的传说甚至后世皇帝下罪己诏之类,亦均可说乃此风之遗。

格,提高了它的主动性、独立性和历史责任性。"天生德于予,桓魋其如予何?"(《论语·述而》)"文王既殁,文不在兹乎?"(《论语·子罕》)"天将以夫子为木铎"(《论语·八佾》)……孔子以身作则式地实践了对这种具有历史责任感的伟大人格的自觉追求。

正是由于对个体人格完善的追求,在认识论上便强调学习和教育,以获有各种现实的和历史的知识。这使孔子提出了一系列有科学价值,至今仍有意义的教育心理学的普遍规律。如"性相近也,习相远也"(《论语·为政》),"学而不思则罔,思而不学则殆"(《论语·为政》),"毋意毋必毋固毋我"(《论语·子罕》)等等,从而某些涉及认识论的范畴(如知、思、学等)第一次被充分突出。一方面是学习知识,另一面则是强调意志的克制和锻炼,主动地严格约束自己要求自己,如"约之以礼"(《论语·雍也》)、"克己复礼"(《论语·颜渊》)、"刚毅木讷近仁"(《论语·子路》)、"仁者其言也讱"(《论语·颜渊》)等等。追求知识、勤奋学习和讲求控制、锻炼意志成为人格修养相互补充的两个方面。这种刻苦的自我修养和伟大的历史使命感,最终应使个体人格的"仁"达到一种最高点:即"志士仁人,无求生以害仁,有杀身以成仁"(《论语·卫灵公》);"君子无终日之间违仁,造次必如是,颠沛必如是"(《论语·里仁》);"求仁而得仁,又何怨"(《论语·述而》);"仁者必有勇,勇者不必有仁"(《论语·宪问》);"仁者不忧"(《论语·子罕》)……

以及:"三军可夺帅也,匹夫不可夺志也"(《论语·子罕》);"岁寒,然后知松柏之后凋也"(《论语·子罕》)……

以及:"可以托六尺之孤,可以寄百里之命,临大节而不可夺也,君子人欤? 君子人也"(《论语·泰伯》);"士不可以不弘毅,任重而道远。仁以为己任,不亦重乎? 死而后已,不亦远乎?"(《论语·泰伯》)

……

所有这些,都是为树立和表彰作为个体伟大人格的"仁"。所以,"仁"不同于"圣"。"圣"是具有效果的客观业绩("如有博施于民而能济众");"仁"则仍停留在主观的理想人格规范之内。实际上,"仁"在这里最终归宿为主体的世界观、人生观。孔子把本是宗教徒的素质、要求归结为这种不须服从于神的"仁"的个体自觉。因之,不需要超凡入圣的佛菩萨或基督徒,却同样可以具有自我牺牲的献身精神和拯救世界的道德理想,可以同样孜孜不倦、临事不惧、不计成败利钝、不问安危荣辱,"知其不可为而为之"(《论语·宪问》)、"不怨天,不尤人"(《论语·宪问》)、"内省不疚,夫何忧何惧"(《论语·颜渊》)……由孔子树立的这种"仁"的个体人格(君子)[①],替代了宗教圣徒的形象而又具有相同的力量和作用。

康德《纯粹理性批判》说:"由于道德哲学具有比理性所有其他职能的优越性,古人应用'哲学家'一词经常是特指道德家。就是在今天,我们由某种比喻称能有理性指导下自我克制的人为哲学家,而不问其知识如何。"[②]对树立这种人生观并产生了长久历史影响的孔子,他在中国哲学史上的重要地位,与名、墨、老、庄以及法家不同,似应从这个角度去估量。黑格尔哲学史把孔子哲学看成只是一堆处世格言式的道德教条,未免失之表面了。

(5)如前所说,作为结构,部分之和不等于整体。四因素机械之和不等于"仁"的有机整体。这个整体具有由四因素相互作用而产生、反过来支配它们的共同特性。这特性是一种我称之为"实践理性"或"实用理性"的倾向或态度。它构成儒学甚至中国整个文化心理的一个重要的民族特征。

所谓"实践(用)理性",首先指的是一种理性精神或理性态度。与当时无神论、怀疑论思想兴起[③]相一致,孔子对"礼"作出"仁"的解释,在基本倾向上符合了这一思潮。不是用某种神秘的狂热而是用冷静的、现实的合理的态度来解说和对待事物和传统;不是禁欲或纵欲式地扼杀或放任情感欲望,而是用理智来引导、满足、节制情欲;不是对人对己的虚无主义或利己主义,而是在人道和人格的追求中取得某种均衡。对待传统的宗教鬼神也如此,不需要外在的上帝的命令,不盲目服从非理性的权威,却仍然可以拯救世界(人道主义)和自我完成(个体人格和使命感);不厌弃人世,也不自我屈辱、"以德报怨",一切都放在实用的

---

① 君子、小人本为阶级(或阶层)的对称。君子本武士,即氏族贵族亦即士阶层。到孔子这里,则成为道德人格范畴了,"君子去仁,恶乎成名",即不成其为君子也。

② 《纯粹理性批判》,参见蓝公武中译本,三联书店 1957 年版,第 570 页。

③ 见《左传》中许多记载。如"天道远,人道迩,非所及也","民,神之主也,是以圣王先成民而后致力于神","国将兴,听于民;将亡,听于神"等等。

理性天平上加以衡量和处理。所以，"子不语怪力乱神"（《论语·述而》），"祭如在，祭神如神在。……吾不与祭，如不祭"（《论语·八佾》），"未能事人，焉能事鬼"（《论语·八佾》），"未知生，焉知死"（《论语·八佾》）……本来，在当时甚至后世的条件下，肯定或否定鬼神都很难在理论上予以确证，肯定或否定实际上都只是一种信仰或信念，孔子处理这个问题于"存而不论"之列，是相当高明的回避政策。墨子斥之为"以天为不明，以鬼为不神"（《墨子·公孟》），实际正是作为仁学特征的清醒理性精神。

这种理性具有极端重视现实实用的特点。即它不在理论上去探求讨论、争辩难以解决的哲学课题，并认为不必要去进行这种纯思辨的抽象（这就是汉人所谓"食肉不食马肝，不为不知味"[①]）。重要的是在现实生活中如何妥善地处理它。孔子说："敬鬼神而远之，可谓知矣。"（《论语·雍也》）这个"知"不是思辨理性的"知"，而正是实践理性的"知"。与此相当，不是去追求来世拯救、三生业报或灵魂不朽，而是把"不朽"、"拯救"都放在此生的世间功业文章中。"用之则行，舍之则藏"（《论语·述而》），进则建功立业，退则立说著书……而这一切都并不需要宗教的狂热或神秘的教义，只要用理性作为实践的引导，来规范塑制情感、愿欲和意志就行了。在这里，重要的不是言论，不是思辨，而是行动本身："君子欲讷于言，而敏于行"（《论语·述而》）；"听其言而观其行"（《论语·里仁》）；"君子耻其言而过其行"（《论语·公冶长》）；"古者言之不出，耻躬之不逮也"（《论语·宪问》）……这里也没有古希腊那种日神精神和酒神精神的分裂对立[②]和充分发展（即更为发展的思辨理性和更为发展的神秘观念），而是两者统一融合在实践理性之中。

血缘、心理、人道、人格终于形成了这样一个以实践理性为特征的思想模式的有机整体。它之所以是有机整体，是由于它在这些因素的

---

① 直到严复介绍斯宾塞、穆勒等人的不可知论，也仍是这种精神。"仆往常谓理至见极，必将不可思议……食肉不食马肝，不为不知味……不必呕求其通也"（《穆勒名学·部甲按语》）。"迷信者，言其必如是，固差；不迷信者，言其必不如是，亦无证据。故哲学大师如赫胥黎、斯宾塞诸公皆于此事谓之 Unknowable（不可知），而自称为 Agnostic（不可知论者），盖人生智识至此而穷，不得不置其事于不议不论之列，而各行心之所安而已"（《严复家书》，见《严几道先生遗著》，新加坡，1959 年版）。

② 参见罗素《西方哲学史》对希腊哲学的评述。

彼此牵制、作用中得到相互均衡、自我调节和自我发展,并具有某种封闭性,经常排斥外在的干扰和破坏。例如,在第二因素(心理原则:爱有差等)的抑制下,片面发展第三因素的倾向被制约住,使强调"兼爱""非攻"的墨家学说的进攻终于失败。例如,在第三因素制约下,片面发展第四因素的倾向,追求个人的功业、享乐或自我拯救也行不通,无论是先秦的杨朱学派或后世盛极一时的佛家各派同样被吸收消失……此外,如忠(对人)与恕(对己)、狂("兼济")与狷("独善")的对立而又互补,都有稳定这整个有机结构的作用和功能。总之,每个因素都作用于其他因素,而影响整个系统,彼此脱离即无意义。

孔子仁学本产生在早期奴隶制崩溃、氏族统治体系彻底瓦解时期,它无疑带着那个时代的阶级(氏族贵族)的深重烙印。然而,意识形态和思想传统从来不是消极的力量。它一经制造或形成,就具有相对独立的性格,成为巨大的传统力量。自原始巫史文化(礼仪)崩毁之后,孔子是提出这种新的模式的第一人。尽管不一定自觉意识到,但建立在血缘基础上,以"人情味"(社会性)的亲子之爱为辐射核心,扩展为对外的人道主义和对内的理想人格,它确乎构成了一个具有实践性格而不待外求的心理模式。孔子通过教诲学生,"删定"诗书,使这个模式产生了社会影响,并日益渗透在广大人们的生活、关系、习惯、风俗、行为方式和思维方式中,通过传播、熏陶和教育,在时空中蔓延开来。对待人生、生活的积极进取精神,服从理性的清醒态度,重实用轻思辨,重人事轻鬼神,善于协调群体,在人事日用中保持情欲的满足与平衡,避开反理性的炽热迷狂和愚盲服从……它终于成为汉民族的一种无意识的集体原型①现象,构成了一种民族性的文化—心理结构②。孔学所以几乎成为中国文化(以汉民族为主体,下同)的代名词,决非偶然。恩格斯曾认为,"在一切实际事务中……中国人远胜过一切东方民族……"③,便也是这种实践理性的表现。

---

① 此词亦非用荣格(C. G. Jung)原意,它不是超社会非历史的神秘东西,而是一种文化心理的积淀产物。

② 究竟什么是所谓"文化—心理结构",当专文论述。暂可参见 Ruth Benedict:*Patterns of Culture*(《文化模式》),该书只谈到文化有机体,与本文所讲仍大有区别。

③ 《马克思恩格斯全集》(第十二卷),人民出版社 1960 年版,第 190 页。

只有把握住这一文化—心理结构,也才能比较准确地理解中国哲学思想的某些特征。例如,伦理学的探讨压倒了本体论或认识论的研究;例如中国古代哲学范畴(阴阳、五行、气、道、神、理、心),无论是唯物论或唯心论,其特点大都是功能性的概念,而非实体性的概念,中国哲学重视的是事物的性质、功能、作用和关系,而不是事物构成的元素和实体。对物质世界的实体的兴趣远逊于事物对人间生活关系的兴趣(如中国的"金、木、水、火、土"五行不同于希腊、印度的"地、水、火、风"四元素,前者主要是着眼于其生活功能,所以有"金",并且它是一个具有反馈系统的循环模式)。与此一致,中国古代辩证法,更重视的是矛盾对立之间的渗透、依存、互补(阴阳)和系统的反馈机制及自行调节以保持整个机体、结构的动态的平衡稳定(五行:它强调的是孤阴不生、独阳不生;阴中有阳、阳中有阴;中医理论便突出表现了这一特征),而不是如波斯哲学强调的光暗排斥、希腊哲学强调的斗争成毁……这些特征①当然源远流长,甚至可以追溯到史前文化,孔子正是把握了这一历史特征,把它们概括在实践理性这一仁学模式中,讲求各个因素之间动态性的协调、均衡,强调"权"、"时"、"中"、"和而不同"、"过犹不及"等等,而为后世所不断继承发展。尽管在当时政治事业中是失败了,但在建立或塑造这样一种民族的文化—心理结构上,孔子却成功了。他的思想对中国民族起了其他任何思想学说所难以比拟匹敌的巨大作用。

孔子在中国历史上的地位及其重要性,似乎就在这里。

三 弱点和长处

孔子而后,儒分为八,以后有更多的发展和变迁。由于对上述结构的某因素的偏重,便可以形成一些新的观念体系或派生结构。但最终又被这个母结构所吸收,或作为母结构的补充而存在发展。例如曾子也许更着重血缘关系和等级制度,使他在《论语》中的形象极端保守而愚鲁。颜渊则似乎更重视追求个体人格的完善,"一箪食,一瓢饮,人不堪其忧,回也不改其乐",终于发展出道家庄周学派(从郭沫若说,参阅

---

① 参见《秦汉思想简议》。《易·说卦》"立天之道,曰阴与阳",《黄帝内经·素问·天元纪大论》"故阳中有阴,阴中有阳"。

《十批判书·庄子的批判》)。然而道家在整个中国古代社会中,始终是作为儒家的对立的补充物才有其强大的生命力的。荀子突出发挥"治国平天下"的外在方面,使"仁"从属于"礼"(理),直到法家韩非把它片面发展到极致,从而走到反面,而又在汉代为这个仁学母结构所吸收消化掉。子思孟子一派明显地夸张心理原则,把"仁""义""礼""智"作为先天的人的"本性"和施政理论,既重视血缘关系,强调人道主义和个体人格,成为孔门仁学的正统。但所有这些派别,无论是孟、荀、庄、韩,又都共同对人生保持着一种清醒、冷静的理智态度,就是说,它们都保存了孔学的实践理性的基本精神。超脱人事的思辨兴趣(如名家),或非理性的狂热信仰(如墨家),则由于在根本上不符合仁学模式,终于被排斥在中国文化主流之外。如前已指出,由孔子创立的这一套文化思想,在长久的中国社会中,已无孔不入地渗透在广大人们的观念、行为、习俗、信仰、思维方式、情感状态……之中,自觉或不自觉地成为人们处理各种事务、关系和生活的指导原则和基本方针,亦即构成了这个民族的某种共同的心理状态和性格特征。值得重视的是,它的思想理论已积淀和转化为一种文化—心理结构。不管你喜欢或不喜欢,这已经是一种历史的和现实的存在。它经历了阶级、时代和种种变异,却保有某种形式结构的稳定性。构成了某种民族文化和民族心理的特征,它有其不完全不直接服从、依赖于经济、政治变革的相对独立性和自身发展的规律。一方面,它不是某种一成不变的非历史的先验结构,而是历史地建筑在和制约于农业社会小生产的经济基础之上,这一基础虽历经中国历史的各个阶段而并未遭重大破毁,宗法血缘关系及其相应的观念体系也长久保存下来……这正是使孔学这一文化—心理结构长久延续的主要原因。但另一方面,它既已成为一种比较稳定的心理形式和民族性格,就具有适应于各种不同阶级内容的相对独立的功能和作用,否认这一点,便很难解释一个民族的文化、心理、思想、艺术的所具有的继承性、共同性种种问题。阶级性并不能囊括历史现象的全部。有些东西——特别是文化现象(包括物质文明和精神文明,也包括语言等等),可以具有某种非阶级的性质。虽然没有非历史、超社会的性质,它们仍是一定社会历史的产物,但并非某个阶级或某种阶级斗争的产物。在文化继承这个问题上,阶级性经常不是唯一的甚至也不是主要的决定因素。

　　只有充分注意到这种种复杂情况,才可能具体地分析研究五光十色、异常繁杂的文化传统和民族性格。无论从内容或形式说,每个民族在这方面都有其优点和问题、精华和糟粕。孔子仁学结构亦然。概括前面所说,孔学诞生在氏族统治体系彻底崩毁时期,它所提出的具体的经济、政治方案,是不合时宜的保守主张,但其中所包含的氏族民主遗风、原始人道主义和氏族制崩毁期才可能有的个体人格的追求,又是具有合理因素的精神遗产。后代人们,由其现实的利益和要求出发,各取所需,或夸扬其保守的方面,或强调其合理的因素,来重新解说、建造和评价它们,以服务于当时阶级的、时代的需要。于是,有董仲舒的孔子,有朱熹的孔子,也有康有为的孔子。有"绌周王鲁""素王改制"的汉儒公羊学的孔子,也有"人心唯危,道心唯微"的宋明理学的孔子。孔子的面貌随时代、阶级不同而变异,离原型确乎大有差距或偏离。孔子明明"述而不作",却居然被说成"托古改制";孔子并无禁欲思想,在宋儒手里却变成"存天理灭人欲"。但所有这些偏离变异,又仍然没有完全脱离那个仁学母体结构。以实践(用)理性为主要标志的中国民族文化—心理状态始终延续和保持下来。并且使这个结构形式在长期封建社会中与封建主义的各种内容混为一体紧密不分了。直到今天,孔子基本上仍然是宋儒塑造的形象。这一点,颜元早就指出过。五四新文化运动所打倒的孔子,就是这个孔子。有如李大钊所说:

　　　　掊击孔子,非掊击孔子本身,乃掊击孔子为历代君主所雕塑之偶像权威也,非掊击孔子,乃掊击专制政治之灵魂也。①

　　正是这个君主专制主义、禁欲主义、等级主义的孔子,是封建上层建筑和意识形态的人格化的总符号,它当然是资产阶级民主革命的对象。直到今天,也仍然有不断地、彻底地肃清这个封建主义的孔子余毒的重要而艰巨的任务。并且,这个封建主义的孔子与孔学原型中对血缘基础宗法等级的维护、对各种传统礼仪的尊重,以及因循、保守,反对变革、更新……又确乎是联在一起的;与这个原型产生在生产水平非常低下的古代条件下、又不着重注意生产的发展生活的提高,而满足于在

---

　　① 《李大钊选集·自然的伦理观与孔子》,人民出版社 1959 年版,第 80 页。

某种平均的贫困中,来保持、获得或唤起精神上的胜利或人格上的完成……也是联在一起的。所谓"安贫乐道"、"何必曰利",以道德而不以物质来作为价值尺度,要求某种平均化的经济平等,满足和维护农业小生产的劳动生活和封闭体系,和建立在这基础上的历史悠久的宗法制度……如此等等,就不仅是封建和农业小生产社会的产物,而且也确与孔子仁学原型有关,它始终是中国走向工业化、现代化的严重障碍。不清醒地看到这个结构所具有的社会历史性的严重缺陷和弱点,不注意它给广大人民(不止是某个阶级)在心理上、观念上、习惯上所带来的深重印痕,将是一个巨大的错误。[①]鲁迅的伟大功绩之一,就是他尖锐提出了和长期坚持了对所谓中国"国民性"问题的批判和探究。他批判"阿Q精神",揭露和斥责那种种麻木不仁、封闭自守、息事宁人、奴隶主义、满足于贫困、因循、"道德"、"精神文明"之中……这些都不只是某个统治阶级的阶级性,而是在特定社会条件和阶级统治下,具有极大普遍性的民族性格和心理状态的问题、缺点和弱点。其实也就正是这个孔子仁学的文化心理结构问题。虽然这些并不能完全和直接归罪于孔子,但确乎与孔学结构有关。所以鲁迅总是经常把矛头指向孔老二。

就是仁学结构原型的实用理性本身,也有其弱点和缺陷。它在一定程度和意义上有阻碍科学和艺术发展的作用。由于强调人世现实,过分偏重与实用结合,便相对地忽视、轻视甚至反对科学的抽象思辨,使中国古代科学长久停留并满足在经验论的水平(这是仅从认识论来说的,当然还有社会经济和阶级、时代的原因,下同),缺乏理论的深入发展和纯思辨的兴趣爱好。而没有抽象思辨理论的发展,是不可能有现代科学的充分开拓的。这一点今天特别值得注意:必须用力量去克服这一民族性格在思维方式上的弱点和习惯。这一弱点与孔学有关。

同时,由于实用理性对情感展露经常采取克制、引导、自我调节的方针,所谓以理节情,"发乎情止乎礼义",这也就使生活中和艺术中的情感经常处在自我压抑的状态中,不能充分地痛快地倾泄表达出来。中国大街上固然较少酗酒的醉汉,似乎是民族性格的一种长处;但逆来顺受、"张公百忍"等等,却又正是一种奴隶性格。在艺术中,"意在言

---

① 关于孔学的这个方面,参见拙作《中国近代思想史论》,人民出版社 1979 年版。

外"、高度含蓄固然是成功的美学风格,但"文以载道","怨而不怒",要求艺术服从和服务于狭窄的现实统治和政治,却又是有害于文艺发展的重大短处。只是由于老庄道家和楚骚传统作为对立的补充,才使中国古代文艺保存了灿烂光辉。当然,仁学中的人道精神、理想人格对文艺内容又有良好的影响。

然而,所有这些又都只是一个方面,即这一文化—心理结构的弱点。另一方面,这个文化—心理结构又有其优点和强处。毋宁说,中国民族及其文化之所以具有如此顽强的生命力量,历经数千年各种内忧外患而终于能保存、延续和发扬光大,在全世界独此一份(古埃及、巴比伦、印度文明都早已中断),与这个孔子仁学结构的长处也大有关系。那种来源于氏族民主制的人道精神和人格理想,那种重视现实、经世致用的理性态度,那种乐观进取、舍我其谁的实践精神……都曾在漫长的中国历史上感染、教育、熏陶了不少仁人志士。它是在中国悠久历史上经常起着进步作用的重要传统。即使在孔学已与封建统治体系融为一体的后期封建社会,像范仲淹的"先天下之忧而忧,后天下之乐而乐",张载的"民吾同胞,物吾与也",文天祥的"孔曰成仁,孟曰取义",顾炎武的"天下兴亡,匹夫有责",王夫之的"六经责我开生面,七尺从天乞活埋"……都闪烁着灿烂光华,是我们这个民族的基本观念、情感、思想和态度,而它们又都可以溯源于仁学结构。鲁迅说:"我们自古以来,就有埋头苦干的人,有拼命硬干的人,有为民请命的人,有舍身求法的人……虽是等于为帝王将相作家谱的所谓'正史',也往往掩不住他们的光耀,这就是中国的脊梁。"(《且介亭杂文·中国人失掉自信力了吗?》)而这根脊梁与孔子为代表的文化—心理结构不能说毫无关系。

《礼记》上说:"是故圣人作礼以教人,使人以有礼,知自别于禽兽。"(《礼记·曲礼》)具有外在强制性和约束力的"礼",曾经是使人区别于其他动物(动物也有群体生活)的社会性标志之所在。孔子释"礼"为"仁",把这种外在的礼仪改造为文化—心理结构,使之成为人的族类自觉即自我意识,使人意识到他的个体的位置、价值和意义,就存在于与他人的一般交往之中即现实世间生活之中;在这种日常现实世间生活的人群关系之中,便可以达到社会理想的实现、个体人格的完成、心灵的满足或慰安。这也就是"道"或"天道","道在伦常日用之中"。这样,也就不需要舍弃现实世间、否定日常生活,而去另外追求灵魂的超度、精神的慰安和理想的世界。正是这个方面,使中国在过去摆脱了宗教神学的统治,或许在将来也能使中国避免出现像美国"人民圣殿教"那种种反理性的神秘迷狂?因为这种迷狂与中国民族(特别是这个民族的知识阶层)的心理结构和仁学思想是大相径庭的。同时,由于在文化心理结构上已经把人的存在意义放置在"伦常日用之中",人生理想满足在社会性的人群关系和日常交往中,也许可能在将来不致发生所谓"真实的存在"(个体)像被抛置在均一化整体机器的异化世界中,而倍感孤独和凄凉?或沉沦于同样是均一化的动物性的抽象情欲中,而失去人的本质?这些都是目前物质文明高度发展、科技力量分外加强后资本主义社会的异化产物,而为存在主义所渲染为所谓"无名"性的恐惧。由于以血肉之躯为基础的感性心理中积淀理性的因素,心理学与伦理学的交融统一,仁学结构也许能够在使人们愉快而和谐地生活在一个既有高度物质文明又有现实精神安息场所这方面,作出自己的贡献?以亲子血缘为核心纽带和心理基础的温暖的人情风味,也许能使华人社会保存和享有自己传统的心理快乐?

然而,所有这一切都只有当中国在物质上彻底摆脱贫困和落后,在制度上、心理上彻底肃清包括仁学结构所保存的小生产印痕和封建毒素(这是目前主要任务)之后,才也许有此可能。只有那时,以人类五分之一人口为巨大载体,仁学结构的优良传统,才也许能成为对整个人类文明的一种重要贡献。这大概最早也要到二十一世纪了。然而,今天可以高瞻远瞩,也应该站在广阔辽远的历史视野上,站在中国民族真正跨入世界民族之林、中国文明与全世界文明的交融汇合的前景上,来对中国文化传统和仁学结构进行研究和探讨。这样,对孔子的再评价,才有其真正巨大的意义。

四　附论孟子

(1)尽管孔子之后,"儒分而八",但自韩愈、王安石高抬孟子,朱熹把《孟子》编入《四书》,从而《论语》《孟子》并行之后,孟子的"亚圣"地位沿袭了数百年。孔、孟在很多思想方面并不相同;但孔子以"仁"释"礼",将外在社会规范化为内在自觉意识这一主题,却确乎由孟子发扬而推至极端。所以孔、孟相连，如不从整体历史而纯从思想史的角度来看，又有一定道理①。

与孔子以及春秋战国时期的许多游说之士一样，孟子也首先是满怀"治国平天下"的抱负和理想，周游列国，上说国君，提出自己的政治、经济主张的。与先秦各大学派大体一样，《孟子》也是政治论社会哲学的体系，《孟子》七篇的主要内容和着眼点仍然是政治经济问题。其特点是某种"急进的"人道、民主色彩，这其实只是古代氏族传统在思想上最后的回光返照。它的耀眼的亮光正好预告着它将成为千载绝响。而思维的辩证法也经常是：历史愈前进，批评者们便愈是喜欢用美化过去的黄金空想来对照现实和反对现实。孔子只慨叹"天下无道"，孟子则猛烈地抨击它；孔子的典范人物是周公，孟子则口口声声不离尧、舜、文王；孔子只讲"庶之"、"富之"、"教之"（《论语·子路》），"近者悦，远者来"（《论语·子路》）；孟子则设计了一套远为完整也更为空想的"仁政王道"。之所以如此，现实原因在于氏族制度在战国时期已彻底破坏，"礼"完全等同于"仪"而失其重要性，所以孟子已经不必要像孔子那样以"仁"来解释"礼"和维护"礼"，而是直截了当地提出了"仁政"说。

经济上是恢复井田制。"夫仁政，必自正经界始"（《孟子·滕文公上》），亦即"为民制产"："仰足以事父母，俯足以畜妻子，乐岁终身饱，凶年免于死亡"（《孟子·梁惠王上》）；"五亩之宅，树之以桑，五十者可以衣帛矣。鸡豚狗彘之畜，无失其时，七十者可以食肉矣……"（同上）等等。

政治上是"尊贤"与"故国乔木"并举。"尊贤使能，俊杰在位"（《孟子·公孙丑上》）；"不得罪于巨室"（《孟子·离娄上》）。而总目标则是"保民而王"（《孟子·梁惠王上》），一统天下。并激烈地抨击当时："庖有肥肉，厩有肥马，民有饥色，野有饿莩，此率兽而食人也"（同上），"今之所谓良臣，古之所谓民贼也"（《孟子·告子下》）等等。

军事上："善战者服上刑"（《孟子·离娄上》）；"不嗜杀人者能一之"（《孟子·梁惠王上》）；"可使制梃以挞秦楚之坚甲利兵"（同上）。

社会结构上："死徙无出乡，乡田同井。出入相友，守望相助，疾病

---

① 宋明理学和今日的"现代新儒家"正是纯从这种思想联系来立论，所以排斥荀子，专崇孔孟。他们没考虑思想在客观历史上的作用、意义和地位。参见《荀易庸记要》《经世观念随笔》。

相扶持……"(《孟子·滕文公上》)

总而言之,"仁政王道"必须与广大"民众"的利害相连,忧乐相通:

> 民为贵,社稷次之,君为轻。(《孟子·尽心下》)

> 乐民之乐者,民亦乐其乐;忧民之忧者,民亦忧其忧。乐以天下,忧以天下,然而不王者,未之有也。(《孟子·梁惠王下》)

> 桀纣之失天下也,失其民也,失其民者,失其心也。得天下有道:得其民,斯得天下矣;得其民有道:得其心,斯得民矣;得其心有道:所欲与之聚之,所恶勿施尔也。(《孟子·离娄上》)

显然,孟子的"仁政"以及这里"得民心",都与对人们的现实物质生活关心相联系,并以之作为主要的内容。它并不是纯粹的道德观念。

(2)但是,孟子的特征在于,他的承继孔子仁学的思想体系上有意识地把第二因素的心理原则作为整个理论结构的基础和起点,其他几个因素都直接由它推出。孟子把他的整个"仁政王道"的经济政治纲领完全建立在心理的情感原则上。即是说,"仁政王道"之所以可能,并不在于任何外在条件,而只在于统治者的"一心":

> 人皆有不忍人之心。先王有不忍人之心,斯有不忍人之政矣。以不忍人之心,行不忍人之政,治天下可运之掌上。(《孟子·公孙丑上》)

"仁政王道"是"不忍人之政"。这个"不忍人之政"是建筑在"不忍人之心"的基础之上的。"不忍人之心"成了"仁政王道"的充分和必要条件。而这个"不忍人之心"又并不特殊和神秘,而是每个人都具有的。因之,任何国君、统治者只要能觉悟到、认识到自己这颗"不忍人之心",从而行"不忍人之政",便可以统一天下:

> "若寡人者,可以保民乎哉?"曰:"可。"曰:"何由知吾可也?"曰:"臣闻之胡龁曰,王坐于堂上,有牵牛而过堂下者,王见之,曰:牛何之? 对曰:将以衅钟。王曰:舍之! 不忍其觳觫;若无罪而就死地……是心足以王矣……臣固知王之不忍

也。"(《孟子·梁惠王上》)

因为看见牛将被宰而心有不忍,这种同情心只要推于百姓,就是"仁政王道"了:

> 老吾老以及人之老,幼吾幼以及人之幼,天下可运于掌。
> ……言举斯心加诸彼而已。故推恩足以保四海,不推恩无以
> 保妻子。(同上)

这里,孟子把孔子的"推己及人"的所谓"忠恕之道"极大地扩展了,使它竟成了"治国平天下"的基础。一切社会伦常秩序和幸福理想都建筑在这个心理原则——"不忍人之心"的情感原则上。这固然是由于氏族传统崩毁,理想的"仁政王道"已完全失去现实依据的历史反映。但从理论上说,孟子又确是把儒学关键抓住和突出了,使它与如墨子的兼爱、老子的无情、韩非的利己等等有了更明确的基础分界线。

孟子不但极大地突出了"不忍人之心"的情感心理,而且还赋予它以形而上学的先验性质。孟子解释什么是"不忍人之心"说:

> 所以谓人皆有不忍人之心者,今人乍见孺子将入于井,皆
> 有怵惕恻隐之心,非所以内交于孺子之父母也,非所以要誉于
> 乡党朋友也,非恶其声而然也。由是观之,无恻隐之心,非人
> 也;无羞恶之心,非人也;无辞让之心,非人也;无是非之心,非
> 人也。恻隐之心,仁之端也;羞恶之心,义之端也;辞让之心,
> 礼之端也;是非之心,智之端也。人之有是四端也,犹其有四
> 体也。……苟能充之,足以保四海;苟不充之,不足以事父母。
>
> (《孟子·公孙丑上》)

这是著名的"四端"说。也即是孟子的性善论,即认为人之所以区别于禽兽在于人先验地具有"仁、义、礼、智"这种内在的道德素质或品德(其中"仁"是最主要和最根本的)。人之所以去援助要掉下井去的小孩,并不是为了讨好别人,也不是为了任何其他功利,而是无条件地服从于自己内在的"恻隐之心",即"不忍人之心"。它是不假思索的直接的"良知""良能"。可见,孟子把孔子由"汝安之"来解释"三年之丧"的心理—

伦理原则发展成了这样一种道德深层心理的"四端"论,并赋予先验性质。这在中国哲学—伦理学上产生了巨大影响。

哲学伦理学的理论,古今中外向来有两种类型或倾向,即伦理相对主义和伦理绝对主义。前者认为道德源于现实的条件、环境、利害、教育等等,没有也不可能有普遍的道德原则或伦理标准。从而不是人性善,而是人性可善可恶或人性恶,即人性中并没有先验的道德性质。告子、荀子、董仲舒、法国唯物论、边沁、韦伯(Max Weber)以及今天本尼迪克特(Ruth Benedict)等人的文化类型说等等,均大体可划入此类。另一类型则如孟子、宋明理学、康德、摩尔(C. E. Moore)、基督教等等,认为道德独立于人的利害、环境、教育种种,它是普遍的、客观的、不可抗拒的律则,人只有绝对地遵循、服从于它。对前一类型来说,由于道德源于人世,说到底,其根源总与人的感性存在有关。对后一类型来说,相反,道德高于人世,所以其根源与感性无涉,它是主宰、支配感性的超验的或先验的命令。

但以孟子为代表的中国伦理绝对主义特点却又在于,一方面它强调道德的先验的普遍性、绝对性,所以要求无条件地履行伦理义务,在这里颇有类于康德的"绝对命令"①;而另一方面,它又把这种"绝对命令"的先验普遍性与经验世界的人的情感(主要是所谓"恻隐之心"实即同情心)直接联系起来,并以它(心理情感)为基础。从而人性善的先验道德本体便是通过现实人世的心理情感被确认和证实的。超感性的先验本体混同在感性心理之中。从而普遍的道德理性不离开感性而又超越于感性,它既是先验本体同时又是经验现象。孟子说:"礼义之悦我心犹刍豢之悦我口","仁义礼智根于心。其生色也,睟然见于面,盎于背,施于四体,四体不言而喻。"(《孟子·尽心上》)先验道德本体竟然可以与感觉、生理、身体、生命相直接沟通联系,从而它似乎本身也是感性的或具有感性的成分、性质了。这便是中国哲学"体用不二"、"天人合一"特征在伦理学上的早期表现。也正是从这里,生发出宋明理学关于"性""情"的一大套议论和争辩。"性"(仁、道德、理性、本体)与"情"(恻隐之心、经验、感性、现象)到底是什么关系?是"性"由"情"显、"情"以

---

① 参见《宋明理学片论》。

显"性",还是"性"本"情"生、"情""性"难分？谁先谁后？谁支配谁？它们是一元还是二元？便有各种不同的回答。由于"情"作为心理事实与其他的心理、生理、社会现实相密切联结（例如与"七情六欲"的直接关联），而不像作为纯粹理性原则的"性"那么超然独立，从而强调"仁性爱情"、仁是"心之德爱之理"、反对"以觉训仁"的朱熹与强调"性""情"同一的陆王学派、与强调"血气心知"反对释"性"为"理"从而肯定情欲的戴震，虽都认为自己是孔孟的真传确解，便有许多根本的差异或对立。其实，在孟子本人那里，是还没有得到如此的展开和分别的。人作为道德本体的存在与作为社会心理的存在还是浑然一体，没有分化的。孟子强调的只是这种先验的善作为伦理心理的统一体，乃人区别于物之所在①。

（3）所以，孟子在强调先验的"善"的同时，又强调经验的"学"。孟子认为如果不加以后天的培育，先验的"善"仍然会掩埋失去：

> 人之异于禽兽者几希，庶民去之，君子存之。（《孟子·离娄下》）
> 求则得之，舍则失之……求在我者也。（《孟子·尽心上》）

孟、荀都属孔学儒门，都十分强调学习。荀子的"学"是为了改造人性（恶），孟子的"学"是为了扩展人性（善）。对孟子来说，一切后天的经验和学习，都是为了去发现和发扬亦即自觉意识和保存、扩充自己内在的先验的善性，也就是所谓"存善"。孟子把孔子、曾子所提出的个体人格沿着"仁政→不忍人之心→四端→人格本体"这样一条内向归宿路线，赋予伦理心理以空前的哲学深度。与荀子认为人禽之分在于人有外在的"礼"的规范不同，孟子强调人禽之分在于人能具有和发扬内在的道德自觉。这种道德自觉既是人之不同于禽兽，也是"圣人"之不同于"凡众"所在。但"舜何人也，余何人也，有为者亦若是"（《孟子·滕文公上》），它又是任何个人都可以达到的人格，这也就是所谓"人皆可以

---

① 孟子的"仁、义、礼、智、圣"（传统作"信"）倒可以与心理原则（仁）、治平理想（义）、血缘基础（礼）、个体人格（智）、实践理性（圣）的孔子仁学结构完全对应。最后一项的"实践理性"，也如朱熹注所云："愚按四端之信（仁义礼智信），犹五行之土，无定位，无成名，无专气，而水火金木，无不待是以生者，故土于四行无不友，于四时则寄王焉。"

为尧舜"的著名命题。这种道德人格的达到,有一个逐步完成的层次:"可欲之谓善,有诸己之谓信,充实之谓美,充实而有光辉之谓大,大而化之之谓圣,圣而不可知之之谓神。"(《孟子·尽心下》)这里的最高层次的"神",其实也就是孔子讲的"七十而从心所欲,不逾矩",即合规律性与合目的性在道德本体中的交融统一,从而似乎是不可捉摸不可推测的了,但它仍然并非某种人格神。

因之值得注意的是,孟子所描述的这些层次过程和所达到的伦理境界都是具有某种鲜明的感性特征,这与他讲的"四端"的道德本性没有离开人的感性心理一样。孟子还说:

> 居天下之广居,立天下之正位,行天下之大道;得志,与民由之,不得志,独行其道。富贵不能淫,贫贱不能移,威武不能屈,此之谓大丈夫。(《孟子·滕文公下》)

> 故天将降大任于是人也,必先苦其心志,劳其筋骨,饿其体肤,空乏其身,行拂乱其所为,所以动心忍性,增益其所不能。(《孟子·告子下》)

> 待文王而后兴者,凡民也,若夫豪杰之士,虽无文王犹兴。(《孟子·尽心上》)

这是两千年来始终激励人心、传诵不绝的伟辞名句。它似乎是中华民族特别是知识分子的人格理想。很明显,这种理想的道德人格并不是宗教性的精神,而是具有审美性灼灼光华的感性现实品格;它不是上帝的"忠诚的仆人",而毋宁是道德意志的独立自足的主体。孟子说:"仁之于父子也,义之于君臣也,礼之于宾主也,智之于贤者也,圣人之于天道也,命也,有性焉,君子不谓命也。"(《孟子·尽心下》)这就是说,不能把"仁""义""礼""智""圣"这些道德品格当做服从外在的"命",而应该当做内在的"性"。尽管孟子也讲"天命"、"命也",却更着重于"立命"、"正命",它表现了由神意天命的他律道德向"四端"、"良知"的自律道德的转换。孟子由于强调道德自律,从而极大地突出了个体的人格价值及其所负的道德责任和历史使命。孔子仁学结构的第四因素在思想史上的这种形而上学化,正是孟子的最大贡献。这也表现在生死关头的临界选择上:

> 生,亦我所欲也;义,亦我所欲也。二者不可得兼,舍生而
> 取义者也。生亦我所欲,所欲有甚于生者,故不为苟得也;死
> 亦我所恶,所恶有甚于死者,故患有所不辟也。(《孟子·告
> 子上》)

这里突出的也不是宗教献身,而是主体的自我选择。它不是服从于外
在权威的神,而是听从自身内在的"所欲",即无上的道德命令。它是最
高的本体和存在,世间的一切都低于它,也应从属于它。

孟子这种高扬道德人格的主体性当然又仍然有其现实的根源。孟
子说:

> 有天爵者,有人爵者。仁义忠信,乐善不倦,此天爵也。
> 公卿大夫,此人爵也。古之人修其天爵,而人爵从之。今之人
> 修其天爵,以要人爵;既得人爵,而弃其天爵,则惑之甚者也
> ……(同上)

所谓"天爵"的道德品格是"人爵"的"公卿大夫"的来由,这原是上古氏
族制度传统。如今这种制度已经崩毁,于是孟子在斥责为了"公卿大
夫"的"人爵"竟然否弃"仁义忠信"的道德"天爵"的世风外,便只有极大
地强调这种道德"天爵"本身的超载的形上意义了。孟子讲的这种以道
德自律为最高标准的独立个体人格,在孔子的时代还很难想象。孔子
是"畏大人"(《论语·季氏》),"与上大夫言,訚訚如也"(《论语·乡
党》);"君命召,不俟驾,行矣。"(《论语·乡党》)孟子则"说大人则藐之,
无视其巍巍然"(《孟子·尽心下》);"将大有为之君,必有所不召之臣"
(《孟子·公孙丑下》),"天下有达尊三,爵一,德一,齿一……恶得有其
一以慢其二哉?"(同上)……这实际正是当时社会已把自由民从各种传
统氏族礼制中解放出来而取得了独立地位的客观现实的反映[1]。任何
思想都有其现实的社会来由,但孟子把这种现实现象提升为个体伟大
道德品格的树立,便成为思想史上的一大创造,对后世影响很大。

(4)那么,如何来达到这种独立的个体人格呢?除上述的"学"外,

---

[1] 所以同样的思想也反映在别处。如"齐宣王见颜斶曰:斶前。斶亦曰:王前。……王忿
然作色曰:王者贵乎? 士贵乎? 对曰:士贵耳,王者不贵"(《战国策·齐策》)。

孟子还有一个最为奇特的理论,这就是他的"养气"说:

> 夫志,气之帅也;气,体之充也……持其志,无暴其气……
> 我善养吾浩然之气……其为气也,至大至刚,以直养而无害,
> 则塞于天地之间。其为气也,配义与道,无是,馁也。是集义
> 所生者,非义袭而取之也。行有不慊于心,则馁矣。我故曰,
> 告子未尝知义,以其外之也。(《孟子·公孙丑上》)

这似乎相当神秘。两千年来,对此也有种种解释。我以为除去其中可能涉及养生学说的生理理论外,它主要讲的是伦理学中理性凝聚的问题,即理性凝聚为意志,使感性行动成为一种由理性支配、主宰的力量,所以感到自己是充实的。作为伦理实践必要条件的意志力量之所以不同于一般的感性,便正由于其中已凝聚有理性,这就是所谓"集义"。它是自己有意识有目的地培育发扬出来的,这就是"养气"。

"集义"既作为"理性的凝聚",这"凝聚"就并非仅是认识,而必须通过行为、活动("必有事焉")才能培育。所以它包括知、行二者在内。正由于人的意志力中有理性的凝聚,从而就不是外在的"义"(告子)所能替代。至于这种由"集义"所生的"气"与"四端"如"不忍人之心"("恻隐之心")等等又有何关系,是何种关系,孟子并没交代清楚。但很明显的是,孟子强调的正是凝聚了理性的感性力量。人是凭着这种"集义而生"的感性("气")而与宇宙天地相交通。这也就是孟子所再三讲的,"存其心,养其性,所以事天也"(《孟子·尽心上》),"夫君子所过者化,所存者神,上下与天地同流"(《孟子·尽心上》)等等。它就是为孟子所首倡而后到《中庸》再到宋明理学的儒学"内圣"之道(文天祥的《正气歌》把孟子讲的"浩然之气"可说作了实用伦理学上的充分发挥)。它与由荀子、《易传》到董仲舒再到后世的"经世致用"的"外王"之道,恰好成为儒学中的两个并行的车轮和两条不同的路线。有时它们相互补充,交融统一;有时又互相对峙,分头发展。它们从不同方面把孔子仁学结构不断丰富化,而成为中国文化心理结构的主体部分。其详,参阅本书诸文。

(录自李泽厚:《中国古代思想史论》,人民出版社 1985 年版。原载《中国社会科学》1980 年第 2 期,"附论孟子"部分为 1985 年版时增补。)

蔡仁厚儒学学案

　　蔡仁厚(1930—　　)，原籍江西雩都，现居台湾台中。现代新儒家代表人物之一。

　　蔡仁厚8岁入乡村小学，12岁考入雩都中学初中部，15岁考入雩都中学高中部。1949年，由当时江西省教育厅保送到台湾。1954年起，从游于牟宗三之门。1955年，成为牟宗三的高足，遂以弘扬儒学为志业。1970年起，先后任教于台湾东海大学中文系、中兴大学中文系、文化大学哲学系与哲学研究所。2000年退休。2004年，特聘为东海大学首届荣誉教授。

　　蔡仁厚平生用心之重点有三：一为先秦儒家，二为宋明理学，三为中国哲学史。在先秦儒家研究方面，主要是对孔子、孟子、荀子三家哲学之基本纲领、义理，作统括性的疏导说明。在宋明理学研究方面，大体延续牟宗三《心体与性体》的脉络，对南、北宋理学到明代阳明学，系统性地加以阐述辨析。在对中国哲学史阐述方面，就中国哲学的源流、特质、学术史分期、研究方法、哲学思想介绍、系统分判、发展路向进行了论述。另外，还对儒家学术与中国现代化的关系进行了研究，着重阐述了儒家的"民本""民贵"思想、"开物成务"、"格物致知"与现代民主、科学思想的连续性与贯通性。其主要著作有《家国时代与历史文化》、《儒家哲学与文化真理》、《孔门弟子志行考述》、《王阳明哲学》、《宋明理学北宋篇》、《墨家哲学》、《宋明理学南宋篇》、《新儒家的精神方向》、《孔孟荀哲学》、《儒家思想的现代意义》、《熊十力先生学习年表》、《中国哲学史大纲》、《儒家心性之学论要》、《儒学的常与变》、《中国哲学的反省与新生》、《牟宗三先生学思年谱》、《论语人物篇》、《孔子的生命境界》、《牟宗三——中国历代思想家丛刊》、《蔡仁厚教授七十寿庆集》、《哲学史与儒学评论》、《新儒家与新世纪》、《王学流衍:江右王门思想研究》、《中国哲学史》等。

（法　帅）

新儒家的精神方向

近数十年来，西方人喜欢称宋明理学为新孔子学派或新儒家，而以先秦时期的儒家为原始儒家。近二三十年来，一般学者又把台港两地几位弘扬儒家学术的前辈学者，称之为当代的新儒家。其实，儒家讲的是常理常道，理是恒常不变的理，道是亘古长存的道，所谓"天变地变，而道不变"。所以，儒家就是儒家，并无所谓新旧。不过，儒家亦特别重视"时中"之义，随着时代的演进，常常因时制宜而有所因革，有所损益。因此，从"随时应变"这个意思上看，称某一阶段的儒家学术为新儒家，亦并非一定不可以。题目中的"新儒家"，便是在这种随俗顺时的情形下而使用的。

一 对宋明儒学的反省

由先秦到两汉，是儒家学术的第一阶段。下来经过魏晋玄学，南北朝隋唐之佛学，而发展到宋明，是儒家学术的第二阶段。现在，则是第三阶段。第三阶段是承接第二阶段而来，所以要讲当代新儒家的精神方向，还得从宋明阶段说起。关于宋明儒学的内容，这里不拟涉及。下面只提三点，以说明宋明儒者在中国文化的演进发展中所尽到的贡献，并指出他们的不足处在什么地方。

(一)复活先秦儒家的形上智慧

从本质上说，宋明儒者最大的贡献，是复活了先秦儒家的形上智慧。孔子讲仁，孟子讲心性，《中庸》、《易传》讲天道诚体，都蕴含着而且显发出"天道性命相贯通"的大义，这是一种极其平正而又极其高明的形上智慧。

但秦汉以来,先是阴阳家的搅混,又加上象数的穿凿附会,儒圣的慧命遂因之而沉晦(两汉儒生皆对圣人无善解)。接下来是魏晋玄学兴起,玄学代表道家的复兴,他们的表现是玄智,讲的是玄理。东晋以后,玄学趋衰,佛教因缘时会,靠着道家玄智的接引,而进入中国的文化心灵,形成南北朝隋唐阶段佛学的盛行。佛家表现的是空智(亦曰空慧),讲的是空理。讲玄理而显发的"无"的智慧,以及讲空理而显发的"空"的智慧,都已达到玄深高妙的境界(正因为其境界极高,所以能在中国第一流的头脑里盘旋达数百年之久)。然而,由玄智空智而开显出来的"道",毕竟不是儒圣"本天道为用"的生生之道。这生生之道,要等宋儒出来,才能重新光复。

须知天道生生,仁道亦生生。天道生生是生化万物,仁道生生是由"纯亦不已"的道德心发出道德命令,发动道德创造——不断地表现道德行为,不断地成就道德价值。所以儒家之学,一方面上达天德,一方面又下开人文,以成就家国天下全面的价值。这样的道,当然比佛老更充实,更圆满。这"于穆不已,纯亦不已"的天人通而为一的浩浩大道,是通过"仁的德慧"而彰显,是先秦儒家本有的弘规。孔子"践仁知天",孟子"尽心知性知天",便是这个弘规的基本模型。自北宋诸儒由《中庸》《易传》之讲天道诚体,回归于《论》《孟》之讲仁与心性,再到陆王之心学、良知之学,正表示儒家形上智慧的复活和道德文化意识的重新发扬。"天道性命相贯通"的大义既已恢复,中国文化的生命亦就返本而归正了。

(二)光畅民族文化生命之大流

道家是中国根生土长的学派,但它只是旁枝,而非主干,不能代表文化的大流。下及魏晋之清谈、谈玄,虽然言谈甚美,智悟甚高,但魏晋人"有聪明而无真性情,有美感而无道德感"。那是一个德性生命萎缩而情意生命泛滥的时代。所以在那个阶段,中国的文化生命是不健康的。他们的玄智接引了佛教,但佛教是印度来的,不能代表中华民族的慧命。只因中国文化生命有歧出而衰微不振,故让佛教在中国大出锋头。然而就中华民族的内心来说,是并不心甘情愿的。所以一方面护持政治教化,以保住庙堂之上的典章制度和社会民间的伦常礼俗,一方面翻译佛经,研究佛法,持续地作消化佛教的努力。到了隋唐之时,终于把这一个大教(亦是大的文化系统)消化了。这表示在佛教传入中国的数百年中,中华民族并没有浑浑噩噩地睡大觉,而是另有一番用心处。一个民族能够吸收而且消化一个外来的异质的大教,正是"文化生命浩瀚深厚,文化心灵明敏高超"的表征。这在人类文化史上,还没有第二个例子。

消化的工作逐渐完成,文化生命自然重新归位。所以隋唐佛教的盛世过去之后,宋明儒学正式出台,这是历史的运会自然迫至的。在此,我们只举两件事来说:第一,他们重建道统,重新树立孔子的地位,把思想的领导权从佛教手里拿回来。第二,他们以民间讲学方式,掀起一个影响久远的文化思想运动,而造成中国哲学史上的光辉时代。由于他们的精诚努力,使魏晋以来长时期歧出的文化生命,终于导归主流而恢复了文化生命的正大光畅。

(三)内圣强而外王弱

不过,宋明儒者的成就和贡献,毕竟偏重于内圣一面,外王事功方面,则缺少积极的讲论和表现,此即所谓"内圣强而外王弱"。宋明儒学的不足处,正是在这一点上。宋明诸儒当然知道内圣必通外王,他们亦持守仁政王道的原则和精神,同时,亦讲春秋大义,并要求君王修德爱民以利用厚生;但"政道"的问题(说见后)不得解决,外王之学就没有新义可讲,而中国传统政治的困局亦就无法作根本的消解。兼之宋代上承五代之衰颓,开国形势又太弱,所以盘踞北方一隅的辽、金,亦竟成为中国长时期的边患。国势积弱的结果,乃有陷于金、亡于元的惨祸。明代国势虽强大,但政治太坏(此亦正是外王事功精神未能客观挺显之故),所以最后仍不免有满清之入主。顾、黄、王诸大儒懔于亡国亡天下之痛,深切反省民族文化生命的方向和途径,而自觉地要求由内圣开出外王事功,这是很中肯的。

可惜满清入主,民族生命受挫折,文化生命受歪曲,顾黄王诸大儒的思想方向无法得到伸展。而乾嘉以下,考据成风,士习卑琐,他们假托汉学之名以张大门户,其实,清学只是清客的学问,哪有汉儒通经致用(以学术指导政治)的器识?风习所至,使得中国人的头脑趋于僵化,而变成古董箱,不会用思想了。"国以贤才为宝",一个国家民族没有"大儒",没有器识恢弘的学者思想家,当然会造成各方面的悲剧。

近数十年来,新儒家的学者们,在国势艰困、文运否塞之时,本于他们的孤怀闳识,和对于国家民族、历史文化、时代学术的感受,从头疏导民族文化生命的本性、发展和缺点,以及今日所当走的道路。面对国族的遭遇和未来的远景,牟宗三先生确定地指出儒家第三期的"文化使命",主要是集中在三个中心点上:一是道统的肯定:肯定道德宗教的价值,以护住孔孟所开辟、宋明儒所承续的人生宇宙的本源。二是政统之继续:认识政体发展的意义,以肯定民主政治之必然性。三是学统的开出:由民族文化生命转出"知性主体",以融摄希腊传统,开出学术的独立性。第一点是民族文化之统的延续与光大,这是引发文化创造力的源头活水,必须使它永远充沛而畅通。第二第三两点,则是继晚明三大儒而推进一步,以期彻底开出外王事功。而中国之近代化或现代化,亦正好是集中在这最后两点上。

兹分三节,作一简要的说明。

二 当代儒家的精神方向

(一)道统的光大——重开生命的学问

道统,即是民族文化之统。它是文化生命的根源和人伦教化的纲维,而个人安身立命亦须取则于此。依据道统而讲学问,它必然是"生命的学问"。由生命的学问,乃能开显生活的原理,决定生命的途径。

"生活的原理",散开来说,可以说得很多,但如果集中地讲,它只是一个"怵惕恻隐之心",而这怵惕恻隐之心亦就是孔子所说的"仁"。仁,就其为德而言,它是生生之德,就其为理而言,它是生生之理。说得更具体一点,它就是人之所以为人的"本"。本立而道生,因此,它能显发而为人生的大道——生生之道,亦同时就是我们的自救之道、救国之道、救文化之道。孟子说:"道,一而已。"这个"一",正是就"仁"而说的。自救、救国、救文化,必须救活而使它生存下去,这就必须要有一个能够"使之生、使之活"的"生活原理"。

生活的原理当然是就"人"而说的。自古以来,人性、人品、人伦、人道,早已成为我们日常生活中所熟知的名词——但这些不只是名词,而正是"仁"的彰显与实践。我们中国人,一向都是自觉地"把人当一个人看"(所以说仁者人也),而不是"把人当一个物看"(所以特严人禽之辨)。因为一旦"视人如物",便必然会抹煞人性、糟蹋人品、破坏人伦、毁灭人道,而沦为一个"动物世界"。人虽然亦是动物之一,但人却不只是动物,没有人愿意他自己只是一头动物。那么,"反物化",岂不正是天经地义的事?而且,文化的演进过程,亦可以说正是一个反物化的过程。否则,人同于物,哪能创造文化价值?而现代人却偏偏把"人"作"动物"看,拼命地要把人拖入动物群中去讨生活。这种情势,更迫使我们要加紧展开"反物化"的奋斗。

"反物化"有两个方面,第一是反思想上的唯物主义……①第二是反生活上的唯物主义:凡是趋向情意泛滥、物欲恣纵的观念意识,以及实际追求感性层之物质享受的,都是生活上的唯物主义,都将消磨人们向上的意志、腐蚀人类道德的心灵。这两种唯物主义,都是人类的公敌,都和中国文化精神绝不相容。要想开出文化理想,维持生活原理,就无可避免地要对思想上和生活上的唯物主义两面作战。

"生命的途径",是本乎生活原理决定出来的道德实践的轨辙,和人生努力的方向。这可以分为两面来说:(1)主观方面是成己、成就德性人格,是要求与天道天德合而为一,以达到天人合一、天人和谐的境地,这是一种"通上下"的纵的实践。(2)客观方面是成物、成就家国天下,是要求与天下民物通而为一,以达到天下一家、万物一体的境界,这是一种"合内外"的横的实践。通过一纵一横的实践,人就能超脱形躯血气的限制,以精神生命向上升进,向外充扩,而开创一个充实饱满的人生,建造一个安和的人间社会。

护持生活的原理,畅通生命的途径,而后乃能重开"生命的学问",以延续而且光大民族文化之统。这一根而发、相继绵衍的道统,既不可断,亦不可化。克就此义而言,重建沉晦千年之久的道统,使中华民族没有为佛教所化,实乃宋明儒者最伟大的贡献所在。所以佛教虽已普及于中国民间社会,虽已占住了数不清的大小山头(语云:天下名山僧占多),但佛教始终只是一个很松泛的民间宗教,而不是中国的国教。于此,可见中国民族道统意识之强,同时亦可看出中国文化生命之宽平

---

① 此处有删节。

博厚,而能载能容。关于儒释道三教在中国文化中的地位,我曾经用一个三角图形来表示:

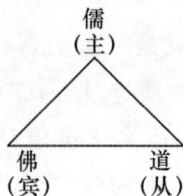

```
        儒
       (主)
       /  \
      /    \
     /      \
    /_____\
   佛         道
  (宾)       (从)
```

道家(教)是中国土生土长的,但它不能担纲,相对于作为中国文化之主流的儒家而言,它是居于副从旁枝的地位,所以儒与道是主从的关系。佛教从印度来,它在中国是客位。而佛教亦自知这一点,所以能自觉地守这个分,这就使它和儒家之间形成宾主的关系。[①] 至于道佛之间,则似乎若即若离,关系微妙,彼此虽曾发生过几次冲突摩擦(如佛教方面所说的三武之难),但终于亦能相安无事。

　　儒释道三教之间的主从、宾主关系,不是任何人所能强调出来,而是历经千百年相摩相荡、相融相摄,而后才自然形成的。在今后中国文化发展的进程中,必然将是"儒、佛、耶"三教互相摩荡以求融通。如何融通?我们认为除了必须互相尊重、互相观摩、互相了解之外,此时恐怕订不出一个立即有效的具体办法。须知文化的融通,一要精诚,二要机缘,三要时间,这是急不来的。但有一点是可以确定的。那就是任何外来的宗教或文化系统,在中国都是宾朋,都是客位,应该抱持"与人为善"的原则,而不可以"喧宾夺主"。(因为中华民族虽然涵容深广,但绝对不愿意为人所化而断丧自己五千年的道统。)若问谁可以做中华民族的主?当然必须能够代表民族文化之统的人才可以。这个人谁都知道

---

　　① 　关于这个意思,当代佛教界的善知识印顺法师表示了很平实中肯的看法。他说:"儒学——新儒学——是纯中国文化纵面的产品,是不可旁解的,是入世的,是天道的,是万世不朽的经纬线";"而佛家是介入的,是出世的,是偏于究竟空寂的;精深是精深矣,博大是博大矣,岂奈不及儒家何!"——引见 1979 年 7 月 1 日《天华月刊》第四版、陈慧剑先生《当代佛教思想家印顺导师》一文之第五节。上引诸语句,原刊文皆用引号括出,当系印顺法师亲撰之文或口讲之言。印顺法师又说,他是站在学佛者的地位发言,他认为"新儒家自是新儒家","佛家自是佛家"。我觉得印顺法师的话说得坦诚而信实,希望学界人士不要再说什么宋明理学"阳儒阴释"一类的颟顸之言,以免贻笑大方。

就是孔子……①其实,孔子亦并没有要来做我们的主,他只教我们自我做主,所以说"我欲仁,斯仁至矣"。欲仁而仁至,这正是"道德主体自由"立根的地方。亦是人人皆可以堂堂地做个人的、最真实的根据所在。人人自我做主,合起来就是"中华民族自己做自己的主"。所以,道统的延续与光大,人人有份,因为心同理同,个体生命本就是和民族文化生命合流的。

(二)政统的继续——完成民主建国

"政统"是落在政体、政道上说。中山先生曾有政权与治权的划分。顺着这个划分,可以讲政道与治道。治道是安排治权的轨道,政道是安排政权的轨道。依于安排政权的方式,而形成各种不同的政体,如君主政体、民主政体等。政体可以随着时代社会而有转进、有发展,而且这种转进发展都是历史的必然,所以能够成统。继续这个政统,才能在发展中开出客观真实化的政道。牟先生说"中国有治道而无政道",这是极有特识的一句话。在此应略加说明。

中国的士人政治,可以说已经达到了相当"合理"的境地,但那只是"治道"方面的成就。在"政道"方面,却一直没有进到客观法制化。中国传统政治对于政权的转移,大体有四种方式:

(1)禅让——这是公天下。尧禅舜,舜禅禹,都很顺适自然。到了禹禅益时,天下诸侯百姓却不从益而从禹之子启,这当然亦是天心民意的表现,并无问题。但让位传贤,是取决于天子的德,并没有订为法制。启之德不及尧舜禹,他传位于子而不传贤,乃造成世袭家天下之局。可见没有客观法制化的禅让,公天下的理想,便无法保证它必然实现。

(2)世袭——这是家天下。家天下是世代相继而为君,这当然不合理,所以终于促成汤武"革命"。

(3)革命——革命是顺乎天理、应乎人心之事。然而汤武革命的结果还是家天下。这表示政权转移的问题,依然未得解决。到了秦汉以后,干脆就以武力打天下了。

(4)打天下——革命是德上加力,打天下则纯以武力抢夺政权,这就变成"私天下",连三代家天下的半公半私都说不上了。(三代虽是世袭

---

① 此处有删节。

家天下,但封侯建国,则亦表示与诸侯共天下,其中仍含有相当的公性。)

由禅让而世袭,而革命,而打天下,正表示在政权转移这个问题上,一直没有建立客观的法制。秦汉以来,更明显地造成政治上的三大困局,历二千年而不得解决。一是"朝代更替"的问题,形成一个治乱相循的恶性循环。二是"君位继承"的问题,常常演成宫廷明争暗斗,皇室骨肉相残的局面。三是"宰相地位"的问题,代表治权的宰相,不能与代表政权的君王相抗衡,因而使得中国士人政治受到一个无法突破的限制。这三个困局的消解,关键只在"政道"之客观法制化,而近代的民主政体,正提供了一个客观的解决之道。对中国来说,这就是民主建国的问题。

要恰当的了解民主政体的建国,就必须对下列几点意思,先有清楚的认识:

第一,国家主权在于国民全体:"主权"是一个形式的定常的"有"。它为国民主体共同地总持地有之。它不专属于任何个人(主权在民的"民"字,是指国民全体,不分指任何个人),亦不专属任何阶级。因此,它第一不可分割,不能你一半,我一半。第二不可私有,所以不能说朕即国家,亦不能说某某阶级专政。

第二,划分政权与治权:安排政权和维护政权的,是"政道",是第一义的制度。这是属于建国的问题。建立治权机构以处理公共事务,是"治道",是第二义的制度。这是属于治国的问题。当政道获得客观法制化,不但朝代更替和君位继承的问题自然消解,而宰相的地位,亦因治权和政权分开,而有了客观法制的保障。这就是近代三权分立或五权分立的宪政体制。

第三,公民自觉与政治的独立性:把道德宗教划分到政治的领域之外,以透显政治的独立性,这是近代民主政治的一大贡献。所以,克就政治而言,人只是政治的存在,只是权利义务的主体,这就是"公民"这个观念的恰当意义。"公民"乃是一个政治上的观念。通过公民的自觉,而后才能表现政治主体的自由。而政治主体的自由,主要是集中在权利与义务上来表现。就权利而言,它可以争取,而不可以抛弃(如人身自由),亦不可以让度(如选举权)。就义务而言,它有强制性,故不可以逃避,亦不可以代替。在此,可以接触到政治的法制性与独立性。

民主,是一种政治的体制(通常亦说为宪政体制),是政治建国的一个"钢架"。政治的活动,就在这个钢架下运用进行。至于自由、平等、人权、法治,则是民主政治的"内容"。钢架是常,必不可缺,必不可变,这是民主之所以为民主的本质所在。至于内容,则是量的问题,是可变的,它常随着各个国家民族的文化背景、宗教信仰、民情礼俗,以及现实政治的情况而增损。这其中的参差,并不影响民主政治的本质。只要钢架定了,内容方面随时可以调节充实。我们所殷切注意的,是这个钢架的真正树立,这才是政体建国的大业所关。而数十年来一些所谓"民主人士"(这个名词根本不通。难道除了他们,别人都是"非民主人士"不成?)却不知正视这个钢架,只在内容上纷争计较,那根本不足以言政治家的器识。所以这些人的夸奢喧嚷,对民主建国大业,实在没有正面的积极的贡献。而且对于民主建国意识的豁醒,还产生了搅扰混淆的反效果。

依据上面的说明,我们可以看出民主建国的大业,不但是辛亥革命以来仁人志士舍命以求其实现的目标,而且正是晚明三大儒要求由内圣转出外王事功的一大关节所在。如果再说得远一点,二千年来儒家"由内圣通外王"的理想,亦正须落在民主政体建国这个关节上,才能豁然通畅,以获得充分的实现。(有些人疑虑中国文化的传统,是否与民主不相容,这实在是不学不思之过。)而且,中国的近代或现代化,亦正须以民主建国为骨干,而科学的发展以及经济等的建设,亦同样需要民主政治的轨道,才能获得坚实稳固的基础。

(三)学统的开出——转出知识之学

就中国的学问传统而言,道统与学统是二而一的。儒家的学问,说它是学统所在,可;说它是道统所在,亦可。但我们现在使用"学统"一词,则是专指知识之学而言。在西方,知识之学是希腊传统发展出来的学问。在中国,则须从儒家所代表的道统中转出来,使它获得独立的发展。

有人说,中国是重德的文化,西方是重智的文化。这个说法虽然尚嫌简略,但说中西文化的演进各有它所着重的一面,亦并不错。不过,中国亦本有"德性之知"与"见闻之知"的分别。德性之知虽然不萌于见闻,却亦不离乎见闻。而且见闻之知亦正是天德良知的发用。(张横渠、王阳明都曾说到这个意思。)因此,儒家的内圣成德之教,虽然并不落在见闻之知上讲学问,但一定要直接指说儒家轻忽知识,亦不能算是一个恰当的评断。

德性之知(良知),发自道德心,它可以成就人的"德",亦可以彰显人的"慧"。由于中国向来着重在这一面讲学问,所以中国人的哲学思考虽不足以与西方人相比,但哲学的器识与智慧则高于西方。而儒者的道德人格,尤其不是西方哲学家所能望其项背。至于见闻之知(知性之知),则发自认知心(理智心),它可以表现概念思考,成就概念系统(逻辑系统、哲学系统、科学知识系统,皆属概念系统),这是西方最擅胜场的地方。我们现在的问题是,德性之知虽能决定一个应当的行为,但要完成一个应当的行为,往往需要一套知识,而这套知识却不是德性之知所能直接提供、直接成就。在这现实的应用上,使我们接触到了德性之知的限制。然则,如何融通"德性之知"与"见闻之知"? 换句话说,如何从重德性主体的中国文化传统中,转出知性(思想)主体,以成就科学知识? 这就是我们当前所面临的新课题了。

对于这个问题,牟先生在他的《现象与物自身》书中,有一个义理圆熟、系统详密的疏决。而在早年《王阳明致良知教》一书的《致知疑难》章中,则有较为直接而简要的解答。(按:《致良知教》一书,牟先生决定不再印行,而《致知疑难》一章,则已收入其新著《从陆象山到刘蕺山》书中,由台湾学生书局出版。)简单地说,在中国,知识之学的开出,仍须通过良知(德性之知)。良知当然肯定知识之学的价值,因此良知亦必然能够自觉地坎陷它自己,而转为认知心。这亦就是说,良知要做一步"自我打开"的工作,使自己开为两层:一层是道德心(德性主体),亦即良知自己;一层是认知心(知性主体),这是良知自觉地坎陷自己而转出来的。(1)道德心是"与物无对"的,它要求与天地万物为一体,它的表现或作用,是完成德性人格,以期成圣成贤。(2)认知心是"与物为对"的,它在"主客对列"之中向外发用,以认知外在的对象,所以它的表现或作用,是成就知识,开出科学。道德心的活动,有儒家的学问传统作为轨辙;而认知心的活动,则有西方的学问规模可资借镜。(按:发展科学,可以西方为借镜,而向西方学习,但却不是捡人家现成的东西,以为可以"移花接木"似的,便把西方的文化学术转到中国来。如果这样想,中国将永远随人脚跟,不可能开出科学。)

我们无须疑虑中国文化是否可以自本自根的产生科学,亦不必去列举中国古代科学技术上的成就以为夸耀。知识之学(逻辑、数学、科学)在中国古代当然亦有表现。但名家墨辩并不能直接视为逻辑,中国亦没有顺承名家墨辩而发展成逻辑学的传统。古代虽有高深的数学,而且古代中国人表现的数学智慧甚至为西方所不及,但中国仍然没有发展成数学这门学术的传统。古代亦有精微巧妙的科学技术,那是中国人的聪明才智在实用上的表现,当然很了不起,很不平凡,但多半只是智巧,而欠缺纯学理的探索;如果有,亦没有成为理论系统;如亦有之,则仍然没有成为历代承续不绝的知识之学的学统。这就是问题的关键所在。

所以知识之学的转出,不能只是聪明才智的直接发用,而必须在中国的文化生命中透显出知性主体(亦可名之为思想主体),使它独立起用,而后才能开启科学的心智,以表现:(1)纯客观的知识兴趣;(2)重学理而不计较实用的态度;(3)主客对列的思考方式。因此,良知自觉地坎陷它自己以转出认知心,透出知性主体,乃是绝对必要的一步(此中义理的关节,拙著《王阳明哲学》第四章亦有叙述,请参看)。必须这样,以"道德心"为主的中国文化传统,才能转出"认知心"来独立起用,以建立纯知识的学理。这一步做到了,那些成就事物的具体知识和实用技术,亦就获得解决的基础了。

总上所述,可知讲儒家学问,并不只是"述古",而是"返本以开新",以期民族文化慧命之相继光大。中国文化本就具有一种开放融摄的精神,而能随时应变,日新又新。在内圣一面,中国文化生命向上透的境界,已经极其高明,今后只须在外王一面补足"政道"与"知性"这中间架构性的钢骨,便可以向下撑开,以获得稳固坚实的自立之基。所以,激发文化意识,畅通文化生命,树立文化理想,使道统、政统、学统,三统并建,以恢复文化的创作力,这不仅是新儒家的精神方向,而且亦是全民族共同奋斗的中心目标。

(录自蔡仁厚:《新儒家的精神方向》,台湾学生书局 1982 年版。原载《中国文化月刊》创刊号,1979 年 11 月。)

宋明理学·北宋篇·绪论

一　儒学的特质及其内容纲领

儒家学问重视实践,而不着重于知识理论的论证和概念的思辨。因为它的重点并不落在"知识"上,而是落在"行为"上。它不太着重于满足理论的要求,而是着重于满足实践的要求。所以儒家之学可以说是行为系统的学问,而不是知识系统的学问。它很重视所学的和所做的通而为一,所知的和所行的打成一片。因此,主张学行合一、知行合一。这都是重实践的表示。因为重实践,所以特别正视这个实践的主体——生命。它以自己的生命作为学问的对象,因而形成了以生命为中心的所谓"生命的学问"。

人的生命,有正负两面。正面的是德性生命,负面的是气质生命或说情欲生命。对于正面的德性生命,要求涵养、充实、发扬、上升,以求得最后的圆满的完成。对于负面的气质生命或情欲生命,则须予以变化和节制。变化,是对气质而言,化掉气质中的偏与杂,使生命变得中正合理而无所偏,变得清澈纯一而无所杂;节制,是对情欲而言,要使情欲纳入轨道的限制中而不放纵、不泛滥。这负面的变化气质、节制情欲,固然为儒家所重视;但他们用心用力的重点,则集中在正面的积极的德性实践方而。

道德实践又可分为主观的实践和客观的实践。主观面的道德实践,以完成德性人格为目标,这就是所谓"内圣"之学。客观面的道德实践,以淑世济民,成就天下事物为目标,这就是所谓"外王"之学。内圣一面,是各归自己,以要求生命内部的合理与调和。外王一面,是由自己出发,而关联着社会人群与天下事物,以要求自己与他人、自己与事物之间的合理与调和,也就是说,要求群己关系、物我关系的合理与调和。无论主观面或客观面的实践,要想得到合理与调和,都必须从内省修德做起,以培养"德性的主体"。所谓德性的主体,就是内在的道德心、内在的道德性,也就是孔子所说的"仁"和孟子所说的"本心"、"善性"。而仁心善性这个道德的心性,又不只是内在的,它同时亦是超越的。《中庸》说:"天命之谓性。"天道天命贯注到我们生命之中而成为我们的性,这是由上而下,由超越而内在。人有了这天所赋予的仁心善性,再通过尽心尽性的工夫,上达天德,以与天道天德相合,这是由下而上,由内在而超越。由上而下是来,由下而上是往。这一来一往,于是乎,主观内在面的心性与客观超越面的天道天德,便通而为一,这就是所谓"天道性命相贯通"。——儒家就是根据这个"既内在而又超越,既主观而又客观"的心性本体,来进行他们学问的讲论,来展开他们人生的实践,来完成他们价值的实现和创造。

总括地讲,儒家这"生命的学问",(1)由主观面的纵的实践,要求与天道天德合而为一,这是成就生命之"质"的纯一高明;(2)由客观面的横的实践,要求与天下民物通而为一(连属家国天下而为一体,与天地万物为一体),这是成就生命之"量"的广大博厚。高明以配天,博厚以配地,这两面合起来,人之庄严高贵和充实饱满的生命,便可以得真实的完成。

以上是关于儒家学问的特质的一个粗略而简要的说明。至于它的内容,当然很深广,我们不想采取列举的方式,而愿意就便顺着"内圣"与"外王"这两个老名词,来作一个纲领性的指述。

(一)内圣之学

内圣之学,以成圣成贤为目的。儒家认为人人都可以成圣贤,都可以通过道德实践,完成自己的德性人格,以进到圣人的境地。——真的可能吗? 可能的根据在哪里呢? 我们如此追问道德实践所以可能的、超越客观的根据,便是关于"本体"的问题;追问道德实践所以可能的、内在主观的根据,便是关于"工夫"的问题。内圣之学,主要就是集中在本体与工夫这两个问题上。重视工夫,固然是满足实践的要求;而讨论本体,亦不是理论的兴趣,而仍然是为了满足实践的要求。这是儒家学问的一大特色。

1.先说本体的问题。所谓本体,超越地说,是意指形上的实体。在这方面,无论说天道、天命、天德、天理,或者说乾元、太极,全都是意指天道本体,简称"道体"。又《中庸》说"诚者,天之道也",所以诚也是本体,可名曰诚体,诚体即是道体。这个"体",既是形上的实有,而又能发出创造生化的作用。这是在《诗经》、《中庸》、《易传》都有明显的表示的。《诗经》说"维天之命,于穆不已",这是说天命之体深奥深邃,而又流行不已。《中庸》说"天地之道,可一言而尽也。其为物不贰,则其生物不测"。所谓生物不测,是说天道生化万物,神妙而不可测。《系辞传》说"易无思也,无为也,寂然不动,感而遂通天下之故。非天下之至神,其孰能与于此"。无思无为的易,是易道、易理,它即寂即感,而通天下之故,成天下之事,正表示它能自起创造生化。总之,儒家所讲的道体,是即体即用、即寂即感,能发用流行,能自起创造生化的本体。

这个道体,由超越而内在化,下贯而为人之性,它就是性体、心体、仁体。这是天之所命,是天所与我者,是我固有之的,而且是人人莫不皆然的。所以儒家讲心性,一定要透到心性之源,要通到天道诚体上。这个超越与内在通而为一的心性本体,亦可以叫做天心仁体。(天心,表示它是超越的;仁体,表示它是内在的。总之,天心仁体是超越而又内在的。)它就是道德实践所以可能的超越客观的根据。以上是本体方面。

2.再说工夫的问题。人具备了这个心性本体,它是否就能在我们的生命之中起作用呢?换句话说,内在于我们自己,或者说在自己主观这一面,道德实践是否必然地可能呢?这步追问,就是实践入路的问题,也就是工夫的问题。

远从《孔子》的"践仁以知天",《孟子》的"扩充四端、尽心知性知天",《中庸》的"慎独、致中和",《易传》的"穷神知化、继善成性",《大学》的"明明德",以至于周濂溪的"主静、立人极",张横渠的"变化气质、继善成性",程明道的"识仁、定性",程伊川的"居敬穷理",朱子的"涵养察识、即物穷理",陆象山的"先立其大、辨志辨义利",王阳明的"致良知",以及胡五峰、刘蕺山的"尽心成性、以心著性",凡此等等,全都是指点工夫的进路,也就是指点为学入道之方。其目的,是要体证本体,使本体通过工夫而呈现起用。本体既已呈现,我们便能自觉、自主、自律,能自定方向,自发命令,来好善恶恶,为善去恶,以完成道德的实践,不容已地表现道德行为。儒家这样郑重注意实践工夫的问题,就是为了要建立道德实践所以可能的内在主观的根据。

等到本体与工夫的问题都透澈了,最后一定是体用合一:承体起用,即用见体,而即体即用。所以明儒就常说"即本体即工夫,即工夫即本体"。这时,内圣成德之学才算达到通透圆满的境地。

(二)外王之学

外王是内圣的延伸,内圣一定要通向外王。因为道德的心性,不仅要求立己,同时亦要求立人;不仅要求成己,同时亦要求成物。所以一定要往外通,通向民族国家、历史文化,要连属家国天下而为一体。《尚书》所谓"正德利用厚生",《孔子》所谓"修己以安人,修己以安百姓",《孟子》所谓"亲亲而仁民,仁民而爱物",全都表示要通出去,以合内外、通物我,以开物成务、利济天下,这就是外王之学。

儒家讲外王,在以往是圣君贤相修德爱民的仁政王道。这方面理想很高,但今天看来,在客观义理上还是不足够的。最主要的症结,是"只有治道而没有政道",连带地"开物成务"的知识条件也有所不足。在中国传统的政治上,对于政权的转移,当然有它的转移之道。那就是禅让、世袭、革命、打天下。"禅让"是公天下,但让贤传位并没有客观的法制,所以不能保证天下为公这个理想的实现,终于转为家天下的"世袭"制度。由于世袭家天下不合理,促成了汤、武的"革命"。革命本是应乎天理、顺乎人心之事,但汤武革命的结果还是家天下。到了秦汉以后,干脆就是用武力"打天下",抢夺政权,而形成私天下,连三代家天下的半私半公亦说不上了。(按:三代虽是家天下,但封侯建国,则也表示与诸侯共天下,其中含有相当的公性。所以黄梨洲在《明夷待访录·原君篇》中,说三代以上是藏天下于天下,秦汉以下是视天下为私产,藏天下于筐箧。)——从禅让而世袭,而革命,而打天下,正明显地表示,在政权转移这个问题上,并没有建立客观的法制。亦就是说,安排政权的"政道",还没有开出来。所以在今天讲外王,必须有新的开扩和充实。新外王的内容,应该含有两方面:

1.政治方面,要开出政道,以消解"朝代更替"、治乱相循的问题,并解决"君位继承"的问题,以及代表治权的"宰相地位"的问题。具体地说,就是要完成民主建国的大业。

2.要开出知识之学,以极成事功。外王事功,不只是英雄主义、事功主义的事功,亦不能停在圣君贤相的形态上。而应该真正"开物成务"、"利用厚生",进而"为生民立命,为万世开太平"。要想达成这个使命,除了要开出政道,另一方面还要开出知识之学,以建立纯知识的学理,同时亦要解决成就事物的具体知识和实用技术的问题。

总括地说,新外王的内容,一是国家政治法律——要求民主建国的完成。二是逻辑数学科学——开出知识之学,以真正做到开物成务,利济天下。(按:儒家的外王之学,不属于本书的范围,须别论。)

二 "理"之六义与有关宋明儒学立名定位的问题

通常称宋明六百年的儒学为"理学",这个"理"字当然有其实指,而不只是平常所谓义理、道理的意思。在先秦典籍中,从来没有以"理"的不同来划分学问的。到汉末魏初,刘劭撰《人物志》,才在《材理篇》中提出"道理"、"事理"、"义理"、"情理"的分别。照这四理之分,宋明儒所讲的应该是统摄"道理、义理"而为一的学问。道理,指儒家所讲的天道天命之理;义理,是自觉地作道德实践时所见到的内在的当然之理。但《人物志》的四理仍然不能尽这个"理"字的全部意义。唐君毅先生在《中国哲学原论》第一章导言中,曾经分理为六义:(1)文理之理,指先秦思想家所重的理,是人文、人伦之理。(2)名理之理,指魏晋玄学所重的理,是思想名言所显之理。(3)空理之理,指隋唐佛学所重的理,是由思想言说而超思想言说所显之理。(4)性理之理,指宋明理学所重之理。(5)事理之理,指王船山以至清儒所重之理。(6)物理之理,指现代中国受西方影响后所特为重视的理。——这个讲法,确能综括中国思想史中"理"字的全部意义。但若就学门的观点而论,"文理"的理嫌太通泛,很难归到某一个学门。所以牟宗三先生又重列如下:

1.名理——此属于逻辑,广之,亦可该括数学。

2.物理——此属于经验科学,自然的或社会的。

3.玄理——此属于道家。

4.空理——此属于佛家。

5.性理——此属于儒家。

6.事理(亦摄情理)——此属于政治哲学与历史哲学。

依照这个分法,3、4、5 三项是属于道德宗教的理,宋明儒所讲的乃是"性理之学"。(1)"性理"一词,并不意谓是属于性的理,而是"即性即理,性即是理"。但程伊川和朱子所说的"性即理也",却并不能概括"本心即性"的"性理"义。所以,与其称为"性理之学",又不如名之为"心性之学",或许更为恰当。(2)"心性"不是空谈的。人要自觉地作道德实践、过精神生活,便不能不正视心性。念兹在兹,时时讲习省察,不能说是空谈。虽或有人落于空谈,但鱼目不能混珠。空谈者自是空谈,不可因此而忽视心性之学的本质和价值。(3)心性之学亦就是"内圣之学"。内而在于自己、而自觉地作圣贤工夫(道德践履),以完成自己的德性人格,这就是所谓"内圣"。儒家之学,立己以立人、成己以成物,必然地要求由"内圣"通"外王"(外而达之天下,以行仁政王道)。所以"内圣外王"一语。最足以表征儒家的学问与心愿。但宋明儒所讲习的,着重在内圣一面,外王一面则没有积极的开发。所以牟先生常说宋明儒"内圣强而外王弱"。(4)内圣之学又可名之为"成德之教"。成德的最高目标,是"圣"、是"仁者"、是"大人"。而其真实的意义,是要在个人有限的生命中,获致无限而圆满的意义。这就是即道德即宗教的儒家之教。

儒家的"道德的宗教"既和以舍离为首要义的"灭度的宗教"(佛教)不同,也和以神为中心的"救赎的宗教"(耶教)不同。依照儒家的教义来说,道德即通无限。——道德行为虽有限,而道德行为所依据的实体、以成其为道德行为者,则无有限极。人随时体现这个实体以成其道德行为之"纯亦不已",便能在有限之中取得无限的意义,有限而无限,性命天道通而为一,这就是儒家的宗教境界。——尽心尽性以成德,这个以生命体现实体的成德过程,是无穷无尽的。要说不圆满,便永远不圆满,所以孔子从来不以圣与仁自居;但要说圆满,当体即是圆满,圣与仁亦随时可至,所以孔子又说"我欲仁斯仁至矣"。要说解脱,这就是解脱。要说得救,这就是得救。要说信仰,这就是信仰。(不是借祈祷以得救赎的外信外仰,而是内信内仰——依于道德心性本体以自主自律、自定方向,即是内信内仰。若偏就畏天命、遥契天道而言,似乎也有外仰的意味,实则,即心即性即天,通内外而为一,仍然是内仰而非外仰。)人自觉地作道德实践,本乎仁心善性以彻底清澈自己的生命,乃是一个无限的工夫过程,一切道德宗教的奥义都含在其中,一切关于内圣之学的义理亦全部由此展开。

这内圣成德之教,并不是宋明儒者的凭空新创,而是先秦儒家本有的弘规。宋明儒者所讲习的,便是顺着这个弘规而引申发挥、调适上遂。——(1)孔子不厌不倦,既仁且智。他虽不轻易以"仁"许人,但教人要做"仁者"。他践仁以知天,便正是这成德之教的弘规。《中庸》所谓"肫肫其仁,渊渊其渊,浩浩其天",亦是就这个弘规而言。对于圣人生命之"上达天德",这三句话正是最恰当的表示。(2)曾子守约、慎独,是真能自觉地作道德实践者。他说"士不可以不弘毅,任重而道远。仁以为己任,不亦重乎?死而后已,不亦远乎?"这是对成德之教的精神,最为相应的话。(3)孟子说"仁义礼智根于心",说"尽心知性知天;存心养性事天;夭寿不贰、修身以俟,所以立命",这就是成德之教的全部展开。所以象山说"夫子以仁发明斯道,其言浑无罅缝。孟子十字打开,更无隐遁"。所谓"十字打开",便是将成德之教的弘规,通过"心、性、天"而全部展开。(4)荀子亦说"学恶乎始,恶乎终?其数,则始乎诵经,终乎读礼。其义,则始乎为士,终乎为圣人"。荀子讲心性,虽与正宗儒家相异,但在"成德之教"上,则仍然不相外。(5)《易·乾·文言》云:"夫大人者,与天地合其德,与日月合其明,与四时合其序,与鬼神合其吉凶。先天而天弗违,后天而奉天时。天且弗违,而况于人乎?况于鬼神乎?"这就是成德之教的极致。——通观宋明儒者所讲习的义理纲维,实无人能违异这先秦儒家所本有的"成德之教"的弘规。

儒家的"成德之教"也可用今语而名之为"道德哲学",但却与西哲所谓道德哲学不很相同。兹先列一表,以便说明:

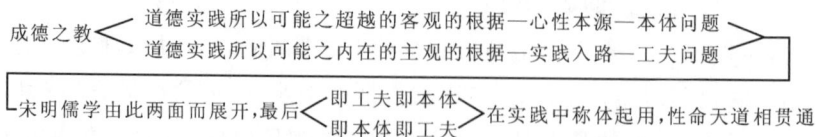

成德之教 < 道德实践所以可能之超越的客观的根据—心性本源—本体问题 > 道德实践所以可能之内在的主观的根据—实践入路—工夫问题 >

└宋明儒学由此两面而展开,最后 < 即工夫即本体 即本体即工夫 > 在实践中称体起用,性命天道相贯通

道德哲学是讨论道德的哲学,或者说是关于道德之哲学的讨论,所以亦可转语为"道德的哲学"。而就心性本体问题而言,这由"成德之教"而来的"道德的哲学",实相当于康德所讲的"道德的形上学"。但康德在《道德的形上学之基本原则》一书中,并没有涉及工夫问题。那是

因为西哲只把这套学问看做纯哲学的问题,而不知它同时亦是实践的问题。宋明儒者之学,如果当做"道德的哲学"来说,则必须兼顾本体和工夫两面,才算完备。而且,他们首先所注意的实是工夫问题,至于本体的问题,则是由于自觉地作道德实践、在反省中通澈而至的。在道德实践中既然有限即通无限(如上所说),则在本体一面所反省澈至的本体(本心性体),亦必然地须是:绝对而普遍。这亦就是"体物而不可遗"、"妙万物而为言"诸语的意指所在。在儒家,"仁心无外"与"天道无外"是同一的。所以,这个本体不但是道德实践的本体,同时亦必须是宇宙生化的本体,是一切存在的根据。而且,不但在"仁心无外"之理上是如此,由"肫肫其仁,渊渊其渊,浩浩其天"的圣证之示范上,亦可以验证它是如此。由于这一步澈至和验证,便决定了这"道德的哲学"函着一个"道德的形上学"。

"道德的形上学",意即由道德的进路来接近形上学,或者说形上学是由道德的进路来证成,所以它的重点在形上学;这和重点在道德、重在说明道德之先验本性的"道德的形上学"不同。依牟先生的分疏,康德建立起一个"道德的神学",而并没有提出"道德的形上学"这个名称。("道德的形上学",是相应儒家"道德的宗教"而成者。)但他由意志之自由自律来接近"物自身",并由美学判断来沟通道德界与自然界(存在界),这一套规划便是"道德的形上学"的内容。只是他没有充分作得成。因为:(1)意志之自由自律是道德所以可能的先天根据(本体),这并不错;但这个本体是否能达到"无外"的绝对的普遍性?康德没有明确的态度。(2)"物自身"这个概念是就一切存在而言,并不专限于人类或有理性的存在;但自由自律之意志是否能普遍地相应"物自身"这个概念?康德亦没有明确的态度。(3)以美学判断来沟通道德界与自然界,只是旁蹊曲径,而不是康庄大道;只能作辅助的指点,而不足以作担纲。所以两界合一的问题,康德并没有得到充分的解决。这本是依据道德实践中所验证的绝对普遍之实体而来的、称体起用的问题,康德却由辅助的指点着眼,所以不能得到充分的解决。总合这三点,便表示康德所规划的属于"道德的形上学"的一套并没有充分作得成。他只顺着西方的宗教传统而意识到一个"道德的神学",而并不能积极地意识到一个"道德的形上学"(虽然他已有这一套属于"道德的形上学"的规划)。如果这一套"道德的形上学"的规划能充分作得成,则"道德的神学"便融人这"道德的形上学"中,而失去独立的意义。(反之,如果要维持他的"道德的神学",则"道德的形上学"这一套规划便没有积极的意义。)——而宋明儒却是能将"道德的形上学"充分地作得出者。对宋明儒而言,这"道德的形上学",亦就是在"成德之教"下,相应其"道德的宗教"的"道德的神学"。在这"道德的形上学"之外,并没有另一套"道德的神学"之可言。所以,宋明儒者依据先秦儒家"成德之教"的弘规所弘扬的"心性之学",实已超过康德而比康德更圆熟。中国以往虽没有"道德的形上学"这个名称,但我们可以依借康德的"意志自由、物自身、道德界与自然界合一",而规定出一个"道德的形上学";并依此而说:宋明儒的"心性之学",若用今语而名之为"道德哲学",则其为"道德哲学"正函着一个"道德的形上学"之充分完成。这样,便可使得宋明儒者六百年来所讲的学问,在现代学术的用语上,有了一个更清楚而明确的定位。

三 宋明儒学与先秦儒家的异同问题

西方学者,一般称宋明儒学为"新儒学"。但宋明儒者却以为自己所讲的,全都是圣教本有之义,并不自认为是"新"儒学。民国以来,也不用"新儒学"之名,近十多年来才有人顺西方习惯加以沿用。"新儒学"之名自有它的新鲜恰当之处,加一"新"字以表示思想之发展,也可以避免就内容而起名所引起的麻烦。但新之所以为新究竟何在? 若只是因为时代而为新,便没有什么意义。若说是杂有佛老而为新,则是流俗浅妄之见。若说因为它与先秦儒家有距离,所以为新,则无论对这个距离如何讲法,都不免于空洞。依牟先生《心体与性体》书中之衡定,可以分为两方面加以说明。

(一)外部之新

1.先秦儒家齐头并立,《韩非子·显学篇》所谓"孔子死后,儒分为八"是也。韩非所举,多半已无文献可征。而《孟子》、《荀子》,以及不能确定作者的《中庸》、《易传》、《大学》,亦仍然齐头并立,只知他们同宗孔氏,而并没有一个传道的统系。——到宋明儒出来,便对能够前后呼应孔子生命智慧的那些先秦儒家,有了一个明确的认识,而确定曾子、子思、孟子以及《中庸》、《易传》、《大学》足以代表儒家之正宗,足以决定儒家教义的本质;而荀子与传经的子夏,不在其中。

2.西汉以传经为儒,这是从孔子绕出去,以古经典为标准,不以孔子生命智慧所开出的基本方向为标准。如此,孔子只成传经之媒介,圣王之骥尾。宋代以前,周孔并称,便表示这个意思。——宋以后,孔孟并称,便是以孔子为开山,为创教之主。揭示孔子的仁教,不再以王者的礼乐为儒家的本质;而直接以孔子为标准,直接就孔子生命智慧的方向以树立成德之教。(这是孔子传流——是"道之本统"的再开发。)

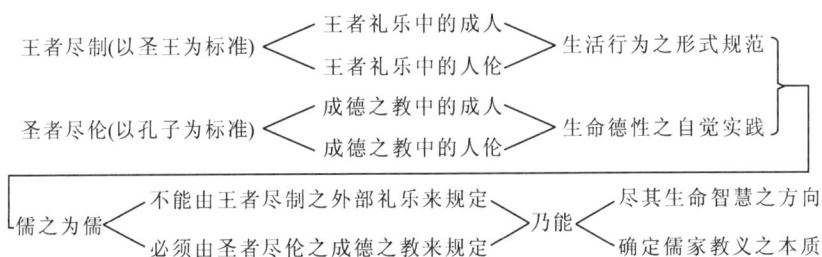

王者尽制(以圣王为标准) 〈 王者礼乐中的成人 / 王者礼乐中的人伦 〉生活行为之形式规范

圣者尽伦(以孔子为标准) 〈 成德之教中的成人 / 成德之教中的人伦 〉生命德性之自觉实践

儒之为儒 〈 不能由王者尽制之外部礼乐来规定 / 必须由圣者尽伦之成德之教来规定 〉乃能 〈 尽其生命智慧之方向 / 确定儒家教义之本质

(二)客观内容之新

外部之新,不涉及内容本质,所以宋明"新儒学"之新,还须从内容方面加以考察。内容之新,可有二义:(1)顺孔孟传统而引申发展,这是"调适上遂"之新。(2)对孔孟传统的基本义理有相当之转向(不是彻底转向),这是"歧出转向"之新。

1.孔子践仁以知天,但未明白表示仁与天合一或为一;宋明儒则认为仁与天的内容意义,到最后完全合一或根本就是一。(伊川、朱子稍有不同。)

2.孟子说尽心知性知天,心性是一,但未明白表示心性与天是一;宋明儒则认为心性天是一。(伊川、朱子亦有不同。)

3.《中庸》说"天命之谓性",只说到性是天之所命,但没有明白表示天所命于人之性的内容意义,同于那天命不已的实体;宋明儒则明白表示天道性命通而为一。

4.《易·乾·象》说"乾道变化,各正性命",字面上的意思只表示在乾道(天道)变化的过程中,各个体都能正定他的性命,但没有明白表示,这里所正之"性"就是乾道实体内在于各个体而为他的性,所定之

"命"就是这个实体所定的命;而宋明儒则明显地这样表示——由道体说性体,由天命说性命。

(3、4 两点,伊川、朱子亦无异辞,但对大命实体和性体的理解,却有不同。)

5.《大学》(1)说"明明德",但没有表示"明德"就是人的"心性",甚至根本不表示这个意思,而只是指说"光明之德";而宋明儒则一致认为"明德"是就因地上的"心性"说,不是就果地上的"德行"说。(2)又说"止于至善",这至善之道究竟往何处落,不易决定。伊川、朱子往"事理当然之极"处落,阳明、蕺山往心性处落,很难说何者合乎《大学》的原意。(3)又说"格物致知",伊川、朱子解"致知"为致吾心气之灵的知,"格物"为即物而穷其所以然之理,其说未必合乎《大学》原义。阳明解致知格物为"致良知之天理以正物",则只是《孟子》义的《大学》。刘蕺山的诚意教,亦只是《中庸》、《孟子》义的《大学》。——由于《大学》只举示一个实践的纲领,只说出一个当然,而没有说出其所以然。在内圣之学的义理方向上,它自身不能确定,所以后人得以填彩而有三套说法。

以上 1、2、3、4 四点,是由《论语》、《孟子》、《中庸》、《易传》推进一步,这步引申发展,是顺本有之义而推衍,所以这种"新"是"调适上遂"之新。第 5 点就《大学》所表示的新,阳明和蕺山的讲法虽不合《大学》原义,但如将《大学》纳于《论》、《孟》、《中庸》、《易传》的成德之教中,而提挈规范之,则阳明、蕺山的讲法亦并不影响先秦儒家的本质。而伊川、朱子的讲法,再加上他们对《论》、《孟》、《中庸》、《易传》的仁体、心体、性体乃至于道体的理解都有不同程度的偏差,结果只将重点落在《大学》,而以他们所理解的《大学》为定本,于是乎,对于先秦儒家的原义便有了义理之转向,而转成另一系统。这种"新",对于本质有影响,所以是"歧出转向"之新。——因此,宋明"新儒学"之所以为新,(1)若以《论》、《孟》、《中庸》、《易传》为主,则前一种"调适上遂"之新,本是可以允许的引申发展,和先秦儒家之间并没有本质上的差异,实在算不得是新。(2)后一种以《大学》为定本,而又对仁体、心体、性体、道体的理解有偏差,对先秦儒家的本质有影响,和先秦儒家之间也有距离,因而就有了新的意义,所以宋明"新儒学"的新,应落在伊川、朱子的系统上说。大体而论,宋明儒的大宗是前者,而伊川、朱子只能算是旁枝。一般以朱子为正宗,笼统地称之为程朱,其实只是伊川和朱子,明道并不在内。朱子能开新传统,当然很伟大。但他取得正宗的地位,实在只是别子为宗。[①] 所以牟先生分宋明儒学为三系,是恰当的。——北宋前三家:周濂溪、张横渠、程明道,同为一组,不分系。至程伊川而有义理之转向,南渡以后,分为三系:(1)胡五峰绍承明道(亦兼契周、张二人)而开湖湘之学,主先识仁之体,并彰显"尽心成性、以心著性"之义;至明末刘蕺山,时隔五百年而呼应五峰,亦盛发以心著性之义,是为五峰蕺山系。(2)朱子广泛地讲习北宋诸儒的文献,但他实只继承伊川一人,其义理纲维是性即理(只是理)、理气二分、心性情三分、静养动察、即物穷理,是为伊川朱子系。(3)陆象山直承孟子,言心即理,明代王阳明承之,倡致良知,陆王之学,只是一心之伸展、一心之朗现、一心之遍润,是为象山阳明系。

(录自蔡仁厚:《宋明理学·北宋篇》,台湾学生书局1984年版。)

---

① 请参见《宋明理学·北宋篇》第七章附论:"'性即理'的两个层次与朱子学之歧异"。

刘述先儒学学案

　　刘述先(1934—　　),笔名言衍。祖籍江西吉安,生于上海,现居台湾。现代新儒家代表人物之一。

　　刘述先 1949 年经广州到台湾,1951 年入台湾大学哲学系,师从方东美。1958 年,获台湾大学哲学硕士学位。1958—1964 年,历任台湾东海大学讲师、副教授。1964 年,赴美国南伊利诺大学;1966 年,获哲学博士学位。1966—1981 年,历任南伊利诺大学助理教授、副教授、教授。1981 年起,任教于香港中文大学哲学系。他是方东美去台以后培植的哲人,主要研究西洋哲学史、文化哲学、中国哲学,特别是宋明理学,与傅伟勋、成中英、孙智燊等有"方门四大弟子"之称。

　　就其儒学研究而言,由于其父亲刘静窗与熊十力关系甚密,所以刘述先亦颇受熊十力弟子唐君毅、牟宗三、徐复观等现代新儒家的影响。不过,他既不承认自己是现代新儒家,也不反对别人说他是。"重要的不是名词,而是实质。儒家的传统是,孔孟认为人有内在的泉源,进一步发挥为社会伦理的网络,这是儒家思想的精华。如果你认为这种思想是新儒家,那么我就是新儒家……我自己不反对被称为新儒家,但有许多想法与传统思想有极大距离。"他认为中国传统文化中的许多东西确实已不适用于今天的现实,但儒家却仍有其真精神在,并主张维持儒家的真精神,尽力阐述其现代意义。儒学最中心的本质就是"内在仁心的亲切体证","仁"即为普遍的同情心。根据朱熹以"生"释仁的思想,他把"仁"视为创造、刚健、不断开拓的精神力量。同时,他还认为儒家的生命哲学与生命情调,将在中国文化未来的发展中成为重要的支柱,甚至对于世界哲学也是如此。其主要著作有《文学欣赏的灵魂》、《语意学与真理》、《新时代哲学的信念与方法》、《文化哲学的试探》、《生命情调的抉择》、《中国哲学与现代化》、《马尔劳与中国》、《朱子哲学思想的发展与完成》、《文化与哲学的探索》、《黄宗羲心学的定位》、《中西哲学论文集》、《大陆与海外——传统的反省与转化》、《儒家思想与现代化》，编有《熊十力与刘静窗论学书简》、《儒家伦理研讨会论文集》等。

（法　帅）

论儒家"内圣外王"的理想

"内圣外王"一词最早见于《庄子·天下篇》,但它更适合于表达儒家的理想,《大学》所谓"三纲领"、"八条目"正是宣说这样的理想。《大学》开宗明义便说:

> 大学之道,在明明德,在亲民,在止于至善。知止而后有定,定而后能静,静而后能安,安而后能虑,虑而后能得。物有本末,事有终始,知所先后,则近道矣。古之欲明明德于天下者,先治其国。欲治其国者,先齐其家。欲齐其家者,先修其身。欲修其身者,先正其心。欲正其心者,先诚其意。欲诚其意者,先致其知。致知在格物。物格而后知至,知至而后意诚,意诚而后心正,心正而后身修,身修而后家齐,家齐而后国治,国治而后天下平。自天子至于庶人,壹是皆以修身为本。其本乱,而末治者,否矣。其所厚者薄,而其所薄者厚,未之有也。(第一章)

无论《大学》的年代是什么,儒者大概没有不同意这样的理想的。"明明德"、"亲民"、"止于至善"是所谓的三纲领。"明明德"的意思是要把自己内在所有的"明德"阐发出来,这是"内圣"的功夫。而"亲民",或依朱熹解作"新民",则是推己及人,这是外王的事业。"止于至善"讲的是理想的实现与完成。

"八条目"则是:格物、致知、诚意、正心、修身、齐家、治国、平天下。这八条目又可分为两类:前五项属内,后三项属外。换句话说,前面的五个条目的目的是教育个人做内圣的功夫,而后面的三个条目的目的是推己及人,成就外王的事业。这样的理想自不容易实现,但的确是历代儒者梦寐以求的希望和理想。本文所要做的是对儒者这样的理想作一番比较深入的分析,了解它的理据所在,指出它的缺点与限制,以为我们现代人作参考之用。

由《大学》看来,儒家的"内圣"、"外王"的理想是不能互相分割的。而《大学》既明言:自天子以至庶人,壹是皆以"修身"为本,那么内圣的功夫为本是毋庸置疑的了。由内圣以至于外王,这是儒家一贯的思想。这样的思想可以在孔子找到根源。

根据《论语》的记载,孔子说:"君子求诸己,小人求诸人。"(《卫灵公》)又说:"古之学者为己,今之学者为人。"(《宪问》)"古"表示孔子的理想,"为己"不是要人自私自利,而是要人修己,做一种身心自家受用的学问;"为人"则是以才智求见知于他人的学问,那是时流风尚,不是孔子所关心的学问。[①]

至于怎样做"为己之学"呢?孔子答颜渊问说:"克己复礼为仁。一日克己复礼,天下归仁焉。为仁由己,而由人乎哉?"(《颜渊》)克己的意思是要克胜自己的私欲,复礼表示礼有内在的根源。为仁必须由自己做起,和别人没有关系。但是仁心的遍布,却会造成最深远的影响。

"仁"无疑是孔子的终极关怀,他说:"君子去仁,恶乎成名?君子无终食之间违仁,造次必于是,颠沛必于是。"(《里仁》)孔子虽未明言他的一贯之道是什么,但曾子的解说:"夫子之道,忠恕而已矣!"(《里仁》)却可以提供给我们一些线索。朱熹对忠恕的解释是,尽己之心谓忠,推己及人之谓恕。由此可见,忠恕乃是一体之二面。尽量发展自己内在的仁心就是忠,而把仁心推广到众人便是恕。朱熹这样的解释并不是随意的。孔子说:"夫仁者,己欲立而立人,己欲达而达人。能近取譬,可谓仁之方也已。"(《雍也》)所表达的正是相同的思想。

而仁的充分实现便是圣的境界。"子路问君子。子曰:'修己以敬。'曰:'如斯而已乎?'曰:'修己以安人。'曰:'如斯而已乎?'曰:'修己以安百姓,尧舜其犹病诸。'"(《宪问》)这一段对话和另一段对话放在一起看,效果就非常清楚明白了。"子贡曰:'如有博施于民,而能济众,如

---

① 徐复观先生在 1982 年逝世之前几个月曾对我说:他最近才真正体悟到,孔学的精粹在于"为己之学"。他写的最后一篇学术论文:《程朱异同》,以"为己之学"贯通孔、孟、程、朱、陆、王,见所著《中国思想史论集续篇》,"自序",第 2 页;《程朱异同》,第 569—611 页,特别是第 570—578 页。

何？可谓仁乎?'子曰:'何事于仁？必也圣乎! 尧舜其犹病诸。'"(《雍也》)这句话的下面紧接着便是孔子谓"己立立人、己达达人"以指点仁之方的述语。[①] 就客观来说,仁与圣的完成都是难以企及的境界,故孔子说,"若圣与仁则吾岂敢?"(《述而》)但就主观来说,既做修养工夫,不可能没有效验,所以孔子又说:"仁远乎哉？我欲仁,斯仁至矣。"(《述而》)古典中国式的表达不可以过分拘执来看,否则就会感到矛盾百出,难以自圆其说了。

对于孔子来说,政治乃是道德的延长,所以他反对用严刑酷法,而主张德治礼教。他说:"道之以政,齐之以刑,民免而无耻;道之以德,齐之以礼,有耻且格。"(《为政》)又答季康子问政曰:"子为政,焉用杀? 子欲善,而民善矣。君子之德风,小人之德草,草上之风必偃。"(《颜渊》)身教的结果是,"近者悦,远者来"(《子路》)。故孔子说:"为政以德,譬如北辰,居其所,而众星共之。"(《为政》)我曾经戏称这是一种"吸引的政治"(politics of attraction)。而儒家最高的政治理想乃是"无为而治",但含义与道家思想不同,儒家认为必须教化到了一个地步,才能够产生这样的结果。照孔子的说法:"无为而治者,其舜也与! 夫何为哉?恭己正南面而已矣。"(《卫灵公》)

照以上的分析,孔子虽然没有用内圣外王的词语,但的确有这样的理想。"修己"是起点,做的是"内圣"的功夫,"安百姓"是理想的实现,完成的是"外王"的事业。"己立立人,己达达人",由内而外,本末先后,孔子的思想有一定的次第。《大学》所发挥的正是孔子内圣外王的思想。[②]

但孔子的思想虽然建立了一个基本的规模,睿识的扩展与细节的繁演还有待后儒的努力。譬如说,孔子极少谈心性问题,他比较喜欢由具体的情况指点德行的学习与培养。他显然肯定人具有巨大的潜能。

---

① 陈弱水君对"仁"与"圣"的区别有一些敏锐的观察,见所著:《内圣外王观念的原始纠结与儒家政治思想的根本疑难》,《史学评论》第三期,第 88—90 页。

② 美国哲学家芬格雷(Herbett Fingarette)释孔子完全着重在礼的神奇效验的方面,根本否认孔子有"内"的一面,认为孟子才转向主观的侧重。这是一种误释。我认为《孟子》、《学》、《庸》乃是对孔子思想的进一步发挥,基本睿识上并无互相刺谬处。其说见所著:*Confucius: The Secular as Sacred*, New York: Harper & Row,1972.

"践仁以知天",这是他所开出的思路。孔子之后,对儒家思想最有创发的是孟子。孟子的贡献在,他明白提出性善的思想,而且指出了具体的方法来扩展人性中所含的善端。依孟子,人人都有所谓的恻隐之心、羞恶之心、辞让之心、是非之心,"凡有四端于我者,知皆扩而充之矣,若火之始然,泉之始达。苟能充之,足以保四海;苟不充之,不足以事父母"(《公孙丑上》)。

孟子思想的基本规模是:"仁义内在,性由心显",所以他特别注重心的问题。孟子明白宣称:"学问之道无他,求其放心而已矣。"(《告子上》)他引孔子的话来说明心的相状:"孔子曰:'操则存,舍则亡;出入无时,莫知其乡。'惟心之谓与!"(《告子上》)但是经过训练,却可以达到"不动心"的境界(《公孙丑上》)。但是不动心可以有不同的型态,孟子所要的不动心,必须止于理义之上。他说:"心之所同然者,何也?谓理也,义也。圣人先得我心之所同然耳。故理义之悦我心,犹刍豢之悦我口。"(《告子上》)

现实上的人自可以为不善,故有大人、小人之别。孟子曰:"从其大体为大人,从其小体为小人。"又曰:"耳目之官不思,而蔽于物;物交物,则引之而已矣。心之官则思,思则得之,不思则不得也。此天之所与我者。先立其大者,则其小者不能夺也:此为大人而已矣。"(《告子上》)

孟子的思想有深刻的宗教哲学的意涵。[①] 他说:"尽其心者,知其性也;知其性,则知天矣。存其心,养其性,所以事天也。夭寿不贰,修身以俟之,所以立命也。"(《尽心上》)尽心知性自然便知天,故天人不隔。超越与内在两方面互相穿透,这是中国特殊型态的人文主义思想,天的超越要通过人的内在来实现。其实孔子已开启了这样的思路,他说:"人能弘道,非道弘人。"(《卫灵公》)孟子则更进一步发挥,他说:"万物皆备于我矣。反身而诚,乐莫大焉。"又说:"形色,天性也。惟圣人然后可以践形。"(《尽心上》)由此可见,圣人的境界也与众人不隔,他只是能把性分之中所有的充分发挥出来,乃与众人完全不同了。

和孔子一样,孟子也认为政治是道德的延长。他说:"人皆有不忍

---

① 关于儒家宗教哲学的意涵,参见拙著《儒家宗教哲学的现代意义》一文,见《生命情调的抉择》,台北,志文 1974 年版,第 46—63 页。此书新版于 1985 年,由台北学生书局印行。

人之心。先王有不忍人之心,斯有不忍人之政矣。以不忍人之心,行不忍人之政,治天下可运之掌上。"(《公孙丑上》)但孟子更注意经济实际的条件。他说:"民之为道也,有恒产者有恒心,无恒产者无恒心;苟无恒心,放僻邪侈,无不为已。及陷于罪,然后从而刑之,是罔民也。焉有仁人在位,罔民而可为也?"(《滕文公上》)无恒产而有恒心,惟士为能。以先知觉后知,士的责任极为重大。故曾子曰:"士不可以不弘毅,任重而道远,仁以为己任,不亦重乎! 死而后已,不亦远乎!"(《论语·泰伯》)孟子也说:"故天将降大任于斯人也,必先苦其心志,劳其筋骨,饿其体肤,空乏其身,行拂乱其所为;所以动心忍性,增益其所不能。"(《告子下》)

《中庸》的思想与孟子是完全一致的。《中庸》开宗明义便说:"天命之谓性,率性之谓道,修道之谓教。道也者,不可须臾离也;可离,非道也。是故君子戒慎其所不睹,恐惧乎其所不闻。莫见乎隐,莫显乎微,故君子慎其独也。喜怒哀乐之未发,谓之中;发而皆中节,谓之和。中也者,天下之大本也;和也者,天下之达道也。致中和,天地位焉,万物育焉。"(第一章)

《中庸》并进一步发挥了诚的思想。"诚者,天之道也;诚之者,人之道也。"(第二十章)"唯天下至诚,为能尽其性;能尽其性,则能尽人之性;能尽人之性,则能尽物之性;能尽物之性,则可以赞天地之化育;可以赞天地之化育,则可以与天地参矣。"(第二十二章)

《大学》的思想有谓是荀学。但《大学》讲明明德、亲民,分明是道性善,看不到思想上根本的分歧,我们似无须作没有必要的分疏。此外《易传》中也有许多若合符节的表达,此处不繁再引。

内圣外王的理想在孔孟已确立了思想的规模。陆象山说:"夫子以仁发明斯道,其言浑无罅缝。孟子十字打开,更无隐遁。盖时不同也。"(《全集》卷三十四)汉武用董仲舒之策,"罢黜百家,独崇儒术"。但宋儒不许汉学,正因为它脱略了"为己之学"的线索。宋儒受到道佛思想的刺激,在内圣之学有了新的阐发,外王之学则一仍其旧。程伊川撰《明道先生行状》,谓其兄:"求道之志未至其要,泛滥于诸家,出入于老释者几十年,返求诸六经而后得之……谓孟子没而圣学不传,以兴斯文为己任。"朱熹继承二程,建立道统。在《中庸章句序》之中,他说:

> 道统之传有自来矣。其见于经，则"允执厥中"者，尧之所以授舜也。"人心惟危，道心惟微，惟精惟一，允执厥中"者，舜之所以授禹也……自是以来，圣圣相承，若成汤、文、武之为君，皋陶、伊、傅、周、召之为臣，既皆以此而接夫道统之传。若吾夫子则虽不得其位，而所以继往圣开来学，其功反有贤于尧舜者。然当是时，见而知之者，惟颜氏、曾氏之传得其宗。及曾子之再传，而复得夫子之孙子思……又再传以得孟氏……及其没而遂失其传焉……故程夫子兄弟者出，得有所考，以续夫千载不传之绪。（《文集》卷六十六）

朱子建立道统的文献根据，所谓十六字心传"人心惟危，道心惟微，惟精惟一，允执厥中"出自古文《尚书·大禹谟》，据学者的研究，可能是伪造的文献。但自孔孟以来，"为己之学"确以"制心"为第一要务。宋明儒学，无论程朱陆王，莫不以此为旨要。明儒王阳明恢复《大学》古本，其所著《大学问》曰：

> 大人者，以天地万物为一体者也。其视天下犹一家，中国犹一人焉……大人之能以天地万物为一体，非意之也，其心之仁本若是。

其释"明德"曰：

> 是其一体之仁也，对小人之心亦必有之，是乃根于天命之性而自然灵昭不昧者也，是故谓之明德。

明德须在去私欲处显现：

> 是故苟无私欲之蔽，则虽小人之心，而其一体之仁犹大人也；一有私欲之蔽，则虽大人之心，而其分隔隘陋犹小人矣。故夫为大人之学者，亦惟去其私欲之蔽以自明其明德，复其天地万物一体之本然而已耳，非能于本体之外而有所增益之也。

"明明德"与"亲民"，乃是体用的关系：

> 明明德者，立其天地万物一体之体也；亲民者，达其万物

> 一体之用也;故明明德必在于亲民,而亲民乃所以明其明
>
> 德也。

王阳明阐发传统儒家内圣外王的理想可谓到达了一个高峰。但宋明儒学到了清初却受到顿挫。戴震已没法把握心性之学的要领而脱略了开去,后世清儒更是尽驱于考据之林:考据本身虽无过,然而过分偏重考据,却妨害了思想上的创发性。由戴震的反对"以理杀人"开始,到了"五四"时代的"打倒孔家店",以至于"文革"的"批林批孔",都只看到儒学末流外在的流弊,而看不到儒学内在的真精神。只有通过当代新儒家的反省,才使我们对于问题又重新有了新的理解和看法。

"为己之学"是传统儒家思想的精粹。由儒家的观点看,每一个生命都有内在本具的价值,都有发展体现自己德性的可能性。无论出身哪一个阶级,"自天子以至于庶人,壹是皆以修身为本"。而修身乃是为己,不是为人。人的贫富寿夭,不是我们可以完全控制的因素,但道德功夫却是人人都可以做;孔子的理想是要做到所谓"贫而乐,富而好礼"的境界。孔子并不特别轻视富贵。他说:"富而可求也,虽执鞭之士,吾亦为之;如不可求,从吾所好。"(《述而》)可见富贵并不是他所追求的终极目标。孔子乃是礼乐的专家,但他却说:"人而不仁,如礼何? 人而不仁,如乐何?"(《八佾》)由此可见,礼乐是以内在的仁心为根本。《论语》记载林放问礼之本,孔子的答复是:"礼,与其奢也,宁俭;丧,与其易也,宁戚。"(《八佾》)礼是外在的表现,必须恰如其分;做丧事最重要的还在内心的哀戚,那才是仁心的流露。对孔子来说,外在道德的品目如礼仪节文之类,必有内在仁心的根源;而人之要作道德修养的功夫,完全是因为人自己的内心有这样的要求。当然,仁心的表露必依附于社会的网络,此所以"君君、臣臣、父父、子子";对于君父,对于天的崇敬,都是出于同一根源。如此则社会的制度并不全是约定俗成,实有一自然的基础。

试问孔子这一套对我们今日人还有没有意义呢? 我们的答复不能不有一定的分疏。盖"理一而分殊",孔子所教所依附的社会网络,到现在已明显地过时了:今日既已无君可忠,君臣关系自谈不上天经地义了。但亲人逝世心中的哀戚是否也不再适用于现代人呢? 可见孔子的

思想中,有与时推移的成分,也有万古常新的成分,我们必须加以仔细的甄别。孔子既被誉为"圣之时者",想必他会赞许我们对他的思想作有弹性的解释吧!孟子讲出恻隐之心,今日伊西俄比亚的饥民濒临死亡边缘,现在荧光幕前,难道现代人可以无动于衷,不需要将仁心扩充到事事物物么?

对于后儒的贡献,我们可以用同样的方式处理。譬如陆象山继承孟子主张"为学先立其大",这是有必要的。我们今日知道,无论用什么方法——包括经验归纳、科学方法在内——也不能证明人生有内在本具价值,或者说明人为什么一定要根据道德原则行事。除非人能够真正体证到自己内在的泉源,一切其他都是肤浅次要的。不违背社会的规范只不过是"依仿假借"而已,不是真正的道德。陆象山在这方面有极深刻的体验。今天我们要自觉地建立自律道德,还是没法离开这一方式。

但树立了我们的终极关怀,并不表示我们就不会遭逢许多具体的困难的问题。在这方面,朱熹的渐进的方式可以给我们重大的启发。朱熹要我们不断"格物致知",今日格一物,明日格一物,也就是采取一种"事上磨练"的方式,久而久之,才可以到达一种"豁然贯通"的境界。朱熹对于最后的睿识似有一间未达,但是他的为学有艰难感,步步警惕,层层提升,对我们常人最有提撕的功效。所以他的学问在七百年间成为主流,决不是一个偶然的现象。[①]

我们在今日要体证人生的内在本具价值,要建立超越的道德原则,要在现实人生有所践履,传统儒家的内圣之学就不会丧失它的意义。但传统儒家思想也有其缺点与局限,不能不加以明白的分疏与批判。

就孔孟的原义来看,套在具体的社会网络来看,君君、臣臣、父父、子子,乃是一种互相对待的关系。孟子对武王伐纣的评论是:"闻诛一夫纣矣,未闻弑君也。"(《梁惠王下》)但是这种对待的思想到汉代以后却不断减弱而消失了。天尊地卑,君臣之义被了解成为一种绝对的东西。董仲舒谓"天不变,道亦不变";班固更巩固了纲常的思想,以后乃发生思想上的禁锢作用。但儒家的思想不必一定如此,由《礼运》大同

---

① 有关朱陆异同的内部问题复杂异常。读者有进一步探察的兴趣,请参见拙著《朱子哲学思想的发展与完成》,第427—482页。

的思想,也可以转接上现代民主、法治的理想。当然由历史的观点着眼,纲常思想的提出有它一定的理由,在当时未尝不曾发生一些积极正面的作用与影响,只是把这一类相对的东西误释成为绝对的东西,这是汉以后的儒家走上的错误的方向,一直要到西学东渐之后,才看得出这样的思想的根本错误所在。

传统儒家的另一个严重的问题是,过分强调道德伦理的单向发展,以至压抑了其他方向发展的可能性。中国未能发展出希腊式的纯理的思想,也没有开出近代欧洲式的工业技术的革命、民主法治的架构、文学艺术的充分自由的表达,不免受到现代人的诟病。但在孔子本人,他说:"志于道,据于德,依于仁,游于艺。"(《述而》)还不至于收缩到一种偏枯的境地。但中国的儒家传统确有过分偏重道德之嫌。事实上道德的完人只是一种可能发展的方向而已!我们对于有高度修养的道德人、宗教人有着最高的崇敬,但却不必勉强人人走上同一样的途径,我们也需要成就科学家、艺术家乃至企业家的型态。故此我们对于道德只能有一种低限度的要求:人人都得有某一种的道德操守;但却不能有一种高限度的要求:人人都要成圣成贤,或者成仙成佛。过高的理想无法实现反而造成了伪善的反效果;也正是由于这样的反激,现代人反对不近情理的僵固的传统,却不了解,追溯回传统的源头应该是一颗新鲜活泼的仁心,现代人却连这也一并否认了,岂非因噎废食,造成了极不良的后果。

现代人对传统儒家最不能满意的乃是"内圣外王"的关连性。[①]照《大学》的铺陈,"内圣"似乎是"外王"的既必要而又充分的条件。但由现代人的观点看来,"内圣"既不是"外王"的必要条件,也不是它的充分条件。传统的说法只在一纯乌托邦的构想下才有其立脚点,也就是说,只有在一个绝对理想的社会中,人人都成为君子,《大学》所描写的那种境界才有可能充分完成实现。但我们生活在一个现实世界之中,即使是孔子所梦想的尧舜世界,也还够不上这样的理想世界。事实上孔子本人十分明白现实世界的实际情况,所以他才会慨叹,"天下之无道者久矣",而

---

① 陈弱水君前揭文对于传统的内圣外王理想有十分锐利的批评,见第 10—16 页。但"内圣"、"外王"如何分别加以定位,陈弱水君虽然做了一些方向的暗示,但还未能进一步审查其理论效果。本文提出了许多观察与问题,希望学者能够对之作更深一层的省察。

要"知其不可而为之"。也就是说,他清楚地体认到理想与现实之间的巨大差距。这种差距也同样清楚地为孟子以及后世历代儒者所肯认。

如果我们把"外王"当作政治之事,那么照现代人的看法,政治自有其规律,不可与道德伦理的问题混为一谈。吊诡的是,正是要在相当黑暗的现实条件之下,人们要拼死奋斗,争取自己的权利,这才得引致一个比较合理的多元、民主、法治、讲究保障人权的现实社会秩序之产生。在传统儒家那种过分偏重"内圣"、讲究"责任伦理"的规模之下,这样的社会秩序反倒开展不出来。由此可见,道德伦理问题的解决,与政治经济一类实际问题的解决,并没有必然的关联性。当然,政治后面不是完全缺乏道德伦理的基础,但只能是低限度的道德伦理的要求,不可以太过唱高调,否则一定会产生反效果。

由这样的角度来看,现代的发展的确突破了传统儒家思想的窠臼,此处必须与时推移,万不可以抱残守缺。借牟宗三先生的说法,传统中国文化生命偏于理性之"运用表现"与"内容表现",而要转出政道,开济事功,成立科学知识,则必须转出理性之"架构表现"与"外延表现"①。我自己也曾指出,中国传统只开出了"民本"的思想,未曾开出西方现代式的"民主"思想,这方面的转关所遭逢的困难几如脱胎换骨。② 但现在的发展虽突破了传统的故域,却并不一定违反儒家哲学的精神。譬如,《中庸》说:

> 其次致曲,曲能有诚;诚则形,形则著,著则明,明则动,动
> 则变,变则化;唯天下至诚为能化。(第二十三章)

传统内圣外王理想的表达太过直截,结果沦为乌托邦的梦想,不切实际。第一序"至诚"的理想既难以实现,故此在传统的再解释上,我们不妨退一步,注重第二序的"致曲"观念的拓展,才可以接上现代化的潮流。文化的多样性的表现,必须通过曲折的方式始能得到充量的发展。"和而不同",乃是文化哲学的最高理念。而文化之间的会通在其"真实

---

① 参见牟宗三:《政道与治道》(台北学生书局)。

② 《从民本到民主》,该文宣读于"近代中国的变迁与发展:人文及社会科学的探索"的会议(1982.7)中,论文集由时报出版公司出版。这篇论文也收在拙著《文化与哲学的探索》(台北学生书局)之内。

无妄",仍然是"诚"的表现,这是文化发展的道德基础。诚的形著,不只表现在狭义的伦理道德之上,也表现在科学技术、政治经济、文学艺术之间,各有其自身的规律,不可以勉强加以比同。理想的境界是像华严的帝光珠网,各呈异彩,互相辉映,交参自在,无障无碍。

但现实的世界每多扞格,这里只能够凭借智慧的眼光,加以适当的抉择。譬如中国的文化喜欢讲"生生而和谐",然因致曲不足,以至文化生命的发展在现代受到顿挫,不免陷于矛盾冲突、卤莽灭裂的境地。无可否认,西方文化在现代系居于主导的地位,东方的文化必须在本位上扩大,来消融西方文化的成就,逐步走上现代化的道路。

反观现代西方文化,也遭逢到种种的困难与问题。光是 20 世纪,便已经历过两次大战,危机时代的呼声几乎不绝于耳,也自不能不促使我们对之加以深切的反省。我们暂时把问题收缩在伦理学的范围以内。英美的显学,譬如逻辑实证论者(Logical Positivists)倡伦理的情绪主义,如此理情乖离,道德伦理缺乏客观的基础,不能给人以满意的解答。日常语言分析(Ordinary Language Analysis)则醉心于后设伦理学的探究,学者不断聚讼有关伦理语言的性质,对于伦理学本身的问题反而弃之不顾,不能给人以有意义的启发。晚近哈佛的伦理学者洛尔斯(John Rawls)重新努力,回到伦理学本身问题的反省。但他的中心问题集中在有关"公正"(Justice)的讨论:如何解决人与人之间利益的矛盾冲突、合理分配的问题。这些潮流完全忽视了儒家伦理的内圣之学。然而人生有发展的过程,有理想的抱负,自然人之必须"变化气质",毕竟是个不可忽视的问题。伦理学的内容竟然缺少了"为己之学"的反省,几乎等如"哈姆雷特"剧中缺少了哈姆雷特。欧陆的存在主义如萨特的学说也不能在这方面给予人以适当的指引,由此而可以看到当代西方伦理学说的偏颇与缺陷。由儒家传统的反省可以引导我们看到传统与现代、东方与西方各自的得失,这乃是我们在今日可以领取到的最重大的教训。

(录自刘述先编:《儒家伦理研讨会论文集》,新加坡东亚研究所1987 年版。)

儒家思想的现代化①

问题一：您在许多文章中，都普遍流露一个信念，——儒家的生命哲学与生命情调，是一种真正开敞的生命观，而且从长远的眼光看来，它将在中国文化的发展上成为一个重要的支柱，在世界的哲学领域里亦然，您是否可就此作进一步的阐释。

答：要答复这个问题，首先要通过负面的角度来考虑。我感觉到，在这个问题后面似乎隐含着一种怀疑的态度，而在今日持有这样的态度，乃是一种十分合理的现象。儒家的盛世既逝，从"五四"以来的流行观点看来，儒家所代表的是一种最保守的倾向，表现一种极其闭锁的心灵，怎么可以和真正开敞的生命观拉得上关系？而且儒家所卫护的价值，不只在大陆上而且在台湾这种日益商业化的社会也冲淡到了若有若无的地步，这样还要奢言对世界的影响，岂非痴人说梦！无怪乎在一次国际会议中，一位来自以色列的哲学家听说我的一项中心兴趣在新儒家哲学，竟对我说，你真是一个中国人，才会对这样的东西有兴趣。故所以在今日要谈对儒家的生命哲学的信念，当然是必须要好好作一番解释了。

首先我们必须划分开理想与现实的层面。虽然我个人一贯护持儒家的理想，但我从来不否认，传统的典章制度已经不适用于今日的现实；儒者末流的抱残守缺的态度更是阻挠时代进步的因素；小传统中存留下来的那些东西也是善恶混杂，得失互见；有些旧习是我们必须尽量扫除还来不及的东西，岂会出死力去卫护它们！儒家最大的敌人并不来自外方；只要内在的精神把握得住，就算历经险阻，终必可以克服困

---

① 此文为刘述先与《中国时报》的笔谈。——编者注

难，与时推移，日新月异。但《红楼梦》里有一句话说得好：物必自腐，而后虫生。其实孔孟本人已经有了先见，所以说，德之贼乡愿。凡是只守着儒家的外在躯壳而罔顾其内在真正的精神的，就是儒家的罪人。存在主义的先驱祁克果曾说：最难成为一个真正的基督徒的就是(一般的)基督徒。这真是一针见血之论。否则如果中国确如一些西方汉学家所谓的"儒教之国"，为什么历代有识见、有担当的真儒还每每在慨叹吾道日孤，难道是吃饱饭没事做在无病呻吟？孔孟在有生之时未能见用，程朱之学甚至被诬为伪学，真正的儒者从不赞成盲从权威，替现实政治权力托大脚。儒家自有其局限性，绝对不是不可以批评，但也不免冤枉地背上好多不必要的恶名。"五四"时反科举，殊不知宋明儒早就在反科举；"五四"时又反吃人的礼教，但真正儒家的理想是发乎情、止乎礼；孔子说："礼后乎！"孟子则由不忍人之心做起点，感情自然流出，绝对不是要用一些外在人为的枷锁来剥夺人的幸福与尊严。一个传统久了，理想和现实纠缠在一起，有沉淀下来的渣滓，也有不可磨灭的精神，这里要有抉择的眼光与手段才行，否则就会迷于一些外表的现象，难中綮要。

由此可见，要把握儒家的真精神，必须凭借内在中心的体验以及高度善巧的解释学的技巧。纯粹由外部的观点来着眼，自决不可能有定论。据说孔子死后，儒分为八，如今已不能尽考；就大流来说，先秦儒已有孟荀的分别，后世又有汉宋的对立，程朱陆王的争辩，莫衷一是，更何况其间还掺杂着俗儒欺世盗名、鱼目混珠的伎俩。在这里我们必须有截断众流的手段，弱水三千，我只取一瓢饮，智珠在握，才可以用来裁断是非，品评高下。

就我个人的体验来说，儒学最中心的本质不外乎内在仁心的亲切体证，由这里推扩出去，乃可以体现到天道的生生不已、神化不测。有了这样的体验，自然而然可以感觉到此生无憾，吾道自足。张载所谓"存吾顺事，没吾宁也"，洵非虚语。宋明儒之谈心性，最容易被人误会成为玄谈。但是中国哲学的根源从来不像希腊哲学那样驰骋玄想，游心于高远清凉的永恒理念世界之内。切问而近思，下学而上达，儒家的传统是由自己的方寸之地做起。孔子首先标举出仁，以最亲切具体的方式指点行仁之方。孔子本人不太谈心性与天道，但这些思想的种子却已隐含在他的思想之中。曾子释一贯之道为忠恕,朱子解忠为尽己,恕为推己,应该不会距离孔子的意思太远,而孔子倡无言之教,对于刚健流行的天道已有深刻的体察。到了孟子十字打开,更无隐遁。尽心、知性、知天,为我们指点了一条由人道以体现天道的明白途径。《学》、《庸》、《易传》的作者虽不必尽考,但这些典籍应是儒门后学的作品,似无多大疑问。《大学》由修身讲起,以至于齐家、治国、平天下。《中庸》讲天命之谓性,建立诚的天道观。《易传》讲一阴一阳之谓道,继之者善也,成之者性也。宋儒更进一步把这些思想的线索串连了起来,建立了内圣之学的规模,又由仁心之无外,不断推扩出去,终必体现万物一体的境界。这样由内圣的践履工夫,建立的生生而和谐的天道观,决不是由理论玄想通过外在构画建立的宇宙观。一旦每个人能找到自己内心的泉源,自然当下即是,不假外求,吾道自足,何等穷索。人能体现自己生命内在本具的价值,自强不息,不断创造更丰富的价值,这当然是一种真正开敞的生命观,与抱残守缺的闭锁心灵,相去何止天渊。只要在这里把握得牢、体验得真,又何惧虚无主义的侵袭。这真是我国文化历代传留下来的瑰宝,岂可听其失坠? 亲亲、仁民、爱物,这是儒家的怀抱。生生、和谐,这是儒家的理想。人世现实的情况可以改变,典章制度可以改变,但这样的精神理想是不可以磨灭的,不因时代、地域的不同而有所改变,这乃是我们信念之所系。

由此可见,我们有信念,是因为儒家对于生命内在的追求有完满的解答;我们有信念,是因为儒家的思想把握到生命的最基础的真实,不可能彻底加以铲除。

但现实的历史的轨迹是不可测的,正确的理性的成分常常被压抑。人世间的残暴是无限量的,一个黑暗时代可以绵延到数百年乃至一千年之久。我的信念并不在于散布虚假而美丽的谎言。"求仁得仁,亦何怨焉",我们依照着道理去奋斗,并不能够预料结果的成败,但是在奋斗的过程中我们已经完成了自己,这才是儒家的真正信念之所在。

问题二:三十年来,自由的中国人对于中国文化,逐渐摆脱了"五四"时代全盘式反传统的观点,而开始反省与寻思中国文化传统的价值及其现代意义,其中有一种见解,认为中国文化最可贵的价值是人文精神,而且认为在解决当前中国的苦难中,这种精神将是我们导引的力量和奋斗的目标,您是否可就此提出一些看法。

答:中国文化最可贵的价值是人文精神,这一个论点是十分正确的,但人文精神的概念却必须作进一步的分疏,否则就不能掌握到它真正的含义。

在西方,人文主义每每与超自然主义相对。这是因为基督教的关系,经过了中世纪长时期的神权统治,到了文艺复兴以后,始重新唤醒希腊的人文主义,并有了进一步的发展。由启蒙时代以来,人文主义的观念就往往与无神论相连。尤其到尼采提出超人的理想,宣称上帝死亡之后,这种倾向就变得更为明显。存在主义哲学家萨特,可以说是现代西方人文主义思想的一个重要代表。萨特写《存在主义即人文主义》的著名论文,说明他的思想的起点即是上帝之死亡。依他的说法,上帝之死亡,对于当代的无神论者来说,决不是一件无关紧要的事。从一个历史的观点着眼,现代人突然失去了上帝的卵翼,立刻落入了一种紧张焦虑的状态之内。既没有上帝造人,规定人的本质,也没有一定的道路可以遵循,人被投掷在这个世界之内,一无依傍,惟一可以凭借的就是他自己,他有着充分的自由来塑造自己的生命。但不幸的是,有自由就有责任,所以有些人就自己骗自己,硬说自己不是自由的,把责任推到教会、社会、制度身上。但这种自欺是无用的,人终必须要担负起自己的责任,无所逃于天地之间,也必须接受与生俱来的存有的焦虑与孤独感。而人的意识最主要的功能是在否定。它既在主客之间打破了一个裂口,就永远无法重新会合起来,找到自我的实现与完成。人只有以勇气来接受这样的命运,不断挣扎奋斗,至死方休,这就是人的情状。很明显的,这样的人文主义决不是我们中国传统服膺的人文主义。现代西方人对超世的宗教理想绝望之后,最中心的体验是人生的荒谬,法国文学由马尔劳到卡缪所表现得淋漓尽致的都是这方面的感受。但当代中国新儒家的思想则还是在讲生生、讲和谐,难怪会给人一种不食人间烟火的感觉,以至在开国际哲学会时,乃有一边在讲"上穷碧落下黄泉",另一边在讲"两处茫茫都不见",两方面几乎完全接不上头的尴尬局面。

其实中国思想决不忽视现实中不如意的情况。现实的人生不理想,所以才必须做修养工夫来变化气质。只有意识提升到一个新层面,才可能与儒家生生而和谐的世界观相应。道家讲自然,佛家像华严宗讲理事无碍、事事无碍法界观,也必须以意识的提升为先决条件。这是中土三教的共同信念,只是各自体现的境界有所不同而已。现象的存有论认为焦虑不只是人的主观心理状态,而是人的存在模式,这是不错的。但他们忽视了,人可以相应于不同的存在模式。不错,人是一走向死亡的存有,但明白地意识到这一件事实,也可以引生出死生一如的体验,焦虑并不一定是必然的结果。中国人的人文主义,也由有限的人存在开始,但有限而通于无限,天人合一,不像现代西方寡头的人文主义,有一种被遗弃的畸零的感受,流露出一种与命运挑战的无望的英雄主义的情调。儒家对生命现实的体验,也有和存在主义极相近的一面;罗近溪所谓真正仲尼临终不免叹一口气。但是四围的黑暗,并不能阻挡人的内在生生不已的体验,仁心的充扩没有封限,乃终于体证到以天地万物为一体的境界。阳明真正体验到《大学》的精神,正是在他现实生命最黑暗的当儿,这不是光景的玩弄,更不是专为有产有闲阶级的一种心理上的安慰。必须在这种关节性的地方,有最真切的体验,到达不动心的境界,此生自然可以无憾,所彰显的是一种平和无对的境界;而德不孤,必有邻,尚友千古,与道合妙,怎会像现代人一样,陷落在一种被圈住的感觉之内,作无望的困兽之斗!

由此可见,中国的人文精神是中国文化的特殊产物,它宣扬的中庸之道,恰正是西方文化最缺少的东西。它不必像西方基督教超人文的精神,必须要在另一个世界才能找到生命的意义。在另一方面也不必像西方现代的寡头人文主义那样,硬要把自己和社会人群、宇宙天道整个切开,变成一个孤零零的个体,既没有生前也没有死后的安慰。

中国的人文精神是一种最合乎常识,最合情合理的生命体验,它又不只是少数知识分子的事。《中庸》说得好,天地之道造端乎夫妇,然而,极其至也,却又圣人有所不能。儒家的东西就好像家常便饭,平淡无奇。然而阳明却指出,平地比高山更伟大,这是真能把握到儒家的根本精神。百姓日用而不知;正好像阳光、空气和水一样,没有了它们一天日子都过不下去。而人生虽不能不预设道的流行,在现实上则又往往容易脱离中庸的理想,一走向极端,立刻百病丛生。如果我们能够紧紧地把握住儒家的根本智慧与理想,就能够对现实社会文化的发展,提出鞭辟入里的批评。

譬如科学和工业化,对人生当然有积极正面的贡献。然而迷信科学主义和无限度的工业化却造成了偏差。科学把一切化为对象来研究,用数量来处理,但却往往看不到活生生的人。无条件的加速工业化而罔顾工人的福利、环境的污染、能源的消耗,只是造成了现代文明的问题与危机。这些都是忘记了人文精神的根本:主奴易位,本末颠倒,不只不能增加人生的幸福,反而加深了人生的痛苦,降低了生活的真素。

……①

在西方,科学和马克思主义的拥护者也常被称为人文主义者,理由只是因为科学研究自然,马克思主义倡导无神,与中世纪的超自然主义适成对比而已!但科学所注重的是客观的对象的研究,马克思主义则把重心放在经济社会的结构之上,这样的思想都看不到人生内在本具的价值,不能把人本身当作目的。极端片面发展的结果,寖假而产生了非人性化的倾向,由非人文而至于反人文。

在这样的情形下,中国传统的人文精神必须尽速恢复过来。我们必须紧紧把握住这样的精神,把它推展到全世界,这就是人类走向未来所能依赖的唯一的定盘针,绝对不可以听其失坠,让四围的黑暗把它吞噬消灭。

问题三:我们所说的中国文化的人文精神,主要是指儒家的价值与理想,就历史的眼光来看,今天儒家无疑是处在"儒门淡泊,收拾不住"的悲剧局面,但是若要重振中华人文精神,那么以弘扬儒学自任的现代知识分子,应该作何种具体的努力呢?

答:可以做的实在是太多了。站在做学术工作本务的学者的立场来说,首先我们应该勤力研究我们祖先遗留下来的典籍,还出它们的本来面目,然后把里面含藏的智慧,用现代的语言介绍给广大社会的读者。在这里我们不必有义理、考据、辞章之间的矛盾冲突,彼此可以相辅而行。纯学术的研究似乎是不急之务,但它不只有它本身的价值与尊严,也可以当作一种基础,有了严格的专业训练使我们不至于信口开河,发出一些没有根据的论调。中国学术史的历程是不容改篡的,不能

---

① 此处有删节。

随着一个时代、一些个人的主观好恶而任意加以改变。虽然我们是要传承我们的宝贵遗产，但我们并不要采取一种狭隘的民族主义的观点，宣扬我们自己的一切都是好的，人家的一切都是坏的，这样反而扼杀了我们的文化不断求扩大、不断求进步的机会。爱之适足以害之，义和团的心态只能使我们变成民族的罪人。

而我们今天的处境的确是特别艰难的。我们今日所要面临的问题，还不只是要恢复传统的美好的精神，在同时我们也要指出传统在本质上的限制，才可以努力改造传统，使它适应时代的新潮流，在消极方面免于亡国灭种的危险，在积极方面提供人类未来开创的道路。

举个实例来说，无可讳言，我们传统文化在现代科学的成就方面是堕后的。诚如李约瑟所指出的，科学是世界文明的公器，中国人在科技发展史上作出了一定的贡献。是中国人发明了指南车、活字版印刷乃至火药，以及其他数不清的东西，但中国人还是缺少西方式的逻辑架构式的抽象思考，也没有充分发扬西方式的经验科学的观察实验的精神，此所以我们在现代的堕后是其来有自的。在这里我们说莱勃尼兹受过《易经》的影响是无意义的，一则一个系统的种子、胚胎和一个思想的充分完成是有巨大的分别的，再则我们传统含藏的丰富的内容并不能掩饰我们在当前的落后和贫乏。我们决不可以做阿 Q。急起直追，这是我们在当前唯一的希望。

再举一个例子来说，今日我们在民主法治方面的实施，也是明显地堕后的。爱护传统的人往往津津乐道，早在孟子，我们就有了民贵君轻的思想。这当然是不错的。但民本的思想并不等于民主的思想。西方已经有了一套制度来实现民主的理念，而我们却还停止在只有一些模糊笼统的观念的阶段。统治者往往口惠而实不至，离开真正上轨道的民主法治的实施，还有长远的距离。我们确可以说，由于传统儒家思想道德伦理观念的制衡，朝廷政治并没有想象中的黑暗，所以历来改朝换代，却没有造成根本制度上的突破。但我们决不可以说，帝王时代的专制没有留下它的荼毒。儒家的理想是圣君贤相的统治，但中国历史的现实却是王霸掺杂、儒法并行的局面。历来儒家并没有在制度上根本解决制衡君权的问题。在今天我们还在称颂尧舜的盛世是完全没有意义的。政教分离，是避免极权专制的唯一良方，在这里决不能依违两可,唱出一些似是而非的高调。民智日益提高,中国的人民没有理由没有资格来实行民主,问题在我们有没有诚意和决心往这一条道路走去。

由以上所论,我们可以看出,"五四"提出德先生、赛先生的口号,眼光一点也没有错,错的是"五四"把传统说得一无是处。然而今日的人类学家却一致指出,完全脱离传统的改革,决没有成功的可能性。其实中国的精神传统不只有现代文明所不可消灭的宝贵遗产,也含藏着科学、民主思想发展的种子。在现实上东西的会合是充满了矛盾冲突,但在理念上却看不出,中国的文化传统为何一定不能吸纳科学民主的理想。由于历史现实条件的限制,中国文化没有开出现代西方式的科学与民主,这是事实。但以中国人的聪敏才智、注重实际的性格,没有理由不能很快地学习到西方的科学技术,同样中国既有根深蒂固的民本思想,而照现在看来,既然只有民主制度才能真正保障人民的权利,实在没有理由阻止我们不加速度往这一个方向走去。但说我们的文化传统有着往现代化的方向走去的种子,并不是说这样的改变不是一个艰难的历程,不会遭遇到严重的问题。论者早已指出,中国的士大夫阶层之不喜欢动手,大而化之的态度,根本缺乏精确科学的精神,民间则习尚遵从权威,一般人公私不分的态度,根本极难接受现代民主法治的训练。在这样的情况之下,要彻底改变过来,简直是要脱胎换骨才行。而传统价值与现代价值在现实上的矛盾冲突,还必须经过好几个世代才可望彻底解消,有机地整合起来。

由此可见,今日坚持儒家的价值与理想的人是站在一个十分艰难的地位。过去传统儒家的力量,是在它有一套完整的典章制度、确定的伦理规范。但是到了今天,传统的典章制度,固然破坏无遗,乃至伦理规范也已侵蚀得面目全非、不成体系。在从前,宋明儒往往被诟病为空谈心性,但即在宋明时,传统教育的训练还是由洒扫应对进退开始,从来没有劈头先讲性与天道的;而传统总有着一种默认的信念;只要依道而行,功夫下去,一定会有收成。但是这些条件现在已经不存在了。我们今天在学校受的是西方式的知识教育,大家庭的制度解体:一切都在一种浮游的状态之中。哲学不是先有了实践,然后才作进一步的反省,而是反其道而行之,先有了抽象的概念的分析,然后再返回来落实为具体的经验。而当代新儒家的哲学,最有成就的无疑是在形上境界的重新解释与体证,在政治、经济、社会哲学的范围中,却只有一些极粗疏的纲领,根本不足以在资本主义、社会主义的体系之外另树一帜,与之抗衡。这样乃出现了一个十分吊诡的现象,传统儒家最强的地方,适为今日的新儒家最弱的地方。在这一个范围之内,正需要有识之士加倍努力,才能真正把传统和现代打成一片,重新变成时代的主流,到目前为止,则还是一片无人之地,等待着有心人来开垦。

故此在今日,我们要重组儒家的理想,决不是一两个人的力量可以为力的,这需要许多人从各个不同的角度努力,最后会聚到同一个焦点,才能够发挥力量。从哲学的观点出发,这些年来的摸索,已经多少透露出一些端倪,可以看到未来努力的方向。由仁心的推扩体证到天道的生生不已,这的确是儒家思想最核心的超越形上原则,决不因时代的变迁而失效。但如何落实以具体的方式来表现不断推扩的仁心与生生不已的天道,这却随着时代环境与个人情况的殊异而有所不同,没法以先验的方式给予一定的答案。现代复杂的社会情况使我们了解,传统有许多观念是过分简单,绝对不能够再适用于今日了。纲常的观念并不像古人想象的那样颠扑不破,像君臣的观念就早已成为明日黄花。《大学》讲修齐治平,一切要由个人推扩到家国天下的理念虽不错,但传统以家去了解国的观念到现代是断然过时了。政治必须有道德的基础是不错的,但政治不能即是伦理的延长。仁政的理念在现代的落实,就必须建立民主法治的制度组织,人权才能得到充分的保障。这中间必须经过一曲折的过程。仁心的扩充沛然莫之能御这是直贯的,我们不能听任我们的赤子之心死去,否则就要变成麻木不仁。然而仁心的落实却不能取直贯的方式,这里必须要有实际的智慧才行。现在美国人就发现,做好人(good samaritans)不一定有好结果。当前美国的法律规定私家车不许搭载路边的陌生人,有人因为不忍心,看见路边有人有问题,就停下车来帮忙,哪知遇上的竟是劫匪,弄得一家人惨遭巨变,从此恨绝天下人。不忍心是好的,要助人也是应该的,但却应立刻通知附近的警察来帮忙,才不会遭逢这场横祸,由此可见助人要有助人之道,而仁心的误用反足以害仁,斫丧了自己的仁心。而这还不过仅是只关个人的事,政治却是关乎众人之事,像传统那样把仁政的理想寄托在不世出的圣君贤相之上,权力集中在帝王之手,这不仅是缘木求鱼,而且后必有灾,希特勒一类的人就是这样弄出来的。由以上的例,我们就可以看到,超越的理念虽然永远是至高无上的指导原则,但理念的落实却必须经过一曲折的历程,随时代环境而改变,决没有先验的答案。而主观的愿心必须化为客观的组织制度才有作用,这些制度不论多完善终免不了有漏洞,而且用久了就有流弊,所以我们必须永远保持我们批评反省的头脑,不断努力加以修正改善,绝不容许因循懈怠。"理一而分殊",现代人只看到生活的细节,根本看不见超越的仁心,这是现代人的迷失;但以为把握到我们内在的仁心,就以为对现实的一切问题有了答案,这又好像有了一颗赤子之心,却永远停留在赤子的阶段,只怕路走不了好远:不只不足以保妻子四海,最后连自己内在那颗赤子之心也终于保不住。

由此可见,要在今天复兴我们的传统,必须要有简择的眼光,解开纠缠分辨层次的手段。儒家思想真正的常数,只在内在仁心与生生天道的体证,只有这一层是形上的真理,历万古而常新。然而这一理念之落实,繁演成为宇宙论政治社会经济的结构,就没有同样的有效性。但这又不是说,传统中国文化对这些方面完全没有贡献。传统里面诚然有好些过时的东西,但也有一些以为过了时其实可以有现代的意义的东西。举个实例来说,传统生生不已的天道在宇宙论的层次往往用阴阳一类的观念来表达。有一些东西显然经不起时代的考验而倒塌,特别像汉儒讲符应的一套,的确有许多迷信的成分,从历史的眼光看来,不能不说是先秦儒的堕落的产物。但道之在其自己则无端倪、无表现,一必化而为二,始有阴阳之对立,相反而又相成。故在过程的发展中,乃必有离心物化的倾向,此处必须返本,始可以知本体之神用,熊十力先生讲翕辟正是说明这一番意思,这里自牵涉到一些宇宙论的玄思,但熊先生指出,这须不是外部构画的结果,而是内在体证到精微的地步,始知人道天道的发展必然如此。这些既不是科学量智所行境,所以不可以讲得太凿实,否则便成了伪似科学,犯了范畴错置的谬误。我个人觉得,中国式的辩证法和黑格尔、马克思的辩证法有一点最大的不同,就在它不立一定的计划规模(program),所以一定要在几微动变之中辨别善恶,看它升降上下的消息,而知所以趋避之道。历史决不是定命的,要看我们的努力和机缘的辐凑,才产生出具体的成果。但生生不已,阴阳和谐乃是我们的超越指导原则。这些理念到今日不只没有被驳斥,在现代人越过了机械唯物论的阶段之后,反而重新发现了它们的意义。譬如说,今日人慢慢有了生态学的自觉,重新重视自然均衡的观念,放弃了勘天役物式的片面的思想,而看到了天人和谐的必要。由此可见,过去有好多东西,在具体内容的细节上容或已经过时,决不可死守陈说,泥古不化。但有一些超越的理念,却可以通过时代的新的解释而重新找到它们的意义,不可以武断地一笔抹煞,否则就和盲目地迷信传统同样地不足取法。

再看现代的经济结构,显然和古代的情况有着更根本的差别。轻商在现代可说是一件不可以想象的事。但现代却又走上了另一偏向。彻底消费的经济使人变成了物质的奴隶;在这方面若无改变,则现代的经济结构和传统的哲学理想,似乎成为矛盾冲突的两极,根本没有互相调停的可能。然而最近美国出了一派新的经济学说,挑战了凯恩斯的权威。凯恩斯以减税的办法来刺激经济鼓励消费,在短时期之内虽然有效,长久看来却会造成不利的后果。美国经济在今日的问题正在其过分侧重消费,完全不鼓励储蓄、生产,以至赚来的钱统统拿去花掉,不能形成投资的资本,生产也就陷于停滞的状态。所以这些新经济学者主张应该重新立法,提高优利存款的免税额,鼓励储蓄,积蓄资本;同时应该鼓励生产,勤劳工作;金融稳定,始可以作长期的打算;不似今日,如果不把钱花完,由于通货膨胀的影响,越来越不值钱,还要把钱存在银行里岂非变成了头等的傻事;这样的风气一旦形成,大家竞尚花费浮华,自然百病丛生。如果找不到方法对治,未来的前途可谓不堪设想。这一个理论应用于香港,虽然经济情况文化背景完全不同,却也一样有效。香港之所以如此繁荣,自有其历史现实的条件,但主要还是由于中国人习尚勤劳节约,努力工作,所以每次出现新的经济危机,终可以把形势扭转,化险为夷。但是最近港币币值之直线下泻,显然和无节制的消费和购买货品带回大陆送给亲友有关。这样的趋势必须加以扭转过来。勤劳、节俭、储蓄、努力、生产,这些和我们传统的价值是一致的,不意在现代又有其必要恢复过来。

由此可见,传统和现代的区别并不是截然的。传统中有许多成分过了时,必须加以扬弃。然而传统也决不会自动现代化,必须通过我们的努力,有所简择,重新解释它的真精神,与当前的情况配合起来,才能在现代发生影响和力量。而每一个时代有它不同的视野,传承以创新,这有待每一个时代的人不断的努力。世界不断在向前推进,不能与时推移,就会很快地被时代遗弃在后面,甚至变成了时代的绊脚石。

最后我要谈一谈这个时代知识分子的性格和责任。所谓知识分子,其实并没有一定的定义为大家所共同接受。如果把知识分子当作从事知识方面的探究和拓展的事业分子,范围就不免太狭,但如把知识分子当作凡是受过高等教育的人,则范围又不免太广。我提议在专业的知识分子之外,只要受过高等教育,对知识的继续追求和国家文化的前途有兴趣、有关注的人,都可以包括在知识分子的范围之内。以下让我们来检讨一下知识分子的性格与责任。

先从知识分子的性格说起,从现实的观点看来,知识分子的性格决不完全可爱、可敬。知识分子的理想是有学问、有气节、有血性的个人。但知识分子的实际则往往不只是徒托之于空言,而且有不成比例的自大狂,却又伴随着根深蒂固的自卑感。知识分子表面上清高,其实好名、好利、好色、好权、好势,无一不好,只不过不得其门而入,故作姿势而已!有朝一日得志于天下,就不免原形毕露了。知识分子常常胆小如鼠,深谙明哲保身之道。虽然在情感上同情疾苦,向往进步,但却又经不起实际利害的威胁,往往转风使舵,东风吹来向西倒,西风吹来向东倒,动摇投机,根本把握不住一定的原则。更不说一些不学无术、酸腐反动、借着学者的招牌在外招摇撞骗的伪君子了。方东美师说他根本无须看《儒林外史》,真可谓慨乎言之。当然,知识分子诚然有各种各样大大小小的毛病,但是他们却担负了知识的传承与开创的责任,有计划地整蛊消除知识分子,这却是动摇国本。真正要了解知识分子就必须了解知识分子的两面性;知识分子是既可恨、又可爱,既可耻、又可敬,不能不分皂白,一起将之打入地狱。不幸的是……经过"文革"……才能够领略到这一番教训,重新肯定知识分子的意义与价值。中国历代的知识分子,在现实上受到压抑固然是其来有自,因为天下的当权派从来就看不得有独立思想、声音的个人。但知识分子也不能把一切委之于命运。知识分子之不切实际、不合时宜固然并不是完全不能改正的绝症,同时知识分子如果真能自重自尊,减少外骛,一心培养自己的学问人格,也就可以一改时代的风气,免得授人以柄,自取其辱。而且即使知识分子在特定的历史现实条件之下,仍不免于被迫害,但死有轻于鸿毛,也有重于泰山,在这里,知识分子自己必须作出慎重而明确的决断,才能够表现出自己真正的风格,始不致沦于无耻无聊的地步,为人们所诟病。

由此而我们要进一步讨论知识分子的自期与责任。专业知识分子的首要责任显然是知识的追求与开创。人当然希望无所不能,但事实上却做不到,朱子说得好:我只一个浑身,如何兼得许多。既决定了做知识分子,就必须敬业,不可以三心二意。知识分子和直接的行动世界是隔了一层。但这并不足以为患,人类文明之所以能进步,其中一个主要的原因正是知识的拓展。所以知识分子不必自卑,更不必自怨自艾。最怕的是不能好好利用环境做研究教学的工作,最后弄得一事无成,这才是真正可哀的结局。大凡天下的事物莫不可以作研究的对象,尤其到了如今,分工至细,只要性之所近,有适当的机缘,又肯努力的话,都可以有一定的成就。社会里面必有一部分人从事知识的拓展和传授的工作,他们是社会整体有机的一环,不必比别人低,但也不比别人高,好像传统中的士人占有一特殊的地位那样。知识的积累和开拓本身固有独立客观的价值,不能急功近利,但却又决没有知识会完全没有用,事实上有很多事情做得是不是对,完全要靠我们是不是有正确的知识。

由此而我们更要进一步谈到知识分子对社会的责任。知识分子一方面不许哗众取宠,把自己还只一知半解的东西,贩卖出来,误导众人,以求名利。但在另一方面知识分子又要有不屈的勇气,甘冒不韪,把自己的研究成果发表出来,即使与社会当前的风习,当权派的意愿,有所违背,也在所不惜。真正的知识分子都是苏格拉底的信徒,他之所以苦口婆心,喋喋不休,不必是为了对自己有好处,但社会要没有了这些讨厌的牛虻,才会造成真正巨大的损害。举个近例来说,马寅初在大陆,蒋梦麟在台湾,提倡节制生育,在当时都受到严重的打击,但事后却证明他们的观点的正确。知识分子一方面要有信守、有原则,另一方面又要有勇于怀疑、反省、批判的精神,据理力争,仗义发言。当然知识分子的见解不必一定对,知识分子本身也有不同的意见,但若一定要压制他们的思想言论自由,这却会动摇国本,害莫大焉。在这方面统治者的明

智当然是一个重大的关键,但知识分子亦必须努力争取自己的权利,不能只采取一种消极被动的态度……①

最后知识分子是社会的一分子,他既有公民的身份,当然也和其他公民一样,应该尽到他应尽的义务。但他负有更大的责任,因为他自觉,考虑问题的角度不完全从个人的观点出发,他还关切到国家文化的前途。同时一般人不见得有从事自由职业的知识分子的时间或心思来注意到某一些问题,也不必有知识分子的训练来解剖开这一些问题的症结,或者提出一些构想来探察未来的可能性。在这方面,知识分子常常变成舆论的急先锋。当然也有人会起反感,认定知识分子是一些只说不做的人,自以为高人一等,其实眼高手低,一无是处。我不否认,知识分子确有许多惹厌处,也有他们本质上的限制。不当家的人当然不容易体察到当家人的苦处,但当家的人大权在握,一呼百诺,所作的决定可以影响到整个的国计民生,难道还不能容许几个旁观的清者,提供一些批评建议!这样经过集思广益,然后才拿定主意,作出明智的抉择,效果岂不会比较更好。社会上各色各样的人,彼此功能不同,互相配合,合作得恰到好处,才会有一个欣欣向荣的美好的前途。

我心目之中知识分子的理想是一些有知识、有远景(vision),有想象力,有批评反省的精神,有原则、有勇气、有担当、有气节的人。这些人不必自命为儒者,甚至他们因为对儒家有一些坏的联想而有所反感,也没有关系。盖儒学的精粹本来是一种内圣之学,这是自己受用的学问,不是拿出来炫耀的学问。而真小人常常比伪君子更可爱些,也更可佩些。但国家要有前途,则必须要培养出新一代的知识分子才行,他们不必再有儒者的名义,但必须具备有儒者的一些最好的精神。从现实的观点看,中国文化的未来究竟如何自不可知,但其中的一个最重要的关键在于:我们的年轻的一代如何努力去打开未来的出路。

(录自刘述先:《中国哲学与现代化》,台北时报文化出版企业有限公司 1980 年版。)

---

① 此处有删节。

杜维明儒学学案

　　杜维明(1940—　　),祖籍广东南海,生于云南昆明。美籍华人,现代新儒家代表人物之一。

　　杜维明先后任教于普林斯顿大学、加州大学伯克利分校、哈佛大学。1996—2002 年,出任哈佛燕京学社社长。2010 年起,出任北京大学高等人文研究院院长。作为国际汉学界和当代新儒家的代表,他主要研究中国儒家传统的现代转化、文明交流与对话。他将儒教中国与儒家传统进行区分,使"儒学复兴"说成为当时文化讨论中的一派主要思想。其学术思想经历了三个发展阶段:从学术起步到 20 世纪 70 年代上半期,决心对儒家的精神价值作长期的探索,努力诠释儒学传统。1978 年至 20 世纪 80 年代末,重在阐发儒家传统的内在体验和显扬儒学的现代生命力。这一时期,他所关注的论域有"传统与现代"、"儒学创新"、"儒学三期"、"工业东亚"、"东亚核心价值"、"轴心文明"等。20 世纪 90 年代以来,进入第三阶段,他开始进一步拓展论说领域,更加关注"文明对话"、"文化中国"、"全球伦理"、"人文精神"、"启蒙反思"、"印度启示"、"新轴心文明"等问题。

　　尽管杜维明的思想在不断地变化发展中,但他的思想活动始终紧紧围绕着一个主题,即儒家思想的现代命运。他以一种更为开放的胸襟看待儒学在当今世界中所起到的作用及所处的地位等问题。在面对世界性的"全球意识"与"寻根意识"的冲突中,杜维明广泛地吸纳各种现代思想资源和哲学理念来论证自己的命题和观点,通过借鉴哲学人类学、文化人类学、比较文化学、比较宗教学、知识社会学等跨学科研究的方法,取得了一系列学术成果,从而在世界范围内产生了广泛的影响。从一定意义上说,"现代新儒学"在中国大陆绝响 30 年后重新引起人们的广泛关注,在很大程度上和其学术活动是分不开的。

(法　帅)

儒学第三期发展的前景问题

前　言

　　自从 1919 年五四运动以来,中国知识分子对古今中西之争进行了一系列的反思。一般的理解是,这种古今中西之争是环绕着西方现代文化对中国传统文化的撞击和挑战这一主题而展开的。西方现代文化,根据这一理解,是以"启蒙运动"为代表,重视科学实证,民主建国;强调个性解放,人格尊严;提倡法制、人权;主张以商品经济和市场机制来调动生产力的文化。相反地,中国传统文化则是以封建社会为代表,由三个互相依赖的系统组成:以家长官僚制度为核心的政治文化,以宗法家族纽带为纲领的社会文化,以小农自然生产为基础的经济文化。由这三个系统所孕育出来的政治、社会和经济文化以权威主义、保守倾向和集体方式为其特色,造成了压抑个性,扼杀创造性和消解积极性的不良后果。如何拥抱西方现代文化,清除中国传统文化便成为有识之士的当务之急。

　　把古今中西之争界定为西方现代文化和中国传统文化的冲突是五四运动以来绝大多数中国知识分子的共同认识。本来,中国有中国的古今,西方有西方的古今是显而易见的道理。只从古老文明来理解中国,或只从现代文明来理解西方,在学术上既不能言之成理又不能持之有故,但居然在知识界拥有相当大而且为期相当久的说服力,其中必有深厚的历史原因。

　　19 世纪中叶,鸦片战争以来,西方的坚船利炮破门而入,中国只经过一个甲子便从天朝礼仪之邦沦为次殖民地、东亚病夫。这段令人悲愤、辛酸的近代史激发了中国有血性的青年志士为了救亡图存而奋不顾身的使命感和爱国心。我们应该从这种危机意识所引起的强烈而深刻的振兴中华的意愿,来掌握现代中国主流知识分子把古今中外绝然二分的极端思想。

表面上,西方现代文化对中国传统文化的撞击和挑战曾在中国知识界激起了各式各样的反应。比较突出的是两种自相矛盾的论点:一方面是认定中国传统文化不能振兴中华,不仅不能促进中国走向现代化而且是中国现代化的阻力,必须彻底摧毁才能为拥抱西方现代文化创造有利的条件;另一方面则是极力排斥欧风美雨,把西化当作人心不古、道德沦丧的祸源,进而宣扬国粹,为维护传统文化而效命。在这两种极端的西化论与本位论之间还有各种类型的折中论及调和论。不过,从总的倾向来看,在现代中国思想界,程度不同的西化论是主流,本位论虽有几次回潮,但并没改变西潮的大趋势,至于折中论及调合论,因为一厢情愿的意味太重,就更显得软弱无力了。

马克思主义在中国大行其道,也是西化论战胜本位论的例证。不过马克思主义既是西方的,同时又因列宁的创造转化而坚决反对与西方资产社会紧密联系的帝国侵略,所以能在中国知识界引起很大的共振也就是很可以理解的了。"五四"时代还只是李大钊、蔡和森等少数学人所引进的西学,经过十多年便成为现代中国的显学,这一惊人的现象更说明了在现代中国思想界,西化论是主流这一历史事实。

今天我们对中国传统文化进行反思,必须正视五四以来西化论业已成为中国思想界的主流这一历史事实。如果我们再回到本位论的格套,保守反动之讥尚且难免,还谈什么创新?

儒家传统的现代命运

美国加利福尼亚大学柏克莱校区历史系的列文森教授曾以《儒教中国及其现代命运》为题撰写了一部分三册发表的巨著。他的结论是:儒家这个源远流长的人文传统因经不起西化的考验,逐渐在现代中国销声匿迹了。这个悲惨的命运可以从哲学思想、政治文化、社会心理、官僚制度和理想人格等层面去理解。列文森是史学家,他用现象描述和特例分析的方法,生动地刻画了近现代儒家传统走向衰亡的历程。借用他书中的一个例子即可说明问题。

在利玛窦的时代，西方传教士为了宣扬天主教不得不精研儒学，因为只有把基督教义翻译成中国士大夫认为天经地义的语言，才有被接纳的可能。但是到了全盘西化的时代，即使最保守的国粹派也常常不自觉地把孔孟之道披上民主科学的外衣来显示其进步性。这两个时代的差别可以用文法和辞汇来说明。利玛窦用儒家的文法来讲天主教，基督教义并没有取代儒学，只不过是丰富了儒家传统的辞汇而已。"五四"以来的知识分子即使宣扬孔孟之道，他们运思的文法也已经西化了；儒学变成了一些散离的辞汇，在他们的心目中已丧失了有机整体的生命力。

儒家传统在中国近现代的没落有目共睹。"同治中兴"的失败意味着运用儒家经世致用之学以自强的局限性；"戊戌政变"的夭折显示了日本"明治维新"式以传统精神指导改革的典范不适用于当时中国的现实政治；1905年废除科举之后，取士标准大变，儒家经典和培养领袖人才逐渐脱离关系；"辛亥革命"摧毁了以儒家伦理为大经大法的专制政体；20世纪初期袁世凯企图推尊儒家为国教的复辟，导致一连串"打倒孔家店"的新文化运动。儒家传统在中国近、现代的没落不仅是西方现代文化破门而入的必然归宿，也是中国主流知识分子共同努力的结果。

也许可以这样说，五四运动以来，中国第一流的知识分子，由于救亡图存而奋不顾身的使命感和爱国心的激励，形成了一股打倒孔家店，反对儒家传统的浪潮。社会主义的陈独秀，自由主义的胡适，马列主义的李大钊，无政府主义的吴稚晖和巴金，大文豪鲁迅，四川才子吴虞都是这股新文化热浪的成员。他们接受西化的层次和内容尽管不同，但他们不约而同地组织了一个和儒家传统彻底决裂的联合阵线，一而再再而三地痛击孔家店，把儒家的价值系统拆散，然后各个击破。他们的策略可以分为正反两面。从正面，他们强调传统文化中非儒家主流思想的积极因素：墨子的兼爱，《墨经》的逻辑，韩非的法治，老庄的自由，道家的科技，乃至民俗学方面的神话、格言、传说、口头文学等。从反面，他们灭杀儒家在传统文化中的影响：比如从知识社会学的观点把先秦儒家界定为百家争鸣、百花齐放中的一鸣一放，或从文化人类学的角度把宋明理学归约为官学，属于上层社会控制系统中的意识形态，而和一般人民的信仰结构迥然异趣。儒家被相对化和等级化之后即变成了一套专制政体为了自身利益而强制执行的礼教。如何狠批"吃人的礼教"便成为青年志士当仁不让的首要任务。

西化知识分子对儒家传统的迎头痛击虽是今天儒门淡泊的原因之一,但使得孔孟之道一蹶不振的杀伤力并不来自学术文化的批判,而来自非学术、非文化的腐蚀。确实,假借孔孟之名而行复辟之实的军阀和政客才是儒家遭受奚落的罪人。这里存在着一个发人深省的悖论。西化知识分子对儒家传统进行学术文化的批判,其结果对孔孟之道的精义不无厘清的积极作用。相反地,企图利用先圣先贤以维护既得利益的军阀政客,不仅没有达到推行孔教的目标反而把儒家的象征符号污染了。由非学术、非文化的野心家来提倡"忠孝节义"和"尊孔读经",正足以激发热血青年的痛斥礼教、甚至把线装书抛进茅坑的情绪。儒家传统受到最有影响力的知识分子的打击,同时又受到最有权威的军阀政客的腐化,其现代命运是够悲惨的了!

中国现代化的坎坷道路

其实,儒家传统的现代命运与近代中国面临西方文化的撞击和挑战不得不回应而又不知如何回应的困境有密切的关系。回溯鸦片战争以来,从魏源"师夷之长技以制夷",历经曾、左、李洋务运动的片面适应,康、梁、谭变法维新的极力改革,孙中山辛亥革命的彻底更新,到"全盘西化"的全面适应,不过六十多年,中国知识分子就从主张指导思想和基本体制不变,只需加强海防、引进工业即可阻挡西潮的乐观心理,沦落到不脱胎换骨地转化国民性则无以自救的危机意识。

从片面的适应到全面的适应,意味着在接受西化挑战的考验上,中华民族经历过无数次痛苦的调节。起初知识分子只要求技术性的局部安排,由于连续不断地受到挫折,结果竟主动地自觉地倡导人民大众群体在文化心理结构的底层掀起史无前例的翻动。换句话说,西潮在 19 世纪中叶只撞击到沿海各省,半个世纪之后就在整个中华大地泛滥成灾了。特别是 1868 年明治维新以后的日本军阀在跻登强权之林后,居然不顾历史文化的因缘,变本加厉地用帝国主义的霸道来残害无辜的中国人民,更激发了知识分子宁愿放弃一切以谋求富强之道的决心。

中国现代化的坎坷道路可以从知识分子的危机意识中窥得几分消

息。本来,幅员如此辽阔,人口如此众多,历史如此悠久,文化如此深厚,经济如此落伍,社会如此复杂,政治又如此腐化的文明大国,不能靠一个单线的模式即可达到富强康乐的目标,这应是显而易见的道理。知识分子,特别是那些高瞻远瞩的知识分子,当可洞察这三千年未有的大变,绝不能靠激情主义来应对。然而民族危亡的切肤之痛,迫使有血性的青年志士放弃深思熟虑的智性事业而投身"气魄承担"的革命行动。在以燃烧自己生命来发光发热的革命洪流中,不参与即是堕落,针对民族自救的大课题进行全面而深入的反思,无形中变成了不可企及的理想主义。

中国主流知识分子把古今中外绝然二分的极端思想正是这种危机意识的体现。既然振兴中华的当务之急是富强,一切与富强没有直接关系的价值都可以暂时舍弃。科学,尤其是实用性较高的军工技能,自然应当优先引进,民主建国也不从自由、平等和博爱的原则来设想,而是从发挥群众潜力以达到政治统一的角度来考虑。解放个性和尊重人格并非终极关切,而提高国民的主观能动性以加强推动建国大业的力量和作用则是极迫切的课题。提倡法治,乃至强调人权,都是从社会实效的立场着眼。商品经济和市场机制,既然可以调动生产力,价值就更高了。说得直截些,西方现代文化之所以在知识分子心目中有如此崇高的地位和如此美好的形象,不是因为其内涵所体现的真善美,而是因为其中颇有实用的价值;同样地,中国传统文化被贬斥得一钱不值,也是因为在富强的前提下丧失了利用的价值。

不过,现代化是一个多层次、多元素、多侧面的复杂过程,单线的富强模式往往只是一条欲速而不达的途径。表面上,集中目标以富强为奋斗焦点,好像合乎事半功倍的原则。殊不知民族心理结构错综复杂,所显示的价值系统千头万绪,如果不从根源处掌握其内核,便很难了解其运作原则,更无从窥得其发展趋向。对民族心理结构缺乏分析,对其价值系统缺乏认识,就不能把富国强兵之道建筑在深厚的文化基础上,这种无源之水、无本之木终必枯亡殆尽。从严复介绍社会达尔文主义以来,知识分子即大声疾呼富强之道,经过几代的努力,用心不谓不苦,成效却极为有限,而理由何在?这确是值得深叩的课题。

一种看法认为,中国现代化的坎坷道路应从国民性的层面去理解。

具体地说,中华民族保守、落伍、封闭、陈旧乃至惰性的心理结构是富强之道不能落实的根本理由。胡适和鲁迅都坚持这种观点。他们和国粹派以及本位论划清界线,正是要说明如果不继续狠批民族心理结构中潜存的积习而以含情脉脉的态度对待传统文化,很多历史糟粕就会借国粹和本位的形式在今天的社会里发挥消极的作用。这种顾虑在目前还有深刻的现实意义。然而,国民性不能只从病理学的角度去剖析。假若中华民族的心理结构只包含着落伍和惰性的内容,那么势必导致"是中国的即非进步的和创发的"(或者说"是中国的即非现代的")结论。

严格地说,胡适和鲁迅都不是真正的全盘西化论者。固然,他们为了和国粹派以及本位论那种抱残守缺的倾向划清界线,有时不免提出较偏激的主张,在特殊情况下,他们也可能赞同全盘西化的口号。不过,即使他们极力宣扬拥抱西方文化的必要,却并不鄙视中国传统的价值。相反地,他们在整理国故,发掘文物,解析历史和提供方法等等学术文化的领域里作出了启迪新知的贡献。胡适对哲学史有独到的见解,鲁迅对小说史有生动的描述,即是例证。

可是,不必讳言,以全盘西化的极端态度来对治狭隘的国粹主义不仅没有达到目的,反而促进了义和团心理的发展。全盘西化及义和团心理的互相激荡导致媚外与仇外两种变态反应,结果对西方文化造成了免疫性和过敏性同时并存的矛盾现象。列文森在分析现代中国知识分子的两难困境时曾指出,他们虽然在理智上接受了西方文化的价值,但在感情上却因迷恋中国悠久的历史而不能心悦诚服地学习外来的精神文明。比如,"中学为体、西学为用"的提法就是一种把西学当作"无体之用"的拿来主义。中国古代的知识分子曾排除万难把印度的佛教通过各种渠道移植中土,在人类文化交流史上,创造了光辉的一页。试想,如果没有鸠摩罗什、法显、玄奘之类的大师大德,没有全国上下因宗教信仰而心甘情愿的奉献,没有积年累月的艰苦工夫,这项伟大的文化事业能够顺利推展吗?如果以佛教输入的历史经验来衡量现代知识分子接受西化的情况,也许在基本态度的层次就出了问题,有了偏差。中国现代化的道路如此坎坷是可以想见的。

反传统主义的"强人政策"

由于全盘西化及义和团心理的互相激荡而导致媚外与仇外两种变态反应,知识界摇摆于两极分化的倾向之中,很难超脱是非善恶的责难以进行全面而深入的反思。古今中西之争,这个人类文明发展史中的大课题,本有深厚的历史原因和丰富的哲学内涵,但因情绪化的干扰竟被归约为政治态度的索引。

"五四"以来的中国是要求革新和进步的伟大时代,因此全盘西化的论调对有血性的青年志士而言就远较抱残守缺的保守主义有说服力。至于倡导复辟那种固步自封和夜郎自大的反动思想就更不能和西潮相提并论了。但是,拥抱西方文化而不了解西方文化,那就难免囫囵吞枣的盲目性,这是民族主义高涨的现代中国所不允许的。义和团心理并不是因义和团事件而引发的心理,而是当根深蒂固的民族自尊接二连三地受尽屈辱之后才逐渐形成的一种悲愤的"情意结"。如果说全盘西化是部分知识精英的理智抉择,那么义和团心理便是中华民族(包括知识分子)的集体意识,其中含着许多非理性的感性因素。

前面已经提到,"五四"以来西化论业已成为中国思想界的主流。中国第一流的知识分子为了谋求富强之道不自觉地、心甘情愿地拥抱西方现代文化,同时主动地深入而广泛地打击传统。可是西化论者所坚持的富强之道是站在强烈的使命感和爱国心的基础上提出来的,也就是说拥抱西方现代文化是为了振兴中华,和传统决裂也是为了振兴中华。概括而言,文化上的保守主义者(包括国粹派和本位论的信徒)乃至政治上的革命先进(包括赞成追随第三国际进行世界工运的马克思主义者)都拥有强烈的民族意识。在历史上,中华民族是一个文化意识远远超过民族意识的多元民族。但从鸦片战争以来,特别是甲午战争以来,中华民族的民族意识逐渐提升。丧权辱国和割地赔款加深了知识分子的危机意识,也加强了人民群体的爱国情绪。五四运动即是由危机意识而激发的爱国情绪。这股不可抗拒的热浪在抗日战争时期达到了高峰。西化论者为了力求富强,不惜和传统决裂,但富强的目标是振兴中华,又和民族意识结了不解之缘。在民族意识高涨的前提之下,反传统主义也同时涌现,其中那剪不断理还乱的牵连是很难说清的。

主张西化论的知识分子,根据列文森的分析,都面临了进退维谷的挑战:一方面在理智上全盘接受西方文化的价值,但在感情上却排拒西方;另一方面在感情上和中国悠久深厚的历史文化难分难解,但在理智上又扬弃传统。王国维决心摆脱哲学的樊篱,因为他所爱的(叔本华和尼采的唯意志论)不可信而他所信的(科学的实证主义)又不可爱。积郁在西化论知识分子心中的大苦也有类似的情况:势在必行的富强之道并不可安身立命,而源远流长的精神资源又不能经世致用。不过,极端的西化论者已彻底否认传统文化有什么源远流长的精神资源,在他们心目里,必须用西方现代的精华来取代中国传统的糟粕才是自救之途。

在比较文化学上有所谓"强人政策",也就是以自己文化的精华和敌对文化的糟粕进行比较,为的是突出自己文化的优越性。在现代化的历程中,以强调自己文化传统的优点来提高民族意识,达到调动群众积极性的例子比比皆是。例如日耳曼民族,从黑格尔到希特勒,都使用过"强人政策"。即使在文化多元主义大行其道的今天,西欧和美国的学者在进行古今东西的比较研究时也还常常不自觉地陷入狭隘的"唯我独尊"的格套之中。日本明治维新以后,"国学"大盛,颇有以东洋大和魂取代西方浮士德精神的野心。日本学人对中国文化实行"强人政策"的个案可说是多不胜举。

值得注意的是,"五四"以来的西化论者在比较中西文化时,也采取了"强人政策",可是他们所用的"强人政策"却和一般运作的程序恰恰相反,也许可以说是地道的"弱者政策":用中国文化的糟粕和西方文化的精华进行比较,为的是寻出自己文化的劣根性。胡适以缠足娶妾和抽鸦片为国粹,鲁迅把自私、敷衍、无聊、妥协、愚昧、狂傲、庸俗、陈腐等等社会心理中的"奴性"部分归结为国民性,应是较有象征意义的两个例证。把胡适所理解的国粹和鲁迅所认识的国民性,与代表西方现代文化的民主、科学、自由、平等、博爱、人权、进步、正义、法治乃至个性彻底解放之类光辉灿烂的价值相提并论,西方的优越性和中国的劣根性便了若指掌,无可争议。但是,如果中华民族竟堕落至此,根据社会达尔文主义的提法,理应在生存竞争中屈居下流向优胜者低头,甘愿接受劣败者的悲惨命运。但是,胡适和鲁迅都是爱国主义者,他们的"弱者政策"是在浓郁的悲剧意识中沉痛反思的结果。

鲁迅在他父亲临死前的呐喊中,体现了一个痛苦孩子对昏睡中的祖国连声呼唤着"醒来吧! 站起来吧!"的悲剧意识。西化论知识分子对国粹和国民性如此严峻的剖析当然不是"丑化、歪曲人民";相反地,他们强烈地反对传统,把批判的刀锋指向积淀在民族文化心理结构中的"封建遗毒",为的是扫除防止中国进步、强大的障碍。他们沉痛地感受到,中国深远的文化已经"发霉发烂了"。不仅抱残守缺无济于事,即使动心忍性地在传统文化的基础上进行灵根再植的工程也是徒然。振兴中华,使人口众多的文明古国腾飞,和传统决裂是先决的条件。

"西化论"的认识局限

"五四"以来在思想界形成主流的知识分子,由于亡国之痛的危机意识所鼓舞,针对无数麻木不仁的灵魂和因循苟且忍辱偷生的社会心理,自觉地独断地树起了反传统的鲜明旗帜,除了沉痛的悲剧意识之外,至少还有两个认识层次的理由。

当时还没有"现代化"的提法,因此根本无法避免把现代化和西化混为一谈的误谬。西化即是"现代化",是"五四"知识分子的共识。因此西方现代文化也就是振兴中华的典范。如何从中国传统较迅速、较顺利地进展到西方式的现代社会,成为大家共同奋斗的目标。目标厘定之后,总体的方向也就判然明确。任何阻碍我们通过既定的渠道来完成任务的势力都是保守的、落伍的、反动的。复古派居然想恢复黑暗腐朽的封建价值体系,那是反动;本位论者梦想从传统文化之体统摄西方科技之用,那是落伍;国粹主义的卫道之士不忍和过去的光荣一刀两断,那是保守。如何通过富强之道以振兴中华,也就是如何引进西方的民主科学以达到中国的独立自主,便成为知识分子的主导思想。"三纲五常"那种吃人的礼教是使得中国人民不能昂首阔步于现代的重荷,必须铲除。"尊孔读经"那种僵化的德育,是钳制莘莘学子培养开放心灵和创发精神的枷锁,必须扬弃。线装书和机关枪大炮相比其价值实在微不足道,因此也不妨冷藏三十年,等到国家富强之后再从冰窖里取出来解冻亦不为迟。

第二次世界大战结束后,以色列为了建国,决定恢复只在宗教仪式中才使用的希伯来文作为日常通行的语言。这就好像要把天主教徒举行隆重弥撒大典时才使用的古拉丁文起死回生,使其成为今天在意大利人人都可说、可写、可读、可看的活语言。经过一、两代专家学者配合政府国策的努力,这个艰巨的文化事业确是成绩斐然:希伯来语不仅已成为耶路撒冷的大街小巷中互相交谈的生活工具,而且也逐渐成为纽约犹太人追寻文化根源不可或缺的凭借。新兴的马来西亚共和国,为了强调文化的统一性,坚持以马来文为国语。这种本来并无书写文字的口头语不仅应运而生,而且大有成为东南亚通行语文之一的趋势。同样的现象在世界各地都可以找到例证。这种在近二三十年才有目共睹的怪现象,当然不是"五四"时代的西化知识分子所能理解的。

文字改革是五四新文化运动的组成部分。不少在语言学方面有造诣的新文化运动者认为,中国的落伍保守和方块汉字有不可分割的关系。他们提倡白话文,强调口语文学,进行简化汉字的工作,甚至主张汉字拉丁化以达到废除汉字的最后目标。今天我们回溯这段历史,站在现代化趋向多元模式的基础上,可以断言,这种努力是混西化与现代化为一谈的特例。比如,日本无条件投降并由美国占领之后,曾有一度因受美国语文专家的影响把小学生的汉字减少到八百左右。朝鲜战争,特别是越南战争以来,日本的现代化突飞猛进,在工业制造方面大有凌驾西欧及美国的趋势,可是通行语言中的汉字不仅没有废除反而增加了一倍以上。目前电脑处理汉字的技术问题基本解决,从普及教育和大众传播的实用观点来批评汉字的言论更缺乏说服力了。

如果现代化与西化之间的混淆是使得"五四"主流知识分子不能有丝毫和国粹派或本位论妥协的理由,文化的有机整体观则是使得他们无法接受任何层次和形态的折中主义或调和倾向的理由。站在视文化为有机整体的观点上,西化论者不得不坚持"全盘"的立场:要拥抱西方现代文化就不能挑三拣四。所谓"学其长处而去其缺陷"、"取其精华而去其糟粕"乃至"融汇东西"等等,都是讨便宜的心理在作祟。勇于接受西化是要付出代价的。固然,西方的基本文化内涵不限于"德先生"和"赛先生"两大项目;其中如以动力横决天下的浮士德精神造成了弱肉强食的人间悲剧,过分膨胀的个人主义养成了六亲不认的社会风气,极度扩展的竞争机制带来了唯利是图的掠夺和自相残杀的抗衡,强调权利而轻视义务的诉讼制度导致紧张、冲突、霸道、计较等等心理状态,也都是当代西方文化的表现。但是，为了"挣脱千百年来的封建礼教束缚，打碎宗法社会所特有的种种有形无形的精神枷锁"，这些代价即使不可免除也是值得偿付的。

梁启超和张君劢在第一次世界大战之后欧游返回，他们目睹了西方世界洗劫之余的惨状，领会了弥漫着整个社会的悲观情绪，亲尝了施宾格勒所描绘的没落感，于是对国内的西化论者提出警言，掀起了所谓科学和人生观的论战。姑且不问他们的论据是否凿实，运思是否缜密，他们所提出的问题是发人深省的。回顾"科玄之战"这一历史公案，我们可以心平气和地说，站在实证科学的立场，把不能证验的人生观问题消解成不可理喻的玄学，和不可知论乃至神秘主义之类的立场等而同之，未免太偏颇了。但是，这种偏颇之论，居然在辩难之际占了上风，也许和当时知识界混西化与现代化为一谈并且坚持西方现代文化为有机整体的观点有密切的关系。

既然代表唯一现代典范的西方富强之道是振兴中华的必经途径，而民主与科学（富强之道的内涵）又是西方文化的组成部分，那么彻底西化和全盘西化便是救亡图存的康庄大道。这个结论是沉痛的，含着多少无可奈何的感觉和悲怆的情怀。王阳明七绝中的两句正是这种思路的归趋："抛却自家无尽藏，沿门托钵效贫儿！"举一个例子即可说明问题。

近年来批判地继承传统的论争上，最平实的提法要算如何"善于把传统中的科学性、民主性的因素提取出来，加以发扬"了。和这个提法相对应的，即是如何彻底消除封建遗毒。把中华民族的优秀传统规定为与科学和民主同构的因素，正是用西方现代文化的典范来评价中国传统文化。结论是可以预期的：值得继承的优秀传统，经过知识社会学的大力发掘之后，还是微乎其微。相反地，必须彻底消除的封建遗毒却比比皆是。假若把还在中国人的行为、态度和信仰各种层面仍起着消极作用的封建遗毒列一清单，虽非罄竹难书也相去不远了。更有甚者，如果我们把疯狂破坏传统的"文化大革命"也理解为"封建旋风"而与60年来的反传统主义却了无关涉，那么可以继承、值得继承的就更少了。

假若中国传统文化绝大部分是封建遗毒，也就是彻头彻尾的糟粕，而经过千辛万苦的考古发掘（例如，通过哲学史的解析，从故纸堆里找到遗忘多年的尚有进步意义的思想)所获得的文物(如荀子的自然观),又是极为粗糙的历史陈迹(如朴素的唯物论),那么"五四"西化论者要求我们把传统像包袱般一丢了之,或像赘疣般割得个干干净净,不是很合情理吗!

今天,中国的青年才俊一窝蜂地学理工,学企管,学国贸,学外语,视中国哲学为畏途,视中国历史为死巷,致力于中国传统文化科研的队伍已出现老成凋谢、后继无人、资金短缺、设备陈旧、士气消沉种种弊病。这批敬业乐群的知识精英即使和专攻美国印地安土著文化的学人相比也难免会有捉襟见肘的窘迫之感。这并非偶发的浮面现象而已,很值得我们深思。

"文化认同"的现代涵义

"五四"以来的西化知识分子,由于把 20 世纪的欧美社会理解成独一无二的现代模式,同时又把西方文化认定为有机整体必须全盘接受,他们对传统的批判是尖锐的、彻底的、极端的。前面已经提到,他们那种不遗余力的狠劲是沉痛反思的结果:不如此扫荡礼教的禁锢则中国绝无腾飞的可能。据说那时还出现过"四万万同胞,一个个浑蛋"的对联。那种恨铁不成钢、因爱之殷切而责之刻肤的急迫感、沉痛感,在类似的自嘲、自咎的文字中表露无遗。中国传统文化既然和变幻无穷、争强好胜的世界潮流不相容,适应西方现代文化所创造的大趋势又是不可抗拒的命运,反传统主义便成为振兴中华不可或缺的共同意识了。

值得痛切深思的是,西化论者所理解的中国传统文化,除了封建遗毒之外,并没有什么丰富的内容。国粹派和本位论所提出的观点又多半是立基于宗法礼教的社会意识,甚至是为当时政权势力服务的官方条旨。把传统文化等同于封建遗毒固然可以获得振聋发聩的一时效验,但忧国之情思毕竟和五分钟热度的匹夫之勇迥然异趣。假若忧国的沉痛感只能加强现象描绘的深刻性而不能引发创造转化的智慧,那么,无可奈何的悲观主义便应运而生。固然,从忧国的沉痛感所导致的悲观主义有其健康的积极意义。"五四"西化论者痛斥国人的"奴性",甚至把中华民族忍辱负重的美德讥刺为麻木不仁,都是热爱祖国悲情的体现,也都有健康的积极意义。但是文化的开新终究不能从悲愤的绝望之情处起步。有人说中国传统文化必须置之死地而后生,这不失为一种有感而发的论点。应当详叩的是,"生"的基础和泉源究竟在哪里? 如果说,传统文化的根必须枯萎之后才有再生的可能,那么这再生的文化是否以引进的外来思想为种子,和传统的关系只是在共同的土壤上先后胚胎、发芽而已? 如果说,传统文化的根已腐烂,枯萎是不可避免的,我们不如自觉地将其铲除,让新种早日开花结果,那么这是否意味着我们已置身传统文化之外,只是观赏者而非参与者了? 这类设想迫使我们不能不正视"文化认同"的问题。

"认同"在英文里和逻辑术语"同一性"或"一致性"是同一词。这个专有名词在 50 年代末期由新弗洛伊德学派的艾律森教授所提出,作为描述青少年在人格发展过程中危机感特别强烈的阶段,即所谓"认同危机"的年龄。在欧美社会,"认同危机"的出现虽因人而异,但大半是在 17 岁左右,也就是在刚进大学必须面临塑造自己成人形象的挑战的年龄。通常"认同危机"的出现既和人生意义等哲理问题紧密联系,又和生理发展,特别是性机能的成长,有不可分割的关系。因此在心理分析学里,"认同危机"是一个多侧面、多因素的复杂课题。艾律森在研究马丁·路德的少年时期就用了这个概念来剖析路德改教的心理背景。注重客观条件的史学家多半认为艾律森的"心理历史"(以心理分析的方式来阐述历史中举足轻重的人物)是一种心理学上的归约主义,也就是片面地夸大了心理分析解释力。不过,"认同"一词从 60 年代就在欧美学术界广为流传,几乎贯穿人文科学和社会科学的各种领域,目前的应用更为广泛:学科有学科的认同(比如美国的建筑学乃至哲学都遭遇过"认同危机");社群有社群的认同,比如美国的民主党,经过兼容并包的扩展历程之后,最自由、最保守的成员都纳入其中,目前也有"认同危机"的迹象;文化当然也有文化的认同。如果我们追问一个特殊文化的基本价值取向是什么,我们也就接触到该文化的认同内核了。

"文化"一词的指涉极广。凡是经过人工处理的,如新石器时代的石斧,即属文化。因此,经济、政治、社会、民俗、艺术、宗教、哲学等都与文化有关。50 年代美国人类学家克罗伯和克拉孔,检视了 160 多个关于"文化"的定义之后,把文化看作"成套的行为系统",而文化的内核则由"一套传统观念,尤其是价值系统所构成"。为了论说的方便,我们也许可以从三个层次来认识文化的内涵:一、实物(如石斧),二、社会的风俗习惯,三、"自我意识"的体现(如文史哲乃至科学技术的创造)。讨论"文化认同"应同时顾及到其理想的观念形态和其现实的具体结构,既不能无视其历史过程又不能轻疏其有机整体。

"文化认同"这一概念的提出强调了文化的特殊性和具体性。世界上不存在任何普遍而抽象的文化;固然,作为西方现代文化特色的民主和科学可以用超越欧美特殊文化的理型标出(在此我们必须进一步区分民主和科学在普遍化的抽象化可能性上的歧异),但是严格地说,西方文化应当落实到英国文化、法国文化、德国文化和美国文化的层次才能分析得比较精当。既然每个文化都有其特殊性和具体性,那么一个特殊而具体的文化应当有其个性。从一个文化的基本价值取向来掌握其个性,便成为探索该文化的内在统一性(也就是文化认同)的课题。

在把现代化等同于西化的时代,大家相信现代化这股西化浪潮势必把古今中西的差异熔为一炉,将来只有西方的现代文化不可能有任何其他类型的现代文化。殊不知,在所谓现代化即是西化的历程中,英国、法国、德国和美国都有其特殊而具体的文化认同。在费希特发表《告德意志同胞书》时(相当中国洋务运动的阶段吧),德国和英法相比是较落伍的新兴势力,可是德国的现代化不仅不是英法化,而且在意识形态和政治结构方面还和英法长期保持抗衡的关系。其实,英国由不流血革命而发展成君主立宪的稳定结构和法国经过大革命之后政局一直动荡不安的共和制度,即代表两种极不相同的政治文化。"五四"时代知识分子所认识的西方先进大国中最典范的要算殖民地遍布全球的大英帝国了。曾几何时,今天英国已变成历尽沧桑的没落王朝,照目前的趋势看来,如果英国在处理劳资纠纷、爱尔兰独立运动、种族冲突及青年人的享乐主义等大问题上不得法,将来要想和西班牙在国际经济竞争中决一高下就不很乐观,更不必提美国、日本和西德等工业强人了!以上这些散离的现象并没有什么特殊的信息可言,但至少说明了一点:在现代化的历程中西方多元文化所代表的是一些特殊和具体的实例(各有各的文化认同),而不是放诸四海而皆准的一般原则。

今天现代化的多元倾向已是有目共睹的事实。但是即使迟至 60年代,在美国专门研究现代化的"结构—功能学派"的社会学家仍坚持现代化是一单元的模式,甚至在行文时还常把现代化和美国化当作同义词来使用。无怪乎直到目前还有不少人把美国文化的特殊现象误认为现代化的必然归趋。现代化一词取代西化而在学术界广泛应用是近三十年的现象。要等到所谓后期工业社会出现了许多文化矛盾的例证,欧美学人才对现代化的价值和意义问题进行反思。这种反思被提到西方社会科学的日程上也只是近二十年的事。最近十年又有所谓后期工业社会即由工业社会转化为信息社会的过渡阶段的提法。现代化是否必须经过工业社会的阶段也变成了争论的课题。这个争论很有现实意义。假若我们判定农业人口减少和工业人口增加是现代化的重要指标,同时又决定以美国的农工比例作为高度现代化的准则,那么要等几个世纪中国的农民才会像美国一样降到不及全国人口 3% 的数字?假若必须如此才算先进,是否中国的现代化就遥遥无期了呢?难道中国一定走不出一条和西欧、美国,乃至日本大异其趣的现代化途径来?

应当指出,在今天国际风云变幻莫测的现代化进程中,19 世纪实证主义者把人类文明的发展规定为从迷信的宗教时代、经过形而上学的哲学时代、而进入科技时代的观点已不适用了。的确,任何单线的历史命定论都不能解释现代化的多元倾向。一般的理解是,现代化的推进必须建构在崭新的硬件(发达的交通电讯网、灵活的工业企管制度、稳固的财政金融系统、高效的中央和地方政府等等)和软件(开放的社会心理、丰富的文化生活、多样的文艺活动等等)两者之间巧妙配合的基础上。硬软两件如何在一个特殊而具体的文化中达到巧妙的配合就必须关注民族性格、社会心理和价值取向等重大课题。

从"文化认同"的角度来检视我们的民族性格、社会心理和价值取向,就不能武断地判传统文化为封建遗毒,不能用"强人政策"(或"弱者政策")来丑化曾在塑造民族性格、培养社会心理、规定价值取向方面发挥过巨大作用的精神资源,不能以西方现代文化的标准为标准,不能把传统文化当作业已死亡或僵化的历史陈迹,更不能盲目地反对传统。我们应当培养自知之明,对传统进行全面而深入的反思:认识其个性,了解其内含,体会其动源,掌握其来龙去脉,如此方能争取到评价的资格,才能开展批判继承的文化事业。儒学第三期发展的前景问题就是以此为先决条件而提出的。

儒学、儒家传统与儒教中国

儒教中国的现代命运极为悲惨,这已可以说是不刊之论了。但儒教中国是否因为科举制度的废除、专制政体的瓦解、宗法组织的崩溃就消亡殆尽了呢?"文革"时代所高唱的"破四旧"的口号,认为二十年的社会主义教育不仅没有慑服封建的牛鬼蛇神,而且孔家店的幽灵还大有借尸还魂的趋势,是否纯属虚构?今天,不少理论家和学术从业员经过对十年浩劫的沉痛反思,竟得出"文革"的反封建其实是最落伍、最狠毒的封建意识的突出表现的结论,这又是什么原因?"五四"时代打倒孔家店的呐喊,在今天深受反传统主义祸害的知识分子群中仍能引起如此巨大的共鸣,究竟是什么道理?

一般的理解是,阻碍中国强大、进步的潜势都和儒教中国的惰性有关:自然经济的保守思想是儒教中国重农轻商的组成部分,家族社会的封闭心理是儒教中国重礼轻刑的理论基础,权威政治的官僚主义是儒教中国重人轻法的必然结果。儒教中国的现代命运虽然悲惨,但它赖以残存的余威却像一条死而不僵的百足之虫紧紧地缠住多难的中国,使它不能腾飞。今天有血性、有灵觉的青年谁不真切沉重地体察到礼教的约束、权威的压迫、思想的禁锢和宗法的腐蚀?更严重的是,在民族的文化心理结构之中(也就是渗入我们的血液和骨髓之中,在我们的行为、态度以及信仰各层次起着决定性作用的领域里)还残存着许多有形无形的封建遗毒。这种在民族的"集体下意识"中根深蒂固的精神枷锁,用理智的光辉将其照察就困难重重,要想根本铲除任务更艰巨,而且只有通过知识分子群体的批判的自我意识的涌现才能达成。这就牵涉到如何正确对待儒家传统的问题了。

列文森判定儒教中国的没落确是如实的现象描述。但他似乎忽视了没落的儒教中国在中华民族的文化心理结构中尚潜存着无比的威力。当他在 60 年代初期得悉国内举行孔子学术讨论会并对孔子作出肯定评价时,他即断言这不过是儒教中国寿终正寝之后,把孔子"博物馆化"的一项没有什么政治意义的文物措施罢了。可是等到"文化大革命"突然爆发,运动的矛头又指向儒家传统的时候,他困惑了:难道早就宣告死亡的历史陈迹居然也有如此巨大的现实涵义?即使批判儒家传统纯属政治斗争,这个传统的象征意义和当今中国的政治文化仍有密切的关系。可惜列文森在"文革"前期就去世了,如果他能亲睹中国近十年在意识形态方面的发展,他还会坚持《儒教中国及其现代命运》的结论吗?

"儒教中国"可以理解为以政治化的儒家伦理为主导思想的中国传统封建社会的意识形态及其在现代文化中各种曲折的表现。这也是国内一般所理解的封建遗毒。根据前面所提从三个层次来认识文化内涵的观点,"儒教中国"或封建遗毒是属于风俗习惯的课题,和儒家传统应有分疏。社会风俗习惯,由于长期的积累和积淀,有一种沉重的惰性,很不容易彻底变革。同时,一种价值、一个观点或一组行为既然成为风俗习惯,必有其合理的成分而且已在广大的群众中树立起神圣的权威,要想自觉地、主动地移风易俗,需要通过精心设计的教育程序,只靠说理是不能达成的。比如我们认识到培养开拓型的人才在改革事业中有举足轻重的作用,决定予以大力宣传,但要想改变社会上认为好孩子是"乖、听话、顺从"的风气,就不能只停留在盲目批判孔夫子讲究"温、良、恭、俭、让"的层次上。试问我们如果真相信文明礼貌和开拓型的人才不相容,那么我们是否应当提倡不排队买票、不爱惜公物、不体谅他人的现代伦理来取代谦虚、朴实的落伍道德? 据说开拓型的人才必须在性格上有强烈的竞争意识,在思维方法上有强烈的求异欲望,而且有一种强烈的要求表现的本能。表面上看,这些素质似乎和儒家谦谦君子,求同存异和慎独修身的教言截然相反,但是,我们应当注意,竞争意识不应堕落到欧美青年习称的"老鼠竞赛",因为如果竞争意识的格调不高,即使名列前茅也还是只老鼠;求异欲望固然可以另创天地,但是有深厚基础(也就是有训练有纪律)的创造精神毕竟和哗众取宠的出怪大不相同;表现的本能是有积极意义的,但没有自知之明的炫耀和实事求是的精神就有距离了。这些例子足以说明移风易俗绝不是一时兴之所至即能讲得清楚的课题。要想攻击已经成为风俗习惯的常识,我们不能不从正反两方面设想。

深一层来看,消除封建遗毒的利器不仅来自西方现代文化,而且来自儒家传统的本身,首先,我们必须认清,儒家传统和儒教中国既不属于同一类型的历史现象,又不属于同一层次的价值系统。儒教中国随着专制政体和封建社会的解体,也就丧失了既有的形式,目前在中国人的文化心理结构中仍有无比威力的封建遗毒,很可以理解为儒教中国在政治文化中仍发生消极作用的幽灵亡魂。要对付这些牛鬼蛇神靠西方请来的洋道士也许还不能胜任,必须借助中土独具的至大至刚的正气。这个话怎么讲呢? 禅宗的《指月录》有一段很有启发性的语录:

> 法眼问大家:"老虎脖子上的金铃谁能解下来?"大家回答不出。正好泰钦禅师来了。法眼又问这个问题。泰钦禅师说:"系上去的人能解下来。"

如果封建遗毒确是儒教中国惹的麻烦,那么这个症结还是要靠儒家传统来解决。不过,解铃和系铃人虽然都是通称的儒家,但一个是尚未经历自觉反思(也就是没有开悟)的凡夫俗子,一个是已能主动地批判地创造人文价值的知识分子。固然,解铃还是系铃人,可是其中真伪必须明辨。

儒学在汉武帝时定为一尊,《白虎通议》以三纲五常为主线所建构的儒教中国和孔孟之道所体现的人文精神确有联系。但我们回溯这段历史总不能得出孔子仁智双修的为己之学和孟子深造自得的大丈夫精神必然导致汉代王霸杂用的政治文化吧? 董仲舒以天人感应的学说为专制政体厘定一套超越王权的大经大法和公孙弘以曲学阿世的手段开辟利禄之途也应当有所区分。元代王室尊奉朱学为官学,我们不能说朱子的哲学是在意识形态上为蒙古入主中原预先作了准备。如果说宋明理学是为封建社会服务的奴化人民的礼教,那么王阳明乃至其后学,包括王艮、何心隐、李卓吾,竟掀起反对礼教的狂风暴雨又作何解释呢? 17 世纪启蒙运动的健将黄宗羲、顾炎武和王夫之不是明末三大儒吗? 如果儒教中国是提倡吃人礼教的恶魔,那么戴震所承继的儒家传统怎么又是唤起知识良心正视"以理杀人"的进步思想呢?

孔子、孟子、荀子、董仲舒、周敦颐、张载、程颢、程颐、朱熹、许衡、吴澄、王阳明、刘宗周、王夫之、黄宗羲、顾炎武、戴震等等,都是通过自觉反省、主动地批判地创造人文价值的优秀知识分子。他们是儒家传统的塑造者。要想彻底清除封建遗毒,我们不妨先认识儒者的真面目、了解他们的价值取向、体会他们的精神资源,这样我们才能取得评价他们历史功过乃至现实涵义的权利,也只有如此我们方能展开批判继承的文化事业。

儒家传统具有两千多年的历史,不仅是中华民族文化认同的基础,而且根据日本京都大学岛田虔次教授的提法,也是东亚文明的体现。这个传统,既成为中国学术思想的主流和中国知识分子的共信,又通过各种渠道(包括"贤妻良母"的身教和"乡约社学"的潜移默化)而渗入民族文化的各个阶层。即使民间的说唱文学、戏曲、格言、善书也都深受其影响。可以说,儒家传统是中国民族文化的构成要素,在人伦日用之间起着决定性的作用。

不过,儒家传统在先秦百家争鸣的诸子时代只和道、墨、法等家并列,没有成为一枝独秀的显学。就是在罢黜百家、独尊儒术的汉代,儒家的五经虽然获得官学的正统地位,阴阳五行、养生方伎和黄老治术等思想在朝野都有极大的影响力。魏晋南北朝时代,即使门阀名教的势力犹存,儒学寝微则是有目共睹的史实。在魏唐佛学大盛时期,儒家经学和礼学的发展并没有中断,但中土最杰出的思想家多半是皈依佛法的大师大德,儒门淡泊的现象竟维持了好几个世纪。宋元明清是理学鼎盛的阶段,但在儒学复兴的宋代,中国南北分裂长达百年,北方的经学和文学(金代文化)和周程张朱的身心性命之学了无关涉。元代把朱熹的《四书集注》定为取士的标准,其官吏制度也打上了儒家文治的烙印,但道教、喇嘛教乃至各种民间宗教都大行其道,儒家传统的影响并不突出。明清两代颇有以儒术治国的倾向,科举取士、圣谕乡校、尊孔读经都是崇尚儒学的表现。但描述当时的宗教气候和精神文明不能忽视净土佛教、禅宗、白莲教以及林兆恩的三一教等在社会基层广为流传的情况。这些例证明确表示,儒家传统虽是中国学术思想的主流但绝不能以儒学来涵盖中国民族文化。

应当指出,儒家传统因为只是中国民族文化的构成要素,所以它所指涉的范围远较中国民族文化要狭隘,然而正因为儒家传统也是东亚文明的体现,它的影响圈又不仅限于中国民族文化的圆周里。因此,儒家传统不但是中国的,也是朝鲜的、日本的和越南的。如果把海外华人社团的价值取向也列入考虑,那么,广义地说,儒学传统也是新加坡的、东南亚的、澳洲的、欧美的。其实,儒家传统在中国民族文化范围内发展的态势固然对其现代命运有决定性的影响,但儒家传统既然已有更普遍的意义,它在中国民族文化圆周内运作的轨迹就不应是其历史进程的全部内容。我们要想一窥全豹,还得拓展更广阔的视野。

举一个历史现象即可说明问题。在中国宋明儒学发展的过程中,朱学成为官学之后,阳明心学在 16、17 世纪以解放思想、培养开拓性人才的姿态横扫思想界,取代了程朱理学的统治地位。这个史实曾诱导中国哲学史家得出心学兴起而理学衰颓的结论,甚至认为程朱性理之学那套僵化的教条主义是抵挡不住这种强调主观能动性的陆王身心之教的。可是我们如果检视朝鲜儒学的发展趋势,便会发现 16、17 世纪的李朝大儒,如李滉(退溪)和李珥(栗谷),不仅创造性地转化了程朱理学而且站在认识中国陆王心学大盛的基础上,继续承接并发扬了程朱理学。不管我们如何评价朝鲜儒学,有了这层理解,我们至少不能武断地判定程朱理学被陆王心学所取代是儒学发展的必然规律。

我们正视儒学研究的重要性,一方面想要指出儒家传统是和中国民族文化中许多其他的大、小传统之间经历了既排斥又吸收,既抗争又融合的长期过程才使其文化认同的内核变得丰富,变得博大精深的。我们应当以平实的史学家的态度配合开放的哲学家的心灵,来对这人类文明史中多彩多姿的一页作出现象学的描述;另一方面为的是把儒家传统(主要是由孔子以来用全副生命在现实人生中体现儒学精义的知识精英通过群体的、批判的自我意识而创造出来的)和儒教中国区分开来。把儒教中国弄成半封建半殖民地、也就是东亚病夫这步田地,儒家传统是要负责任的。但必须认识到,儒家传统也是使得中华民族"苟日新、日日新、又日新"的泉源活水;它是塑造中国知识分子那种涵盖天地的气度和胸襟的价值渊源,也是培育中国农民那种坚韧强毅的性格和素质的精神财富。

儒学第三期的发展

提出儒学第三期发展的前景问题是针对列文森在《儒教中国及其现代命运》一书中断定儒家传统业已死亡一结论而发。列文森的观点前面已简略地介绍过。值得强调的是他根据特别观点而获得明确结论的思想背景。列文森是虔诚的犹太教徒。他分析儒家传统在中国现代史中没落的现象,作出悲观的评价,不仅没有任何幸灾乐祸或隔岸观火的心理在作祟,而且是在极沉痛和哀悼的悲愤之中进行这项历史解析的。的确,他是在深深地忧虑自己关切的犹太传统如何接受现代化挑战的悲愿中来研究"儒教中国及其现代命运"的。列文森虽然是一位从来没有旅游过中国名山大川的汉学家,但他对中国文化,特别是儒家传统,却有浓厚的感情。他的学生说他在敲撞儒家丧钟时常有流泪泣血的悲痛之感,也许没有夸张。他深刻地意识到,儒家人文主义经不起现代化中科学化、专业比和技术化的考验,正意味着犹太传统也势必遭到类似的命运。推广来说,列文森的忧虑是所有人类精神文明的传统包括基督教、回教、印度教乃至希腊哲学的现代命运。

列文森曾引用过一个发人深省的犹太故事。在传统尚未开始没落的时代,在进行祭祀的当儿,主祭者一举一动的象征意义,参与祭祀的人都能一目了然,他们都知道怎样行礼,也都知道为什么要那样行礼。经过了一段时间,传统逐渐没落了,主祭者和与祭者虽然还能循规蹈矩地进行祭祀,他们对于为什么要那样做的理由已相当模糊。等到传统已衰亡的时代,祭祀不再举行了,大家只剩下了祖先们曾如此这般的记忆而已。现代化是一把摧毁传统的利器,没有任何精神文明可以幸免。

最近二十年来,欧美学界掀起一股重新估价各种现代化理论的浪潮,好像"现代化"这一概念本身也出现了严重的认同危机。至少,坚持下列观点的学人明显地锐减了:代表现代化的科技、企管等各式各样的新兴专业必然取代精神传统,而把全世界浓缩成一个统一规划的物质文明。相反地,愈来愈多的社会科学家,或从宏观的现象分析或从个人的价值取向,不仅肯定而且强调源远流长的精神传统。他们一致认定德国哲学家雅斯贝尔斯所称"轴心时代"的主流思想,如印度的兴都教(印度教)和佛教,中东的犹太教和以后发展出来的基督教及伊斯兰教,希腊哲学以及中国的儒家和道教,既然是人类共有的精神遗产,就应当成为现代文明的组成要素。60 年代以前对精神传统所作的反思多半是从配合现代化这股不可抗拒的大趋势而设想的。好像精神传统的价值必须从其对现代化过程的积极作用这个功能的坐标系统中才能获得衡定。今天,站在某种精神传统的基础上,对现代化进行批判认识的学者却大有人在。传统和现代已不是绝然分割的两个概念;从传统到现代也不能理解为单线的进程。我们固然可以站在现代科技文明的高度来评价传统的得失,我们也不妨以传统的理想人格来批判现代专家学者的狭窄。人类文明的发展是曲折的、辩证的。肤浅的现代主义和顽固的传统主义都不足以照察这曲折而辩证的洪流。

雅斯贝尔斯提出"轴心时代"一概念时,是站在一个哲学史家的立场,对在公元前一千年即已开始的人类文明的大突破进行提示性的考察。70 年代的初期,美国艺术及科学学院以雅斯贝尔斯的提法为基调举行了一个以欧美学者为主的国际会议。哈佛大学的史华慈教授提出"超越的突破"一概念来描述轴心时代主流思想的特色。根据他的论点,上帝、梵天和天命等大观念的出现显示了这一阶段人类文明发展史的共同趋向:即是把思想的焦点集中在体现"超越"的价值上。不过,近五年以来,学者们对这个论点提出了异议。突出超越性的解析模式既不能通用于中国的儒道,也和佛教的舍离与澄空大不相契。"超越的突破"一概念似乎是立基于犹、耶、伊斯兰三教而提出的论据,颇有以"一神论"为中心的意味。比较平实的提法是把"对终极问题进行反思"这个文化色彩不鲜明的心智活动作为轴心时代主流思想的特色。由于反思的途径不同,表现的精神文明的形式也大异其趣。犹太教突出"上帝"观念,以之为一切价值的泉源是一种形式;希腊哲学家从追寻宇宙的最初根源和物质的最后基础而导出"逻各斯"和"第一因"的观念是另一种形式。兴都教的真我、梵天以及佛教的苦集灭道虽然都是印度文化的体现但其间的分别似较联系更为紧要。至于兴都教或佛教的价值取向都不能用"一神论"的观点来涵盖,这一点是更可以肯定了。中国的儒道两家也有类似的情况。因此,轴心时代的主流思想,是多元的这个命题逐渐为大家接受。

假若多元的"轴心文明"在 20 世纪的末期都还有历久弥坚的生命力,甚至放眼 21 世纪,它们好像仍然方兴未艾,那么列文森的忧虑,乃至他对儒家传统的哀悼是否过分悲观了呢?提出儒学第三期发展的前景问题正是要说明,从"五四"时期的西化论知识分子到列文森一代痛惜传统没落的知识分子对现代化和传统之间的复杂关系好像隔了几重公案,这既是时代的局限性也是学术界主动地自觉地坚持一种观点,即现代化必然和传统决裂的结果。列文森的悲观(在感情上不愿意看到传统的没落,在理智上又不能不得出传统必然没落的结论)和"五四"知识分子的乐观(传统可以像包袱般一扔了之)虽然形成一个鲜明的对比,但他们对传统,特别是儒家的传统的理解和对现代化,特别是以科技为核心的现代文明的认识,颇有相似之处。在他们看来,儒学绝对不可能有第三期发展的前景。

所谓第三期,是以先秦两汉儒学为第一期,以宋元明清儒学为第二期的提法。这种分期并没有历史的必然性,也未必是最妥善的方法。

先秦和两汉的儒学之间就有法家和黄老之术所造成的鸿沟。魏晋南北朝是儒学寖微的时代,坚持名教的领导权威固然推尊儒学,即使崇尚自然的哲人如王弼、郭象和贤士如阮籍、嵇康也都不妄薄周孔,至于南渡的士族大姓更自觉地以叙族谱、定家法的措施来维系礼教(这里的礼教是指以发挥礼乐教化的感染作用来延续华族文化生命的社会机制)。另外,儒家经学研究在这个时代里也有显著的成绩。隋唐儒学以经学和礼学为特色,正是魏晋南北朝儒学进一步的发展。隋末大儒王通(文中子)的历史性曾在中外汉学界引起争议,不过《贞观政要》所体现的儒术很值得我们精心剖析。即使魏征等唐初杰出的政治家未必是把王通经世思想付诸实行的儒门信徒,然而他们以礼治国的精神和以王者师,至少是以帝皇诤友自立的气魄,在中国政治文化史中是儒家传统的光辉表现。这点应当没有什么争议。

北宋的儒学复兴必须溯源到韩愈和李翱。他们提出道统和心性的课题确为北宋六先生(周敦颐、司马光、张载、程颢、程颐、邵雍)打开了一条从儒学发展内核谈身心性命之学的先河。不过,唐末和宋初是中国经济、政治、社会和文化各方面都发生巨变的关键时期。根据日本汉学家内藤湖南(虔次郎)的解析,唐宋之交是中国古代和近代的分水岭:贵族制度的崩溃,士大夫阶层的建立,专制政体的完成,江南地区的繁荣,商业资本的兴起,都市化现象的出现都是例证。

宋代儒学的复兴究竟象征什么?象征后期封建社会官方意识形态的强化,还是象征贵族制度崩溃后,由通过科举考试而参与政权的士大夫阶层所代表的新社会的共同意识?

再说,北宋六先生的儒学虽然因为集大成的朱熹而成为南宋的显学,北方的金代儒学在辞章和注经方面有特殊的贡献也不容忽视。元代统一中国，把程朱理学带到北方而且以朱熹的《四书集注》为考试的标准之一，开明朝以朱学为科举取士之蓝本的先河。平常，我们习称宋明理学，殊不知宋明之间的元代儒学（连同金代儒学）曾有一个多世纪独立发展的历史。如果我们把和明代同时的朝鲜儒学也列入考虑的范围之内，情况就更复杂了。一般的印象是，儒家传统是个庞大（有人说庞杂）的系统，这点是可以肯定的。

近年来，海内外的学者不约而同地比照西方近代史的发展阶段，把17 世纪中国思想界的蓬勃现象称之为"启蒙运动"。根据这个看法，满清入关之后，以程朱理学为官方意识形态的控制系统便成为启蒙运动遭受"挫折"（岛田虔次：《中国现代思维的挫折》）的重大理由。固然，17 世纪的"实学"（包括从西方引进的质测之学和关心国家天下大事的经世之学）可以理解为对空谈性命的王学末流的批判，但是如果把实学家和宋明儒学家当作对立面来处理，那就难免会犯范畴错置的谬误了！至于清代儒学，特别是乾嘉朴学的兴起应当从宋明理学发展的内部规律（比如程朱和陆王有关尊德性及道问学的争议）或从满清高压控制的外部条件来理解，那就更是众说纷纭了。

像以上所提有关儒家传统中尚无定论的课题还相当多，可谓俯拾即是。有这么些必会继续引起争议的历史悬案显示儒学的多样性，真是"横看成岭侧成峰，远近高低各不同"了。可是，我们虽然"不识庐山真面目"，但既然对其发展的大关节有所认识，也就把先秦两汉及宋元明清当作儒学史中的两个高峰峻岭。如果有人根据不同的观点把儒学史分成四、五乃至更多的阶段并且提议大家来讨论，第五、第六或第九期发展的前景问题我们也不必执着"第三期"的提法。本来，分期是为了讨论方便起见而运用的权宜之计，并没有定然的客观有效性。

不过，我们应当正视宋、元、明、清时代儒学的复兴（也就是我们所界定的儒学第二期的发展）在比较哲学、比较宗教学和比较文化学的领域里都有深厚的意义。在欧洲史中，只有马丁・路德的新教改革堪与伦比。60 年代，当时在哈佛任教，目前担任加州大学柏克莱校区社会系讲座教授的罗勃特・贝拉先生，在一篇极有影响的论文中指出，从比较宗教学的立场来看人类文明的进化，只有基督教经过了马丁・路德的改革才从中世纪的信仰转化为推动西欧资本主义的精神泉源。其它的历史宗教(也就是前面所提的"轴心时代"的精神文明)好像都没有起过促进现代化的作用。这个解说的理论根据来自麦克斯·韦伯。我们现在不必详扣韦伯名著《新教伦理和资本主义精神》的理论体系。值得一提的是他把马丁·路德改革以来方出现的基督教的工作伦理视为西欧工业资本主义兴起的重大原因。这种推理是建构在一个极为精巧的悖论上:卡尔文教派因强调宿命论反而激发了教徒们在拓展企业上奋勉精进而在日常生活中刻苦耐劳的清教徒精神。这种发自内心深处的律己和勤奋原是为了体现上帝恩宠的,但其非神学所预期的社会效验却是资本主义的形成和发展。我们姑且不问韦伯理论的功过,但他把新教伦理和资本主义精神联系起来,确有发人深省之处。近年来,贝拉教授已修正了他唯独基督教才和现代文明有特殊关系的论点。宋明儒学根据他已修正的看法可以说也是一种有创造转化功能的意识形态,因此和中国乃至东亚的现代化有密切的关系。把宋明儒学理解成阻碍中国"启蒙运动"向前推进的精神枷锁,是把儒教中国和儒家传统混为一谈之后所导致的结论。其实"启蒙运动"的健将无一不是儒家传统的成员:晚明三大思想家黄宗羲、王夫之、顾炎武不待说,躬行实践的颜元及其弟子李塨和痛斥"以理杀人"的戴震也不例外。要想把17、18世纪开拓型的知识分子划到儒家门墙以外,就好像要把狠批教会腐化的丹麦神学大师基尔凯郭尔排出基督教的行列。

不必讳言,儒学第二期的发展是中国19世纪中叶以来因受西方的撞击和挑战而被迫走上一条曲折坎坷的现代化道路的重要"背景理由"。然而,若要进行比较深刻的历史反思,我们不能只注视19世纪后期才出现的困境,就得出宋明儒学在中华民族文化中所起的作用以及所有的功能都属消极的结论。概括地说,儒家传统成为东亚文明的体现是经过了13世纪的中国、15世纪的日本几个漫长而艰苦的阶段。儒家传统所塑造的价值取向:其内在逻辑是什么?其本体—宇宙论的基础又是什么?其理想人格如何培养?其认识方法又如何掌握?是个很值得探索的课题。我们可以从认识儒家的价值取向着手,来理解儒家的文化认同;也许我们永远没有一窥儒家真面目的福分,但既然身在其中,我们不能放弃提升自我意识和加强自知之明的权利,也不能逃避承担过去和策划将来的义务。

前 景 问 题

环视我们这个变幻多端的世界，一种忧患意识的出现确是 20 世纪人类自我认识的特色。凡是科技万能和资源无穷等人定胜天的乐观主义，在成长极限和生态平衡等新人文主义的照察之下，即显得肤浅而片面。人既是万物之灵又是足使天地同归于尽的恶魔。轴心时代主流思想所体现的精神文明经过几近三千年的努力所积累的人生智慧，很可能被掌握在我们手中的爆破力毁之一炬。以动力横决天下的西方现代文化为人类创造了史无前例的富强，但也把人类带到了永劫不复的地狱边缘。因此为人类的继续生存和全体福祉寻求一条可行之道已成为东西方知识分子进行比较文化研究的共同意愿。

由于交通电讯、大众传播、旅游观光和商品供销等现代企业的急速发展，地球显得愈来愈浓缩。人种与人种、社会与社会、文化与文化之间的交流和渗透频繁之后，求同存异的普遍性和求异存同的特殊性都一起涌现。综观人类文明发展史的全幅历程，我们生存的 20 世纪可以说是大整合及大分裂都达到史无前例的程度。远在天边即在眼前的经验，通过卫星电视已是世界各地人民司空见惯的常识。不论从能源枯竭、环境污染乃至核战威胁的危机意识或从和平共存、同舟共济乃至天下为公的大同精神立论，全球各地已普遍出现了整合的倾向，意味着东西南北表面上迥然异趣的地带都将成为一个复杂而庞大的世界体系中的有机组成部分。跨国公司不过是这种倾向的侧面之一。

和这种倾向冲突、矛盾但却同时出现而且继续并存的另一现代文明特色即是大分裂。在纽约，足不出户毫无旅游经验的坐贾，可能和经常奔波道途每月往访东亚的行商住在同一层楼的公寓里。诺贝尔物理奖得主的邻居可能是深信上帝在七天之内创造世界的基督教根源主义的信徒。情同手足的兄弟因为政见上的歧异或商业利益的冲突而成为路人的现象也相当普遍。这都表示像纽约那样体现现代文明的大都会，不是一个有机整合的社群而是由无数不同价值、不同信仰、不同种族、不同语言的群体和个人所形成的社会。在 60 年代初期，美国知识界还强调大熔炉的观点。近来，取而代之的是寻根意愿的强化。因此象征美国精神的图案已不是被主流同化，也就是被以盎格鲁—撒克逊后裔为主的信仰基督新教的白种人的文化所消解的大熔炉,而是由各种族、各文化共同镶嵌的多彩多姿的艺术精品。这种不求必同而希望在异中发现共性的意愿是想综合特殊性和普遍性所作的一种努力。

置身于目前全球各地都出现了整合与分裂两种冲突乃至矛盾现象互相影响、互相转化的情境中,来考虑儒学第三期发展的前景问题,既非含情脉脉地迷恋过去也不是一厢情愿地憧憬将来,而是想从一个忧虑意识特别强烈的人文传统的现代命运来认识、了解和体会今天中国、东亚乃至世界文化认同。既然儒学第三期发展的前景是以问题的形式标出,我们就提出三个具体的问题,作为本文的结语:

一,在中国,为了坚持开放政策,为了推展四个现代化,为了赶上西方先进诸国的经济水平,为了建设中国式的社会主义文明大国,深入广泛地批判封建意识形态是有浓厚现实意义的思想工作。儒家传统能否超脱保守主义、权威主义和因循苟且的心理而成为有志青年的价值泉源是其能否进一步发展的必要条件。这项工作极为艰巨,真可谓头绪纷繁无从下手。但如何引得其源头活水来是中心课题。

比如,社会上流行着批判"中庸之道"的观点,以为这是"我们几千年来的'大国粹',随大流、怕冒尖、取法于中"。其实,用这种"人怕出名猪怕壮"的世俗观点来责备儒学精义是把孔孟痛恨的"乡愿"当作中庸之道的见证者;把刺而不痛、麻木僵化的"德之贼"和体现"执着"的道德勇气和在复杂的条件中取得最佳配合的道德智慧的儒者混为一谈。如果我们不甘愿停留在"文革"时代的理论水平,我们就不应盲目地把"枪打出头鸟"之类的俗见和儒家传统中的金科玉律相提并论。当然,即使是儒家传统中的金科玉律可以乃至应当扬弃的必然很多。不过这要靠较高水平的理论解析才能完成任务。扬弃的工作必须立基于批判继承的事业上才不致堕入莎翁所谓"满是音响和愤怒,毫无意义可言"的格套之中。"中庸之道"确是儒家传统中值得汲取的源头活水,但"哀莫大于心死",如果一个人已经死心塌地坚信"中庸之道"就是他所理解的那样,而且作为儒家《四书》之一的《中庸》是不屑一顾的老古董,那么至少对他而言"中庸之道"已经没有任何说服力了。

二,在东亚,不少知识分子(特别是在经济发展、政治文化、社会心理、价值系统等学术领域里从事科研的专家学者)已意识到儒家传统在工业东亚的五个地区:日本、韩国、中国台湾、中国香港和新加坡发挥了导引和调节的作用。具体地说:儒家传统从重视全面人才教育,提倡上下同心协力、培养刻苦耐劳的工作伦理,和强调为后代造福等侧面树立了一个东亚企业精神的典范。目前,因为国际市场的外在压力和国内企业结构本身的弊病,除日本之外的东亚五条龙正面临着二次世界大战以来最严重的经济危机。儒家传统所体现的勤劳、沉毅、坚韧及勇猛精进的优点更是不可或缺的精神资源。

儒学研究在今天东亚的学术界已蔚然成风,但是,如何摆脱政治化的枷锁(也就是说不成为少数既得利益者控制人民的意识形态)和狭隘的实用观点,站在较高的思想水平,以较广的文化视野来探究儒学传统的价值取向是儒学能否进一步发展的先决条件。

三,在欧美,儒学作为一种哲学的人学,不仅是学术界的科研课题也是注意通才教育、道德伦理和人文思潮的知识分子所关切的学说。但和耶、犹、伊斯兰、印、佛及希腊哲学相比,儒学在西方可以说还是个未知数。不过,正因为如此,儒学研究可以在和现实牵连较少的"象牙塔"里推展,不失为一种养精蓄锐、隔离沉思的机缘。可是,儒学研究必须从不探求价值、不深扣哲理、不研究宗教的传统汉学的实证和实用主义里解脱出来,和西方的社会学家、哲学家、神学家和比较宗教学家进行长期而全面的对话,严格地说,儒学能否对今天国际思潮中提出的大问题有创建性的反应,是决定其能否在欧美学术界作出贡献的重大因素。

儒家传统是入世的,但又不属于任何现实的权力结构。它和中国乃至东亚社会复杂的关系网络有千丝万缕的联系,但它又不只是中国和东亚社会的反映。儒家传统没有教会、庙宇、道观之类的组织,但它却成为塑造中国知识分子文化认同的主导思想。儒学是对人的反思,是知识分子自我意识的体现。从事儒学研究因此不仅是离世而独立的学究工作,但更不能随俗浮沉,沦为政治权力结构中的奴仆。儒学要有进一步的发展,必须接受西化的考验,但我们既然想以不亢不卑的气度走向世界,并且以兼容并包的心胸让世界走向我们,就不得不做番掘井及泉的工夫,让儒家传统(当然不排斥在中国文化中源远流长的其他传统,特别是道家和佛教)的源头活水涌到自觉的层面。只有通过知识分子群体的、批判的自我意识,儒学才有创新和进一步发展的可能。

结　语

国内最近这三五年来掀起了一股对中国传统文化进行反思,对东西文化进行比较研究的浪潮。中国哲学史范畴体系的探究,对中国人的思维方式,特别是辩证法的体察,对先秦诸子、两汉经学、魏晋玄学、隋唐佛教及宋明理学的综述,对中外文化交流史的分析,对主流思想家的评介,对民间宗教及少数民族风俗习惯的描绘,对中国人的美感经验、伦理关系和文化心理结构的阐释,对中国理想人格(圣贤、真人、君子、仁者等)的认识,对中国文学理论及文学批评的讨论,都意味着学术界、知识界和文化界在对中国传统文化进行反思时,不论是在选题、方法、进径上都出现多样性。这种从多侧面、多渠道、多角度来了解传统的开放心灵是导致出版界生气蓬勃的主要原因。

在这个崭新的形势中,提出儒家第三期发展的前景问题,为的是把中国传统文化中受政治化最彻底、受批判最惨烈而且争论性最大的传统也提到学术、知识和文化界的日程上,为关切中华民族文化认同的中外人士多提供一个对话的课题。不过,这个课题所牵涉的层面极广,挂一漏万是难免的。如何从散离的点,连接成线,进而构成面面顾到的有机整体,是我们努力的方向和目标。

1985 年 8 月于庐山

〔录自"文化:中国与世界"编委会编:《文化:中国与世界》(第二辑),生活·读书·新知三联书店 1987 年版。原载香港《明报月刊》1986 年第 1—3 期。〕

参 考 文 献

一、著作

1.陈焕章:《孔教论》,孔教会发行,上海:上海商务印书馆,1912 年。

2.张君劢等:《科学与人生观》,上海:亚东图书馆,1923 年。

3.郭梦良编:《人生观之论战》,上海:泰东图书局,1923 年。

4.吴宗慈:《中华民国宪法史》,上海:大东书局,1924 年。

5.马芳吉:《中国文化建设讨论集》,上海:上海国音书局,1936 年。

6.麦发颖:《全盘西化言论三集》,岭南大学学生自治会,1936 年。

7.张君劢:《明日之中国文化》,上海:商务印书馆,1936 年。

8.梁启超:《饮冰室合集》,上海:中华书局,1936 年。

9.马一浮:《泰和会晤》,复兴书院木刻本,1940 年。

10.中国哲学会、中国哲学研究委员会主编:《新唯识论》(语体文本),重庆:商务印书馆,1944 年。

11.侯外庐:《中国古代思想学说史》,文风书局,1944 年。

12.行政院新闻局编印:《新生活运动》,1947 年。

13.陈雯登编:《新生活实践》,北京:中华书局,1947 年。

14.侯外庐、赵纪彬、杜国庠:《中国思想通史》(第一卷),北京:人民出版社,1957 年。

15.中国科学院山东分院历史研究所编:《孔子讨论文集》(第一集),济南:山东人民出版社,1961 年。

16.《哲学研究》编辑部编:《孔子哲学讨论集》,北京:中华书局,

1962 年。

17.关锋、林聿时:《春秋哲学史论集》,北京:人民出版社,1963 年。

18.马一浮:《泰和会晤》,台湾广文书局影印本,1964 年。

19.杨荣国:《中国古代思想史》,北京:人民出版社,1973 年。

20.中国科学院近代史研究所中华民国史组编:《中华民国史资料丛稿·特刊》(第 1 辑),北京:中华书局,1974 年。

21.肖继宗编:《革命文献》(第 68 辑)《新生活运动史料》,台湾中国国民党中央委员会党史委员会,1975 年。

22.赵纪彬:《论语新探》,北京:人民出版社,1976 年。

23.李镜池:《周易探源》,北京:中华书局,1978 年。

24.汤志钧:《章太炎年谱长编》,北京:中华书局,1979 年。

25.中国社会科学院近代史研究所资料编辑组编:《五四爱国运动》(上、下),北京:中国社会科学出版社,1979 年。

26.中国社会科学院近代史研究所编:《五四运动回忆录》(上、下),北京:中国社会科学出版社,1979 年。

27.中国社会科学院近代史研究所编:《五四运动回忆录》(续),北京:中国社会科学出版社,1979 年。

28.方东美先生全集编纂委员会编辑:《生生之德》,台北:黎明文化事业公司,1979 年。

29.高亨:《周易大传今注》,济南:齐鲁书社,1979 年。

30.中国社会科学院近代史研究所第二历史档案馆编辑部编:《五四爱国运动档案资料》,北京:中国社会科学出版社,1980 年。

31.藩仲云:《中国本位文化建设讨论集》,台湾:帕米尔书店,1980 年。

32.山东大学历史系编:《孔子及孔子思想再评价》,长春:吉林人民出版社,1980 年。

33.傅孟真先生遗著编辑委员会编,陈盘等校订增补:《傅斯年全集》,台北:联经出版事业公司,1980 年。

34.唐君毅:《唐君毅全集》(卷二十三),台北:学生书局,1980 年。

35.《中国哲学》编辑部:《中国哲学》(第三辑),北京:生活·读书·新知三联书店,1980 年。

36.刘述先:《中国哲学与现代化》,台北:时报文化出版公司,1980 年。

37.鲁迅:《鲁迅全集》,北京:人民文学出版社,1981 年。

38.汤志钧编:《康有为政论集》,北京:中华书局,1981 年。

39.金景芳:《古史论集》,济南:齐鲁书社,1981 年。

40.萧萐父、李锦全主编:《中国哲学史》(上卷),北京:人民出版社,1982 年。

41.中国社会科学院哲学研究所编:《中国哲学年鉴 1982》,北京:中国大百科全书出版社,1982 年。

42.章太炎:《章太炎全集》,上海:上海人民出版社,1982—1986 年。

43.顾颉刚:《古史辨》,上海:上海古籍出版社,1982 年。

44.钟离蒙、杨凤麟:《中国文化问题论战》,《中国近现代哲学史资料汇编》(第 2 集第 6 册),1982 年。

45.郭沫若著作编辑出版委员会编:《郭沫若全集·历史编》(第 2 卷),北京:人民出版社,1982 年。

46.余英时:《史学与传统》,台北:时报文化出版公司,1982 年。

47.蔡仁厚:《新儒家的精神方向》,台北:学生书局,1982 年。

48.方东美:《原始儒家道家哲学》,台北:黎明文化事业公司,1983 年。

49.钟离蒙:《中国现代哲学史资料汇编续集 第九册 东西文化论战》,沈阳:辽宁大学出版社,1984 年。

50.王德昭:《清代科举制度研究》,北京:中华书局,1984 年。

51.高亨:《周易古经今注》(重订本),北京:中华书局,1984 年。

52.高平叔编:《蔡元培全集》(第二卷),北京:中华书局,1984 年。

53.蔡仁厚:《宋明理学:北宋篇》,台北:学生书局,1984 年。

54.中国社会科学院哲学研究所编:《中国哲学年鉴 1985》,北京:中国大百科全书出版社,1985 年。

55.牟宗三:《道德的理想主义》,台北:台北学生书局,1985 年。

56.韩达编:《评孔纪年》,济南:山东教育出版社,1985 年。

57.李泽厚:《中国古代思想史论》,北京:人民出版社,1985 年。

58. 中国社会科学院哲学研究所资料室编:《孔子研究论文著作目录(1949—1986)》,济南:齐鲁书社,1987年。

59. 刘述先编:《儒家伦理研讨会论文集》,新加坡:新加坡东亚研究所,1987年。

60. "文化:中国与世界"编委会编:《文化:中国与世界》(第二辑),北京:生活·读书·新知三联书店,1987年。

61. 中国孔子基金会学术委员会编:《近四十年来孔子研究论文选编》,济南:齐鲁书社,1988年。

62. 王煦华:《顾颉刚选集》,天津:天津人民出版社,1988年。

63. 陈荣捷:《朱学论集》,台北:学生书局,1988年。

64. 贺麟:《文化与人生》,北京:商务印书馆,1988年。

65. 施瓦支:《中国的启蒙运动——知识分子与五四遗产》,李国英等译,太原:山西人民出版社,1989年。

66. 廖盖隆主编:《中国共产党历史大辞典 创立时期分册》,北京:中共中央党校出版社,1989年。

67. 李耀仙主编:《廖平学术论著选集》(一),成都:巴蜀书社,1989年。

68. 徐志祥、李金山主编:《孔子研究四十年》,成都:巴蜀书社,1990年。

69. 郑家栋:《现代新儒学概论》,南宁:广西人民出版社,1990年。

70. 刘妙根编:《刘师培论学论政》,上海:复旦大学出版社,1990年。

71. 匡亚明:《孔子评传》,南京:南京大学出版社,1990年。

72. 中国第二历史档案馆编:《中华民国史档案资料汇编》,南京:江苏古籍出版社,1991年。

73. 山东省政协文史资料委员会、邹平县政协文史资料委员会编:《梁漱溟与山东乡村建设》,济南:山东人民出版社,1991年。

74. 宋仲福、赵吉惠、裴大洋:《儒学在现代中国》,郑州:中州古籍出版社,1991年。

75. 余英时:《犹记风吹水上鳞:钱穆与现代中国学术》,台北:三民书局,1991年。

76. 中国文化书院学术委员会编：《梁漱溟全集》（第五卷），济南：山东人民出版社，1992 年。

77. 张岱年主编：《孔子大辞典》，上海：上海辞书出版社，1993 年。

78. 佛雏校辑：《王国维哲学美学论文辑佚》，上海：华东师范大学出版社，1993 年。

79. 孙尚扬：《国故新知论：学衡派文化论著辑要》，北京：中国广播电视出版社，1995 年。

80. 章太炎著、傅杰校订：《国学演讲录》，上海：华东师范大学出版社，1995 年。

81. 虞万里点校：《马一浮集》（第一册），杭州：浙江古籍出版社，1996 年。

82. 刘梦溪主编：《中国现代学术经典·马一浮卷》，石家庄：河北教育出版社，1996 年。

83. 刘梦溪主编：《中国现代学术经典·廖平 蒙文通卷》，石家庄：河北教育出版社，1996 年。

84. 刘梦溪主编：《中国现代学术经典·黄侃 刘师培卷》，石家庄：河北教育出版社，1996 年。

85. 刘梦溪主编：《中国现代学术经典·唐君毅卷》，石家庄：河北教育出版社，1996 年。

86. 胡适：《新思潮的意义》，《胡适文存》（一集），合肥：黄山书社，1996 年。

87. 黄兴涛等编译：《辜鸿铭文集》（下卷），海口：海南出版社，1996 年。

88. 郭齐勇编：《熊十力新儒学论著辑要》，北京：中国广播电视出版社，1996 年。

89. 张岱年：《张岱年全集》，石家庄：河北人民出版社，1996 年。

90. 韩信夫、姜克夫主编：《中华民国大事记》（第一册），北京：中国文史出版社，1997 年。

91. 顾潮：《历劫终教志不恢：我的父亲顾颉刚》，上海：华东师范大学出版社，1997 年。

92. 姚淦铭、王燕主编：《王国维文集》（第三卷），北京：中国文史出版社,1997年。

93.刘师培:《刘申叔先生遗书》,江苏古籍出版社影印本,1997年。

94.汤一介:《百年中国哲学经典:新文化运动时期卷》,深圳:海天出版社,1998年。

95.胡绳:《从鸦片战争到五四运动》(简本),北京:人民出版社,1998年。

96.彭明:《五四运动史》,北京:人民出版社,1998年。

97.朱汉民主编:《中国书院》(第2辑),长沙:湖南教育出版社,1998年。

98.欧阳哲生编:《胡适文集》(5),北京:北京大学出版社,1998年。

99.文史资料委员会办公室编:《五四运动亲历记》,北京:中国文史出版社,1999年。

100.周策纵:《五四运动:现代中国的思想革命》,南京:江苏人民出版社,1999年。

101.朱耀垠:《科学与人生观论战及其回声》,上海:上海科学技术文献出版社,1999年。

102.曲延庆:《邹平通史》,北京:中华书局,1999年。

103.梁漱溟:《东西文化及其哲学》(修订版),北京:商务印书馆,1999年。

104.周予同:《中国经学史讲义》,上海:上海文艺出版社,1999年。

105.朱文华:《"再造文明"的奠基石:"五四"新文化运动三大思想家散论》,上海:上海教育出版社,2000年。

106.郑师渠:《晚清国粹派:文化思想研究》,北京:北京师范大学出版社,2000年。

107.沈卫威:《吴宓与〈学衡〉》,开封:河南大学出版社,2000年。

108.《国故月刊社记事录》,王学珍、郭建荣主编:《北京大学史料》(第2卷)(1912—1937)(第3册),北京:北京大学出版社,2000年。

109.张凤:《哈佛心影录》,上海:上海文艺出版社,2000年。

110.欧阳哲生主编:《傅斯年全集》,长沙:湖南教育出版社,2000年。

111.刘克敌:《花落春仍在:吴宓与〈学衡〉》,北京:中国文联出版社,2001 年。

112. 桑兵:《晚清民国的国学研究》,上海:上海古籍出版社,2001 年。

113. 陈勇:《钱穆传》,北京:人民出版社,2001 年。

114. 冯友兰:《三松堂全集》(第四卷),郑州:河南人民出版社,2001 年。

115. 冯友兰:《三松堂全集》(第十二卷),郑州:河南人民出版社,2001 年。

116. 高恒文:《东南大学与"学衡派"》,桂林:广西师范大学出版社,2002 年。

117. 钱穆:《朱子学提纲》,北京:生活·读书·新知三联书店,2002 年。

118. 彭鹏:《研究系与五四时期新文化运动》,广州:中山大学出版社,2003 年。

119. 刘宗贤、蔡德贵主编:《当代东方儒学》,北京:人民出版社,2003 年。

120. 牟宗三:《牟宗三先生全集》,台北:联经出版事业公司,2003 年。

121. 徐复观:《中国人的生命精神》,胡晓明、王守雪编,上海:华东师范大学出版社,2004 年。

122. 龚书铎:《关于中国本位文化问题的讨论》,南昌:百花洲文艺出版社,2004 年。

123. 李连科:《中国哲学百年论争》,北京:商务印书馆,2004 年。

124. 宋志明、刘成有:《批孔与释孔——儒学的现代走向》,上海:华东师范大学出版社,2004 年。

125. 顾长生:《传教士与近代中国》,上海:上海人民出版社,2004 年。

126. 刘海峰、李兵:《中国科举史》,上海:东方出版中心,2004 年。

127. 蔡元培:《中国伦理学史》,北京:商务印书馆,2004 年。

128. 丁守和主编,唐宝林编撰:《五四风云人物文萃》,北京:人民日报出版社,2005 年。

129. 张立文主编：《儒家思想在世界的传播与发展 国际儒学论坛·2004 下》，保定：河北大学出版社，2005 年。

130. 吕东亮、姚晓华编著：《中国名人地图》（彩图版），北京：光明日报出版社，2005 年。

131. 顾颉刚：《秦汉的方士与儒生》，上海：上海古籍出版社，2005 年。

132. 钱穆：《孔子传》，北京：生活·读书·新知三联书店，2005 年。

133. 刘贻群主编：《庞朴文集》，济南：山东大学出版社，2005 年。

134. 范玉秋：《清末民初孔教运动研究》，青岛：海洋大学出版社，2006 年。

135. 范岱年：《中华学艺社和〈学艺〉杂志的兴衰》，《科学哲学和科学史研究》，北京：科学出版社，2006 年。

136. 郑大华：《民国思想史论》，北京：社会科学文献出版社，2006 年。

137. 王锟：《孔子与二十世纪中国思想》，济南：齐鲁书社，2006 年。

138. 张宝明：《多维视野下的〈新青年〉研究》，北京：商务印书馆，2007 年。

139. 沈卫威：《"学衡派"谱系：历史与叙事》，南昌：江西教育出版社，2007 年。

140. 林甘泉主编：《孔子与 20 世纪中国》，北京：中国社会科学出版社，2008 年。

141. 冯友兰：《中国现代哲学史》，北京：三联出版社，2009 年。

142. 陈平原：《追忆章太炎》，北京：生活·读书·新知三联书店，2009 年。

143. 李日：《大时代的旁观者：章士钊新闻理论与实践研究》，长沙：国防科技大学出版社，2009 年。

144. 常乃惪：《中国思想小史》，上海：上海古籍出版社，2009 年。

145. 启良：《20 世纪中国思想史》，广州：花城出版社，2009 年。

146. 胡素萍：《李佳白与清末民初的中国社会》，广州：中山大学出版社，2009 年。

147. 李维武编:《徐复观文集》(修订版),武汉:湖北人民出版社,2009 年。

二、论文

1. 毛子水:《国故和科学的精神》,《新潮》1919 年第 1 卷第 5 号。

2. 张煊:《驳〈新潮〉〈国故和科学的精神〉篇》,《国故》1919 年第 3 期。

3. 张君劢:《人生观》,《清华周刊》1923 年第 272 期。

4. 李镜池:《〈周易〉筮辞考》,《古史辨》(第三册),1931 年。

5. 胡适:《说儒》,《国立中央研究院历史语言研究所集刊》(第四本第三分册),1934 年。

6. 钱穆:《儒家思想的新开展》,《思想与时代》1941 年第 1 期。

7. 徐复观:《儒家政治思想的构造及其转进》,《民主评论》1951 年第 3 卷第 1 期。

8. 徐复观:《儒家精神的基本性格及其限定与新生》,《民主评论》1952 年第 3 卷第 10 期。

9. 金景芳:《〈易〉论》,《东北人民大学人文科学学报》1955 年第 2 期。

10. 冯友兰、黄子通、马采:《孔子思想研究》,《新建设》1956 年第 4 期。

11. 长江:《中国哲学会和北京市哲学会在我校讨论关于孔子的评价问题》,《北京大学学报(人文科学)》1961 年第 6 期。

12. 冯友兰:《论孔子关于"仁"的思想》,《哲学研究》1961 年第 5 期。

13. 关锋、林聿时:《论孔子的"仁"和"礼"》,《人民日报》,1961 年 7 月 23 日。

14. 张立文:《首都哲学界展开孔子哲学思想的探讨》,《光明日报》,1961 年 10 月 30 日。

15. 关锋、林聿时:《论孔子》,《哲学研究》1961 年第 4 期。

16. 高亨:《孔子思想三论》,《哲学研究》1962 年第 1 期。

17. 高赞非:《孔子思想的核心——仁》,《文史哲》1962 年第 5 期。

18. 关锋、林聿时:《关于孔子思想讨论中的阶级分析的几个问题》,《文史哲》1963 年第 1 期。

19. 冯友兰:《关于孔子讨论的批评和自我批评》,《哲学研究》1963 年第 6 期。

20. 杨荣国:《孔子——顽固地维护奴隶制的思想家》,《人民日报》,1973 年 8 月 7 日。

21. 李泽厚:《孔子再评价》,《中国社会科学》1980 年第 2 期。

22. 谷方:《〈中国哲学史论〉即将出版》,《哲学动态》1980 年第 6 期。

23. 李培栋:《〈洙泗考信录〉的贡献和价值》,《上海师范大学学报（哲学社会科学版）》1981 年第 1 期。

24.《〈每周评论〉介绍》,《新闻大学》1984 年第 2 期。

25. 张鸿科:《全国孟子学术讨论会在邹县举行》,《东岳论丛》1985 年第 1 期。

26. 孙开太:《中华孔子研究所成立大会在北京举行》,《哲学研究》1985 年第 8 期。

27. 张慕芩:《中华孔子研究所成立大会暨第一届孔子思想学术讨论会综述》,《历史教学》1985 年第 10 期。

28. 郭兰芬:《北京举行纪念孔子二千五百三十六周年诞辰座谈会》,《哲学动态》1985 年第 12 期。

29. 杜维明:《儒学第三期发展的前景问题》,香港《明报月刊》1986 年第 1—3 期。

30. 少岩:《〈孔子研究〉创刊》,《文史哲》1986 年第 3 期。

31. 陈其泰:《一部具有开拓意义的理学发展史——读〈宋明理学史〉上卷》,《哲学研究》1986 年第 11 期。

32. 刘兆义:《台北举行"国际孔学会议"》,《孔子研究》1988 年第 1 期。

33. 徐平:《孔子研究的又一重要成果——〈孔门弟子研究〉评介》,《齐鲁学刊》1988 年第 2 期。

34. 柯远扬:《我国十来年孔子研究评述》,《华侨大学学报（哲学社会科学版）》1988 年第 2 期。

35. 黄克剑：《"文化认同"和儒学的现代命运——评杜维明〈儒学第三期发展的前景问题〉》，《读书》1988 年第 3 期。

36. 刘振和：《孔子诞辰 2540 周年纪念与学术讨论会纪要》，《孔子研究》1989 年第 4 期。

37. 杨志刚：《儒家思想和未来社会相关度的探索——复旦大学"儒家思想与未来社会"国际学术讨论会综述》，《复旦学报（社会科学版）》1990 年第 1 期。

38. 方安：《儒学国际研讨会在澳门召开》，《哲学动态》1991 年第 3 期。

39. 侯样祥：《发微探真，不囿成说——读杨向奎著〈宗周社会与礼乐文明〉》，《文史哲》1992 年第 3 期。

40. 古今：《儒学及其现代意义国际学术研讨会在德阳召开》，《四川文物》1992 年第 4 期。

41. 高康：《冯友兰的孔子研究评述》，《中州学刊》1992 年第 6 期。

42. 廖名春：《论帛书〈系辞〉的学派性质》，《哲学研究》1993 年第 7 期。

43. 傅云龙：《中、韩、日、越"93 年孔、孟、荀学术思想国际研讨会"综述》，《中国哲学史》1994 年第 1 期。

44. 黄江平：《宋明思想文化和华夏文明——国际学术讨论会综述》，《社会科学》1994 年第 1 期。

45. 冯祖贻：《从〈不忍〉杂志看康有为民初的政治主张》，《近代史研究》1994 年第 3 期。

46. 刘润忠：《〈东方杂志〉与"五四"前后东西文化论争》，《社会科学战线》1994 年第 3 期。

47. 刘培桂：《"94 邹城孟子学术思想国际研讨会"综述》，《孔子研究》1994 年第 4 期。

48. 宫云维：《全面·系统·真实·准确——评〈中国儒学〉》，《管子学刊》1994 年第 4 期。

49. 王博：《第 8 届国际中国哲学会议综述》，《国际学术动态》1994 年第 4 期。

50. 陈增辉：《孔子及评孔的知识总汇——介绍〈孔子大辞典〉》，《哲学研究》1994 年第 12 期。

51. 胡明：《陈独秀、李大钊、胡适与〈每周评论〉》，《苏州大学学报（哲学社会科学版）》1995 年第 2 期。

52. 郑成宏：《第 14 届国际退溪学会议在北京召开》，《当代韩国》1995 年第 4 期。

53. 赵建伟：《"第二届唐君毅思想国际研讨会"综述》，《社会科学研究》1996 年第 1 期。

54. 诸焕灿：《纪念黄宗羲逝世三百周年暨国际学术研讨会综述》，《浙江学刊》1996 年第 1 期。

55. 韦维：《"徐复观思想与现代新儒学发展学术讨论会"纪要》，《武汉大学学报》1996 年第 2 期。

56. 武才娃：《一代文化托命人——纪念冯友兰先生诞辰 100 周年国际学术讨论会综述》，《哲学动态》1996 年第 3 期。

57. 泾丰：《95 年"综合创新文化观研讨会"在澳门举行》，《甘肃社会科学》1996 年第 3 期。

58. 朱汉民：《儒家教育理念与人类文明国际研讨会简介》，《孔子研究》1996 年第 4 期。

59. 郭守信：《一部难得的好书——〈尚书·虞夏书新解〉评介》，《史学集刊》1997 年第 1 期。

60. 王路平：《发掘阳明心学资源 弘扬中华民族文化——"中国贵州王阳明国际学术讨论会"综述》，《孔子研究》1997 年第 2 期。

61. 张风雷：《"儒学与中国文化现代化"学术研讨会综述》，《中国人民大学学报》1997 年第 2 期。

62. 陈鹏：《"儒释道交融与中国传统文化"学术研讨会综述》，《哲学动态》1997 年第 11 期。

63. 武才娃：《"孔子思想与 21 世纪"研讨会述评》，《哲学动态》1998 年第 1 期。

64. 召南：《钱玄同的盖棺论定》，《鲁迅研究月刊》1998 年第 6 期。

65. 贾艳红：《儒学史研究的重大收获——读七卷本〈中国儒学史〉》，《孔子研究》1999 年第 1 期。

66. 苗润田、陈燕：《儒学:宗教与非宗教之事——一个学术史的检讨》,《中国哲学史》1999 年第 1 期。

67.樊书华:《燕京大学与哈佛—燕京学社的建立》,《美国研究》1999 年第 1 期。

68.樊书华:《美国铝业大王查尔斯·马丁·霍尔与哈佛—燕京学社的缘起》,《世界历史》1999 年第 2 期。

69.刘进宝:《华尔纳敦煌考察团与哈佛燕京学社》,《中国典籍与文华》1999 年第 3 期。

70.杨慧清:《五四时期东西文化论争中的反社会主义现象》,《史学月刊》1999 年第 3 期。

71.蔡方鹿:《"张载关学与实学国际学术研讨会"在陕西省眉县召开》,《中华文化论坛》1999 年第 4 期。

72.陶亚飞、梁元生:《〈哈佛燕京学社〉补正》,《历史研究》1999 年第 6 期。

73.万本根、单元:《纪念孔子诞辰 弘扬儒学精华——神州大地大规模开展纪念孔子诞辰 2550 周年活动综述与断想》,《中华文化论坛》2000 年第 1 期。

74.刘岳兵:《论日本近代的军国主义与儒学》,《中国社会科学院研究生院学报》2000 年第 3 期。

75.陆小宁:《迷途中的文化探索——论〈新青年〉与〈东方杂志〉的东西文化论争》,《中州学刊》2000 年第 3 期。

76.张敬让:《陈独秀与〈每周评论〉》,《安徽师范学院学报(社会科学版)》2000 年第 4 期。

77.钱益民:《1920—1921 年商务印书馆的改革》,《浙江师范大学学报(社会科学版)》2002 年第 3 期。

78.韩华:《陈焕章与民国初年的国教运动》,《近代史研究》2002 年第 3 期。

79.尤小立:《晚年陈独秀学术与思想的内在统一和分裂——以〈孔子与中国〉为中心》,《内蒙古师范大学学报》2002 年第 4 期。

80.干春松:《康有为和孔教会:民国初年儒家复兴努力及其挫折》,《求是学刊》2002 年第 4 期。

81.韩星:《清末民初孔教活动及其争论》,《宗教学研究》2003 年第

2 期。

82.方国根:《筚路蓝缕 考镜源流——读〈宋明理学研究〉》,《东方论坛》2003 年第 4 期。

83.范玉秋:《康有为孔教运动刍议》,《孔子研究》2003 年第 6 期。

84.黄奎:《冯友兰"抽象继承法"初探》,《中国社会科学院研究生院学报》2004 年第 2 期。

85.张永泉:《思想批判与心理承传——鲁迅与孔子》,《孔子研究》2004 年第 6 期。

86.马勇:《辛亥后尊孔读经思潮平议》,《福建师范大学学报》2004 年第 2 期。

87.吴永贵、王静:《新潮社与〈新潮〉杂志》,《出版史料》2004 年第 2 期。

88.关晓红:《科举停废与清末政情》,《中国社会科学》2004 年第 3 期。

89.张凤:《哈佛燕京学社 75 年的汉学贡献》,《文史哲》2004 年第 3 期。

90.刘佰合:《试论张之洞与清季科举变废》,《淮北煤炭师范学院学报(哲学社会科学版)》2004 年第 6 期。

91.宋淑玉:《民初尊孔读经问题辨析》,《安徽大学学报》2005 年第 2 期。

92.干春松:《清末民初孔教会实践与儒家现代转化的困境》,《齐鲁学刊》2005 年第 3 期。

93.朱寿桐:《〈学灯〉与〈新文艺〉建设》,《新文学史料》2005 年第 3 期。

94.张凤:《哈佛燕京图书馆》,《法律文献信息与研究》2005 年第 4 期。

95.孙广勇:《融入与传播——简论李佳白及其尚贤堂的文化交流活动》,《社会科学战线》2005 年第 6 期。

96.胡素萍:《李佳白与尚贤堂——清末民初在华传教士活动个案研究》,《史学月刊》2005 年第 9 期。

97.张松智:《中国现代孔教运动研究——以孔教会为中心》,上海师范大学 2006 年博士学位论文。

98.张树华:《哈佛燕京学社及其引得编纂处》,《山东图书馆季刊》2006 年第 3 期。

99.胡素萍:《略论美国传教士李佳白在华的早期活动》,《海南师范学院学报(社会科学版)》2006 年第 3 期。

100.韩华:《民初废除尊孔读经及其社会反响》,《社会科学战线》2006 年第 4 期。

101.孔红霞:《曲阜二师〈子见南子〉案始末》,《文史精华》2006 年第 9 期。

102.龚晓:《马一浮主持"复性书院"始末》,《乐山师范学院学报》2007 年第 2 期。

103.《上海〈时事新报〉副刊〈学灯〉》,《新闻与写作》2007 年第 2 期。

104.赖勤芳:《论林语堂对孔子形象的消解与重建》,《社会科学辑刊》2007 年第 5 期。

105.汤广全:《蔡元培〈中国伦理学史〉介析》,《中国德育》2007 年第 10 期。

106.关晓红:《晚清议改科举新探》,《史学月刊》2007 年第 10 期。

107.孔祥东:《〈大中华〉杂志与民初的政治文化思潮》,湖南师范大学 2007 年硕士学位论文。

108.刘伟:《〈大中华〉杂志研究》,河南大学 2008 年硕士学位论文。

109.张颂之:《孔教会始末汇考》,《文史哲》2008 年第 1 期。

110.罗惠缙:《从〈亚洲学术杂志〉看民初遗民的文化倾向》,《武汉大学学报(人文科学版)》2008 年第 2 期。

111.闫长丽:《子见南子风波》,《寻根》2008 年第 2 期。

112.干春松:《康有为、陈焕章与孔教会》,《兰州大学学报(社会科学版)》2008 年第 2 期。

113.陈睿腾:《张之洞与科举制度的废除——京师大学堂的生源视角》,《学园》2008 年第 3 期。

114.杜玉芳:《〈子见南子〉案始末》,《文史博览》2008 年第 4 期。

115.张秀丽:《反科学主义思潮下中国现代史学的人文指向——以"东南学派"为例》,山东大学 2009 年博士学位论文。

三、报刊

1.《申报》

2.《国粹学报》

3.《教育杂志》

4.《不忍》

5.《孔教会杂志》

6.《孔社杂志》

7.《甲寅》

8.《新青年》

9.《学艺》

10.《每周评论》

11.《政府公报》

12.《民国日报》

13.《中央日报》

14.《新运导报》

名 词 索 引

五　画

七　画

人 名 索 引

七　画

九 画

十一画

图书在版编目(CIP)数据

20 世纪儒学通志 / 庞朴主编. —杭州：浙江大学
出版社,2012.12
ISBN 978-7-308-10927-7

Ⅰ.①2··· Ⅱ.①庞··· Ⅲ.①儒学—研究—中国—
20 世纪 Ⅳ.①B222.05

中国版本图书馆 CIP 数据核字(2012)第 298203 号

20 世纪儒学通志

庞　朴　主编

出 品 人	傅　强	
总 编 辑	徐有智	
组稿策划	黄宝忠	
特约编辑	斯章梅	
责任编辑	葛玉丹　陈佩钰　黄宝忠　胡　宁	
封面设计	彭若东	
出版发行	浙江大学出版社	
	(杭州市天目山路 148 号　邮政编码 310007)	
	(网址:http://www.zjupress.com)	
排　　版	浙江时代出版服务有限公司	
印　　刷	浙江印刷集团有限公司	
开　　本	710mm×1000mm　1/16	
印　　张	121.5	
字　　数	2500 千	
版 印 次	2012 年 12 月第 1 版　2012 年 12 月第 1 次印刷	
书　　号	ISBN 978-7-308-10927-7	
定　　价	416.00 元